CONTRA VIENTO
Y MAREA
PERIODISMO Y MUCHO MÁS
1920-2004

COLECCIÓN CUBA Y SUS JUECES

EDICIONES UNIVERSAL, Miami Florida, 2004

José Ignacio Rivero

CONTRA VIENTO Y MAREA
PERIODISMO Y MUCHO MÁS
1920-2004

Copyright © 2004 by José Ignacio Rivero

Primera edición, 2004

EDICIONES UNIVERSAL
P.O. Box 450353 (Shenandoah Station)
Miami, FL 33245-0353. USA
Tel: (305) 642-3234   Fax: (305) 642-7978
e-mail: ediciones@ediciones.com
http://www.ediciones.com

Library of Congress Catalog Card No.: 2004104409
I.S.B.N.: 1-59388-028-6

Composición de textos: Luis García Fresquet

Diseño de la cubierta: Luis García Fresquet

Todos los derechos
son reservados. Ninguna parte de
este libro puede ser reproducida o transmitida
en ninguna forma o por ningún medio electrónico o mecánico,
incluyendo fotocopiadoras, grabadoras o sistemas computarizados,
sin el permiso por escrito del autor, excepto en el caso de
breves citas incorporadas en artículos críticos o en
revistas. Para obtener información diríjase a
Ediciones Universal.

INDICE

A modo de prólogo 13
Breve historia de la prensa cubana
La Prensa Cubana Contemporánea 15

Capítulo I
Juventud
1920-1949 23

Juventud 27
De nuevo en La Habana 44
En el día de mi boda 47
Fallece nuestro padre 51
Párrafos de Octavio R. Costa 52

Capítulo II
Dirección del diario
(1944-1960) 55

Primeros pasos en la Dirección 57
Un año después 63
Dos anécdotas 65
Pío XII 68
Estúpidos e idiotas 70
Reglamento de la Redacción 71
Sobre el matrimonio cristiano 72
La Legión de Cristo 76
72Retiros todos los años 78
7 Días 79
Polémica con Luis J.. Botifoll 81
Nuevo edificio 83
El espíritu y la tradición 84
Viaje a Europa 86
Con Orestes Ferrara 88
Opinión de Francisco Ichaso 94
Opinión de Gastón Baquero 97
De regreso a Cuba 100
Nadie escuchó 104
Reacción pública 105

Cada día más caliente 107
Final de Batista y comienzo de Castro 108
Cuba antes de 1959 111

Capítulo III
Desde Castro hasta el exilio
(1959-1960) 123

Introducción 125
Bajo el Fuego Rojo Introducción 127
La noche fatal 129
Las primeras mentiras de Fidel Castro 131
Así comenzábamos la tragedia 133
Las primeras amenazas 135
No hay peor gestión 139
Y seguían las gestiones 139
El fuego cruzado de la prensa 141
Manifestación en Palacio 143
¡No Fidel! 145
Un militar castrista casi adoctrinado 147
Todo se sabía 153
La historia no se equivoca 155
Nuestra descendencia 157
Los rojos cierran filas contra la prensa 160
Mas simpatizantes que desafectos 161
La primera agresión física 162
Verde por fuera y rojo por dentro 162
Una «Carta sin Sobre» 163
Engaños y más engaños 165
Barruntos de rebeldía 167
Llegan las «coletillas» 168
Inquisidores y coletilleros 170
La SIP entra en acción 171
Récord de coletillas 173
Se planea mi asesinato 173
De nuevo en la escena Vulcano 175
Vigía reemplaza a Vulcano 176
De nuevo el «asesinato» 178
Carta sin Sobre «A mi mismo» 180
Un nuevo Colón descubre a Cuba 184

Fuego por todas partes 186
En aquellas horas 188
Viaje a los Estados Unidos 191
Con William Pawley y Richard Nixon 192
El Plan 193
Carta desde La Habana 194
Juan Pablo Lojendio 198
De regreso a La Habana 200
Con Goar y Abel Mestre 201
Preparando el camino 202
Muestras muy en síntesis del ataque enemigo 203
Algunas amenazas físicas 207
Con Amadeo Barletta en la embajada de Italia 214
Carta sin sobre 215
Burla a su propio veneno 217
Llegó el final 221
Primera y única edición después del asalto 227
Cayó con gloria 228
Teníamos razón 230
Antes de la partida 232

Capítulo IV
Huellas del destierro
(1960-2004) 235

Nota preliminar 237
En el exilio (Hacia el Perú) 239
Llegada a Miami 241
La antesala del regreso o la tumba de nuestras esperanzas 243
Primer mensaje 246
El tribunal revolucionario 247
Semblanzas de Cuba y del exilio 249
Jorge Mañach 251
Del dicho al hecho 254
Mensajes y opiniones 256
Reacción de nuestros compatriotas 263
Ichaso desde México 267
Carta a Hurbert Mathews 271
El llamamiento y los «12 Puntos» .274
Repercusión en el exilio 277

La Fundación de las Américas 279
Congreso anual de los católicos Norteamericanos 289
Párrafos del Padre Llorente S.J. 292
En Chicago y en Milwaukee 294
Bahía de Cochinos 300
Trágica mascarada 301
El rescate de los héroes 304
Misericordia para los presos 305
Panorámica del exilio cubano 309
El ingeniero Manolo Ray 312
Nuestra reunión con Ray en Washington 313
Las noventa millas 316
Otro cierre del *DIARIO* *319*
Memorándum a la «Nacional Catholic Welfare Conference»..320
La Sociedad Interamericana de Prensa (SIP) 324
En torno a la medalla 327
El acto de la SIP en Nueva York 329
Acto histórico en Puerto Rico 331
La crisis de los cohetes 336
El bloqueo a Cuba 344
Los exiliados 345
La reacción del Kremlin 345
La riña Stevenson-Zorin 347
Nueva treta de Nikita 348
Llaman a 14.000 reservistas 348
La actitud de Canadá 349
Sorprendidos infraganti 350
Disminuye la alegría 351
A desmantelar las bases ideológicas 356
Los mismos peces 358
Spruille Braden 359
Cuarenta años después 361
Carta a Mr. Kennedy 362
Conversación con Francisco Franco 367
De nuevo en Madrid 370
En el Palacio del Pardo 371
Desahogo en las páginas de *ABC* 374
Mensaje de Juan Pablo Lojendio 377
Editorial de *ABC* 378
25 años después de Franco 380

Fulgencio Batista y Zaldivar 382
Intercambio de cartas 382
Un acto inolvidable 388
Una entre muchas 391
Fallece el Padre José Rubinos S.J 395
El Bloque Cívico 399
Sobre el Referéndum y el Bloque Cívico 402
Respaldo 405
La columna en *Blanco* no va 407
Un diálogo inolvidable 412
¡PRESENTE! 418
Así comenzó la campaña «PRESENTE» 419
Gran repercusión 425
Jorge Mas Canosa 427
Respuesta a Carlos Márquez Sterling 428
Miles de cartas 431
Carta a Horacio Aguirre 433
Experiencias en Puerto Rico 435
Con David Rockefeller y Galo Plaza 441
Desde Londres 443
Lo inesperado 447
Price Paper Corporation 449
Hacia el encuentro con los molinos 451
La tarea de pedir en España 456
Una tarde con Juan Domingo Perón 459
En Barcelona 461
Vínculos periodísticos con el diario *ABC* 463
Entre la venta y el periodismo 464
ABC de las Américas 465
Inauguración 466
En Washington 468
El único conservador 476
De vuelta a Miami 478
Entre paréntesis 480
Con la WQBA (La Cubanísima) 485
Documento a la SIP (1978) 489
Carta del Presidente de la SIP y nuestra respuesta 492
Interviene Martínez Márquez 497
Con profundo pesar 503
Intercambio de mensajes 509

9

La Fundación Nacional Cubano-Americana 511
Hubert Matos en el exilio 516
Perdonar sí, callar no 518
Carlos Alberto Montaner 521
Carta a Huber Matos 523
Castro nos compra un libro 526
Nuestra protesta en torno a la SIP 529
En torno a nuestra protesta 531
Otras voces 533
Auténticamente ente cubanos.........................534
De salto en salto 537
   Con verdadera gratitud 538
Lourdes (Francia) 540
Nuestra gratitud a *ABC.* 543
Mi amigo Torcuato 544
Reunión de la SIP en Kansas 546
Eso no Fraga 555
Mensaje de Boza Masvidal 557
Cincuenta años de periodismo 560
Palabras de mi hija Beatriz 561
Nuestra gratitud 563
La Peña Católica 568
Castro en el Vaticano 569
A Su Santidad Juan Pablo II 572
Análisis sobre la Iglesia cubana frente al régimen de Castro ...580
Desahogo 585
Auténticamente cubanos 587
Eloy y Elía 589n
Carta al Cardenal de Cuba 591
Colonos y ganaderos 593
Cuba nunca ha sido comunista 595
Bofetada a la española 597
Carta al Rey de España.............................599
Devolución de distinción 602
Mensajes de nuestros compatriotas 607
La «Sociedad Civil Cubana» 609
Respuesta a un artículo desafortunado 612
Los mismos peces 614
En cuanto al Proyecto Varela 616
Amor a la Madre Patria 618

Pruebas al canto .... .620
Preguntas y más preguntas .... .622
En la recta final de *Contra Viento y Marea* .... .627
Párrafos finales .... .635
Epílogo de José Ángel Butifoll .... .636
No queremos que Dios... .... .639

A MODO DE PRÓLOGO

Nuestra vida periodística ya es larga, muy larga, se remonta casi a los primeros pasos de nuestra vida. Comenzamos a respirar el plomo de los talleres y a escuchar el estrépito de las rotativas jugando con nuestros hermanos por la azotea de nuestro periódico de Cuba. Por haber perdido a nuestro padre desde muy jóvenes tuvimos que hacernos cargo de la Dirección del periódico. Para nosotros fue muy difícil sustituir a uno de los periodistas más geniales de la historia de América. Esta realidad en la que Dios nos situó, más el hecho de haber pasado por la Universidad de Marquette de Wisconsin estudiando periodismo, hizo posible que fuera algo más llevadero comenzar a dirigir el diario junto a los grandes escritores y periodistas que ya teníamos y con los que después agregamos a nuestro personal. Estábamos conscientes de que la integridad de un periódico no podía medirse sólo por su antigüedad- que había en el mundo periódicos viejos que jamás aportaban ninguna idea beneficiosa para las comunidades donde se editan y también periódicos, nuevos en el almanaque y nuevos en el estilo de los tiempos, que ofrecían a sus lectores cada día una nueva luz, una sana orientación, un correcto enfoque sobre los innumerables conflictos en que se ve siempre envuelta la sociedad.

Estábamos conscientes también –lo aprendimos desde muy temprano a nuestro paso por los periódicos norteamericanos– de que eso ocurre también a la inversa. Existen publicaciones nuevas que le hacen más daño a la sociedad que varias bombas atómicas estallando en el mismo corazón de las grandes urbes. Y que hay periódicos antiguos que en todo instante de sus largas vidas han sabido rendir verdadero honor a su longevidad mediante la verticalidad de sus posturas en las horas difíciles de sus existencias.

Conociendo todo esto es que nos empeñamos en mantener la misma línea que había seguido el antiguo periódico de nuestros antecesores. Nos aferramos a ello. Para nosotros eso fue nuestro principal objetivo: defender el espíritu y la tradición del más que centenario diario.

Es larga, muy larga la historia que a nosotros también nos tocó vivir frente al *Diario de la Marina*. Hemos escrito este libro con todos los pormenores de nuestra vida en nuestra patria y en el exilio que hemos titulado «CONTRA VIENTO Y MAREA» porque en él verá el lector con lujo de detalles, entre otras cosas de interés político y periodístico, el vía crucis que tuvimos que pasar por no claudicar ni dentro ni fuera de la Patria ante las fuerzas del enemigo y también el dolor que vivimos ante la indiferencia y la hipocresía de muchos «amigos».

Vivimos convencidos de que la libertad de opinión y de información es una de las más grandes conquistas de la humanidad, pero que es a la vez un ideal muy difícil de realizarse plenamente, un ideal al que sólo podemos aproximarnos por el esfuerzo de cada día, pero sobre todo con el afán supremo de cada periodista del mundo de no publicar jamás la verdad a medias. Si no se dice siempre la verdad entera se está mintiendo. La mentira, como la que vive desde hace más de cuatro décadas la tierra de José Martí, debe ser combatida por todos los periódicos del continente americano que se consideren amantes de la libertad y de la democracia.

Una vez el gran periodista Alberto Gainza Paz dijo: «Aunque hemos visto caer dictaduras que eran una afrenta para nuestra civilización y cultura, no debemos ceder a la cómoda ilusión de considerar el progreso alcanzado por las fuerzas de la libertad como algo definitivo e irreversible». Sabio consejo. Venía de un veterano del periodismo que sufrió en su persona la persecución contra la libertad que implantó en su país la dictadura peronista. Nuestro padre, Pepín Rivero, decía que «mientras más se estrecha el corazón, más crecen las uñas, se alargan los colmillos y se dilata el estómago». Nosotros no hemos hecho otra cosa en Cuba y en el destierro que seguir los dictados de nuestra conciencia. Cuando llegan los momentos difíciles nos acordamos, como en Cuba, del pensamiento de nuestro padre: nunca dejamos crecer nuestras uñas, cuidamos mucho los colmillos y jamás dejamos que se nos dilate el estómago. Todo lo contrario: ponemos el corazón entero sobre las teclas de la máquina de escribir de ayer y sobre la computadora de hoy, y dejamos que el mismo se dilate a plenitud.

José Ignacio Rivero

BREVE HISTORIA DE LA PRENSA CUBANA

LA PRENSA CUBANA CONTEMPORÁNEA

*«Cuando un gobierno actúa rectamente,
no tiene que temer a ninguna libertad
Si no roba, si no asesina,
no tiene que temer a la libertad de prensa.»*
Fidel Castro Ruz

El primer periódico que vio la luz en la Isla fue la *Gaceta de La Habana* en mayo de 1764, de orden del capitán general, conde de Ricla, comenzó a publicarse esta hoja, cuyo texto se componía de noticias oficiales y mercantiles. Constaba de cuatro páginas y cesó la publicación a los dos años. Sin nexo con la primera, pero como sucesora oficial de la misma, el 8 de mayo de 1782 volvió a aparecer, redactada y dirigida por Diego de la Barrera, con tiradas a cuatro planas y dos columnas.

Sin embargo, aunque los orígenes de la prensa colonial se remonta a 1764, el nacimiento del periodismo cubano ocurre, en cambio, veintiséis años después, cuando el 24 de octubre de 1790, en tiempos del ilustrado gobierno del capitán general don Luis de las Casas, ve la luz el *Papel Periódico de La Habana*, un pliego de cuatro páginas que se imprimía en los talleres de Franco Seguí. Durante 1790 sólo aparecieron diez números, publicados cada domingo, y de 1791 a 1805 la publicación fue bisemanal. Entre sus primeros redactores figuraron, además del propio Las Casas, el presbítero José Agustín Caballero, alma de la publicación, y Diego de la Barrera. En 1805 el *Papel Periódico* cambió su nombre por el de *El Aviso*, y a este sucedieron los de *El Aviso de La Habana* (1809-1810), *Diario de La Habana* (1810-1812), *Diario del Gobierno de La Habana* (1812-1820), *Diario Constitucional de La Habana* (1820), *Diario del Gobierno Constitucional de La Habana* (1820-1823), *Diario del Gobierno de La Habana* (1823-1825) y *Diario de La Habana* hasta que en 1848 se transformó en la *Gaceta de La Habana*.

A comienzos del siglo XIX surgen nuevas publicaciones: *El Regañón de La Habana* (1800); *El Lince* (1811), primera hoja creada por la libertad de imprenta, que redactaba el Pbro, Caballero; *Diario Cívico* (1812): *El centinela de La Habana* (1812) y *El Espejo de Puerto Príncipe*, primer periódico fundado en el interior de la Isla. Durante ese período, el pensamiento cubano se perfila a través de la prensa, hasta acusar una conciencia propia, autóctona, cuyas tendencias de día en día se bifurcan, separándose progresivamente de los cánones oficiales: es la época de Francisco de Arango y Parreño, del Pbro. José Agustín Caballero y de los primeros Amigos del País.

En el campo del periodismo, la jura de la Constitución de 1820 trajo como efecto una impresionante proliferación de nuevas publicaciones, alcanzando la prensa netamente cubana un verdadero estado de madurez profesional: la agilidad, el frescor y la soltura caracterizan el estilo periodístico de la época, exponiéndose las ideas con claridad, lógica y argumentos razonados. De este período datan, entre otras, las siguientes publicaciones: *El Observador Habanero* (1820), periódico político, científico y literario fundado y dirigido por José Agustín Govantes; *Diario Liberal y de Variedades de La Habana* (1820) *El Americano Libre* (1822) y *El Revisor Político y Literario* (1823), publicado por un grupo de alumnos del Real Colegio Seminario de San Carlos bajo el lema de «¿Semper ego auditor tantum? ¿Nunquam ne repinam?» («He de escuchar siempre? ¿Nunca he de replicar?»), y *El Argos*, primer periódico de carácter científico editado en la Isla. Por aquellos días aparecieron también los primeros periódicos de la emigración: *El Habanero* (1823), fundado y redactado en Filadelfia por el Padre Félix Varela, y cuya circulación fue absolutamente prohibida en la Isla por el gobierno español, y *El Mensajero Semanal* (1828), editado en Nueva Cork y Filadelfia por el propio Varela y José Antonio Saco, y entre cuyos colaboradores figuró Manuel del Socorro Rodríguez, precursor del periodismo colombiano. En 1831 aparece la *Revista Bimestre Cubana*, fundada por el catalán Mariano Cubí Soler, quien la cedió a la Sociedad Económica de Amigos del País; bajo la dirección de Saco la revista llegó a ser la mejor publicación de la época, adquiriendo renombre universal.

Durante el gobierno absolutista del capitán general Miguel Tacón, el movimiento nacionalista cubano se ve obligado a buscar nuevas formas de expresión, surgiendo los semanarios de literatura en cuyas páginas florecerán la novelística, la narrativa y el costumbrismo literario. Aparecen, sucesivamente, *La Moda* (1829) de Domingo Delmonte; *El Album* (1838); *El Plantel* (1838), fundado por Ramón de Palma y José E. Echeverría, primera publicación nacional que hizo uso de la litografía, y *La Cartera Cubana* (1838).

En 1841 apareció *El Faro Industrial*, primer periódico de matiz bien definido publicado en la Isla, y cuyos propietarios fueron Antonio Bachiller y Morales y Cirilo Villaverde. Vocero de los intereses netamente cubanos, *El Faro* fue suprimido en 1851 por orden del gobierno colonial. La empresa propietaria del *Diario de la Marina* se constituyo en sociedad anónima en la ciudad de La Habana el año 1832 publicando el periódico titulado *El Noticioso y Lucero de la Habana* cuyo primer número vio la luz el 16 de septiembre del referido año, y el día primero de abril de 1844 el periódico cambió de nombre adoptando el de *Diario de la Marina* que llevó hasta el día de su desaparición bajo la violencia del Castro-comunismo, el 10 de mayo de 1960. Su primer director en 1844, al adoptar el nuevo nombre, fue D. Isidoro Araujo de Lira y después sucesivamente dirigieron el periódico los señores cuyos nombres van a continuación: Dionisio Alcalá Galiano, Vicente González Olivares, M. Fernández de Castro, José Ruiz de León, Luciano Pérez de Acevedo, Juan de Iriza, Francisco, Francisco Montaos, Fernando Fragoso, Ramón de Armas, Nicolás Rivero y Muñiz, José Ignacio Rivero y Alonso, Ramiro Guerra Sánchez y José Ignacio Rivero y Hernández. A través de sus 128 años de existencia el *Diario de la Marina* fue uno de los mejores periódicos del mundo hispánico. Su fama alcanzó sus más altos límites en tiempos de nuestro abuelo D. Nicolás Rivero y especialmente en el de nuestro padre José Ignacio (Pepín) Rivero cuyo recuerdo e inteligencia están grabados con letras de oro en el corazón del periodismo cubano.

Diez años después de la desaparición de *El Faro*, comenzó a publicarse *El Siglo*, órgano del Partido Reformista. Fundado por José Quintín Suzarte y dirigido por Francisco de Frías, conde de Pozos Dulces, *El Siglo* emprendió una enérgica campaña en pro de las reformas políticas, sociales, económicas y administrativas necesarias para el desarrollo de la sociedad cubana, obteniendo en 1865 que el gobierno de Madrid aceptase a convocar a una Junta de Información. En 1868 cambió su nombre por el de *La Opinión*, cesando su publicación poco después del estallido de la primera Guerra de Independencia (1868-1878).

A los tres meses de iniciada la Revolución de Yara, el general Domingo Dulce se hizo cargo de la capitanía general de la Isla, dictando una serie de medidas liberales destinadas a aplacar el espíritu de rebeldía que imperaba en el país. La primera de estas fue la Ley de Libertad de Imprenta, a cuyo tenor proliferaron unas 150 publicaciones de todas clases: por aquellos días fundó José Martí, que a la sazón sólo contaba 15 años de edad, el semanario *La Patria Libre*, que contó, además, con la colaboración de Rafael M. de Mendive y Cristóbal Madan.

Sin embargo, la libertad de imprenta no estaría llamada a gozar de una larga y fecunda existencia en la Isla: a los 33 días de haber sido proclamada, el propio general Dulce dictó un nuevo decreto restableciendo la censura, que se promulgó el 12 de febrero de 1869.

Poco después de firmada la Paz del Zanjón (10 de febrero de 1878), vio la luz el diario *El Triunfo*, órgano de la Junta Central del Partido Autonomista. Fue su primer redactor el andaluz Manuel Pérez de Molina, a cuya muerte lo substituyó el patricio Ricardo Delmonte. Sometido a la implacable hostilidad de las autoridades coloniales, el diario cambió su nombre por el de *El Trunco* y luego por el de *El País*, con el que siguió apareciendo hasta el 31 de diciembre de 1898, e que se presentó como *El Nuevo País*. Durante este período aparecieron *La Discusión* (1879), que por varias condenas del Tribunal de Imprenta adoptó los nombres de *El Combate*, *El Palenque*, *El Tonto*, *La Protesta*, *La Palanca*, *El Porvenir*, *La Libertad* y *La Lucha*; *La Habana Elegante* 1883, cuyo director, Enrique Hernández Miyares, fue excomulgado en 1889 por el obispo de La Habana; *El Fígaro* (1885); *La Habana Literaria* (1891); *Las Avispas* (1892) y las *Hojas Literarias* (1893). Redactadas por el prócer Manuel Sanguily, y varias veces denunciadas por el Fiscal de Imprenta de La Habana. En 1892 José Martí funda en Nueva Cork el periódico *Patria*, órgano del Partido Revolucionario Cubano, en el cual colaboran, entre otros, Manuel Sanguily, Diego Vicente Tejera, Francisco de Paula Coronado, Gonzalo de Quesada, Tomás Estrada Palma y Enrique Fernández Miyares.

A los cuatro grandes diarios que sobrevivieron a la dominación española –*El Nuevo País, La Discusión, La Lucha*, y el *Diario de la Marina*– vino a sumarse un nuevo título, *El Mundo*, fundado en 1901 por Rafael R. Govín, y cuya redacción quedaría a cargo del insigne periodista Manuel Márquez Sterling.

Con la proclamación de la República (1902), nace la *Gaceta Oficial*, diario del Estado cubano. Cuatro años después surge *La Nación*, diario fundado por Manuel Márquez Sterling y Enrique Collazo, y que el gobierno habría de clausurar con motivo de la publicación del artículo «Contra la ingerencia extranjera, la virtud doméstica», debido a la pluma de Márquez Sterling. Antes de finalizar la década aparecen *Cuba* (1907), continuador de *El Nuevo Paós* y *El Imparcial* (1907).

Entre 1910 y 1920 aparecen los rotativos *El Día* (1911), diario político de tendencias conservadoras, fundado por un grupo de periodistas que se separaron de la redacción del *Cuba*; *La Noche* (1912), *Heraldo de Cuba* (1913), fundado por Manuel Márquez Sterling, quien al año siguiente dejó la dirección a manos de Orestes Ferrara, y *Diario de Cuba* (Santiago de Cuba, 1917), así como las revistas *Bohemia* (1910), *Social* (1910), *Revista Bimestre Cubana* (segunda época, 1910), *Cuba Contemporánea* (1913), en la cual colaboraron los más notables escritores hispanoamericanos de la época, y *La Reforma Social* (1914), dirigida por Orestes Ferrara.

En 1923 vio la luz *El País*, diario político liberal y de información, y un año después se fundó *Carteles*, primer semanario impreso en foto-lito sistema offset, con cuyo esfuerzo quedó Cuba a la vanguardia del progreso de las artes gráficas en todo el mundo. En 1925 aparece el hebdomadario satírico *La Semana*, fundado por Sergio Carbó, y el mismo año comienza a publicarse el diario *La Correspondencia* de Cienfuegos.

Un año después de iniciado el gobierno del general Gerardo Machado, comienza a aparecer el mensuario *Atuei* (1926), redactado por Aureliano Sánchez

Arango y Enrique Delahoza, con dibujos de Ramón Arroyo («Arroyito»). En 1927 aparece el primer número de la *Revista de Avance*, órgano del Grupo Minorista de La Habana, redactada por Jorge Mañach, Juan Marinello, Francisco Ichaso y Felix Lizaso. En aquel mismo año comienzan a publicarse los rotativos *Excelsior*, diario político cooperativista que dirigía el periodista español Manuel Aznar, y *Última Hora*. En 1929 Julio Gaunard funda *Karicato*, semanario satírico, competidor de *La Semana*.

En 1931 se publica el primer número del diario *Información* fundado en el *Diario de la Marina* por Pepín Rivero y Santiago Claret, y un año después la oposición antimachadista halla un vehículo de expresión en el cotidiano *La Voz*, que dirigió Carlos Garrido. La incorporación del estudiantado universitario a la lucha revolucionaria contra la dictadura de Machado se traduce en la aparición del diario *Alma Mater* (1933), órgano del Directorio Estudiantil, que salía en los talleres del antiguo *Mercurio*.

Durante el turbulento período posterior al derrocamiento de Machado (12 de agosto de 1933), Guillermo Martínez Márquez funda el diario *Ahora*, redactado por la mayoría del personal de *El Mundo*. En 1934 aparecen *Acción*, órgano oficial del partido ABC, cuyo primer director fue Jorge Mañach, y *El Crisol*, fundado por Julio César Fernández Rebull. Al año siguiente ve la luz *El Avance Criollo*, fundado también en el *Diario de la Marina* por Pepín Rivero y Oscar Sayas.

La normalización del proceso posrevolucionario se traduce en la creación de nuevos órganos de expresión. Entre 1936 y 1937 aparecen trece diarios y revistas de importancia: *Alerta* igualmente fundado en el *Diario de la Marina* por Pepín Rivero en 1936; *Chic* (1936); *Oriente* (Santiago de Cuba, 1936), *Romance* (1936); *El Siglo* (1936); *Luz* (1937); *Baraguá* (1938), tabloide quincenal dirigido por José Antonio Portuondo y redactado por José Z. Tallet, Aureliano Sánchez Arango, Raúl Roa y Herminia del Portal; *Noticias de Hoy* (1936), órgano del Partido Comunista de Cuba, dirigido por Pablo Carrera Jústiz; *Zig-Zag* (1938) y *Mañana* (1939).

Durante el período comprendido entre 1940 y 1959, la prensa cubana acusa un marcado ritmo de expansión, desbordando el propio ámbito nacional y alcanzando un alto nivel de superación técnica y profesional. La revista «Bohemia», de circulación continental, alcanza tiradas de más de medio millón de ejemplares. Aparecen nuevas publicaciones: *Prensa Libre, Tiempo en Cuba, Diario Nacional, La Tarde, Ataja*. En 1958 se editaban 58 diarios en todo el país, con una tirada cotidiana de unos 800.000 ejemplares; la media nacional llegaba, pues, a unos 130 periódicos por cada 1.000 habitantes, lo cual colocaba al país entre las trece primeras naciones de Hispanoamericana en cuanto al per cápita de diarios.

Al triunfar el movimiento revolucionario encabezado por Fidel Castro, los diarios subordinados a los intereses políticos del ex presidente Fulgencio Batista

Tiempo en Cuba, Alerta –que Ramón Vasconcelos lo había comprado al *Diario de la Marina*–, *Ataja* y *Pueblo*, fueron confiscados por el nuevo gobierno, así como el cotidiano *Mañana*, cuyo director había sido acusado de haber sido personero del depuesto dictador en varios negocios privados importantes. En lugar de las mencionadas publicaciones, comenzaron a aparecer *Revolución* (órgano del Movimiento Revolucionario 26 de Julio), *Combate, La Calle* y *Replica*, sostenidos todos ellos con los aportes económicos el Estado.

A los pocos meses de instaurarse el poder revolucionario, la prensa adicta al gobierno desencadenó una violenta campaña de descrédito contra los diarios y periodistas independientes, acusándolos de haber recibido dádivas y subvenciones de la depuesta dictadura, En las ciudades y pueblos del interior, las turbas, instigadas y protegidas por las autoridades, impidieron la libre distribución del *Diario de la Marina, Prensa Libre* y *El Avance Criollo*, quemando sus ediciones. Más de treinta periódicos de provincias tuvieron que suspender su publicación o fueron incautados por el gobierno.

En los muelles de La Habana, los estibadores portuarios, instigados por agitadores comunistas, exigieron (y obtuvieron) el pago de jornales dobles por la descarga del papel destinado a *Prensa Libre* y *Diario de la Marina*. A fines de 1959, el Colegio Provincial de Periodistas de La Habana, dominado por el gobierno, acordó poner en práctica el procedimiento de añadir una apostilla aclaratoria «coletilla» al pie de cada información nacional o extranjera, artículo o editorial que a juicio de los miembros del «Comité Local de Libertad de Prensa» existente en cada empresa periodística, no se aviniera al pensamiento oficial. Durante ese mismo año el gobierno asumió el control del *Diario Nacional*, que poco después dejo de existir.

Diario Libre, sucesor de *Mañana*, pasó a formar parte de la Escuela Nacional de Periodismo como centro de aprendizaje práctico. En enero de 1960, la dirección de *Avance Criollo* rehusó seguir imprimiendo el diario a menos que no se suprimieran las apostillas aclaratorias; un grupo de periodistas y obreros partidarios del gobierno ocupó la redacción y los talleres, comenzando a editar una hoja progubernamental. Dos días después el director de *Avance*, Jorge Sayas, marchó al destierro.

Excélsior y *El País* fueron intervenidos por las autoridades; en febrero de 1960, ambas publicaciones fueron clausuradas, quedando incorporado su personal a la Imprenta Nacional. Igual suerte corrió, en junio del propio año. El diario *El Crisol. El Mundo* fue intervenido y confiscado, comunicándosele una orientación solapadamente marxista.

En Mayo de 1960, agentes al servicio del gobierno ocuparon la redacción y los talleres del *Diario de la Marina* y *Prensa Libre*. Poco después cesó de publicarse el diario *Información*, último vestigio de la prensa independiente en el país.

El diario *Revolución*, vocero del gobierno, cesó su publicación y en su lugar apareció el cotidiano *Granma*, órgano del Comité del Partido Comunista de Cuba, que imprime, además, ediciones en inglés y en francés. Las informaciones internacionales de *Granma* provienen principalmente de la Agencia Informativa Latinoamericana *Prensa Latina*, órgano financiado por el gobierno cubano, *TASS, Deutsche Nachrichten* y otras agencias de noticias de los paises de la órbita soviética mientras duró la URSS. Entre los principales semanarios se cuentan *Bohemia, Verde Olivo, Mujeres, Cuba*, y *Juventud Rebelde*. La pugna ideológica entre los dirigentes de China Comunista y la URSS, determinó la clausura de *Problemas del Socialismo*, publicación doctrinal del Partido Comunista de Cuba, ante la «imposibilidad» de debatir públicamente los principios y argumentos formulados por ambas partes. En 1968 el diario *El Mundo* quedó transformado en un centro de aprendizaje práctico anexo a la Escuela de Periodismo de la Universidad de La Habana. Bajo la dirección de Ramón Perdomo, ex director de *Granma*, y su Consejo de Redacción compuesto de periodistas profesionales, miembros del claustro de profesores de la Escuela de Periodismo y delegados de la Imprenta nacional de Cuba, el nuevo órgano se consagró a la publicación de informaciones y artículos sobre el desarrollo científico, técnico y cultural del país. Poco después de la llegada al poder del tirano.

Hasta aquí la historia, muy en síntesis, de lo que fue la prensa en Cuba hasta que llegó al poder la dictadura más monstruosa de la historia de nuestro continente americano. Historia relatada, claro está, si detalles ni comentarios en torno a la misma y sin los hechos reales vividos por cada uno de sus directores como orientadores de la opinión en tiempos de libertad y de tiranía.
    Nosotros vamos a contar la nuestra. Es decir, vamos a contar la historia que nos tocó vivir a nosotros en este mundo desde que comenzamos a tener uso de razón: desde el hogar que nos vio nacer hasta los largos años de periodismo en muestra Patria y en el exilio. Sí, de periodismo, pero también de otras cosas que tuvimos que hacer y que vivir en otros campos lejos de Cuba desde que el demonio acabó con todas las libertades.

Ni mi pluma ni mi corazón han ido jamás en la búsqueda del triunfo por la necia y despreciable vanidad, ni del premio por el interés personal; mi pluma y mi corazón, por una cuestión de formación cristiana, han tratado siempre de conducirse por los caminos del buen éxito, sí, pero del buen éxito que no se traduzca en vanagloria ni engreimiento sino en la satisfacción por la conquista del ideal, o lo que es decir, por el servicio a la causa de la verdad, que ha de ser siempre la meta de un cristiano. Cuando en esta vida el cristiano recibe su recompensa por los esfuerzos realizados, éste ha de aceptarla como un hermoso regalo más de Dios y no como algo que necesariamente tenía que recibir. El católico que conozca bien la doctrina de Cristo y viva profundamente las esencias de sus enseñanzas se dará cuenta en todo momento de que él es quien está siempre en deuda con su Redentor. Por eso el orgullo y la vanidad por los reconocimientos y los honores recibidos tampoco tienen sentido, a nada conducen y es harto probable que desagraden a Dios.

Capítulo I
JUVENTUD

A Una corresponsal Clandestina que nos Informaba desde La Habana

Querida amiga:
Le agradezco todas las cosas estimulantes que me dice en su última carta.
¿Sabe que el viejo pino, sembrado por mi Abuelo fue echado al suelo por el ciclón Alma? Ese viejo pino me vio nacer, me vio gatear, me vio crecer, es testigo de mi vida.
Y yo lo quería casi como a un familiar. Tengo mucho deseo de ver ese «pedacito de cielo azul» de Cuba de que me habla en su bella carta.

El periodista que escribe contra la corriente por servir a la verdad casi siempre se encuentra con una mayoría de lectores inconformes. El periodista cristiano no usa la pluma en busca del agasajo popular: escribe para orientar contra viento y marea y ejerce su profesión convencido de que Cristo es su más amable y su más justo lector.

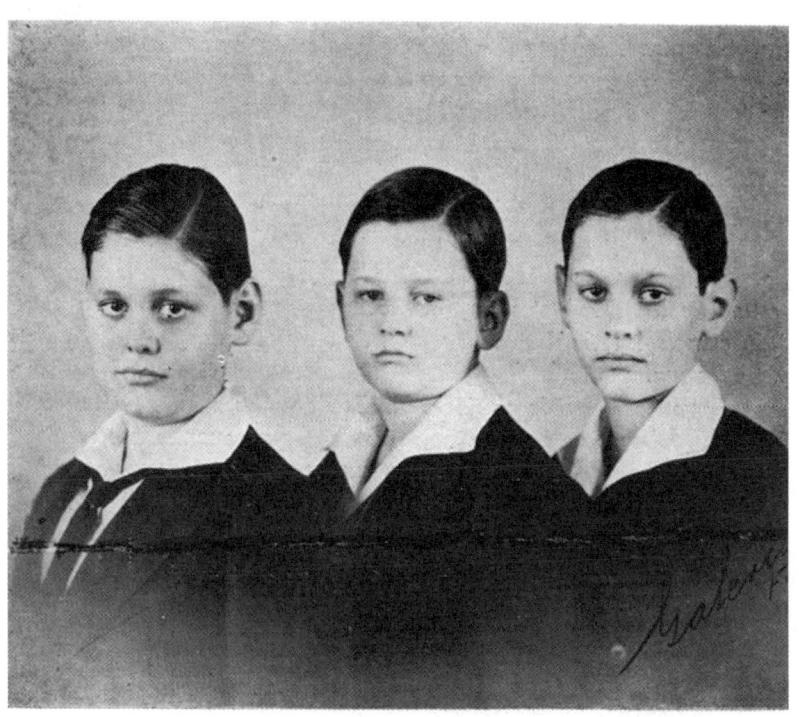

Las tres mejores "Impresiones" de Pepín

(Oscar, Nicolás y José I. Rivero, hijos del antiguo alumno de "Belén", Pepín Rivero, afamado escritor y director del "Diario de la Marina")

(Tomado de la antigua revista del Colegio de Belén)

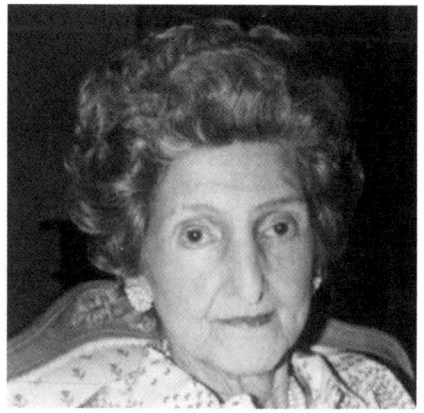

*Silvia Hernández Lovio,
nuestra madre.
Alma y corazón de Pepín Rivero.
Y de sus hijos.
Y del* Diario de la Marina.

*Pepín Rivero
Nuestra inspiración.
Defensor extraordinario
de la Religión, de la Patria
y de la familia.
Vivió toda su vida defendiendo los valores del espíritu,
rompiendo lanzas por las grandezas de Cuba y por
la dignidad del hogar cristiano.*

Juventud

Varias veces hemos regresado a la vida por un milagro de Dios. A la vida de este mundo que casi es la muerte. Primero en Cuba durante nuestro encuentro con la revolución comunista en el Poder que duró casi dos años. Después en el exilio con el típico estrés que produce la desolación de verse desamparado y de querer hacer y no poder por falta de recursos económicos –tanto tienes y tanto vales– y por hablar o escribir como si lo hicieras en el desierto... En Cuba teníamos el periódico más poderoso de la nación y eran muchos los que querían verse en él o defendidos por él. Pero llegó la maldita revolución castrista y los muchos se convirtieron en pocos, porque se contaban con los dedos de la mano los que se atrevían a poner un pie en nuestro despacho en los momentos en que se escuchaba a diario a manifestantes gritar: «Pepinillo paredón»...

Muchos años después de habernos salvado del salvaje comunismo nos dio una mañana un fuerte mareo. Después un «Stress test» que casi nos mata. Y luego un cateterismo que terminó con una operación del corazón. Tenía casi todas las arterias obstruidas de grasa o de una acumulación de «ingratitudes» sufridas que no podían registrarse en las placas del hospital. En 1990 por poco nos lleva a la otra vida tres paros cardíacos y un infarto que estuvo a punto de destrozarnos el corazón. Más de uno se puso en fila –como el ejército iraquí amenazando a Kuwait– pero sus malas intenciones abortaron frente al bisturí del cirujano.

Y seguimos en esta vida como Dios quiere. De seguro que El sabe que aún nos falta un tramo por recorrer en la tierra para merecer la felicidad de la vida eterna.

Todo esto lo comprendo y le agradezco al Todopoderoso la oportunidad que me ha dado siempre de sacudir el polvo que tantas veces se pega al alma de los hombres. Dios aprieta muchas veces para nuestro bien, pero jamás ahoga. Sólo se ahoga el que quiere...

Lo que como humano no acabo de entender como es posible que la naturaleza haya bloqueado nuestras arterias que jamás le han hecho mal a nadie y en 45 años no se le haya metido un sólo bloqueo a Fidel Castro que tanto daño le ha causado a la humanidad.

Un libro de memorias no tiene necesariamente que escribirse basado en todo lo que al autor le viene a la cabeza en los momentos en que se escribe. No es esto una novela sino una realidad vivida en ocho décadas de experiencias personales desde la niñez hasta el final de la vida, pasando por el tramo más largo de la misma que son los que el hombre tiene que enfrentarse a toda clase de responsabilidades hasta que se llega a la tumba donde se deja todo: desde las ilusiones mundanas hasta los sinsabores del tránsito terrenal.

Es verdad que la vida marcha en aeroplano, como me decía mi padre al cumplir los quince años. Me parece que fue ayer, como suele decirse, cuando a los diez años de edad me hicieron pronunciar un discurso en el salón de actos del Colegio de Belén de La Habana. Fue en el año 1930. Era un niño y me creía todo un hombre «hecho y derecho» a pesar de los pantalones «bombachos» de dril crudo y de la camisita de rallas azules acorde con el uniforme del colegio. El salón de actos estaba lleno. Mis padres estaban sentados frente al escenario. fue mi primera experiencia desagradable de una aparición en público. Mi padre no me quitaba la vista de encima, lo que hacía que se me aflojaran más las piernas de lo que ya las tenía. Se trataba de un debate de oratoria. A mi me tocó pronunciar un discurso titulado: «El civismo y los deberes iguales». tenía un pasquín en la mano izquierda y con la derecha gesticulaba durante mi «perorata» como si fuera un político de barrio. Yo apenas sabía lo que estaba diciendo. Me aprendí el discurso de memoria. Creo que a mi padre le flaqueaban las piernas más que a mi.

En aquel salón de actos se engendró en mi el miedo escénico que tanto me ha molestado en el transcurso de mi vida pública. La pluma, aunque de extraordinaria nada tiene, jamás me tiembla. Pero la improvisación casi me convierte en un paciente de «Parkinson»...

Aún guardo en el archivo de la memoria los párrafos que repetí casi como un loro y con la rapidez de un «relámpago». Entonces no estaba presente el colesterol en las arterias y por las carótidas corría la sangre como el agua por las cataratas de Niágara.

Más o menos decíamos esto en el escenario del Colegio de Belén: «Señores: También el civismo nos impone ciertas obligaciones para con nuestros iguales. De estos los más afines a nosotros son nuestros hermanos a los que debemos cariño y gratitud. Y si fuesen más pequeños, protección y buen ejemplo. Que hermoso cuadro es ver a todos los hermanos unidos íntimamente entre SI.

«Si los iguales son nuestros compañeros de colegio, también les debemos, en cierto grado, cariño, respeto y buen ejemplo, complaciéndolos en cuanto se pueda, no dejándonos llevar de la envidia por sus triunfos o adelantos, evitando cuidadosamente la delación de sus faltas ocultas; evitando las burlas necias y el empleo de nombretes; dándoles bromas sobre sus defectos, su poca inteligencia, su pobreza, etc.

«Ante todo debemos respetar la vida ajena: el que mata a otro es un homicida y si lo hace voluntariamente, es un asesino.

«Del mismo modo el duelo o desafio es un delito, a más de inmoral y degradante. Es necio porque pone al más débil o menos hábil a merced de su contrario. Degradante porque rebaja al hombre al nivel de las fieras.

«El buen ciudadano debe respetar los bienes ajenos materiales porque cada cual tiene derecho a gozar de lo que es suyo. Pero aún más preciosos que los intereses materiales son los morales, como el honor y la reputación.

«Lejos del que se tiene por buen ciudadano el arrebatar esos bienes. Y tal hacen los murmuradores y los calumniadores. Hay quien cree que el murmurar

Bosco y Feda nuestros perros favoritos

es una falta ligera y de buen tono, siendo terribles muchas veces los efectos de la murmuración y de la calumnia.

«¡Cuantos han perdido la vida, el trabajo, la tranquilidad del hogar por obra de un chismoso o de un calumniador!

«Finalmente, el buen ciudadano abnegado se sacrifica por el bien de sus conciudadanos ayudándolos a sobrellevar las desgracias, prodigando al desgraciado la limosna del cariño y del consuelo que son mucho más eficaces a veces que la limosna material. He dicho».

Es curioso que quince años después de este discursito me viera envuelto en la defensa de ese «civismo» y de esos «derechos iguales» desde la dirección del *Diario de la Marina*. Nunca hubiera pensado que quince años después de aquellas simples palabras que dije mirando de reojo a mi padre, hubiese tenido que acelerar la defensa de esos principios como Director del periódico más antiguo de latinoamérica. A mi padre le tocó enfrentarse con su genial pluma a la incredibilidad de la mayoría de sus defendidos. El previó todo lo que iba a ocurrir en Cuba. Casi lo decía a diario en sus magistrales IMPRESIONES. Le llamaban alarmista, exagerado, cavernícola, etc. A nosotros nos tocó enfrentarnos al comunismo en el Poder. Y cuando todo lo que brillaba y valía en Cuba tuvo que salir al destierro porque el comunismo acabó con todo, se reconoció que Pepín Rivero tenía razón.

El primero de abril de 1944 falleció mi padre cuando sólo contaba con cuarenta y nueve años de edad. Seis años después, el *Diario de la Marina* publicó unas páginas dedicadas a su memoria reproduciendo una serie de artículos suyos referentes a su familia. Hoy recordamos nosotros también en este libro sus virtudes de periodista ejemplar. Recordamos su capacidad de previsión, su entereza para defender sus ideas, la luz cada vez más ancha y firme que los hechos posteriores a su muerte han arrojado sobre sus doctrinas y batallas.

Pero aquella apasionada existencia de hombre público tenía un revés de serenidad y de sentimientos aferrados a lo fundamental de la vida, que merece siempre tanto recuerdo como la actitud de combatiente. Aquella ternura que supo desbordar más de una vez hacia los afligidos de la calle, era la cifra del Pepín Rivero en el hogar. Hijo que vivió siempre orgulloso de la memoria de su venerable padre, cumplió a plenitud el dictado bíblico. Honró padre y madre en forma superlativa.

Y después, cuando ya él fue el padre, amó a sus hijos en forma que casi parecía imposible de darse en hombre tan obligado a vivir hacia afuera, luchando, en vigilia, sin descanso, rodeado de enemigos y de absorbentes problemas.

Quien, viviendo como él vivió, supo encontrar siempre un instante para escribir a sus hijos que estudiábamos lejos, o para dedicarle horas al hogar, junto a su esposa, nuestra madre, tierno siempre y siempre cuidadoso de que sus hijos honrasen padre y madre como él lo hiciera, había de ser por fuerza un hombre llamado a servir las más nobles causas. Porque quien es buen hijo, es buen ciudadano; y quien es buen padre, es buen consejero y buen orientador. Bondad, ternura, amor, resplandecían siempre en sus artículos.

Sus adversarios sólo conocían al Pepín abrazado al poderoso «cañón» de sus ideas; a su indoblegable trinchera del periódico disparando sin tregua y «sin piedad» a todos los demagogos, a los farsantes, a los que le hacían el bochornoso juego a los comunistas del patio para «ganárselos» en la política o en el negocio...

El adversario de nuestro padre no conoció jamás su gran corazón que sin su grandeza jamás se hubiera ganado el del pueblo sencillo ni el de todos los cubanos que tenían mucho que perder en lo material, en lo noble y en lo legítimo.

Leyendo, a su trasluz, esos artículos paternales y filiales, reaparece de cuerpo entero no sólo la figura del Pepín Rivero íntimo, hijo ejemplar y padre inmejorable, sino también la figura del Pepín Rivero paladín de nobles y levantadas causas.

Los que trataron íntimamente a los grandes «arquitectos» del *Diario de la Marina*, Don Nicolás y Pepín Rivero, conocieron a dos hombres que sabían combatir con severidad a los enemigos de Dios y de la Patria. En Pepín conocieron también su nobleza y su inigualable y espontáneo humorismo con el que muchas veces «desarmaba» al contrario. En una polémica con el presidente Machado éste terminó diciendo: «Acuérdate, Pepín que yo tengo el ejército», y mi padre cerró la discusión respondiéndole: «Acuérdese, presidente, que yo tengo la Marina».

Me siento muy orgulloso cuando a mi edad aún muchos me llaman «el hijo de Pepín Rivero», blasón del periodismo nacional. Cuando me senté por vez primera –a los 23 años de edad– en el despacho de mi padre me pareció oír una voz interior que me decía: «no, no puedes. Esto es y será siempre mucho para ti». Pero Dios me abrió el camino, no para igualarlo que sería una tonta pretensión, sino sólo para honrarlo con mis esfuerzos y para quedar bien con mi conciencia.

Allá en Cuba está mi padre en su tumba sepultado con una herida de bala que casi le traspasó el corazón por defender la libertad y los intereses permanentes de la nación cubana.

Volviendo a los primeros años de mi juventud, recuerdo que no había texto en los colegios que no me aprendiera de memoria sin saber muchas veces el significado de lo memorizado. No sé por qué, pero había una materia que me costaba mucho retener en la cabeza: las matemáticas. Con los años me di perfecta cuenta de que no había nacido para los negocios. No llegué nunca a ser hombre de números. Mi profesión periodística la ejercía a bases de gastos. Es decir, jamás pregunté a la administración del periódico lo que costaba una edición especial o una nueva sección. Lo llevaba todo a cabo con la protesta de la empresa, pero nunca el *Diario* perdió dinero. Casi siempre la calidad, la inversión y el esfuerzo para mejorar el producto, aunque se incurra en gastos, quizás desmesurados, producen grandes dividendos. Mi padre tampoco era hombre de números, pero para eso tenía hombres a su alrededor que casi no entendían de otra cosa que de negocios. De las ideas se encargaba él...

A medida que fueron pasando los años –«en aeroplano»– me di cuenta de que la memoria se iba debilitando. La meditación, el pensamiento, la reflexión les iba ganando espacio en la «sesera» a la memoria. Una vez durante una acalorada tertulia en la escuela de periodismo de la Universidad de Marquette, en Milwakee, me atreví a decirle a un compañero de clase muy erudito que la memoria era la inteligencia de los brutos. Tenía mi oponente en la discusión una memoria de elefante. A mi se me habían olvidado dos de las reglas principales, según el libro de texto, para escribir un editorial. La más importante de las reglas, le dije, no está en el libro; es el discernimiento sobre sobre el tema que se ha de tratar. Por eso le aclaré enseguida que el pensamiento, no la memoria, era la inteligencia de los sabios.

Debido a la situación política imperante en Cuba en los años treinta mi padre tuvo que enviar a todos sus hijos a estudiar en los Estados Unidos. Su vida pública como periodista orientador enemigo del comunismo, de la demagogia y de la corrupción le produjo un atentado grave. Una bala disparada por uno de los agresores desde un automóvil se le incrustó en el pecho cerca del corazón. La misma bala le había traspasado la mano a Camilo Cortés que iba disparando sobre el hombro del chofer con una ametralladora Thompson. Los enemigos se dieron a la fuga dejando chorros de sangre en el «carro» y en la calle. Mi padre y su fiel guarda espaldas fueron atendidos en el hospital de Emergencia de la avenida de Carlos Tercero. Después los trasladaron para nuestra casa, donde al siguiente día el Dr. Benigno Sousa le extrajo la bala por la espalda sólo con anestesia local.

Pasé una juventud con mis hermanos llena de sobresaltos, pero ya nos habíamos acostumbrado a ese tipo de vida. A mi padre no le quedaba más remedio que estar acompañado de guardaespaldas armados. Fuera del *Diario de la Marina* tenían que vivir en nuestra casa y a veces, o casi siempre guardaban las armas debajo de nuestras camas porque en ocasiones tenían que usar las «Thompson», iguales a las que se velan en las películas de Chicago de la época de Al Capone y de Dillinger, desde las ventanas de nuestras habitaciones que estaban en el tercer piso de la casa de la Loma del Mazo en la Víbora. No le tiraban a dar a nadie, pero todo el que se metía en nuestro terreno del fondo tenía que ser sospechoso y al primer disparo desaparecía al instante. Un domingo mientras jugaba dominó mi padre con un grupo de amigos, sonó un petardo. A mi, que andaba con los hermanos y los primos de los alrededores de la «Loma», me sonó como una de esas bombas que se le disparaban a Hussein en estos tiempos.

Era, como decía anteriormente, una época de sobresaltos y de sorpresas. Me parecía natural la visita a la «Loma del Mazo» de los personajes más importantes de la época de mi juventud. Iban muchas veces en momentos de crisis política a oir la opinión de mi padre. Siempre me acuerdo de las veces que me ponía en broma la gorra de militar de Fulgencio Batista sin que él me viera y le decía a mis hermanos y a los curiosos parados en la calle: «Batista se pone el jacket y yo me pongo su gorra». Lo mismo hacía con el sombrero de pajilla de Ramón Grau San Martín. A Grau se lo escondimos una vez y pasamos las de Caín porque no lo encontrábamos. El viento se había llevado el sombrero y habla caído en la piscina. Lo encontró alguien dos días después en el fondo del agua.

Cuando ya habla terminado el primer año de bachillerato ingresé con mis hermanos en el colegio Malvern Preparatory School de Filadelfia. Estuve dando brincos escolares de un lado a otro. Terminamos en The Choate School de Wallingford, Connecticut. Después, la Universidad de La Habana donde estudié Filosofía y Letras por la libre. Para matricularme en la Universidad tuve que obtener primero la reválida en el Instituto de La Habana que estaba en la calle Zulueta al fondo del edificio del *Diario de la Marina*.

En ese tiempo le dije a mi padre, cuando estaba tomando ciertas clases particulares con el fin de terminar más pronto los exámenes, que el profesor que me estaba preparando para dicha reválida sabía menos que yo de las asignaturas que me enseñaba. «Pero muchacho –me respondió– ¿como te voy a creer semejante disparate?» «Te doy mi palabra de honor que no te miento, le dije. No es que yo sepa más que él; es que él sabe menos que yo». «Figúrate que, con la excusa de aprenderme mejor la gramática y la literatura españolas, se me ocurrió examinarlo yo a él. Una especie de trueque momentáneo. Me dijo ayer que Marañón era el mejor literato español de todas las épocas y no supo analizarme gramaticalmente una sola palabra de una frase que le di. Me dijo que «mejorarás era el pretérito pluscuamperfecto del verlo mejorar...»

Imposible de creer lo que le estaba contando, me respondió que el mismo se encargarla de hablar con el «profesor» personalmente. Lo hizo y se convenció de mi sincera acusación.

Más tarde me trasladé a Milwakee, Wisconsin, para estudiar periodismo en la Universidad de Marquette pues mi padre ya estaba muy enfermo y por sugerencia de los padres jesuitas, Rubinos y Galán yo debía prepararme para sustituirlo en caso de que Dios permitiera que nos faltara prematuramente a todos sus hijos y al *Diario de la Marina*. La experiencia de Marquette me sirvió de mucho porque además de las clases teóricas tenía que realizar trabajos técnicos en los talleres de la Universidad y conocer por dentro el funcionamiento del periódico «The Milwakee Journal». Claro que los talleres de la Universidad de aquella época distaban bastante de los que hoy usan los periódicos en la era de la computadora y de la impresión en frío.

Eso que cuento anteriormente de las clases particulares para la reválida de mi diploma americano, me recuerda también una vez que sentados todos en la mesa del comedor, que parecía casi de banquete debido a la cantidad de familiares que vivían con nosotros, mi padre le dice antes de comer a Nicolás mi hermano: «Quiero que me expliques a qué se debe la queja que me envía por carta el Padre Rector de Belén por tu mala conducta y tus peores calificaciones». Nicolás le responde enseguida diciéndole: ¿De verdad que tu crees todo lo que te dice el Padre Rector, papá? «No seas atrevido y respóndeme con la verdad y con respeto», le dijo mi padre. Todos en la mesa estábamos tensos porque creíamos que a nosotros también nos iba a caer alguna reprimenda. De repente Nicolás casi ceremoniosamente le dice: Con todo respeto te digo que no le hagas caso al Padre Rector, porque si crees lo que te dice de mi, no me va a quedar otro remedio que creer todo lo que me dicen de ti en la calle los que no están de acuerdo con tus ideas...

La comida comenzó y todos notábamos la sonrisa disimulada de mi padre.

Entre perros –llegamos a tener al mismo tiempo 14 gran daneses: Bosco, Feda y sus doce cachorros–, rifles, ametralladoras, automóviles blindados, amigos y familia –casi toda la Loma del Mazo era de los Rivero– transcurrió mi niñez y parte de mi juventud en Cuba. Hasta algunos enemigos nos visitaban pacíficamente. Una vez fue una comisión del Partido Socialista Popular (Partido comunista) a pedirle una cooperación económica a mi padre para comprar nuevas maquinarias para el periódico «Hoy», órgano oficial del partido. Mi padre les dio un cheque. Al siguiente día el periódico «Hoy» decía en un titular de primera plana: «Hasta Pepín Rivero coopera con el periódico de los comunistas». Y reproducían una foto del cheque en cuestión. Mi padre respondió en el *Diario de la Marina*: «Lo hice para que los enemigos de la propiedad privada se acostumbren a ser propietarios»...

Así transcurría mi juventud. Buenos y malos recuerdos. Alegrías y angustias. Dependiendo siempre de la agitada y azarosa vida periodística de mi padre. En los veranos mientras él y mi madre visitaban distintos paises de Europa, nosotros sus hijos nos quedábamos en San Sebastián, España, acompañados de nuestra tata y de algunos familiares que casi siempre se montaban en el mismo barco que nos llevaba a Francia desde Nueva York.

Recuerdo perfectamente un día que estando en la playa La Concha de San Sebastián sentado en la arena con mis hermanos se armó un alboroto en la misma. Un «molote» de gente se había aglutinado frente al mar. Un diplomático negro como el carbón de un país africano con un traje de baño negro se hallaba acostado en la orilla disfrutando del sol. Creo, según mi memoria, que era la primera vez que se vela por aquellas playas un ser humano de esa raza, según nos dijo un guardia que pasaba cerca de nosotros.

¡Lo que va de ayer a hoy en el mundo! Ahora casi resulta una novedad ver a un blanco en los programas cómicos de la televisión norteamericana después de tantos años de discriminación racial ...

A medida que iba pasando el tiempo también íbamos creciendo nosotros (verdad de perogrullo) Pero crecíamos mas por dentro que por fuera aunque no dejábamos atrás el crecimiento físico. Llegábamos a la edad en que casi todos los jóvenes comienzan a hacer deportes. Al menos nosotros no lo habíamos hecho nunca. Teníamos que haber ingresado en el colegio Choate para que nuestro cuerpo comenzara a experimentar los efectos del ejercicio físico. Teníamos 18 años y nos encontrábamos entre libros y regateando con los remos en el lago todas las tardes después de las clases. El deporte era obligatorio en ese gran colegio de Wallingford Connecticut. Nosotros escogimos ese en la primavera y el otoño. En el invierno optamos por la lucha libre.

Con los remos comenzarnos a darnos cuenta de lo importante que era en la vida lograr el primer lugar o de llegar a la meta con el mayor esfuerzo aunque otros llegasen primero... Lo mismo nos ocurrió en las competencias de lucha. Este deporte le enseña a uno como defenderse en el terreno de la vida profesional y sobre todo en la vida publica. Aprende uno a no dejarse poner un «pie» encima...

Mas tarde nos llego la hora de estudiar periodismo después de haber pasado por la escuela de Filosofía y letras en la Universidad de La Habana. Ya esto lo hemos mencionado en este capitulo. Allí pasamos por una experiencia que nos sirvió para modernizar el periodismo en Cuba cuando tuvimos que sustituir a nuestro padre en la Dirección del *Diario de la Marina*. No se me olvida la vez que como experimento quise hacer algo parecido a las publicaciones norteamericanas. Llame a mi despacho a Eugenio Karreno, uno de Los grandes fotógrafos de nuestro *Diario* y le dije: preparate con la cámara y llena la maleta de películas. Dile a Oscar mi hermano el administrador que te compre un pasaje de ida y vuelta en tren a Santiago de Cuba y te de el dinero necesario para tus gastos. Vas a hacer el primer reportaje gráfico de un viaje en tren por toda la república. Reportaje de interés humano porque tienes que traerme fotografías de los viajeros sin que se den cuenta de que los estas fotografiando: durmiendo, comiendo, subiendo a una cama de arriba a alguna persona gorda y que se de cuenta el lector del trabajo que pasa para subir a su cama...

El reportaje resulto tan bueno que le dedique cuatro paginas del rotograbado. Continúe con esta técnica periodística aplicada a casi todos los sectores del periódico.

«Teníamos 18 años y nos encontrábamos entre libros y regateando con los remos».

Era el otoño de 1942. El mundo estaba en plena guerra mundial. Ya España hacía rato que habla arrasado con los comunistas en la guerra civil más espantosa que recuerda la Historia. Hitler quizo entrar en tierra española para llegar a acuerdos con Franco pero este sólo le concedió una entrevista en la frontera de Francia con España. Y allí acabó todo. Hitler volvió para Alemania sin lograr lo que pretendía. Y Franco regreso a Madrid con la frente alta sin hacerle el juego al «Eje» y sin hacérselo tampoco a los «aliados». Francisco Franco conocía a bien las torcidas intenciones de los ingleses, norteamericanos, y rusos. Pero conocía también las «torcidas» intenciones de Adolfo Hitler y sus compañeros de guerra... De estas peripecias políticas y guerreras sabía mucho el gallego del Ferrol. El salvador de la integridad y de la vergüenza española.

En medio de aquella situación mundial tomamos un avión en La Habana hacia Miami para salir en tren rumbo a Nueva York y de allí a Chicago y a Milwakee para comenzar nuestros estudios de periodismo. Hicimos todo el viaje hasta Nueva York con José Gash Prieto (Pepe), gran amigo de mi padre, primero y de nosotros después desde que iniciamos aquel viaje juntos. Gash iba a Nueva York a comprar material en almacenes de exportación para su conocida tienda de La Habana, «La Filosofía». Era mi primer viaje en avión. La experiencia fue fatal porque casi llegando a Miami el avión se metió en una tormenta tan cerrada y tan llena de rayos que llegué a pensar que no aterrizaríamos con vida. Desde entonces los aviones para mi eran purgatorios volantes.

Pero llegamos a Miami sanos y salvos después de un aterrizaje casi forzoso. En la aduana me hicieron un registro como si se tratara de un contrabandista o de un espía de Hitler o de Mussolini. Al fin, después de unas dos horas de interrogatorio, me dejaron salir de la habitación donde se me tenía retenido dándome instrucciones de lo que un extranjero podía y no podía hacer en los Estados Unidos en aquellos tiempos de guerra. Con la vida de estudiante en Cuba rodeado de guardaespaldas y de ametralladoras y con la experiencia de la aduana de Miami casi me sentía atacado por el delirio de persecución... La gota que llenó el vaso fue la vivencia de mi primera noche en Chicago antes de tomar el tren hacia la Universidad de Marquette de Milwakee. El consul de Cuba en aquella ciudad me habla reservado un cuarto en el Hotel Hamilton en el mismo centro de la ciudad. Abrí la gaveta del escritorio para escribir una carta a mis padres y me encuentro con una serie de papeles que decían confidenciales. Entre los papeles y las carpetas hablan mapas, reglas y lapiceros. Lo primero que me pasó por la cabeza fue que todo ese material se le habla quedado olvidado a algún militar que habla estado en esa habitación. Otra idea que me pasó por la mente fuc la de que me hablan puesto todo eso allí para ver cual era mi reacción. Nada, que entre el mal rato del avión de Miami, el otro mal rato de la aduana del aeropuerto y luego con eso del Hotel de Chicago me sentí como perseguido. No hice nada esa noche. Me quedé dormido con un ojo cerrado y el otro casi abierto.

Por la mañana, antes de pedir el desayuno en la habitación, llamé por teléfono al consul y le describí con detalles todo lo que me habla encontrado en el escritorio. Enseguida, sin hacerme pregunta alguna, me dijo: «no toques nada, José Ignacio, voy ahora mismo a llamar a un coronel Intimo amigo mio para que me aconseje, y enseguida salgo para allá». A la media hora ya estaba en mi cuarto el cónsul de Cuba. Vió todo lo que estaba en la gaveta y me dijo: el coronel quiere que le lleve todo a su apartamento para revisarlo y decidir qué hacer con eso». Claro que yo también fuí a conocer al coronel por si las moscas... Era bueno tener un amigo o una buena conexión con el ejército pues ya no las tenía todas conmigo. El «Jueguito» era ya mucho y muy seguido.

La experiencia de Marquette University fue para mi muy provechosa en cuanto a mi profesión periodística. Claro que el periodismo se aprende mucho mejor ejercitando el sentido común todos los días y llevando al papel lo que uno ve y lo que no ve pero se lo imagina, aunque se tenga que emborronar mucha tinta o tirar al cesto mucha cuartilla. Pero para el que aspira a ser periodista técnico aunque no se escriba jamás una sola línea, hay que aprender a hacer un periódico o una publicación cualquiera. Para esto hay que tener también sentido común y sobre todo imaginación. Hay periodistas que prefieren serlo sólo en la escritura, ya sea el reportaje, el artículo o el editorial. Y los hay que les gusta hacer las dos cosas: periodismo técnico y escrito. El primero es más bien teórico. El segundo es intelectual. La combinación de las dos cosas hace al periodista completo. Durante toda mi vida he visto trabajar a periodistas técnicos haciendo maravillas con el emplanaje de periódicos y sin saber escribir una sola línea de editorial, de reportaje ni de artículos en general. He conocido y tratado a muchos que escriben editoriales, artículos y reportajes de maravilla, pero que «no dan pie con bola» en cuanto a lo que tiene que ver con el emplane y mucho menos con la tipografía. En el campo del periodismo existen las especialidades y los gustos. Como existen también en las demás profesiones. Los médicos, por ejemplo, tienen sus especialidades aunque conozcan la medicina en términos generales.

En Marquette University di los primeros pasos en el aprendizaje teórico o práctico en cuanto a la técnica de la confección de un periódico. Las reglas son las mismas. Los gustos son personales y por lo tanto, diferentes. Los titulares; las letras; los corondeles; las plecas y las interlíneas son las mismas en todo tipo de publicación, ya sea en confección caliente como en frío Lo único que varía es la forma de colocar los materiales en las páginas: el toque personal de cada emplanador. En Cuba –no sé en otros paises– el director del periódico se mete en todo. Sabe un poco o mucho de cada cosa de un periódico. En los Estados

Unidos de América los periódicos tienen directores para cada cosa: los periódicos tienen varios directores. Cada uno tiene su responsabilidad y su capacidad. Para el periodismo norteamericano la producción se hace como una industria cualquiera. Cada uno es experto en su misión. El reportero se dedica sólo al reportaje. Es casi un detective en su misión. El editorialista no se sale de la página editorial. Los directores y subdirectores son periodistas que tienen que saber de todo lo concerniente al periodismo en general pero sólo intervienen en la política general de la publicación. Lo demás lo hacen a través de sus asociados o jefes de secciones.

Los fines de semana los pasaba en Chicago todo el tiempo que estuve en Marquette. Tomaba un tren en Milwakee a la ida y a la vuelta. Yo era uno de los poquísimos estudiantes que no vestía uniforme de militar. Era extranjero y poseía un carnet de estudiante para que no me reclutaran en el ejército. No se me olvida nunca las veces que desde Chicago hasta Milwakee tuve que dormir en el suelo del tren porque los soldados tenían preferencia en todo, inclusive a los asientos. Estas experiencias desagradables me dieron pie muchas veces para presentar temas en la Universidad sobre reportajes de interés humano además de editoriales para exámenes y para enviarlos desde allá al *Diario de la Marina* que se publicaban a toda página y con fotografías por dos razones muy fáciles de entender: porque se trataba del hijo de Pepín Rivero, el Director., y porque aún no había aprendido a escribir corto. Cosa difícil cuando uno dispone de todo el espacio que desea. Años, muchos años después, en pleno exilio cubano, estuvimos escribiendo en el *Diario Las Américas* de Miami. Al principio nuestros artículos eran largos, muy largos, lo reconozco. Es que el espacio que teníamos era amplio y queríamos llenarlo con todo lo que teníamos en la cabeza sobre el caso de Cuba. Lo mismo me ocurrió en Cuba: disponía, claro está, de todo el espacio que quería. ¿Quien se hubiese atrevido a sintetizar las palabras o el pensamiento del Director? Pero yo mismo me acostumbré a recortar mis ideas y mis palabras en el exilio. Primero en el *ABC* de Madrid y después en el Diario de Horacio Aguirre que trasladó mi columna para la página editorial con menos espacio que de costumbre. No nos quedó más remedio que medir nuestras palabras para que no le diesen pase al artículo. Tengo por experiencia que muy pocos lectores leen los «pases».

«A la fuerza ahorcan»... No me quedó más remedio que adaptarme al nuevo espacio. Pero, después de todo, me vino bien. Aprendí a escribir corto, cosa que beneficia al columnista, al lector y al periódico en estos tiempos del tercer milenio en que todo se tiene que hacer rápido pues de lo contrario uno se queda atrás...

Pasó el tiempo. El mundo seguía en guerra. Llegó el ataque a Pearl Harbor y los Estados Unidos le declaran la guerra al Japón. Se desata en toda Norteamérica una psicosis contra todo lo que oliera a japonés. El colmo llegó hasta cambiarle el nombre a los lápices «Mikado» por el de «Mirado» mientras por otra parte se ponía de moda todo lo ruso: el baile ruso, la ropa rusa, la música rusa. Ya puede suponer el lector como nos sentíamos oyendo tanta «balalaika» y tanto loa a la Rusia comunista pues siendo hijo de Pepín Rivero se nos habla impregnado su anticomunismo en el alma y en el entendimiento desde que tuvimos uso de razón.

El conflicto seguía a todo tren. Mejor dicho, a todo avión y batallas navales. Y nosotros seguíamos en Milwakee bajo la nieve y el intenso frío, rodeados de marinos y de soldados por todas partes.

Un día recibimos un número del *Diario de la Marina* y al hojearlo nos encontramos con unas líneas nuestras que habíamos escrito en plena clase de redacción y lo habíamos enviado al periódico con la ilusión de que se publicara pero sin esperanza alguna de que apareciera en sus páginas. ¡Qué alegría! Al fin veía en letras de molde algo de mi cosecha periodística. Nada de especial pero lo suficientemente aceptable tratándose de un principiante en el campo del periodismo.

Llevábamos ya algún tiempo en Marquette y un día se nos ocurrió entrevistar al director de la Escuela de Periodismo, John L. O-Sullivan con la ilusión también de que se publicara en el diario de mi padre. Después de recorrer con agrado creciente todos los departamentos del enorme edificio que los jesuitas han elevado para la escuela de Periodismo –y que ya me conocía de memoria– me llevó el decano a su oficina, donde, pues la ocasión no era para desperdiciarse, le abordé de inmediato.

Confeccionamos en la habitación de la Universidad el trabajo periodístico que se publicó en el *Diario de la Marina* con otros sucesivamente. Esta entrevista era larga. Se publicó toda –como los demás trabajos– en una edición del periódico sin quitarle una línea. Esto significaba para nosotros un gran estímulo. Sabíamos que la teoría y la práctica en cualquier carrera son hermanas. Todo en esta vida tiene su base. La base es la teoría, pero de nada sirve la misma si no va acompañada de la práctica.

Los cursos de Marquette, por ejemplo estaban adaptados después de larga experiencia para dar a los estudiantes la seguridad de que al salir de sus aulas llevan una preparación completísima para moverse con naturalidad y pleno éxito en el anchísimo campo del periodismo. Los profesores todos tienen extensa práctica en todas las fases del periodismo. El estudiante sale con preparación para emprender lo conocido y con tal flexibilidad y madurez mental que puede dedicarse a cualquier trabajo de especialista, como la radio, por ejemplo. Por lo menos en aquellos tiempos en que aún la televisión estaba en pañales. Para la radio Marquette tenía cursos especiales. Viene a ser una curiosa mezcla de composición y oratoria. Otro de los campos de especialidad es el del anuncio. Hay estudiantes que se preparan con la mira de ser maestros de periodismo. Desde que entran hasta que salen los estudiantes trabajan en las mismas condiciones que en un gran periódico. Cada estudiante tiene que pasar en un tiempo marcado por las distintas publicaciones que se hacen en la Universidad.

Marquette por los años treinta y cuarenta poseía los equipos y materiales más modernos para una redacción. El estudiante vivía en el periódico. Teníamos los mejores servicios de la U. P. y de la A. P. Los talleres de imprenta y linotipos eran inmejorables. La rotativa era la más moderna. Todo eso era cuando nosotros estudiábamos en ella. En estos tiempos de la computadora, del Internet, del «Off Set» no sabemos lo que tendrán. Quizás hayan construido más edificios y sustituido el plomo por lo electrónico. No lo sabemos porque desde que llegamos al exilio en el año 1961 en que, con extraordinaria delicadeza, nos otorgaron junto a cuatro grandes empresarios norteamericanos el doctorado Honoris Causa en letras, no hemos vuelto a esa querida Universidad.

Recuerdo que el decano O-Sullivan terminaba aquella entrevista que le hicimos diciéndonos que para trabajar en un periódico o en cualquier otro medio periodístico no hacía falta pasar por una escuela. «Si fuera así –nos decía– se acabaría una libertad fundamental. Además da la casualidad de que muchos de los grandes maestros de periodismo americano del pasado y del presente, nunca fueron a escuelas de periodismo. Sería como no permitir hacer poemas sino a los que estudian los preceptos literarios. Las escuelas de los Estados Unidos son para elevar el nivel de la generalidad de los periodistas y darles instrucción apta. Hay que tener en cuenta algo importantísimo: el periodismo no es una carrera sino un conjunto de muchas carreras o un resultante de todas ellas. Lo que hace grande y apto al periodista es el tener una visión exacta y real de todo. Eso no lo da una Escuela, sino se obtiene con el inteligente contacto social, dominando, en general, todas las ramas de las artes y las ciencias y, sobre todo, con el conocimiento hondo y amplio del pueblo para quien él escribe.

Pasaba el tiempo. Seguíamos en Marquette. Joven, muy joven aún, ya nos creíamos periodistas de «pelo en pecho» y queríamos volver a Cuba. Allá nos esperaban muchas cosas con las que soñábamos todos los días, o casi todos los días: Mariita, la futura esposa, la madre de nuestras cuatro hijas; la futura abuela de nuestros doce nietos. En La Habana nos esperaba ya la redacción y los talleres del *Diario de la Marina*. No sabíamos aún lo difícil que iba a ser meternos de lleno en lo nuestro. Nos faltaba esa experiencia: la de aspirar a posiciones que le hacían «sombra» a otros ... aunque la aspiración fuera legítima y natural. Mas adelante en estas memorias hablaremos del proceso de esas ilusiones que creíamos que eran muy fáciles de convertirlas en realidad en un santiamén.

41

Llegábamos casi al final de nuestros estudios en Marquette cuando recibimos un aviso del Ejército para que nos presentáramos en sus oficinas de reclutamiento de Milwakee. Al siguiente día nos enteramos que teníamos que dejar la Universidad e ingresar en un campamento de entrenamiento militar. ¡Para qué fue aquello! Si estábamos ya tensos porque nos faltaban los últimos exámenes la noticia militar nos puso los pelos de «punta» hasta el «punto» de tener que tomar «Ecuanil», el calmante que estaba de moda en aquellos tiempos y que casi todo el mundo le llamaba «I don't give a dam» ...

Llamamos a Aurelio Fernández Concheso que entonces era embajador de Cuba en Washington y nos dijo que nos fuéramos enseguida de la Universidad y nos refugiáramos en la embajada hasta que él resolviera el asunto con las autoridades pertinentes. Le dijimos que sí, pero antes nos examinamos para no perder el curso. Nos despedimos de todos, de alumnos y profesores, y tomamos las de Villadiego en un tren desde Chicago a Washington. A Concheso le costó más de un mes para resolver el asunto de nuestra salida de los Estados Unidos. En ese tiempo sentí por vez primera lo que era ser un refugiado. Pero no podía quejarme porque mientras tanto desayunaba, almorzaba y comía como todo un embajador.

Detrás de nosotros la escuela de periodismo que visitamos muchos años después para recibir el Doctorado Honoris Causa de la Universidad de Marquette.

El Decano de la Escuela de Periodismo de la Universidad de Marquette, James O'Sullivan, vino a Miami a informarnos sobre la distinción que nos hacía la Universidad.

De nuevo en La Habana

Después de haber pasado por la experiencia de la Universidad de Marquette y del temporal refugio en la embajada de Cuba para librarnos del servicio militar (para mi ya eso fue más que una guerra) pudimos embarcarnos en Miami en el barco «Florida» hacia La Habana. Al «Florida» le llamábamos «Floridita» porque en realidad era un barquito comparado con los barcazos que recorren el Caribe de hoy entrando en el tercer milenio de nuestra era.

Cuando pasábamos por el Morro antes de atracar en el muelle de la P&0 nos sentíamos más felices que Cristobal Colón cuando descubrió a Cuba. No era la primera vez que experimentábamos esa alegría. La vivimos muchas veces cuando durante años regresábamos a la Patria y al calor después de tantos inviernos en los Estados Unidos. Sobre todo al calor de la familia y de los amigos de siempre.

Enseguida comenzamos a empaparnos dentro del *Diario de la Marina* de todo lo concerniente a su organización interna. Se nos hacía ahora mucho más fácil debido a los conocimientos adquiridos en Marquette y en los periódicos americanos. Pero casi resultaba para nosotros un mundo nuevo en el campo del periodismo. Pepín nuestro padre, bastante enfermo ya, le dijo al administrador del periódico que nos asignara una cantidad pequeña a la semana para que comenzáramos a trabajar de una o de otra manera en la redacción y talleres del *Diario*. Me sirvió de mucho ese trabajo. Con la experiencia adquirida en el Norte y con los nuevos conocimientos de nuestro propio, «patio periodístico» pudimos reunir una serie de valores necesarios para situarnos al lado de nuestro padre.

Mientras practicaba en el *Diario* escribía una sección que la firmábamos con el seudónimo de «Equis de Maldonado». Se trataba de reportajes cortos, entrevistas y notas relacionadas con la Iglesia Católica. Siempre por las mañanas antes de ir al *Diario* pasaba por alguna parroquia o iglesia para buscar material publicable. En la redacción le daba forma al material recogido y se publicaba al siguiente día. Nadie se enteró jamás que ese «Equis de Maldonado» éramos nosotros. No quería que nuestro padre nos fuera a llamar la atención o que creyera que teníamos pretensiones de escritor o de redactor. Creemos sinceramente que lo que hacíamos por aquella época era escritura de principiante y de ningún otro valor que no fuera el de contribuir a servir a la Iglesia, cosa que ya lo hacía a plenitud y con verdadera inteligencia nuestro centenario periódico.

Un día nuestro primo Francisco Ferrán y Rivero (Pancho) nos dice: «Bebo, tenemos que organizar una tanda de 'Ejercicios Espirituales' para todos los primos que vivimos en la Loma del Mazo». Enseguida le dije que sí, aunque ya los habla hecho muchas veces en el Colegio de Belén. Pancho a eso de Belén nos dijo que «de chiquito no se valía», que era muy distinto hacerlos cuando se alcanzaba la madurez en la vida y que no obstante nuestra poca edad ya teníamos suficiente discernimiento para asimilar las grandes verdades que Dios llevó a la mente privilegiada de San Ignacio de Loyola. Sólo en retiro de varios días en silencio meditando sobre ellas uno es capaz de cambiar radicalmente su vida hacia los caminos del bien y de lo que Dios quiere de cada uno de nosotros.

Hicimos los Ejercicios Espirituales con todos los primos de la «Loma» que éramos casi un ejército familiar. Dirigió la tanda el sabio y santo Padre Felipe Rey de Castro, fundador de la «Agrupación Católica Universitaria». Esos Ejercicios Espirituales nos convirtieron en miembros de la «Agrupación». En aquella época, aún solteros y principiantes en el campo del periodismo y del apostolado católico, íbamos con Francisco en guagua todas los sábados y domingos a la Agrupación. Allí conocimos, entre otros que más tarde llegaron a ser grandes amigos nuestros, a Juan Antonio Rubio Padilla, a Charles Martínez Arango, a Francisco Pérez Vich, a José Ignacio Lasaga, etc.

Todo el año 1943, el último año de mi soltería después que terminamos los estudios en los Estados Unidos, lo dedicamos a tres cosas para nosotros fundamentales: nuestro contacto diario con el periodismo; la vinculación interior y exterior con la religión cada día más entusiasta y con el noviazgo con Mariita Mederos con la que contraímos matrimonio casi tres meses antes del fallecimiento de nuestro padre, golpe que dejó una huella incurable en nuestro corazón y en nuestra alma. Murió cuando más falta nos hacía. Nos hallábamos aún en medio de nuestra formación intelectual y práctica de nuestra vocación periodística.

En aquel año 1943 solíamos visitar a San Miguel de los Baños con nuestra novia y sus padres, el Dr. Leopoldo Mederos y María Beci. San Miguel era y sigue siendo un lugar de gratísimas añoranzas. Allí pasamos una gran parte de nuestra niñez montando a caballo por sus cercanos montes y praderas. Tomaba las aguas pestilentes de sus manantiales que pertenecían al Balneario de Don Manuel Abril Ochoa, poeta y vinculado a la directiva del *Diario de la Marina* en la primera época directriz de nuestro padre. Tenemos en nuestra mente el imborrable recuerdo del día en que Abril nos dedicó unas décimas después de haber montado un toro por los alrededores del balneario. Decían así:

I
Una avispa sin recato
a Bebo rascabuchó y en el cuello le picó
haciéndole un garabato.
Mariita tuvo un mal rato
pero no por la picada
sino porque la hembra alada
la hizo arder en locos celos
y ella, bien saben los cielos,
de eso no consiente nada.

45

II
Sobre un soberbio torete
Bebo, tras titubear,
se decidió a cabalgar
como aguerrido jinete.
Mariita, en cambio, hecha un cohete,
subió al bruto y repetía
«no olvides Bebo que el día
que no seas consecuente
aunque me creas paciente
yo soy de caballería».

Y Don Manuel firmaba estas décimas que
aún conservo con cariño:
Aftermarch. Marzo 26 de 1943.

En el día de mi boda

Aunque el libro que tiene en sus manos el lector es sólo una recopilación de memorias sobre nuestra vida y no un compendio de artículos nuestros ni de nuestro padre, Pepín Rivero, reproducimos en este espacio del mismo uno que no sólo dejó gran impresión en muchos hogares de nuestra patria sino especialmente en nuestro corazón. He aquí las sabias y hermosas palabras de nuestro padre:

«Quisiera poseer la pluma de Lord Chesterfield para escribirte hoy con la acuciosidad con que este famoso mentor inglés se dirigió a su hijo hasta dejarlo preparado para andar por los vericuetos y caminos peligrosos de que yace atravesada la vida.

Pero confórmate, en este día para ti tan solemne, con los conceptos tomados de nuestra moral cristiana y llevados al papel por la mal tajada péñola de tu padre.

Hoy te casas. Dicho así, con la sencillez con que se enuncian las cosas intrascendentes, dijérase que pasas de un estado a otro sin que ello lleve implícito ninguna nueva responsabilidad para ti.

Sin embargo, después de nacer y del morir, no hay nada más importante para el hombre que tomar esposa, que es como poner la primera piedra de una de las más trascendentales instituciones fundadas por Cristo en este valle de lágrimas.

Escucha, pues, mi voz, que debe encontrar en ti la resonancia de una experiencia trasmitida sin petulantes pretensiones didácticas, pero con el calor y el desinterés con que se da a los hijos todo lo que tenemos y con que quisiéramos traspasarles todo lo que sabemos.

El matrimonio no es solo obra del sacerdote que lo consagra, sino también del cultivo con cónyuges han de hacerlo objeto, días tras días, meses tras meses, años tras años.

Punto de partida de la extraordinaria aventura que emprenden un hombre y una mujer, la bendición del sacerdote en el altar arroja sobre los contrayentes el deber ineludible de convertir el sentimiento perenne el instante fugaz en que se sintieron heridos por el diosecillo del carcaj y de las flechas.

Y eso de ti dependerá en mayor grado que de la que has escogido por compañera de tu vida, pues es al hombre a quien toca atender el gobernalle de una nao que tiene que defenderse contra innúmeros peligros.

En el transcurso de tu vida, quizás las borrascas te inclinen a veleidades incompatibles con la fidelidad mas perfecta. Pero si antes has sabido adornar a tu mujer con los atuendos forjados por tu imaginación, no encontrarás nin-

guna que sea digna de desplazarla; y eso, no porque no las haya con tantos merecimientos como ella, sino porque nada nos sabe tan deleitoso ni encontramos tan bello como la fruta o la flor cultivadas por nuestra propia mano.

Lo primero que has de hacer en tu casa es conducirte como gobernante discreto y no como tiranuelo brutal o insoportable entrometido, que así como la perdurabilidad del matrimonio depende casi siempre del hombre, la estabilidad del hogar depende casi siempre de la mujer.

Mira siempre a ésta como a ser más débil que tú, y así sabrás perdonarle sus defectos, acertado camino para que te perdone los tuyos.

No pretendas refundirla para crearla a tu imagen y semejanza, que eso solo le sería dable hacerlo a Dios; y a los hombres nos es posible, si acaso, el acomodar nuestro carácter y nuestros gustos al de la persona amada, para conseguir, con dulzura, que se opere en ella análogo proceso de adaptación a nuestro modo de ser y hasta a nuestras intemperancias.

No te entrometas en lo que debe constituir coto sagrado de la mujer casada, esto es, la administración y gastos de la familia. Mas si alguna vez notases ineptitud, indolencia o descuido en esas funciones de tu cónyuge, ayúdala habilidosamente a que aprenda a hacerlo mejor, más sin humillarla poniéndola en evidencia y sin burlas que la corran y le destruyan la confianza en sí misma

Guárdate mucho de ofenderla con celos infundados, porque destruyen el amor, sobre todo en el sexo débil cuya sensibilidad es mil veces mas fina que la del hombre.

Cuida de tus modales y de tus palabras, de modo que no advierta ella nunca brusquedades, ni epítetos fuertes, ni vocablos gruesos, ni frases iracundas» Y si alguna vez una irritación momentánea hace que tu Buena crianza le ceda el paso a la violencia, no te muestres remiso, por miedo a humillarte, en pedir que te perdone, pues no hay humillación mayor, para el hombre de bien, que el remordimiento de haber procedido mal, y éste se diluye en el perdón de la ofendida como la culpa en el confesionario.

Procura conducirte con tu mujer como si estuvieses haciendo méritos para que te amara, pues no hay mayor sabiduría en esta materia que convertir a la mujer de uno en la eternal pretendida.

No trates de imponértele, que toda violencia o coacción conduce a mal fin; procura en cambio convencerla, y sí no puedes, trata entonces de persuadirla; pues muy poco tiene que querer una mujer a un hombre para que si este fracasa en una llamada a su entendimiento, no triunfe al primer aldabonazo en el corazón.

Evita que el mundo circundante irrumpa en tu hogar como Pedro por su casa, pues cuando el prójimo se adentra en nuestra vida, es casi siempre para perturbarla.

Se acogedor, sencillo y sin malicia, pero piensa también que no todos los que se acerquen a ti ni os visiten, lo harán para gozar de vuestra dicha, sino para ver el modo de ponerle fin sembrando la sospecha, madre de la discordia.

Si tu mala suerte te hiciese caer en el pecado, procura que la penitencia te alcance a ti solo, y no a tu esposa ni a tus hijos si lo tuvieras, ni a nadie; pues la misericordia de Dios te será más propicia sí acudes a El sin otra compañía que la de tu dolor, y no precedido por un reguero de lágrimas de víctimas inocentes.

Dos caminos tienes delante de ti: el fácil y deleitoso de los placeres o de la cuesta arriba lleno de guijarros, repleto de molestias y de limitaciones. Si tomas este ultimo, veras como al final de la jornada la conciencia del deber cumplido bastará a compensarte de las fatigas y pesares de la áspera ruta.

Aunque se hable a menudo de las cadenas del matrimonio, no tomes esto al pie de letra, pues el matrimonio es el asilo de la libertad, sin él, el hombre se disipa, y la disipación nos trae el vivir esclavos de los vicios, que es la peor de las esclavitudes.

Y ya que vas a ser señor de tus propios destinos, escucha finalmente estos 'ejemplos buenos' que se los arranqué a la vida y te los doy como regalo de bodas.

Si tu estrella te pone algún día en trance de mandar, hazlo en forma que quien haya de obedecer no se sienta disminuido y mucho menos maltratado en su dignidad.

Procura no ser pródigo como tu padre, sino generoso como tu abuelo, pues la generosidad es el punto equidistante, plausible a los ojos de Dios, entre la avaricia y el derroche; y el dar de más a unos, trae como forzoso resultado el dar de menos a otros, ley del embudo intolerable por la que con razón se te podría pedir cuentas.

Ayuda a todo el que puedas, pero no permitas que el que recibió el favor se estime con derecho a que lo favorezcas toda la vida, hasta acabar por recostarse sobre ti como si lo hubieses engendrado.

Obra siempre valientemente conforme a tu razón, sin que los respetos humanos te apoquen y te lleven a ser insincero.

No procedas jamás con la mente puesta en la galería. Fíjate que cuando el vulgo dice coincidir con alguien es porque lo quiere hacer partícipe de su vulgaridad

No sea ni tan soberbio que te consideres infalible, ni tan tímido que te sometas a tus semejantes por temor a que te llamen soberbio.

No descubras a nadie tus propósitos, como no vengas obligado a ello, que el malograrse de los mismos casi siempre depende de darlos a conocer sin necesidad.

No permitas que se prendan a tu alma ni rencores ni afanes de desquite. Cuando recibas un daño o seas objeto de una injusticia, prepara al unísono tu defensa y tu perdón, que no hay nada más bello y quizás más grato a los ojos de Cristo que imitar ese atributo suyo en que más resplandece su probada divinidad

Deja tu mente abierta a la duda de que en tus litigios quizás no esté toda la razón de tu parte, aunque otra cosa te haga ver la pasión o la cólera del momento.

Mata en ti la convicción antipática de creerte infalible en todos los asuntos. Convéncete, al contrario, de que aunque la verdad no es más que una, existen también sus sombras, sus apariencias como asimismo la verdad deformada por una grande pasión en la mente febril.

Si no dejas que se borren en tu memoria estos consejos dictados por la vida, estoy seguro de que te has de ahorrar infinitos sinsabores que amargaron a éste tu padre, quien heredó del suyo algunas de sus cualidades y muy pocas de sus virtudes».

«*José Ignacio Rivero (Pepín).*»

Fallece nuestro padre

Después de celebrada nuestra boda con Mariita Mederos y Beci, que al escribir estas líneas cumplimos ya sesenta años de matrimonio, comenzó a empeorar la salud de nuestro padre. Dos meses después fallece en su habitación de la Loma del Mazo (en la misma donde nosotros habíamos nacido) rodeado de nuestra madre y de todos sus hijos. En la planta baja de la casa esperaban muchos amigos, íntimos, familiares y empleados del periódico hasta el momento del desenlace. Sus últimas palabras dichas a nuestros oídos en su lecho de muerte fueron: «Ave María Purísima, sin pecado concebida» y «Sagrado Corazón de Jesús en Vos Confío»... Las lágrimas de todos los presentes en aquel cuarto rodaban por las mejillas... Incluso por las del Padre José Rubinos S. J. que fue quien le suministró los últimos sacramentos.

Su cadáver fue expuesto durante dos días en la Redacción del periódico por donde desfiló durante esos dos días completos una inmensa muchedumbre de todas las clases sociales. Veíamos como algunas madres con sus pequeños hijos cargados en sus brazos los inclinaban ante el féretro para que lo vieran y hasta lo tocaran. Nunca nos olvidamos de aquellas escenas de admiración y cariño al hombre que durante toda su vida había conquistado a tantísimos hogares cubanos con su sabia y conmovedora pluma. Las coronas de flores rodeaban todas las paredes del edificio por dentro y tuvieron que colocar hileras de ellas y apiñadas unas con otras por todas las aceras que rodeaban el gran edificio del periódico.

Guardia de honor en la Redacción del periódico.

Párrafos de Octavio R. Costa

Tomamos a continuación algunos párrafos del libro de Octavio R. Costa publicado en La Habana el año 1954 titulado «Hombres y Destinos»:

«*El genio de Pepín había logrado darle al* Diario *una vida propia y autónoma. Era una institución de muy hondas raíces, de muy seculares sabías. Era posible que viviera sin él. Así fue. Su viuda, que jamás antes había intervenido en la vida del periódico, puso a la disposición de éste su intuición femenina, su inteligente instinto de mujer. Se presentaron muchas dificultades. Todas las inevitables. Pero todas se superaron.*»

«*Por eso se desea poner a su frente a alguien que por su jerarquía intelectual sea también un valor de Cuba entera. Y el rectorado del* Diario *recae, al fin, en las manos sabias y honradas de un eminente historiador y economista: el doctor Ramiro Guerra, ligado al periódico desde hacía tres décadas.*»

«*...Comienza para el* Diario *una nueva era. Ahora José Ignacio recrudece sus esfuerzos, dice Octavio Costa. Desde la muerte de su padre no sale del periódico. Mañana, tarde y noche está en la casa de Prado y Teniente Rey. Lo investiga todo. Lo quiere saber todo. Quiere tener un total y amplio conocimiento de la empresa, en todos sus aspectos. Lo mismo en el orden de la redacción, que en cuanto a su administración. Pero lo que más le atrae es la fase técnica del periódico. Se le ve muchas veces en los talleres, escogiendo tipos de letras, emplanando. Le interesa que el* Diario *salga tipográficamente bello, limpio, agradable a la vista.*»

«*...pero no basta con esto, que es mucho. José Ignacio tiene también que escribir. Tiene que tener su columna en el periódico. Se estrena con su 'Comentario a las Impresiones'.*»

«*De esta manera se produce la continuidad entre el hijo y el padre. Aquel se vuelve hacia este para recordar su pensamiento, resucitado bajo la instancia de una actualidad a la que le es aplicable una idea de Pepín. Pero, al fin, se desentiende de las* Impresiones *para escribir sin el apoyo de ellas, sus 'Comentarios', a través de los cuales, de manera preferente, ataca al comunismo.*»

«*Ahora redacta 'Carta sin Sobre'. La dicta. A través de ella comenta la actualidad con una absoluta sinceridad. Es lo que más le interesa. Traducir sus genuinas opiniones. Exponer sus verdaderas ideas. No consulta jamás ningún otro tipo de interés. Es en esto un perfecto romántico. Este romanticismo, tan limpio y gallardo, es un lujo que puede permitirse José Ignacio Rivero, el hijo de Pepín.*»

Hasta aquí sólo unos párrafos del libro de Octavio R. Costa que publicó en 1954 en La Habana como dijimos al principio de los mismos. Hemos querido reproducirlos en estas memorias nuestras porque ellos sintetizan algo nuestros primeros pasos al frente del *Diario de la Marina*. Primeros pasos llenos de tropiezos y de guijarros, repleto de molestias y de limitaciones, como nos decía nuestro padre en las «Impresiones» que nos dedicó el día de nuestra boda. Pasos llenos de obstáculos, de sorpresas y también de alegrías en el campo del periodismo cubano. Un campo periodístico semejante a los de los demás paises del mundo pero con la diferencia de que La Habana sola tenía más periódicos y publicaciones que ninguna otra ciudad del mundo. Periódicos de primera clase que trataban todos cada día ser mejores que los demás.

«*...Se le ve muchas veces en los talleres escogiendo tipos de letras, emplanando. Le interesa que el* Diario *salga tipográficamente bello, limpio, agradable a la vista...*»

Capítulo II
DIRECCIÓN DEL *DIARIO*
1944-1960

Primeros pasos en la Dirección

Era ya subdirector del periódico y visitaba casi a diario la torre de la casa de José Manuel Cortina, uno de los más, sino el más grande, tribuno cubano de todos los tiempos. La torre era donde escribía y donde leía aquel gran cubano de mente ágil y sabia a quien tanta gente de importancia en el país acudía en búsqueda de consejo y de orientación. El ejemplo de nuestro padre y sus consejos de toda la vida se unieron a los de este gran cubano que también nos ayudó a dar los primeros pasos en la vida pública. Allá en aquella torre Cortina tenía su magnífica biblioteca. Tenía él la costumbre, en medio de la conversación, de hacer una pausa cada cinco minutos para acercarse a una de las ventanas y cambiar de posición las persianas para evitar que los rayos de sol y la efusión de petroleo del tráfico entrara directamente en su despacho. Su casa estaba situada casi al frente de la Universidad de La Habana y por allí corrían los autobuses y automóviles llenando la atmósfera de polución. José Manuel Cortina era un enemigo acérrimo del petróleo automovilístico. Anhelaba, según sus palabras, la llegada del automovilismo eléctrico o atómico. En aquellos tiempos aún no se habla generalizado el aire acondicionado en todas las casa ni en todos los automóviles.

Eran los tiempos de Ramón Grau San Martín. Acababa de ganar las elecciones presidenciales en contra de Fulgencio Batista que celebró una justa electoral limpia en las que en buena lid ganó el líder del partido Auténtico. Era el año de 1944, el mismo año en que murió nuestro padre.

Nuestras primeras actividades públicas consistieron en visitar a las personas y a los sectores más vinculados con el periódico. Miguel Baguer, quien fuera secretario particular de mi padre durante muchos años, se convirtió en el nuestro durante unos años también hasta que el gobierno de la República lo nombró Embajador en Santo Domingo. Miguelito no sólo fue siempre un gran secretario de la Dirección del Diario sino también un gran periodista en su campo de la relaciones sociales y políticas. Nunca tuvo mi padre, ni tuvimos nosotros a nuestro lado a una persona tan diligente en sus funciones y a la vez tan simpático. La gracia le brotaba hasta por los poros. Era una persona simpática por naturaleza. Los momentos más solemnes muchas veces los convertía en chistes. Para cada ocasión y para cada cosa tenía una broma. Aunque guardaba siempre la distancia entre lo oportuno y lo inoportuno. Miguelito Baguer era también un hombre sentimental y hasta melancólico que lo exteriorizaba siempre que las circunstancias acompañaban algún dolor, alguna pena. Quienes lo conocieron bien tenían que convenir en que este fiel compañero de mi padre fue un hombre alegre, chistoso y de grandes sentimientos.

Nuestra primera visita de cortesía la hice a los Centros Regionales españoles de La Habana. A todos ellos fui con Baguer. El Centro Gallego nos recibió con toda su directiva y el salón de actos se llenó como si se tratara del mismo Santiago «patrono» de España. Después de los discursos de ritual, de los vinos y abrazos de despedida, cruzábamos a pie el Parque Central en dirección al Centro Asturiano donde nos esperaba la directiva con su presidente Bejamín Menéndez. Por el camino le preguntamos a Miguelito Baguer sobre lo que hablamos dicho cuando nos tocó el turno de hablar después de la bienvenida del presidente Don Caetano García Lago porque no me acordaba de nada. Nos respondió: «No sé, José Ignacio, Yo estaba más nervioso que tú y no me acuerdo nada de lo que dijiste. Pero algo grande debiste haber dicho porque de lo único que me acuerdo es de los interminables aplausos conque interrumpían tus palabras casi gritando: ¡Viva Pepín! ¡Viva Santiago!»

Esa respuesta de Miguelito me dejaba tranquilo. Era la primera vez que hablaba en público como Director del Diario. Le dije con más entusiasmo a Baguer poco antes de llegar al Centro Asturiano que no se pusiera nervioso y que escuchara bien ahora. Tenía curiosidad ya en saber si los asturianos gritaban más que los gallegos y si se le ocurría decir: ¡que viva Pepín y Pelayo!...

Todo salió bien. Pero el trauma que me produjo el discursito de Belén hacía ya muchos años no se me habla desaparecido. Por eso se me ponía la mente en blanco en todas las comparecencias públicas y tenía que llevar escrito cualquier cosa siempre por si se me pedía la palabra...

Poco antes de asumir la Dirección del periódico comencé a publicar una sección que titulé «Comentarios a las Impresiones». La primera fue la siguiente con una nota preliminar para los lectores:

«El señor José Ignacio Rivero y Hernández escribirá a partir de hoy con este título una sección en la página Editorial dedicada a recoger y comentar algunas Impresiones de nuestro inolvidable Director, que próximamente serán editadas en un libro, destinado a recaudar fondos para el Asilo de San Vicente de Paúl. Dada la trascendencia que poseen las que en este primer artículo se reproducen, ya que demuestran como el doctor José Ignacio Rivero supo avizorar el destino que le aguardaba al doctor Ramón Grau San Martín, iniciamos hoy la publicación de estos Comentarios en lugar preferente de nuestra edición.»

Nuestro comentario decía así:

«Revisando los escritos de mi padre encuentro unas Impresiones que exhumadas en estos días, no pueden causar sino profundas sensación. Son las primeras que él dedicó al hoy Honorable señor Presidente de la República. Y en ellas no sólo se pone de relieve la sobresaliente personalidad del doctor Ramón Grau San Martín, como maestro y guía de sus discípulos, sino también como hombre llamado a ejercer una inmensa influencia en las masas de nuestra República.

«Desde hacía tiempo el doctor Grau había logrado ganarse la simpatía y la admiración de todos sus discípulos hasta llegar a ser máximo líder de nuestra juventud. El fue el maestro; el maestro por antonomasia, como se lee en las *Impresiones* que más adelante reproducimos, y por eso lo querían.

«En el transcurso de los años posteriores, esas simpatías típicas e innatas en él, saltaron sobre aquel grupo limitado de jóvenes que comenzaban una vida para extenderse sobre aquella masa ya madura que era el pueblo. Entonces el gran maestro supo ser también un jefe, otro jefe por antonomasia, y por eso el pueblo hubo de seguirlo.

«Cuando sembramos la simiente de un árbol prevemos todo el curso normal de su existencia. No podemos prever si el rayo vendrá o no a segarle con su alfanje de fuego colgado al flanco de la nube; pero sabemos que la simiente de cerezo no llevará folla de chopo, como dijo un gran pensador español. Y en este caso, por las razones citadas, era de esperar que de simiente tan vigorosa como la de aquel –maestro universitario en el sentido que Luz y Caballero hubiera dado a esta palabra– habría de brotar el fruto de cubanidad que hoy el doctor Grau nos ofrece.

«Grau San Martín fue adorado por sus discípulos, como dijo mi padre en aquella ocasión. Y seguro estoy de que si no se hubiera marchado de entre nosotros, el autor de las inolvidables *Impresiones* cerrarla las escritas en estos días, y con tanta razón como antes, con esta frase: Nuestro actual Presidente es adorado por su pueblo.

Y a continuación de estos Comentarios nuestros del 13 de octubre de 1944 publicábamos las breves líneas de nuestro padre sobre Grau San Martín que él habla escrito el 4 de diciembre de 1929:

«Grau San Martín es adorado por sus discípulos. Pudimos constatarlo anteanoche en el homenaje que aquellos hubieron de rendirle

«Grau San Martín no es el dómine que trasmite conocimientos a tanto la hora. Es el maestro; el maestro por antonomasia. Por eso los estudiantes lo quieren.

«El maestro es un ejemplar de hombre que desgraciadamente escasea en estos tiempos de las especialidades, en que el sabio no se considera en el deber de mostrarse cívico, ni el cívico en la obligación de aparecer moral, ni el moral en la de tender a la sabiduría.

«El maestro actúa sobre la inteligencia del discípulo enseñándole a aprender; en su memoria, obligándole a retener lo ya aprendido; y en su voluntad, mostrándole el uso que debe darle a los conocimientos aprendidos y retenidos por la inteligencia y por la memoria.

«Cuando se somete al alumno a esas tres disciplinas se hace obra de maestro; cuando se cojea en una de las tres, se hace obra de tomador de lecciones. En el primer caso, el hombre que enseña ennoblece su vida; en el segundo, se gana la vida, simplemente.

«Grau es un gran maestro. Las ovaciones de sus alumnos probaron esta verdad con mayor elocuencia aún que los discursos de González Rubiera y de Sopo Barreto, porque la palabra lo mismo sirve para expresar verdades que mentiras, pero los gritos salen del corazón, y el corazón no miente jamás.»

Así terminaba mi padre las *Impresiones* de aquel día escogidas por mi para iniciar la columna con la que debutaba en el *Diario*. Y cuánto me ha dado que pensar las mismas en el transcurso de los años mi vida pública. ¡Qué verdad tan grande esa de que «la palabra lo mismo sirve para expresar verdades que mentiras». Y que verdad esa de que «los gritos –o las palabras– que salen del corazón jamás mienten»... A medida que nos adentrábamos en la vida nos dábamos mejor cuenta de ello. Mucho más después que lo perdimos todo menos la vergüenza combatiendo la tiranía castrista.

El periódico ese día, como muchos días más, se imprimió con papel rosado. Estábamos en plena guerra mundial y todo escaseaba. Muchos diarios tenían que pedir a sus colegas bobinas de papel que tenían almacenadas como reserva para aquellos tiempos de grandes problemas para conseguir cualquier cosa. Casi todos los artículos de necesidad estaban racionados además del papel periódico: la gasolina, las gomas de automóviles, etc. Nos parecía casi irónico ver a nuestro *Diario* tan anti comunista y tan conservador impreso en «rosado». «Fuerza mayor». «A la fuerza ahorcan». Frases manidas cuando no queda otro remedio que hacer lo que se tiene que hacer...

Seguíamos dando nuestros primeros pasos públicos en nuestro *Diario de la Marina*. Lo mismo que hicimos con los centros Gallego y asturiano lo hicimos con otras instituciones nacionales vinculadas en ideas y en afecto a nuestras tradiciones y defensas.

Terminaba toda la etapa de actos y de relaciones sociales nos dedicamos de lleno a organizar el interior del periódico en lo técnico y en lo editorial de acuerdo con mis gustos y con mis puntos de vista que no se diferenciaban en nada con lo mantenido por mis antecesores pero que de acuerdo con los nuevos tiempos y con la experiencia adquirida en los Estados Unidos algunas cosas tenía que cambiar o, para decirlo mejor, tenía que agregar.

Lo primero que hice fue hacer una serie de cambios en la redacción y más tarde en la confección de emplane y tipografía hechos directamente desde los talleres del periódico. Deseaba que el lector notara una armonía perfecta en la tipografía de las páginas y en el emplane de las mismas. Parece, dicho así rápidamente y que esto no es lo importante en una publicación. Claro que no. De sobra es sabido que lo más importante es lo que se dice en una publicación. Pero estábamos convencidos de que las cosas que se escriben y se publican agradan más y se leen mejor si las mismas se presentan con uniformidad y elegancia. No es lo mismo la pieza oratoria de un gran tribuno pronunciada en un pobre escenario que la misma pieza dicha en una gran plaza y con buenos altoparlantes.

Todavía en el antiguo edificio y sin las máquinas nuevas que adquirimos poco antes de la llegada del comunismo al Poder, creamos secciones nuevas y suplementos semanales que llegaron a «revolucionar» (maldita palabra...) el estilo del periodismo diario en nuestro país. La revista «Bohemia» de mayor tirada en la nación y quizás de América Latina, introdujo también algunas innovaciones en sus reportajes y secciones inspirada en nuestras innovaciones.

Al mismo tiempo que modificábamos o más bien modernizábamos el emplane del periódico sin eliminar en nada su conservadora y tradicional tipografía, nos empeñábamos cada día más en mantener la fe cristiana en sus páginas. No podíamos permitir que el *Diario* defendiera unos principios como ideal básico de la empresa y que se publicaran en sus páginas ni se colaran en sus páginas ciertos anuncios que contradecían sus prédicas, editoriales e ideología.

Sospechamos cierta vez que revisábamos los anuncios clasificados que se anunciaban en la sección de alquileres casas o habitaciones en distintos repartos de la ciudad para pasar noches discretas, agradables y con absoluta privacidad. Eso, que nos produjo una gran indignación, hizo que le llamáramos la atención al encargado de los clasificados y que suspendiera todos esos anuncios desde ese mismo día. Una semana después vinieron a vernos unos cuantos propietarios que se anunciaban en el periódico para convencernos de que el retiro de esos anuncios perjudicaba a sus intereses y a los del periódico. Nuestra respuesta fue dada al instante: No nos interesa esa clase de intereses. Nos interesa sólo el interés moral del periódico y el de nuestros lectores. No volvió a publicarse un sólo anuncio de esa clase...

Un día fueron los masones a la administración del periódico para contratar un magazine de rotograbado entero para anunciar la inauguración de su nuevo edificio de la calle Carlos III. Cuando llegó a nuestro despacho el material para que lo aprobara y lo pasara al departamento de rotograbado, me levanté de mi mesa con el material en las manos y fui a la administración para comunicarle que devolviera dicho material porque el *Diario* no podía publicar esa propaganda de la masonería. La directiva de los masones decidió. publicar el anuncio de varios miles de pesos en otro diario de La Habana.

Estábamos, como de costumbre, publicando editoriales y columnas dedicados a la decencia y a la moral pública. Esta política ideológica del periódico algunas veces y en determinados sectores no iba acompañada del ejemplo. Cada vez que abría las páginas de espectáculos me encontraba con algunos anuncios de películas llenos de erotismo. Claro que nunca como lo que se ve hoy en los espectáculos y en los medios de comunicación. Los titulares de las películas eran sensuales e iban acompañados de fotografías del film con cierto erotismo. Ejemplo: una artista en bikini besándose en una playa con el protagonista. El titulo: «Escenas maravillosas que harán vibrar su sensualidad». Decidí entrevistarme con la dibujante de la Redacción para que «vistiera» con trusas decentes a las artistas de los anuncios. Ya habla dado órdenes para que se le pasara a ella, María Luisa Valentino, todos los anuncios gráficos de cine.

Claro que enseguida la directiva de los empresarios de teatros se reunieron conmigo en la sala de juntas del periódico. Una vez más tuve que enfrentarme a los intereses creados del mundo de los negocios. Me dijeron que lo que yo le estaba haciendo a sus anuncios era quitarle el atractivo por una parte a los mismos y por otra causarle a todos ellos el doble de gastos en la publicidad por tener que «vestir a las mujeres», pues tenían que hacer un anuncio para el *Diario de la Marina* y otro para los demás periódicos.

Claro que nuestro argumento no se separaba de la línea tradicional católica de nuestro diario. No podíamos estar predicando la decencia y los valores cristianos por una parte y por otra publicar anuncios que contradecían nuestra prédica editorial. Lo sentíamos mucho porque todos los empresarios de teatros y cines eran amigos nuestros y personas decentes pero los principios estaban por encima de lo personal y de la amistad. No se me olvida la cara de disgusto de todos ellos. Tenían sus argumentos pero yo tenía el mio y no estaba dispuesto a ceder ni un ápice en la defensa de los mismos.

El presidente de la Asociación habló en nombre de la misma y nos dijo tajantemente que si prohibía ese tipo de anuncios o si tenían que confeccionar otro distinto para *La Marina* suspenderían todos los demás anuncios de cines y de teatros incluyendo en la suspensión las «carteleras» que eran una fuente de dinero que le entraba al periódico todos los días. «Lo siento», le dije, pero al *Diario de la Marina* no se le coacciona con dinero ni con nada. «Si ustedes retiran las carteleras y los anuncios, nosotros los publicaremos de gratis a nuestra manera para servir a nuestros lectores». Y así lo hicimos. Dos días después volvieron a anunciar como de costumbre: con el mismo contrato económico pero con los textos y lo gráfico de acuerdo con la política del *Diario*.

Moraleja: No cedas ni un ápice en tus principios para que te respeten ...

Un año después

Con motivo del primer aniversario de mi boda publico unos «Comentarios» dedicados a mí padre en los que volcamos todo nuestro corazón. Decíamos así:
«Hoy vuelvo a leer, con más amor que nunca, la más hermosa de tus cartas. Aquella que tan generosamente me dedicaras el día de mi matrimonio.
«Han pasado un año de mi boda y casi diez meses de tu partida. Sin embargo no veo por qué quebrantar la costumbre de dirigirme a ti en momentos como éste. Hoy lo hago ajeno a toda petulancia, con el convencimiento pleno de que estas pobres líneas de este hijo agradecido habrán de llegar hasta ti.
«¡Quién iba a decirnos que aún fresca la tinta con que me escribiste esas maravillosas «Impresiones», habías de emprender ese viaje tan temido precisamente por los que –según tu dijeras en cierta ocasión– no creen en la otra más larga vida que tarde o temprano Dios nos ha de ofrecer!
«Y entonces, ¡qué lejos estaba yo de pensar que aquellos párrafos que a mí y a muchos nos parecieron los más bellos, eran como llamarada sublime de tu genio que estaba pronto a extinguirse!
«No, nunca pude imaginarme que cuando aquel 22 de enero, tan lejano para mí, leía con inmensa emoción y alegría tus «Impresiones", había de releerlas hoy con los ojos humedecidos y el corazón lleno de tristeza.
«¡Qué cambio tan brusco se efectuó en mi corazón!
«Yo sé que tus «Impresiones» en nuestros hogares causaron sensación inmensa y que en muchos de ellos quedaron aprisionadas en marcos como señal de estimación y al mismo tiempo para tener siempre presentes tus sabios consejos.
«Pero más que todo quedaron ellas fijas en los santuarios de todos los hogares porque ellas encerraban una indescriptible belleza de pensamiento y una gran nobleza de alma.
«Nunca estas altas manifestaciones de tu espíritu se juntaron tan íntimamente para escribir cosa tan bella.
«Sé también que hoy, cuando se vuelvan a leer tus sabias normas sobre el matrimonio cristiano, de seguro que sobre ellas se habrán de derramar algunas lágrimas y elevarse no pocas oraciones por tu alma incomparable.
«Tú, que en estas «Impresiones» no hacías sino llevar al papel conceptos de nuestra moral cristiana, podrás ahora gozar, además de la infinita felicidad que en los Cielos se disfruta, de las peticiones que al supremo Hacedor hagas por los tuyos y por todos.
«Y como los hogares de nuestra nación y más aún, de todas las naciones, necesitan de las sublimes enseñanzas de Jesucristo, implórale, ya que de El tan cerca debes estar, que no permita se extinga en nuestras almas el sentimiento de

la misericordia, que no suene a letanía expresada y no sentida el mandato supremo de amarnos los unos a los otros, como tu lo ansiabas cuando vivías en este mundo.»

La Redacción del Diario de la Marina en el año en que comenzamos a dirigir el periódico.

Dos anécdotas

Se dice con exageración que todos los periódicos en Cuba estaban subvencionados por los distintos gobiernos del país. No es verdad. Esa es una mentira que echaban a rodar ante la opinión pública algunos políticos de la oposición de turno sin darse cuenta de que la lógica destruía su aseveración: era la oposición la que tenía que pagar su propaganda política en épocas de elecciones. Los gobiernos sólo pagaban su campaña electoral aunque, por supuesto, pagaban ciertas cantidades normales a todos por el espacio dedicado a sus obras y proyecciones generales que se salían del gran interés público. Si los periódicos o algunos periódicos recibían alguna dádiva o «subvención» de los distintos gobiernos se debía a la gestión personal de algún funcionario de la empresa que en ciertos casos la hacían y la aceptaban por estimar que no era justo que algunos recibieran ayudas económicas y otros no, creándose una especie de competencia desleal económica. No obstante esa realidad establecida en ese campo de la publicidad (aunque nunca la prensa cubana le endilgaba a ese tipo de publicidad la coletilla de «anuncio político pagado») nunca el pago publicitario ni la propaganda indirecta incluía la opinión editorial ni la de nadie del periódico. Al menos jamás acepté yo ni admití en el *Diario de la Marina* que se aceptara ninguna prebenda por ninguna información, editorial o servicio que no fuera estricta propaganda directa o indirecta. Si alguna vez se incurrió en esa falta tuvo que haberse incurrido contra mi voluntad y conocimiento. No me he considerado nunca un «mirlo blanco», pero en sinceridad y honestidad creo que cumplí con mi deber siempre en Cuba y en el exilio. «El periodismo es en lo externo una profesión y en lo interno un sacerdocio» decía mi padre. Para mi ha sido siempre un sacerdocio. Lo digo sin exhibicionismo alguno.

Como no escribo una novela sino memorias, menciono a continuación dos anécdotas que si no hubiese sido por esa condición de sacerdocio en el periodismo la historia hubiese sido otra muy diferente: Cuando me iniciaba en la Dirección del periódico entró un día en mi despacho uno de los reporteros del periódico para comunicarme que acababa de llegar de uno de los Ministerios del nuevo Gobierno que había tomado posesión en esos días.

¿Me trae alguna noticia?, le pregunté.

Sí, Director, y muy buena. Entre usted y yo nada más. No quiero que se entere nadie de esta maravillosa noticia. Pero me tiene que contestar a más tardar mañana para decírselo al Ministro. El quiere que sea yo el intermediario.

Bien, acaba de decirme de qué se trata, por favor.

El Ministro quiere tener una atención especial con usted. Me dijo que quería hacerle un obsequio de noventa mil dólares...

Pero «¿a santo de que?», le respondí enseguida.

65

Mire Director, no pregunte porque él no cree en santos y además ya me dijo que si usted preguntaba el motivo que le dijera que no quiere nada a cambio, que sólo desea tener una atención con usted. Por favor no deje pasar esta oportunidad. Usted sabe que el dinero siempre hace falta....

Bien, dile que le agradezco infinitamente su atención, pero que si quiere «atenderme» que le envíe un jarro de flores a mi esposa a mi casa. Con eso me sentiré más que atendido.

Mi pobre reportero se fue de mi despacho cabizbajo y decepcionado. Claro que por mi cabeza, mientras oía su recado con voz temblorosa y entusiasmada, pasaban las siguientes posibilidades, entre otras: que si el ministro quería regalarme noventa mil dólares no eran noventa sino cien. La cifra era algo rara. Los otros diez mil sería la atención del ministro con el reportero. De ahí la insistencia de mi pobre reportero para que le aceptara la «atención» al ministro. Pensé que al no aceptarle esa «atención» la misma iría a parar a manos de otro Director de periódico o de varios directores. Lo cual no me importaba nada. Pienso hoy que si se los hubiese aceptado y los hubiese depositado en algún Banco de Miami, no estaría tan escaso de dinero en el exilio. Aquellos noventa mil dólares de ayer son hoy como cinco veces más. Pero preferí haber quedado bien con mí conciencia.

Otra anécdota: Era el año 1958. Había dado órdenes a la jefatura de información del periódico que no se dejara de publicar una sola noticia de ambas partes, de la oposición y del gobierno. El ambiente en Cuba estaba bien caliente. Castro en la Sierra, Prío en el exilio, la oposición haciendo declaraciones contra el gobierno. El clandestinaje poniendo bombas y quemando cañaverales. Batista con su defensa y con la censura de prensa. Jules Dubois de la SIP metido en las redacciones de los periódicos pidiendo que se publicase todo. Y el *Diario* lo publicaba todo, Un día alguien del gobierno fue a verme al periódico y me dijo: «Rivero, si el *Diario de la Marina* sigue publicando noticias referentes a la oposición, el gobierno retirará lo que le tiene asignado a su periódico por espacio informativo. No lo tome a mal, pero es un recado que le traigo del Sr. Presidente. Dice también que le dijera que a un amigo cuando está al borde de un precipicio no se le da un empujón para que acabe de caerse.. ..»

Inmediatamente, con caballerosidad pero tajantemente, le respondimos lo siguiente:

«Lo siento mucho, pero yo no sé nada de lo que quiere suspender el Sr. Presidente. Sólo puedo decirle que en cuanto a lo que concierne al periódico como tal yo soy el responsable de todo lo que se publica en el mismo. Un periódico es lo que es: un periódico y no un comercio donde se compran cosas. En el periódico, por lo menos en algunos como este, se compra sólo espacio para propaganda directa o indirecta y el lector sabe distinguir bien entre un tipo de anuncio y de otro. No lo tome a mal usted tampoco, pero a mi sólo me interesa informar a mis lectores y orientarlos con nuestras opiniones acordes con los intereses permanentes de la nación, y de la sociedad en general"..

Unos días después de esa advertencia publicábamos destacadamente un programa del gobierno de Castro que nos llegaba de la Sierra Maestra clandestinamente en el que se detallaba todo lo concerniente a la reforma agraria, a las confiscaciones y demás desafueros que la revolución realizó enseguida que se apoderó del Poder. Lo publicábamos sólo con el fin de alertar a la ciudadanía, pero, desgraciadamente nadie le hizo caso. Nadie se preparó para hacerle frente al tenebroso ciclón que nos vino encima.

Todo lo concerniente a la reforma agraria, a las confiscaciones y demás desafueros.

Pío XII

La profética visión del Papa Pío XII acerca del peligro comunista, al cual hizo frente de modo incansable durante su reinado de feliz recordación, debió poner sobreaviso al pueblo de Cuba. Las palabras del Sumo Pontífice no tuvieron eco, no fueron escuchadas ni meditadas a despecho de que la ocasión no podía ser más propicia. Se celebraba el Congreso Eucarístico Nacional de 1947. El Santo Padre leyó por radio al pueblo de Cuba un paternal mensaje:

«Corred, amados hijos, a este Místico Banquete, a este eterno Sacrificio, a este perpetuo 'Deus vivens in medio vestri', si no queréis veros hundir por la oleada del materialismo; si no deseáis ver ahogada a vuestra palma real entre la mala hierba, bajo los cardos y las espinas. Que el Dios Eucarístico os conceda veros libres de la plaga universal, pues aunque los efectos del materialismo neopagano han demostrado con macabra elocuencia al mundo de qué cosa es capaz el hombre cuando piensa que solamente es materia. Sin embargo, estamos, por desgracia, bien lejos de tener la impresión de que la lección haya sido aprovechada y nos embarga el temor de que un materialismo no quiera suceder a otro no menos fatal y peligroso»

Ya hacía dos años que estábamos dirigiendo el *Diario de la Marina* cuando escuchábamos la voz santa y casi profética de Pío XII. Le dedicamos un amplio editorial que tampoco fue escuchado ni meditado con mayor interés debido –casi lo comprendemos ahora– a la felicidad y al bienestar económico que se vivía entonces en nuestra patria. Pero por segunda vez volvió a hablarnos el Santo Padre desde Roma en ocasión de celebrarse en La Habana el V Congreso Interamericano de Educadores Católicos. Fue en 1954. Cuatro años antes de nuestra hecatombe nacional. En esa ocasión el Vicario de Cristo dijo por Radio Vaticano lo siguiente:

«Levantad los ojos, hijos amantísimos, y contemplad esa bellísima ciudad, recostada en la boca de su bahía, mirándose en las aguas azules de ese tibio mar que baña sus pies, recreándose en las verdes colinas que limitan su horizonte, creada con las brisas suaves que le manda el canal de la Florida. Todo se diría que invita al optimismo y a la paz, aunque allá, lejos, a lo mejor ruja la tormenta o se esté formando junto a cualquier isla remota el ciclón desolador. Paz y optimismo han sido, sin duda, el espíritu de vuestra Asamblea, pero no os olvideis de que más allá brama el oleaje de las pasiones desencadenadas y corren por el cielo, en galopadas, tenebrosas nubes negras ansiosas de descargar en vuestros campos el granizo mortal, y arrasar vuestros sembrados con todo el ímpetu iracundo del huracán; pero está escrito: ¡No prevalecerán!. Y pasarán, como pasan esos turbiones de vuestro cielo que dejan el aire luego más limpio, el sol más luminoso y la tierra más fecunda, aunque dejen un triste séquito de desolación...»

Estas fueron las palabras admonitorias y proféticas del Máximo Pontífice quien vislumbra a cuatro años de distancia la galerna que haría zozobrar a nuestra pobre patria cubana con la llegada al Poder del peor de los tiranos de historia de América.

Fatídico paredón. Tétrica vista de uno de los fusilamientos producidos por la revolución castro-comunista.

Estúpidos e idiotas

Lenín dijo que confiaba más en la estupidez de los burgueses que en el talento de sus secuaces para la conquista del mundo. Salvando la distancia, estas palabras también fueron proféticas. Entre aquellos y los idiotas útiles el comunismo no necesitó nunca grandes ejércitos para vencer. Toda una gama de compañeros de ruta, de radicales y de reformadores se hallaban en Cuba alineados –y alienados– para prender fuego a su propio país. Se jugaba con las ideas como se juega con fuego.

Y ambos, estúpidos e idiotas, prestaron sus hombros para que el comunismo internacional escalara sus propios hogares. Y así ocurrió. El comunismo llegó a Cuba y arrasó con los hogares y con todo los demás.

Pero dejemos esa historia para más adelante. En nuestro libro estamos aún en los primeros años de nuestra vida periodística.

El comunismo llegó a Cuba y arrasó con los hogares y con todo lo demás...

Reglamento de la redacción

Claro que nuestros primeros años de Director del periódico lo dedicamos casi a la rutina diaria de la revisión de todo lo que había que publicarse, desde el editorial del día hasta las secciones y noticias que requerían mayor vigilancia. En cualquier parte de un periódico se puede colar o deslizarse una palabra, frase o idea impropia de la ideología o de la política del mismo. Por supuesto que para esa supervisión tienen los directores a sus Jefes de Redacción y de Información. Nosotros los teníamos y bien escogidos de acuerdo con sus capacidades y dedicaciones dentro del periodismo. No obstante, nos sentíamos más tranquilos echándole una mirada a todo aquello que considerábamos más importante. La mirada final la hacíamos tarde en la noche pidiéndole al regente de los talleres que nos enviase a nuestro despacho las pruebas mojadas que se corregían con lápiz de tinta. Este sistema desapareció cuando las publicaciones entraron en la era de la impresión en frío llamada «offset». Muchísimas veces bajábamos a los talleres de confección de páginas y cambiábamos titulares, tipos de letras, columnas, corondeles, plecas, etc., para darle mayor relieve o belleza al emplane. Confieso que eso se había convertido en mi casi en un vicio. Cuando me aparecía en los talleres siempre alguien decía (creyendo que no lo oíamos) «bajó el Director. Hay cambios...» y en el salón de las rotativas el jefe de máquinas exclamaba: «Hoy se pierde el correo», que era lo primero que se imprimía para que llegara a tiempo a todas las provincias. Pero subíamos a nuestro despacho o nos marchábamos a dormir pensando que era preferible perder algún día el correo antes que perder la fama de periódico bien emplanado.

Durante un tiempo nos dedicamos a confeccionar un reglamento moderno que abarcaba todo lo que tenía que ver con la Redacción. En el mismo se señalaba el horario de trabajo de cada redactor de mesa y el de los reporteros. No se quedaban fuera del reglamento los jefes de los distintos departamentos incluyendo el rotograbado diario. Lo imprimimos en nuestros talleres y le entregamos el suyo a cada uno de los que formaban parte de nuestro personal. Con este experimento sufrí una gran desilusión. Lo había creado con mentalidad de técnico periodístico norteamericano sin pensar que esa organización o ese orden de trabajo era para cubanos y no para la mentalidad sajona que camina fácilmente por los caminos de las reglas y de las órdenes. Nos costaba mucho trabajo y dolores de cabeza implantar el nuevo sistema de trabajo con el que habíamos soñado desde que salimos de la escuela de periodismo de Marquette. El periodista cubano es más teórico que práctico. Y cada quien tiene su propia teoría para el trabajo. Ya nuestro periódico tenía muchos años encima y era por lo tanto muy difícil imponerle un sistema de trabajo totalmente nuevo. Además, como nunca hemos tenido temperamento de dictadores –no obstante nuestras grandes simpatías por Franco y por Pinochet– nos hicimos los suecos en definitiva (como también se hizo todo el personal).

Sobre el matrimonio cristiano

Reproducimos a continuación las palabras que pronunciamos en el Palacio Cardenalicio en La Habana mucho antes de la llegada al poder de Fidel Castro con motivo de haber recibido el premio instituido por los Equipos de Matrimonios Cristianos por un artículo que publicamos en nuestro periódico en defensa del hogar y de la familia. Creemos que viene bien en los momentos en que escribimos este libro por la desfachatez de querer en los Estados Unidos de América aprobar legalmente el matrimonio entre homosexuales y de darle a los mismos todo tipo de aprobación legal ante la sociedad.

«Fue a fines del año 1930 cuando el Papa Pío XI de gloriosa memoria, dio al mundo su Encíclica «Casti Connubii». Quiso este Vicario de Cristo enjuiciar en forma terminante la crisis que se presentaba al matrimonio en el mundo, y quiso reunir en un texto indiscutible la Doctrina de la Iglesia sobre el matrimonio, institución divina y no meramente humana.

La mente paternal de su Santidad reaccionaba en esta forma utilísima y oportuna frente al desenfreno y a la frivolidad con que en muchos paises –incluso en algunos de fisionomia cristiana– se venía conspirando y actuando en contra de la sagrada institución del matrimonio.

Desde entonces, en estos últimos veintiséis años ya transcurridos, el valor de esa Encíclica ha crecido. Cada día se hace más urgente volver a ese texto, propagarlo y defenderlo en forma incansable, porque cada día contemplamos con creciente pesadumbre cómo pretenden algunos, identificar los errores modernos en materia de matrimonio con los bienes de la libertad humana y con los derechos del progreso social. Junto a la ominosa persistencia del divorcio, crecen las formas más o menos encubiertas que representan un total desprecio por la condición sagrada del matrimonio. Desde escuchar la Epístola de San Pablo sin tener la menor idea de lo que significa ese Contrato ante Dios, hasta utilizar el matrimonio como un simple instrumento de *bien parecer social* o de conveniencia económica, abundan las deformaciones de lo que en voluntad de Dios y en mandato de Cristo ha de ser nada menos que una reproducción en pequeño de las relaciones entre el propio Cristo y la Iglesia.

Y esta ola de tergiversación, traiciones a la Verdad de Cristo y olvido de las obligaciones espirituales contraídas al unirse en matrimonio dos personas, ha crecido a despecho de que ya León XIII, el Magno Pontífice que se adelantó a combatir los errores sociales que ahora contemplamos en su desarrollo pleno y en su más devastadora influencia, señaló también los derroteros a seguir para ponerles una barrera a la disolución y al debilitamiento del matrimonio. Si leemos la «Arcánum», dada por León XIII, en 1880, o a la «Casti Connubii», dada como ya dije en 1930, hallamos que están fijados perfectamente los medios para combatir el aborto, las uniones ilícitas, las uniones escandalosas, las *transgresiones* del Sacramento matrimonial, y la interpretación materialista del matrimonio. Todo ha sido señalado a tiempo por la Iglesia, y no faltó oportunamente la voz de los Santos Padres, custodios de la sociedad humana en nombre de Cristo, para advertir los peligros a que conducía la insistencia en el error.

¿Qué ha ocurrido sin embargo que pese a todo, esto nos encontrarnos con una grave crisis en el tratamiento y en la práctica del matrimonio, dentro de naciones y aún de familias cristianas?: Ha ocurrido, pienso, que al igual que en otras materias culminantes, tratadas con sabiduría suprema por la Iglesia, no se ha producido en los medios católicos una militancia tenaz y entusiasmada para propagar, predicar y practicar los principios trazados por la Santa Sede. Cierta inclinación a no ser tomados por exagerados, o a acomodarse a las costumbres predominantes, por malas que estas sean, ha llevado a muchos católicos a contemplar sin mayor inquietud lo que ocurre en el Reino de la familia, en el núcleo de los hogares que es –el matrimonio. Muchos se contentan con vivir ellos bien desde el punto de vista cristiano, pero no actúan para enmendar a quienes obran mal, o para advertir a tiempo a quienes están en el camino de caer en el error. Esta inhibición es la respuesta a la pregunta de por qué no se ha obtenido la plena rectificación de los errores y la consolidación mayoritaria del matrimonio como lo ve la Iglesia Católica. Nos asustamos y gritamos cuando conocemos alguna estadística sobre el crimen del aborto, o cuándo leemos las diarias relaciones de divorcios, con su desfile trágico de huérfanos con padres vivos, y de hogares disueltos contra toda voluntad de Dios y de las conveniencias humanas y sociales. Pero una vez pasado el susto de esos diarios avisos del abismo que vamos rondando, continuamos nuestra vida de siempre, sin actuar con energía, con organización, con plan, para defender de ellos mismos a quienes ignoran cuánto daño espiritual y material se hacen a sí mismos y lo hacen a los demás quienes destruyen un hogar por el divorcio o escandalizan a la sociedad por su desprecio del matrimonio cristiano, o dan muerte a los propios frutos de sus entrañas con la práctica del *maltusianismo*.

Una acción real y entusiasta era la que necesitaban las encíclicas como respuesta agradecida de los católicos de toda la tierra. Y porque entre nosotros los cubanos tenemos ya una organización militante llena de energía, de coraje, de amor sincero al hogar y al matrimonio instituido por Cristo mismo, que son los Equipos de Matrimonios Cristianos, como también contamos, desde hace muchos años, con esa otra actividad de la benemérita Agrupación Católica Universitaria, bajo el nombre de Grupo de Canaá, podemos sentirnos felices los católicos de nuestro país de haber abandonado la etapa del lamento y de la indiferencia, para adentramos en la etapa creadora de la acción incansable. Teníamos las encíclicas, y teníamos las constantes advertencias del actual Santo Padre, el maravilloso Pío XII que no tiene otro afán que el de la salvación de la

Humanidad por vía de Cristo y la salvación de los hogares por vía del fortalecimiento del sentido católico de matrimonios cristianos. Pero nos faltaba este tipo de organización de matrimonios cristianos. Ya está aquí, trabajando, nutrida por matrimonios ejemplares y encabezada por hombres y mujeres que son ellos mismos un vivo ejemplo de lo que predican.

Estos equipos admirables, bendecidos día a día por el Supremo Hacedor por su noble y digna intención, son precisamente los creadores de este Premio que hoy Su Eminencia Manuel Cardenal Arteaga ha puesto en nuestras manos agradecidas.

Se me premia por un artículo que fue hecho más que con la pluma, con el corazón, porque fue escrito con el propósito de servir, como es mi deber y mi obligación, a la causa de Cristo Nuestro Señor.

Mi artículo carece de méritos. No lo digo por fórmula de rutina o por modestia social, sino por una íntima persuasión de mi alma. Si algún mérito tuviera sería sólo por el hecho de no haber estado acomodado a las circunstancias que rodean a nuestra sociedad de hoy, o por haber sido escrito con inquietud, al referirnos a la quiebra que desgraciadamente experimentan nuestros hogares. Tenía que haber escrito ese artículo y tendré que seguir insistiendo sobre el mismo tema porque soy ante todo y sobre todo católico. He meditado muchas veces los deberes de serlo de veras y mi conciencia me dice siempre que lo menos que se puede esperar de un periodista católico es que defienda las esencias de su doctrina.

Algún amigo mío, sin duda, habrá considerado que mi artículo titulado «El Hogar Cristiano» merecía figurar en el concurso convocado por los Equipos de Matrimonios Cristianos que han instituido el codiciado y estimulante premio y lo enviaría pensando acaso que el mismo tendría posibilidades de éxito y, con ello, darme una grata sorpresa. Y así fue, señores, porque me sorprendió muy gratamente.

Ni mi pluma ni mi corazón han ido jamás en la búsqueda del triunfo por la necia y despreciable vanidad, ni del premio por el interés personal; mi pluma y mi corazón por una cuestión de formación cristiana, han tratado siempre de conducirse por los caminos del buen éxito, sí, pero del buen éxito que no se traduzca en vanagloria ni engreimiento, sino en la satisfacción por la conquista del ideal, o lo que es decir, por el servicio a la causa de la verdad, que ha de ser siempre la meta de un cristiano sincero.

El cristiano ha de buscar siempre el triunfo en todos los aspectos de su vida. Pero ha de buscarlo y desearlo con toda su alma siempre y cuando el triunfo sea del agrado de nuestro Creador. El buen éxito por sí mismo, no tiene sentido cristiano. La recompensa por la recompensa, jamás ha de buscarse. La simple complacencia humana, a nada conduce ni tiene sentido tampoco. Cuando en esta vida el cristiano recibe su recompensa por los esfuerzos realizados, éste ha de aceptarla como un hermoso regalo más de Dios y no como algo que necesariamente tenía que recibir. El católico que conozca bien la doctrina de Cristo y viva profundamente las esencias de sus enseñanzas se dará cuenta en todo momento de que él es quien está siempre en deuda con su Redentor. Por eso el orgullo y la vanidad por los reconocimientos y los honores recibidos tampoco tienen sentido, a nada conducen y es harto probable que desagraden a Dios.

Los ojos del alma han de mirar siempre hacia la conquista de los ideales puros con el único anhelo de que nuestros actos y nuestras proyecciones de esta vida logren, no la satisfacción perecedera, sino la meta de una felicidad eterna. Por eso, para mi que poco valgo, pero que siento, pienso y trato de vivir en católico, –lo que mucho me honra y satisface porque al menos sé con seguridad en este mundo que tanto complican los hombres, de dónde vengo y hacia dónde voy– este premio que hoy me entregan tiene un especial y hondo significado.

Todo esto lo digo con la más honda emoción porque sé que ustedes no están premiando a mis modestas líneas sino a una larga tradición cristiana en defensa del hogar, que ha seguido y seguirá, invariablemente, en el periódico que durante más de cien años es considerado el periódico del hogar.

Sé bien cuáles son las aptitudes que Dios me ha dado, que por cierto están muy lejos de parecerse a las de un literato. Ya Dios me ha dado bastante en la vida con el solo hecho de darme fuerzas y constancia para poder dirigir un periódico y conducirlo con iguales riendas de dignidad con que lo condujeran mis antepasados: mi abuelo, Don Nicolás y Pepín, mi padre, aunque me falten sus talentos y sus plumas prodigiosas.

Este premio me dice más que ningún otro porque está animado por el ideal de Cristo, por el cual daría yo la vida, como sé que la darían todos ustedes si fuera necesario. Y me da mucho más que cualquier otro, porque lo que me dan ustedes, señores con esto, no es un premio de tantos, sino una mayor prueba de compenetración y un mayor vínculo de amor entre los que formamos filas en nuestro país para servir a Dios y a la Patria con ese sentido tan hermoso de la verdadera hermandad en Cristo.

Agradezco, pues, infinitamente el honor que se me hace. Pido al Cielo, a la Virgen María, modelo de esposa, cumbre de los hogares, su protección para los Equipos de Matrimonios Cristianos. Cuba necesitaba sin pérdida de un día más la actividad efectiva y pública de quienes aún sienten de veras que nuestra sociedad sólo puede salvarse por la consolidación del hogar sobre las bases echadas por N.S. Jesucristo al instituir el matrimonio con dignidad sacramental «cuyo perpetuo e indisoluble vínculo, su unidad y estabilidad, tienen por autor a Dios mismo».

La legión de Cristo

Mientras continuábamos en la labor periodística, sin restarle nada a la misma, atendíamos desde nuestro despacho de la Dirección del Diario todo lo concerniente al apostolado católico. Esto, por supuesto, no quiere decir que no fuera a la iglesia ni que me contentase sólo con el apostolado periodístico. Todo lo contrario. Todos los días íbamos a misa y comulgábamos antes de ir al periódico. Además, frecuentábamos la Agrupación Católica Universitaria, como agrupados que hemos sido siempre, no sólo para cumplir con ella y con los Ejercicios Espirituales de San Ignacio de Loyola sino para recibir la orientación y el consejo de su Padre Director: primero del Padre Felipe Rey de Castro y después del Padre Amando Llorente. Esto lo menciono sin la menor intención de exhibicionismo por dos razones: porque el cristiano de corazón y no de «boca» tiene el deber de dar fe de lo que es y de lo que hace sin respeto humano alguno, y porque lo que se considera bueno en el mundo corrompido como el que vivimos, no debe esconderse ni disimularse. Al revés, debe proclamarse a toda voz para que lo bueno aplaste lo malo. Por eso lo malo sigue aplastando a lo bueno: porque lo que es bueno se silencia por aquello del qué dirán y lo malo crece como el marabú. En los momentos en que escribimos este libro, casi finalizando el siglo veinte, el mundo está desquiciado moralmente. Todo gira alrededor del sexo, de la violencia, del crimen, de la naturaleza contrariada por el hombre a través de los medios de comunicación. La radio, la televisión, el cine, el internet, la educación sin Dios, etc., no alcanzan el éxito comercial sin la pudredumbre que se destaca en ellos. Y no digamos nada del «sexo invertido» anunciado «clasificadamente» en periódicos que entran en los hogares... ¡Sodoma y Gomorra a dos mil años del sacrificio del Hijo de Dios para enseñarnos el camino de la salvación!

Un día de los años cincuenta –como casi todos los días– fue al periódico un sacerdote jesuita para que le publicaran una nota en la crónica católica. Oscar Grau Esteban, mi secretario me dice que el padre tenía deseos de verme. Venía con la idea de pedirme algo del periódico pero terminé pidiéndole yo a él también. Se trataba del padre René León Lemus. Casi no lo dejé hablar. Le expuse con lujo de detalles la idea que desde hacía tiempo tenía metida en la cabeza pero que no encontraba el modo de convertirla en realidad. Tenía un gran deseo de hacer algo más por Cristo creando una organización de hombres que se reunieran una vez a la semana y decidieran ante el altar lo que cada uno ofrecía en lo personal por amor a Dios y a la Virgen María, y al mismo tiempo acordar entre todos un apostolado colectivo mensual como visitar enfermos, ayudar a pobres, a asilos de ancianos y a obras de la Iglesia, etc.

El Padre León me escuchaba con gran interés y entusiasmo. Y de repente me dice: José Ignacio, ya tengo el lema. Tú mismo lo dijiste al comienzo de tu explicación «Algo más por Cristo» y puedes llamarle a la obra «Legión de Cristo". Y se me brindó para ser el capellán de la misma.

Nos reuníamos cada semana en la casa de Ejercicios espirituales del Calvario. Pero llegamos a tener nuestra propia casa de dos pisos donada por un simpatizante de la obra. Reclutamos en la Legión a todo aquel que estaba dispuesto a cumplir con las reglas de la organización, que eran muy simples, pero algunas veces algo difícil de cumplir. Por ejemplo: una de las cosas más importantes de la Legión era la reunión en la capilla donde cada miembro se arrodillaba frente al altar con la asistencia de todos los miembros y al lado del capellán para decir en voz alta lo que esa semana le iba a ofrecer a Cristo superando tal o mas cual defecto y para decir también en alta voz si había podido o no cumplir con el ofrecimiento de la semana anterior. Era fuerte, difícil, claro que si, ese acto en el que en medio del silencio de la capilla se escuchaba la voz casi temblorosa de algunos que hasta se atrevían a confesar algún pecado.

En esta obra me hice amigo íntimo de todos pero en especial del Dr. Luis Rodríguez Tejera, un hombre extraordinario. Le transmitía a todos su inteligencia y su entusiasmo. Sin duda, Luis llegó a convertirse en el alma de la Legión de Cristo.

El Padre León tuvo que trasladarse a Puerto Rico donde realizó una obra de apostolado radial formidable. La Legión nuestra se quedó sin capellán durante un tiempo. Lo sabía el Superior de los jesuítas que residía en la gran iglesia del Sagrado Corazón de Jesús de la calle Reina de la Habana. Nos llama por teléfono al periódico para que fuéramos a verle. Fuimos enseguida y allí nos presentó al Padre Luis Gonzáles Posada S. J. que acababa de llegar de España para ejercer su sacerdocio en Cuba. El Superior nos dice: «Aquí tiene al nuevo capellán de la Legión de Cristo. Los hay muy buenos pero mejor que este ninguno..." Y así fue. Sólo podía competir con él en entusiasmo Luis Rodríguez Tejera.

77

Retiros todos los años

Todos los años organizábamos dentro del periódico grupos del personal del mismo para que asistieran a los Ejercicios Espirituales de San Ignacio de Loyola. Cuando se me ocurrió por primera vez esta idea, que nada tenía que ver con el periodismo pero sí con el alma, pensé que me sería muy difícil, por no decir casi imposible, lograr el éxito del propósito. Sin embargo, nada en la vida me causó tanta sorpresa como la acogida que tuvo mi iniciativa.

El primer grupo lo escogí al azar entre obreros, redactores y escritores. Nadie me dijo que no al explicarle de qué se trataba. Salí de mi natural asombro cuando Gastón Baquero me dijo: «Director, ¿quién le va a decir que no al Director del periódico? Y ¿quién se va a negar cuando usted le está ofreciendo a todos tres días sin trabajo y sin descontarle un solo día de su sueldo?» Tienes razón, le respondí, pero no me importa porque sé que le sacarán un gran fruto a esos días meditando sobre el por qué y para qué estamos todos en este mundo. Saldrán del retiro mejores obreros, mejores periodistas y mejores escritores. Por lo menos sirviendo mejor en el sitio que Dios los situó en este mundo. Con eso me basta. Gano muchísimo yo también dándole un gustazo a mi conciencia...

Todos los años muchos me preguntaban la fecha de los próximos retiros. Pude tener la satisfacción de ser padrino de bodas de alguno que no estaba casado por la Iglesia y padrino de bautizo de otro que no había recibido jamás instrucción religiosa.

El comunismo lava el cerebro para su doctrina diabólica. La religión bien entendida lava el alma de todas las inmundicias humanas. El materialismo se hunde en la avidez por el presente que termina. La sublimidad del espíritu quiere mucho más que eso: utiliza el presente ordenadamente impulsado por el hambre de la felicidad eterna.

7días

Entre la Redacción y los talleres cada día me sentía más como pez en el agua. Recuerdo –no obstante mi mala memoria–, que uno de esos días repletos de rutina periodística me encerré en mi despacho sin atender visitas ni nada que tuviera que ver con el periódico. No fue una sola vez que me ocurrió eso. Muchos días del mes caía en esa especie de desprendimiento del mundo exterior para concentrarme en una idea o proyecto. Tan profundamente me conectaba con el trabajo personal que en vez de almorzar en el comedor del periódico lo hacía en mi propia mesa del despacho para no romper el ritmo de lo que estaba planificando.

Esa era la manera de «dar a luz» sin dificultad alguna las ideas que tenía «entre ceja y ceja". A mano tenía todos los elementos necesarios para planificar: tijeras, cuchillas, reglas, dibujantes redactores, etc. Y así un día se me ocurrió crear una revista semanal para la edición dominical del *Diario* y que titulamos *7días*. Dibujé a mano todas las páginas y todas las secciones de la misma. Al emplanador le insistía que redujera o que ampliara las fotografías o dibujos según el caso o el espacio de que disponíamos. La palabra que más pronunciaba en estos menesteres era «diagonal» para reducir o ampliar textos y grabados. Cada vez que entraba en mi despacho el encargado del emplane me decía: "¿alguna diagonal, Director?"

La revista logró un gran éxito. Era un resumen de todo lo ocurrido en el país y en el mundo entero durante toda la semana, Tenía secciones de política, de deportes, de cultura, de música, de libros, de viajes, etc. Todas las semanas publicábamos a página entera en la portada la figura de más actualidad dibujada por nuestra conocida dibujante María Luisa Valentino.

La revista *7días* la publicamos durante un año. En definitiva dejó de salir porque le costaba sumamente cara a la empresa. Los anunciantes en Cuba no estaban acostumbrados a publicar sus anuncios en «tabloide» y ya se sabe que una publicación sin anuncios produce pérdidas. No obstante como ya habíamos introducido novedades en todo el periódico, sobre todo en la edición dominical, lo que se hacía en *7días* lo seguíamos haciendo los domingos por las distintas páginas de la edición.

Me sentía satisfecho con la labor realizada hasta el momento. Creo que Dios nos ayudó a no defraudar a la opinión pública sobre la conducción del *Diario*. Mi abuelo D. Nicolás Rivero fue un gigante al frente del periódico; mi padre Pepín Rivero fue otro gigante y algo más que gigante como periodista, como escritor y conductor de la opinión pública. Yo no lo soy. Mi gigantez consiste sólo en la estatura física porque en cuanto a pluma y a periodismo soy tan sencillo como el más natural de los periodistas. Eso sí, como «lo cortés no quita lo valiente», debo ser exacto afirmando que hay unos valores que sí heredé de ellos y que me hacen sentir muy feliz en mi profesión: la franqueza y el no dejar atarugada jamás en mi garganta ninguna verdad que todo hombre de vergüenza debe decir aunque sea peligroso decirla...

Creo que de esto último se dará perfecta cuenta nuestro lector a medida que vayamos entrando en los próximos capítulos, sobre todo en la etapa que nos tocó enfrentamos a la revolución marxista-leninista de Fidel Castro.

Parte del nuevo edificio antes del derrumbe del antiguo visto desde la cúpula del Capitolio nacional.

Polémica con Luis J Botifoll

El doctor Luis J. Botifoll, gran cubano, abogado, periodista, hombre de letras y uno de los más destacados líderes del exilio cubano en Miami había sido nombrado por el destacado hombre de negocios Amadeo Barletta, Director del periódico *El Mundo* de La Habana que acababa de comprar.

En su periódico en aquellos días, entre muchas otras, se publicaba una sección parecida a la nuestra que firmábamos con el seudónimo de Vulcano. Aquel era un espacio bastante pequeño que se publicaba todos los días con espíritu de polémica y siempre con una intención bastante mortificante. Nos comenzamos a dar cuenta de que en aquel insignificante espacio de nuestro importante colega se estaba tratando de entrar en discusión pública con nuestro periódico porque no había día en que el escondido autor de la sección no mencionara despectivamente a nuestro periódico.

Una vez el agazapado comentarista se atrevió a usar el mismo estribillo de los comunistas diciendo que el *Diario de la Marina* no era una empresa cubana sino española porque su antiguo director, nuestro abuelo Don Nicolás Rivero, era español y estaba al servicio de Weyler durante la guerra de Independencia. Perdimos la paciencia y quizás un poco la ecuanimidad con nuestro competidor periódico respondiéndole en nuestra primera plana entre otras cosas con la siguiente afirmación: «Si para *El Mundo* el *Diario de la Marina* era un periódico español y a favor de Weyler en época de la colonia, el periódico *El Mundo* en nuestra Cuba republicana es un periódico italiano y está al servicio de Mussolini porque su dueño es italiano...''

Y ardió Troya. Botifoll y yo comenzamos una polémica bastante desagradable porque en realidad no éramos contrincantes ideológicos ni empresariales. El *Diario de la Marina* tenía su público y *El Mundo* el suyo. Barletta tampoco era enemigo nuestro. Todo lo contrario, siempre habíamos sido muy buenos amigos.

Batista, que entonces era Presidente, teniendo en cuenta que se estaba celebrando por aquellos días en La Habana la reunión anual de la Sociedad Interamericana de Prensa (SIP), nos pidió a Botifoll y a nosotros que fuéramos a Palacio para hablar con él sobre el penoso asunto de la polémica injustificada. Y para allá fuimos. Botifoll por su parte y yo por la mía.

Recuerdo que en el ante despacho de la presidencia esperábamos la entrevista con Batista sin saludarnos, sin cruzarnos la mirada y sin dirigirnos la palabra.

¡Cosas de la vida pública!

Conversó primero a solas el Presidente con Botifoll y después también a solas con nosotros.

Fue largo nuestro careo con Batista sobre el asunto en cuestión. Y terminó diciéndonos: «Por favor Rivero, no siga con la polémica. La misma de seguro

81

debe estar produciendo muy mal efecto a la SIP que ve a los dos periódicos más importantes de Cuba envueltos en una trifulca pública. Le he pedido lo mismo a Luis Botifoll y me ha dicho que no dirá ni una palabra más.

Nuestra respuesta fue la siguiente:

Yo tampoco diré ni una sola palabra más sobre la cuestión pero después de lo que publique mañana porque *El Mundo* le dio a *La Marina* el primer golpe y por una cuestión de justicia yo tengo que dar el último.

Batista se sonrió y con un apretón de manos se despidió diciéndonos: «Pero que sea el último golpe por el bien de Cuba, Rivero».

Y me fui de Palacio tan campante como llegué pero lamentándome después de no habérseme ocurrido agregarle a mi respuesta que también fuera el último «golpe» suyo por el bien de Cuba...

Amadeo Barletta no volvió a dirigirnos la palabra hasta unos años después cuando Fidel Castro confiscó su periódico y nosotros le hicimos una defensa pública en nuestro *Diario*. Y Luis Botifoll nos demostró su estimación y amistad en el exilio dándole el apoyo económico y todo su entusiasmo al premio periodístico «Pepín Rivero», iniciativa del inolvidable periodista cubano Guillermo Martínez Márquez.

Así es el cubano con dignidad y de buena fe.

Nuevo edificio del Diario de la Marina *fabricado frente al Capitolio Nacional.*

Nuevo edificio

Comenzábamos a derrumbar el edificio colindante al nuestro que habla comprado nuestra empresa con el fin de edificar uno nuevo de acuerdo con las exigencias técnicas de los tiempos. Casi estaba terminada la construcción y se produce el golpe del 10 de marzo pocos meses antes de las elecciones convocadas por el presidente Carlos Prío Socarrás en 1952. Mirábamos la paralización del ritmo constitucional con gran preocupación. Nos hallábamos en plena inversión económica de varios millones de dólares para mejorar el periódico en todos los sentidos y no sabíamos si paralizar la obra por el momento o seguir adelante con ella. El país estaba como el enfermo que va a la sala de operaciones encomendándose a Dios y sin saber si el resultado iba a ser positivo o negativo. Claro que decidimos seguir adelante. En medio de un río no se debe cambiar de caballo y seguimos montados en él. El agua, en definitiva, cogió su nivel y llegó el momento, pocos meses después del rudo golpe a la nación, y nos trasladamos al nuevo edificio dispuestos a seguir trabajando a favor de los intereses permanentes de la nación, de la sociedad y de la familia en particular. Nos habíamos despedido del viejo edificio con un editorial de primera página sobre las lamentables consecuencias que el golpe de estado podrían causar a la República. Ya en nuestro último libro «Prado y Teniente Rey» lo reproducimos. El golpe militar dado por el general Fulgencio Batista desconcertó a la opinión pública. Al siguiente día el *Diario de la Marina* exhortó a la ciudadanía a afrontar con serenidad y cordura las contingencias implícitas en el gobierno de facto. Al mismo tiempo reclamó de éste el respeto a las libertades ciudadanas. Se había roto el ritmo constitucional en el cambio de poderes. Pero ese hecho no debía restar vigencia a los principios primordiales en los que se inspira la democracia. Reiteró el *Diario* su posición indeclinable en la defensa de las cuatro libertades, y su repudio a quienes hacían de la libertad trampolín para saltar al libertinaje. Indicó que al margen de la dialéctica la actuación del nuevo gobierno justificará ante la historia la necesidad del golpe del 10 de marzo. En todo caso el régimen de facto –decía el *Diario de la Marina* en su primera página– no deberá prolongarse por más tiempo que el indispensable para el reordenamiento institucional en beneficio de los intereses del pueblo cubano.

Y, como decíamos anteriormente, decidimos seguir adelante y nos mudamos. Abrimos las puertas de par en par al público en general invitándolo a que vieran por dentro nuestro nuevo edificio. Figuras importantes de la intelectualidad y del periodismo cubano y extranjero recorrieron toda la instalación quedando admirados de tanta modernidad. Se conocía su fachada, que también era suntuosa, pero eran pocos los que lo conocían por dentro. En lo material, por supuesto, porque los suscriptores y lectores en general conocían de sobra que nuestro periódico tenía alma, como dijera una vez en su columna el Padre José Rubinos S. J.

El espíritu y la tradición

Nuestra vida periodística ya se hacía larga, muy larga, se remontaba casi a los primeros pasos de nuestra vida. Comenzamos a respirar el plomo de los talleres y a escuchar el estrépito de las rotativas jugando con nuestros hermanos por la azotea de nuestro periódico de Cuba. Por haber perdido a nuestro padre desde muy jóvenes tuvimos que hacemos cargo de la Dirección del periódico. Para nosotros fue muy difícil sustituir a uno de los periodistas más geniales de la historia de América. Esta realidad en la que Dios nos situó, más el hecho de haber pasado por la Universidad de Marquette de Wisconsin estudiando periodismo, hizo posible que fuera algo más llevadero comenzar a dirigir el diario junto a los grandes escritores y periodistas que ya teníamos y con los que después agregamos a nuestro personal. Estábamos conscientes de que la integridad de un periódico no podía medirse sólo por su antigüedad; que había en el mundo periódicos viejos que jamás aportaban ninguna idea beneficiosa para las comunidades donde se editan y también periódicos, nuevos en el almanaque y nuevos en el estilo de los tiempos, que ofrecían a sus lectores cada día una nueva luz, una sana orientación, un correcto enfoque sobre los innumerables conflictos en que se ve siempre envuelta la sociedad en cualquier tiempo.

Estábamos conscientes también –lo aprendimos desde muy temprano a nuestro paso por los periódicos norteamericanos– de que eso ocurre también a la inversa: existen publicaciones nuevas que le hacen más daño a la sociedad que varias bombas atómicas estallando en el mismo corazón de las grandes urbes. Y que hay periódicos antiguos que en todo instante de sus largas vidas han sabido rendir verdadero honor a su longevidad mediante la verticalidad de sus posturas en las horas difíciles de sus existencias.

Conociendo todo esto es que nos empeñamos en mantener la misma línea que había seguido el antiguo periódico de nuestros antecesores. Nos aferramos a ello. Para nosotros eso fue nuestro principal objetivo: mantener el espíritu y la tradición del más que centenario diario.

Estamos escribiendo este libro con todos los pormenores de nuestra vida en nuestra patria y en el exilio que lleva como título *Contra viento y Marea* (Memorias de un periodista) En este libro puede ver el lector con lujo de detalles, entre otras cosas de interés político y periodístico, el vía crucis que tuvimos que pasar por no claudicar dentro ni fuera de la Patria ante las fuerzas del enemigo y tampoco ante las de muchos «amigos» mas tarde en el exilio...

Afirmamos que vivimos convencidos de que la libertad de opinión y de información es una de las más grandes conquistas de la humanidad, pero que es a la vez un ideal muy difícil de realizarse plenamente, un ideal al que sólo podemos aproximarnos por el esfuerzo de cada día, pero sobre todo con el afán supremo de cada periódico del mundo de no publicar jamás nada que no sea la verdad. La mentira, como la que vive desde hace meas de 40 años la tierra de José Martí, debe ser combatida por todos los periódicos del continente americano que se consideren amantes de la libertad y de la democracia.

Una vez el gran periodista Alberto Gainza Paz dijo: «Aunque hemos visto caer dictaduras que eran una afrenta para nuestra civilización y cultura, no debemos ceder a la cómoda ilusión de considerar el progreso alcanzado por las fuerzas de la libertad como algo definitivo e irreversible". Sabio consejo. Venía de un veterano del periodismo que sufrió en su persona la persecución contra la libertad que implantó en su país la dictadura peronista. Mi padre, Pepín Rivero, decía. que «mientras más se estrecha el corazón, más crecen las uñas, se alargan los colmillos y se dilata el estómago". Nosotros no hemos hecho otra cosa que seguir los dictados de nuestra conciencia.

Cuando llegan los momentos difíciles me acuerdo siempre del pensamiento de mi padre: nunca dejo crecer mis uñas, cuido mucho los colmillos y jamás dejo que se me dilate el estómago. Todo lo contrario: pongo el corazón entero sobre las teclas de la máquina de escribir y dejo que el mismo se dilate a plenitud.

Viaje a Europa

En el otoño de 1953 nos fuimos a Europa y especialmente a España para la inauguración de un monumento a nuestro padre, Pepín Rivero, en el parque de la Moncloa en Madrid. Se había hecho una recaudación económica popular por iniciativa del periodista español Víctor de la Serna, Director del periódico *Informaciones* y Presidente de la Asociación de la Prensa de España, para la erección del mismo como reconocimiento a su defensa incansable a favor de los ideales permanentes de España en América y en contra del comunismo que quería apoderarse de nuestra Madre Patria con la ayuda total de la Unión Soviética.

Nos hospedamos en el Hotel Ritz y no pudimos evitar la visita y mensajes al mismo de personajes del Gobierno y de las figuras más connotadas del periodismo y de la intelectualidad española. Allí tuvimos una larga conversación con el embajador de Cuba, Antonio Iraizos quien nos explicó con detalles el programa de actos y visitas que se había confeccionado con motivo de nuestra breve estadía en Madrid. Al siguiente día de nuestra llegada a la capital de España tuvimos el gusto de visitar el Instituto de Cultura Hispánica donde se nos ofreció un acto de bienvenida con la presencia de diversos funcionarios del gobierno español, del Presidente del Instituto Alfredo Sánchez Bella y del alcalde de Madrid. Después nos trasladamos al lugar donde se celebró la inauguración del monumento donde, además del alcalde de Madrid y del embajador de Cuba, pronunciamos nosotros unas palabras de agradecimiento en nombre del *Diario de la Marina* y de toda nuestra familia.

Al siguiente día nos recibía en el Palacio del Pardo Su Excelencia, el Generalísimo Francisco Franco, en audiencia privada. En su despacho nos atendió por largo tiempo y nos habló con gran emoción de las batallas periodísticas libradas por nuestro padre en América a favor de la causa nacionalista exponiendo a diario su propia vida enfrentándose a los comunista que hacían causa común en todas partes con la causa de los republicanos españoles. Ya antes de ese viaje a España, Franco nos había amablemente impuesto la Gran Cruz de Isabel La Católica por haber continuado la defensa de la causa española en nuestro diario de La Habana; condecoración que más tarde en el exilio devolvimos al gobierno de España por sus relaciones amistosas con la tiranía de Castro.

No se nos olvida uno de esos días de nuestra estancia en Madrid en que se presentaron en el hotel los hijos del Generalísimo, Carmencita Franco y su esposo el Marqués de Villaverde, para invitarnos a ir con ellos a visitar Toledo. Las calles de la histórica ciudad se abarrotaron cuando se enteró el pueblo de que Cannencita y Cristóbal estaban en Toledo de visita. Los ¡Vivas! se escuchaban por todas partes. Nosotros, lógicamente, participábamos del espectáculo junto a ellos mientras caminábamos por todas las callejuelas de la ciudad y sin un solo guardia a nuestro alrededor que son útiles y necesarios en situaciones como esa en que siempre hay enemigos emboscados capaces de cualquier cosa. Pero paseábamos tranquilos. En España se vivía en paz. Se podía hacer cualquier cosa menos perturbar la tranquilidad y el orden. Eran los mejores años del siglo veinte de esa gran nación. Entonces no existía el atentado. No explotaban coches bombas. Se podía salir de noche por cualquier parte sin el temor al asalto o al robo a mano armada como suele ocurrir en cualquier parte del planeta en los albores del nuevo milenio en que vivimos, o «morimos» cada día...

Después de una semana en España nos disponíamos a marchar hacia París y cuando bajamos al «lobby» a pagar la cuenta del hotel nos enteramos por el conserje que el alcalde de la ciudad se había encargado de eso. Entonces podíamos pagar el Ritz y mucho más pero no nos venía mal la invitación. Nos marchábamos de España contentos y complacidos por tanto agasajo y reconocimiento.

Por aquel entonces no se solía viajar en avión. Todavía no existían los «Jets» de pasajeros y nos decidimos tomar el «Talgo» que llegaba hasta Irún. Era uno de los trenes más modernos de Europa. Teníamos interés en probarlo, pero sufrimos una gran desilusión. El «Talgo» brincaba como un chivo y sin la esperanza de llegar a su destino. Pero llegamos a Irún y a Hendaya donde hicimos el cambio de trenes. Se notaba la diferencia. Ya el viaje en tren era algo distinto. Y es que cuando uno se acostumbra a lo bueno todo lo demás le parece malo. Estábamos acostumbrados a viajar desde nuestra época de colegios en trenes Norteamericanos y en cuartos privados.

Viajábamos con nuestra esposa Mariita, con nuestra madre y con el cronista del *Diario de la Marina*, Luis de Posada y Delia Salcedo, Llegámos a París y nos esperaba en el andén de la estación de trenes el Dr. Pedro Castillo, gloria de la medicina de Cuba. Nos fuimos juntos hasta el Hotel Meurice donde también estaban ellos residiendo. Allí nos encontramos con Orestes Ferrara con quien pasamos momentos inolvidables conversando sobre diversos temas siempre de interés para el periodista y para cualquier cubano que le interese la Historia de su Patria.

Orestes Ferrara

La mañana siguiente a nuestra llegada a París bajábamos en el ascensor con Ferrara y nos pregunta: ¿a dónde va tan temprano Rivero? A misa, le respondimos, pero regreso enseguida que termine para desayunar en el Hotel. Y ¿usted que va a hacer ahora?, le preguntamos también. Voy a desayunar, nos dijo, pero no voy a misa. Le envidio su fe porque yo no creo...

Confesamos que nos sorprendió mucho su respuesta. No concebía que una persona tan culta y con tantos «dedos de frente» como él fuese agnóstica o atea. Pero teníamos poco tiempo para discutir sobre el tema con este eminente cubano por los sentimientos y por la historia. A nuestro regreso al Hotel, con más ganas de desayunar que de dialogar, le pedimos que nos acompañara al comedor para hacerle una entrevista sobre la actualidad cubana mientras degustábamos nuestro primer alimento del día. En esa conversación última Ferrara nos expresó tantas ideas interesantes sobre el tema político cubano, que no pudimos sustraernos a la tentación de trasladarlas a los lectores del *Diario* y después de pasarlas en limpio en nuestra habitación las enviamos por correo urgente al periódico para que se publicaran en primera página. Pensara cada uno como pensara, los puntos de vista de Orestes Ferrara no perdían nunca el interés. Mantenía muy viva su inteligencia. A fin de no deformar en lo más mínimo sus opiniones, nos limitamos a transcribir sus respuestas textuales, sin quitarles ni ponerles una coma, porque a nuestro interés como Director del *Diario* en mantener intacta nuestra postura imparcial en política, se unía el reconocimiento de que ante la personalidad y la experiencia de un Ferrara, no cabía sino transcribir literalmente lo que expresaba.

El vigor mental de quien llevaba tantos años en un puesto eminente era asombroso; su vigor físico se transparentaba hasta en la forma rotunda en que emitía sus conceptos. No había cólera en ninguna de sus apreciaciones; cuando más, una fina ironía decoraba sus juicios, en ocasiones muy fuertes, sobre los adversarios políticos y sobre las idea contrarias. Personalmente no compartíamos muchas de las apreciaciones hechas por él en su intensa y apasionada tanto como apasionante exposición; pero le escuchamos con respeto, porque desde él había un libertador, un maestro de varias generaciones de abogados cubanos y uno de los hombres más cultos y fecundos de nuestra historia en los últimos tiempos de nuestra república.

El tema inicial obligado fue el de las elecciones. Hablábamos sobre el votar o no y sobre el significado de las elecciones en una sociedad civilizada. Orestes Ferrara nos dijo:

«El ciudadano se pone la toga viril un día sólo y durante pocos minutos o sea en el momento en que deposita su voto en la urna, abandonar este honor, que es al mismo tiempo un deber, me parece obra de emasculación política. Yo iría a votar ciertamente. Los argumentos de los que invitan al pueblo al retraimiento no me han convencido y, le diré con pena, que pocas veces he leído conceptos más pobres que los expuestos en el mitin microfónico último vertidos sin embargo por hombres inteligentes y cultos. Dejar de ejercer una función ciudadana porque en el poder no está una persona de nuestro gusto, es un absurdo. Abandonar las urnas al adversario porque consideramos el régimen poco democrático es negar toda la evolución histórica del mundo y confiar los cambios políticos a los actos de fuerza solamente. Recordar el 10 de marzo en la hora en que va a morir, significa quererlo revivir. Alegar hipótesis de posibles violencias supone una mentalidad infantil que actúa temiendo al fantasma. Solicitar lo que se ha llamado el voto libre es una blasfemia democrática porque la independencia del Jefe del Estado, de la organización política que lo proclama, es el primer paso hacia el Cesarismo, flagelo de nuestra América.

«En cuanto a la legitimidad del régimen que nos invita a los comicios, de lógica más pedestre nos indica que el momento de negarla no es el día en que ella se ausente para dar paso a un sistema de estricto derecho. Y además, la legitimidad de los regímenes es cosa muy electiva. Todos los grandes cambios liberales han sido legales. Todos, sin excluir uno sólo. Los tres más grandes que nos abrieron la puerta de la modernidad fueron ilegítimos. El bill de derechos inglés fue arrancado después de una larga serie de actos de fuerza: la Constitución Americana, esta bella hoja de honor, fue impuesta ilegalmente votando el Estado de Virginia al ratificarla contra la ley; la Revolución francesa no respeto en sus actos sucesivos ningún precepto previo. ¿Por ello acaso los ciudadanos se metieron en su casa mirando con hosca indiferencia el noble ejercicio de los derechos que se les conferían? Al contrario, aprovecharon la transigencia del Poder, cualquier abandono o debilidad del gobernante para afirmarlos en el campo de la realidad.

«Mi opinión sincera, dictada por la observación más fría e imparcial es que la parte de la oposición que se ha retraído, lo ha hecho debido al gran número de candidatos presidenciales que tenía en su seno. Las reuniones de estos oposicionistas parecen cónclaves de Presidentes. Así cada uno, pensando que no podía ser Presidente, dada la fuerza de los demás reunidos se hizo partidario de la resolución extrema. Cada uno se dijo: mejor aplazar; el tiempo y un poco de desorden favorecen las aspiraciones, aún las más insensatas. Ciertamente hay cubanos que no dan su confianza al doctor Grau, ni al general Batista. Estos tienen derecho a abstenerse, pero sólo en el caso de no pertenecer a ninguno de los partidos que concurren a las urnas. Porque el elector que está inscrito en un partido tiene la obligación de votar por la persona designada por el partido aunque esta no sea de su agrado. Sin tal concepto rígido de la vida pública no puede regir un sistema democrático de verdad y no simple palabrero.»

Tomamos nota de sus palabras y le dijimos: Según esa tesis, Ud., como liberal votaría por el Gobierno gustásele o no, ¿es cierto?
«Creo que estaré sobre el Océano el día primero de noviembre navegando hacia Montevideo en cuya bella ciudad se va a reunir el día doce la Conferencia de la UNESCO. Sentiré mucho no poder votar. Mas abandonando el secreto de la urna, le diré que yo votaría por el general Batista. A esta adhesión me obliga en primer término el hecho de ser liberal. Lo soy en continuidad matemática desde la fundación del partido hace cincuenta y unos años sin ninguna desviación. Cuando veo a otros que con desenfado alegre se pasean por todos los partidos, me quedo admirado. Poder hacer ciertas cosas es tener la mitad del éxito ganado; pero también supone tener la conciencia, las ideas, el carácter en el bolsillo. Como liberal votaría por todos los candidatos del partido, y espero, hasta estoy seguro, que ellos cumplirán con los dictados del liberalismo: libertad y democracia para el pueblo, severidad administrativa, economía libre, reducción, de las entradas públicas al mínimo necesario, altos salarios y confraternidad nacional por encima de credos, razas, desniveles sociales y opiniones políticas incluyendo aun a los impertinentes en materia de desórdenes."
– *¿De manera que Ud. Votaría por el general Batista sólo por disciplina de partido?*
«No votaría a su favor por él mismo. Seguramente no soy favorable en tesis general a los actos de fuerza y el general Batista ha actuado en ellos en algunas ocasiones, principalmente el 4 de Septiembre de 1933 y el 10 de Marzo de 1952. Pero si rechazo al que infiere el cuchillo en carne humana no acuso al cirujano que viene a salvar una vida. Estas dos fechas que he señalado representan dos soluciones dictadas en momentos graves. El 4 de Septiembre nos salvó de la más vil abyección. Ese acto de fuerza, ese cuartelazo, esa asonada militar, llámesela como se quiera, resulta un hecho histórico de suma importancia, por haber evitado en gran parte que continuara el abuso del cubano sobre el cubano, por haber borrado una legislación que era la negación del derecho, el ludibrio de la personalidad humana. Los chacales habían saltado todas las barreras del respeto que se debe a la dignidad, al honor y a la vida de los individuos. Nunca en las horas más tristes del Coloniaje, incluso el período de Weyler, se había visto la mano feroz del victimario gozar con mayor frenesí en las hondas heridas de la víctima.

«Reconozco que algunos de nuestros altos funcionarios a veces se merecen el fango, pero no debemos desearlo por honor nuestro y de Cuba, porque el extranjero que oye nuestras diatribas enseguida se le ocurre pensar en el antiguo mote: los pueblos tienen los gobernantes que se merecen.

«El hecho es que el doctor Prío no podía pensar en salir de la presidencia para su casa. ¿Que hubiera sucedido si en aquella situación se hubiera llegado a las elecciones? No lo se, ni se si, como afirma el general Batista, corroborada su afirmación por otras personas que vivían en la agitación del momento, el

Presidente pensaba dar un golpe de Estado. Lo único que se es que con el 10 de Marzo, se han evitado los peligros que antes se consideraban como seguros y que no perdiendo nuestros principios básicos constitucionales, hemos llegado por camino más largo pero más tranquilo a las elecciones. Elecciones que entonces y ahora hubiera ganado el Partido que destruyó al presidente Prío si sus hombres más importantes en lugar de dividirse y subdividirse, todos con ambiciones presidenciales, se hubiesen mantenido unidos como un sólo haz inspirando confianza al pueblo de la misma manera que lo hizo Eddy Chibás.

«Mi juicio sobre el 10 de Marzo en síntesis es que resultó una solución y que después, evitando peligros y combatiendo el desorden, nos ha traído por un camino en el cual las instituciones cubanas no han sufrido ningún descalabro definitivo. En pocas palabras, evitó una revolución anárquica o un golpe de Estado desde el Poder.

– *Doctor, aunque es demasiado personal la pregunta, ¿qué opina usted de cada uno de los candidatos?*

«He seguido la campaña electoral con interés. Sin querer ofender, ni menospreciar categorías, le diré que el doctor Grau me ha parecido un antiguo sargento y el general Batista un viejo catedrático de fisiología. Le repito que no es mi propósito ofender a Sargentos ni a Profesores, ni a Grau ni a Batista. Sólo quiero decir que el método electoral que después de haber empezado bien, adoptó el doctor Grau, no me ha gustado. A mi el demagogo no me gusta. Odio los cuentesitos populacheros, las engañifas, la burla de bajo vuelo, el chiste de bodega, la vulgaridad mental. El hombre de Estado debe ser en todo momento un educador. Especialmente si su alcurnia es universitaria. Tuve tan alto respeto por el cargo de profesor cuando me adornaba, que lo usé por encima de mi grado de libertador, de los Presidente de la Cámara, de Embajador y de Ministro del Gabinete.

«Al doctor Grau le conocí cuando era profesor y lo traté en la Constituyente, y nunca le encontré las deficiencias que ha probado en estos últimos meses. Aquello de los cinco pesos «que puso en el bolsillo de cada cubano» me parece algo tan infantilmente estúpido que el que lo dice debe considerar a los electores como unos pobres idiotas. Un problema tan escabroso, o sea, el de la distribución del dinero durante su precedente período de gobierno, el doctor Grau no lo hubiera debido tocar nunca, por los recuerdos que evoca.

«La campaña del general Batista, en cambio mc parece muy seria y acertada. Habla de sus realizaciones, presenta su pruebas fehacientes, , espone sus principios. Yo estimo, como ha dicho vuestro Ichaso, que el general Batista ha aprendido mucho en estos años. Y por mi cuenta digo que se ha formado un carácter más firme y más amplio.

«Pero tengo mayor motivo para alegrarme de la victoria de la candidatura presidencial encabezada por Batista. A su lado va Felo Guas. En mis sesenta años de política cubana, o sea, desde que me puse al servicio de Cuba, no he conocido a un hombre más pulcro, más honorable, más inteligente, más bueno que Felo Guas. Sí, he admirado a hombres como Sanguilí, Lanuza, Enrique Villuendas, Montoro, Cancio, Delgado, sin hablar de los vivos, Guas pertenece a estos que he citado. Es compañero de los personajes más escogidos de la Historia de Cuba. Al votar por él el elector se honra. Quiera el hado benéfico de Cuba que el electorado cubano al votar vaya siempre a honrarse y no a prestar pequeños servicios a la pasión o al amigo.

– *¿Cómo cree usted que influirá sobre el futuro inmediato de Cuba la celebración de elecciones?*

«Mi estimado Rivero, la cuestión de Cuba no es política, ni económica, ni social; es cuestión de seriedad. Hay que curarse de la ligereza que nos da la brisa, la llanura, el mar abierto, la eterna sonrisa del cielo, la fácil ganancia. Es preciso comprender mejor los deberes, los familiares, los públicos, los nacionales, los que tenemos para con nosotros mismos y con Cuba que es el nombre común que cobija a todos; los deberes del presente, del pasado y del porvenir. Si tomáramos las cosas en serio no habría dificultades.

«La seriedad nos enseña que las revoluciones no se hacen por gusto sino por extrema necesidad; que, además, siendo ellas el último llamamiento a la conciencia nacional, si no se hallan muy justificadas no tienen posibilidad de éxito; y que en el caso nuestro, pudiendo decir y diciendo más que en otras partes se puede decir y se dice, y pudiendo hacer y haciendo más de lo que en ninguna parte se puede hacer y se hace, la justificación la podrían suponer sólo los que por rapiña y concupiscencia quieren apoderarse del poder. La seriedad igualmente hablará a los hombres del Gobierno futuro y de la futura oposición cualquiera que ellos sean, diciéndoles que no debemos dejar a nuestros antiguos gobernantes pasearse nostálgicos e irritados por tierras extrañas y que tampoco es consolador ver a muchos conciudadanos en las cárceles por motivos que no responden a una criminalidad evidentemente probada en el hecho y por la intención.

«Estimo por último que las oposiciones comprenderán que para ser tomadas en serio se deben unir y que la lucha contra el poder, lucha cívica y apropiada, debe hacerse en nombre de los principios y no con auto-candidatos, algunos de ellos de opera cómica.

«Si llegamos a comprender simplemente que la política no es una broma ni una tragedia, ni el arte de apropiarse de las cosas ajenas, ni un eterno cabaret de cantos, de bailes y de alcohol, sino un noble interés por el pro común, un continuo estudio del bien público, una acción constante y previsora, una agonía, a veces, frente a las dificultades, en pocas palabras, la función del buen padre de familia fuera de su casa, hacemos un campo común de todos los cubanos dividido exclusivamente por el mayor o el menor acierto en la defensa de los intereses e ideales de Cuba.

– *¿Cuál es su opinión sobre la creación de un nuevo partido?*
«Un partido más no vendría a resolver nada. He dicho siempre que tenemos muchos partidos, demasiado número de partidos. En lugar de un partido nuevo necesitamos partidos buenos.

«Creo que lentamente debiéramos volver a los dos partidos tradicionales: liberal y conservador. Y si ya no se desea el nombre de conservador se puede escoger otro que expresé una idea y no como se ha hecho en estos últimos años en que se ha usado nombres como auténtico y ortodoxo sin atenerse a lo que estas denominaciones representan,

«Un nuevo partido significa a los oídos del que tiene alguna experiencia, una presentación de nuevas vedettes con otros trajes. Es verdad que en nuestros partidos los jefes de un momento se quedan con el mandato y dejan a los otros prominentes en el ostracismo; pero esto sucedería también con el nuevo. La cuestión es de seriedad. Como ha dicho el general Batista en su campaña electoral, seria y elevada, ya tenemos un número de años de independencia que nos obliga a proceder mejor de lo que procedemos.

«En el porvenir anhelo transigencia para todas las ideas, administración honrada, respeto a los valores humanos que deben aprovecharse para el bien público, inflexibilidad legal y severo mantenimiento del orden.»

Hasta aquí los conceptos del doctor Ferrara. Sabemos que su palabra despertaba siempre resonancias polémicas. Había en el curso de estas declaraciones cosas que podían resultar mortificantes para alguna personalidad o algún grupo político. Pero teníamos la convicción de que era el amor a Cuba quien movía los pensamientos del doctor Ferrara. En lo que él anhelaba para el porvenir de nuestra patria se resumía un ideario que todos podíamos compartir por encima de los personales criterios y preferencias.

Opinión de Francisco Ichaso

En su columna del *Diario de la Marina* titulada «Acotaciones» Ichaso decía lo siguiente:

«Nuestro Director José Ignacio Rivero le ha hecho una gran entrevista a Orestes Ferrara en París. Respondiendo a un inteligente interrogatorio, el ilustre hombre público ha expuesto sus ideas sobre el actual momento cubano con esa lucidez mental que lo distinguió siempre, con ese don de frase y ese calado de pensamiento que sólo da una auténtica cultura. humanista y con esa vehemente franqueza característica de un luchador que no entrega su doctrina antes de calentarla al fuego de una pasión entrañable.

«El político no es hombre de esquemas mentales. Quede esto para para el teorizante para el filósofo, para el contemplador distante de la realidad. Las únicas ideas que sirven en política son las que han pasado antes por el corazón. A Ferrara le hemos visto siempre apasionarse y tomar partido. Por eso es un político de cuerpo entero. Como tal se produce en este diálogo con nuestro Director. Es notable el dominio que demuestra tener de la realidad cubana, no obstante hallarse tan lejos de nuestro escenario público. Y es que, desde su mirador europeo, este hombre vive angustiosamente inclinado sobre el Atlántico, tratando de otear entre la bruma el panorama de la patria distante. La simple información fría, no basta para producir esta certeridad de enfoque. En el presente casi se mete por medio la nostalgia, que es, sin duda alguna, un sentimiento auxiliador de la historia. Ferrara habla como si estuviera en Cuba porque sentimentalmente está en Cuba, porque la nostalgia de la tierra servida con las armas y con las palabras lo tiene de hecho preso en nuestra Isla.

«No vamos a comentar toda la entrevista publicada el domingo en estas páginas. Sólo hemos de referirnos a un aspecto de ella: el enjuiciamiento que el gran hombre público hace de la actitud abstencionista. Vamos a fijarnos en estos tres conceptos:

«1.- 'Dejar de ejercer una función ciudadana porque en el Poder no está una persona de nuestro gusto, es un absurdo'.

«2.- 'Recordar el diez de marzo en la hora en que va a morir'.

«3.- 'Alegar hipótesis de posibles violencias, supone una mentalidad infantil que actúa temiendo al flantasma'.

«Para la oposición al Gobierno que preside unas elecciones es siempre un gobierno indeseable y poco de fiar. No importa el origen de ese gobierno. El aparato coactivo que es lo que alarma es el mismo en un gobierno de elección popular que un gobierno de facto. Si la oposición va a los comicios en el primer caso, no tiene por qué dejar de ir en el segundo. La coacción, el fraude, la brava técnica o física, es algo que puede venir siempre del Poder; más no por

94

eso debe ser causa suficiente para retraerse de las urnas. Esto es lo que aconseja la lógica más elemental.

«El 10 de marzo abrió una interrogación angustiosa para la República. Esto es innegable. Pero cuando días después de producirse el golpe, el régimen convocó a elecciones, se produjo cierta sensación de alivio en quienes nos preocupábamos muy seriamente por los destinos de Cuba. Era tranquilizador que el propio régimen se declarase provisional, fijase concretamente su término, y señalase el modo democrático de ir al recobro de las Instituciones normales. La oposición rechazó aquella convocatoria a elecciones. Estaba por aquellos días en La Habana un distinguido exilado español, un sociólogo de fuste, el doctor Francisco Ayala. –Es sorprendente –nos dijo– lo que veo en Cuba: una dictadura que quiere elecciones y una oposición que no las quiere". En efecto, lo lógico es que la oposición pida comicios y que el dictador rehuse darlos. Pero este es el país de las viceversas.

«Ferrara considera una actitud infantil esa de no concurrir a las elecciones por temor a la violencia. La violencia es un fantasma mientras no se realiza. A los partidos políticos les conviene muchas veces hasta provocarla para saturarse de razón ante la opinión pública. Nos decía el propio Ayala que nunca un partido había concurrido a unas elecciones en condiciones más adversas que el partido Republicano Español en tiempos de Alfonso III. Sus líderes más prominentes estaban todos en la cárcel. Sin embargo aquellas elecciones produjeron la caída de la monarquía. Alcalá Zamora salió de la prisión para asumir la presidencia de la naciente república. Una oposición no puede dejar de ir a una consulta popular por el sólo temor de que resulte viciada por el engaño o la violencia. La lucha política no es una batalla de rosas. Sólo los niños se impresionan con los cuentos de miedo.

«Tampoco nos parece argumento fuerte el de la forma de votar. A esto alude también Ferrara respondiendo a una de las preguntas de nuestro Director. El sostiene, con su énfasis acostumbrado que «el voto libre es una blasfemia democrática» porque al independizar al Jefe del Estado de la organización política que lo ha proclamado, se convierte «en el primer paso hacia el cesarismo, flagelo de nuestra América".

«La tesis es atractiva, Nosotros en nuestra larga campaña a favor de las elecciones, hemos dicho que ambos votos, el libre y el regulado, son defendibles, según se tenga de la más alta magistratura nacional una concepción personalista o colectivista. El voto libre tiende a elegir a un caudillo, a un hombre tan dotado de virtudes providenciales que puede desvincularse de la organización política que lo lleva de candidato y deber su elección a su única y mesiánica persona. El voto en columna tiende a elegir a un hombre de partido, es decir, a un hombre que ha contraído un compromiso doctrinaj con el grupo o los grupos que lo postularon, Es evidente que este segundo voto fortalece a los partidos que son los vehículos del Poder en toda democracia, en tanto que el primero se preocupa muy poco por eso.

«En todo caso regular el voto no es mermarle al ciudadano el derecho democrático. Todos los derechos son susceptibles de ser reglamentados. Es más: no podrían ejercerse correctamente sin una reglamentación adecuada. Dejar de ir a unas elecciones porque la forma de votar no coincide enteramente con el modelo propio, es, a nuestro juicio, una táctica equivocada.

«Por Ferrara ha hablado en sazón oportuna una cultura muy nutrida y una experiencia política de muchos años. Su opinión sobre el abstencionismo ha venido a reforzar con razones muy poderosas la copiosa argumentación que por aquí se ha producido a favor de las elecciones que habrán de celebrarse dentro de seis días.»

En el hotel de Paris cuando entrevistábamos a Ferrara.

Opinión de Gastón Baquero

También Baquero en su «panorama» escribía lo siguiente:

«La entrevista hecha por nuestro Director a Orestes Ferrara en París, –y publicada el domingo–, contiene muchas sabrosas referencias y observaciones sobre cosas cubanas.

«Por más de un concepto, cuando Ferrara habla de los temas actuales cubanos, su voz suena en mucho a voz del pasado, finisecular cuando menos. El está bien, amplio, universal, en sus libros históricos, en sus reconstrucciones de personajes italianos combatidos por una leyenda negra; en lo cubano de hoy, se siente cómo pesa y daña la ausencia prolongada, la falta de contacto vivo y personal con las realidades cubanas de hoy, –las cuales por mucho que pueda parecerlo no son las mismas de hace veinte años.

«Esta efervecencia, esta inseguridad, esta inestable actitud pública y privada del cubano, tienen su razón de ser, su asiento en causas ligadas fuertemente a una íntima inestabilidad económica e histórica, a una inseguridad que tiene sus raíces en todo un proceso viejo de un siglo. Porque ahora se tocan las realidades de esa inseguridad, se viven años más convulsos, dislocados, sorpresivos que en épocas anteriores

«Pero Orestes Ferrara de pronto anota una observación magistral, –tradicionalmente hecha por los cubanos mejores. «*El problema de Cuba es de seriedad*», viene a decir en síntesis cuando se le interroga sobre la influencia que puede tener en el futuro inmediato la celebración de elecciones. O sea, no importa poco ni mucho el proceso político en sí, el cambio de personas, la modalidad del régimen, la situación económica, si ante todo no hay una actitud seria, responsable, adulta, en el cubano que gobierne y en el cubano gobernado.

«Eso de que un país cuente con figuras prominentes que al comparecer en un mitin, en una transmisión televisada, en una entrevista, actuen premeditadamente en forma que supera a la de los cómicos profesionales y atraigan el interés de los ciudadanos por la serie de jocosidades, astracanadas y declaraciones absurdas, es algo que sólo puede ocurrir cuando la seriedad está en crisis. Diríase que en el fondo no importa la condición mental del gobernante, ni su concepto de la alta misión a que se dedica. Lo que cuenta es manejar con amplia publicidad, los recursos mágicos, los llamamientos a lo irracional y a lo absurdo.

«Nuestra historia, especialmente del año 2 a la fecha, es una difícil competencia entre la magia y la lógica. Hasta ahora triunfan los mágicos, los que apelan a lo inesperado y desdeñan la razón. Quien ofrezca lo inalcanzable, vence a quien responsablemente ofrezca lo posible. A lo que Ferrara se refiere es al triunfo de la

Lógica sobre la Magia, de la razón sobre el capricho, de la realidad sobre la fantasía.

Está el cubano acercándose ya a la seriedad? No nos referimos sólo al carácter serio en el sentido de no humorístico; nos referimos a una seriedad que lo mismo se ve ausente en actitudes políticas que tienen toda la apariencia de graves y hasta de feroces, como en actitudes personales exhibidas por «serias», vestidas de sólidas y sinceras. Esta seriedad ausente puede resumirse en la fórmula usual de «tomar en serio».

Lo que ocurre entre nosotros es que no se toma en serio casi nada, ni aún la muerte. A veces se pone pasión en una cosa, a veces se arriesga hasta la vida, pero en el fondo no se está tomando en serio, radicalmente en serio el asunto. Hay un trasfondo de ironía, de displicencia, de inferiorización, que repercute en apresuramiento y en superficial tratamiento de las cosas más profundas e importantes. En los últimos tiempos se observa una tímida presencia, un indicio de que comenzamos los cubanos a tomar en serio la vida pública; paradógicamente, las señales vienen envueltas en estridencias, gritos, histerismos, pero comienzan a aparecer y a tomar cuerpo intereses y temas que antes no contaban para nada. Hay a mano, ahora mismo, con el ejemplo citado por Ferrara, otro caso que mencionaremos por lo que reporta de lección e indicio: Carlos Saladrigas.

El día que lleguemos a la seriedad –lo cual no quiere decir que lleguemos a lo lúgubre, a lo funerario, pues las cosas más serias del mundo pueden hacerse con humor y sonrisa, habrá llegado la hora de comprender lo que representa en la vida política cubana un hombre. Carlos Saladrigas, que es prototipo del ser que toma en serio su función y su misión.

Esto de que un aspirante a senador no se contente con arrojar sobre sus posibles electores una lluvia de pasquines, obsequios y dé en la singular idea de propagar ideas, es cosa que apenas se concibe.

Entre la ciudadanía de Pinar del Río, Carlos Saladrigas ha distribuido dos folletos llenos de sólidas y bien pensadas orientaciones, reflexiones, ideas. Muestra así el respeto que siente por la capacidad de los electores; cree en la importancia de convencer racionalmente, de persuadir por medio de la lógica. Expone a los pinareños toda una doctrina, toda una filosofía social.

Conservando su estilo público del 42, cuando se presentaba en la tribuna menos académica, en medio de los campos, y hablaba al pueblo con la seriedad, el respeto, la elegancia de quien respeta a los demás porque se respeta mucho así mismo, en esta campaña pinareña Carlos Saladrigas ofrece el hermoso espectáculo de un hombre que toma en serio su aspiración, y toma en serio a la ciudadanía. Pone en manos del elector un manojo de ideas... ¿No es conmovedor por una parte, y esperanzador por otra el hecho de que un hombre público nuestro, lleno de experiencia, conserve la ilusión de que la política es un arte de ideas, de pensamientos, de raciocinio, y no un juego de magia? Imperturbable, fiel a su fe en la inteligencia y en su credo de decencia y corrección, Carlos Saladrigas recorre los campos pinareños y los siembra de ideas. Ni soñar siquiera en que apele a la bufonada, a la diatriba, al encono; para él, unas elecciones son el encuentro de dos ideologías, entre dos corrientes de pensamiento, invita a los electores a pensar, para que después decidan... Eso es seriedad, eso es amar al país y respetarlo.

Cuando presenciamos con pena la tragicomedia de nuestras campañas políticas, dominadas por la magia, la irracionalidad, la locura, podemos consolarnos al comprobar cómo subsisten imperturbables y rectilíneos, hombres como Carlos Saladrigas, que pregonan y viven la augusta seriedad de intervenir en los destinos públicos de la nación.»

«Lo que ocurre entre nosotros es que no se toma en serio casi nada ni aún la muerte...»

De regreso a Cuba

Nuestra estancia en Europa en 1953 duró dos meses pues, además de París donde entrevistamos a Orestes Ferrara, fuimos a Roma a ver a Pío XII. Ya habíamos estado en Madrid para estar presente en la inauguración del monumento a nuestro padre. Aprovechamos esa visita a España para saludar y conversar largamente con algunos de los personajes más destacados de aquellos días comenzando por el Jefe del Estado Generalísimo Francisco Franco que fue muy cordial con nosotros dedicándonos casi toda una tarde en su despacho del Palacio del Pardo como hemos dicho anteriormente.

Volvíamos a Cuba cargados de agradables recuerdos y de interesantes experiencias. Fuera de Cuba no habíamos tenido aún contacto personal con figuras tan importantes del mundo político, intelectual, periodístico y religioso. Me sirvió mucho esa nueva experiencia para seguir hacia delante con más seguridad y con más energía periodística. Nos hacía mucha falta porque encima de que todavía éramos muy jóvenes la situación para un periodista en esos años resultaba bastante difícil. No se podía agradar a todos los lectores. Si se decía una cosa, aunque fuera cierta, mal. Si se decía otra, mal también. Es decir: «palo porque bogabas y palo porque no bogabas»... Pero nosotros seguíamos nuestro camino de siempre: decíamos siempre, sin demagogia periodística, lo que debíamos decir.

Un día en el camino de La Habana a Güines donde fuimos a dar cristiana sepultura a nuestro poeta y editorialista, Ernesto Fernández Arrondo, se nos ocurrió anunciar en el automóvil a quienes nos acompañaban que íbamos a iniciar una sección nueva en el *Diario* con el título de «Relámpagos», pero que aún no habíamos decidido el seudónimo para la misma puesto que no debíamos firmarla con nuestro propio nombre por ser el Director del periódico. Nos proponíamos hacer ese tipo de sección rompiendo los moldes tradicionales de nuestro periódico conservador porque la idea era decir en esa columna lo que no debíamos publicar en el resto del periódico de acuerdo con la seriedad del mismo. En nuestro automóvil iba nuestro querido amigo Luis Rodríguez Tejera, fallecido al principio del exilio en la ciudad de México, quien, sin esperar un segundo, nos dijo: ¿por qué no te pones Vulcano? Y al siguiente día publicamos nuestra nueva columna con dicho remoquete. Encontrábamos lo que queríamos: una aceptación amplia del público de la calle que lo teníamos bastante escaso puesto que el *Diario* era fuerte entre la clase pensante, la clase media y la alta. Pero cuando nuestra sección se popularizó hasta el máximo en todas las esferas sociales de la nación fue durante el tiempo que estuvimos encarados a Fidel Castro y a su revolución comunista. Claro que esa no fue la única sección donde nos desahogábamos en contra del régimen; lo hacíamos en todas las páginas del periódico y sobre todo en los artículos que sí firmábamos con nuestro verdadero nombre y en los editoriales de dentro y de primera página. Pero, sin duda, «Relámpagos» y «Buenos Días» era lo primero que se leía porque la escribíamos llenas de chistes y de sarcasmos en contra de la situación imperante. Por otra parte, de sobra se sabe que lo que más irrita a las dictaduras es la crítica en forma de broma. Los tiranos no toleran nada. Si fuesen transigentes dejarían de ser tiranos. Verdad de Perogrullo...

El tiempo corría. Era el año 1957. Habían transcurrido cinco años después del golpe militar del 10 de marzo de 1952. Publicábamos una serie de editoriales sentando claramente nuestra política en torno a la dificil situación del país. No vamos a reproducir ninguno de ellos puesto que ya lo hicimos en nuestro anterior libro que titulamos «Prado y Teniente Rey», pero sí creemos interesante dejar constancia en estas memorias de nuestra absoluta imparcialidad política durante la época republicana que nos toco vivir. Al igual que nuestro padre, sin la genialidad de él, por supuesto, en los instantes más difíciles de la nación nos entregamos en cuerpo y alma a ella sin vacilaciones de índole alguna. El 12 de marzo de 1958 cuando Cuba se hallaba al borde del desastre absoluto escribimos el siguiente «Comentario» que publicamos en la primera página con el título de «Cuba ante todo» y al que nadie le hizo caso:

«Nos hallamos en medio de una tempestad, pero lo que es peor aún, sin que vislumbremos un horizonte claro y limpio, sino todo lo contrario, cada vez más entenebrecido.

Por eso, con la responsabilidad que caracteriza al Diario de la Marina, *Decano de la Prensa de Cuba, pensamos muy seriamente que la hora que vivimos no es la de azuzar más las pasiones, para aumentar la tristísima tragedia de nuestra Patria. El momento es de contribuir a dar luz, toda la que podamos dar para que las tinieblas de nuestros horizontes no sigan tan tenebrosas.*

La pasión ha llegado a un grado tal que a la Prensa le ha sido extremadamente difícil en muchas ocasiones exponer su criterio franca y abiertamente puesto que no se lograba contentar a nadie. Hoy me dispongo a escribir estas líneas a sabiendas de que la pasión no ha disminuido en nada, sino al revés. Pero lo hago lleno de amor a mi patria y asistido de la mayor buena fe. Lo demás no me importa.

El pueblo de Cuba se halla en medio de una ola de intransigencias y de egoísmo agitada por corrientes contrapuestas, cada una de las cuales convencida de que posee toda la verdad y dispuesta a todo en la imposición de su fuerza, inclusive a pasar por alto lo que por ello sufra el país.

Los cubanos que no están en el Poder, ni en la Sierra, ni en Miami, lo que desean es vivir en paz en sus industrias, en sus trabajos, en sus hogares, sin la escalofriante idea perenne de lo que está ocurriendo y de lo que ha de ocurrir si no se serenan los ánimos y si no cede cada parte lo que tiene que ceder por el bien de la patria que está muy por encima de las aspiraciones de grupos y tendencias y de la razón que cada tendencia o grupo tenga o crea tener.

Estamos todos los que hemos nacido en esta tierra, que ya no parece ser la más hermosa que ojos humanos hayan visto, en nuestro pedazo de tierra pequeño en el mapa, pero que tan hondamente amamos, estamos todos, repito, viendo como se nos va hundiendo en el caos irremisiblemente si no surge pronto, muy pronto, un gesto altísimo de desprendimiento patriótico entre los únicos cubanos que tienen en sus manos las posibilidades de evitar el desastre y de encontrar una solución decorosa y fraternal.

Ni una parte ni la otra deben responder al anhelo de solución del pueblo cubano que vive al margen de las querellas políticas, que es la gran mayoría ciudadana, diciendo que es el otro el que tiene la culpa y que es el otro el que tiene que ceder en todo. Los que estamos en el centro de la cuestión cubana sabemos de sobra cual es el grado de pasión que existe en las partes en pugna.

Esta es la hora –cuando parece que todo está perdido y que no puede hallarse una solución cordial– en que si de verdad existe el más ligero latido de amor a Cuba, en el corazón, se debe dejar a un lado el rencor, la obstinación y el amor propio, para salvar a la patria con el gesto responsable y heroico de deponer actitudes sacrificando las aspiraciones de cada cual que fuere necesario. El momento que vive Cuba no admite por parte de nadie obstinaciones por muy justa que crea su causa. Cuba quiere y pide con clamor de angustia que la salven los que pueden salvarla, y salvarla no es ni mucho menos aferrarse en la discordia con su secuela de odios, de intransigencia, de incomprensión y de sangre.

Si se respeta tanto a la Iglesia y así lo han proclamado todas las partes en pugna al referirse al cristiano y patriótico pronunciamiento del venerable Episcopado cubano, es hora ya que respondan a la misma como es debido, sin reservas, y no como cada parte quiere o le conviene, con el propósito de salir triunfante sin tener en cuenta para nada a los demás hermanos de esta tierra, y lo que es peor, exponiendo la paz y el sosiego de esta República.

La voz llena de amor a nuestra Patria de los Prelados cubanos es una consoladora esperanza si se oye con desprendimiento por parte de todos con buena fe y con amplitud de miras, ¡y pobres de nosotros si esa voz no se escucha así!

Los Obispos nuestros en su misión de cristianos cabales y de cubanos íntegros hablaron como tenían que hablar: con sentido de fe, de esperanza, de unión y de amor. Pedían una solución en grande, en la que todos debían responder generosamente, deponiendo actitudes, renunciando a empecinamientos, a caprichos y al amor propio, para el logro de una verdadera unión entre todos los cubanos para evitar así más derramamientos de sangre y para encaminar a la nación por las sendas del mayor respeto a la civilidad y a la ley.

Por el camino que vamos parece que ya no se confía en nada ni en nadie, no se respetan ni la propiedad ni la vida, que es el más sagrado de todos los derechos del hombre. Pero en medio del torbellino desencadenado, la voz de la Iglesia se oye con esperanzadora fe. Y tenemos ante este hecho que reflexionar detenidamente, porque creer y confiar en la Iglesia es creer en la Verdad, y la Verdad en este caso que hace que nuestros dignísimos Obispos pidan el cese de la violencia y la unión nacional, está en el gran sacrificio, la gran generosidad, la renunciación plena y la búsqueda sincerísima de una solución que satisfaga honrosamente a todos los cubanos en discordia.

Recordemos bien, y más ahora que nunca porque el momento es decisivo, que la Iglesia no es sólo piedras, campanas y bancos, sino algo más esencial y sagrado, que es el mismo Cristo, que nos pide con ternura y a la vez con firmeza, ante todo sacrificio, comprensión, caridad y misericordia.

Cuba, la Cuba de buena fe, la que está en medio de la contienda pidiendo a Dios todos los días que ilumine el pensamiento de los cubanos en discordia, clama hoy vehementemente por que Batista desde el Poder, Prío desde Miami y Castro desde la Sierra, escuchen la voz de la Iglesia que es la voz de Dios, que habla muy claro al corazón de los hombres, y sabe pedir muy bien y muy justamente a cada uno lo que cada uno puede y debe ofrecer para el bien del país.

Los que den el primer paso merecerán la bendición de Dios y la eterna gratitud de sus compatriotas; y los que se empecinen y se mantengan sordos, cargarán en la Historia, tarde o temprano, con una trágica responsabilidad.»

Nadie escuchó

Pero como dijimos más arriba, nadie escuchó el pronunciamiento profundo del Episcopado cubano y tampoco se quiso oir la voz serena del Diario de la Marina. Carlos Prío seguía en Miami sin responder al llamado de la cordialidad para salvar a la República. Fulgencio Batista se parapetaba en el Palacio Presidencial y Fidel Castro en su escondite de la Sierra Maestra dando órdenes a otros para que asesinaran a sus contrincantes políticos y a todos los que se opusieran a su guerrilla comunista. Las bombas explotaban por todas partes y los sabotajes también. Raro era el día que no se iniciaban fuegos sobre los sembrados de cañas de azúcar: una especie de «embargo» o de «bloqueo» económico terrorista a la economía del país que todavía andaba extremadamente boyante a pesar de la tormenta catastrófica que ya estaba soplando sobre toda nuestra nación, aquella tormenta que avisoraba Su Santidad Pío XII en 1954 en su mensaje desde Roma al V Congreso Interamericano de Educadores Católicos que se celebraba en La Habana.

Mientras tanto la prensa cubana toda seguía su curso normal. Unos favorecían a Batista en sus informaciones y editoriales; otros lo criticaban, unas veces entrelíneas y otras abiertamente. Algunas publicaciones se mostraban discretamente a favor de la Sierra Maestra y otras la atacaban sin disimulos. Existía la tendencia abstencionista en relación con las elecciones convocadas por Batista y, por otra parte se escuchaba la voz persistente del factor favorable a no dejar indefensas a las urnas que según Carlos Márquez Sterling era el modo más efectivo de salvar a la República.

Pero, repetimos, nadie escuchó consejos ni sugerencias. La pasión andaba a galope por todas partes en el país. Y mientras tanto, como si todo fuera poco, la prensa extranjera, encabezada por *The New York Times*, le hacía el juego a Fidel Castro enviando a la Sierra Maestra reporteros, fotógrafos y editorialistas como Herbert Mathews que comparaban a Fidel Castro con el Cid Campeador y con Robin Hood, el defensor de los pobres y perseguidos.

Era tal la ignorancia o la confusión que existía sobre el caso de Cuba (todavía existe la ignorancia) que nos la demostró a las claras Earl Smith el embajador de Los Estados Unidos en Cuba poco antes de que se instalara en el Poder Fidel Castro. Una mañana mientras disfrutábamos del sol de Varadero y conversábamos largamente sobre la difícil situación de la nación, nos pregunta: «Rivero, ¿usted cree que esta revolución es comunista como dicen algunos?" Yo si lo creo, le respondimos. Vea usted quienes son los que la defienden y se dará cuenta enseguida del color que tiene la misma... Y vuelve a preguntarnos: "¿Cuántos comunistas hay en Cuba? ¿Son muchos o pocos?"... Le respondimos enseguida y casi con la sonrisa en los labios: La verdad es que no los hemos contado pero la cifra casi exacta se la podrá dar, mejor que yo, el FBI y la CIA que tienen las «narices» metidas en todas partes y usted tiene más acceso a ellos que nosotros que no tenemos ninguno...

Reacción pública

A pesar de la indiferencia casi clásica de los pueblos ante los consejos que se les da frente a las irregularidades nacionales, existe siempre en todas partes un determinado público que por su capacidad o formación elevada responde con sensatez y entusiasmo a los llamados a la cordura y a la acción efectiva a favor de la Patria. Durante el período del gobierno de Fulgencio Batista después del golpe de estado de 1952, nosotros escribimos varios artículos que destacamos en la primera página del periódico para que estuvieran bien a la vista de todos los lectores. A pesar del poco caso que se le hacía a los consejos y a las sugerencias de la prensa, como hemos dicho anteriormente, uno de nuestros «Comentarios» que titulamos «Mirémonos en ese espejo» mereció la atención de algunas destacadas personalidades de aquella época. Recibimos muchas cartas. Los sentimientos expresados en ellas, sentimientos de patriotismo y de amor a la paz entre cubanos, venían como resumidos o sintetizados magistralmente en una comunicación que nos envió el Dr. Raimundo Lazo, profesor universitario de reconocida autoridad, escritor, y hombre de principios políticos mantenidos con gran civismo en todo momento. Era una de esas cartas que no necesitaban comentario, pues se explicaban y se elogiaban por sí mismas. Nos decía así el Dr. Lazo:

«Sr. José I. Rivero
Director del Diario de la Marina, La Habana.
Señor Director:
Su artículo de hoy 'Mirémonos en ese espejo', comentario y aplicación a nuestra actualidad nacional del significado de las últimas elecciones norteamericanas, merece ser leído y meditado por todos los cubanos, y sin duda tiene el respaldo de todos los que sinceramente aman, por encima de particularismos y tendencias, a Cuba, y en ella y para ella, aman la paz, una paz justa, una paz cubana, martianamente con todos y para el bien de todos.
Sus consideraciones acerca de la conducta ejemplar del candidato demócrata –demócrata de nombre y conducta– democráticamente derrotado, al cual la derrota por la libre decisión de los votos de sus conciudadanos sirve para reafirmar en sí y en los demás la fe en la democracia y en sus bases de libertad y de justicia, esas consideraciones de su comentario son tan equilibrados como oportunas. Pensando y hablando como Ud. lo hace en esa página afortunada, se puede hablar digna y eficazmente de paz, y hay el deber inexcusable de escuchar sin reservas la exhortación y cooperar con ella. A ese deber, a su cumplimiento inmediato, responde esta carta de un modesto ciudadano sin otro título que el de su buena voluntad al servicio de su país, del reiterado ideal de una Cuba Mejor, sin exclusiones para ningún cubano.

Que esa exhortación a la paz justa de ese feliz comentario, que hablando sin herir a nadie, sin acusar, sin exasperar, pide paz para el bien de todos, sea escuchado por todos, tal como está dirigido, 'a unos y a otros, a gobernantes y a gobernados, a Oposición y a Gobierno, a ofensores y a ofendidos'. Que mensajes como ése se multipliquen, y el espíritu de paz verdadera será por sí más poderoso que todas las manifestaciones de la violencia, de cualquier parte que ella venga. Que se divulgue y prenda en la conciencia nacional que lo que cuesta -sangre y dinero, dolor y lágrimas es la violencia y la guerra, mientras que sólo la paz es gratuita; que el sentido común aliado a la buena fe convenza a todos que no hay guerra ni violencia que pacifique, y que la paz verdadera sólo se consigue con procedimientos de paz. Y la paz se realizará así, por sí misma.
De Ud. Muy atentamente,
Raimundo Lazo.»

«...del reiterado ideal de una Cuba Mejor, sin exclusiones para ningún cubano.»

Cada día más caliente

A medida que transcurrían los días la situación se calentaba más en todo sentido. Las bombas aumentaban, los fuegos de los cañaverales se exparcían por toda la isla. La subversión se hacía incontrolable. Muchos clandestinos eran capturados por la policía del gobierno. Los periódicos publicaban libremente todas las noticias al respecto. Los reporteros hacían su «zafra» noticiosa. Algunos las moderaban. Otros las exageraban y casi hacían novelas de las mismas. La Sociedad Interamericana de Prensa (SIP) estaba pendiente de todo lo que giraba alrededor de la prensa. Jules Dubois, presidente del Comité de Libertad de Prensa de dicho organismo se hallaba presente en Cuba y tratando por todos los medios personalmente de que ningún periódico dejara de publicar nada de lo que estaba ocurriendo.

Un día, con motivo de un supuesto atropello que realizó la policía con una revolucionaria se presentó personalmente en nuestra Redacción diciéndole a los periodistas presentes y al Jefe de Información que el periódico tenía que publicar todo los atropellos que se estaban produciendo en el país y tal como se producían. Salimos de nuestro despacho para la redacción cuando nos avisa por el teléfono desde el suyo Antonio Gornés quien fungía de Jefe en aquellos momentos. A todos los que discutían en la Redacción les dije: «Aquí el Director soy yo y se publica todo lo que yo crea que se debe publica?". Al día siguiente salió en primera plana la noticia tal como la había recogido nuestro reportero en la Estación de Policía. Una cosa era la información y otra nuestra opinión de los hechos.

Después de este incidente el gobierno decretó la última censura de prensa enviando a un censor distinto para cada periódico. Desde ese mismo día suprimí los editoriales y la sección Relámpagos que firmaba, como dije anteriormente, con el seudónimo de Vulcano. No debía el periódico emitir opiniones mientras durase la censura de prensa. Por principio no podía someter nuestras opiniones al juicio de un censor y mucho menos de gobierno alguno.

Final de Batista y comienzo de Castro

La escalada de la guerrilla urbana y de la Sierra Maestra aumentaba cada día más. Era una oposición de violencia física, no de palabra ni de urnas electorales. Por una parte se atacaba al Palacio presidencial para asesinar al presidente y a su familia. El que había tomado el Poder por la fuerza tenía que pagarla con la violencia aunque el Golpe del 10 de Marzo se realizó sin derramar una gota de sangre. Claro que las dictaduras nunca se eliminan a base de «flores", ni de diálogos, ni de urnas electorales, incluso las dictaduras a veces necesarias como la de Chile con Pinochet que desenterró al país del caos en que se hallaba con el comunismo legítimamente instalado en la gobernación a través de unas elecciones democráticas. Con el caso de Cuba ocurrió todo lo contrario: Fulgencio Batista sin razón alguna dejó al país en 1952 sin elecciones tomando él el mando de la nación con la idea, según él y sus seguidores, de evitarle a Cuba un desastre político y económico de acuerdo con la corrupción imperante.

Como siempre casi todo lo que brillaba y valía dentro del campo de la economía, de las distintas clases sociales, de la política, etc., se sumó al hecho consumado de la misma manera que lo hizo, aunque con muchísimo más entusiasmo, cuando comenzó a «gobernar» Fidel Castro a quien no se le conoció jamás en su vida una acción ni una obra positiva.

Con Batista ocurrió al revés que con Castro. Se suponía que el 10 de Marzo iba a ser un desastre para todo lo que Cuba había logrado en tomo a su desarrollo, a su bienestar económico y a su avance social y político. Y resultó todo lo contrario. Cuba a fines de 1958 ocupaba, si no el primero, el segundo lugar en avance económico y nivel de vida entre todas los paises de iberoamérica. No obstante el 10 de Marzo fue lo que contribuyó especialmente a la llegada al poder del terrible fidelismo que fue el único desastre que en realidad logró hundir a nuestra patria.

Era evidente que la mayoría del pueblo de Cuba se colocó, de una forma o de otra, contra la «dictablanda» de Batista. Y decimos «dictablanda» porque a pesar de no justificarse el golpe militar, como sí tuvo su razón en Chile, Batista gobernó sin mano dura y sin más represión que aquella que la violencia le provocaba. Eso de los veinte mil muertos durante sus seis años de gobierno fue una especie de estribillo mentiroso que echó a rodar por todo el mundo la prensa internacional «enamorada» del Robin Hood de la Sierra Maestra cuando éste tomó el Poder después de la huida de Batista.

La democracia había sido secuestrada manu militari el 10 de marzo de 1962. Había sido secuestrada cuando era indudable que empezaba a funcionar con cierta regularidad, pues habíamos celebrado elecciones libres entre 1940 y

1950 y no había razones para pensar que las ya inminentes de ese año habrían de ser amañadas o coactivas. El 10 de marzo suprimió el Congreso, abolió las libertades públicas, sometió al sindicalismo organizado en la CTC y le quitó al pueblo el derecho a elegir por sí mismo a sus gobernantes, pues todos los comicios celebrados durante aquel septenio fueron adulterados y tuvieron más bien el carácter de una mascarada para dar visos de legalidad al régimen.

Si la revolución (según los revolucionarios) se había hecho para recuperar la democracia, como sistema de libertad y de soberanía popular, lo lógico y lo deseable era que se fuera cuanto antes a ese régimen por la vía legítima: el sufragio universal, Pero todo fue una farsa. Todo eso y mucho más se le decía al pueblo desde la Sierra Maestra y una vez tomado el Poder se hizo todo lo contrario: se implantó una dictadura férrea. Fidel Castro gobernaba por televisión. Tenía endrogado a todo el pueblo con su maratón de promesas que lanzaba al aire por la radio y la televisión durante horas que la gran mayoría escuchaba entusiasmada mientras se derramaba la sangre, en los paredones de fusilamiento, de tantos y tantos que morían gritando ¡Viva Cristo Rey!

Mientras Fidel Castro se iba consolidando en el Poder por medio de la demagogia y del terror, nosotros criticábamos todas sus reformas y todas sus leyes que imponía por decretos revolucionarios y sin contar con la aprobación democrática de la nación. El 27 de Diciembre de 1959, un año después de instalada la tiranía en Cuba, en medio de todas las demás protestas nuestras dispersas por todo el periódico, decíamos que «la permanencia indefinida en el poder de gobiernos sin un mandato legal conduce generalmente al autoritarismo y a la tiranía. Los paises se ponen a resguardo de estos peligros de una sola manera: estableciendo y regulando el cambio de los equipos gobernantes por medio del sufragio. No hay otro sistema».

Y seguíamos diciendo: «El sufragio es el medio idóneo que tienen los ciudadanos de un país para intervenir en su propio gobierno y dirimir pacíficamente sus controversias políticas. No hay sociedades unánimes. Basta que en una sociedad haya un sólo discrepante para que sea ineludible oir a ese discrepante y darle la oportunidad de que intervenga en la cosa pública por medio del voto. De aquí nace el respeto a las minorías sin el cual la democracia es inefectiva. Los vicios y defectos de que ha adolecido nuestra democracia no se curan con métodos totalitarios o dictatoriales, sino con más democracia. La democracia repetimos, es un régimen que se depura por sí mismo y se mejora en su constante ejercicio. Lo que no se puede hacer es detenerlo en su marcha, desviarlo o desnaturalizarlo."

Castro, que ya no sabía como callar al Diario de la Marina, disparaba constantemente sus diatribas contra nosotros agitando nuestros editoriales y artículos ante las cámaras de la televisión y nos insultaba amenazándonos con la venganza del pueblo.

Más adelante veremos la odisea que vivimos por enfrentamos, no a medias sino enteramente, a la revolución comunista que se apoderó de nuestro país por la ingenuidad de muchos y por el oportunismo o cobardía de otros muchos que pudieron hacer y decir desde un principio y no lo dijeron ni lo hicieron a toda luz ni a toda voz en ningún momento... Claro que hubo excepciones: ahí están vivos para siempre en nuestra Historia los que murieron en el paredón con el grito de ¡Viva Cristo Rey! Ahí están los plantados de las cárceles castristas. Ahí están los que murieron en la invasión de Bahía de Cochinos. Ahí está un Tony Cuesta. Ahí están los cuatro mártires de los «Hermanos al Rescate". Esos y otros más son las excepciones. Pero las guerras no se ganan con excepciones. Se ganan con la acción de todos. Con lo que a cada uno le corresponde hacer.

«Con lo que a cada uno le corresponde hacer...»

Cuba antes de 1959

Las siguiente líneas son un antecedente indispensable para que el lector, y las nuevas generaciones en particular, comprendan con más facilidad lo que era Cuba antes del primero de Enero de 1959 de lo cual puedan extraer elementos de juicio suficientes con que llegar a una conclusión sobre las razones principales del triunfo de la revolución comunista en nuestro país.

La estrategia mundial del comunismo descansa en el aislamiento de las democracias para cercar de esta manera a su gran enemigo los Estados Unidos. Aislar la única gran fuerza temida por lo que fue la URSS y demás naciones marxistas: la democracia tal cual la practican en los paises occidentales.

En Europa el comunismo avanzó solamente después de la terminación de la segunda guerra mundial. Los más sesudos investigadores, no se explican lo ocurrido. Por qué los ejércitos rusos entraron en Alemania, por qué la URSS se apoderó de Berlín, por que estableció colonias soviéticas en paises de vieja historia como Rumania, Bulgaria, Hungría, Checoslovaquia y por último China. Tres años antes de comenzar la última guerra se aventuró a conquistar España en cumplimiento del testamento de Lenín. La siniestra aventura costó a España un millón de vidas, pero el comunismo no pasó.

La Democracia no ha sido imaginada por ningún legislador ni emana de ningún filósofo. Ha sido creada por los valores espirituales que el comunismo trata de destruir. Dios nos hizo libres e iguales a todos. El comunismo quiere la igualdad en la esclavitud.

La actitud de los conservadores frente a los avances del comunismo es sorprendente. De un lado se oponen a tal doctrina; del otro lado la reconocen manteniendo relaciones diplomáticas con un sistema que ha decretado su muerte, comerciando con los regímenes comunistas o fomentando el turismo hacia esas naciones y manteniendo intercambio cultural y científico. Algunas de esas democracias son sus más generosos benefactores. Consideran algunos conservadores que el peligro ha pasado porque no se sienten amenazados directamente, no importa que vean caer un día y otro a paises vecinos. Cualquiera pensaría que no han aprendido la lección de las conquistas del comunismo internacional. «Esto no puede ocurrir aquí", dicen.

Los conservadores permanecen ciegos frente a la sigilosa labor de ablandamiento que realiza el comunismo antes del asalto al poder. Aprovechando las libertades inherentes a la democracia utilizan cualquier medio de difusión, la prensa, la cátedra, las asociaciones culturales, la escuela, para ir infiltrando poco a poco sus ideas en los centros culturales más estratégicos de la nación. Una vez en el poder comienza la distribución de las tierras a los campesinos, la nacionalización de los servicios públicos, de las grandes industrias, de la banca,

111

del comercio de importación y exportación, mientras se inician los primeros ataques a la Iglesia a la cual califican de cómplice del capitalismo en la explotación de los trabajadores. Por último, al escalar el poder, el comunismo establece la república popular, con un solo partido, simula comicios o no los realiza. Todo lo confisca y los hombres amantes de la libertad huyen o son encarcelados. El comunismo en el poder no admite rivales.

La propaganda comunista infiltra en la mente de los pobres de espíritu toda una serie de lugares comunes o de tópicos como «El mundo comunista es un mundo de paz». «Los comunistas son los campeones de todos los pueblos oprimidos". «Sólo el comunismo es capaz de ofrecer una era de plenitud», etc.

Es incomprensible que el mundo democrático ofrezca al comunismo prensa y tribuna para llevar adelante sus planes. La tribuna más elevada la tienen en la Organización de Naciones Unidas desde la cual su palabra repercute en todo el globo. Esa utopía que comenzó en San Francisco en 1945 y que debió ser siempre una panacea para las lacras del mundo, llegó a convertirse tal vez en uno de los males más graves. Lejos de ser una unión de naciones, la ONU no pasa de ser un campo de batalla. Dos bloques contrapuestos e irreconciliables han luchado siempre sin. alcanzar ningún objetivo. Contra las propuestas del comunismo, las naciones líderes de Occidente se han defendido siempre con el derecho del veto. Rusia, por su parte, vetaba también cuanto se le antojaba nocivo para su ambición de dominio mundial. Claro que ha sido así en todo momento antes del surgimiento de la perestroika. La ONU ha sido siempre, pues, un organismo inútil, pero malsano, si se tiene en cuenta que es la máxima tribuna desde la cual la Unión Soviética justificaba su doctrina, a denuestos contra la civilización occidental y proyectaba hacia todos los ámbitos el veneno de su sistema.

Pretender que antes del primero de enero de 1959 en Cuba se ignorase la justicia social y se negase la igualdad de oportunidades al pueblo, tanto en el orden laboral como en el educativo; que la legislación laboral estuviese en pañales; que se negase al trabajador un mínimo de bienestar y seguridad; que las pocas industrias nacionales estuviesen en un plano rudimentario; que la pobreza y las enfermedades sin estorbo en los campos y las ciudades, todo ello es obra de los compañeros de ruta, de los radicales y de los reformadores a quienes Lenín calificó tan acertadamente de valiosísimos colaboradores del comunismo.

A lo largo de 1958 el pueblo trabajador –no los terroristas– aunque preocupado, observaba el auge económico nacional, el desarrollo de nuevas industrias, de las edificaciones de todo género, que arrancaron estas palabras a un diplomático que visitaba la Habana: «*Se han construido tantos hoteles en la Habana en dos años de estancia que el panorama de la capital parece una miniatura de Nueva York* ".

En una ocasión, la Cámara de Comercio Americana, en Cuba, se quejó públicamente de que «la legislación laboral era tan avanzada que constituía una discriminación para las empresas.» Es conveniente demostrarlo: Por mandato constitucional las huelgas eran legales; no se podía despedir al trabajador sin justa causa y sujeto el despido a la decisión de los tribunales de justicia; ocho horas de labor; un mes de descanso retribuido al año; salario mínimo; pago de 48 horas por 40 de labor; nueve días de retribución en caso de enfermedad, al año; seguro por enfermedad y accidentes; tres meses de ausencia retribuida en caso de maternidad, estando a cargo del Estado sufragar los gastos de hospitalización. Por añadidura, los fondos de seguro amparaban a todas las ramas del trabajo, desde la industria azucarera, hasta la más insignificante y humilde de todas, pasando por las asociaciones o colegios profesionales cuyas cajas, sumadas, alcanzaban cifras de cientos de millones de pesos (dólares) El montante de los salarios devengados por los trabajadores durante el año 1957 ascendió a $1,445.000,000.00 es decir más del 50% de los ingresos nacionales brutos. Mediante el FHA gente modesta pudo construir sus propias viviendas. Durante el breve tiempo de instituida esa organización estatal suministró fondos con los cuales se edificaron unas once mil viviendas y además financió otras trece mil casas bajo un sistema de grandes facilidades. Por otra parte, otra institución, la Comisión Nacional de Viviendas, reparó más de 40,000 albergues campesinos y construyó 12,000 que entregó a los guajiros sin costo alguno. Además, al finaliza el año 1958 se habían depositado en el Banco Nacional 510,000.000 como parte del presupuesto aprobado por el gobierno para la construcción de determinado numero de viviendas baratas que sumaba en total $50,000.000.

Los factores determinantes de este auge económico eran la libre empresa y el respeto a la propiedad privada junto a la iniciativa oficial que hizo posible la multiplicación del sistema vial, la reparación de centenares de kilómetros de carreteras y la construcción de otras nuevas, así como la edificación de grandes edificios en la Plaza de la República. Repetimos que las avanzadas leyes sociales colocaron a Cuba a la cabeza de los paises de este hemisferio pese al desequilibrio entre la fuerza patronal y la laboral, inclinada a esta última. El peso cubano estuvo siempre a la par con el dólar, síntoma de la solidez económica de la nación, amén de haber sobrantes de divisas bajo el control del Banco Nacional. En conclusión, Cuba al terminar el año 1958 había cimentado su prestigio ante todas las naciones del Continente a despecho de los trastornos de carácter episódico.

¿Qué falta le hacía a Cuba una revolución?

¿Revolución para qué? preguntábamos en voz alta a los guerrilleros en el poder en las páginas de nuestro *Diario de la Marina*. Sabíamos que lo que había bajado de la Sierra Maestra era comunismo. Teníamos datos fidedignos en nuestro poder... Los primeros pasos erráticos de Castro en la gobernación del país

113

demostraban a las claras que se dirigía hacia el marxismo-leninismo. En cada reforma había un fondo y hasta una superficie comunista. Pero el histerismo del pueblo por su nuevo «líder» y el miedo de las clases vivas del país (los mismos que se abrazaban a Batista y gritaban ¡viva Batista! frente al Palacio presidencial) permitieron, con sus aplausos, con sus antipatías escondidas y con su oportunismo, que el comunismo se apoderara de todo el país y lo arruinara todo.

El dos de diciembre del año 1956, una embarcación filibustera dejó su carga en Belice, Oriente. Mandaba la expedición un joven terrorista que hizo sus primeras armas en Bogotá a raíz de la Conferencia Panamericana de 1948. El Jefe de la policía secreta colombiana, señor Niño, en su informe a las autoridades, hizo recaer la responsabilidad del asesinato del líder político Gaytán, cuya muerte dio principio al «bogotazo», en Fidel Castro Ruz, estudiante universitario cubano, llegado a Bogotá para dirigir esas trágicas jornadas que pusieron de manifiesto todo un plan comunista urdido en Moscú y ejecutado por sus agentes en Hispanoamerica. La prensa continental dio a conocer el informe del jefe de la secreta colombiana en el cual señalaba claramente que Fidel Castro armó el brazo del asesino de Gaytán. El pueblo de Cuba fue avisado a tiempo de esa hazaña.

El mismo año 1948 moría asesinado el líder universitario cubano Manolo Castro, siendo notorio que el autor intelectual, si no material, fue Fidel Castro. Más adelante, también en 1948, moría herido de bala un policía de la Universidad de La Habana. El homicida no era otro que Fidel Castro. ¿Cómo se escabullía de entre las mallas de la Justicia? La historia nos enseña que hay malhechores que han nacido con esa cualidad: la de sortear hábilmente el código penal.

Es cierto que en aquellos días, que fueron certeramente calificados de «gatillo alegre", un suceso hacia olvidar el del día anterior. Por lo tanto, y pese a las tres hazañas de Fidel Castro en un solo año, no lograba alcanzar notoriedad ni su propósito de heredar de su víctima Manolo Castro la hegemonía de la FEU. Sus contactos eran ciertamente comunistas. En septiembre de 1948 dirigió unas veladas en la escalinata de la Universidad para dar a conocer al pueblo de Cuba la buena nueva de la reforma agraria de Jacobo Arbenz en Guatemala.

Ese individuo era quien mandaba la expedición filibustera que desembarcó en Belice el día 2 de diciembre de 1956. El mismo que en la noche del 26 de julio de 1953 llenó de sangre y de luto a Santiago de Cuba al ser asaltado el cuartel Moncada. Sólo él y su hermano Raúl salieron bien librados. Ambos conocen el arte de escabullirse a tiempo. Afirmase que de los 82 filibusteros sólo 12 lograron internarse en la Sierra Maestra. Doce terroristas ocultos en un mundo de malezas en un país de seis millones y medio de habitantes en aquellos años. De ahí que el entonces embajador norteamericano Arthur Gardner, al preguntarle los periodistas su opinión acerca de los «sucesos» de la Sierra Maestra dijese que «sólo se trataba de un caso de policía". Y era cierto, pero...

El comunismo internacional había acordado establecer en Cuba el primer gobierno satélite de la URSS, para lo cual pasó la consigna a todos los compañeros de ruta, radicales y reformadores de todas las Américas con el objeto de que preparasen el camino. Prensa, radio, cátedras universitarias, instituciones culturales, y todo género de organismos que albergaban a los vilipendiados por Lenín pusieron manos a la obra. Fidel Castro, poco a poco, comenzó a ser un nuevo Robin Hood, un soñador, un idealista «qué quitaría a los ricos para dárselo a los pobres. El más activo, Herbert Matthews de *The New York Time*, en vista de que la propaganda no producía efecto a causa de la inactividad guerrillera de Castro, oculto en su escondrijo se decidió a situarlo en primer plano. Escaló la Sierra, le hizo una entrevista, se hizo fotografiar con él, y lo instaló durante cinco días consecutivos en la primera página del influyente periódico neoyorquino. Luego era cierto; Fidel vivía, se dijeron hasta los menos interesados en la aparente aventura guerrillera. El pueblo de Cuba, y del resto de América, comenzó a fijar su vista en las montañas de la provincia cubana de Oriente, olvidando el viejo proverbio de «quién más mira menos ve». Atenta su vista en la Sierra Maestra no se percataban de que otro muy distinto y muy lejano era el reducto en que se guarecían los que habían de colocar en el poder a los revolucionarios.

Unos años después de haber logrado Matthews poner en órbita el nombre de Castro en todo el mundo y de haberlo mistificado en las páginas noticiosas y editoriales del *Times*, en la misma ciudad de Nueva York le enviamos una carta a su oficina del periódico incluyéndole un documento nuestro que habíamos escrito para ser divulgado por toda la prensa y agencias de noticias internacionales. El periodista norteamericano, admirador y colaborador del monstruo cubano, nos respondió con la siguiente carta que reproducimos en inglés:

«Dear Dr. Rivero:
Thank you for sending me the copy of the statement on the Cuban political situation. I am turning it over to our News Department since my work on the Times is exclusively editorial. As you doubtless know, we keep the News and Editorial aspects of the paper separated very strictly. I have, however, read your statement with considerable interest and I can assure you that any time you care to drop around the Times, if you remain in New York I shall be happy to have a talk with you. I am sure you have seen the frequent editorials we have printed criticizing the government's policy toward the press
            With best regards, sincerely yours,
              «Herbert L. Matthews
              «Editorial Board»

También Mr. Mattews nos adjunta a esa carta otra que él le envía a James B. Canel, directivo de la Sociedad Interamericana de Prensa (SIP) a quien le decía lo siguiente:

«Dear Jim:
I had a letter from Dr. Rivero about ten days ago on Berkshire Hotel stationery. I wrote him back but, as you see, the letter has been return. It is not important, but as I don't want him to think I had ignored his letter, and if you have an address for him perhaps you could send this along.
I am going down to Havana tonight, returning on Monday night the 15th
With best regards. Sincerely,
«Herbert L. Matthews»

La propaganda encabezada por Mattews y el *New Yok Times* repercutió favorablemente a favor de los guerrilleros de la Sierra Maestra. Comenzó a llegarles dinero, no de las «izquierdas» solamente sino de las «derechas» también; no sólo de Moscú sino de los Estados Unidos también; no de sus secuaces clandestinos en las ciudades, sino de algunas personas acaudaladas. Había dado comienzo a ese capítulo vergonzoso en que las víctimas propiciatorias, antes de ser degolladas, deben armar el brazo y engordar y fortalecer a sus verdugos.

La ola de terrorismo cada vez más creciente en la capital y la del sabotaje en el campo no tenían repercusión en la prensa extranjera que solo reservaba espacio para informar sobre los casos desfavorables a los terroristas. No importaba que una jovencita perdiese un brazo arrancado por la metralla en un lugar de distracción, ni que falleciese una anciana o una niña al pasar frente al lugar donde habían colocado una bomba en los instantes de hacer explosión, ni que muriese un espectador en un cinematógrafo o en los servicios sanitarios de un establecimiento cualquiera, o junto al mostrador de un comercio sobre el cual el terrorista de turno aparentemente dejó abandonado un bulto con un violento explosivo.

El obrerismo organizado como un todo, repelió públicamente esos actos de terror y jamás accedió a colaborar con los terroristas. Más avisados que «las derechas» tanto los trabajadores como sus líderes, por lo visto se olían que debajo del «movimiento» estaba la mano de Moscú. Los obreros, cuando están bien dirigidos, saben que el comunismo les arranca todas las conquistas para sumirlos en la esclavitud. Los obreros organizados estaban, pues, más al tanto que la patronal organizada, muchos de cuyos representativos comenzaban a cooperar económicamente con la revolución, cooperación que le negaron una vez y otra los trabajadores.

Algunos religiosos cayeron en la trampa revolucionaria; unos de buena fe y otros, no. Alguno, resentido aun por el fracaso comunista en la guerra civil española calorizó la aventura guerrillera tal vez con el ánimo de desquitarse. Los compañeros de ruta laboraban las veinticuatro horas del día para llevar al convencimiento del pueblo que la revolución «sería muy generosa"; pero el pueblo, en general, desconfiaba. Muy pocos recordaban los antecedentes criminales de Fidel Castro, y casi nadie reparó en un telegrama publicado por nosotros en el *Diario de la Marina*, un día del mes de marzo de 1957, fechado en San José de Costa Rica, dando la noticia de una entrevista publicada en un diario de esa capital en la cual Fidel Castro les ofreció las primicias de su ideario revolucionario que consistía simplemente en el Manifiesto de Marx, en los discursos de Lenin y en sus propósitos de establecer en Cuba el sistema socialista ruso. El periódico nuestro que publicó el telegrama fue acremente criticado porque «desacreditaba» a la revolución castrista. En tanto, el país hacía vida normal, la industria, cada vez más pujante, el comercio y la banca, laboraban con ritmo acelerado, sin más contratiempos ni alteraciones que la actividad entre sombras de los terroristas...

Los aires del norte denotaban un cambio. Había algo que se resistía pero la visión era aún turbia, indescifrable. Había sido cambiado el embajador en La Habana. Al señor Gardner lo reemplazaba el señor Earl E. T. Smith quien llegó a ocupar su cargo precedido de rumores y presagios alarmantes. Más tarde se comprendería bien que las conjeturas no carecían de lógica. Por otra parte de este libro nuestro decimos que en una conversación íntima que sostuvimos con él tomando el sol sobre las arenas de Varadero nos llegó a preguntar que si en Cuba el Partido Comunista tenía muchos miembros... El nuevo embajador fue instruido, por indicación de Rubottom y Weiland, acerca de los asuntos cubanos, por Herbert Matthews. Mal comienzo, pensaron algunos al colegir que el asesor pondría todo de su parte para convencer al nuevo enviado de que debía apoyar a los insurgentes de la Sierra, No tardaría el astuto diplomático en comprobar que los verdaderos insurgentes no se hallaban en las montañas de Oriente sino en el cuarto piso de un edificio de la capital norteamericana. Poco a poco el señor Smith, una vez pisando firme sobre el suelo cubano, y después de informarse directamente con los representativos de la colonia norteamericana acerca de la verdadera situación y de los intereses en juego, se percató, comprendió que se hallaba ante una peligrosa conjura y así debió informarlo a sus superiores ignorando que sus notas podían ser interceptadas para impedir que llegasen a conocimiento del Secretario de Estado. De esta suerte Castro sería el Robin Hood del siglo XX y no el agente comunista que una vez instalado en el poder habría de confiscar los bienes de todos los ciudadanos norteamericanos, incluso los del propio gobierno de los Estados Unidos.

El diabólico plan soviético, magníficamente orquestado, se desenvolvía a la perfección. De una parte, la autoridad gubernativa de Cuba perdía solidez a golpes de propaganda adversa y de la otra los secuaces del comunismo internacional eran perfumados por los incensarios de quienes no tardarían en perecer en la hecatombe. Mal interpretado el pensamiento del embajador Smith, las fuerzas clandestinas, en concierto con la prensa norteamericana, dejaban entrever que el gobierno de Washington favorecía la insurrección. Así operándose un cambio en la opinión de las clases conservadoras, las cuales permanecían impasibles ante el incremento del terrorismo organizado mientras culpaban a la autoridad de excederse en la represión de quienes, no solamente alteraban el orden, sino que ponían en peligro la vida y la hacienda de todo el pueblo. La quema de los cañaverales fue un aviso. Pronto buena parte de los colonos tomarían un seguro contra esos incendios, no precisamente apoyando a la autoridad sino cotizando para los fondos de la insurrección que habría de devorarlos a todos.

El embajador Smith se hallaba frente a un horizonte cerrado. La maquinaria propagandística a favor de los insurgentes estaba tan bien engrasada que ni sus propios informes podían contrarrestarla. Mr. Smith pensó, y así lo diría después ante un comité senatorial, que «los comunistas son demasiado ladinos para infiltrarse abiertamente al principio y enseñar la oreja». Muchas veces dijimos nosotros en Cuba que el movimiento 26 de Julio era un movimiento de Boy Scouts comparado con los comunistas y que los comunistas entrarían en acción sólo en el momento en que lo considerasen oportuno, como así aconteció. El mencionado subcomité senatorial indagó de Mr. Smith si había advertido al Departamento de Estado que Castro era comunista, a lo cual el embajador contestó sin ambajes: «sí, y si Castro escala el poder no será la mejor conveniencia de Cuba ni de los interases para los Estados Unidos».

A principios del año 1958 el Kremilin estimó conveniente dar el espaldarazo «a su propia obra». Radio Moscú dijo que apoyaba abiertamente a los revolucionarios y pedía al pueblo que se uniese a las fuerzas insurgentes hasta derrocar al gobierno de Batista. Desde entonces la radio moscovita no dejó de alentar y exhortar diariamente para que el conflicto se hiciese general.

Mientras, los agentes castristas en los Estados Unidos, México y Venezuela recaudaban altas sumas de dinero para los revolucionarios. En Cuba el sector económico aportó cantidades fabulosas para que los insurgentes pudiesen adquirir armas en el extranjero con las cuales implantar un estado comunista en Cuba. Claro que la mayoría no contribuyó a ello pero muchos ingenuamente lo hicieron creyendo que con ello salvarían sus negocios y fortunas si llegaran a triunfar los revolucionarios... La revolución se limitaba a quemar las cañas de quienes no cotizaban a los castristas y a sembrar el terror en todo el territorio nacional. El propio embajador Smith, testificando ante el Senado de Washington declaró, a preguntas del senador Eastland, que *«Castro jamás tuvo una victoria militar. Las mejores victorias de Castro han sido raids contra puestos de la Guardia Rural y algunas escaramuzas con tropas del gobierno".* Intrigado el senador por las palabras de Mr. Smith quiso salir de dudas y le preguntó por qué entonces se marchó el gobierno, a lo cual el ex embajador respondió que «Si los Estados Unidos hubiesen sido completamente imparciales, en mi opinión, el gobierno no se hubiera marchado hasta después de la toma de posesión del nuevo presidente, Dr. Andrés Rivero Agüero».

Durante la mencionada comparecencia de Mr. Smith ante el subcomité senatorial declaró y aclaró llanamente que *«el hecho de que los Estados Unidos no hubiesen continuado apoyando al gobierno tuvo devastadores efectos psicológicos en las fuerzas armadas y entre los líderes del movimiento obrero. Por otra parte, los Estados Unidos es responsable de que Castro escalase el poder. Hasta que cierta parte de la prensa norteamericana comenzó a escribir artículos que detractaban al gobierno de Cuba, la revolución de Castro no Pasó nunca de la primera fase».*

Mr. Smith testificó también que el gobierno de Cuba se quejaba continuamente de que los revolucionarios recibían, por vía aérea, alijos de armas y parque procedente de los Estados Unidos, de lo cual el embajador mantuvo informado al Departamento de Estado, y que, sin embargo, *«parece que había dificultades en hacer cumplir las leyes de neutralidad».*

Simultáneamente, el gobierno de los Estados Unidos decidió el embargo de armas y parque al gobierno de Cuba, lo cual constituía un golpe de muerte, si se tiene en cuenta que en tanto la autoridad no podía recibir armamentos, los insurgentes no carecerían en lo sucesivo de cuantas armas necesitasen, Es decir que los amotinados, con la ayuda de Washington; con la propaganda de la prensa izquierdista de USA y con la cooperación plena, aunque muy solapada, de la Unión Soviética (a nosotros nos consta pues recibimos pruebas irrefutables directamente de algunos sublevados de la Sierra Maestra) mas tarde o mas temprano hubiesen tomado el poder aunque Batista no lo hubiese abandonado...

En el horizonte oscuro comenzaba a dibujarse el final. Trascendía la parcialidad del gobierno norteamericano a favor de la insurrección. La tesis del «cuarto piso» triunfaba. Era necesario eliminar a los gobiernos de derecha. Para los radicales y compañeros de ruta los gobiernos de derecha son siempre dictaduras y para los de izquierda, democracias populares. Les llaman, por ejemplo, a Pinochet y a Franco dictadores o tiranos, y a Fidel Castro y a Salvador Allende gobernantes... Rubottom, Wieland y Mathews estaban felices. Habían destruido los cimientos los cimientos sobre los que descansa toda autoridad. Habían logrado con gran astucia engañar al pueblo de los Estados Unidos infiltrándole la idea de que los gobiernos de derecha deben ser eliminados para dar paso a loa revolución, propiciando así la caída del país en las garras del comunismo. Ese desacierto debía costarle al pueblo norteamericano, solamente en dinero, más de mil millones de dólares. Asombrará la suma cuando, al final, se haga un balance general.

Entrando ya el último trimestre del año 1958 el gobierno se hallaba impotente para seguir una lucha desigual, no en el orden militar, sino en el político internacional, al volverle las espaldas Estados Unidos en tanto desde Washington daban el espaldarazo a los agentes soviéticos ocultos en la Sierra Maestra.

La mayoría del pueblo cubano deseaba una rápida solución al grave problema nacional pero nunca a base de entregar el país a los comunistas. Sólo unos cuantos ingenuos o de mala fe e incapaces, mantuvieron en todo momento la tesis absurda de que cualquiera cosa era mejor que Cuba continuara gobernada por el presidente Batista.

Entonces comenzó a escribirse las peores páginas de nuestra historia desdichada. Altos jefes militares daban sus primeros pasos por el camino de la traición para entrar en contubernio con el enemigo, con el mismo enemigo que sólo podía triunfar y asegurarse en el poder si destruía previamente a todas las fuerzas armadas. En el manual de los comunistas, que para nadie es un secreto, está escrito que para establecer el sistema socialista en un país es condición indispensable liquidar a los ejércitos profesionales. Ignorando esta premisa, los mencionados altos jefes militares no titubearon en acercarse a sus verdugos para ofrecerles su cooperación. Unos, vendiendo el derecho de paso a la columna de Che Guevara y Camilo Cienfuegos; otros, vendiendo un tren blindado cargado de hombres y armas; otros, vendiendo la ciudad la ciudad de Santa Clara; otros entregando mansamente las guarniciones militares de Santiago y la Habana y otros, en fin, actuando directamente en el terreno diplomático como si el gobierno ya se hubiese ausentado de la nación.

Amaneció el día primero de año de 1959. Pronto entraría en La Habana el guerrero sin batallas precedido de la fanfarria miliciana y de la histeria casi colectiva. Pronto las nubes de incienso endiosarían al «vencedor». Ahora se van al destierro -si pueden-los leales al gobierno que se ha ido. Pronto les seguirían otros, y otros, que hoy aplauden delirantemente las barbas hirsutas, los verdes harapos y los falsos escapularios y rosarios de esa turba que entra en la capital caminando sobre una alfombra de rosas tendida al conjuro del más cruel complot internacional.

Pronto se inventará el mito de los «veinte mil muertos», y no estaba lejano el día en que el inventor de la fábula tendría que asilarse o expatriarse. Al principio se irán, por la vía que puedan, docenas, más tarde, centenares, millares después. Todo porque no hubo veinte mil muertos, que si llega a haberlos, Cuba no llegaría a ser, un año después, el primer satélite soviético en el Nuevo Mundo.

Al terminar la guerra de independencia, medio siglo de lucha sangrienta, el cubano quedó totalmente arruinado y hambriento. Por su ingente sacrificio logró su independencia, su bandera y su himno. Cuba contaba con poco más de un millón de habitantes, y La Habana era una pequeña ciudad de 200.000 vecinos. No había carreteras, malos ferrocarriles, carecía de Banca y moneda, el nivel de vida era increíblemente bajo, arrasada la ganadería, la industria azucarera, tabacalera y cafetalera. El comercio, en manos foráneas. Al cubano de 1902 sólo le quedaba el puesto público mal retribuido y sin garantía de permanencia en el cargo...

La mayoría de la poderosa industria azucarera estaba en manos cubanas, administrada por cubanos y trabajada por cubanos... Tenía una espléndida riqueza ganadera y mostraba orgullosa algunas industrias que le daban fama en el mundo entero, como el tabaco. Elaboraba ron, aguardientes diversos, cervezas, alcohol combustible, productos alimenticios y de perfumería, y un sinnúmero de pequeñas y medianas industrias, creadas y administradas por cubanos, laboraban y ganaban su sustento miles de criollos que disfrutaban de todas las conquistas sociales: semanas de cuarenta horas, vacaciones anuales, retiro de vejez, etc. Casi todos los más importantes productos de consumo se elaboraban en Cuba: quesos, mantequilla, leche condensada, etc. Laboratorios cubanos competían en calidad con los mejores del mundo. Las compañías de seguros cubanas manejaban un altísimo porcentaje de las primas. El Banco de mayor potencia económica en Cuba, que era uno de los más importantes del continente americano, era cubano, estaba formado con capitales cubanos y administrado por cubanos. La industria de la construcción estaba casi totalmente en manos cubanas y utilizaba los procedimientos técnicos más adelantados.

En ese medio siglo, La Habana se convirtió en una gran metrópoli, con una población de más de un millón, y la isla pasaba de los seis millones de habitantes. Pese a todas las peripecias políticas, la Banca cubana creció y su moneda mantuvo su paridad con la de los Estados Unidos. El promedio de vida del cubano aumentó considerablemente, y se erradicó del territorio nacional, en esos cincuenta años enfermedades que en otros paises de Hispanoamericana se consideran endémicas.

El desenvolvimiento económico alcanzó extraordinarios niveles. Reflejo del mismo es la cifra de dos mil cien millones de pesos de ingreso nacional que se registró en la Memoria del Banco Nacional de Cuba para el año de 1952, y que representa en un país de seis millones de habitantes un «per cápita» muy alto. Los presupuestos nacionales que en el cincuentenario de la República pasaron de los 300 millones de pesos, justamente cuando la presión tributaria era mucho menor que en la mayoría de los paises de cierto desarrollo, es una prueba del gran progreso económico que el cubano realizó en esos años antes de la revolución comunista.

Capítulo III
DESDE CASTRO HASTA EL EXILIO
1959-1960

Bajo el fuego rojo

Introducción

No nos es posible meter en un sólo volumen todas nuestras memorias de la lucha (más bien odisea) contra Fidel Castro y toda su revolución. Mucho más difícil nos resultaría comentar los caminos recorridos, las «aventuras», los experimentos, los dolores, las ilusiones y las decepciones que hemos vivido en cuarenta años de destierro junto a todo lo que en este *Contra Viento y Marea* hemos recordado hasta aquí. Sería (como decimos nosotros los cubanos) «meter a La Habana en Guanabacoa». No pretendemos contar «al pie de la letra» todo lo que vivimos en Cuba con Castro en el poder ni mucho menos todo lo que nuestra memoria y nuestros archivos guardan como asuntos interesantes recogidos durante nuestro largo recorrido por el destierro porque entonces tendríamos que hacer estas memorias en varios volúmenes. Sólo traeremos a las siguientes páginas lo que estimamos que puede ser útil para las nuevas generaciones de hoy y de mañana y quizás de interés para el público de ayer o de cualquier tiempo interesado siempre en conocer las experiencias vividas por los demás para acertar o para evitar tropezar en la vida con la misma piedra como nos ha ocurrido a nosotros por fiarnos muchas veces de la «buena fe» de nuestros semejantes.

Despuntando el año 1959 e instalado ya en el poder el régimen castrista bajo los mil embozos con que ocultó sus verdaderas intenciones comenzó a ponerse a prueba la humanísima iniciativa continental que plasmó en el Derecho de Asilo. Enjambres de colaboradores del gobierno anterior se apiñaba en las embajadas hispanoamericanas que pese a la llamada doctrina Urrutia, lograron salir de Cuba amparados por el Derecho de Asilo. A esto siguieron otros menos vinculados al gobierno de Batista que una vez fuera del país fueron reemplazados por personas casi sin relación de afinidad con el régimen del 10 de Marzo. Luego fueron llamando a las puertas de las embajadas los primeros revolucionarios desencantados y por último se asilaron relevantes figuras de la revolución.

Pero la diplomacia tenía también sus judas, sus iscariotes, sus fariseos. Y comenzó a propalarse dentro y fuera de Cuba que tal o cual embajador había exigido hasta veinte mil dólares por abrir las puertas del santuario diplomático a personas auroleadas de gran prestigio. Otros jefes de misión, se dieron a especular con la moneda, extrayendo en sus voluminosas valijas, «sagradas» como bueyes de la India, fajos de billetes de banco y objetos de valor, muy bien cotizado el acarreo, con muy pingües utilidades su servicio.

Otros diplomáticos, los menos, pero los más desaforados, aprovecháronse de tener su embajada en mansiones ricamente amuebladas, con objetos de arte de gran valor, lienzos de famosos pintores, vajilla costosa, platería repujada, cristalería de alto precio, alfombras, tapices, en fin, todo cuanto hallaron en la residencia alquilada para desvalijarla, robarlo todo y amparados en la inmunidad diplomática extraerlo del país. Yo fui uno de los «desvalijados» por un país suramericano...

Estos actos de vandalismo, perpetrados impunemente contra familias que ya lo habían perdido todo por los depojos del régimen comunista, no tenían paralelo en la historia de la diplomacia. Eran los cuervos revoloteando sobre la carroña para cebarse en ella; eran los iscariotes de un pueblo en desgracia al que escarnecieron con su conducta; eran los salteadores de caminos que en vez de armarse de un trabuco naranjero vestían la casaca rameada y se cubrieron con el bicornio. Pero no eran más que unos vulgares rateros...

Fue necesario que arribásemos al trece de junio de 1962 para que en aquella fecha un alto funcionario diplomático de La Habana anunciase al mundo que acababa de enterarse que el régimen por él representado era comunista. Llegó a Miami y fue exhibido en un gran hotel de la ciudad. Digna exhibición, por cierto, la persona tan tarda en resollar. Claro que las exhibiciones de hoy de desafectos al régimen castrista son muchísimo más increíbles. El exilio cubano se ha ido llenando de antifidelistas de última hora que han venido a unirse a esos otros que haciéndose pasar hoy por más patriotas que nadie, entre los que se encuentran muchos «enterradores» de periódicos y de media república, forman hoy una legión digna también de exhibirse por su osadía y descaro.

Decididamente, si el famoso Mr. Ripley viviera y hubiese dado con aquel diplomático que «se cayó de la mata» en 1962 y con la legión de «ex marxistas leninistas» que quieren hacer hoy otra revolución en Miami «escupiendo» y vituperando por la radio, hubiera tenido tema curiosísimo para su famosa sección...

Pero no debía haber tratado este tema en esta parte de nuestras memorias. Esta es sólo la introducción de nuestro comienzo en Cuba de la etapa dura, escalofriante, caótica, tenebrosa que vivimos bajo la paranoia de Castro y sus fanáticas y ciegas masas de seguidores.

Decíamos, pues, que, aunque «el orden de los factores no altera el producto», debemos comenzar a estas alturas de nuestro «Viento y Marea» a dejar constancia de lo que vivimos y contar lo que de interés puede ser para la historia del periodismo cubano bajo la furia del comunismo en el poder.

La Noche fatal

Era el día 31 de diciembre de 1958. Un fin de año como otro cualquiera pero con la única diferencia de que se esperaba el nuevo año con grandes preocupaciones: La guerrilla en la Sierra Maestra seguía aumentando con la ayuda de Rusia, del *The New York Times*, de los cubanos que no veían comunismo por ninguna parte y por Washington que le retiraba a Batista las armas que necesitaba para defenderse. Esta es la verdad. Y el que no lo crea así a estas alturas sigue tan ciego o tan ingenuo como lo estaba al principio de la revolución. Claro que Batista tenía que dejar el poder. No le correspondía. Cuba no se hallaba en 1952 como Chile y no se justificaba el «golpe». Pero dejar el poder no es lo mismo que dejarlo al «garete» para que en definitiva se apoderasen del mismo los desalmados de la Sierra en medio del caos y de la confusión. Si Batista tuvo habilidad y destreza para tomar el mando en 1952 y llevar al país hasta la cumbre de su economía y prosperidad, debió tenerla también para dejarlo y para evitar la hecatombe nacional como lo hizo Augusto Pinochet antes y después de su dictadura.

Entraba Cuba en la última noche de 1958 con grandes preocupaciones, Era natural. Nadie se imaginaba lo que iba a ocurrir en la nación al comenzar el nuevo año 1959, pero nadie, o casi nadie tampoco dejó a un lado la celebración tradicional: ruidos, matracas, bailes, cohetes que a veces se confundían con algunos petardos «revolucionarios»; uvas, cenas parecidas a las de Noche Buena, etc,. La vida seguía tan normal y tan acostumbrada ya a las malas noticias que su ritmo no se alteraba por nada. Nos hallábamos todos en medio de un temporal sin que nadie esperara que el rayo lo fuera a «partir» a él o sin que el tornado fuera a arrasar con lo suyo. Como a las cuatro de la madrugada me llaman por teléfono desde el periódico para decirme que Batista había abandonado la presidencia. Enseguida pregunté que a quien le había dejado el mando y me responde el Jefe de Información que sólo sabía que se había ido de Cuba.

Ya la edición de provincias había salido y se estaba imprimiendo la de la capital. Esa mañana Fidel Castro había ordenado desde Santiago de Cuba el paro de todos los diarios hasta que se aclarara la situación. Me traslado al periódico y decido, a pesar de la orden, preparar una edición extra para informar a los lectores sobre los último acontecimientos: Batista en Santo Domingo; Fidel marchando hacia La Habana y el Magistrado Piedra, de acuerdo con la Constitución de 1940 preparándolo todo en el Palacio Presidencial, reunido con destacadas y prestigiosas figuras del país, para formar el nuevo gobierno constitucional. Castro, con su táctica diabólica de siempre, no quería que se publicara nada hasta que llegase a La Habana después de su «triunfal» recorrido por toda la isla con el fin de ganarse la simpatía del publico que lo veía abrazándose con todos de pueblo en pueblo. Además, quizo demorar su llegada a La Habana para

127

que nadie faltara al gran recibimiento y con ello evitar que otros factores le arrebataran el mando general de la nación. En uno de los pueblos por donde pasó la caravana «revolucionaria» Castro habló por teléfono conmigo. Estaba yo en mi despacho del *Diario* y mi secretario me dice: «salga al teléfono que Fidel Castro quiere hablar con usted». Le dije: «no estamos para bromas en estos momentos". Pero era verdad lo de la llamada. El muy cínico me dice: «Rivero, ahora sí que va a haber verdadera libertad de prensa en Cuba». (sin comentarios).

Armas ¿para qué?, elecciones ¿para qué?, miedo ¿para qué?, decía Castro a su llegada a La Habana. Una de las palomas, posada en su hombro comete el primer acto contrarevolucionario.

Las primeras mentiras de Fidel Castro y España

Nada de lo que se hace por la Patria debe ser motivo de envanecimiento. Hay personas que su satisfacción en la vida la encuentran, o la buscan siempre, en el halago o en el reconocimiento por la actitud o por la labor rendida. Sí no tienen diplomas, títulos o medallas, se las arreglan de mil maneras para conseguir pergaminos, condecoraciones o retratos firmados por gente importante para colgarlos en las paredes de sus oficinas. No critico nada de esto. Yo también los he recibido –no tengo la culpa de tenerlos– pero están todos guardados en una maleta para que se los repartan mis nietos cuando pase a mejor vida y recuerden a su abuelo no por sus grandes defectos sino por sus pequeñas virtudes cultivadas a través de la vida. Creo que los honores o condecoraciones se aceptan siempre con entusiasmo cuando los mismos benefician al pensamiento o a la causa que uno defiende

No hace mucho devolví (no a la Madre Patria sino al gobierno español) la condecoración de Isabel la Católica cuando me enteré que España asistiría a la «cumbre de La Habana» No me parecía digno poseer dicha distinción si los que la otorgan están en contubernio con el peor enemigo de nuestra patria de toda su historia.

La crítica o el elogio por esta actitud mía me importa poco. Sólo me importa mi conciencia. Hice lo que me dictó ella y punto.

Amor a España a plenitud. Pero más amor a Cuba como cubanos que somos, Con los políticos españoles nada. Están aprovechándose de la desgracia de Cuba, no sólo la política sino también las empresas como Sol-Meliá, entre otras.

Y por lo menos para que no se dejaran embaucar con las parrafadas de su líder en aquella cumbre de marras les ofrecí al Rey y al Presidente por FAX y por Internet las siguientes mentiras, entre las miles, que dijo Castro al principio de su revolución en el Poder:

«Los que hablan de democracia deben empezar por saber en que consiste el respeto a todas las ideas, a todas las creencias, en que consiste la libertad y el derecho de los demás. Y sinceramente nosotros respetamos a todo el mundo; no perseguimos a nadie. Ese es nuestro principio democrático; y los que no practican ese principio no son democráticos y mucho menos demócrata es querer imponerle a los pueblos esas normas, porque en los propios Estados Unidos hay un periódico comunista, hay organizaciones comunistas. ¿Y qué se pretende, que nosotros vengamos a clausurar, a perseguir ideas? No señor, digo terminantemente que no... Yo no hago distinción y como gobernante tengo que tener un respeto igual para todas las ideas, para todas las creencias, aunque no sean las de uno, respeto para todos los derechos, porque aquí se ha llamado democracia darle derechos a unos y perseguir a otros. El otro día hubo una discusión en una estación de radio entre católicos y comunistas. Estaban discutiendo ideas, Discutir

ideas con razones, es como se deben discutir, a la luz pública. Otra cosa es imponer las ideas por la fuerza «Si perseguimos a un periódico y lo clausuramos, ¡ah! Cuando se empiece por clausurar un periódico, no se podrá sentir seguro ningún diario, cuando se empiece a perseguir a un hombre por sus ideas políticas no se podrá sentir seguro nadie, cuando se empiece a hacer restricciones, no se podrá sentir seguro ningún derecho". (Ante la Prensa. CMQ-TV. Abril 2,1959)

«Respecto al comunismo, sólo puedo decirles una cosa: no soy comunista ni los comunistas tienen fuerza para ser factor determinante en mi país". (Discurso en la Sociedad Norteamericana de Editores de Periódicos. Washington. Abril 18 de 1959)

Unos pocos días después del desgraciado triunfo de la revolución castrista, mientras nuestro enviado especial Enrique Grau Esteban, miembro del equipo de periodistas del *Diario de la Marina* y único redactor reportero que acompañaba a Castro en su recorrido desde la provincia de Oriente hasta La Habana que duró varios días, llegó a intimar tanto con Castro que logró sacarle una pila de mentiras con la idea de que se publicaran destacadamente en nuestro periódico como en realidad hicimos. Una de ellas fue la que sigue:

– Enrique Grau Esteban: Fidel, ¿Qué piensa usted de los comunistas? ¿Ha pensado en estrechar relaciones con la URSS?

– Fidel Castro: Esas preguntas son casi insultantes. Los comunistas son unos traidores y unos sinvergüenzas. Jamás tendría yo relaciones con ellos. Además, el marxismo es una doctrina que va contra la naturaleza del hombre. ¿Quieres más respuestas sobre el tema?

– Enrique Grau Esteban: No, no, con esas me basta...

Comentario del diario *Hoy*

El periódico *Hoy* del partido comunista de Cuba publicaba la reproducción de una foto de nuestro rotograbado en que aparecía el reportero del *Diario de la Marina* en pleno campo conversando con Fidel Castro sobre la reforma agraria. El pie de grabado decía así:

«Con las cooperativas se acaban los problemas obreros. Aquí no hay cabida para tendencias ni partidos políticos. Nosotros no hacemos medidas para combatir el comunismo sino para combatir el hambre» declara el doctor Fidel Castro al enviado especial del Diario *Enrique Grau Esteban. También aparece en la foto Celia Sánchez, la valiosa colaboradora del doctor Castro y máxima representación de la mujer cubana en la Revolución."*

El comentario del periódico comunista por vez primera decía la verdad. Veamos la nota o la «coletilla» que ellos mismos le pusieron a dicha foto y al pie de grabado de nuestro reportaje:

«Este grabado fue publicado ayer, en el Rotograbado del Diario de la Marina. *El mismo correspondía a un reportaje gráfico, titulado 'En marcha la reforma agraria', firmada por Enrique Grau Esteban, con fotografías de Ruiz de Lavín. Ese material informativo aparecía en la última página de la segunda sección del Rotograbado. Ya en la calle y circulando la edición completa, fue advertido por la dirección del decano de los diarios reaccionarios que «se les había escapado 'la fotografía que reproducimos, en cuyo pie constan las declaraciones de Fidel Castro, de tanta resonancia, acerca de que 'no hace medidas para combatir el comunismo, sino para combatir el hambre'. Inmediatamente* La Marina *se dio a la tarea de recoger esa sección del Rotograbado, lográndolo en considerable medida. Periódico intrigante y mentiroso, enemigo de la revolución, atizador del anti-comunismo en servicio del fascismo y del imperialismo, ha tratado, una vez más, de escamotear la verdad, sin lograrlo, por la vigilancia de* Hoy. *(En la foto aparece marcado con una flecha el reportero de* La Marina, *Enrique Grau Esteban. El subrayado nuestro enmarca el justo concepto emitido por Fidel Castro, que 'la Marina' ha tratado de escamotear, bajo su censura falangista y oscurantista, de aliada de los peores intereses anti cubanos y contra-revolucionarios).»*

Claro que el periódico *Hoy* no se equivocaba. Eso ocurrió tal como lo contaba en su primera página. El *Diario de la Marina*, como es de sobra sabido, no sólo criticaba las leyes y la proyccción revolucionaria sino que no le daba por la vena del gusto a Castro divulgando sus mensajes mentirosos. Decir que *«Nosotros no hacemos medidas para combatir el comunismo, sino para combatir el hambre»* era una tremenda demagogia del «máximo líder». Cuando Castro decía eso, estaba aupando y organizando al comunismo mientras el pueblo comenzaba a sentir el efecto de los despojos, de la economía y del hambre.

¿Cómo íbamos a darle por la vena del gusto al dictador haciéndose pasar por un gobernante tolerante y amante del bienestar del pueblo cubano? Claro que quitamos la foto y el pie de grabado cuando vimos, aunque tarde ya, el descaro de Fidel Castro conducido a idiotizar a la nación con sus «cantos de sirena". Y el tiempo nos dio la razón porque por esos tiempos (febrero del 59) mientras nosotros decíamos la verdad, las empresas seguían donando tractores para la reforma agraria...

Y todo el mundo le rendía pleitesía al tirano vencedor.

Así comenzábamos la tragedia

Durante toda la primera semana de enero de 1959 La Habana presentaba una imagen caótica. No sabemos de donde salieron tantos uniformes verde olivo de milicianos y brazaletes del 26 de Julio. Parecía que casi todo el mundo los tenía bien guardados para cuando llegara la oportunidad de ponérselos. Y el momento llegó. De repente salieron las insignias, las banderas, y los rifles, que jamás habían disparado un tiro.

El oportunismo hacía «ola». Las felicitaciones llovían entre el populacho gritando: «¡Viva la revolución!» «¡abajo los esbirros!», etc. Y lo peor del caso era que nadie en esos días se fiaba de nadie. Eran innumerables los que por demostrar su «patrotisimo» se les salía hasta por los poros su admiración por Castro.

Castro comenzaba su nueva etapa de engaños y demagogia en el campamento de Columbia dando comienzo también a su serie de discursos interminables. Acababa de recorrer la isla en marcha triunfal para desgracia de Cuba y jamás se había visto en el malecón de La Habana, con la excepción de los domingos de carnaval en épocas de la República libre, un «hormiguero» de gente tan grande como ese día. Casi nadie quería quedarse fuera de esa pachanga revolucionaria pues se pensaba que su presencia y su saludo a Fidel Castro iba a salvarlos de la famosa «siquitrilla» de la que habló después el periodista Humberto Medrano refirirédose a las confiscaciones y despojos del régimen. A su paso de la caravana castrista por el mismo medio de la capital se veían en las casas letreros que decían: «Fidel ésta es tu casa». Y cuando el régimen comenzó a «legislar» se acordó de aquellos oportunistas e histéricos letreritos y comenzó por aprobar una reforma urbana que le puso los pelos de punta a todos los que con una magnanimidad sin paralelo le ofrecieron hasta el alma al antiguo gangster de la Universidad de La Habana.

Se ha dicho muchas veces durante todos estos años de pesadilla comunista que el acto más inteligente y oportuno lo realizó con premeditación y alevosía la famosa paloma que se posó sobre el hombro de Castro durante su interminable discurso de saludo al pueblo cubano que no sabía ni quería saber lo que le venía encima. La paloma fue la primera en darse cuenta y en decir sin palabras lo que le esperaba a la patria de Martí. Sin duda una de las cosas más justas que debía hacer el pueblo cubano después de Castro sería levantarle un monumento a la paloma cubana, que hizo lo que nadie pudo hacer con el que destrozó a Cuba.

Era tal el desconcierto que se vivió durante la primera semana sin gobierno alguno que muchos deseaban que Fidel Castro acabara de llegar a La Habana para que impusiera el orden. El ser humano cae en la equivocación muchas veces en la vida. Si Castro no hubiese llegado nunca a La Habana la nación no se hubiese perdido para siempre; sí, para siempre porque más de cuatro décadas de opresión y de esclavitud nos parece una eternidad. En Columbia, como decíamos más arriba, Castro hablaba o gritaba durante horas prometiéndole al pueblo maravillas que jamás le dió. Y, con un cinismo sin paralelo, durante su discurso le preguntaba a su «entrañable» Camilo Cienfuegos: «¿Voy bien Camilo?»...

Iba bien, por supuesto, pero para bien del comunismo. Desde Moscú Nikita Kruschev se frotaba las manos. Y también los izquierdistas y «liberales» del Departamento de Estado de Washington. Los resentidos y oportunistas en Cuba igualmente se alegraban ante los alaridos demagógicos del nuevo «gobernante» que les iba a dar por la vena del gusto hasta el día que les tocó gritar en el exilio: «Me engañaron, me engañaron».

Al día siguiente volvía Fidel Castro a dirigirse al público enardecido y emborrachado por la revolución. Tomaba revolucionariamente posesión de la presidencia Gustavo Urrutia Lleó. Había sido nombrado por el mismo Castro desde Oriente al bajar de la Sierra Maestra. Desaparecían del Palacio presidencial todas las grandes figuras de Cuba del momento que se habían reunido para resolver el caos gubernamental imperante al abandonar el país inesperadamente el presidente Fulgencio Batista. Como táctica para dar la sensación de normalidad, responsabilidad y seguridad Castro se mantenía sólo como líder de la revolución con el rifle sobre sus hombros sin formar parte del Consejo de Ministros que presidía como Primer Ministro el Dr. José Miró Cardona. Pero nadie en Cuba se atrevía a hacer ni a decidir nada sin la aprobación del «Máximo Líder». Ni siquiera el propio Urrutia a quien la ingeniosidad del pueblo cubano llegó a llamarlo «Presidente cuchara», porque ni pinchaba ni cortaba...

Los mismos revolucionarios tenían tanto cuidado de hacer algo que no lo supiera, o que no lo aprobara Castro que nosotros pudimos comprobarlo personalmente de manera directa y que contaremos más adelante.

Las Primeras amenazas

Durante las primeras dos semanas de enero prácticamente no nos separábamos del periódico. Sólo íbamos a nuestra casa a dormir tarde en las madrugadas. Era tanta la confusión y tanto el jacobinismo imperante, que no podíamos fiarnos de nadie. Sabemos que no éramos los únicos los desconfiados. Era raro que existiera una empresa, negocio o sociedad sin los clásicos envidiosos y traidores dentro de las mismas. Estos salían a flote en medio del temporal. Sobre todo los mediocres o fracasados que aprovechaban la situación imperante para demostrar con sus actitudes «revolucionarias» que se tenía que contar con ellos para cualquier cosa.

Recibíamos llamadas telefónicas anónimas constantemente. Todas eran provocativas y amenazadoras sin revelar sus nombres. Llamadas típicas del cobarde que amenaza o acusa sin dar la cara. Algunos de ellos estuvieron en esos primeros días llamándonos para insultar a Gastón Baquero. Y nos decían que la próxima vez que Baquero pusiera sus pies en el periódico un grupo de milicianos lo irían a buscar para llevárselo a la Cabaña, fortaleza militar donde se estaba fusilando a los batistianos y a los enemigos de la revolución. Llamamos enseguida a Baquero a su casa y le dijimos que no se atreviera ir al *Diario* durante algunos días y le explicamos lo de las llamadas. El no podía creerlo y nos dice enseguida: "¿Usted cree de verdad, Director, que mi vida peligra?". «Seguramente esas llamadas son de algunos a quienes les he hecho algún favor"... Nosotros le respondimos enseguida también: «Déjate de ironías Baquero, que la cosa no está para eso ahora. Yo en tu lugar me asilaría para ver que pasa. Tú sabes que «la Magdalena no está para tafetanes» y que ya aquí no hay padrinos que bauticen. La cosa está que arde... «Sí, lo sé, pero por favor déjese usted también de dichos o de refranes (nos respondió), y dígame, sin exageración, si usted cree de verdad que mi vida peligra si voy por el periódico aunque sólo sea para llevar mis artículos». «Claro que peligra, le dijimos, piensa en los «jacobinos» de la Revolución francesa, piensa en lo peor ahora y no te arrepentirás de lo que decidas hacer". Al siguiente día ya Oscar Grau Esteban, mi secretario particular, estaba llevando a Baquero a la Embajada de Perú. 39 años después muere Gastón en España en un estado casi de pobreza pero después de haber realizado una larga labor patriótica en el destierro y de haber recibido los más altos honores de la Madre Patria por sus obras literarias, sobre todo en el campo de la poesía.

Un mes después del caso de Baquero al entrar en la Redacción para hacer sus trabajos del día, Francisco Ichaso (Paco) fue detenido por unos «barbudos» armados dentro del mismo periódico. Fue una venganza personal de un amigo por un simple comentario que Ichaso había hecho en tiempos de Batista. Era el colmo del oportunismo que hacía ola también en aquellos instantes. El fanatismo se apoderó de casi toda la población. Bastaba con que se dijera que se vivía bajo un caos para que cualquiera, familiar, amigo o conocido, se irritara y hasta se le acusara de contrarrevolucionario, lo que terminaba en el más leve de los casos en persecución o cárcel. Esto último fue lo que le ocurrió a Ichaso. Insólitamente se lo llevaron sin explicación alguna a la Estación de Policía que quedaba al fondo del *Diario de la Marina*. La Estación se llenó de figuras connotadas de la prensa escrita, radial y televisada. Cuando nos enteramos del hecho, enseguida nos presentamos en el lugar sólo para acompañar al querido Paco. Estábamos seguro de que nada podíamos hacer por él con la revolución en el Poder como le dijimos a Baquero, pero no podíamos permanecer con los brazos cruzados como hicieron muchos para no comprometerse a nada manteniendo la cabeza debajo de la tierra como el avestruz.

En la Estación de Policía me encontré con Goar y Abel Mestre. Paco Ichaso era editorialista también de CMQ radio. Me encontré con Jorge Mañach y con otros destacados periodistas e intelectuales. Todos me dijeron que Ichaso estaba esperando por mi porque tenía que pedirme un gran favor. El jefe de la Estación me dejó entrar al cuarto donde estaba Ichaso sentado sólo en una silla. Al lado había otra como si se tratara de un confesionario... Enseguida que entré en la habitación me senté junto a él y con gran desesperación por tal injusticia y por el temor al infarto, pués Ichaso estaba enfermo del corazón, me pidió, que fuera a ver a Fidel Castro para que le explicara bien lo injusta que era esa acusación y que él no podía sufrir esa detención debido a su padecimiento del corazón. Le dije: «Paco, quédate tranquilo que iré a verlo tan pronto pueda. No creo que voy a lograr nada de él, pero la gestión la haré». Estaba tan afectado, tan desesperado por su condición de salud que me dijo enseguida: «José Ignacio, no lo dejes para cuando puedas, me han asegurado que Castro está ahora en Palacio con el Consejo de Ministros. Llégate hasta allá y habla con él enseguida»...

Salí de la habitación donde estuve hablando largamente con Paco y le dije a los presentes aglutinados en el patio de la Estación que salía para el Consejo de Ministros a gestionar la libertad de Ichaso. A todos le noté sorpresa y pesimismo en el rostro. Me subí a mi automóvil y le dije al chofer: «Lléveme al Palacio Presidencial». Al llegar a la puerta del fondo entré como «Juana por su casa». Era tal la desorganización y confusión imperante que ni uno sólo de los milicianos que estaban en la puerta con metralletas me preguntó quién era yo. Subí hasta el piso donde se encuentra la sala de reuniones. Estaba cerrado. Dudaba si debía abrir la puerta sin tocar a la misma y entrar sin permiso. Pero lo hice. No podía perder tiempo. Tenía sólo en mi cabeza sacar a Ichaso de la prisión. Lo demás no me importaba. Abrí, pues, la puerta y me encuentro con todos los ministros sentados y mirándome como asombrados de mi irrupción en la sala. En seguida se levantó el Primer Ministro, José Miró Cardona, y fue a estrecharme la mano y a preguntarme a qué se debía mi visita tan inesperada. Allí, entre otros, estaban Raúl Castro, el Ché Guevara, Rufo López Fresquet, Felipe Pazos, Urrutia Lleó, y otros. Se hizo un paréntesis en la Junta y Miró y yo nos fuimos a la terraza del mismo salón. Hablamos rápido pero largo y tendido. A mi sólo me interesaba hablar de Ichaso. Miró me hablaba del nuevo gobierno revolucionario y me decía que estaba muy preocupado. El motivo, según él, era que aquello estaba lleno de comunistas y que por eso se veía en la obligación de mantenerse en esa posición dentro del gobierno pues así se podría contrarrestar ese peso de la influencia marxista. Al menos fue eso lo que me dijo a mí esa noche, muy en voz baja, por supuesto, con los mismos comunistas a dos pasos de nosotros en el salón. No me refiero a Felipe Pazos ni a Rufo López Fresquet, pero sí a Raúl Castro y al Ché. López Fresquet era comentarista de cuestiones económicas de nuestro *Diario de la Marina*, aunque más tarde tuvo la peregrina idea de decretar un impuesto a las crónicas sociales de los periódicos, lo que motivó un comentario nuestro que titulamos: «El impuesto a los piropos».

Después de todas las explicaciones fuera del caso y del asunto que me llevaba a esa cueva de destructores de la República me pregunta Miró: «¿Cuál es el motivo de su visita Rivero y en qué puedo servirlo?» Le respondí enseguida: Yo venía a ver a Fidel Castro para pedirle que diera la orden pertinente para que suelten a Paco Ichaso que se encuentra preso en una Estación de Policía desde el mediodía de hoy por una acusación injusta, pero como veo que Castro no está aquí le pido por favor que dé la orden usted para que por lo menos pueda dormir en su casa esta noche porque está muy delicado de salud. Miró Cardona, Primer Ministro de la revolución en el poder, me dice que él no puede hacer nada sin el consentimiento de Fidel Castro y que él se acababa de marchar de esa reunión de Ministros instantes antes de abrir yo la puerta del salón. Y a renglón seguido me aconseja que me fuera al «Habana Hilton» porque para allá había salido Castro.

Sin perder un segundo le «agradecí» su sugerencia y salí de Palacio hacia el Hilton pensando en el camino que si un Primer Ministro no podía solucionar un asunto de tan poca importancia, muy poca posibilidad tendría el mismo para contrarrestar con su presencia en el Gobierno la avalancha comunista que desde el principio, aunque con cara de «humanismo», ya se estaba apoderando de todo...

Llegué al «Habana Hilton» y me dijeron en el lobby algunos «militares» armados hasta los dientes que ya el «Máximo líder» se había marchado del hotel y que si quería verlo me fuera a Palacio que allí lo encontraría. Ya esto me pareció un juego a «los escondidos» o al tradicional juego infantil de «Allí fumé"... Una de dos: o no me quería dar la cara Fidel Castro o no quería soltar a Paco Ichaso. Salí de nuevo para la Estación a acompañar a Paco con el ánimo y las esperanzas en los pies, pero al llegar me dijeron que acababan de llevárselo en una jaula de presos para el Castillo del Príncipe.

A la mañana siguiente empecé a gestionar desde mí despacho del periódico una entrevista con Fidel Castro sólo para el caso de Ichaso. Mientras tanto iba con frecuencia a verlo a la cárcel del Príncipe. No podía creerlo: como tantos y tantos, sin razón alguna estaban con uniformes de presos comunes. Allí, ante su natural ansiedad, pude decirle que no pararía hasta hablar con Fidel Castro para lograr su libertad aunque tuviera que pasar por el tormento de soportar su perorata y de escuchar con paciencia todas sus mentiras.

Y así lo hice. Fidel Castro me recibió en Cojimar el mismo día que publicábamos en la primera página del *Diario* un artículo nuestro titulado «La Ley Once» en el que defendíamos a los estudiantes de la Universidad de Villanueva porque dicha ley anulaba los créditos y los títulos de graduados por haber estado estudiando durante la «guerra» contra Batista.

No hay peor gestión

Consideraba un deber de conciencia hacer la gestión por la libertad de Ichaso. Me acompañaba el dicho de que «no hay peor gestión que la que no se hace». De sobra sabíamos que el *Diario de la Marina* era una gruesa espina que Castro tenía clavada en sus entrañas, pero a pesar de todo estaba dispuesto a verlo y pude hablar con él en privado durante más de cuatro horas, mejor dicho, tuve la paciencia de oirlo durante cuatro horas. Yo sólo pude hablarle cinco minutos...

Llegábamos a Cojimar –pueblo de pescadores al este de La Habana, acompañados por mi hermano Oscar y por Pedro Hernández Lovio, administrador y secretario de la empresa respectivamente. Había un línea larguísima de personas esperando su turno para visitar al líder de la revolución. Nosotros no tuvimos que esperar. Celia Sánchez, la mano derecha, mejor dicho, la «mano izquierda» de Castro, nos llevó por la puerta del fondo de la casa de madera que daba a la habitación de Castro, puerta que daba al portal, estaba sentado esperando su turno el embajador de los Estados Unidos, Phillip Bonsal. Lo saludamos y le dijimos: «lo sentimos mucho, embajador. Pero no queremos volarle el turno. Usted sabe como se manejan hoy las cosas: con mucha «organización» revolucionaria. Nos abrió la puerta Celia Sanchez. Entramos en la habitación de Castro y nos sentamos a esperar que entrara él en la misma. Mientras tanto, Mr. Bonsal seguía sentado en su pequeña silla y tuvo que esperar más de cuatro horas para ser recibido. Es decir, el tiempo que estuvimos nosotros en esa tormentosa entrevista...

Antes de que entrara Fidel Castro en la Habitación, con gran curiosidad observé todos los rincones y detalles de la misma. Sobre su cama tenía puesto sólo el *Diario de la Marina* de ese día. En la primera página tenía el comentario sobre la Ley 11 y sobre el mismo comentario había una pistola. Un estudio psicológico perfecto para, quizás, intimidarnos. Seguimos observando y vimos como se hallaba gran parte del suelo, y sobre todo parte de la cama, lleno de huesos de pollo. Y dejamos de observar porque el «máximo líder» acababa de entrar en la habitación.

«Buenas tardes», nos dijo. «Esperen un momento». Abre la puerta del baño y con la misma abierta se pone a orinar. Observé de nuevo y llegué a la conclusión que la pistola sobre el periódico, los huesos regados por el suelo y la cama y el espectáculo del inodoro no se debía a otra cosa que a su megalomanía diciéndonos sin palabras que en Cuba mandaba él y que hacía lo que le daba la gana...

Yo me la desquité preguntándole que pintaba su pistola sobre el *Diario de la Marina*, y cuando me respondió que era para defender la libertad de prensa le dije: «pero, armas, ¿para qué? ¿no lo repite usted constantemente?». Y cambia él el tema diciéndome: depende, depende...

139

Para abreviar esta «aventura» de Cojimar, lugar donde se inspiró Ernest Hemingway para escribir su novela «El viejo y el mar», reduciré a sólo unas breves líneas el relato de cuatro horas en la habitación de Castro meciéndonos en unos sillones criollos de mimbre como los que nunca he vuelto a ver en casi cuarenta años de destierro. Ni siquiera nos preguntó al principio de la entrevista cual era el motivo de nuestra entrevista. Comenzó a hablar y hablar casi sin respirar. Era la voz y los pulmones de un joven de 35 años que le permitían hablar sin parar horas y horas sin cansancio alguno. Yo, que tenía entonces 38 después de escuchar la primera hora de su verborrea ya casi se me cerraban los ojos de cansancio y de sueño.

Nos hablaba sin parar sobre el futuro económico de los periódicos de Cuba. Nos decía que si antes de la revolución la prensa cubana tenía una vida económica relativamente buena, durante la revolución la iba a tener «boyante», «formidable», porque él tenía ya el proyecto estudiado para que a nosotros no nos costara un sólo centavo el papel para imprimir el periódico. La revolución iba a comenzar a fabricar el papel de bagazo de caña. Y surtiendo de gratis el papel a la prensa cubana, el gobierno comenzaría a vender el papel a los paises que quisieran pagarlo más barato que a las compañías extranjeras. No sólo hablaba y hablaba sobre el papel de bagazo sino que saltó al tema del henequén. Para él esa planta era mucho mejor que la caña de azúcar para convertirla en papel periódico. «Nada, Rivero, que si la revolución se lo propone convertirá a la prensa cubana en la prensa más rica del Continente americano. Y yo quiero darle a la prensa ese privilegio porque la considero el factor más respetable e importante de todo el país».

Y así estuvo hablándonos en su cuarto toda la tarde de aquel día y sin brindamos ni siquiera una tacita de café o un refresco cualquiera. Ya, llegada la cuarta hora de estar «escuchándolo», interrumpimos su charla interminable diciéndole: «Creo que ya lo hemos molestado bastante tiempo... usted tiene una larga fila de personas importantes afuera esperando verle, entre ellas el embajador de los Estados Unidos...» «Que espere», nos dijo con una dosis más de megalomanía. Me puse de pie y le dije casi lo mismo que le dije a Miró Cardona en Palacio: «Vine a verle para pedirle que deje libre a Paco Ichaso que sufre encarcelamiento»... Y no me dejó terminar la explicación. Sólo me dijo mirándome a la cara: «Paquito... Paquito... ¡Vaya, vaya...!»

Ichaso, en definitiva, se quedó por un tiempo en la prisión. A Fidel Castro le entró mi petición por oído y le salió por el otro. Era de esperarse. Yo lo sabía de antemano. ¿Cómo iba a complacer a la llamada «caverna» por los comunistas? Pero la gestión la hice, repito, por aquello de que no hay peor gestión que la que no se hace.

Y seguían las gestiones

Mientras nos ocupábamos de Baquero y de Ichaso continuábamos en la misión de salvarle la pelleja a muchos conocidos y no conocidos y a algunos «amigos» que sólo se acuerdan de sus amigos cuando les conviene... Baquero ya estaba en Madrid, Ichaso había salido del «Príncipe» aunque se hallaba en prisión domiciliaria con un guardia fijo en la puerta de su casa: un favor a medias que le hizo Castro a José Pardo Llada, vocero principal de la revolución en aquella época. Mientras tanto, nosotros seguíamos escondiendo y asilando a todo el que lo necesitaba y al que nos lo pedía, sin pensar en ningún instante que la cabeza nuestra también olía a pólvora. Pero nadie se preocupaba de nosotros que mientras tratábamos de salvar a los demás estábamos atacando a la revolución en beneficio de todos. Únicamente, en los tiempos más difíciles que nos tocó vivir en nuestro enfrentamiento a Fidel Castro, me brindaron su casa como escondite Nicolás Sierra y sobre todo Alberto Alejo que aún se hallaba en Cuba sin su familia, para que durmiera protegido en la casa que tenían colindante a la embajada del Perú para asilarme enseguida en caso de extrema gravedad. Gravedad que la tuvimos todos los días y a todas horas cuando salíamos hacia el *Diario y en el Diario* mismo frente a la turba organizada que nos gritaba a coro: «Pepinillo, ¡paredón!". El mote de «Pepinillo» me lo había endilgado ya antes de la revolución, el comunista Sergio Aguirre en el periódico del partido Hoy. A mi padre todo el mundo lo conocía por Pepín. Fue el más grande adversario que tuvo el comunismo en América. Su pluma levantaba o derribaba a cualquiera. Unos lo odiaban y otros, los más, lo amaban. Lo amaban por su inteligencia, por su generosidad, por su simpatía, por su valentía y por su sinceridad.

Al morir mi padre y al comenzar nosotros a enseñar la oreja periodística, fue cuando el periódico *Hoy* empezó a llamarme «Pepinillo», creyendo que nos ofendía y nos ocurría todo lo contrario: nos sentíamos orgullosos del diminutivo. El 6 de diciembre de 1959, un año después del «triunfo» de la revolución, en una de nuestras respuestas a Fidel Castro le decíamos: «Usted me llama despreciativamente Pepinillo. No es una originalidad. Así me llamaban los comunistas desde mucho antes que usted tuviera vigencia en Cuba. Como se trata de un diminutivo de Pepín, acepto el mote como un blasón, el único que quiero para añadirlo al escudo de mi estirpe. La historia nos enseña muchos casos de sobrenombres despectivos que, andando el tiempo se convirtieron en timbres de honra. A los cubanos que peleaban en la manigua por la independencia de nuestra patria les llamaban despectivamente *mambises* y ellos acabaron por hacer de ese calificativo un título glorioso. Yo, salvando todas las distancias, me siento muy satisfecho de llevar, aunque sea disminuido, el nombre de quien por haber defendido sus ideales con tesón y nobleza, murió joven en la liza y nos dejó como herencia la estimación y el respeto de grandes núcleos de nuestro pueblo.»

El fuego cruzado de la prensa

El bombardeo de la prensa escrita y demás medios de comunicación del régimen castrista contra nosotros era constante. Todos los caricaturistas desplegaban sus chistes sólo para ridiculizarnos con motivos grotescos y belicosos. Muchos creían defender o complacer mejor a la revolución atacándonos todos los días y a todas horas. Claro que toda esa campaña estaba impulsada por el deseo de aparecer ante Fidel Castro como los más revolucionarios del país. Atacar a José Ignacio Rivero y a *La Marina* era una demostración de lealtad al gobierno. Y es que nosotros no cesábamos un solo día de criticar toda la proyección marxista de la revolución.

Recuerdo que cuando comenzamos de nuevo a publicar la sección «Relámpagos» con el seudónimo de Vulcano se nos acercaron algunos para decirnos que eso le iba a costar muy caro al periódico. Nuestra respuesta fue: «Ya verán como Relámpagos se va a convertir en la sección periodística más leída de Cuba. Estábamos bajo la vigilancia y la amenaza constante. Había lo que se veía y lo que no se veía. Junto a la labor de zapa, el boicot descarado, las llamadas telefónicas a las casas comerciales y a las agencias de publicidad para que no anunciasen en el *Diario*, las quemas de ejemplares en toda la isla, los entierros simbólicos, etcétera. Vivíamos en una constante angustia diciendo en todo momento lo que teníamos que decir. Ya dijimos en el otro libro sobre nuestro periódico que sólo nos interesaban Dios, Cuba y nuestra conciencia. Cuando se toma una postura así, ya podían seguir tronando Fidel Castro y todos aquellos vociferantes que habían escogido a nosotros y a nuestro periódico como blancos preferidos de sus insultos, amenazas e insolencias.

Manifestación en Palacio

Se había organizado una manifestación frente al Palacio presidencial por el régimen revolucionario que resultó de un millón de personas. Todavía el pueblo iba a ellas espontáneamente. No hacía falta la coacción ni la amenaza para llenar las plazas. La «baba» revolucionaria todavía estaba deslizándose por los «labios» de la ceguera y del fanatismo... Aquellos juicios contra los colaboradores del régimen de Batista eran como una réplica moderna o revolucionaria del antiguo Circo Romano. Los espectadores seguían siendo los mismos agitadores que se cambiaban de «casaca» según las circunstancias. En todas partes siempre ha ocurrido lo mismo. Las masas nunca son opinión. Actúan siempre por contagio. Se grita «si» cuando los vientos soplan el «sí». Y se grita «no» cuando las brisas soplan el «no». Las masas van siempre a donde las conducen las temperaturas políticas sin saber a donde van. Aquel «Circo» hizo que el cubano en general comenzara a abrir los ojos en cuanto a la honestidad y justicia de la revolución. Pero era un abrir de ojos callado. Nadie se atrevía a decir en voz alta que todo aquello era injusto. Cada disparo ante el «paredón» de fusilamientos aumentaba el pánico de la ciudadanía callada. Cada disparo «disparaba» más y más a las clases y sectores del país. Mientras tanto y mientras muchísimos trataban de sacar de Cuba todo lo que las circunstancias les permitían, veíamos como hasta las empresas más capitalistas donaban tractores para la reforma agraria que algunos sabíamos que era no sólo injusta sino comunista. El Padre Manuel Foyaca S. J., estudioso de cuestiones sociales, cubano de nacimiento y profesor del famoso Colegio de Belén de La Habana, ofreció, casi privadamente en el local de la «Juventud Obrera Católica», una conferencia sobre dicha reforma de la revolución. Nosotros asistimos a esa conferencia y no se nos olvida una de sus ultimas frases después de un meticuloso estudio sobre la misma: «Esta reforma agraria es marxista».

A aquella concentración del millón frente al Palacio asistieron y hablaron, entre otros, el «Ché» Guevara, Raúl Castro y Fidel Castro. Nosotros no nos separamos del periódico en todo el día. Allí, en el Pent House del mismo, almorzamos con algunos amigos que aunque percatados del peligro que corrían fueron a acompañarnos. Le ordené a nuestro cocinero que preparara un arroz con pollo para todos y que alcanzara para nuestros periodistas que permanecieron en la Redacción preparando la edición del siguiente día. Recuerdo que no se separaron de nosotros Juan Antonio Rubio Padilla, Luis Rodríguez Tejera , Jaime Caldevilla, Francisco Pérez Vich, y otros que no mencionamos para no incurrir en omisiones.

El público se dirigía a Palacio por todas partes pero principalmente por frente a nuestro edificio debido a su cercanía al lugar de la manifestación y por

143

estar situado frente al Capitolio Nacional. Los gritos de «abajo la Marina» y de «Pepinillo, paredón» se escuchaban al unísono mientras pasaban por el periódico. Teníamos un televisor en la misma terraza del Pent House y mientras almorzábamos no despegábamos los ojos de la pantalla. Acababa de explotar una bomba en el periódico «Revolución». Le dijimos a todos: «Verán como ahora nos echan la culpa a nosotros»...

Fidel Castro llegó al Palacio en helicóptero, pero antes de llegar dio una vuelta por encima de nuestra azotea y nos vio a todos almorzando. Cuando se dirigió a la muchedumbre se despachó en contra de nosotros y dijo, entre otras cosas, que acababa de vernos desde el aire reunidos en la azotea de «La Marina» conspirando en contra del gobierno y que seguramente habíamos sido nosotros los autores del atentado al periódico «Revolución»...

Ya lo habíamos dicho con anterioridad: «la culpa era de nosotros» Claro que eso nos preocupaba porque la turba enfurecida era capaz de cualquier cosa y sobre todo si nos acusaba de ello el «máximo líder". Por donde había pasado el público fanatizado tenía que regresar cuando terminara el acto multitudinario Pero no podíamos abandonar el barco en medio del peligro. Más adelante en su discurso inacabable, Castro comenzó a elaborar una historia increíble. Inventó que nosotros estábamos en contubernio con Hubert Matos que era un traidor a la revolución. Que estábamos conspirando con la SIP y con Washington, etc. La tensión aumentaba entre nosotros. Sobre todo, como era natural, entre los que nos acompañaban. Todos nos decíamos: «Y ahora ¿qué va a pasar?». Pero todos nos quedamos hasta el final de la concentración fidelista. Tarde en la noche, cuando terminó el mitin, me agarró por un brazo Caldevilla que tenía su automóvil de la embajada de España aparcado a dos cuadras del edificio del periódico y me dijo: baja conmigo por el elevador del fondo del edificio. Ya en la calle me confundí con el gentío y caminaba con Caldevilla escuchando los gritos en contra del *Diario de la Marina* y de mi persona sin que nadie me reconociera. Llegué a mi casa y me encontré a mi esposa y a varios miembros de mi familia sumida en una preocupación comprensible. En la sala me esperaba mi madre y mi esposa llorando las dos de emoción al verme llegar a la casa sin ninguna novedad.

¡No, Fidel!

Al siguiente día publicamos en primera página el siguiente mensaje dirigido a Castro:

«¡No, Fidel! No conocemos al Comandante Hubert Matos del Ejército Rebelde.
NO nos envió Hubert Matos declaraciones de ninguna clase para su publicación en el *Diario*.
NO teníamos copia de su carta-renuncia, que conocimos cuando usted mismo la leyó por radio y cuyo texto íntegro recibimos tarde de manos de la esposa del propio Hubert Matos.
NO 'secreteamos' ni en la SIP ni en Washington, pues no hemos salido de nuestra patria, porque creemos que nuestro deber es estar aquí y seguir exponiendo aquí nuestro criterio con sinceridad y buena voluntad, mientras la libertad de prensa nos lo permita.
NO escribimos para informar al extranjero sino para informar y orientar al pueblo de Cuba.
NO entramos en 'conjuritas' ni en 'conjurotas', ni mantenemos contactos 'inconfesables', ni hoy, ni mañana, ni nunca.
NO le preguntamos a nadie en esta casa su filiación ni sus simpatías políticas.
NO son esclavos nuestros obreros de la 'Unión': son libres y lo han demostrado bien. Somos una gran familia obreros, empleados, periodistas y empresarios.
NO combatimos la Revolución democrática del pueblo, cubana 'como las Palmas.'
NO tememos a nuestro pueblo. Lo queremos y lo respetamos; y él siempre así lo ha comprendido.
NO vetamos a ningún colaborador de los que escriben en nuestras páginas. Emiten su opinión libremente bajo su responsabilidad. No colaboran en nuestras páginas quienes realizan otras funciones en el periódico.
Y por último: NO es nuestro propósito ni nuestro programa mantener polémicas de 'ping-pong'. Nuestra misión como periodistas es la de orientar e informar diariamente a la Nación. Por lo tanto, seguimos y seguiremos siempre, hasta donde nos alcancen nuestras fuerzas, cumpliendo con esa única misión, que es la que nos cuadra. Bueno es lo bueno, pero no lo demasiado. Nosotros, hasta ahora, creemos haber cumplido con nuestro deber diciendo en todo momento la verdad de todo y sobre todo. Y sólo por ese 'pecado' usted nos ha hecho objeto de acres e infundadas críticas. No nos ha quedado, pues, otra alternativa que ripostarle como nos correspon-

de: con claridad y firmeza. Pero ya es demasiado, Dr. Castro: nosotros e infinidad de cubanos que queremos de verdad una Cuba sin odios ni absurdos, lo que deseamos es su salvación con la fuerza de la razón.

José I. Rivero».

Todo el año de 1959 hasta mediados de mayo de 1960 transcurrieron en una batalla seguida entre el régimen y la prensa independiente cubana. Los periódicos libres mantenían una perenne guerra editorial contra la prensa revolucionaria. El *Diario de la Marina* se hallaba en dos «frentes» al mismo tiempo. Lo mismo le enfilábamos los «cañones» a toda la prensa fanatizada con la revolución que al gobierno y especialmente a Fidel Castro. Unas veces para defendernos de sus violentos ataques y otras para criticar las medidas injustas y descabelladas que iba imponiendo a la nación.

Ya hemos reproducido en nuestro anterior libro una gran parte de los artículos que publicamos «bajo el fuego rojo». He aquí muy en síntesis lo que vivimos en aquellos momentos que nos tocó vivir frente al comunismo en el poder:

El helicóptero de Castro cuando pasaba por encima de nosotros...

Un militar castrista casi adoctrinado

Un día del mes de noviembre de 1959 nos pone sobre la mesa de trabajo nuestro secretario la correspondencia del día. Entre todas las cartas vemos un sobre cerrado que decía con letra bastante gruesa «CONFIDENCIAL». La abrimos inmediatamente con gran curiosidad. La misma después de haberla leído con detenimiento más de una vez nos sirvió para fortalecer aun más nuestras argumentaciones públicas y privadas en contra del régimen castrista con mis amigos entusiasmados con Fidel Castro. Veamos la importancia de esta carta «testamento» dirigida a nosotros en los comienzos mismos de la tragedia cubana en los días en que reinaba en Cuba y en el mundo entero el entusiasmo con Castro y su revolución. Nos decía así en su carta pobremente redactada nuestro comunicante clandestino:

«República de Cuba
Octubre 2 7 de 1959

Sr. José Ignacio Rivero «Diario de la Marina, La Habana.
Muy señor mío:
Ponga mucha atención en la presente carta. ¡Más aún, mucha fe! Pues la considero mi 'testamento' para la presente generación y quien sabe si para futuras juventudes.
Señor Rivero, esta carta ha costado muchas noches, muchas horas de desvelo, de no dormir pensando en el presente y futuro de mi Patria, y por ello le pido la más absoluta fe al leerla ya que al decidirme hacerla expongo a conciencia mi libertad, más aún, mi propia vida. Pero no he de quedar en silencio (nuestro querido apóstol José Martí y Pérez dijo: CALLAR UNA INJUSTICIA EQUIVALE A COMETERLA) y rompo la promesa que un día hiciera en pro de la libertad de mi patria oprimida por el sanguinario Batista pues ahora quiero librarla del más 'grande de todos los mitos: FIDEL CASTRO RUZ:
Señor Rivero, nunca, desde niño, me ha gustado vuestro 'Diario de la Marina' por su tan marcada línea Católica, Romana y Apostólica y también porque el Diario de la Marina *me recuerda el yugo opresor de tiempos de la era colonial de España en Cuba.* Diario de la Marina, *un periódico que solo podía leer en tiempos de la colonia los súbditos españoles. ¿Por qué?... Recuerdo de mis mayores las anécdotas aquellas 'de que si un español agarraba a un criollo leyendo el* Diario de la Marina', *este sufría un severo castigo por osar leerlo. ¡Sí, señor Rivero!, nunca, sinceramente nunca me ha gustado vuestro periódico por esa parcialidad religiosa. Yo soy Protestante y Masón. Pero soy un Protestante y un Masón demócrata pues trato a mis semejantes de un modo siempre correcto e imparcial.*

Por ello me considero DEMÓCRATA. Tengo muy buenos amigos católicos pero católicos demócratas que no tienen a menos tratar con un Protestante y Masón. Claro son Católicos provenientes de Norteamérica Demócrata y no de España. Los católicos españoles no se llevan con nuestra clase. ¿Por qué? ¿Son acaso mejores y más perfectos que nosotros? ¡No! ¡Nadie es perfecto en la tierra, ni Protestante ni Católico! Pero hombre, ¿por qué no llevarnos todos con respeto los unos para con los otros? Cuando esto suceda, usted y yo seremos –si es que vivo– amigos. Mientras tanto usted sólo significa para mi un medio, una vía de escape para mi testamento, pues su diario es uno de los dos o tres que quedan sin estar sometido al gobierno, ya que en Cuba no existe libertad de prensa y sí muchos órganos periodísticos sometidos y parcializados al Estado por cobardía, ¡sí, por cobardía!. Antes era por dinero.

Diario de la Marina *significa para muchos hombres como yo un baluarte no sometido al Estado.*

Señor Rivero, he aquí mi modesta historia, mi testamento, ya que no espero permanecer libre o vivo por mucho tiempo más:

Me uní a la revolución en México por sentimentalismo, por ver a mi patria libre del más funesto de todos los dictadores: Batista, por romper el yugo militar que oprimía a mis hermanos criollos. Vine con un grupo de hermanos cubanos desde México varios meses después de que Fidel estaba ya en la lucha abierta en Oriente, uniéndonos a sus pequeñas fuerzas. Allí en las luchas contra el hombre y la naturaleza sufrimos muchas penurias, muchas calamidades humanas, mucha sangre corrió de amigos, de hermanos, de un lado y de otro. Allí, aprendimos una cosa: el enemigo era fuerte y numéricamente superior, y había que matar o ser muerto. Era la ley del más fuerte o del más hábil, o acaso tener suerte. Solo una idea, un solo propósito nos hacía luchar, resistir, morir, matar, vencer: ver nuestra Cuba libre de la bota militar de Batista. Al fin lo logramos con el favor de nuestro Dios y padre Celestial. Vino la paz. Algunos hermanos habían quedado allá en los campos de batallas. Otros habían regresado a sus hogares. Otros como yo nos quedamos en las fuerzas armadas. ¿Por deber, por no tener otra cosa de que vivir, por otra causa? Yo mismo no sé por qué me quedé en el ejército aunque me imagino que por no tener otra cosa por aquel momento de que lucrar, de que vivir, ya que mi deber quedó terminado el primero de enero al marcharse el dictador Batista.

Señor Rivero, fuimos –digo fuimos porque creo que muchos piensan igual que yo– pero bueno, fui y me uní a la revolución por sentimientos nobles, puros, de ver a mi patria libre de tiranía alguna.

Conocí a Fidel a mi llegada con otros hermanos a Oriente y nos unimos a sus pequeñas fuerzas. Fidel me pareció el hombre más grande de Cuba después de mi apóstol Martí. Fue una impresión grande que nunca olvidaré. Allí en su presencia fuimos presentados todos los compañeros y destinados cada uno a suposición respectiva. Vi a Fidel en dos o tres ocasiones mas en que visitó nuestro campamento, pero nunca más pude de hablar con el pues siempre se encontraba en estudios tácticos con los oficiales superiores de mi unidad.

La doctrina única en aquel entonces era: Libertar a Cuba. Ganar la libertad de nuestra patria y ofrecer en la posguerra un estándar superior de vida a nuestra población campesina que tanto nos ayudó en las lomas, es decir: La Reforma Agraria. No miramos a nadie que ingresaba en nuestras filas por su raza ni credo religioso, político –excepto Batistiano–; sólo miramos a un nuevo luchador por libertar a su patria de Batista. Se recibía a todo aquel cubano o extranjero que ansiaba libertar a nuestra Cuba oprimida. Ahí tiene usted el caso de William Morgan. William Morgan aparentemente vino a luchar por nuestra patria, pero su motivo sincero fue otro: lucrar a costa de nuestra lucha revolucionaria y cobrar sus servicios más tarde o más temprano. Por lo tanto William Morgan es un mero mercenario.

Los principios revolucionarios actuales distan mucho, muy mucho, de ser aquellos principios puros de cuando estábamos en las lomas. Aquellos, sinceramente, aquellos eran principios democráticos puramente y revolucionarios, pero no eran principios 'COMUNISTAS' como lo son los principios por los que se rige actualmente el gobierno revolucionario.

Ahora, desde hace varios meses se nos obliga de una forma muy cortés, pero obligatoria a derecho, a que vayamos periódicamente al regimiento y asistamos a las charlas doctrinales del superior, Comandante García. Estas charlas giran en su totalidad sobre tópicos netamente socialistas. Se nos habla de Marx y su filosofía y otros. En nuestras unidades tenemos un hombre que diariamente nos habla un poquito cada día de estas doctrinas. Este hombre existe en todas las unidades militares en Cuba actualmente, desde hace varios meses, aprovecha cada charla que sostengan varios compañeros por cualquier tópico o motivo e intercala sus charlas doctrinales acerca de la situación internacional, los ataques de que somos víctimas de los Estados Unidos. La amenaza de nuestra cuota azucarera, etc. Todo netamente doctrina comunista. Estos hombres especiales integran un cuerpo especial que funciona desde hace muchos meses en el ejército --supongo que también existan en otros cuerpos– y su función únicamente es hablar, hablar y hablar, estar presente en todas las reuniones de las unidades. Son serviciales en grado sumo; están siempre atentos de cuanto se habla o se comenta de la situación exterior del ejército o sea de asuntos internacionales, etc. Integran un cuerpo secreto de adoctrinamiento, 'ojos y oídos'. Ellos organizan en todas las poblaciones, en todas las unidades unos cuerpos juveniles a los cuales se les nombra 'CADETES JUVENILES'. A estos cadetes juveniles se les adiestran en los cuarteles espero no sobre armas militares, al contrario, todo el adiestramiento consiste en marchas más o menos militares para embullarlos y después de un buen almuerzo los pasan al aula para el adoctrinamiento por los hombres especiales. Se les enseña a querer a la patria, a ser buenos y excelentes ciudadanos; a que el Estado viene del pue-

blo y que por lo tanto el Estado es el mismo pueblo y que como ciudadanos honestos servidores de la paria tienen que cuidar al Estado pues cuidando al Estado están cuidando a sus hermanos del pueblo, o sea que están cuidando al pueblo. Se les enseña a estar siempre vigilantes de todo cuanto se diga, oiga o comente sea quien sea. Que cuando oigan a cualquier persona expresarse con perjuicio para el Estado lo comuniquen cívicamente a sus superiores inmediatamente. Sus superiores son los 'hombres especiales'.

Nadie, absolutamente nadie osa interrumpir la tarea de uno de estos hombres especiales, ni contradecirlos en sus charlas y discusiones públicas o privadas. Ni a los cadetes ni a la tropa. Entrometerse en la tarea de los Hombres especiales equivale al suicidio o a alguna pena de acuerdo con la cuantía del error cometido. Estos hombres especiales tienen 'carta blanca'.

Mucho se ha hablado de que si recibimos parque ruso cuando estábamos en las lomas... Pues bien, sí, recibimos mucho parque ruso por vía marítima. ¿Por donde entraba ese parque? Eso lo ignoro ya que un cuerpo selecto de oficiales, clases y soldados era quien se encargaba siempre de recogerlo. Sé que era por vía marítima pues nunca vía ningún avión arrojando parque ruso sobre nuestras líneas. El único parque que nos llegaba por vía aérea era parque americano que nos traían varios aviones piloteados por cubanos y norteamericanos. Incluso recibimos algunas armas rusas pequeñas, o checas. Pero el parque sí era ruso pues los casquillos tenían las iniciales de la URSS.

Si usted supiera que estas balas nos vinieron de lo mejor en aquella oportunidad en las lomas. Nunca se nos dijo nada acerca de este parque ni del parque americano. Ni nunca –yo por lo menos– pregunté, pues mi única ilusión era luchar por ver a Cuba libre de dictaduras.

¡Ah, señor Rivero, qué caras estamos pagando aquellos casquillos rusos!... Después de esos casquillos de la guerra vinieron los hombres especiales en la paz a traernos doctrinas hermosas y halagadoras... ¡El comunismo en persona señor Rivero!...

No vamos rumbo al comunismo. YA ESTAMOS EN EL COMUNISMO. A este precio estamos pagando los casquillos rusos y las muchas pistolas niqueladas que tienen nuestros hombres del ejército. ¡Qué caro estamos pagando todo esto señor Rivero!

Huber fue detenido con muchos oficiales de su comandancia por querer ir más allá de lo debido. Por querer 'meterse' más de lo prudente en cosas que solamente interesa a los 'hombres especiales'. Huber quiso frenar en su comandancia la 'carta blanca' de los 'hombres especiales' y se dio con la cara 'ante el pueblo', ante un pueblo empujado por Fidel. Un pueblo que está completamente ciego, que ignora la triste realidad de todo cuanto aquí adentro sucede. ¿Pero donde está el valiente que quiera seguir a Huber y quiera decirle la verdad al pueblo? ¿Dónde?... Yo por cierto no lo hago, ello sería el suicidio. Señor Rivero, Huber está *detenido –por si algo le sucede– en un calabozo del Castillo de El Morro en La Habana. Todo el pueblo cree que Huber está en La Cabaña y oficialmente aparece como detenido en la Cabaña pero lo cierto es que está en El Morro, en una celda a prueba de todo y con los últimos instrumentos electrónicos que registran todo cuanto allí se habla. Créame, nunca he creído a Huber traidor, al contrario, lo creo un 'tonto', pues 'tonto' es quien se atreve a rebelarse a este señor, a Fidel. Para mi Huber tiene todo mi respeto. Lo vi luchar en las lomas y lo conocí mejor, mucho mejor que a Fidel, y puedo decirle una sola cosa: Huber no es traidor. 'Huber es un tonto', pero un 'tonto idealista', ¡UN PATRIOTA! Un cubano puro que quiso quitarle la venda a nuestro pueblo ciego.*

Yo,, Señor Rivero, soy oficial, pero un oficial insignificante, uno de los miles de subtenientes que existen en el ejército y tengo la mitad de mi cerebro bañado por la doctrina comunista de los hombres especiales de Fidel, pero la otra mitad de mi cerebro permanece hasta hoy clara e intacta, y por eso he podido hacerle mi testamento antes de que me adoctrinen la otra mitad del cerebro. Nos sucede como en Corea: 'nos dan lavado de cerebro'... Mi intelecto está reducido en un 60% con estos adoctrinamientos y ya no puedo pensar como cuando entré en la lucha, en Oriente, pues llevamos como 7 meses en estos adoctrinamientos. Mis condiciones físicas son superiores a cuando entré en la lucha, pero no puedo pensar ni obrar como entonces, y de ahí deduzco que mis ideas, mi raciocinio e intelecto están reduciéndose cada día más por estos lavados cerebrales.

Señor Rivero, del ejército al menos, no se puede ir nadie y quedar intacto. Diera yo lo que no tengo por poder salir no del ejército sino también de Cuba y poder volver a México o a los Estados Unidos y recobrar la libertad que cada día voy perdiendo más y también la razón. Quien intente salir del ejército está perdido y comete un 'suicidio'. Se convierte uno al momento en enemigo del pueblo y como bien quede, queda uno como Huber, hundido en el abismo del descrédito y sumido en la más cruel venganza por parte de Fidel, y despreciado por ese mismo pueblo por el que uno luchó y por el que tantos buenos hermanos dieron sus vidas.

También puede uno optar por suicidarse si no le conviene a Fidel que uno aparezca ante el tribunal del pueblo. Se le dice a uno: Un pistoletazo o el escarnio y la venganza del pueblo y su tribunal. Creo que yo escogería la vía rápida de los cobardes: el pistoletazo, pues no tendría el valor que tuvo Huber de enfrentarse al pueblo. Yo no era cobarde en el campo de batalla, pero ahora no hay otra 'salida'. Hasta en el valor he visto reducidas mis fuerzas. ¡Es increíble lo que le hacen estos lavados cerebrales!

Señor Rivero, hoy es martes 27 de Octubre... que trabajo me ha dado hacer esta carta, y lo mucho que he tenido que meditar con la mitad de mi cerebro claro esta decisión... Ignoro cuando esta llegará a sus manos... Si trabajo me ha costado hacer esta carta, creo que más trabajo me costará echarla al correo y de echarla tengo que esperar la oportunidad para ello pues ni los oficiales nos escapamos de la censura postal de los hombres especiales de Fidel... Dios dirá si ha de ser así.

Esta carta será echada lejos, muy lejos de mi unidad y para ello tendrá que esperar la oportunidad apropiada.

Medítela pero nunca haga mención de ella, pues ello puede costarle muy caro a este cobarde que escribe. Señor Rivero. Luche, luche en su periódico o por algún vehículo extranjero que sea demócrata porque se conozca la verdad sobre Cuba, sobre las cosas que pasan en nuestro interior. La SIP sería un vehículo formidable. Creo que el más formidable de todos, pues su Diario de la Marina *puede ser blanco cada día más del odio de Fidel a todos cuantos se opongan a su sistema.*

Luche cerca del Departamento de Estado en Washington porque se conozca la verdad de la ruptura que quiere Fidel de Cuba contra Estados Unidos.

Nunca haga mención de esta carta. Quémela. Pero nunca haga mención de la misma. Medite todo cuanto en ella escribo, pero nunca haga mención a esta carta.

Si salgo vivo de toda esta pesadilla le prometo ir a conocerle personalmente cuando todo haya pasado. Mi promesa es firme cual Roca de la Eternidad, como Protestante y como Masón.

Déme la gran satisfacción como prueba de que algún día ha llegado a su poder la presente carta. Publique cuando usted reciba la presente durante tres días seguidos un poema de nuestro apóstol Martí al pie de su editorial de la página 4-A... Un poema de nuestro Martí al pie de su editorial durante tres días seguidos será la prueba de que mi carta habrá llegado hasta usted.

Quiera Dios, nuestro Gran Arquitecto del Universo y Padre Celestial, que algún día no muy lejano si llegamos, que un católico como usted y un protestante como yo, puedan darse las manos en un mundo mejor.»

Claro que esta carta no estaba firmada y claro que la recibimos en Cuba en los días en que peleábamos periodísticamente en contra del régimen que ya, desde entonces, estaba destruyendo toda la grandeza de nuestra patria. No estaba ideológicamente con nosotros el desesperado comunicante ni nosotros con él, pero por creer en nuestra honestidad y amor a Cuba nos dio a conocer a nosotros sus vivencias dentro de la criminal revolución.

Todo se sabía

Alguien de la oposición en tiempos de Batista nos decía en Cuba que el Fidel Castro de 1957 no era el mismo que el Fidel Castro de tiempos del «Bogotazo». Nos decía el mismo que su mentalidad había ido evolucionando con el tiempo, de lo radical y drástico a algo más conservador y tranquilo en sus ideales políticos y sociales. Nosotros no sabíamos nada de eso porque no lo habíamos tratado nunca. Sin embargo lo que nos expresaba nuestro amigo, el oposicionista aludido, se daba de cachetes con lo que leíamos en una hoja suelta del Boletín Oficial del Movimiento 26 de Julio titulado «Sierra Maestra» que nos había sido remitido clandestinamente y que publicamos en nuestra columna Relámpagos en La Habana para que nadie se llamara a engaño.

Esto fue lo que publicamos el 27 de julio de 1957 en el *Diario de la Marina*:
«Bajo el título de 'Reafirmación', el boletín del 26 de Julio da a conocer una serie de medidas que dicho Movimiento adaptaría en caso de asumir el Poder en Cuba. Veamos algunas de ellas: Proscripción del latifundio; distribución de la tierra entre las familias campesinas; concesión inembargable e intransferible de la propiedad a todos los pequeños arrendatarios, aparceros y precaristas existentes; ayuda económica y técnica del Estado; reducción de impuestos.

Según el boletín del 26 de Julio el Movimiento reivindicará todas las conquistas obreras que dice han sido 'arrebatadas por la dictadura'; dará 'derecho' al trabajador a una participación amplia en las utilidades de todas las empresas industriales, comerciales y mineras que deberá ser percibida por concepto distinto al sueldo o salario en épocas determinadas del año.

Y para conocimiento de todos los propietarios que vienen construyendo grandes edificios para alquilar, el Movimiento 26 de Julio reafirma en su hoja impresa la 'rebaja vertical de todos los alquileres con beneficio efectivo de los 2.200.000 personas que hoy invierten en ellos la tercera parte de sus entradas'; y 'la iniciación de una política tendiente a convertir a cada inquilino en propietario del apartamento o casa que habita, sobre la base de amortización a largo plazo.

A los hacendados les resultará interesante saber –seguíamos diciendo en nuestra columna habanera– si es que a esta horas no ha llegado a sus manos el boletín de la Sierra, que sus ingenios, si triunfa Fidel Castro, se han de poner en movimiento... pero en movimiento hacia el Estado, puesto que en la 'Reafirmación' a que venimos aludiendo aseveran la intención de 'socializar' los ingenios del Estado.

También entra dentro del programa 'moderado' y 'conservador' del otro Fidel Castro de que nos hablaba nuestro amigo oposicionista, la nacionalización de los servicios públicos, teléfonos electricidad, gas, así como la riqueza minera; y la reestructuración del Poder Judicial y la abolición de los Tribunales de Urgencia.

Todos aquellos políticos que ha tenido Cuba desde que es República que hayan podido «hacerse» de la política a costa precisamente de la República, deben meditar desde ahora el tremendo anuncio de la Sierra de la «confiscación de todos los bienes a todos los malversadores de todos los gobiernos, sin exclusión de ninguna clase, para que la República recobre los cientos de millones que le ha arrebatado impunemente y puedan invertirse en la realización de algunas de las iniciativas anteriores.

Asimismo tiene el propósito de revolucionar a la prensa, según la hoja del Movimiento. Ponemos en conocimiento del Bloque Cubano de Prensa que en el citado propósito figura lo que sigue: 'el periodista no será explotado y participará de los beneficios de las empresas', entre otros augurios del 26 de Julio.»

Y cerrábamos nuestros Relámpagos de aquel día diciendo claramente: «Todo esto que antecede y que acabamos de ofrecer a nuestros lectores para que se conozca –por lo menos es lo que se nos ha dado hasta ahora a conocer– podrá ser bueno y justo para unos, y malo e injusto para otros, pero de lo que no cabe duda es de que esta política anunciada en el boletín de Fidel Castro de 'conservadora' y de 'moderada' –como nos decía con seguridad nuestro amigo oposicionista– no tiene nada».

Hoy en los instantes en que escribimos estas líneas, 44 años después del triunfo de la barbarie en Cuba preguntamos: ¿por qué tantos y tantos, como angelitos inocentes, repiten y repiten el sonsonete de: '¡a mi me engañaron!', '¡a mi me traicionaron!'...?

Y también preguntamos: ¿por qué se repite tanto eso de que todos fuimos culpables?

¡Mentira! Muchos, la mayoría fue culpable. Unos se dejaron engañar y otros sabiendo lo que era toda esa revolución funesta le hicieron el juego o se callaron la boca por miedo o por oportunismo.

La historia no se equivoca

Fidel Castro nos vituperaba todos los días por la guerra sin tregua que le estábamos dando por los cuatro costados a su revolución. El ataque favorito de los comunistas de todas las épocas a nuestro *Diario de la Marina* era decir que «la Marina tenía desgracia» porque cien años atrás había defendido a la colonia y no a los que luchaban a favor de la independencia. ¡Qué maravilla defender a España cuando España era su patria! Y ¡qué grandeza defender a Cuba cuando Cuba se convirtió en su país! ¿Quién defendió contra viento y marea a Cuba cuando le llegó la gran desgracia de su historia? ¿Acaso fue alguno de los disidentes de última hora? ¿Por casualidad fue alguno de los que hoy a buen resguardo en el exilio se quiere comer frito a Fidel Castro? ¿o serán esos que van a Cuba de paseo para saborear su sabroso pasado y que regresan al «exilio» para seguir viviendo su delicioso presente en la tierra de la libertad y del dólar?

Defendíamos sin descanso sobre nuestro propio suelo todos los fundamentos de nuestra genuína nacionalidad y los basamentos más puros de la libertad y de la democracia. El histrionismo de los revolucionarios hostigados por el enloquecido dictador hacía que se infamara a cualquiera que mostrara el más ligero viso de inconformidad con la proyección de la revolución, pero nosotros -para que lo recuerden los «olvidadizos» y se enteren los que no vivieron el comienzo de la tragedia cubana respondíamos a diario con toda la fuerza de nuestra razón sin importarnos las violentas consecuencias. No lo decimos por exhibisionismo, pues jamás hemos padecido de esa dolencia, sino porque nos enferma vivir con la verdad atragantada

Era uno de los tantos días de 1960 cuando respondíamos a uno de los tantos ataques de la tiranía. Decíamos así:

«Aunque tenemos nuestra conciencia muy tranquila por la labor que hemos sabido realizar a través del tiempo –que nos va dando la razón– y aunque no nos intranquilizan ni nos hacen mella las calumnias ni los ataques arteros que provienen de nuestros detractores de oficio y de los comunistas, porque estamos muy claros en nuestra postura y muy seguros de la solidez de nuestros principios, enraizados profundamente en los ideales cubanos y cristianos, y aunque nuestra responsabilidad histórica es la de la hora actual en que vivimos y no la de hace cien años, traemos hoy a nuestras páginas unos de los centenares de párrafos que aparecen, entre otras obras, en la titulada *Mi Mando en Cuba*, escrita por el general Weyler y publicada en Madrid en 1911 (Tomo Quinto), contradiciendo lo que nuestros enemigos nos atribuyen infundadamente con el sólo propósito de confundir a la opinión pública y tergiversar hasta la propia Historia.

Véase por ellos como el *Diario de la Marina* no puede haber sido nunca el órgano de Weyler como tan aviesaniente los verdaderos enemigos de la Patria dicen que lo fue.

Hoy, para desacreditar al *Diario de la Marina* sin exponer razones, porque no las tienen, nos vituperan llamándonos 'Órgano de Weyler', y el mismo Weyler, hace sesenta años, nos llamaba –para vituperarnos también– el *Diario de la Manigua.*»

He aquí sólo dos de sus párrafos:

«*Más de una vez se ha dicho y nosotros lo hemos dicho con íntima convicción, que para el caso de perjudicar a España y de hacer la causa de sus enemigos encubiertos y solapados, el* Diario de la Manigua *es un periódico tanto o más pernicioso que* El Yaza, Patria *o* El Cubano Libre.

Era natural también que los voluntarios y aquellos buenos españoles comprendiesen con harto dolor su situación, entregados a sus enemigos y previendo la pérdida de sus intereses. Y así es de extrañar que, ya relevado, cuando siendo sólo huésped y nada podían esperar de mi se esmerasen en demostrarme su afecto, reflejándose en todos los periódicos, con excepción del Diario de la Marina, *que publicaron repetidos artículos encomiando mi gestión y los resultados obtenidos, lo cual no habían hecho con mis antecesores, y repartiéndose profusamente en La Habana y principales poblaciones hojas impresas con el lema: «Viva Weyler".*

Nuestra descendencia

Teníamos que dejar bien aclarado todo lo concerniente a nuestra descendencia familiar y especialmente sobre la proyección Martiana de la misma pues el «lavado cerebral» que hizo el comunismo y las izquierdas en Cuba sobre nuestra familia y en especial sobre el *Diario de la Marina* había hecho mella.La mentira había calado profundamente entre las nuevas generaciones que poco o nada conocían de nuestra historia y en medio de nuestra difícil y peligrosa pugna pública en contra del verdadero enemigo de Cuba nos vimos obligados a poner los puntos sobre las «íes» sobre este tema que descaradamente traían siempre a colación en nuestros enfrentamientos públicos.

Bajo el título de *«Datos que nuestros enemigos quieren ignorar sobre nuestra descendencia» publicamos muy en síntesis nuestros siguientes datos familiares:*

(PARTE MATERNA)

«BISABUELO: Biznietos del Licenciado Alfredo Hernández Huget, miembro de la Junta Revolucionaria que operaba en Cuba, designado por José Martí en compañía de González Lanuza, Dr. Alfredo Zayas, Hubert de Blank y otros. Fue condenado a muerte en garrote por orden de Valeriano Weyler y conmutada la pena, deportado al África, Chafarinas, Ceuta, a raíz del levantamiento insurrecto en compañía de su gran amigo Don Juan Gualberto Gómez. Después de su libertad en África, residió en Barcelona donde se graduó de Lincenciado. A raíz de la liberación cubana fue designado Magistrado de la Audiencia de Matanzas.

El General Generoso Campos Marqueti, conoce estos extremos por haber sido compañero de prisión y deportación de Hernández Huget.

ABUELO: Nietos de Oscar Hernández Miró, Capitán del Ejército Libertador quien logró escapar de la persecución de Weyler, residiendo en Estados Unidos desde donde vino de polizón de un buque disfrazado de carbonero.

El Ingenio de los Hernández, ubicado en la provincia de Matanzas, Sabanilla del Encomendador, hoy Juan Gualberto Gómez se nombra 'Carmen'. Fue saqueado en aquella oportunidad por los españoles en compañía de los guerrilleros de aquella zona. De dicho ingenio salieron para la guerra Julio Sanguily, Aurelio Hevia y otros. El mismo constituía el punto de reunión de todos los patriotas matanceros. Era asimismo el arsenal secreto para la entrega de armas para los alzados. Allí, quiso, y acampó Maceo a su paso por Matanzas en su victoriosa invasión...

Luego, nuestra descendencia, mas cubana, no puede ser...

(PARTE PATERNA)

ABUELO: Nietos de Don Nicolás Rivero y Muñiz, inteligente periodista español, de quien, los que tergiversan la historia, podrán decir falsedades, como los comunistas, pero que estuvo todo el tiempo en Cuba, antes y después de la guerra, contribuyendo, como nadie, a la verdadera unión de cubanos y españoles haciendo posible el olvido de los rencores de la guerra.
PADRE: Hijos del Maestro de periodistas José Ignacio Rivero y Alonso. Más cubano que muchos titulados patriotas por haber puesto su pluma siempre al servicio de las mejores causas y combatiendo todo tipo de tiranías, inclusive recibiendo en su propia carne el plomo asesino de los sin Dios y sin Patria. Luchó contra Machado, y, quería a Cuba su patria con toda su alma.
NOSOTROS: A raíz de la muerte de nuestro padre nos hicimos cargo de la conducción del *Diario de la Marina* y no se ha fabricado el dinero suficiente en el planeta que nos haga variar en nuestra conducta ni en nuestros principios.»

Cabeza de turco

Los cirrocúmulos de la turbonada revolucionaria asomaban en el horizonte de Cuba, portadores de un mensaje de muerte para la prensa nacional, último valladar de contención contra el comunismo. Se acercaba el epílogo de la libertad de expresión. El Cuarto Poder debía seguir la misma senda que los otros tres Poderes ideados por Montesquieu. El legislativo había muerto al nacer el nuevo año de 1959. El Judicial lucharía desesperadamente para salvar la vida, pero sería inútil. 0 se entregaba al capricho del nuevo régimen o sería devorado por el monstruo marxista. En cuanto al Ejecutivo, ya había desaparecido tras las barbas hirsutas y las melenas merovingias de los «apóstoles» de la buena nueva roja. Ellos –él, Fidel– lo serían todo, los tres poderes en uno, yendo más allá de la expresión atribuida al Rey Sol: *«el Estado soy yo.»*

Sin embargo, algo estorbaba los planes urdidos en la Sierra Maestra para ir dosificando al pueblo cubano el narcótico rojo. El nuevo régimen no podía establecer el estado totalitario comunista sin salvar el obstáculo del Cuarto Poder. Resuelto a eliminarlo, comenzó una campaña de ablandamiento mediante las calumnias en escala industrial, las amenazas en cadena, fomentando en el pueblo ignorante una mala disposición hacia la prensa, a la que imputaba falsamente estar al servicio de las oligarquías, de los monopolios, de los «trusts» y por último, del imperialismo yanqui de cuyo Departamento de Estado percibía inconfesables pero cuantiosas sumas.

El régimen escogió los órganos de opinión cuyos cimientos debía socavar primero que a los demás. Le cupo en suerte al *Diario de la Marina* ser cabeza de turco, la diana contra la cual Fidel, Raúl y el Che, disparaban a diario sus flechas emponzoñadas, con acompañamiento de los sicarios del régimen desde las columnas de los periódicos sustraídos a sus dueños legítimos al amanecer del primero de enero de 1959. Artículos de fondo editoriales, secciones, caricaturas, todas, todas las armas, en fin, de que dispone la prensa roja iniciaron el ataque contra el Decano por mantener la firme convicción de que mientras el centenario periódico estuviera en pie, lucharía hasta morir por sus tradiciones, por sus principios y por su credo, verticalmente opuestos a la doctrina marxista que inexorablemente habían de volear sobre Cuba las marionetas al servicio del Kremlin.

No fue larga la lucha, pero sí intensa. Cada cual peleaba por sus principios. Unos por el más puro ideal, y el enemigo por ideas con mancilla, lóbregas, hoscas, es decir la disolución de nuestra vida civilizada para sustituirla en cambio por el sistema inhumano, ateo, criminal del marxismo-leninismo. La batalla fue cruenta. Diariamente los paredones parecían brotar sangre heroica, la sangre de los corazones de los mártires que en las largas horas de la noche, tras una vigilia de espanto, salpicaban los muros en los que un día no lejano resplandecerán en oro, –como en mármoles esculpidos– los nombres de los que murieron por el Altar, el Hogar y la Patria.

Los rojos cierran filas contra la prensa

La máquina de la represión contra la prensa, alimentada por el combustible del odio, funcionaba a todo vapor. El partido comunista, mejor organizado que el fidelismo, se encargaba de ejecutar las órdenes en todas partes de Cuba. Volantes, hojas sueltas, ensuciaban las calles de La Habana:

«Atención Pueblo: Por acuerdo voluntario de los vecinos de Santos Suárez hemos decidido no leer ni consumir los productos que anuncian los anticubanos y reaccionarios periódicos Diario de la Marina, Prensa libre *y* Avance. *Coopera Cubano, Santos Suárez tiene vergüenza y patriotismo. Unidos venceremos».*

«Pueblo de Cuba, únete al boicot humanista. No compres los contrarrevolucionarios Diario de la Marina *y* Avance. *Empleados y mensajeros de* All American Cables».

Simultáneamente, nuestros corresponsales nos comunicaban los actos de sabotaje contra el *Diario*. El de Placetas informaba: «*Diario* hoy sustraído máquina dos tonos por hombre grueso desconocido».

Anticipándose varios meses al «entierro» del *Diario*, el Comité de Unidad Marianense para la defensa de la soberanía nacional, lanzaba un pequeño manifiesto que decía: *Marianense: Asiste el sábado 28 de noviembre de 1959 al entierro del* Diario de la Marina *'Avance' y 'Prensa Libre'. Los órganos representativos de la contrarrevolución. El Cortejo partirá del anfiteatro hasta el cementerio de La Lisa. Marianense: no compres ni leas* La Marina. *Viva la revolución cubana. Abajo la contrarrevolución».*

Por su parte la Logia Ajef «Hijos de San Juan» llenaban la ciudad con carteles amarillos cuyo texto rezaba: *«Circular número 1. apoyamos gobierno y leyes revolucionarias. No compramos ni leemos el* Diario de la Marina».

Las amenazas y coacciones contra los corresponsales del *Diario* en el interior de la isla se acrecentaban diariamente. Las publicaciones al servicio del comunismo los insultaban y amenazaban, llegando algunos a enviar su renuncia. En algunos casos, teniendo en cuenta el texto de su mensaje, no podía colegirse si la renuncia era por presión, por miedo o por comunidad de ideas. Por ejemplo, nuestro corresponsal en el Central Steward, señor Mario Valdés González, devolvió el carnet justificando su decisión con estas palabras: *«Lamento mucho el tener que tomar esta decisión, pero por motivos ideológicos no me queda más remedio».*

Mas simpatizantes que desafectos

Los suscriptores que hacían baja eran muchos, pero se elevaban a la enésima potencia las nuevas altas. La Unión Sindical de Obreros Cigarreros y sus Anexos de Trinidad y Hermanos pedían la baja el 28 de octubre de 1959. La carta estaba redactada en términos muy gentiles pero solo alegaba que la decisión la había tomado la Junta Directiva.

La ola revolucionaria aumentaba de altura. Eran muchos los que aprovechaban la oportunidad para descargar sobre el *Diario* un odio inexplicable. Por ejemplo el Dr. Orestes Hurtado López, formuló una denuncia, que fue radicada en el Juzgado de Instrucción de la Sección Segunda de la Habana, en la cual hacía constar que «el *Diario de la Marina* lleva a cabo una campaña contra el Gobierno constituido al objeto de su derrocamiento, en connivencia con periodistas extranjeros y con ex militares y ex funcionarios de Batista, campaña que es por medio de sus artículos e informaciones». Esta denuncia es una simple muestra de las centenares que obligaron a trabajar horas extras a los funcionarios del Poder Judicial.

Como en un circo ambulante, se sucedían en todo el territorio nacional los autos de fe contra nosotros y la prensa extranjera. En el Paseo de la Paz los revolucionarios, en acto de reafirmación revolucionaria en Santa Clara, señor Helio Martínez, se quemaron un muñeco y numerosos ejemplares del *Diario* y las revistas norteamericanas *Time* y *Life*, mientras diversos oradores animaban el acto con parrafadas incendiarias acerca del progreso de la revolución. Dicho acto circense fue muy anunciado, invitándose al pueblo villareño por medio de millares de hojas sueltas.

La primera agresión física

Una tarde, inopinadamente, rodeó el edificio del *Diario de la Marina* una gran cantidad de camiones atestados de comunistas armados de palos y piedras, vociferando contra el periódico y contra nosotros, quienes pasaron de la agresión verbal a la física, mientras la policía revolucionaria contemplaba el espectáculo sin inmutarse o complacida sin duda del vandálico ataque.

Un malvado corrió la voz de que nos habíamos asilado, e inmediatamente los «revolucionarios», empleados del periódico, se dispusieron a asumir el control del diario, posesionándose preventivamente de nuestro despacho. Minutos después llegábamos nosotros al periódico, cerrando con nuestra presencia esa primera fase revolucionaria que, andando el tiempo, debía culminar en el asalto definitivo.

Fidel Castro, el llamado a poner orden ante esa avalancha de agresiones y boicots, cerraba los ojos –era su propia obra– mientras decía dramáticamente: *«Lo que ha habido en el país es la recuperación de las libertades públicas, de los derechos ciudadanos, de prensa, de reunión, de escribir, de pensar y de hablar; eso es lo que se ha establecido en el país»*

Verde por fuera y rojo por dentro

Mientras tanto seguíamos recibiendo cartas, mensajes y llamadas por teléfono. Un día cualquiera, entre las muchas cartas favorables a nosotros, nos decía un lector lo siguiente: «Querido cubano: El desaliento es de humano y de humanos también es alentar, por eso le envío estas líneas. Bien, está Ud., en lo cierto que hay a quienes les toca de cerca y callan. (instituciones cívicas y profesionales) pero a sus efectos, lo que debe importarle es la enorme opinión pública que va tras Ud., la que lo alienta sin saberlo y lo mantiene en la lucha

«Vd. no puede callar; Ud. es nuestra voz, la expresión libre e impresa de nuestro pensamiento liberto. Ud. no puede darse cuenta de lo que representa para él, ya que Ud. se ha convertido en algo tan necesario a nosotros los desgraciados, como el pan de la oración. No, José Ignacio Rivero, párese firme, que en estos momentos no está sosteniendo una posición vertical o defensiva de un ideal, sino más bien hablando en nombre de todo un pueblo. Que Dios lo bendiga. Manuel Robainas».

Y mientras tanto corría por toda Cuba la frase que publicamos en nuestros Relámpagos: «La revolución es como el melón, verde por fuera y roja por dentro».

Una «Carta sin Sobre»

«Quiero que sepa que yo, como hombre, soy libre y seguiré siendo libre hasta que muera. Considero que la libertad va más por dentro que por fuera. Al ser humano se le puede privar hasta de la libertad física, y hasta se le puede privar de la vida, pero lo que jamás se podrá hacer con él es cercenarle sus ideas. Las ideas es lo único que de verdad puede uno llevar consigo hasta la tumba, sin que se las arrebaten. Aunque haya algunos seres timoratos que hasta eso se dejen arrebatar, porque de todo hay en la viña del Señor. No hay nada humano que no sea «intocable» bajo los cielos, ni siquiera ciertos gobernantes que se consideran infalibles.

En estos días, hasta para la memoria de mi padre ha llovido lluvia de vituperios. Aquí no se salvan ni los muertos. Parece que hasta la profanación de la muerte es necesaria para que se salven algunos 'vivos'. De mi padre son las siguientes líneas, escritas ya hace muchos años, pero que parecen hechas para hoy. Van dirigidas 'a un pobre hombre que se las da de genio', y dicen así:»

«¿Puede usted decirme de qué se me acusa? Ni a mí ni a nadie se nos ha perdido nada en el caos, ese caos del que lo esperaban todos los iluminados, los reformadores, los profetas y los líderes. Bien sé que muchos beneficiados con mis campañas me detestan. Es triste cosa, pero ¿tengo yo la culpa de que sean tan brutos? Además ¿las cosas se hacen para que se agradezcan o por quedar bien con uno mismo?

Pero ¿cree usted que ignoro que en esta colosal batalla en que se debate el futuro de Cuba me han tocado a mí las espinas? ¿Creerá usted que no las siento clavadas en la carne?

Mas me consuela saber que en este mundo, cuando se plantan rosales no 'se cosechan siempre rosas'.

Yo sé que estoy en lo cierto. Mi lógica no me engaña y mi mente enturbian ni intereses políticos, que no tengo, ni agravios personales, que no he sentido, ni palabras partidistas, que me son ajenas. Me preocupan los intereses de mi patria; pero como nunca he sentido el impulso irresistible de sacrificarme velando por esos intereses desde ninguna posición oficial, creo sinceramente que la patria no está en el deber recíproco de sacrificarse por los míos.

Abogo por el orden, porque sin él la libertad se suicida. Preconizo los métodos legales pacíficos, porque sin ellos sólo puede privar la fuerza. Quiero cordura, porque sin ella se entronizarán el hambre, las enfermedades y la muerte. Comprendo que ciertos orates, atacados de epilepsia revolucionaria, tienen derecho a vivir, pero comprenda usted que al pueblo cubano le asiste el mismo derecho, y que todavía no se ha logrado reemplazar las substancias de las cazuelas con las de los programas renovadores integrales».

«Nosotros seguimos estando 'muy claros' y 'muy conscientes' de que no sólo nos niegan nuestros enemigos, cosa muy natural, sino que también lo hacen, por hipocresía o pusilaminidad, muchos de los que en privado se sienten protegidos por nuestras tesis y quisieran que aún fuésemos más lejos en el alcance y energía de nuestros alegatos. Sabemos también, que nos sería mucho más fácil y más cómodo hacer lo que otros: uncirnos incondicionalmente al carro de la Revolución, decir que sí a todo, doblar las campanas por los desaciertos y doblar también el espinazo... e ir tirando... Pero, por nuestra buena o mala fortuna, no se nos ha quitado la 'funesta manía de pensar' con la cabeza propia, y con nuestras entendederas, hábito que heredamos de nuestro padre y de nuestro abuelo. Y así seguiremos pensando mientras tengamos cabeza para pensar. J. I. R.»

Engaños y más engaños

Con la ley de Reforma Urbana, Fidel Castro completo su plan de liquidar totalmente la propiedad privada en Cuba. Tenía que ser así. Ningún régimen marxista puede subsistir mientras exista alguien que tenga un derecho. El único que tiene todos los derechos, o mejor dicho, los derechos no, sino la fuerza dictatorial, es el Estado. Los ciudadanos no tienen más que obligaciones, y a veces, ni eso, porque son tratados como meros instrumentos o como esclavos. Bajo el engañosos espejismo de querer ayudar al pueblo, lo que ha hecho es hundirlo más en el caos y la desesperación. Todo esto que decimos hoy, más de cuarenta años después del «triunfo» de la revolución cubana, es de sobra conocido, pero hay que seguir hablando de las barrabasadas del castrismo porque aún existen «personajes» y paises que echan su cuarto a espadas a favor del tirano del Caribe.

Primero fue la Reforma Agraria, que bajo el pretexto de darle tierras al campesino, lo que hizo fue destruir, robar y confiscar todas las fincas a sus legítimos propietarios. ¿Y los campesinos?... A los campesinos los metió en comunas que decían que eran cooperativas, pero la tierra no aparecía por ninguna parte. Que digan los miles de campesinos cubanos cuántos lotes de tierra recibieron. Que digan las familias de aquellos soldados del «Ejercito Rebelde», a quien Castro prometió como mínimo dos caballerías, si recibieron algo de esa promesa. Que digan los pocos guajiros a quienes se les dio un pedazo de papel diciendo que era un título de propiedad

Después vino la revolución con la Ley de Solares Yermos, para aumentar la construcción, y lo que hizo fue dejar en la calle y sin trabajo a 150 mil obreros. Muchos han muerto ya. Otros siguen esperando las «nuevas construcciones». Castro, sin embargo, decía que era una Ley de utilidad para los obreros; que los albañiles, carpinteros, plomeros, pintores, etc., iban a tener mucho más trabajo porque se iba a incrementar la fabricación urbana... El resultado fue otro engaño. La construcción se paralizó y los obreros se quedaron sin trabajo, con hambre y con terror.

Dijo la revolución que «Pastorita» (como le llamaban a la Ministro de Obras Públicas), iba a fabricar muchas casas, miles de casas baratas con el dinero que se recaudara del Impuesto sobre Solares Yermos. Otro engaño... El dinero se recaudó, millones de pesos ingresaron en las Arcas del Tesoro Nacional por ese concepto; pero «Pastorita» no construyó casas sino unos cuantos edificios de exhibición para propaganda de Fidel. ¿Cuántos obreros recibieron una casa de la revolución? Ninguno. La vivienda se convirtió en despojo. Las únicas casas que repartió la revolución fueron confiscadas a sus auténticos dueños. El dinero del plan de «Pastorita» fue a parar a la chequera particular de Fidel Castro para comprar armas rusas, petróleo ruso, importar espías rusos, enviar misiones a Rusia y entregar el país a Rusia. El régimen marxista dijo que con la Reforma Urbana el pueblo iba a tener casa propia. Otro engaño mayor. En primer lugar, los comunistas no han querido ser propietarios porque la propiedad es la negación del comunismo a no ser que la misma le sirva para controlar al país y a todos los ciudadanos. Pero, además los inquilinos, aunque se les de un diploma que diga que son propietarios, en realidad siguen siendo inquilinos del Estado, porque siguen pagando la renta y nunca llegan a tener la legítima propiedad de sus casas. Antes había inquilinos, que por una razón u otra, debían varios meses de alquiler y el propietario –el monstruoso propietario sin entrañas, como lo pinta la revolución– tenía que ser tolerante con ellos, porque había una Ley de Permanencia que los amparaba, y, además, sabían que en la mayoría de los casos no tenían trabajo o dinero suficiente para pagar la renta. Con la revolución la situación es distinta: no hay Ley de Permanencia, ni propietarios tolerantes. El que no cumple con las leyes de la revolución lo dejan en la calle y sin llavín o va a parar a la cárcel. ¿Y la casa que les prometió Castro?... La casa fue la camada que puso para que el pueblo picara el anzuelo, pero en el fondo fue un engaño, como todo lo que ha hecho desde el primero de enero de 1959 hasta la fecha. ¡Un engaño monstruoso!

Por eso cuando defendíamos en Cuba y seguimos defendiendo hoy para el futuro de Cuba la propiedad privada, la libre empresa, la inversión legítima, no las defendemos por gusto ni para congraciarnos con la gente de dinero –que los revolucionarios llaman «explotadores»–. Las defendemos porque ha sido siempre un derecho y una fuente de riqueza y de trabajo para Cuba como para cualquier país. La revolución, fracasada totalmente después de más de cuatro décadas de mentiras las siguen combatiendo porque no quiere el beneficio del pueblo sino subyugarlo por el hambre y la desesperación hasta que su lema de «patria o muerte» se quede en muerte definitiva para la propia revolución.

Y los engaños monstruosos seguían adelante. Por ejemplo, Castro no se cansaba de decir a toda voz que «*¿Perseguir a la* MARINA *porque sea un periódico de tendencias de derecha, a uno porque es radical y de extrema derecha, y otro, porque es de extrema izquierda? No. Lo democrático es lo que estamos haciendo nosotros. Los que hablan de democracia deben empezar por saber en qué consiste el respeto a todas las creencias, en qué consiste la libertad y el derecho de los demás. Y sinceramente nosotros respetamos a todo el mundo; no perseguimos a nadie».*

«*Y que se pretende,* (seguía diciendo Fidel Castro) *¿qué nosotros vengamos a clausurar, a perseguir ideas' No señor; digo terminantemente que no. Yo no hago distinciones y como gobernante tengo que tener un respeto igual para todas las ideas». «Si perseguimos un periódico y lo clausuramos, ¡ah!, cuando se empiece por clausurar un periódico no se podrá sentir seguro ningún diario».* Con estas melosas frases Fidel Castro trataba de mitigar los efectos de las agresiones contra la prensa.

Para probar con hechos fehacientes sus palabras. Fidel Castro ordenó la confiscación del periódico «Excelsior» y su conversión en Imprenta Nacional donde en pocas semanas había editado varios libros enaltecedores para él y su revolución, dos libros para satisfacer a Juan José Arévalo y a Jacobo Arbenz, la fábula del tiburón y la sardina, del primero, y para despistar, el Quijote.

Barruntos de rebeldía

En los primeros forcejeos del *Diario de la Marina* y la revolución, anuncio de lo que ocurriría más tarde, los comunistas agazapados en el periódico dieron muestras incipientes de su inclinación a la censura, a la coacción y al desafuero. En la mañana del 17 de marzo de 1959, las paredes de la Redacción, Administración y Talleres del *Diario* amanecieron empapeladas profusamente con un aviso firmado por un delegado que se escudaba en el anónimo. Decía el aviso: *«El Departamento de Linotipos de esta Empresa ha tomado el acuerdo de que sus miembros no compondrán ningún material o Editorial donde se ataque las Leyes Revolucionarias del actual Gobierno. El Delegado».*

Nosotros al leer dicho aviso escribimos esta terminante advertencia: *«Por principio no acepto censura de ninguna índole. José I. Rivero. Marzo 17 de 1959».*

Llegan las «coletillas»

Al fin la Revolución halló la manera de frenar «los excesos» de la prensa. Un dispositivo muy sutil: una aclaración al pie de cada noticia, información o artículo, redactada por los «periodistas revolucionarios» que fueron apareciendo en cada Redacción. La aclaración recibió el sobrenombre de «coletilla", la cual sin entrar en polémicas se limitaba a decir que lo dicho por el periódico era falso y urdido para dañar a la preciosa revolución. Pronto se hizo muy popular, tan popular como efectiva para nosotros, pues sus efectos en el público fueron contraproducentes, Lejos de convencer al lector respecto a que la información o lo contenido en un artículo eran falsos, lo invitaba a leer cuantas noticias o escritos fuesen calzados por la aclaración o coletilla.

Nosotros Publicamos en la primera página un editorial titulado: *«La Muy Ilustre Orden de la Coletilla». «Los periodistas y la Unión Sindical de Artes Gráficas –decía el editorial– velando por la libertad de expresión y la ética profesional (?) acaban de constituir la Muy Ilustre Orden de la Coletilla. Los lectores del* Diario *la conocen ya bien, pues nuestras páginas de la edición del domingo aparecieron profusamente ornadas con sus atributos y seguramente lo pasará a ésta».*

«La Orden ha sido creada para premiar a la prensa independiente. No se puede otorgar a la prensa oficial u oficiosa. Todo lo que los periódicos gubernamentales dicen está bien dicho y tiene de antemano la aprobación del Colegio de Periodistas y de la Unión Sindical de Artes Gráficas...»

«...La muy Ilustre Orden de la Coletilla se creó con el piadoso propósito de desacreditar a esos periódicos ante la opinión pública. Es una especie de sambenito. Pero les salió el tiro por la culata a los geniales inventores de esa condecoración. El recibirla indica que se piensa con la propia cabeza. El no recibirla significa que se piensa con la cabeza de los demás. Nosotros, a Dios gracias, tenemos la nuestra en su sitio y mientras no nos la corten seguiremos pensando con ella, aunque lluevan coletillas. ¿Qué mayor satisfacción que poner nosotros la cabeza y ellos la cola? En la cabeza está la materia gris. Que averigüen otros de que materia está hecha la cola.»

El *Diario de la Marina*, ante el atropello inicuo de que era objeto, interpuso un recurso de inconstitucionalidad contra la «coletilla» alegando la infracción del artículo 33 de la Ley Fundamental de la República, de 7 de Febrero de 1959, es decir la «constitución revolucionaria". El alegato jurídico perfectamente bien fundamentado, fue esquivado por el Tribunal de Garantías, y, por consiguiente, las coletillas recibieron la consagración judicial. De todos modos nosotros hacíamos lo que teníamos que hacer. No desperdiciábamos una sola oportunidad para enfrentarnos con razones al régimen despótico de Castro. Las «coletillas» nos beneficiaban. Fue un bumerang para la tiranía. No se imaginó Fidel Castro que fuéramos a responder con más virulencia que los mismos «coletilleros". Fue aquella una experiencia periodística muy singular. Por vez primera en la historia del periodismo un periódico combatía al enemigo dentro de su propia casa, aunque ese enemigo nunca dio la cara por cobardía.

El señor Rey Merodio tenía en La Habana una organización muy popular dedicada a servir a sus abonados los recortes de todas las publicaciones de la República en las cuales apareciese mencionado su nombre. Nosotros también estábamos suscritos al mencionado servicio. Un día recibimos una carta con el membrete de la entidad Rey Merodio, suscrita por el personal de la misma, que contenía una verdadera coletilla tanto a nuestros artículos como a lo que publicábamos a diario en nuestro periódico en «detrimento de la revolución", diciéndonos que así como la empresa *Diario de la Marina* publicaba por su libérrima voluntad y de acuerdo con la libertad expresión todo cuanto le venía en ganas, ellos, los empleados de Rey Merodio, haciendo uso cabal de esa misma libertad, calificaban nuestros escritos mencionados de contrarrevolucionarios y destinados a hacer fracasar la revolución.

Y seguían también los fusilamientos innumerables por todas la nación.

Inquisidores y coletilleros

El grupo de iscariotes del *Diario* se reunió con los jerarcas de la coletilla para formar una especie de consejo de guerra a un empleado porque olvidó insertar una coletilla donde más la necesitaba la seguridad de la revolución. El acusado confesó su culpa ante los inquisidores y pidió un castigo ejemplar. El tribunal inquisitorial fue integrado por Dagoberto Ponce, de la Federación de Artes Gráficas; Juan Emilio Friguls, del Colegio Provincial de Periodistas; Estanislao Vega Caballero, del Comité Local de Libertad de Prensa del *Diario*; Carlos Díaz O'Reilly, de la Unión de Empleados y Obreros del *Diario*; Ignacio Valencia, del Comité Local de Libertad de Prensa, del *Diario*; Baldomero Álvarez Ríos, del Colegio Nacional de Periodistas; Jorge Villar Guardia, Tirso Martínez Sánchez y Pedro A. Surte, del Comité Central de Libertad de Prensa.

Al ser impuestas las coletillas, el Director del colega *Avance*, señor Jorge Zayas, expresó editorialmente *«que su periódico no aceptaba la adición de esas aclaraciones, advirtiendo al gobierno revolucionario que si no empleaba las amplísimas facultades que tenía a mano para hacer respetar los derechos y las leyes de la República poniendo rápido coto a tamaña indisciplina, consideraría que no era posible ejercer en Cuba, con las garantías necesarias, la libre expresión del pensamiento».* En vista de que los coletilleros ampliaron su campo de acción a los propios escritos del Director, el señor Jorge Zayas decidió suspender su publicación con estas palabras: *«El periódico que durante más de un cuarto de siglo fue y es, como lo demuestra ahora, en este minuto histórico, sumergiéndose para no plegarse a la ignominia, a la anti-patria ni al comunismo, un diario fiel a su nombre».*

Obvio consignar que esas palabras del Director de «Avance« fueron adornadas con una coletilla, esta vez equivocada por los propios coletilleros pues correspondía a un cable. Es conveniente recordar el texto usual de las coletillas:

«ACLARACIÓN. Este cable se publica por voluntad de esta empresa periodística, en uso legítimo de la libertad de prensa existente en Cuba, pero los periodistas y obreros gráficos de este centro de trabajo expresan, también en uso de ese derecho, que lo contenido en el mismo no se ajusta a la verdad ni a la más elemental ética periodística».

La SIP entra en acción

Con la coletilla correspondiente fue publicado un cable de Nueva York, remitido por la UPI informando que la Sociedad Interamericana de Prensa había emitido la siguiente declaración sobre la situación de la prensa en Cuba:
«La Comisión Ejecutiva de la S. I. P. ha sido informada de que los trabajadores de periódicos cubanos insisten en agregar aclaraciones por su propia cuenta a ciertos despachos.

La Comisión Ejecutiva ve con gran preocupación la situación que ha surgido últimamente en Cuba, donde la dirección de facto de los periódicos parece haber sido asumida por personas que no forman parte de la empresa responsable.

El contenido editorial de un periódico es de la responsabilidad de su director y no podría ser de otro modo. Toda adulteración de esta responsabilidad resultará únicamente en un caos editorial y debe merecer la protesta de todo periodista responsable.»

Es indudable que en esta declaración de la SIP hay un contenido de juricidad mucho mayor que en el fallo del Tribunal de Garantías que dio personalidad a las coletillas.

Un lector asombrado, nos remitió un recorte del *Diario* en el cual informábamos sobre el despido de 16 periodistas del periódico *El País*, tras la intervención gubernativa del citado colega. En esa reseña dábamos cuenta de que los equipos de radio instalados en la Redacción de *El País-Excelsior* habían sido desmantelados y trasladados al vocero revolucionario *Combate*.

El asombro del lector consistía en que al final de esta información los coletilleros no adicionaron ninguna coletilla, con lo cual mostraban su conformidad y se hacían solidarios del desplazamiento de 16 compañeros y el despojo de dos periódicos.

A raíz de los sucesos de *Avance*, «un consejo de dirección y comité administrativo» integrado por personal de redacción y talleres, asumió la regencia del colega, acusando a su propietario, Dr. Jorge Zayas, de haberlo abandonado «con el fin de crear obstáculos al desenvolvimiento normal y exitoso de la revolución». En un manifiesto a la opinión los cómplices del régimen en el despojo del periódico aseguraban tener la seguridad plena de que el diario robado *«tendría ahora más que nunca el respaldo a favor de sus lectores, instituciones, comerciantes e industriales.»*

El *Diario de la Marina* no fue remiso en publicar al día siguiente de la incautación de *Avance* un editorial titulado: «POR QUE MORIRÁ EL DIARIO» y otro al siguiente día bajo el título: «POR QUE NO MORIRA El, DIARIO. En uno de sus párrafos subrayábamos que *«el Diario de la Marina terminaría su larga vida por la fe de Cristo y su Iglesia Católica, Apostólica y Romana...*

171

por la Patria, que es de todos los nacidos en esta tierra..., –por la bandera de la estrella solitaria...; por el hogar, que es la célula básica de la sociedad.– por el sistema democrático y representativo de gobierno...; por respeto a los derechos del hombre, la propiedad privada, la libre empresa, la igualdad de oportunidades y la confianza en la iniciativa individual. –por el derecho de emitir opiniones Y ejercer la crítica...,– por la defensa de la República contra la penetración comunista ... ; Por los ideales de superación y honradez de nuestro pueblo...; por combatir al capitalismo de Estado...; por los valores espirituales de la civilización occidental».

Los voceros del régimen replicaban desaforadamente a las verdades puras pero quemantes de la prensa «que veía crecer la hierba». «*Las bombas incendiarias contenidas en los editoriales del* Diario de la Marina, *llevan el rótulo 'made in U. S. A.'* afirmaba *Sierra Maestra* el periódico robado al distinguido periodista oriental, Abril Amores. En otro párrafo del mismo editorial aseguraba que todo lo nuestro era parte de un plan debidamente estructurado en los despachos refrigerados del Departamento de Estado, *«en íntimo consorcio con los ejecutivos de las grandes empresas norteamericanas y los criminales de guerra nativos, donde se incluyen los ataques aéreos al mismo tiempo de las campañas de prensa insidiosas y, en el futuro, otro tipo de tácticas un poco más descarado y un poco más asesina».* Respetamos el embrollo gramatical y la falta de consideración a la Real Academia para que el lector vea en ese estilo, si así puede llamarse, el estilo incoherente de Fidel Castro en sus diluvios orales.

Score de coletillas

Un amable lector nos sugiere una forma deportiva para informar al público acerca de las coletillas del día, es decir, mediante el "score", por considerar que las "aclaraciones" periodísticas tienen una gran similitud con los juegos de baseball, no obstante tratarse del juego de la verdad y de la libertad de prensa. Hoy —dice nuestro lector— dos tipos de periódicos, los que clasifican y los que no clasifican nunca; unos, todos los días anotan y los otros, no lo logran jamás.

He aquí el "score" de las coletillas de los diarios de la capital correspondientes al día de ayer:

DIARIO DE LA MARINA	"Información"	"Prensa Libre"	"El Crisol"
6	2	2	2
"Revolución"	"La Calle"	"Hoy"	"El Mundo"	"Avance"
0	0	0	0	0

Diariamente, hasta el día final del asalto, aparecía en la última página un "score" fidedigno de las coletillas aparecidas en los diarios de la Habana. El DIARIO figuró siempre a la cabeza.

172

Record de coletillas

En la última página del *Diario de la Marina* comenzamos a insertar diariamente una sección en cuadro titulada «Score de Coletillas», en la cual se anotaban aritméticamente, con mudo lenguaje de los números, las veces que los señores coletilleros adornaban el periódico con sus monótonas coletillas. Raro privilegio el nuestro pues siempre llevaba gran ventaja. Solamente en una ocasión el periódico *El Crisol* aventajó en un punto –una coletilla– al Decano. Dicha lacónica sección llegó a ser muy visitada por los ojos del lector, de la cual deducía la temperatura del ambiente.

Una caricatura inocua, trivial, mereció una coletilla. Es que los encargados de endilgarlas hacían acopio de ellas y no querían que les quedase ni una para el día siguiente.

En una ocasión insertarnos un editorial que mereció el honor de una enorme coletilla. Ripostamos al día siguiente coletillando a los coletilleros, y éstos, a su vez, bordaron nuevas y más agrias coletillas a nuestra coletilla. Un día más tarde la disputa tomó caracteres alarmantes. En cada párrafo entremezclaban una coletilla que nosotros colmábamos con otra de nuestra cosecha, hasta hacerse interminable el artículo. Tal caso fue conocido por la batalla de las coletillas...

Se planeaba mi asesinato

Miguel Angel Quevedo, Director y dueño de la revista *Bohemia*, anticomunista, pero revolucionario y fidelista, nos pidió como amigo, como colega y como miembro del Bloque Cubano de Prensa, que suspendiéramos la columna «Relámpagos», las «Cartas sin Sobre» y todos los ataques a la revolución porque le constaba que se estaba planeando nuestro asesinato. Fuimos a su propio despacho de *Bohemia* porque nos llamó urgentemente para que fuéramos enseguida para allá en los momentos en que en el nuestro teníamos a los periodistas de la revista *Time* entrevistándonos sobre la difícil situación que estábamos viviendo. Al llegar a *Bohemia* nos topamos en el vestíbulo con Fidel Castro que iba siempre a revisar personalmente la edición de la revista antes de que saliera a la calle. Aquello estaba lleno de milicianos con metralletas y al entrar en el ascensor me pareció que estaba entrando en la cárcel. Subí hasta el último piso donde tenía Quevedo su despacho y comedor, Allí me esperaba Miguelito sentado en su mesa ansioso por hablar conmigo, según me dijo al instante en que me vio.

173

«Vamos para el comedor, José Ignacio, que tengo algo importantísimo que decirte». Y enseguida llamó al sirviente para que me trajera el almuerzo porque ya él había comido. De seguro con el mismo Castro antes de que yo llegara.

Mientras hacía que me comía una pechuga de pollo con papas que nada me apetecían y escuchaba a Quevedo me pasaba por la mente que había sido Fidel Castro quien había planeado esa entrevista para coaccionarme. Le dije, en resumen a Quevedo que no me agradaba nada la noticia que me daba pero que si debía caer en la contienda por defender todos los derechos del hombre, entre ellos el de la libertad de expresión, caería de frente y no en silencio, por la dignidad de mi periódico y por la nuestra propia. Y así caímos: asaltados por la fuerza de las metralletas un año después logrando casi milagrosamente refugio en la Embajada de Perú.

Estuvimos sólo unos días con la crítica «archivada» como una cuestión de estrategia. Y sobre todo como táctica prudente pues al siguiente día de nuestra entrevista con Quevedo en Bohemia se presentaron en la Redacción del *Diario de la Marina* unos milicianos armados hasta los dientes preguntando por «Vulcano» tenían ordenes de llevarlo a la Cabaña porque el Ché Guevara quería verlo. Entró en nuestro despacho mi secretario con la noticia y salimos enseguida a la Redacción para hablar con ellos. ¿A quien quieren ver? Preguntamos. «A Vulcano», nos dijeron. «Vulcano, no está visible porque es un seudónimo pero si quieren verlo en la Cabaña aquí estoy yo que soy el Director del periódico y por lo tanto responsable de todo lo que se publica aquí» Y todo terminó con una tacita de café en la tétrica Cabaña. Nada, que al enemigo se le bajan los humos cuando uno da la cara y se planta «bonito» aunque le tiemblen las piernas...

De nuevo en la escena Vulcano

Después de haber estado sumergido en las profundidades del mar huyendo, no de los vulgares coletilleros, sino de las amenazas más terribles aún, volvimos a la palestra diciendo:
El lector habrá visto que una de las más claras, patentes e indiscutibles injusticias de la Reforma Agraria es la que declara la mayor parte de las cartas que le llegan a y Vulcano: la de las familias que pasan de la clase media a la pobreza y miseria. Una señora y sus hijos que tienen su finquita y ahora tienen que entregarla a un arrendatario o dos, que vestían, comían, educaban a sus hijos y tenían su capitalito en el banco; y hasta tiene uno de ellos su automóvil; ese arrendatario comerá mejor, vestirá mejor, tendrá más dinero en el banco y hasta comprará automóvil mejor, y la familia de la señora propietaria comerá peor, si come, vestirá peor, si viste... bueno, ¿para qué seguir? La injusticia de la Reforma es incalificable. No remedia nada; lo empeora todo. Si antes había dos familias que vivían bien, ahora habrá una que pasará a no vivir bien, y la otra, aunque en teoría parece que vivirá mejor, lo más probable es que en la práctica ni aun ella pueda vivir. Por lo tanto, esta Reforma Agraria –y hay que decirlo con valentía y sin tapujos, porque los cubanos se deben a Cuba y no a la pasión desmesurada de grupos o tendencias aumentará enormemente, por desgracia el número de los pobres en Cuba».

Más adelante Vulcano, haciendo oposiciones al paredón, afirmaba al referirse a la noticia de que Fidel Castro había contratado por $72,000 anuales a una firma de publicidad de E. U. para dar a conocerlo entre el pueblo americano, que el Primer Ministro ya se había dado a conocer bien durante su viaje al Norte, y que estimaba más importante que se diera a conocer por los cubanos. Palabras proféticas que nadie oyó con atención, a excepción de Castro.

Otro día sentenciábamos de esta manera: *«El terrorismo es una forma artera y cobarde de la impotencia. Y nuestro repudio a tan reprobables métodos tiene más de un siglo y cuarto de constancia escrita en los archivos del* Diario de la Marina. *Esos mismos archivos donde nuestros detractores jamás han penetrado a buscar la verticalidad de tantas virtudes amontonadas...*

Los terroristas del insulto redactaron nuestra esquela de defunción. Y se regocijaron sobre nuestro 'cadáver'. Como si ello no constituyera una grave afrenta, un insulto, una negación de las libertades porque 'luchó la revolución'. Por eso, para que lo sepan bien claro, volvemos a escribir hoy; para que se enteren que estamos más vivos que nunca...

Ante semejante afrenta, rompemos el silencio. Para demostrar a las naciones civilizadas que los terroristas de las bombas mienten. Y que mienten también los terroristas del insulto que redactan la 'esquela' de 'Vulcano', muerto por haber opinado.»

La presión aumentaba de punto contra nuestro seudónimo. Un día hablamos de pelota para mantener nuestra vigencia. Un juego de soft-ball en un solar yermo *«que después de la Reforma Urbana lucen más yermos y desolados que nunca.»*

Tuvimos que sumergir a Vulcano en las profundidades del océano. Los diarios «revolucionarlos» lo hostigaban, lo insultaban, lo maldecían y lo amenazaban. Semanas más tarde emergió de nuevo para relatar sus andanzas submarinas y refutar las mentiras del gobierno que había asegurado seriamente que su desaparición bajo las aguas había sido decretada por el *Diario*. Aprovechamos la ocasión para recordarle al pueblo de Cuba las palabras de Fidel Castro, del 2 de abril de 1959: *«que se discutan todas las teorías, todas las prédicas. Que se escriba, que se discutan porque el hombre es razón y no fuerza (¿); el hombre es inteligencia y no imposición y no capricho; que se hable, que se discuta, que lo que nosotros estamos buscando es esa libertad donde todas las ideas se discutan, en que todos tengan derecho a pensar y libertad para escribir, y libertad para reunirse»..*

¡Qué bien lucía Fidel con piel de cordero!

Vigía reemplaza a Vulcano

Se nos ocurrió reemplazar a Vulcano por Vigía. Después de todo así complacía a Miguel Quevedo que me había pedido que suspendiera mis Relámpagos y que desapareciera a Vulcano ya que irritaba tanto a Fidel Castro y a su revolución. Además de nuestras «Cartas sin Sobre» escribíamos en la última página una sección que titulamos «Buenos Días» bajo el seudónimo de Vigía. Tratamos de darle menos virulencia a la nueva sección para calmar algo a los ánimos de nuestros posibles asesinos, pero las buenas intenciones hacia nuestra humanidad se frustraron. No podíamos. Era mucho más el deseo de arremeter contra la gentuza que estaba descuartizando al país que el deseo de proteger a nuestra persona. No se trataba de valentía ni de heroicidad, (¿a quien puede agradarle la cárcel o la muerte?) era una cuestión de conciencia a la que no podíamos ni queríamos traicionar.

La ausencia de Vulcano, aunque causó disgusto a los lectores fue compensada con el nuevo personaje.

Comenzábamos la nueva sección periodística diciendo que el comunismo *«es un sistema totalitario y despótico que se funda en la subordinación total del hombre a los intereses del Estado, y como para que esa subordinación se efectúe estorban la propiedad privada, la religión, la moral cristiana, la familia, el orden y la legalidad, sencillamente lo van debilitando y barriendo poco a poco, sustituyéndolos por un intervensionismo cada vez más absorbente y generalizado. Su táctica es bien sencilla: dividir para vencer. Sembrar el odio y la división para resquebrajar la solidaridad social y hacer más fácil su labor de zapa. Una vez en el poder –y esto lo hemos visto en todas partes– no se somete a los dictados de ninguna ley ni Constitución. No reconoce, desde luego, derechos adquiridos, por legítimos que sean, pero tampoco respeta leyes, ya que el comunismo es un régimen esencialmente arbitrario en constante proceso de destrucción».*

En la nueva sección de «Buenos Días» pusimos en guardia enseguida al enemigo. Seguíamos diciendo: *«Uno de los medios más eficaces que utiliza para sojuzgar al pueblo es hacerlo depender económicamente de la oligarquía gobernante, que llaman eufemísticamente Estado. De aquí el interés enorme que tienen de monopolizar el dinero, las exportaciones e importaciones, y los medios de producción. Una vez en sus manos, todo el mundo tiene que entrar por el aro y bailar al son de su tamboril o si no morirse de hambre. Es el sino fatal de todos los ciudadanos de los paises comunistas».*

Y terminábamos ese día los «Buenos Días» con una saludable advertencia a nuestros lectores: *«Estas son, en síntesis, las características principales de los regímenes comunistas, y no las que ellos pintan con falsas promesas».*

La sección de Vigía se convirtió pronto en una estafeta, en un coloquio nada romántico entre el autor y sus numerosos comunicantes. Uno de ellos afirmaba que hacía cola en la Colonia Española de Camagüey para leerlo porque no encontraba ningún ejemplar del *Diario* en los estanquillos de la gran ciudad. Misivas cordiales y de aliento, junto a cartas ceñudas y llenas de amenazas, eran el diario correo de Vigía, con no pocas coletillas al final. Es más, fue la sección que más coletillas tuvo durante nuestra larga lucha periodística. Una vez fueron tantas en una sola columna, de un lado y del, otro, que nos dio las tres de la madrugada en nuestro despacho contestando fuertemente las de ellos. Al final. de la sección nos amenazaron con notoria irritación.

Al mismo tiempo nos dirigíamos a Fidel Castro en nuestra primera página a través de nuestra sección «Carta sin Sobre». Unas veces para responder a sus ataques a nuestra persona y al *Diario* y otras veces para dirigimos con crítica justificada a las leyes de la revolución. También escogíamos temas imaginarios o alegóricos como «Carta sin Sobre a mí mismo», «Carta sin Sobre a la Virgen de la Caridad», «Carta a la Verdad», etc.

De nuevo el «asesinato»

Una tarde nos llama por teléfono al periódico el destacado político Dr. Guillermo Alonso Pujol que había sido vicepresidente de la república antes de la aparición de Castro en la escena nacional. Su llamada había sido para pedirnos que fuéramos a su casa urgentemente para comunicarnos algo sumamente importante para nosotros. Era una llamada idéntica a la de Miguel Quevedo. Teníamos que dejar todo lo que estábamos haciendo y reunirnos con él enseguida.

Resumiendo la conversación que tuvimos entre ambos en la sala de su. casa, don Guillermo, después de unas consideraciones de tipo emocional y cariñoso, nos relata lo que su hijo había escuchado casualmente en una reunión del Instituto Nacional de Reforma Agraria (INRA). «Ayer –nos decía don Guillermo– mi hijo esperaba en la puerta del despacho del Ché Guevara que estaba reunido con Raúl Castro y algunos líderes vinculados al Instituto y escuchó claramente lo que le decía el Ché a todos: «A José Ignacio Rivero hay que matarlo... Y se dijo mucho más con respeto a tu persona José Ignacio. Me cuenta Guillermito que se estaba planeando tu asesinato para que la cosa pareciera obra de la justicia popular y no de la revolución. Mi hijo, por un rato se separó de la puerta para que no lo vieran escuchando la conversación, pero volvió más tarde a pararse en la misma puerta creyendo que ya habrían terminado de hablar sobre el tema, pero seguían discutiendo acerca del tema»...

Y ¿qué tu quieres que yo haga, Guillermo? Le respondí. Estoy en una encrucijada porque aunque tu hijo no hubiese escuchado esa conversación en el INRA yo estoy consciente de que cualquier revolucionario de la calle o el propio gobierno revolucionario puede cometer esa agresión y decir después que yo me lo había buscado o que la culpa había sido mía. Tú conoces bien las mentiras del comunismo y sus estrategias para salirse siempre con la suya. Ya me han dicho la misma cosa otras veces y aquí me ves: «vivo y coleando»...

«Sí, José Ignacio, pero la cosa se ha puesto ya al rojo vivo, y tú sigues aumentando cada día más la critica a la revolución. Tú sabes bien que yo he admirado siempre al *Diario de la Marina* y sobre todo a tu familia empezando por tu padre y ahora por ti. Nadie quisiera verte atrapado por estos señores sin escrúpulos. Todo el mundo sabe de sobra que ya tú has hecho más de lo que podías por la salvación de la patria, con tu pluma, con tu periódico, con tu entereza. Aquí nadie ha hecho lo que tú has hecho. ¿Para qué vas seguir arando en el mar? Si te vas para Miami -todavía se puede viajar- y haces desde allá una declaraciones diciendo que ya tú has hecho más de lo que has podido diciendo todo lo que hay que decir en contra del comunismo imperante, y te quedas allá con tu familia, ten la seguridad de que nadie, absolutamente nadie, podrá reprocharte nada. Es más, todo el mundo se alegrará de verte sano y salvo y hasta te aplaudirán desde aquí».

No se me olvidan esas palabras textuales de Guillermo Alonso Pujol. Se las agradecí mucho. Las creía sinceras, prudentes, además de prácticas. Pero recuerdo también que por encima de mis deseos humanos de hacer lo que don Guillermo me aconsejaba le respondí con la misma sinceridad y con emoción lo siguiente en síntesis: «No puedo hacer eso. No porque no lo quiera sino porque me sentiría muy mal en el destierro sin que hayan tomado el periódico por la fuerza. Si estamos en pie todavía es porque aún tenemos mucho que decir y no decirlo aquí sería muy distinto que decirlo en el exilio».

Dejar la lucha en medio de la contienda, don Guillermo, sería lo mismo que un deportista que va en primer lugar saltando obstáculos en una pista y se retira a las duchas estando en primer lugar pero sin haber llegado a la meta. ¡Me sentiría muy mal!

Guillermo se me quedó mirando y casi sin saber qué decirme –se lo noté en la cara– me dice:

«José Ignacio, aunque sigo con mis deseos y sentimientos, sinceramente me han convencido tus razones y argumentos para seguir en la pelea a pesar del gran peligro en que te encuentras. No puedo ni debo instarte a que te vayas».

179

Carta sin Sobre «A mi mismo»

Al siguiente día publiqué la siguiente «Carta sin Sobre» que era como una respuesta periodística a Guillermo Alonso Pujol. La titulamos «A mi mismo» y decíamos así:

«Mi querido otro yo:
¿Sabes quien te escribe? Te escribe José Ignacio Rivero el calumniado, el vituperado por tantos fanáticos adoctrinados, el José Ignacio Rivero asqueado de tanta farsa, de tanto descaro de tanta cobardía y de tantas claudicaciones que ve a su alrededor. El mismo a quien públicamente han tildado de traidor y a quien tantas gargantas enrojecidas de odio bolchevique han condenado más de mil veces al 'condenado' paredón.

Sí querido otro yo, mi otro yo afectivo. Querido, aunque a veces me atormentas y hasta te ríes un poco de mí y me sacas de quicio... Al fin y al cabo sé que lo haces por mi bien. Tienes muy agudo el instinto de conservación y continuamente me recuerdas que estoy poniendo en peligro mi vida, mi tranquilidad y la de los mios y que acaso no valga la pena librar estas batallas que estoy librando.

Sin embargo, me gusta hablar contigo aunque algunas veces me conoces bien y otras no. Me agrada entrar en largos coloquios como aquellos de Don Quijote y Sancho en la novela inmortal. Y no importa que polemicemos y que de tarde en tarde no nos entendamos. Pensar en voz alta, es un magnífico ejercicio aunque lleno de riesgos en esta hora de paredones, de radicalismos, de intransigencias, de desafueros, de comunismos y caudillismos. Tal como están las cosas, como uno se puede fiar de muy poca gente, lo mejor es hablar con ese otro yo que todos llevamos dentro y que a ratos puede contrariarnos pero que no nos traiciona nunca a los que no somos tontos y a los que queremos vivir y morir con dignidad y vergüenza.

Recuerdo los versos de aquel romance de Lope de Vega aprendido en Belén:

'A mis soledades voy,
De mis soledades vengo,
Porque para andar conmigo
Me bastan mis pensamientos'.

Tú que algunas veces puedes abordarme en mis soledades y pensamientos como tentación, y otras veces como amable consejero, me reprochaste la otra anoche la sinceridad y el calor que pongo en la defensa de mis principios. Me decías cuando contigo hablaba: 'Te estás pasando' y yo te respondía: 'los que se pasan son los que no me toleran y los que se irritan y descomponen porque digo la verdad'. Me decías 'sé prudente', y yo te reponía: 'porque soy prudente y no insensato, digo todo lo que digo y hago todo lo que hago sin desafueros pero sin que me quede nada por dentro. Tú sabes que muchos cobijándose bajo el 'asilo' de la prudencia, incurren sin quererlo en graves abstenciones precisamente en momentos en que se debe afrontar cualquier riesgo por defender una causa'.

¡Cuántas veces he oído esas expresiones de 'te pasas', 'no te arriesgues', 'sé prudente' salir de otras bocas! Porque aunque hay gentes que les gusta empujar a los demás hacia el toro y quedarse ellos prudentemente detrás de la barrera, justo es reconocer que los hay también que aconsejan a todo el mundo mantenerse a resguardo y a buena distancia de la embravecida fiera suelta en la arena.

Pero dime con sinceridad, dejando a un lado tu afecto hacia mí y contéstame sólo con la razón: si todos hiciésemos eso, si todos abandonáramos el ruedo, ¿sería posible que hubiese corrida?

Tú bien sabes que tiene que haber corrida. Tú sabes que tiene que haber lucha entre la vida y la muerte y sabes también que tiene que haber drama y el que huye de la arena y abandona la lucha, el que calla por egoísmo y otorga por comodidad cuando hay que estar presente, no merece otro calificativo que el de cobarde.

Tiene que haber corrida, tiene que haber lucha, tiene que haber drama. Y en ese drama, como en el 'gran teatro del Mundo' de Calderón, a cada cual le toca jugar su papel y nadie se escapa. A mí me ha tocado el mío en esta tragedia cubana. Bien sé que no es el más cómodo, y bien sé, aunque tú me digas 'basta ya', que estoy en el deber de desempeñarlo con la mayor honradez y responsabilidad, no hasta que yo quiera y lo desee, sino hasta que Dios quiera y lo desee El. Lo que me apena es ver como otros a quienes también les están asignados papeles de importancia, de verdaderos protagonistas, desertan de ellos y prefieren hacer de comparsa o esconderse en el silencio de un sótano vergonzoso, sin pensar que ni esa sumisión gregaria les permitirá evadirse de sus destinos.

Yo comprendo lo que tú me dices de vez en cuando. Comprendo que todo en esta vida tiene un límite y que cuando se lucha por un ideal a costa de enorme sacrificios, y a costa de grandes renunciamientos, viendo en derredor a toda una sociedad más que indolente cruzada de brazos, bien podría hacer un alto o dar por terminada mi misión. En efecto, he combatido, he peleado con la pluma. Muchos, y entre ellos, tú, mi otro yo, ese yo agazapado, el yo de la prudencia, de la cautela que todos llevamos dentro, creen que me he excedido en este combate porque emprenderla casi solo con fuerzas físicas tan poderosas como las que tengo enfrente, parece una quijotada.

Pero después de todo ese calificativo no me disgusta. Hay ideales que bien vale la pena echarse a campo traviesa a 'desfacer entuertos' como aquel esforzado caballero. En un momento en que la consigna parece ser quedarse en casa o sumarse dócilmente al coro de los que dicen a todo que sí, alguien tiene que salirse del montón y adelantarse para decir 'no' y mil veces 'no' mientras no le corten la lengua y no le aten las manos. Tú sabes que mi padre, entre otras cosas, me enseñó a no pronunciar sino a sentir en lo más hondo aquella frase lapidaria suya: 'el periodismo es en lo externo una profesión, y en lo interno un sacerdocio'. Por eso, religiosamente debo cumplir con ella sin límites de tiempo ni límites de esfuerzos. El apaciguamiento no conduce a nada. Y tampoco a nada conduce el gesto sumiso ni la sonrisa halagadora. Tú conoces sobrados ejemplos de la más reciente historia criolla. La posición del que lucha de frente es incómoda. Pero en esa lucha hay por lo menos la ventaja de que se sienten menos los golpes. Yo no creo excederme como tú a veces me dices. Creo simplemente que cumplo con mi obligación, lo cual es muy raro en estos días. Cumplir con el deber es lo más normal del mundo. Anormal es no hacer lo que debe: el político que traiciona a su partido con triquiñuelas; el gobernante, que defrauda al pueblo desgobernándolo, agitándolo, provocándolo y engañándolo; el religioso que prefiere la demagogia a la verdad; el profesor que convierte su cátedra en piedra de escándalo; el deportista que sale a una competencia fuera de forma. Toda esa gente sí que vive dándoles la espaldas a sus deberes.

¿Qué pensarías tú, que a veces me tientas con razones poderosas para abandonar mi tarea, de un corredor que en una carrera de veinte obstáculos saltase muy bien diecinueve y luego al llegar al número veinte abandonase la pista miserablemente? No querido afecto, querido apego a la vida, querida prudencia, yo no deseo ser ese corredor, prefiero ser como aquel del maratón que cayó extenuado al llegar a la meta, pero llevó la noticia de la victoria.

Claro que en muchos aspectos tú tienes razón. En ciertas circunstancias el que lucha se queda solo o parece quedarse solo. No le acompañan en el empeño todos los que debieran acompañarlo. Entre cuatro paredes muchos son a apludirlo y a alentarlo. Pero en público guardan un temeroso silencio.

Pero esa es la condición humana. ¿Podemos tú y yo modificarla? Y ¿debo yo dejar de hacer lo que creo que debo hacer por el hecho de que no tenga una claque ruidosa como la tienen otros? ¿Es que acaso yo hago las cosas para que me las celebren los demás y no para quedar a bien con Dios y mi conciencia? Aunque no quiero seguir tu consejo, te comprendo bien. A veces me siento cansado, deprimido, triste. Hasta tengo la sensación de 'haber arado en el mar', como decía Bolívar. Pero todo eso es momentáneo. Cuando pasa el momento amargo siento que la decepción se me convierte en una nueva y más hermosa ilusión y que el cansancio se me vuelve fuerza renovada para seguir luchando porque, ¿acaso puede haber una lucha más noble que la que se libra por el concepto cristiano de la vida, por la verdadera democracia, por la genuina libertad y por la dignidad del ser humano?

Si me queda alguna tristeza en el alma después de estos diálogos contigo, mi otro yo, no es por mí, no te preocupes, sino por tantos otros que debiendo estar conmigo en esta lucha prefieren acogerse a la aparente seguridad de la inacción y hasta confundirse con los adversarios en la creencia de que así cumplen con su deber y se salvarán. Porque eso sí, te confieso que me inspiran lástima ciertos hom-

bres y ciertas instituciones que adoptan la actitud del camaleón, poniéndose verdes o rojos o de cualquier color que ellos estiman defensivos. Me entristece y a veces me avergüenza esa gente apática, pusilánime, sumisa, complaciente, que se cruza de brazos ante todo, que no se atreve a moverse ni a chistar y que a lo sumo se lamenta de que el huracán barra con todo lo que le pertenece, pero que no es capaz de salir a apuntalar las puertas y asegurar las tejas de sus casas con dignidad.

Te confieso que algunas veces, ante esos 'hojalateros' que lo único que esperan es que alguien, más temprano o más tarde, les saque las castañas del fuego, –pero ellos no tienen el valor de arriesgar un dedo entre las brazas– siento la tentación de hacer un alto en esta lucha ideológica y abandonar el campo dejándoselo al enemigo. Porque yo me pregunto: ¿dónde están y qué hacen ciertas clases sociales, ciertos sectores económicos, ciertas fuerzas que hasta ayer se llamaban 'vivas' y hoy dan tan pocas señales de vida, hasta ciertas instituciones cívicas y religiosas a quienes tiene que tocarles muy de cerca, no el que le pongan el dedo físico encima sino todo lo que significa socavar ciertas normas de derecho, de civilización, de orden, de principios cristianos? En esos instantes hasta me dan ganas de exclamar muy alto: merecen lo que han sufrido y perdido y lo mucho que les queda por sufrir y perder.

Pero ya ves, ni esa realidad evidente y deplorable tiene la virtud de desalentarme. Me preguntas ¿por qué? Tú lo sabes también como yo. No trates, por pena o comodidad, de darme otra vuelta. No me desaliento porque amo con pasión los principios que defiendo y es por ellos y sólo por ellos por lo que lucho, sin que me importe el que otros lo hagan o dejen de hacerlo.

Tú, mi yo impresionable, seguirás tratando de disuadirme. Pero no lo conseguirás. Tengo la sencilla, la modestísima convicción de que cumplo con mi deber y eso me compensa de todo lo demás que tú me señalas con toda su crudeza.

Y tengo también la sensación de que hoy, más que nunca, una gran fuerza de opinión respalda a este periódico; una fuerza que se abrirá paso hasta el triunfo definitivo de aquellos valores que trajo Cristo al mundo que son inherentes a una sociedad cristiana y democrática como la nuestra.

Y hasta nuestro próximo encuentro, queda tuyo, consustancialmente, agradecido en el afecto pero no en la razón. Yo que soy tú mismo. J. I. R.»

Y, por supuesto, esta «Carta sin Sobre» (que publicamos en nuestro anterior libro) como todas las demás que escribimos en Cuba bajo la tiranía castrista fue «coletillada». La misma decía así:

«ACLARACIÓN. - Esta carta se publica por voluntad de esta empresa periodística en uso de la libertad de prensa existente en Cuba, pero el Comité Local de Libertad de Prensa de Periodistas y Gráficos de este centro de Trabajo expresa, también en uso legítimo de ese derecho, que la misma contiene expresiones insidiosas con el propósito de crear el confucionismo y atacar a la Revolución Cubana».

Un nuevo Colón descubre a Cuba

El 4 de febrero de 1960 llegaba a La Habana Anastas I. Mikoyan, prominente figura del comunismo internacional. Yo regresaba el mismo día y a la misma hora también a La Habana después de una breve estancia en los Estados Unidos y que más adelante explicaré el propósito del mismo y lo que viví en ese viaje. Se inauguraba por aquellos días una exposición industrial rusa en el Palacio de Bellas Artes, bajo los auspicios del gobierno castrista. Revisando mis archivos en el tiempo en que escribía estas memorias me topé con varios recortes de noticias, artículos y editoriales publicados en la primera página del *Diario de la Marina* en aquella fecha. Vea el lector algunos fragmentos de los mismos. Es siempre interesante y conveniente revisar de vez en cuando los acontecimientos y las opiniones del pasado:

«Acabo de regresar de un viaje por los Estados Unidos, por esa nación tan vituperada por los que pretenden destruirlo todo para apoderarse del mundo a costa del caos, de la miseria y el hambre de los pueblos. Al llegar me encuentro con exposiciones rusas, conciertos rusos, películas rusas, representantes rusos, séquitos rusos, 'turistas' rusos, etc. De momento creí no haber llegado a La Habana sino a Moscú, a la capital de ese mundo que algunos incautos y otros malvados llaman 'el paraíso soviético'... El pueblo cubano no es comunista. Su pasión democrática de libertad, de justicia, es todo lo contrario de lo que la Unión Soviética representa. Mientras más se quiera poner de moda al comunismo en nuestra patria, más fuerte será la respuesta anticomunista de la mayoría de los cubanos... Algunos no se atreven ni se atreverán a mantener su repudio a esa ideología por temor, por cobardía, por torpe conveniencia, por falta de civismo, por falta de principios o por no ser buenos cubanos. Otros sí se atreven. Yo quiero estar siempre entre estos últimos, entre los militantes contra el totalitarismo marxista. Y mientras más contrario me siento de esa funesta dictadura, más cubano me siento también en lo hondo de mi conciencia y de mi corazón.»

«Con la asistencia del presidente de la República, doctor Osvaldo Dorticós Torrado; del primer ministro Fidel Castro Ruz; de numerosos miembros del Gabinete y representaciones del cuerpo diplomático, así como de la misión soviética que visita nuestro país, el primer vicepresidente del Consejo de Ministros de la URSS, señor Anastas Ivanovich Mikoyan, inauguró oficialmente al mediodía de ayer la Exposición Soviética, instalada en el Palacio de Bellas Artes, la cual estará abierta al público a partir de esta tarde... Mikoyan leyó en ruso un extenso discurso en el que expresaba sin cesar los progresos y superioridad del «paraíso soviético» y manifestó que abriga la esperanza de que esta Exposición llevará al aumento de las relaciones económicas, culturales y de otro tipo... que unen al pueblo cubano con el soviético.»

Entre esta nota informativa y las notas anteriores de nuestro artículo que encabezaban la primera página de aquel día, publicábamos el siguiente cable de la UPI: «*La agencia de noticias* Italia *nos informó hoy que entre 45 y 60 personas más fueron ejecutadas en Hungría por su participación en la revuelta de 1956. La información de la agencia, procedente de Viena, dice que estas cifras nada tienen que ver con la ejecución de 150 jovencitos húngaros cuya muerte se anunció por la British Broadcasting Corporation. La agencia dice: Durante el mes de diciembre se hizo justicia en las prisiones húngaras a 15 o 20 personas acusadas de haber participado en la revolución contra el Estado. En las últimas semanas de enero, siempre bajo las mismas acusaciones, fueron ajusticiadas otras 30 0 40 personas jóvenes.*»

Y al mismo tiempo que publicábamos las palabras de Castro y de Mikoyan sobre la exposición rusa, dábamos a conocer nuestra opinión en otra nota «coletillada»: «*Los* camaradas *han echado sus campanas al vuelo. Era su deber hacerlo. Están para eso en Cuba y en todas partes: para corear todo lo que Moscú hace y dice. A ese coro plaudente se unen los camaradas de los 'camaradas', los amigos de los comunistas, los que les hacen el juego consciente o inconscientemente. Los que sin estar afiliados de manera oficial al partido, se aprestan a servirle de comparsa, los comunistas de* exposición...»

Expresaba sin cesar los progresos y su perioridad del «paraíso soviético»

Fuego por todas partes

Y seguíamos arremetiendo contra el gobierno por todas partes del periódico. Casi todas las páginas del mismo estaban todos los días llenas de criticas y de textos que de una forma o de otra irritaba al tirano. Las «coletillas» se convertían ya casi en «editoriales» en contra nuestra. No podemos ni queremos darle al lector de este libro una muestra de todo lo que publicamos en materia de opinión en oposición al régimen. No es este libro una antología o una recopilación de artículos y editoriales. Ya en el libro anterior hemos reproducido muchas de nuestras «Cartas sin Sobre» y editoriales en general como muestra para las presentes y futuras generaciones sobre lo que se hizo en nuestra trinchera en contra de los enemigos de la libertad y de la patria. Pero si queremos, antes de cerrar este capítulo de nuestras memorias, reproducir algunos textos que no pueden quedar fuera de un libro como este que titularnos *Contra Viento y Marea*, que así ha sido nuestra vida en los instantes más importantes de la misma. Y gracias a Dios que ha sido así porque es triste -aunque parezca un absurdo decirlo- pasar por el mundo sin un ideal o una causa que defender; sin un revés que superar o sin una cruz que llevar sobre los hombros cuando se sabe que todo gran empeño y esfuerzo tienen su compensación al final de esos «vientos y mareas» del camino al final de la jornada.

Todos los días nuestra mesa de trabajo se llenaba de cartas, de telegramas y de mensajes telefónicos alentándonos a seguir en la lucha periodística contra la revolución. Eran pocos los que firmaban sus mensajes pero lo comprendíamos. El terror se había desatado en toda la isla y no todos anidaban en sus almas el espíritu de mártires. Ni nosotros que no obstante tener una tribuna estábamos ansiosos ya de que terminara el terrible encuentro con la tiranía.

Recibíamos muchas felicitaciones, pero también cestos de esponjas impregnadas de hiel. *«Anímolo a continuar la lucha contra los enemigos de la verdadera democracia a y la libertad humana (Movimiento Demócrata Cristiano)»; «Opinión sensata América respáldale batalla decisiva libertad prensa punto adelante. Puerto Rico repudia intromisión Castro nuestros asuntos sugiérole exilio antes paredón. (Peter Miller Llull)»; «Felicitándole por tan sincera y cívica carta (Georgina de la Fuente y Larrea)»; «Felicito a usted por honestidad de conciencia en Carta sin Sobre (José Angel Lozano Regojo)»; «Felicítole y apóyole en su editorial Carta sin Sobre (Elisa Álvarez)»; «Sus artículos hacen patria (Teté Rojas), etc., etc.»*

El acíbar nos llegaba en grandes dosis también: *«¿Por qué el* Diario de la Marina *desciende al vocabulario cáustico, insustancial y soez que emplea en sus novísimas secciones RELÁMPAGOS, VÓRTICE, BUENOS DÍAS...? ¿Por qué su arrogancia de creer que su* Diario *es la única entidad apta para orientar y dirigir a todo el país en un período de tan grandes transformaciones? ¿Por qué carecen ustedes de la mesura elemental para admitir que en el plano muy superior a cualquier periódico o grupo debe estar siempre el amor a la patria? ¿Por qué se ciegan ustedes para no ver el curso de los acontecimientos que son parte del GRAN TODO de la marcha de los tiempos?*

¡Son tan evidentes e inexorables que hasta las inteligencias más sencillas los contemplan lúcidamente!»

EL DIARIO DE LA MARINA SE AGOTABA TODOS LOS DIAS EN LOS ESTANQUILLOS DE PERIODICOS. EN MUCHOS DE ELLOS, SUS VENDEDORES COLGABAN —CANSADOS DE LA MISMA PREGUNTA— EL LETRERO QUE MUESTRA LA FOTO "NO HAY MARINA, NO PREGUNTE MAS".

En aquellas horas

Suscritas por Ernesto González-Ferregut y López, Vicepresidente de la Asociación de Estudiantes de la Facultad de Derecho de la Universidad de La Habana, los periódicos recibieron, con el ruego de su publicación, unas declaraciones dirigidas a la «Opinión Pública» –que nosotros no publicamos por estúpidas y mentirosas– decían así textualmente:

«En algunos periódicos del día de ayer vieron la luz unas falaces declaraciones suscritas por el señor José Manuel Salvat, a nombre de una organización –si se le puede llamar así– denominada Frente estudiantil Universitario Demócrata; *otras declaraciones suscritas por el señor Ernesto Fernández Travieso, a nombre de un periódico llamado* Aldabonazos; *así como otras declaraciones que hace a nombre de otro llamado periódico:* Trichera, *el botellero Alberto Muller.*

Claro está que esas declaraciones llenas de la peor mala fe y las más calumniosas frases para los dirigentes estudiantiles universitarios, constituyen la reacción lógica de un grupito de niños bitongos y mal entretenidos que, en lugar de ir a la Universidad a estudiar, van sólo a crear el ambiente propicio para que dentro de las filas estudiantiles se abra la brecha por donde puedan penetrar los que propugnan y dirigen la contrarrevolución.

Dice el señor Salvat que los dirigentes estudiantiles se tornan parciales y adoptan posturas de respaldo al bonche y a las claques. *Por lo mendaces y bajas de esas expresiones, sólo sentimos hacia ese señor y sus compinches un profundo desprecio. Jamás ha dejado de ser imparcial la actitud de los dirigentes estudiantiles universitarios, que ahora más que nunca aunan sus fuerzas y sus voluntades por la consecución de una Universidad a la altura del momento revolucionario que vive la Patria, la Patria que soñaron José Antonio Echeverría, Juan Oscar Alvarado y tantos otros mártires cuyos nombres se ven mancillados a diario con sólo pronunciarlos los* lidercillos *de la reacción que pertenecen al mismo grupo desaforado y siquitrillado al que pertenece* Pepinillo; *los mismos que fueron al acto del Parque Central; los mismos que acudieron al programa del traidor Conte Agüero; los mismos que escudándose en las banderas de determinados sectores provocan incivilmente la suspensión de una clase; los mismos que gritan y se revuelven en el fango creados por ellos mismos, a llorar las botellas perdidas y lo demás que pudo ser.*

Dicen estos jovenzuelos, depurados por perturbadores, que los respaldan las masas sensatas del estudiantado universitario. También la afirmación nos mueve a risa y sentimos aún más lástima por ellos.

El señor Alberto Muller, el mismo que cobrara un cheque de guardaparque *durante el gobierno del Tirano, arremete contra los que* en una época no muy lejana –dice Muller– eran colaboradores directos del traidor Fulgencio Batista y Zaldívar, *colaboradores como él mismo, que disfrutó de una botella y otras pre-*

bendas en el mismo régimen que ahora critica, erigiéndose en defensor purísimo de la Revolución. Ahora resulta que los botelleros *se tornan en revolucionarios. Pero no importa que todos estos niñitos sigan respirando por las heridas. La dirigencia está más identificada que nunca con la masa estudiantil y ésta no se dejará sorprender por las poses un tanto ridículas y poco edificantes de los reaccionarios de siempre.*

¡PATRIA O MUERTE!
Ernesto González-Ferregur y López,
Vicepresidente de la Asociación de Estudiantes de Derecho».

Si el señor Ernesto González Ferregur y López se fue al exilio decepcionado de su delirio castrista, debe sentirse muy desmejorado por su ceguera mental. Si continuó defendiendo en Cuba a la revolución comunista debe tener la conciencia podrida pues tantas mentiras juntas no pueden alojarse en la misma con paz y tranquilidad.... La actitud de Salvat, de Fdez. Travieso y de Muller frente al comunismo y a las dictaduras, en Cuba y en el destierro, ha sido siempre ejemplar.

En abril de 1960, perseguido en mi propia patria por la tiranía castro-comunista que un mes después asaltó a mano armada a mi periódico, dije lo siguiente: «*el oficio de periodistas es arriesgado en todas las épocas, pero más en aquéllas como las que vivimos hoy en nuestra tierra en que las pasiones se desatan y ciegan a quienes quieren perderse en el caos que ellas mismas crean. Si el heroísmo del soldado es combatir con las armas, el heroísmo del periodista es combatir con la pluma. Aquel es más espectacular; este menos aparatoso. Yo escogí el segundo. Y no me arrepentiré jamás, porque creo que a la larga las ideas derrotan siempre a los fusiles. 'La palabra es más poderosa que el cañón'. En estas horas difíciles llenas de incertidumbre que hoy vive Cuba a nosotros nos sería más cómodo dejarnos llevar por la corriente; silenciar prudentemente lo que no nos gusta, lo que no nos parece justo, lo que nos parece descabellado; pasar por alto lo que consideramos perjudicial para el país; no enfrentarnos con el comunismo porque el comunismo es un enemigo peligroso, sobre todo cuando cuenta con el favor del Poder, para que pueda esparcir su veneno e intoxicar a todo nuestro pueblo. Nos sería muy cómodo dejarnos llevar por esa corriente de verlo pasar todo sin inmutarnos, para no arriesgarnos a nada. Y hasta nos vendría bien 'hacernos los suecos' y cultivar un poco la demagogia en nuestras páginas para ir tirando con un poco más de tranquilidad y sosiego. Pero eso sería egoísmo, hipocresía y cobardía. A nosotros sólo nos importa cumplir con el deber, usando nuestra cabeza y nuestro corazón. Pensar con la propia cabeza es un peligro muy serio cuando las cabezas se agachan ante una cabeza arrogante que se empeña en dominarlas todas. Pero la Historia enseña que a la hora de rodar las cabezas por el suelo lo mismo caen las agachadas que las erguidas. En la caída de las segundas, hay por lo menos más decoro. Para nosotros el triunfo del materialismo, del ateísmo, del odio, de la venganza, de los despojos, para defender a Cuba de esa muerte estaremos siempre en nuestra trinchera de espíritu que es el* Diario de la Marina».

Viaje a los Estados Unidos

Pasaban los meses del primer año de la revolución en el poder. La incertidumbre y la tensión nerviosa cada día aumentaba más. Los ojos y oídos de la opinión pública estaban puestos sobre nosotros. Y nosotros, por supuesto, los teníamos encima de la revolución y de todo lo que nos rodeaba. Nunca habíamos sido precavidos, ni antes ni durante la tiranía de Fidel Castro. Pero ya no nos fiábamos ni de nuestro perro... Comenzábamos a preocuparnos ya por nuestra familia. Deseábamos tenerla a buen resguardo fuera del país para poder actuar sin preocupación alguna frente a la tirante situación que vivíamos. Decidimos, pues, comenzar por llevar a nuestra hija mayor, María de Lourdes, al colegio «Kenwood», de las madres del Sagrado Corazón en Albany, New York. Salimos poco antes de la Navidad del año 1959 hacia Nueva York acompañados de nuestra esposa e hija. A ese viaje fue con nosotros Juan Antonio Rubio Padilla que ya habíamos proyectado una visita a Washington con el fin de enteramos bien de lo que se estaba organizando contra el castro-comunismo. Después de ingresar a nuestra hija mayor en ese colegio nos pasamos la Navidad en Nueva York. Y después de una breve estancia en Washington seguimos rumbo a Miami donde planificamos en secreto una estrategia atrevida, pero extremadamente positiva para encender en la misma Cuba la chispa de la oposición abierta. Washington estaba totalmente desorientado en cuanto al modo de enfrentarse a Castro. Precisamente desde Miami antes de regresar a La Habana le dimos a conocer, también confidencialmente, la fórmula que ya estábamos decididos a llevar a la práctica sobre el mismo terreno cubano.

El viaje de Nueva York a Miami lo hicimos en tren con el fin de ir planeando la estrategia a seguir con más tiempo antes de llegar a la capital del exilio que por aquellos días predominaban los cubanos vinculados de una o de otra manera al gobierno del general Fulgencio Batista y por algunos empresarios y capitalistas que lograron escaparse del desastre comunista.

Con William Pawley y Richard Nixon

Estuvimos reuniéndonos a diario durante dos semanas en la casa y en la oficina de William Pawley que estaba muy interesado en saber que planes teníamos para llevar a cabo en Cuba contra el régimen de Fidel Castro. Éramos amigos en La Habana cuando se hizo dueño de la empresa de los «ómnibus Modernos». Lo ayudamos mucho en el *Diario de la Marina* en los momentos más críticos de su empresa. Después de la Segunda Guerra Mundial fue Pawley el que le suministró a Chiang Kai-Shek los famosos «Flying Tigers» (aviones de guerra llamados «Tigres voladores») Tenía en la Florida un central azucarero y era dueño también del «The Míami City Transit Company». Estaba muy conectado con el gobierno republicano de Eisenhower y era íntimo amigo de Richard Nixon, entonces Vicepresidente del gobierno.

Una tarde hablamos con Nixon por teléfono desde el despacho de Pawley en Biscayne Boulevard. Le explicaba Pawley a Nixon mi plan y le respondió que estaba dispuesto a apoyarlo desde Washington si tenía éxito. Nosotros que nos encontrábamos presentes en la oficina junto a Juan Antonio Rubio y a Gustavo Cuervo Rubio, escuchábamos por la otra línea del teléfono. Lo sabía Nixon, por supuesto. Y sólo puse como condición que se paralizaran por el momento las demás gestiones que se estaban llevando a cabo en contra del régimen castrista para que no se fuera a confundir la nuestra con las demás porque Castro insistía que toda la oposición a su gobierno venía de los Batistianos. A todo el que criticaba algo de su proyección revolucionaria le llamaba «rosablanquero», «latifundista». La nuestra era una gestión sumamente riesgosa y de gran impacto pero al mismo tiempo despojada de todo matiz político o de grupo. Lo que íbamos a hacer era sólo por el bien de la nación cubana y sin esperar ninguna recompensa que no fuera la satisfacción de un cumplimiento del deber patrio realizado a la luz pública. A Richard Nixon le entusiasmo nuestra gestión después que le expliqué la táctica a seguir y además aceptó mis condiciones que llegó a cumplir. Los que no cumplieron con el plan fueron los cubanos llamados en voz baja anti castristas...

El Plan

Rubio Padilla y yo redactamos un documento durante el viaje que hicimos juntos en tren desde Nueva York a Miami. Dicho documento lo íbamos a leer personalmente los firmantes ante las cámaras de CMQ televisión. El documento consistía sólo en declarar nuestro desacuerdo con todas las leyes de la revolución, analizándolas una por una con argumentos irreprochables revisados por expertos en economía y cuestiones sociales. Ya lo estábamos haciendo en el periódico pero no era igual que ante la opinión nacional lo hiciéramos junto a las más destacadas figuras de todos los sectores del país. Después de esa comparecencia integrada por destacados hombres de negocios, líderes sociales, obreros, patronos, comerciantes, estudiantes e intelectuales, nosotros haríamos un despliegue de publicidad informativa y de opinión sobre el impacto de la misma en el Diario de la Marina con la seguridad de que toda la prensa independiente haría lo mismo.

Eso fue lo que le pareció formidable a Nixon y a Pawley. Con ese «bombazo» público que ya no se trataba de la oposición frontal de un periódico como el nuestro sino de la discrepancia a la luz pública de lo más selecto y representativo de la sociedad cubana, lograríamos crear el primer movimiento cívico e ideológico dentro de la misma Cuba. A Fidel Castro le hubiese sido muy difícil encarcelar ni a uno sólo de los firmantes.

Pawley en su mismo despacho rompió por la mitad una cajita de fósforos y me dijo: «Cuando usted vuelva a La Habana alguien de toda la confianza de Nixon le irá a ver a su periódico y le entregará esta otra mitad de la cajetilla para ponerse en contacto con usted por si necesitan después de la comparecencia televisada la protección diplomática de nuestra embajada en La Habana». Yo se lo agradecí. Y así se hizo cuando regresé a Cuba pero con la «coletilla» de mi parte aclarándole que todo esto iba a ser un asunto estrictamente cubano y sin la intervención de nada foráneo que no fuera la protección física nuestra o el ataque físico también al régimen comunista.

Estando en Miami pude escuchar por la noche el famoso enfrentamiento con Fidel Castro del embajador de España, Juan Pablo Lojendio ante las cámaras de la televisión cubana. Pensaba ya regresar a La Habana, pero recibí una llamada telefónica al día siguiente del incidente desde el *Diario de la Marina* pidiéndome que permaneciera por el momento en Miami porque la furia del pueblo contra Lojendio se había extendido contra nosotros. «No es el momento para que regreses» me decían. «Espera un poco porque las consignas y ataques verbales no sólo son contra el embajador sino contra ti también». Me pareció, pues, prudente esperar a que los ánimos se calmaran un poco y un par de semanas después regresábamos a La Habana.

Carta desde La Habana

Durante los días que pasamos en Miami terminada nuestra misión y dispuestos ya a regresar a Cuba recibimos la siguiente carta que nos impidió tomar el avión inmediatamente. La carta era de Ambrosio González del Valle nuestro gran amigo y ayudante temporal en nuestras labores de la dirección del periódico. La carta en cuestión escrita con párrafos casi en jerigonzas nos decía en ella lo siguiente:

«Estimado José Ignacio:
Ayer recibí tu carta y la he leído con todo cuidado. Me alegro que te hayas sorprendido con el Diario *del miércoles pasado, pues yo también me sorprendí al abrir sus páginas.*

Hilos invisibles que están más allá de mi control cambiaron sin explicación satisfactoria lo que yo tenía dispuesto para publicar. No inculpo a nadie en concreto, ni siquiera a la 'persona' que tú te imaginas, porque no tengo pruebas; pero la justificación que me dieron de falta de espacio y de actuaciones sospechosas en los talleres y otras razones un poco vagas, no me han satisfecho plenamente. Creo, sin embargo, que no va a ocurrir otra vez, pues con todo el personal que hablé está dispuesto a echar para adelante hasta lo último, siguiendo la línea de combate que se ha trazado el Diario.

No te preocupes por estos pequeños incidentes, porque --en lo que esté de mi parte– yo no te fallaré. Esto ténlo siempre por seguro y muy presente. Si alguna vez se afloja la mano, no pienses lo peor, sino que razones poderosas o causas de fuerza mayor han obligado a realizarlo.

La situación por aquí es sumamente tensa y de un momento a otro puede esperarse cualquier cosa, aún lo peor. Se habla de invasión, de confabulación interna, de atentados y de mil cosas más, que ruedan como bola de nieve de un lugar a otro. Nadie sabe lo que hay de cierto o falso, de exageración o realidad detrás de todo este oleaje de habladurías. Pero no cabe duda que la crisis parece inminente, y Fidel no se cansa de proclamar a los cuatro vientos que la invasión puede estallar de un momento a otro.

Hoy, para no perder la costumbre, en el programa Ante la Prensa, volvió a emprenderla con el Diario *y contra su director, diciendo las mismas sandeces de siempre. Entre otras cosas dijo que la Marina quería echar a los católicos contra la revolución, pero que ni él ni la revolución tenían nada contra los católicos. Después se dedicó a hablar del Evangelio, de Dios, de Cristo y de 'los escribas y fariseos' como la* Marina.

También reprochó la falta enorme de cortesía que el Congreso Católico había tenido al no anunciar su llegada ni la del presidente Dorticós. Añadió que no fue allí a hacer demagogia sino a responder a una invitación, y que lo mismo hubiera ido a un congreso protestante o masón, porque la Revolución es respetuosa de todas las creencias

Enseguida empezó a meter cizaña y divisionismo, desde luego en la forma sutil que lo saben hacer los comunistas, diciendo que la religión fundada por Cristo fue una religión para los pobres y no para los ricos, a quienes condenó implacablemente como sepulcros blanqueados.

El artilugio está claro, Como no quiere por el momento atacar de frente al clero ni a la Iglesia, pretende dividirla a base de poner a los ricos frente a los pobres y crear de esta manera la lucha interna de clases. ¡Diabólico! ¿Verdad? Pero la estratagema es fácil de desenmascarar. Ya verás... Lo que es a mí no me toma el pelo.

Hoy comimos en casa de la mamá de 'Miko', Amando, mi mujer y yo. Ella (a mamá) se embarca en estos días para Filadelfia y aprovecho la oportunidad para que eche esta carta en los Estados Unidos donde no hay peligro de que la abran. No obstante, prefiero escribir estos párrafos en jerigonzas 'por si las moscas'... Tú me entiendes. A mi no me gusta tentar al diablo.

A la comida llegué un poco tarde, pues hubo junta muy interesante, en la que estuvieron presentes, de una parte, tu mamá, tu tío y yo, y de otra, cuatro miembros del personal del Diario. *El objeto de la reunión fue el siguiente: habló Buendía en nombre de los cuatro para decir que dada la ausencia justificada tuya y de tu hermano, y el rumor de que tu madre y tu tío tuvieran que embarcarse también ante el peligro que corrían aquí, el periódico se iba a quedar en banda, y que yo era muy nuevo y todavía sin reconocida autoridad ni experiencia para controlar cualquier incidente desagradable que se presentara con la empleomanía o con la gente de la calle...*

Subrayaron, que por la devoción que tenían a la Casa y a la familia, pensaban que lo más aconsejable era que todos se fueran al extranjero, ya que, salvada la familia, quedaba a salvo el periódico aunque lo destruyeran físicamente, pues siempre habría la posibilidad de reconstruirlo posteriormente. Que el momento no era de posturas heróicas ni de sacrificios quijotescos, sino de obrar con cabeza y serenidad.

Ante esta situación y la posible destrucción del periódico, ellos proponían la siguiente fórmula: que sin dejar ustedes de ser los dueños de la empresa, ellos estaban dispuestos a hacerle frente a lo que viniera, a fin de que el Diario, *si tenía que morir inevitablemente, muriera con las botas puestas, peleando hasta el último momento en la línea que tú habías trazado. En cuanto al modo legal de verificar ese traspaso de poderes o de mando o como quiera llamarse, para que ellos pudieran enfrentarse con plena autoridad y responsabilidad a los empleados y a los hechos externos que vinieran, lo dejaban desde luego al arbitrio de tu tío (Secretario de la Empresa) y de los abogados de la empresa; pero que esa era una decisión que debía tomarse rápidamente.*

Pedro, con una serenidad que yo no le conocía, relató la historia del periódico, de la empresa, sus fallos y aciertos, y la gran altura a que tú lo habías llevado en estos críticos momentos. Sostuvo que no estaba del todo de acuerdo con los métodos empleados, pero que reconocía sus éxitos. Afirmó también, que las personas, cuando asumen un cargo o son dueñas de una empresa como ésta, tenían que asumir también todas las responsabilidades y consecuencias, y que, por lo tanto, ni él ni su hermana (Tu mamá) se iban ni pensaban abandonar su actual posición. Que la ausencia tuya y la de tu hermano, aunque temporal, estaba más que justificada y que de ninguna manera iban a regresar hasta principios de año –cosa que yo comparto plenamente– y que nadie debía pensar que ni el director, ni el administrador, ni el secretario, ni ningún alto funcionario de la empresa, iba a abandonar su puesto ni su cargo en estos momentos, porque todos estaban presentes.

Estas fueron más o menos las ideas que se barajaron en la Junta. Por mi parte, al sexto sentido de mi olfato no le gustó nada el planteamiento que le hicieron, y 'algo raro me huele en Dinamarca', como reza el dicho callejero. No se que pensar... Posada entiende que no hay por qué preocuparse. Las personas son intachables y su buena fe está fuera de dudas. Sin embargo hay un diablillo malicioso y suspicaz que me tira de la oreja...

Puede que no haya comprendido bien el alcance de sus palabras; puede que sus intenciones no las haya asimilado en todo su valor; puede que desconozca a cabalidad el historial inmaculado de cada uno; pueden ser muchas cosas; pueden haber piezas sueltas en este rompecabezas que yo ignoro por mi corta estancia o inexperiencia. No lo dudo; no quiero dudarlo; pero... te confieso que no veo claro y sospecho –tal vez sin razón y haciendo un juicio temerario– que detrás de todo esto juega una doble intención (no se de quien) tan sutil como el hilo de un cabello, pero tan fuerte como la ambición de muchas personas, a veces insospechadas o inconscientes.

Esto no lo he comentado con nadie, sino a solas con mi conciencia, y ahora contigo. Por favor, no lo divulgues ni lo hables como no sea con Cristo en el Sagrario. El te sabrá iluminar y dirigir mejor que yo.

Te escribo estas cosas temeroso de que te 'dispares' y quieras venir enseguida para acá. No lo hagas; es el ruego de un amigo que te quiere y sabe lo que te conviene en estos momentos. Quédate por allá el mayor tiempo que puedas. Lo que está predestinado va a pasar, contigo o sin ti, y yo sé –porque Dios no me engaña– que a pesar de todo, *óyelo bien, de todo de los peligros, de las amenazas, de Fidel y toda su camarilla, el* Diario *no perecerá porque Dios no lo quiere, Y ya podrán concitarse en su derredor todas las fuerzas del Averno y hacerlo padecer y sufrir y purgar sus pequeños y grandes pecados; pero en definitiva ¡No pasarán!... Los ángeles saben cubrir con sus alas las cosas queridas por Dios, y este periódico es su vanguardia, su trinchera, su línea de fuego en Cuba y en América, y su bandera no se arriará ni claudicará mientras esa sea Su Voluntad*

Estate, pués, tranquilo, que tú estás de parte de Dios, y el que a Dios tiene, todo lo tiene y todo lo puede, hasta mover montañas. Así, que fe y adelante... Lo demás lo pondrá El,- tú solo puedes poner los medios humanos.

Y no escribo más porque si no, no acabo nunca. Muchas felicidades a ti y a Mariita por Pascuas y Año Nuevo, y a todos por allá.

Te abraza como siempre,
Ambrosio».

...Los españoles y los cubanos tenemos que estarle muy agradecidos al Embajador Lojendio...

Juan Pablo Lojendio

El embajador de España en Cuba, Juan Pablo Lojendio, Marqué de Vellisca supo enfrentarse cara a cara y con valentía al verdugo de Cuba cuando este todavía era venerado por el pueblo cubano, hipnotizado por la droga de su engañosa revolución. Cuba no era políticamente un estado perfecto ni mucho menos, pero su sociedad, en sus diversos estratos había alcanzado las cualidades esenciales que hicieron de nuestra civilización occidental y cristiana un arquetipo que era una creciente esperanza humana. ¿Qué veneno inocularon en el alma colectiva estas hordas, que desde el principio ya olían a selva y mugre asiática, que cegaron el hontanar de donde fluían nuestros más ricos y fecundos manantiales? Muchos de nuestros profesionales perdieron la sensibilidad y bailaron al son que les tocaba el «húngaro» que apareció en nuestro patio del brazo del Che Guevara, portentoso espécimen de hombre sin patria con anhelo irrevocable de que ningún ser humano sintiera ese inefable orgullo de sentirse patriota.

Y sin embargo, hubo un instante en que las raíces del decoro humano se estremecieron en el suelo cubano sin que aprovechásemos la lección. ¿Quién no recuerda aquellos estúpidos discursos interminables por la televisión de Fidel Castro? ¿Quién no recuerda la noche que el embajador de España, Juan Pablo Lojendio, lleno de ira ante las humillantes mentiras con que atronaba al país la bestia barbuda, se le enfrentó ante el estupor y el miedo de todo el clan de villanos y en una demostración de virilidad y coraje le desmintió ante todo el pueblo de Cuba? ¡Qué quijotesco gesto el de aquel embajador amigo nuestro que intuyó tempranamente que la diplomacia normal no era la válida para utilizarla entre cafres que razonan con las patas, y con gestos que de la mendacidad hicieron un sistema!

Fue una noche memorable cuando irrumpió en los estudios de la televisión desde donde el dictador comunistas Castro, vociferaba insultos y calumnias contra el jefe del estado español Francisco Franco, contra los Colegios y conventos de religiosos españolas residentes en Cuba y contra los sacerdotes hispanos, llevando la mentira y la irresponsabilidad hasta el extremo de acusar de contrarrevolucionarias a las pobres monjitas que en Cuba ejercían una piadosa y benemérita labor de enseñanza y beneficencia. Concretamente acusó a un convento de ocultar armas y literatura contrarrevolucionaria, atizando el odio del pueblo fanatizado contra la referida institución religiosa.

Mientras esto sucedía, el Embajador de España, enfermo de su casa, escuchaba indignado aquella andanada de insultos y falsedades, pensando, sin duda en presentar al día siguiente una protesta por aquella difamación gratuita del Jefe del Estado español, pero sabemos que su paciencia se agotó al oír las calumnias y las frases soeces dirigidas a una congregación de religiosas indefensas. En su corazón de español bien nacido tenía que haber vibrado el espíritu de Don Quijote y ni corto ni perezoso salió para los estudios a defender con la verdad y con los pantalones bien puestos a aquellas monjitas humildes que estaban siendo despiadadamente calumniadas por el insolente títere de Moscú.

Si Lojendio, con una valentía que hasta sus críticos reconocieron y admiraron, no concurre aquella noche al estudio a parar en seco –como lo hizo– las diatribas del tirano contra las religiosas y sacerdotes, aquella multitud frenética se hubiese desplazado a los conventos y les hubiera pegado fuego. Y en esto no hay especulación, hay precedentes, pues sucedió en España durante la guerra civil.

Los españoles y los cubanos tenemos que estarle siempre muy agradecidos al Embajador Lojendio, pues cuando éste se abrió paso arrostrando todos los peligros, entre las turbas airadas que llenaban la calle y el estudio de la televisión y pudo llegar hasta la tribuna de Castro, éste, nervioso, palideció y con el miedo retratado en el semblante, no volvió en toda la noche a tocar el tema de los conventos, de las monjas y de los frailes, gracias a la hombría de un diplomático que fue el primero y único que se atrevió ante las narices del tirano a frenar sus insolencias y a pararle sus pies. La técnica del valor dio, en este caso, buen resultado.

Lojendio merece desde hace mucho tiempo un monumento en Miami y en el futuro en La Habana libre y soberana.

CHE GUEVARA, ACOMPAÑADO DE ROLANDO CUBELA, PRESIDENTE DE LA FEU CASTRISTA EN UN MITIN CON MOTIVO DEL ANIVER SARIO DEL FUSILAMIENTO DE LOS ESTUDIANTES. EL MISMO ROLANDO CUBELA QUE MEDIO AÑO DESPUES DESPIDIERA —JUNTO CON RAUL CASTRO— EL DUELO DEL ENTIERRO SOMBOLICO DEL DIARIO DE LA MARINA Y SU DIRECTOR.

De regreso a La Habana

Confesamos que en el avión de regreso a Cuba íbamos preocupados por el «recibimiento» de los fanáticos fidelistas del aeropuerto. Viajábamos con nuestra esposa. Rubio Padilla regresaba por «Aerovias Q» para que nadie nos viera juntos. Pero para sorpresa nuestra, en la aduana pudimos ver detrás de las paredes de cristal a una gran cantidad de personas que me saludaban agitando las manos. Eran casi todos del periódico. Y entre ellos había unos cuantos amigos personales, de esos que nunca se «despintan», ni en los peores momentos... Mayor sorpresa fue cuando íbamos a abrir las maletas para la inspección. Uno de los aduaneros le dijo a los otros señalando a nuestro equipaje: «estas maletas no las abran» y se nos acercaron varios de ellos para decirnos al oído: «ya era hora de que llegara, Rivero. Nos hace falta aquí». Salí del aeropuerto con más ánimo que nunca para seguir en la lucha por la causa. La reacción de los aduaneros –empleados del gobierno fidelista– era para mí el termómetro que mejor marcaba el grado de inconformidad y de disgusto con la proyección y desafueros del régimen.

Al siguiente día de nuestra llegada se publicaba en la primera página del periódico la siguiente nota:

«Después de una breve estancia en el extranjero, por motivos familiares, regresó ayer a La Habana nuestro Director, José I. Rivero. A su llegada, nuestro Director declaró 'En ninguna ocasión durante mi viaje, hice declaraciones sobre los problemas que afronta nuestra nación, siguiendo una norma que he hecho pública reiteradas veces en el sentido de que solamente haré pronunciamientos en mi periódico mientras las circunstancias me lo permitan'. Al consignar con beneplácito el regreso de José Ignacio Rivero anunciamos que hoy mismo asumirá de nuevo plenamente la dirección del *Diario de la Marina*.»

Con Goar y Abel Mestre

En seguida que regresamos a Cuba nos pusimos en contacto con nuestros amigos Goar y Abel Mestre, propietarios y directores de la Cadena CMQ radio y televisión, la más grande y poderosa de Cuba y de Latinoamérica. Almorzamos un día en el club La Torre del edificio «Focsa». Estuvimos varias horas hablando de la situación cubana y de todos los pormenores de la lucha periodística del *Diario de la Marina*. No se me olvida jamás la gran preocupación que me demostraron por mi vida. Me ofrecieron su respaldo y apoyo en lo que creyera más oportuno. La sorpresa fue grande y a la vez inquietante cuando les pregunté si estaban dispuestos a darme en la televisión el mismo espacio que le daban a Fidel Castro aunque sólo fuera por una vez. Claro que inmediatamente me dijeron que si y que todas las veces que quisiera. Les expliqué lo del plan que había estudiado para que un grupo de cubanos destacados o dirigentes de todos los sectores leyeran un documento que ya tenía escrito a favor de la libre empresa, de la propiedad privada, de los derechos humanos, de la libertad y de la democracia en general; y analizar todas las leyes del gobierno con el fin de demostrar la arbitrariedad de cada una de ellas.

El tiempo, me dijeron, lo teníamos sin limite. Pero me preguntó Goar: «¿Tú crees, José Ignacio, que puedas lograr esa proeza?». «Yo no sé, Goar, –le respondí– porque no se trata de mí sino de todos. Si no quieren hacerlo por temor o por lo que sea es asunto de ellos y su conciencia. Por mi parte, si fracasa el plan, que sería el primer movimiento de oposición abierto dentro de la isla, yo sigo haciéndolo desde el periódico».

Preparando el camino

Mientras preparábamos el camino para el «golpe» al régimen ante la opinión pública explicándole confidencialmente el plan a los que debían firmar el documento y aparecer en la televisión, recibimos una nueva llamada telefónica del periódico *The Miami Herald*, para solicitarnos una entrevista sobre el estado actual de la libertad de expresión en Cuba, tema de actualidad permanente y más en vísperas de una asamblea de la SIP. No me hallaba en esos momentos en la casa del *Diario* y no pude por consiguiente atender a esa llamada. Le agradecí esas llamadas en la primera página en una nota en la que le reiteraba que, dada nuestra condición de periodistas con un órgano de opinión responsable, creía que era nuestro deber opinar sobre esa materia en nuestras páginas como había dicho en un reciente artículo que titulamos «*Hablemos claro*».

Posteriormente visitaron nuestra Redacción Mr. Jay Mallin y Mr. Andrew St'George destacados corresponsales de la revista *Time* y *Life*, las dos importantes revistas norteamericanas de gran circulación local, continental y mundial, con idéntico propósito. Como quiera que esos colegas se habían molestado honrándonos con su visita, respondí cortésmente al interrogatorio que me fue formulado. En la nota agregábamos lo siguiente:

«Es criterio muy firme de la Dirección del Diario *que estas cuestiones se ventilen en Cuba y no en el extranjero, mientras sea posible exponerlas aquí. Precisamente por esta razón he declinado concurrir por mi propio derecho o por delegación a la Conferencia de la SIP que habrá de comenzar el día 5 en San Francisco de California. El* Diario *se honra en pertenecer a ese ilustre areópago de periódicos libres de toda la América y siente por cada uno de ellos y por la organización que los agrupa un gran respeto. Pero estimo que en estos momentos mi presencia en ese congreso pudiera interpretarse como una apelación o queja de este periódico a ese organismo panamericano. Nunca ha sido ese nuestro objetivo. Defendemos la libertad de expresión como un deber ineludible de todo periodista y de todo periódico y, al amparo de ella, hemos dado nuestra versión del caso cubano, no a manera de denuncia, ni para promover polémica, sino por un compromiso de veracidad con nuestros lectores y con todo el pueblo de Cuba. José I. Rivero.»*

Con estas líneas estábamos insistiendo en nuestro principio de que la lucha contra el enemigo de la patria había que darla dentro de la misma patria. Unos de una manera y otros de otra, Según su posición o circunstancia.

Seguimos con nuestra gestión para organizar la comparecencia ante la televisión de los hermanos Mestre. Los primeros invitados para aparecer públicamente en este propósito se excusaron por distintas razones. El tiempo pasaba y no se lograba nada. Nosotros seguíamos por nuestra parte «embistiendo» al régimen comunista desde nuestro diario. El «fuego» se expandía cada día más contra nosotros por la radio, la televisión y la prensa revolucionaria.

Muestras muy en síntesis del ataque enemigo

«El miserable, insidioso y putrefacto vocero falangista de Prado y Teniente Rey intenta aprovechar la visita de Anastas Mikoyan para difundir una nueva dosis de veneno. Las reticencias con que 'La Decrépita' anuncia el viaje próximo del funcionario soviético están un poco traídas por los pelos.. ¡Hay que ser muy canalla y muy miserable y muy indigno para tratar de crearle dificultades al progreso de un pueblo sólo porque ese progreso afecta intereses egoístas, tierras mal habidas y peor heredadas, negocios incubados al margen de toda utilidad lícita y privilegios construidos al amparo del crimen y el latrocinio!». (Revolución 1 de febrero de 1960)

No había día en que en ningún medio de comunicación faltara el editorial, la información o la caricatura insultando a nuestro periódico o a nuestra persona. Los ataques estaban todos dirigidos a incitar al pueblo contra nosotros. Nuestros argumentos en contra del rumbo ideológico de la revolución eran respondidos violentamente incluso con dibujos violentos y vulgares. Pero nosotros no perdíamos la calma en nuestras páginas y continuábamos diciendo todos los días lo que pensábamos de la proyección del gobierno y de sus leyes comunistas. No vale la pena hacer una síntesis de los rudos y salvajes ataques que se nos hacían. No cabrían en este libro. Los tenemos todos encuadernados por una agencia de recortes de prensa y ocupan un gran espacio en nuestra modesta biblioteca. Ahí están como el mejor galardón que hemos recibido en nuestra vida por defender la libertad.

Todos los periódicos destacaban la comparecencia de Ernesto (Ché) Guevara en el programa "Ante la Prensa" la noche del cuatro de febrero de 1960. Hacemos a continuación un resumen muy en síntesis de dicha comparecencia en cuanto a lo que Guevara, entonces presidente del Banco Nacional, se refirió a nosotros:

«El comandante Ernesto Guevara, presidente del Banco Nacional, asistió anoche, en calidad de invitado, al programa 'Ante la Prensa', por los canales de CMQ-Televisión El panel estuvo integrado por Luis G. Wanguemert, Nivio López Pellón y Carlos Castañeda. Actuó de moderador el doctor Jorge Mañach.»

«PERIODISTA: Doctor Guevara: Últimamente han aparecido unas declaraciones suyas en la revista 'Bohemia', a mi modo de ver muy esclarecedoras, sobre la política revolucionaria del Gobierno, político económico. En esas declaraciones hay una afirmación como la siguiente: 'El gobierno Revolucionario no guarda para sí el derecho absoluto y exclusivo de intervenir en estas líneas –las industrias que se han citado anteriormente–. Reservándose así el derecho de controlar

la inversión e intervenir en industrias a la medida que lo crea procedente desde el cincuenta y uno hasta el cien por ciento'. A su vez, en el editorial de La Marina *del día de hoy se comentan esas declaraciones y después de sentar una serie de principios relativos a ellas y estar de acuerdo con algunas cosas, concluye de la siguiente forma específicamente a ese texto que yo cité de la revista* Bohemia: *'nosotros no dudamos que muchas de estas posiciones iniciales, las de las intervenciones estatales a las empresas, sean revisadas un día próximo, no por abandono de los grandes que la Revolución persigue, sino en razón precisamente de sus servicios. Entre tanto abogamos por el debate libre y constructivo entre gobernantes y gobernados'. Mi pregunta, señor Presidente del Banco Nacional, es ésta: Ante esas declaraciones suyas, ¿habría algo que añadir de parte suya, no porque estuvieran confusas, sino para ahondar más en la tesis revolucionaria?*

DR. GUEVARA: *Bueno, precisamente yo traía el editorial del* Diario de la Marina, *y traía la Revista* Bohemia...

PERIODISTA: *¡Ah! Coincidimos...!*

DR. GUEVARA: *Traía la revista* Bohemia *para al mismo tiempo que doy las gracias al compañero Castañeda por lo bien que me ha tratado en la entrevista, hacer una pequeña puntualización. La revista presentó muy bien en un cuadro aparte: 'siete Revelaciones en el Futuro Económico', se llama el título, y esto es algo que la gente lee más, es decir, lee mucho más este párrafo que es prácticamente una condensación de la entrevista, que toda la entrevista. La parte segunda, donde se refiere a la industrialización del país, faltó solamente una palabrita, la palabra 'básica', y usted leyó primero la parte de la entrevista donde se refiere a la palabra 'básica'.*

El editorial del Diario de la Marina *en lo que objeta las declaraciones mías, toma el párrafo donde la palabra 'básica' ha sido descuidada. Entonces el* Diario de la Marina *dice:* 'Ahora bien, existe un punto que estimamos de la mayor importancia en la proyección del Presidente del Banco Nacional siguiendo la industrialización progresiva pero ineludible del país a una forzosa participación gubernamental no nos parece adecuada, ni al modo, ni al tiempo cubano'. *Es decir, ellos* (La Marina) *después abundan que en primer lugar porque "estimamos que la empresa libre es más eficaz para el desarrollo que la empresa estatal", algo que también es muy objetable, por lo menos yo me siento en capacidad de objetarlo, con datos. Etcétera.* Las respuestas del Ché Guevara, aunque no tan largas como las de Fidel Castro, se hacían interminables. Demos, pues, un salto a los párrafos donde más nos alude con verdadero cinismo).»

«*Es la eterna discusión entre los partidarios de la libre empresa –que yo pondría entre comillas–* (decía por otra parte el "Ché" Guevara) *y los partidarios de una economía dirigida. El* Diario de la Marina, *por supuesto, es un firme defen-*

sor de la "libre empresa", y la "libre empresa" tal como la entiende el Diario de la Marina *funcionó en un cien por ciento hasta el Primero de Enero de 1959, y con algunas restricciones, pero no las suficientes, hasta mediados del año 1959.»*

«Ahora, cada vez que el Estado tome una empresa la toma para darle los servicios al pueblo de Cuba, la ganancia que tenga se revierte en obras de beneficio para todo el pueblo. Nosotros consideramos que esa es la política justa, pero yo quisiera abundar un poquito más en esta polémica que se ha suscitado hoy con el Diario de la Marina, *porque es interesante.»*

«El Diario de la Marina *se refiere también a que 'la política del país tendrá que ser, dentro de una larga perspectiva, un país de economía abierta para poder usufructuar el beneficio de sus tradicionales riquezas de exportación', dice el* Diario de la Marina... *Eso significa, en un lenguaje claro, que todas las restricciones tendrán que ser suprimidas, y tendríamos que volver a la época de nuestras exportaciones tradicionales, es decir, azúcar, café y tabaco, fundamentalmente. Pero ¿cuál es el panorama?...»*

«Lo que el Diario de la Marina *pregona en su editorial es simplemente seguir en un tipo de economía colonial, y si por algo se ha caracterizado el Gobierno Revolucionario es por haber destruido los lazos coloniales, tanto en lo económico como en lo político»* (Aplausos de los oyentes de turno que lo mismo aplaudían a Batista primero que a Fidel Castro después).

«Esta tesis del Diario de la Marina *ya no solamente está en contra de los postulados generales de la Revolución, que nosotros pretendemos que son los postulados generales del pueblo sino que también está en contra de los postulados de una de las clases que tiene dinero, es decir, que podría suponerse que está en contra de la Revolución, que es precisamente la de los industriales. Yo quisiera saber si el* Diario de la Marina *ha hecho una encuesta entre los industriales para averiguar si ellos están o no de acuerdo con las restricciones a ciertas importaciones...»* (¿Encuesta para qué, decíamos nosotros, si veíamos a tantos industriales, capitalistas, comerciantes, etc, cooperando por oportunismo con la revolución, regalando tractores para la reforma agraria y fotografiándose con Fidel Castro y el resto de los ministros del régimen...? Nosotros sabíamos de sobra lo que pensaban y querían las clases vivas y el pueblo de Cuba. No nos hacía falta ninguna encuesta. El pánico hubiese cundido entre muchos «vivos» de las clases vivas ante una encuesta de esa naturaleza. El «paredón» o la cárcel estaban abiertos por razones más insignificantes que una encuesta en contra de la polí-

tica del gobierno... Además, nos bastaba con el resultado «negativo» cuando privadamente le consultábamos a tantos lo de la comparecencia ante la televisión.)

No deseamos llenar estas páginas con todas las palabras del «Ché» Guevara sobre el *Diario de la Marina*. Tenemos muchas otras cosas que relatar en este libro sobre nuestras experiencias vividas en contra del comunismo en Cuba primero y en el destierro después.

Algunas amenazas físicas

El Nuncio Apostólico nos había dicho en cierta ocasión que sí la revolución de cualquier forma nos atacaba físicamente él estaba dispuesto a hablar personalmente con Fidel Castro y presentarle formalmente su protesta como representante del Vaticano en Cuba. Nos pidió que lo tuviéramos al tanto sobre esta cuestión porque sobre la polémica verbal y pública nada podía hacer ni lo creía necesario. Le dimos las gracias por su espontáneo ofrecimiento pero al mismo tiempo le expresamos que estábamos dispuestos a continuar con el enfrentamiento ante la opinión pública hasta que Dios lo permitiera.

Las agresiones y embestidas verbales entre el régimen y nosotros que no cesaban un solo día a gritos de «paredón», nos rodeaban por todas partes. Pero una vez a las diez de la noche cuando nos dirigíamos al periódico nos detuvo en medio del túnel del río Almendares un automóvil de la policía revolucionaria. Enseguida, antes de que uno de los policías se nos acercara, le dije a mi chofer: «bájate rápido y pregúntale cual es el problema»... Pero el policía se adelantó, me miró a la cara y le dijo al chofer: «a quien queremos es al que va con usted. Síganos hasta la Estación». Al llegar a la antigua estación de la calle Zanja me introdujeron junto con el chofer en una «jaula» con una banqueta donde me mantuve sentado toda la noche y la madrugada y rezando el rosario. No se me quitaba de la cabeza la idea de que desde esa jaula me trasladaban a otra de «La Cabaña» cuidada por los peores sicarios del régimen. Nadie en el periódico estaba enterado aún del por qué de mi ausencia ni se sabía donde yo estaba. Le hice señas a uno de los guardias sacando el brazo por entre las rejas y vino a preguntarme lo que deseaba. Le dije que le pidiera al capitán que me dejara llamar por teléfono para ponerme en contacto con el periódico. No me dejó hacerlo, pero después de un rato parece que lo pensó bien y me dejó salir de la jaula para que hiciera junto a él la llamada. Me comuniqué con la Jefatura de Redacción y les dije que me enviaran periodistas del *Diario* y que avisaran a todas las agencias de noticias para que informaran a la opinión pública del caso. Aproveché para preguntarle al capitán de la estación sobre la razón de mi detención, sacó de un estante una carpeta donde tenían apuntado todos los casos allí presentes. Y, haciendo que la leía, me respondió: «se le detiene por sospecha". ¿Por sospecha de qué? Le pregunté. Y me dijo: «pregúnteselo al capitán que me sustituye a mí dentro de una hora»... Era una guerra de nervios... Y yo que padecía de claustrofobia desde que me quedé un día entero encerrado en un ascensor en Nueva York cuando estudiaba en el colegio, comencé a sudar frío por lo del encierro. No lo sabían porque de lo contrario me hubiesen dejado encerrado dos o tres días más. Gracias a Dios esa claustrofobia se me desapareció en el exilio después de tantas y tantas vueltas que he tenido que dar por el mundo encerrado en aviones de todo tipo y tamaño...

Al fin comenzaron a llegar los periodistas y el capitán ordenó abrir las rejas para que me soltaran, no sin antes decir yo en voz alta desde la jaula que si me dejaban allí no saldría el periódico esa mañana. Cuando abrieron la puerta para que saliera me dirigí como un bólido al automóvil diciéndole a todos los que fueron a rescatarme: «lárguense rápido, no vaya a ser que se les ocurra cambiar de opinión...»

No quise contarle esto al Nuncio que me había prometido quejarse ante cualquier agresión física. No consideraba esta una provocación de importancia para mi persona. No lo hice nunca ante muchas otras agresiones similares, pero un día me llamó por teléfono un vecino para decirme que mi casa estaba llena de milicianos cargando metralletas. Mi esposa y mis hijas estaban en la casa. La llamé y me dijo: «No te preocupes que aunque todos están acostados en el jardín yo misma he ayudado a la sirvienta a pasarles café a todos». «Pero ¿ya se marcharon?, le pregunté. «No –me respondió– aquí siguen y no dicen ni una sola palabra»... «Pues voy para allá. Prepara las maletas tuyas y de las niñas porque las voy a enviar para Mami enseguida"... Llamé a Jaime Caldevilla, agregado de prensa de la embajada de España para que fuera a mi casa y salí del periódico enseguida en dirección a mi casa. Ya Caldevilla se las había llevado para su residencia. Allí me despedí de ellas y les dije: «ánimo, nos veremos pronto» Yo pensaba que nadie iba a tolerar el comunismo en Cuba. Pero en eso me equivoqué. Estas cosas le ocurren siempre a los que se enfrentan con pasión y sinceridad a una causa que se cree justa. Cuando escribo estas líneas en el destierro han pasado ya más de cuarenta y un años de dictadura comunista en nuestra patria...

Esta vez sí molesté al Nuncio Apostólico teniendo en cuenta su ofrecimiento. Me fui enseguida a la nunciatura y le expliqué lo de los milicianos en mi hogar. Me dijo que eso era una agresión física y que esa tarde tenía que ver a Fidel Castro en una recepción diplomática. «Me quejaré de esa agresión, Rivero, mientras tanto quédese en la nunciatura hasta que yo vuelva». Me llevó a su habitación y me dijo que descansara mientras tanto en su propia cama. Las horas pasaban y el Nuncio no regresaba. Era muy tarde ya y llamé por teléfono a un amigo para que me llevara a la casa de Ambrosio González del Valle, ayudante mío en el periódico. En su casa dormí esa noche y estaba dispuesto ya a asilarme porque la cosa conmigo se estaba poniendo demasiado peligrosa, demasiado caliente y me sentía sólo como un. «balsero» en medio del mar rodeado de tiburones y de «gallinas»... Esa noche llamé al *Diario* para decir donde estaba y al día siguiente se apareció en casa de Ambrosio el Padre Amando Llorente S. J. Director de la Agrupación Católica Universitaria y director espiritual mío para que desistiera de mi decisión de ausentarme del país. «No puedes abandonar la lucha, José Ignacio, cuando se la estás ganando moralmente a Fidel ante los ojos de todo el mundo».

Me di cuenta meses después cuando a Castro no le quedó otro remedio que callamos la boca por la fuerza de las metralletas que Llorente tenía razón. En aquel momento no comprendía bien lo que me aconsejaba. Me sentía acosado por todas partes y la verdad es que ya temía por mi vida. Sobre todo porque veía a muy pocos, o a nadie, exponerse pública y diariamente a tan grave peligro. Me salió del corazón una pregunta que más tarde me pareció un tanto injusta: ¿Y que hacen ustedes para ganarle esa batalla a Fidel Castro? Me respondió así: «No te preocupes, José Ignacio, de lo que hacen los demás; preocúpate tú de lo tuyo, de tu obligación. Tú tendrás que rendirle cuentas a Dios por tus obras y no por las de los demás. Muchos están haciendo lo que no se ve». Sí, Padre. Pero yo creo que ya he hecho más de lo que mi conciencia me pide. No puedo seguir esta batalla periodística tan seguida tan larga y tan peligrosa ¿Qué más voy a hacer? «Pues seguir aunque tengas que llegar al martirio», me respondió.

Guardé silencio por unos minutos. Y con la sangre casi congelada con eso del martirio me fui para el periódico y me pasé toda la noche escribiendo en mi despacho. He aquí algunas de los sentimientos que volcamos en la maquinilla de escribir y que publicamos en la primera página del periódico con fecha del 3 de abril de 1960 y bajo el título de «Con Dios y mi conciencia». A continuación unos párrafos del mismo:

«Hoy es Domingo de Pasión. En esta ocasión en que se avecina la Semana Santa, esa Semana que tantos debieran tener presente no sólo en estos días sino durante todas las semanas del año, creo que nada mejor pudiera hacer que hablar sin rodeos y con toda claridad y sinceridad sobre los motivos que nos animan a mantenernos firmes en nuestra proyección periodística y que nos obligan a proseguir públicamente sin vacilaciones en la defensa de nuestras ideas, aunque sabemos que esta actitud conlleva sin lugar a dudas grandes sacrificios, grandes sinsabores, grandes inquietudes y algún que otro desengaño.

El genuino sentido cristiano de la vida que nos enseñó el Hijo de Dios hecho Hombre desde que vino al mundo, en un humilde pesebre, hasta que murió en una Cruz para redimirnos, es el de la naturalidad y la entereza encaminadas al bien. El desequilibrio es incompatible con la naturalidad, como la incertidumbre y la indecisión los son con la entereza. Por eso, un cristiano no de forma, sino de fondo, lo es cuando su misión, sea cual fuere, la cumple a plenitud. La comienza y la acaba sólo cuando Dios quiere, pero siempre cumpliendo uno la misión encomendada con firmeza y decisión. Y todo ello sin espectacularidad, sin aspavientos, sin dramatismos, sin teatralidad, porque el mundo no es teatro, sino escenario creado por Dios para que en él los hombres le sirvieran por amor, y no se sirvieran a sí mismos, dejándose llevar por pasiones desenfrenadas.»

Y seguíamos diciendo:

209

«*Cuando redactamos unas cuartillas para comunicarnos con nuestros lectores, lo hacemos convencidos de que lo que escribimos nos brota del corazón y de la cabeza, y a la vez, aunque la cabeza y el corazón nos hagan decir cosas que no agraden a algunos o a muchos, con más o menos poder. Esa es nuestra cabeza y ese es nuestro corazón. Allá los que piensen y sientan con cabezas y corazones ajenos a los suyos.*

La cobardía es abandonar el sitio por el riesgo que en él se corre. El heroísmo, que no es otra cosa que sobrellevar con dignidad los sinsabores que acompañan el camino de la vida ha de ser cosa natural en un cristiano. La cobardía, que no es más que la claudicación ante las duras pruebas de la existencia, no encaja a aquél que quiere seguir a Cristo. Nada de extraordinario tiene el cumplir con el deber. Lo extraordinario es el no cumplirlo. No soy hombre de alardes. Los que me conocen lo saben bien. Me gusta. Me gusta cumplir con mi deber sencillamente. Decir lo que pienso y lo que siento con igual sencillez, sin miedo al qué dirán.

El oficio de periodistas es arriesgado, en todas las épocas, pero más en aquellas como las que vivimos hoy en nuestra tierra en que las pasiones se desatan y ciegan a quienes quieren perderse en el caos que ellas mismas crean. Sí el heroísmo del soldado es combatir con las armas, el heroísmo del periodista es combatir con la pluma. Aquel es más espectacular; éste es menos aparatoso. Yo escogí el segundo. Y no me arrepentiré jamás, porque creo que a la larga las ideas derrotan siempre a los fusiles. Ya lo dijo José de la Luz Caballero: 'La palabra es más poderosa que el cañón'. Y también lo dijo Martí: 'Trinchera de ideas valen más que tricheras de piedra'.

Mucha gente nos aconseja que nos hagamos de la vista gorda algunas veces. Y algunos lo hacen de buena fe, velando por nuestra salud y por la del periódico que dirigimos. No obstante, como no estamos nada más que con Dios y con nuestra conciencia, de todo corazón les agradecemos las buenas intenciones, pero no seguimos el consejo. Ni lo seguiremos nunca ¿ Acaso puede haber buena salud cuando uno se engaña a sí mismo y engaña a los demás? No concebimos que una persona sea saludable porque no le duela una muela o porque su hígado funcione bien, si se traiciona, allá en el fondo de su alma. De igual manera, no puede decirse que un periódico goza de buena salud porque salga todos los días a la calle repleto de páginas, con abundancia de anuncios, y ninguna coletilla, si en vez de cumplir su función orientadora deserta de ella y se une al coro de los que dicen a todo que sí, y contribuyen de esa manera a sembrar más confusión y más oscuridad en el ambiente.

Al Diario de la Marina *no le interesa esa salud. Tampoco me interesa a mí.. La repugnamos. Es más, preferimos llegar al raquitismo y a la anemia físicos, conservando la salud moral. No se crea, sin embargo, que le damos importancia a esta actitud. Ni siquiera nos parece 'un gesto'. en la acepción un tanto vanidosa que suele darse a esa expresión. Las 'poses' no nos interesan. Sólo nos importa, repe-*

timos, cumplir con el deber, usando nuestra cabeza y nuestro corazón. Pensar con la propia cabeza, es un peligro muy serio cuando las cabezas se agachan ante una cabeza arrogante que se empeña en dominarlas a todas. Pero la historia enseña que a la hora de rodar las cabezas por el suelo, lo mismo caen las agachadas que las erguidas. En la caída de las segundas, hay por lo menos más elegancia..

Cuando se toma una postura así, ya pueden seguir tronando todos esos vociferantes que han escogido al Diario *y a su Director como blancos preferidos de sus insultos e insolencias. El qué dirán no nos apartará nunca de la* diritta via *que cantó el poeta cristiano de Florencia. Y menos el que dirán de los que sólo dicen falacias y vituperios. Porque el* Diario *y yo hemos asumido esta conducta no para halagar a unos y provocar a otros, sino para estar a bien con Dios y con nuestra conciencia.*

En junio de 1960, un mes después del cierre por la fuerza del *Diario de la Marina*, Richard E. Berlin, presidente de Hearst Corporation, la famosa cadena de periódicos norteamericana, en el discurso que pronunció durante la graduación de los alumnos de la Universidad de Seattle del estado de Washigton, dijo al final del mismo lo siguiente que reproducimos tal como lo dijo en inglés:

...«Idleness, laziness, featherbedding, waste, the tendency to try to get the most and give the least -these are our most dangerous diseases. These can destroy América. They are the termites eating into and rotting the foundations of our society.

I hope you will prove immune to them. I hope you will show the courage and the spirit reflected in an editorial I read recently. This editorial was not written by Horace Greely or William Randolph Hearst. It was written by a young man in Cuba whose name is hardly known elsewhere, but whom history will surely record as one o the great of patriots of his country.

I know this young man's father, who was a fearless fighter for the principles of democracy. His son seemed to be a mildmannered, unemotional young man. Yet the editorial he recently wrote at the risk of his life glows with the courage that he has inspired the spirit of freedom in mankind throughout history.»

Mas adelante en su discurso Richard A. Berlín leyó una gran parte de nuestro artículo y terminó diciendo:

«This paper was confiscated by the Castro Government on May 12. I understand my friend, José I. Rivero is alive, under the protection of a foreign Embassy in Havana.

The author of this editorial is a young man who I believe was trained by the Jesuits Fathers. Their teaching obviously took root and has yielded fruit. His philosophy of life leads me to express to you one final thought:... "At the end of your student days and the commencement of your life in the world, I ask you to remember what you learned as a child —THAT YOU WERE CREATED FOR

THE GREATER GLORY OF GOD, and that which necessarily follows– THE SALVATION OF YOUR OWN SOUL. These are the ends to which all material things are a means. Anything which tends to swerve you from those ends, however pleasant or gratifying, must be put out of your life if you are to attain success...»

Continuábamos en nuestra misión de mantener viva la lucha contra la revolución comunista. Decimos «misión» porque ya no se trataba de hacer periodismo como en épocas normales. No nos interesaba ya el anuncio. Los lectores aumentaban a «chorros». El público que no era del *Diario de la Marina*, es decir, el hombre de la calle, el que no era subscriptor, se arrebataba el periódico como «pan caliente», a tal punto que muchos estanquillos tenían letreros que decían: «NO HAY MARINA, NO PREGUNTE MÁS»... Claro que nuestro *Diario* se sostenía a base de la subscripción y del anuncio. La venta en la calle producía pérdida económica. Si a este aumento de la venta al público se le unía la casi desaparición circunstancial de los anuncios, la situación económica de nuestra empresa era trágica. ¿Cómo mantener en pie al periódico? Eso es lo que quería Castro: estrangularnos económicamente hasta que cerráramos sin que tuviera que utilizar la fuerza. Pero nosotros seguimos sin inmutarnos. Estábamos dispuestos a seguir imprimiendo el periódico aunque fuese en una hoja sola. Los Rivero nos apretamos los pantalones y seguimos en Cuba agotando poco a poco todos nuestros recursos económicos.

En medio de toda esta vorágine nos llama un día por teléfono el embajador Bonsal de los Estados Unidos y nos pregunta en medio de una larga conversación si yo podía explicarle el por qué de los ataques de Fidel Castro a su país. Le respondí enseguida: porque es comunista, embajador. ¿Por qué nos ataca a nosotros? Porque somos anticomunistas, A Bonsal le costaba trabajo entender esto. "No lo entiendo Rivero. Los americanos tratamos por todos los medios de ser amigos de Castro. Su actitud es incomprensible" Y mientras más amigos quieran serlo, más enemistad les demostrará, le respondimos. Son órdenes de Moscú. La política del Kremlin de ahora es la de establecer una cabeza de playa o una base comunista en Cuba para intimidar a Washington.

Con el tiempo se vio que teníamos razón. La conversación terminó invitándonos a comer en su casa del Country Club con nuestra esposa. La noche de la comida nos sorprendimos al ver quienes estaban invitados a la misma. La plana mayor del gobierno revolucionario. Era una cena en el comedor de la casa. Increíble: estábamos sentados en la misma mesa con Raúl Castro, Armando Hart, Felipe Pazos, Rufo López Fresquet y otros miembros del consejo de ministros. Los únicos que nada teníamos que ver con la política y mucho menos con la revolución éramos Herminio Portel Vilá y nosotros. A los dos nos sentaron junto en la

mesa y en voz baja nos decíamos: ¿qué pintamos nosotros aquí? Cuarenta años después de aquella comida todavía nos hacemos la misma pregunta...
Pero, cosas de la vida, los comensales revolucionarios se mostraron muy amables con nosotros. No se produjo ningún incidente verbal. Tal parecía que el embajador quería limar asperezas o sacar algo claro de aquella reunión.

PRIMERA PAGINA DEL ROTOGRABADO DEL DIARIO DE LA MARINA, EL VIERNES SANTO, 15 DE ABRIL DE 1960, 26 DIAS ANTES DEL ASALTO ARMADO AL EDIFICIO. ESTA PAGINA IRRITO TREMENDAMENTE AL TIRANO, QUE REDOBLO SUS CONSTANTES ATAQUES.

Con Amadeo Barletta en la embajada de Italia

Al periódico El Mundo lo acababan de confiscar y su dueño Amadeo Barletta, con sus hijos, se refugió en la embajada de Italia. Una tarde me fue a visitar un empleado de la embajada con el anuncio de una página entera de Barletta defendiéndose de la injusticia del régimen. El sobre venía acompañado de un cheque en dólares por el valor del espacio que se salía de lo normal. Me senté a leer el texto de Barletta mientras el mensajero de la embajada esperaba sentado en el sofá de nuestro despacho. Al terminar de leerlo le entregamos el sobre con el cheque dentro y le dijimos: «Dígale al señor Barletta que nuestro *Diario* es su periódico y que no tiene que pagar nada por lo que desee publicar en nuestras páginas. Al siguiente día salió a toda plana la carta de Barletta y después destacamos en nuestra primera página un editorial que hicimos apoyando todo lo que decía don Amadeo en su propia defensa y en su crítica a la revolución castrista. Llamamos por teléfono a nuestro fiel amigo Luis Estéfani, quien estuvo a nuestro lado durante los días más difíciles de nuestra contienda periodística, para que nos llevara en su automóvil a la embajada de Italia. Allí nos recibió el embajador y enseguida llamó a Barletta. No se me olvidará nunca el abrazo emocionado que me dio. El, tan fuerte y grueso y yo tan débil y delgado que por unos minutos no pude emitir ni una palabra. Nos sacó casi todo el aire que teníamos en los pulmones. Al mismo tiempo gritaba: «Barletica, Barletica, baja que aquí está José Ignacio». Con ellos estuvimos largo rato y antes de despedirme nos entregó una serie de fotografías y de copias de cheques de algunos de sus empleados que seguían cobrando mientras estaban en la Sierra Maestra y que se convirtieron en sus enemigos cuando «triunfó» la revolución, Todo lo publicamos en nuestro suplemento de rotograbado. Uno de ellos se había convertido en nuestro mayor detractor por la radio y por la televisión. Años, muchos años después en el exilio nos reconciliamos.

CARTA SIN SOBRE
A LA CARIDAD DEL COBRE

El día de las madres de 1960 le dedicamos en Cuba la siguiente
«Carta sin sobre» a laVirgen de la Caridad del Cobre:

«Venerada Madre de todos los cubanos: A nadie mejor que a Ti podemos dirigirnos, a Ti que estás siempre en el centro de nuestra vida espiritual. Dios nos regala mucho en esta vida, aunque nos depare duras pruebas también. Es la infinita bondad del Padre, que nos ama y sabe bien lo que en cada momento mejor nos conviene. Y entre los regalos que Dios nos ha hecho, el más grande, el más sublime y el más alentador, es el regalo de una madre. Sin la madre, la humanidad tan huérfana de tantas cosas, por culpa de los mismos hombres, padecería de una orfandad total y se sentiría en perenne tiniebla. Por eso Tú, que conoces mejor que nadie el corazón de Dios, sabes que El, no queriendo crear un mundo huérfano, sin alegrías y sin esperanzas, en medio del dolor que es el mundo, nos dio una madre en la tierra y otra en el cielo, que eres tu misma.

Por que sé bien lo que es tener madre, hoy más que nunca, pienso en la mía que me dio el ser, madre abnegada, llena de virtudes. Pienso en mi esposa, madre de mis hijos. Y pienso en Tí, Madre del Cielo, con especial devoción, en Ti que eres faro en nuestras noches, consuelo en nuestras tribulaciones y esperanza en nuestra aflicción. Nuestra Patria, esta Patria cubana que Tú tanto quieres, pasa hoy por momentos difíciles. Rachas de violencia y de materialismo la asolan y, a ratos, parece que va a zozobrar, como aquella nave pequeña que Tú una vez salvaste de la furia de las olas. Los malos cubanos son los que niegan a Dios, los que rechazan tu maternal pureza, los que quieren colocar en tu altar a los ídolos monstruosos de la envidia, el odio, la venganza y la persecución.

Hoy más que nunca, cuando el anticristo rojo asoma por todas partes sus garras, necesitamos de Tu presencia luminosa y protectora. No te pedimos que contra tus enemigos, que son los nuestros, se desate el mismo odio que ellos sienten por nosotros. No te pedimos el odio para los odiadores, ni la violencia para los violentos. Sólo te pedimos que levantes tu mano y le cierres el paso al puño cerrado del odio, a la furia implacable de la persecución, al afilado hierro de la violencia. No nos dirigimos a Ti para que confundas o fulmines a nuestros adversarios, aunque ellos nos odien a muerte. Hemos puesto nuestro destino personal enteramente en las manos de Dios para que El decida lo que ha de ser de nosotros, de este humilde hijo tuyo que sólo anhela vivir para servir a Tu causa, que es la causa de la dignidad, de la entereza, de la comprensión, de la sensatez y del amor, la causa de todos los cubanos honrados y cristianos.

Para nada que solo a nosotros concierna, nos dirigimos a Ti, pues nuestra suerte está echada en el seno del Todopoderoso, Tu Hijo; si te clamamos y rogamos es por Cuba, por su pueblo, que tiene derecho a esperar que el amor no se extinga de esta Isla y que la violencia y la injusticia no arranque de raíz sus sentimientos más nobles. A mi se me injuria, se me calumnia, se me delata falsamente, se me quiere destruir en lo físico y en lo moral. Y todo, porque quiero lo mejor para Cuba y hablo con sinceridad a costa de los mayores sacrificios y Tu lo sabes muy bien. Pero esto es secundario, Virgen de la Caridad del Cobre. ¿Qué es este pobre átomo llamado José 1. Rivero ante la grandeza de la Patria y ante el destino de sus hijos, que también lo son tuyos? ¿Qué significamos nosotros ante la majestad de la causa cristiana que nos ha tocado defender contra viento y marea en la hora más difícil cuando mayores son las amenazas y los peligros, cuando los enemigos de la cristiandad se aprestan en todas partes al asalto final?

¡Son tantos los agobiados y los angustiados, tantas las madres que lloran a los hijos muertos, o presos, o perseguidos o desterrados, tantos los hijos que sienten palpitar desde lejos o entre rejas el corazón acongojado de sus madres, de sus seres queridos, tantos los que han sido víctimas de despojos o están seguros de que van a serlo, y no tienen más tribuna a que recurrir que el Tribunal de Dios, ni más abogada que Tú, Virgen de la Caridad del Cobre. Tiende ese manto purísimo de tu caridad sobre todos los que sufren. Y te pido desde lo más profundo de mi corazón, que perdones a los que aborrecen y a los que ofenden, –aunque los que ofenden y aborrecen no crean que pueda haber corazones ofendidos que pidan por ellos– pero no permitas que esos sentimientos destructivos prevalezcan en nuestro suelo.

En esta tempestad de ahora, más lóbrega que aquella en que Te apareciste a los humildes pescadores, vuelve a nosotros y salva a nuestra nave del naufragio y no la desampares hasta que enfile el puerto seguro.

Madre de Madres, en este día te ofrezco la flor roja de mi corazón con el propósito firme de ofrecerte humildemente, todo lo que de mi exijas, por Cuba y para mayor Gloria de Dios. J. I. R.»

A continuación la coletilla que hipócritamente le colgaron a nuestra «Carta sin Sobre» los rabiosos revolucionarios castristas:

«ACLARACIÓN.- Periodistas y obreros gráficos de este centro de trabajo lamentan, muy mucho tener que 'coletillar' este artículo en que se invoca la intercesión de la Santísima Virgen de la Caridad del Cobre en bien de Cuba y sus hijos. No debió en estas invocaciones que debieron ser puras, aparecer la expresión de 'los que han sido víctimas de despojos o están seguros de que van a serlo y no tienen más tribunal a que recurrir que al tribunal de Dios'. Esto, francamente, es blasfemar en un templo.»

Burla a su propio veneno

Poco antes del asalto físico al periódico escribimos en nuestra columna «Buenos Días», que firmábamos con el seudónimo de «Vigía», una serie de «coletillas» debajo de cada comentario para burlarnos de las mismas. A los «coletilleros» traidores a la libertad de prensa los irritamos de tal manera que ya no sabían que hacer. Veíamos desde nuestro despacho como algunos se levantaban constantemente de sus mesas de la Redacción y bajaban a la imprenta para estudiar lo que iban a hacer con la columna esa noche. La verdad es que estábamos concientes de que el estilo burlón no era propio de nuestro periódico, pero pensábamos también que era conveniente hacerles ver que no nos atemorizaban sus traidoras apostillas. Aunque ese día se extendió demasiado esa sección vamos a reproducirla a continuación para que vea el lector como la broma, el chiste o la burla, a veces saca de quicio al enemigo:

«Buenos Días, estimados Corredores de la Propiedad Inmueble. He visto que han nombrado ustedes una nueva Directiva. Supongo que la habrán seleccionado entre corredores muy rápidos y de distancias largas. Porque como ustedes y todo el mundo sabe^ hay que correr mucho ahora para vender algo

Buenos días, y no se desesperen porque aunque no se llenen mucho los bolsillos, sí se llenan los pulmones de aire con las carreras. Y esto es bastante saludable.»

«ACLARACIÓN: Esta Nota mañanera se publica por decisión de la empresa y de su autor, pero expresamos que Vigía exagera la nota, porque aquí el único aire que se respira ampliamente por los pulmones es el aire de la Reforma Agraria.»

«ESTA ACLARACIÓN no está hecha por el Comité Local de Periodistas y Gráficos de este Centro de Trabajo, sino por el propio autor del artículo, como habrá apreciado el lector.»

«INTERVENCIONES: Interviene EL INRA las fincas. Interviene el Ministerio del Trabajo las industrias. Interviene el Ministerio de Recuperación las propiedades. Y luego dicen que Cuba es contraria a las intervenciones...»

«ACLARACIÓN: Las consideraciones anteriores se publican por voluntad de esta empresa periodística y por voluntad de su autor, y aunque consideramos que no tienen nada de particular, nos vemos obligados a afirmar que tienen alguna intención, porque Cuba si es contrario a la intervención, pero no lo es en cuanto al despojo. El comentario siguiente nos luce a simple vista inofensivo, pero hay que leerlo con cuidado, porque este señor Vigía 'se le escapó al diablo'.»

«POSICIÓN VERTICAL: Después del triunfo de la Revolución en contra de la tiranía de Batista, oficial y públicamente están trabajando el Partido Comunista y las ideas comunistas –sean rusas o no, chinas o yugoslavas, comunistas o socialistas a secas van tratando de infiltrarse en nuestro sano pueblo, y aún entre los

que por su formación deben de estar muy claros, pero que se confunden por la exaltación revolucionaria. Más aún, en los sindicatos, en los Colegios de Profesionales– por ejemplo el Médico hay candidatos que se presentan a las elecciones claramente por el Partido Comunista o, por lo menos sabiendo todo el mundo que son de ideas comunistas. No somos órgano oficial de la Iglesia Católica ni tampoco su vocero, como malévolamente nos quieren atribuir. Pero como católicos que estamos atentos a la mente y a la voz de Roma, creemos firmemente que es hora ya de que en Cuba se aplique claramente y no se silencie esta posición vertical de la Iglesia y de los católicos del mundo entero ante el comunismo oficial o el comunismo ideológico.»

Creemos que es hora ya de que todos los católicos que honramos tan fervientemente a Nuestra Señora de la Caridad y proclamamos un credo social católico que ha sido magnífico exponente de la solidez ideológica del catolicismo cubano, lo apliquemos totalmente. Ahora estamos en el momento de saber proclamar con toda entereza y fortaleza cristianas la solidez de nuestra doctrina ante todo el mundo, que tiene puestos sus ojos en esta prueba del catolicismo cubano, que está sometido a una gran fuerza contraria, como es la del comunismo, proclamado públicamente por tantas personas, y entre esos tantos Marinello, por televisión.

En Roma, el último Sínodo –presidido por Su Santidad hace días– proclamó, con la sanción de denegar el Sacramento del Matrimonio a los comunistas y a los anticristianos, su permanente posición vertical contra el comunismo, más fuerte si cabe ahora, en que con tan formidables técnicas se quiere hacerlo penetrar en todo el mundo y principalmente en América.»

«ACLARACIÓN: En la aclaración anterior, la que va antes de este comentario sobre el comunismo y la posición vertical de la Iglesia, de que habla Vigía, decíamos que parecía inofensivo, pero como aclarábamos también que habla que leerlo con cuidado, lo hemos leído por segunda vez y ahora nos luce que sí es bastante ofensivo para la causa del comunismo y, por lo tanto, para hacer justicia alguna vez en nuestras 'coletillas', nos solidarizamos en parte con lo que dice aquí vigía.»

«ACLARACIÓN: Señores lectores, créanos a nosotros y no a Vigía, que lo que trata es de confundir con sus propias aclaraciones.»

«ACLARACIÓN: Vigía hace constar que le queda poco espacio para llenar su columna y, por lo tanto, suplica que se dejen de tantas 'coletillas'.»

«HISTERIA PROSOVIÉTICA: Es una verdadera histeria. Contra ella ha prevenido Eisenhower al pueblo de los Estados Unidos, a pesar de que ese pueblo está inmune contra ciertos virus y entre ellos contra el virus rojo. Eisenhower acaba de decir que los rusos han alcanzado, sin duda, éxitos en las exploraciones del espacio; pero que esto no quiere decir que sus éxitos sean iguales en otro campo. En todo lo demás están a bastante distancia detrás de las grandes potencias democráticas. Y las distancias morales son mucho mayores. Pues los rusos lo

mismo lanzan un satélite a cualquier país débil que les ofresca facilidades para su propaganda y sus maniobras de infiltración.»

«ACLARACIÓN: Estas consideraciones se publican por voluntad de esta empresa periodística,, pero como después de palpar la opinión relacionada con este asunto, las opiniones las encontramos divididas, nos abstenemos de dar la nuestra, porque somos 'cívicos', pero queremos evitar que nos llamen 'ñangaras'.»

«DESPEDIDA DE HOY: ACLARACIÓN. No sabemos aún cómo va a ser la Despedida de Hoy de Vigía, pero por si acaso prevenimos a los lectores ahora y ya veremos después.»

«Buenos días lectores. Y recuerden que no porque se quiera enmudecer a una persona, la van a convencer.

«ACLARACIÓN: Esta despedida de hoy se publica por voluntad de esta empresa y, desde luego, en uso de la legítima libertad de prensa 'coletillad' existente en Cuba. Pero expresamos también, en uso legítimo de ese "coletillado" derecho, que no nos agrada del todo que se despida así, porque es injusto pensar que nadie quiera convencer de nada a Vigía, ni mucho menos enmudecerlo. Sólo pretendemos coaccionarlo amablemente.»

«ACLARACIÓN: el autor de la Aclaración anterior es el propio Vigía, como habrá apreciado el lector. No dudamos de su sinceridad y patriotismo, pero en uso legítimo del derecho de libertad de prensa, expresamos que, aunque BUENOS DÍAS no contiene párrafos tendenciosos ni siembra el confucionismo, desgraciadamente si constituyen un ataque abierto a todos los 'ñangaras' del patio.»

«ACLARACIÓN DE VIGÍA: Como verá el lector por la siguiente 'coletilla', los coletilleros además de haber perdido la sindéresis, de que alardean en la misma, han perdido algo más importante: el buen humor. No cabe la menor duda de que la mayor falta de seriedad y la mayor tontería que puede haber en el mundo es una 'coletilla', que sí constituye una burla para la libertad de prensa.»

ACLARACIÓN DEL COMITÉ LOCAL DE LIBERTAD DE PRENSA DE PERIODISTAS Y OBREROS GRÁFICOS DE ESTE CENTRO DE TRABAJO. El Comité Local de Libertad de Prensa de Periodistas y Obreros Gráficos del Centro de Trabajo de *Diario de la Marina* aclara que la buera aclaración anterior, así como cualesquiera del mismo jaez que aparezcan intercaladas o debajo de este artículo, no han sido formuladas por este Comité Local de Libertad de Prensa. La poca seriedad del autor de esta sección está demostrando, con la inserción de todas las precedentes y posteriores coletillas apócrifas, que está apelando a un esfuerzo supremo por confundir a la opinión pública. El Comité Local de Libertad de Prensa expresa su repudio a semejante procedimiento que ya, además de atentar contra los intereses de nuestra nación, significa una burla a todos los cubanos que están plenamente identificados con la

219

Revolución. Esta, pues, sí es nuestra legítima coletilla, responsable y mesurada –con argumentos y no con tonteriás– como todas las que nos vemos en la ineludible necesidad de insertar en defensa de nuestra patria

Llegó el final

Una tarde, como otra cualquiera, estábamos revisando la página editorial del siguiente día y nos vino a ver a nuestro despacho Miguel Buendía, Jefe de los fotógrafos del periódico, para entregarnos una carta y varios pliegos con la firma de los periodistas, redactores, empleados y obreros del *Diario* que nos apoyaban y nos estimulaban para que nos mantuviéramos firmes en la posición que habíamos asumido frente a la revolución. Sólo cuatro o cinco entre las decenas de nuestro personal se mostraron en contra de dicho apoyo. Le dijimos a Buendía que le agradecíamos mucho la demostración de lealtad de todos y que guardaríamos dicha carta como un premio que no era para nuestra persona exclusivamente sino para toda la gran familia del periódico que había demostrado tanta lealtad desde el comienzo de la dura y peligrosa contienda periodística. Inmediatamente Buendía nos respondió diciéndonos que todos estaban de acuerdo con su publicación porque lo que se deseaba era que se conociera públicamente el apoyo que se nos daba. Lo agradecimos doblemente porque estábamos concientes de que la carta con sus firmas era un golpe tremendo para el régimen que estaba seguro de nuestra soledad en la oposición.

Enseguida enviamos la carta a los talleres del rotograbado para que se publicara aunque se tomara todas las páginas del mismo con todas las firmas. Ya era tarde para que saliera en la edición del siguiente día pero la dejamos allí –después de haber hecho copias de la misma– para que fueran preparando el emplane para la fecha siguiente. Esa noche, como todas, después de terminada nuestra labor nos fuimos escuchando en el automóvil el «maratón» verbal de Fidel Castro atacando a medio mundo y como de costumbre a nosotros los contrarrevolucionarios de *La Marina*. Teníamos que recorrer todo el Paseo del Prado y todo el malecón habanero hasta llegar por la Quinta avenida de Miramar a la casa donde dormíamos. No se nos olvida que esa noche a la altura de Prado y Malecón se nos puso al lado el automóvil de uno de los traidores del periódico y nos señaló con el dedo y con sorna el radio para que escucháramos a Castro. No le hicimos caso y seguimos nuestro camino. A este señor lo vimos una tarde exiliado en Madrid a la salida de una iglesia. Nos acercamos a él estrechándole la mano. Y nos pregunta: «¿Nos saluda porque acaba de comulgar? Claro que sí, le respondimos. Y se marchó sin que lo volviéramos a ver.

El día 10 de mayo de 1960 nos llama por teléfono por la mañana Armando Suárez Lomba, entonces Jefe de Redacción del periódico. Y nos dice con toda la calma que lo caracterizaba: «Director, milicianos armados con mandarrias han roto las puertas de los talleres y desbarataron los cilindros de cobre del rotograbado donde estaba emplanada ya la carta con todas las firmas. ¿Qué hago?» Le repondimos que saldría para allá inmediatamente porque tenía copia de la misma y volveríamos a preparar otros cilindros para su publicación... Llegamos al *Diario* como a las diez de la mañana. Nos fuimos directos a los talleres y contemplamos con estupor la obra salvaje de los traidores del periódico que de seguro alertaron al régimen de nuestro propósito. Subimos hasta la Redacción y allí nos quedamos todo el día con el fin de estar presentes si volvían a cometer semejante salvajada. Sabíamos que mientras permaneciéramos físicamente en el *Diario* no se atreverían a cometer el asalto porque querían evitar el derramamiento de sangre

Esa noche, debido a lo sucedido, nos había invitado a comer Luis de Posada en su casa con un grupo reducido de amigos íntimos entre ellos el Doctor Gustavo Cuervo Rubio, ex Vicepresidente de la República de Cuba. No ocurrió nada durante todo el día. Y cuando íbamos a salir para la casa de Posada se presentó en la Redacción nuestra madre acompañada de su hermano Pedro Hernández Lovio. Inmediatamente Oscar nuestro hermano y nosotros le dijimos a Pedro: llévatela enseguida para la casa. Le dimos un beso y se fue llorando y diciendo con gran emoción: «Yo quiero estar al lado de mis hijos ahora más que nunca»... Fue un momento desgarrador. Ella creía que no nos volvería a ver más. Y nos fuimos para la casa de Luis de Posada a comer.

Después de los saludos y abrazos entre todos, nos sentamos en la mesa y comenzamos a comentar lo sucedido por la mañana en los talleres del periódico. Alguien –no recuerdo bien quien fue– nos preguntó: «¿Y ahora, José Ignacio, que vas a hacer?» Pues comer, le respondí, porque no he probado un bocado en todo el día. Ya después veremos... Pero lo lógico es que me vaya para el periódico a ver que pasa... «¿Estás loco?», me respondió la misma persona, «¿Cómo vas a exponerte a semejante peligro?» «¿Qué quieres que haga, le dije, acaso se ha visto alguna vez que el capitán abandone su barco cuando el mismo se está hundiendo?». Dicho esto se acerca a la mesa el sirviente y me dice al oído: «Señor Rivero lo llaman por teléfono del periódico». Salí de la mesa como un bólido. Era Suárez Lomba que me decía: «Director, acaba de entrar en la Redacción un grupo grande de milicianos armados con metralletas. Están recorriendo todos los rincones del edificio con una carta en contra suya para que todos la firmemos, pero todos nos hemos negado a hacerlo. Yo creo que si usted no viene el *Diario* no vuelve a publicarse». Le dije a Suárez Lomba lo siguiente: Voy para allá pero antes llama al capitán de la estación de policía de Zulueta (al fondo del periódico) y dile lo que está pasando para dejar constancia y llámame después para saber lo que te dijo...

Pasaron unos minutos y el sirviente fue a la mesa a decirme que me volvían a llamar del *Diario*. Era de nuevo Suárez Lomba. «Director, ya hablé con el capitán». Y ¿qué te dijo?, le pregunté enseguida. Pues que enviaría al periódico policías para imponer el orden cuando se produzcan más de tres muertos... No me dio ni frío ni calor lo que me contaba Armando Suárez Lomba. No podía esperar otra cosa de esos comunistas con uniformes. Sí me confirmaba esa reacción del capitán de que lo que se estaba haciendo con nosotros era un plan preconcebido por el régimen para eliminarnos. Me acordé en esos momentos de las noticias que en distintas fechas me habían dado Miguel Angel Quevedo y Alonso Pujol sobre la planificación de mi asesinato. Volví a la mesa y hablé sobre el asunto. El silencio se extendió entre todos los amigos comensales. Me despedí de todos y les dije: «llegó el momento». ¿El momento de qué? me pregunto Cuervo Rubio. Pues el momento de decirle adiós al *Diario* y a todos si por la fuerza no me dejan publicar la carta. Todos se levantaron de la mesa y me acompañaron hasta mi automóvil. Allí le dije al chofer: Lléveme al periódico. Y entonces el Dr. Cuervo Rubio me dijo que escribiera antes en casa de Posada unas líneas dirigidas al público para que se publicaran en caso de que insistieran en no publicar la carta en cuestión.

Hice lo que me sugirió Cuervo Rubio y cuando iba a dirigirme al automóvil el mismo Cuervo Rubio y todos los demás me rodearon en la entrada de la casa para convencerme de que no fuera al *Diario* esa noche y que le diera a mi hermano la carta. Me pidieron que los acompañara hasta la casa donde estaba durmiendo todas las noches para que me mantuviera en contacto telefónico con mi hermano Oscar y decidiera desde allí lo que se tenía que hacer. «Piensa que a quien quieren prender es a ti», me decían todos casi al mismo tiempo. Hice caso por prudencia, pero además porque ya hacía tiempo que no podía resistir tanta tensión, tanta amenaza y tanto «acoso». Me fui para el lugar de mi escondite donde me esperaban mi madre y mis hermanos. Allí le entregue la nota editorial a Oscar mi hermano para que se la entregara al principal esbirro revolucionario y la publicara en la primera página en caso de que no permitieran publicar la carta del personal del *Diario*. Se trataba de una nota en la que decía al público que desde esa edición del periódico no nos hacíamos responsables de nada referente a la publicación del mismo.

Allí, junto a mi madre y a los amigos que habían comido conmigo esa noche, esperaba con ansiedad las noticias de Oscar que con el resto de mis hermanos se habían unido en aquel peligrosísimo encuentro. No transcurrió mucho tiempo sin que sonara el teléfono. Era Oscar. Me dijo lo siguiente: «¿No quieren publicar la carta, ¿qué hacemos?» le respondí que publicaran entonces mi aclaración. Volvió Oscar a llamarme y me dice que el principal de ellos estaba sentado en mi mesa con los pies encima de ella y con una ametralladora en sus manos. Le dije a Oscar: «pregúntale que en que se basan para no publicar la carta». Se lo preguntó y me dice que le respondió con cara de perro rabioso que se basaban en un derecho que le daba la revolución. «Entrégale la nota mía y sal de ahí rápidamente; ya no se puede hacer más». Como una hora después nos reunimos todos en la casa colindante de la de Nicolás Sierra, que era de él también. Allí era donde pasábamos las noches últimamente acompañados de amigos que se alternaban y de un perro policía más grande que yo. Enseguida llamé a Mariita mi esposa a Miami para decirle que se habían quedado con la «bodega», para no mencionar al periódico. Y que estábamos a salvo al lado de la embajada del Perú que tenía comunicación por un pasadizo entre las dos casas. Mis hijas y el resto de mi familia estaban en La Habana todavía. Oscar mi hermano y yo pasamos para la embajada al siguiente día de la toma del *Diario* por los comunistas.

Ya en la embajada pudimos ver por la televisión el bochornoso espectáculo del entierro simbólico del periódico con un féretro que tenía el nombre de «Pepinillo» como me decían los enemigos. En medio del molote de enterradores de la libertad de expresión se veía un letrero grande que decía así: «PEPINILLO TE LLORAMOS CON LÁGRIMAS DE COCODRILO». Raúl Castro decía por los micrófonos, entre otras barbaridades, lo siguiente: «Ya se puede ir Pepinillo a reunirse en Miami con los »rosablanqueros«. No importa porque ya iremos a buscarlo allá»... En medio de la tragedia nos producía risa sus afirmaciones, pero pasados los años comencé a pensar que la revolución no estaba exagerando. Desde hace tiempo el exilio está lleno de infiltrados. Los llamados «exiliados» van a Cuba y regresan sin que les pongan una piedra en su camino por la isla. Los americanos de Washington están en contubernio con Fidel Castro. Cuando escribimos estas líneas, se publica en los diarios que se va a eliminar o a suavizar el embargo a la revolución. Y hasta se comenta que se normalizarán las relaciones entre EE.UU. y Cuba. No sé si antes de terminar de escribir esta autobiografía todo eso y mucho más se convierta en realidad, ojalá que no, pero en estos instantes también es una realidad que me siento acorralado otra vez y en manos de los Castro como vaticinaba el hermanísimo de Fidel...

En la embajada recibimos algunas visitas de amigos, muy pocos, se podían contar con la mitad de los dedos de una mano. Uno de ellos me dijo que se había recaudado una cantidad de dólares para que nos fuéramos tranquilos al exilio. ¿La cantidad? Tres mil dólares... No había pedido yo nada de recaudación y le dije que los devolviera. Alberto Alejo me dijo: José Ignacio acéptalos que te van a hacer falta. Los acepté pero sólo para dejárselos a dos amigos fieles que en esos instantes estaban escondidos huyendo de la «justicia» revolucionaria. Amigos que también colaboraron conmigo a sacar de Cuba a otros amigos a través de embajadas, Me salió del alma decirle a Oscar mi hermano: «¿Qué te parece, los que tenían mucho que perder con la revolución creen en estos momentos en que nosotros sí lo perdimos todo que nuestra defensa tan peligrosa tenía precio, y nada más y nada menos que tres mil dólares?»...

Pero tenía que seguir contra viento y marea en el camino de esa defensa desinteresada en lo material por los valores que siempre habían defendido nuestros antecesores. Desde la embajada le enviamos a todos los obispos de Cuba una carta preguntándole en detalle si habíamos cumplido con nuestro deber en decir todo lo que dijimos en nuestro diario contra todas las leyes revoluciona-

rias. Tuvimos la oportunidad de recibir en la misma embajada la respuesta de dos de los obispos: de Eduardo Boza Masvidal y de Enrique Pérez Serantes,
Nuestra carta era muy larga. Hacía un recuento de todo lo vivido durante nuestro enfrentamiento contra el régimen. Vamos a dejar aquí constancia sólo de las dos cartas recibidas:

Boza Masvidal nos decía: *«En momentos dolorosos como los que ahora vivimos en que mantener la defensa de una ideología cristiana y contraria al comunismo con la valentía que Ud lo ha hecho, es motivo para que se cierre un periódico, esta Universidad que se honra en tenerle como Doctor Honoris Causa, quiere testimoniarle su simpatía y solidaridad, recordando que siempre las páginas del Diario de la Marina han estado abiertas desinteresadamente para nosotros como para toda causa noble y justa. La tranquilidad de la conciencia limpia y de haber cumplido el deber es la gran satisfacción que debe quedarle en este momento, descansando en la Providencia de Dios. Con el testimonio de mi personal afecto y amistad, quedo de Ud atto. y Ss., R.P. Eduardo Boza Masvidal, Pbro. Rector de la Universidad Católica de Santo Tomás de Villanueva.»*

La carta del obispo Enrique Pérez Serantes decía así: *«En Don Nicolás Rivero, su abuelo, en Pepín, su padre, y ahora en Ud. Directores los tres del Diario de la Marina, he reconocido siempre a tres grandes paladines de la causa católica, la cual han sabido defender en todo momento con amor, con bríos y con el mayor desinterés. La pluma acerada y bien cortada de los dos primeros, heredada por Ud., la mantiene con la máxima dignidad y la utiliza hábilmente en defensa de los más nobles ideales propios de un alma netamente, cristiana puesta al servicio de Dios, de la Patria y de la familia. Sin ser el Diario de la Marina un periódico de la Iglesia, fácilmente se podría creer que lo es por su contestura fundamental y por el cuidado que han tenido sus Directores en que fuera un vocero de la doctrina puramente católica, alejando de él todo cuanto pueda desdecir de su rango y de su tradición.*

Es verdad, y usted lo deplora en su muy estimada carta que he leído con emoción y con fervor, que no todos reconocen estos indiscutibles méritos a pesar de militar en el mismo campo católico, y aún no faltan, a buen seguro, los que no aman al Diario: *pero esto no es una novedad en el mundo, pero sí es de espíritus esforzados y selectos, como el de Ud. bien probado, sobreponerse y seguir adelante la magnífica obra comenzada por su abuelo, continuada brillantemente por su progenitor, y ahora por Ud., que no sería digno heredero del esclarecido nombre de sus dos ilustres antepasados si no se aprestase a esperar con gallardía a pie firme los dardos que le llegan de donde menos podía esperarlos. Animo, pues, y adelante, muy querido y admirado amigo: quédale aun mucho camino que recorrer, mucha semilla que sembrar, mucha mies, y quizá también no pocas espinas que recoger, y mucha luz que esparcir a su alrededor hasta que Dios quiera, o hasta que todos vean claramente los tesoros de verdad y de justicia, por los que*

Ud., como genuino cristiano, hijo meritísimo de la Iglesia, viene luchando denodadamente.

Dicho lo que precede, puesta la mano en el corazón, réstame por el momento ofrecerle lo que tengo a la mano, que pueda servirle: mis pobre oraciones y mis momentos en la santa Misa, pidiendo al Señor le de fuerzas para luchar con Cristo vencer. Con todo afecto, le bendice S.S. y amigo, Enrique, Arzobispo de Santiago de Cuba.»

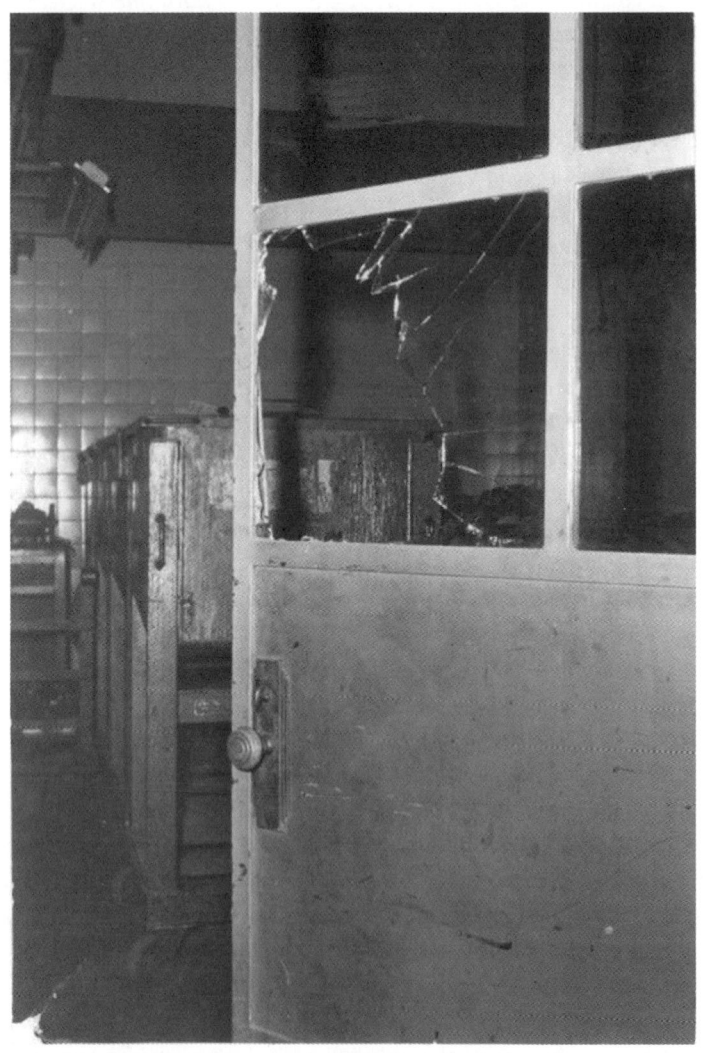

Puerta del taller con el cristal roto por donde entraron los milicianos para desbaratar salvajemente las páginas donde teníamos grabadas la carta de apoyo con las firmas de todo nuestro personal.

Primera y única edición después del asalto

Ya los furiosos traidores de nuestro *Diario* se frotaban las manos esperando hacerse cargo de la Dirección del mismo. Se instalaron en mi despacho hasta que se normalizara todo después de la toma del periódico por la fuerza. Pero dicen que «el que la hace la paga»... Los mismos milicianos sacaron del edificio –también por la fuerza– a los mas bajos usurpadores: a los infieles que «comían» por nosotros y se beneficiaban de su vinculación con el *Diario*. A la esposa de uno de ellos que «dirigió» el periódico ese día la llamaba todo el que la conocía en La Habana «Reina por un día», nombre que tenía un popular programa de televisión.....

Esa única edición publicó la siguiente nota en su primera página, en vez de la aclaración nuestra: *«A LA OPINIÓN PÚBLICA. Como es de todos sabido el señor José Ignacio Rivero, director de este periódico está en franca actitud conspirativa y contrarrevolucionaria. El plan del señor Rivero consiste en provocar al pueblo y de ese modo buscar un falso argumento que haga aparecer que este periódico ha sido agredido por la Revolución. Este plan ha sido urdido en el extranjero. Prueba de ello es la condecoración de la SIP, acreditándolo como héroe de la libertad de prensa; la coincidencia de los personeros de la Rosa Blanca con los pronunciamientos del señor Rivero; y la campaña de los periódicos norteamericanos que señalan al director de este periódico en plan de hacer vida clandestina.*

En la prosecución de este plan el señor Rivero preparó un documento, en el que recogió las firmas de determinados trabajadores del Diario, *y le hizo cambios al texto después de estar firmado para hacer aparecer a los obreros, empleados y periodistas del* Diario *como enemigos de la Revolución.*

Con este motivo gran cantidad de hombres que trabajan aquí y no comparten el criterio del señor Rivero, sino que, todo lo contrario, están de acuerdo con la Revolución, hicieron un manifiesto en que mantenían sus puntos de vista.

Ayer el señor Rivero se negó a sacar el Diario, *motivo por el cual los obreros hemos decidido imprimirlo bajo nuestra responsabilidad, aunque sin cambiarle al periódico su status habitual.»*

Pero el periódico no volvió a imprimirse. Todos los suscriptores se dieron de baja...

Cayó con gloria

El *Diario de la Marina* no pudo seguir editándose bajo la dirección de los asaltantes comunistas. Ocuparon el taller y la redacción, pero el espíritu se les fue de las manos. Era inapresable. No podían ellos reproducir un periódico semejante. No podían intervenir, ni asaltar su espíritu. Su identidad no admitía sustituciones. Ni Fidel Castro ni todos los comunistas del mundo juntos podían confiscar nuestro pasado, nuestra razón de ser, el soplo de vida y de amor que fue siempre el periódico que nos vio nacer y corretear por todos los recovecos de sus talleres y redacción desde que comenzamos a dar los primeros pasos, en la vida primero, y más tarde en el periodismo. Por esos mismos recovecos y corredores del edificio de Prado y Teniente Rey vagan hoy sus viejos directores mirando, irónicamente, a los ganapanes del comunismo que tantas veces sintieron sobre sus espaldas el látigo de sus burlas.

Nuestra modesta pluma en el exilio tiene todo el empuje de las tradiciones del *Diario de la Marina*. Antes se decía tradición y la gente reía y hacía burlas de nosotros, porque las tradiciones estaban a mano, se contaba inmediatamente con ellas. Hoy no. Ya nadie se ríe. La tradición es una cosa muy seria. Los que no creen en ella lo más que hacen es reconocer calladamente que teníamos razón los que defendimos siempre, contra viento y marea, los intereses permanentes de la nación, de la sociedad. Los ojos del alma de todo un pueblo que comenzaba a vivir bajo la bota de Castro en 1959 empezaban también a posarlos en el periódico que habló en todo momento de las cosas esenciales y que predijo el tremendo peligro que se estaba corriendo con el apoyo a una revolución que nada tenía en común con los altos intereses y sentimientos de nuestra Patria. Durante muchos años soportamos estoicamente los dardos de las gentes envenenadas que querían destruirlo todo.

El *Diario de la Marina* estaba siempre atravesado en el camino de los enemigos de Cuba. Revísese nuestra colección en la Biblioteca del Congreso de Washington o en cualquiera otra de importancia en el mundo. *La Marina*, sí, *La Marina* era como celoso guardián de esas cosas impalpables que forman la vida de una nación. Era como un perro fiel instalado a la puerta misma del país avisando los peligros, anunciando la llegada de los merodeadores. Nunca durmió. Nunca dejó de avisar. Nunca dejó de señalar al enemigo. Fue un periódico que cumplió con su deber a plenitud.

Sin ser infalibles –Dios nos libre de esa estúpida creencia– tuvimos razón en el pasado, y aspiramos a no perderla nunca. Defendemos, lejos de nuestra patria, lo que siempre defendimos en ella. Que nadie se queje del tono crítico de nuestra proyección periodística porque ese es nuestro deber aunque algunos –los que le ponen una vela a Dios y otra al demonio– no lo consideren así. No escribimos para satisfacer los apetitos de los aprovechados y de los cobardes sino para alentar a los desprendidos y a los valientes. Estamos siempre atravesados en el camino de los cubanos que por frivolidad, torpeza o mala fe prolongan la agonía de nuestro pueblo.

El *Diario de la Marina*, lo sabe todo el mundo menos las nuevas generaciones –por eso escribimos este libro– cayó con gloria tras una lucha diaria y frontal contra Fidel Castro y su comunismo. Sin gloria murieron tristemente algunos que colgaron grandes retratos de Fidel en sus oficinas y en sus casas y que hoy quieren hacer creer a los que no vivieron bajo el fuego rojo que fueron ellos los «bravos de la película» en la lucha a favor de la libertad de expresión y de todas las demás libertades en Cuba.

Uno de los cilindros de cobre del rotograbado destrozado por los sicarios del régimen comunista.

Teníamos razón

El día dos de abril de 1959 Fidel Castro dijo al pueblo de Cuba lo siguiente: *«¿Cuál es la causa de que se quiera despertar el fantasma del comunismo porque no se persigue a los comunistas, si aquí no se persigue a nadie? ¿Protestar cuando se nos perseguía a nosotros y no cuando se persigue a los otros partidos, y pretender que se persiga a ellos porque sin comunistas? Perseguir al católico porque es católico, perseguir al protestante, perseguir al masón y al rotario porque es rotario, perseguir al Diario de la Marina porque sea un periódico de tendencia derechista o perseguir a otro porque es de tendencia de izquierda, o a uno porque es radical y de extrema derecha, y a otro de extrema izquierda. Lo democrático es lo que estamos haciendo nosotros. Los que hablan de democracia deben empezar por saber en que consiste el respeto a todas las ideas, a todas las creencias, en que consiste la libertad y el derecho de los demás. Y sinceramente, nosotros respetamos a todo el mundo; no perseguimos a nadie. Ese es nuestro principio democrático, y los que no practican ese principio no son democráticos. Y mucho menos democrático es querer imponerle a los pueblo esas normas, porque en los Estados Unidos hay un periódico comunista. ¿Y qué se pretende, que nosotros vayamos a clausurar, a perseguir ideas? No señor, digo terminantemente que no... Yo no hago distinción y como gobernante tengo que tener un respeto igual para todas las ideas, para todas las creencias, porque aquí se ha llamado democracia dar derechos a unos y perseguir a otros'. El otro día hubo una discusión en una estación de radio entre católicos y comunistas. Estaban discutiendo ideas. Discutir ideas con razones es como se debe discutir a la luz pública. Otra cosa es imponer ideas por la fuerza.*

Si perseguimos a un periódico y lo clausuramos, ¡ah! Cuando se empiece por clausurar un periódico no se podrá sentir seguro ningún diario, cuando se empiece a perseguir a un hombre por sus ideas políticas no se podrá sentir seguro nadie, cuando se empiece a hacer restricciones, no se podrá sentir seguro ningún derecho»...

Cuando Castro decía todo esto sobre las persecuciones, sobre el fantasma del comunismo, sobre el *Diario de la Marina*, sobre el respeto a todas las ideas y creencias, sobre la imposición, sobre la discusión con razones y no con la fuerza, sobre la clausura de periódicos, sobre los derechos y la democracia, nosotros lo combatíamos y lo desenmascarábamos a la luz pública por comunista y por dictador. Y eso no lo hacíamos desde el destierro, lo hacíamos desde el mismo corazón de La Habana infestada de traidores a la patria, de hipócritas, de calumniadores, de resentidos, de mediocres, de demagogos, de odiadores y de asesinos...

Fidel Castro habló de democracia de derechos para engañar al pueblo cubano. La prensa libre desapareció por la violencia revolucionaria. La furia comunista arrasó con la propiedad privada y la libre empresa. La religión, la fe cristiana afrontó, acaso, las agresiones más inmisericordes. Hace cuatro décadas nosotros estábamos solos en la ingrata labor de marchar en contra de la corriente, en contra del fanatismo colectivo. Parecíamos nosotros los caprichosos, los charlatanes, los osados y los farsantes.

Pero los hechos y los testimonios nos dieron la razón.

La masa enardecida carga el féretro simbólico de nosostros para llorar más tarde su grave errror.

Antes de la partida

Estuvimos unas dos semanas en la Embajada antes de que partiéramos para el exilio. El «gobierno» le había comunicado al embajador que podíamos salir directamente de La Habana hacia Miami para que nos reuniéramos con la familia y que nos enviaría protección desde la Embajada hasta el mismo avión en el aeropuerto. Pensamos enseguida que podía ser una jugada de Fidel Castro para que nos fuéramos bajo su amparo y decir luego que la revolución no nos había perseguido y que nos fuimos cuidados por la misma. Le respondimos pues al embajador que no aceptábamos nada del gobierno a no ser la devolución del periódico. También nos pasó por la mente que el ofrecimiento de Castro era una especie de «carnada» para que la mordiéramos y después en vez de llevarnos al aeropuerto atraparnos en sus propias garras. Pensábamos que de Fidel Castro nadie se podía fiar. Nos exponíamos a que se hiciera con nosotros una especie de «show» –además del entierro simbólico– para demostrar nuestras actividades conspiradoras en contra de la revolución ajenas a las actividades periodísticas.

Por eso, pero principalmente por no aceptar ningún favor del gobierno, le dije al embajador que mi hermano Oscar y yo no saldríamos de la Embajada sin un salvoconducto. Al régimen no le quedó otro remedio que aceptar nuestra petición. Y a las dos semanas recibimos la noticia de la concesión de dicho salvoconducto. El embajador al darnos la noticia nos dijo que hiciéramos enseguida las maletas porque ya estaban esperándonos en la puerta de la Embajada dos automóviles de la policía revolucionaria y un funcionario del Ministerio de Estado. Le dijimos enseguida al embajador que nosotros teníamos que ir acompañados de él en el automóvil de la Embajada.

Así se hizo. A la casi caravana que nos «protegía» se le unió otra de desconocidos que al parecer eran simpatizantes del *Diario de la Marina*. Precisamente eso era lo que quería evitar el gobierno pero le fue imposible controlarlo. La salida de la Embajada tan tarde en la noche seguramente se debía a no dar tiempo para que se organizara una manifestación amistosa, pero en el camino desde la Embajada al aeropuerto José Martí se fueron uniendo automóviles (unos amistosos y otros hostiles) que obligaron a los que nos sacaban de Cuba que entraran con los automóviles hasta casi el final de la pista para que nadie nos viera salir. Allí estuvimos metidos en el automóvil de la embajada con dos vehículos del gobirno con agentes armados. de vez en vez se nos asomaban por la ventanilla algunos de los militares para irónicamente ofrecernos algún refresco. Claro que irónicamente también le respondíamos que lo único que nos apetecía era que nos devolvieran el periódico...

Allí, dentro del automóvil estuvimos alrededor de dos horas por que, de acuerdo con lo que nos decían, el avión no había llegado a La Habana. Al fin comenzamos a dirigirnos hacia el edificio del aeropuerto. Eso nos hacía pensar que ya había llegado y estaba listo para partir. Cuando el automóvil se situó debajo del ala del avión y los militares nos abrieron la puerta para que nos bajásemos, comenzamos a escuchar gritos de público congregado en la terraza del edificio. Casi todos eran mujeres que nos decían a toda voz: «¡Viva Rivero!», «Ya volverás». Esas y otros más fueron los gritos que no se nos han borrado de nuestras mentes jamás. Eran voces de Mujeres. De mujeres principalmente que, como decíamos en nuestro anterior libro: «¡Siempre mujeres en el dolor!». «¡Siempre mujeres en el peligro!». «¡Siempre mujeres cuando se trata de dar la cara!».

Cuando nos disponíamos a subir por la escalerilla del avión que nos conduciría a Lima con escala en Panamá y en Guayaquil, nos detuvimos por unos instantes para decir adiós con un ¡Viva Cuba Libre! Y el soldado que iba detrás de nosotros nos da con su metralleta un golpe para que entráramos enseguida en el avión.

Repetimos a continuación porque no encontramos otras palabras más reales para cerrar esta parte final de nuestras memorias en nuestra Patria que las últimas líneas que escribimos en nuestro libro «Prado y Teniente Rey» que al despegar el avión casi a las tres de la madrugada: No nos despegamos de la ventanilla. Veíamos cada vez más lejos las luces de La Habana. Hasta que desapareció la última lucecilla de la ciudad que nos vio nacer; la ciudad que nos vio siempre cumpliendo con la misión encomendada por Dios con firmeza y decisión; la ciudad que nos vio siempre ejercer el periodismo sin aspavientos, sin espectacularidad, sin dramatismo, sin teatralidad, como le dijimos a Fidel Castro en el *Diario* cara a cara, porque el mundo no es teatro, sino escenario real creado por Dios para que en él los hombres le sirvieran por amor, y no se sirvieran a sí mismos, dejándose llevar por pasiones desordenadas.

Nos íbamos al destierro como llegamos al mundo: casi desnudos. Pero con nuestra cabeza recostada en el asiento del avión, cansados, tensos y tristes, pensábamos en aquel párrafo de la carta de Monseñor Boza: «La tranquilidad de la conciencia limpia y de haber cumplido con el deber es la gran satisfacción que debe quedarle en este momento, descansando en la Providencia de Dios.»

Capítulo IV
HUELLAS DEL DESTIERRO
1960-2004

NOTA PRELIMINAR

Comenzamos nuestro exilio desde el mismo día en que las hordas comunistas del régimen castrista asaltaron el edificio de nuestro periódico rompiendo parte de los cilindros donde se imprimía el periódico. Ya con la presencia de milicianos en todas las dependencias del diario armados con metralletas pudimos salvar la vida asilándonos en la embajada del Perú donde permanecimos durante dos semanas por las razones ya explicadas al final del anterior capítulo. Esta nota la hacemos sólo para aclarar al lector que todo lo concerniente a nuestro exilio no lo podemos introducir en nuestras memorias. Tendríamos que publicar otro libro puesto que hasta el momento en que escribimos estas líneas han pasado ya cuarenta años de nuestra vida lejos de nuestra patria. Trataremos sólo de comentar y de reproducir las vivencias que consideramos mas importantes de esta mitad de nuestra existencia de acuerdo con lo que me den mis archivos y sobre todo mi memoria que aún sigue clara y activa gracias a Dios. J.l.R.

EN EL EXILIO
Hacia el Perú

Salíamos de La Habana hacia Lima llenos de pesar después del salvaje atropello del régimen comunista de Fidel Castro. Nos dolía dejarlo todo: la Patria, el hogar, el periódico que durante 128 años había estado al servicio de los intereses generales de la nación. Dejamos de mirar hacia atrás por la ventanilla del avión porque ya no se veía nada: había desaparecido la última lucecita de la ciudad de La Habana. Eran las cuatro de la madrugada y volábamos sobre el mar hacia la primera escala del viaje que era Panamá. Pensábamos, meditábamos sobre lo que nos había dicho el embajador Ignacio Brandariz de bajarnos allí y tomar otro avión para Miami Pero nos decidimos a seguir hasta Perú. Nuestro instinto y nuestra conciencia nos hizo llegar hasta la tierra de Garcilazo de la Vega. Queríamos cumplir a plenitud con la embajada del país que tan amablemente nos había dado asilo.

Después de una hora en el aeropuerto de Panamá el avión partió hacia Guayaquil. Allí nos bajamos para desayunar como era debido. Pero resultó menos debido de lo que esperábamos. El desayuno resultó ser una leche caliente de chiva puesta en una cazuela grande y un cucharón para que cada pasajero se la sirviera en tazas puestas sobre una mesa larga puestas en fila. Todo el aeropuerto consistía en un caserón situado en un descampado y pegado a una pista por donde debían caminar los pasajeros para entrar en el avión- En aquellos días nos pareció que habíamos llegado a un solar o algo por el estilo pero nos sentíamos tranquilos ya lejos de la barbarie comunista. No obstante no desaparecía de nosotros la melancolía por el desprendimiento de lo nuestro, de nuestra Patria, que cada hora la íbamos dejando más lejos. En aquel avión de hélice nos parecía interminable el viaje. Unas veces el Pacífico a la derecha que para nosotros no tenía nada de «pacífico» ni de «derecha» por nuestro estado de ánimo. Y otras veces veíamos a lo lejos la cordillera de los Andes entre nubes blancas y grises como la leche de chiva que con disgusto habíamos ingerido en Guayaquil y digerido en el avión.

Después de un largo tiempo que nos pareció interminable, volábamos sobre Lima segun nos anunció el piloto. Por su aviso nos enterarnos porque nada se veía debajo de nosotros. A Lima la cubre siempre un manto de nubes casi perpetuas que hacen que el público se sienta casi siempre calado por la humedad.

En el aeropuerto –muy distinto al de Guayaquil– nos esperaba la prensa cargada de cámaras y de preguntas curiosas sobre la situación de Cuba y sobre el acoso del régimen castrista al *Diario de la Marina* y a nosotros. Todos los periódicos publicaban al día siguiente nuestra fotografía bajando del avión y nuestras primeras declaraciones en el exilio. Funcionarios del gobierno peruano estaban en el aeropuerto para saludarnos y conducirnos hacia el Hotel Bolivar donde permanecimos durante casi tres semanas. Podíamos haber salido inmediatamente para Miami donde nos esperaba ansiosamente nuestra familia pero el gobierno de ese país nos había aconsejado que permaneciéramos en Lima durante un tiempo para evitar complicaciones con el régimen de Castro. Después de todo nos alegramos porque tuvimos la oportunidad de resolver nuestra entrada en los Estados Unidos siendo ya residentes y no como simples refugiados. En el Hotel ya teníamos varios mensajes de simpatizantes de la causa anti castrista. Dos de ellos eran del Embajador norteamericano y del Vicepresidente de Perú. Los dos deseaban entrevistarse con nosotros Don Pedro Beltrán, el vicepresidente, era también el dueño del periódico *La Prensa* de Lima.

Llegada a Miami

Después de permanecer unas semanas en Lima el gobierno nos anunció que ya podíamos salir para Miami. Mi esposa estaba ingresada en un hospital de la ya «capital del exilio, cubano" habiendo pasado por una delicada intervención quirúrgica. Nos comunicamos por teléfono con nuestra madre para decirle que ese mismo día salíamos de Lima y que llegaríamos a Miami a las ocho de la noche. Don Pedro Mosquera, español radicado en Perú y simpatizante del *Diario de la Marina* tuvo la amabilidad de atendernos todo el tiempo que permanecimos en aquella ciudad y se ofreció para llevarnos al aeropuerto de «Limatambo». Allí nos esperaban varios norteamencanos, miembros de la embajada, o de la CIA, que nos acompañaron hasta el mismo avión. Ya se trataba de un avión «Jet» de los grandes, bastante distinto al que tomamos para salir de Cuba. Era la primera vez que viajábamos en un avión a reacción. Nos sentíamos bien y más «reaccionarios» que nunca... Hicimos una escala en Panamá de una hora y continuamos el viaje llegando a Miami ya de noche. El edificio del aeropuerto de Miami era aún bastante pequeño comparado con el de los tiempos en que escribimos estas líneas. El público podía ver la llegada de los aviones desde una larga azotea donde saludaban o despedían a los pasajeros. Al bajar por las escalerillas del avión comenzamos a escuchar gritos de saludos y aplausos. Le dijimos a nuestro hermano Oscar: «Aquí debe venir con nosotros algún personaje político o algún famoso artista de cine»...Oscar nos respondió: «Ningún personaje ni artista, mira bien los letreros y las banderas cubanas»... Se trataba de un recibimiento a nuestra persona. No terminábamos de bajar a la pista y entre el público de la azotea pudimos ver a Jules Dubois, dirigente de la SIP, junto a otras destacadas figuras cubanas.

Al pie de la escalerilla nos esperaban unos cuantos policías de Miami que tenían órdenes de conducirnos directamente a los agentes de aduana para darnos una salida rápida del aeropuerto sin necesidad de pasar por esperas m por los trámites de rigor Mientras seguíamos saludando al público conglomerado en la azotea cuando caminábamos por la pista le preguntamos a uno de los policías: «¿Todo ese público tiene que ver con nuestra llegada?». «Sí», nos respondió, «pero ese no es todo; espere a que vea lo que hay afuera». Cuando salimos nos dimos cuenta de lo que nos decía el policía. Nos costaba trabajo llegar hasta el automóvil donde nos esperaba nuestra madre. Ya dentro del mismo alguien nos entregó por una de las ventanas un sobre que contenía una invitación del «Frente Revolucionario Cubano» que presidía Antonio de Varona para que formáramos parte del mismo, pero no lo aceptamos porque ya estábamos decididos a organizar un movimiento contra Castro donde cupieran todos los cubanos libres de apetitos «revolucionarios» y sin nexos económicos con los izquierdistas de Washington que estaban dirigiendo y administrando la liberación de

241

Cuba. Nos causó una gran sorpresa la tan calurosa y numerosa bienvenida. Ese mismo día habíamos avisado desde Lima a nuestra familia que llegábamos a Miami y no nos explicábamos como era posible que en tan pocas horas se conglomerara tanta gente en el aeropuerto.

Cuando salimos nos dimos cuenta de lo que nos decía el policía.

La antesala del regreso
o la tumba de nuestras esperanzas

Vista desde lo alto de la ciudad de Miami es bella y extensa, una ciudad balneario famosa por su clima tropical en la cual buscaban descanso y temperatura agradable, en la estación invernal, varios millones de personas a quienes el frío intenso de los Estados septentrionales de la Unión incitaba a visitar y disfrutar su clima bonancible. Así fue siempre Miami. Cada vez más grande y bella, hasta un día aciago en que crueles circunstancias alteraron su fisonomía.

Bajando un poco de altura hallamos un ambiente alterado que nos evoca pasajes bíblicos. El Libro Sagrado del Exodo nos refiere el paso del Mar Rojo por los israelitas perseguidos por los egipcios y al frente de ellos Moisés su buen padre que los condujo a salvo e imploró a Dios alimentos para su pueblo en fuga que en forma de maná celestial mitigó su hambre y su sed.

Otro mar rojo de sangre, el que separa a Cuba de las costas de la Florida, ha sido atravesado en éxodo lacerante o en fuga desesperada por otro pueblo perseguido, acosado sañudamente vilmente despojado, martirizado con la mas vil crueldad por los egipcios modernos, guiado por su amor a la libertad, hasta llegar a la otra margen salvadora donde la generosidad de un pueblo amigo ha sido esta vez el maná bíblico que ha evitado su extenuación.

Miami ha cambiado radicalmente en su aspecto. Los refugiados cubanos suman cientos de miles y se han congregado en los cantones más importantes de la ciudad donde el idioma de Cervantes se sobrepone al de Shakespeare. Edificios de apartamentos casas de huéspedes, residencias están ocupados por refugiados cubanos cuyas costumbres han alterado visiblemente el anterior aspecto de Miami para imprimirle un inconfundible sello criollo. En cada esquina hay una bodega cubana, a cada dos pasos una barbería cubana, una carnicería cubana, un expendio de gasolina cubano una chapistería cubana, un mecánico cubano, en fin, los dos sectores más importantes y dilatados de Miami se han poblado en gran parte con las víctimas de la persecución comunista que desde un principio de la revolución amenazó a Cuba con dejarla exhausta de familias que se negaban a dejarse uncir al yugo soviético.

La riesgosísima aventura de tratar de filtrarse en Rancho Boyeros a la inquisitorial y vejaminosa inspección de los guardias rojos tras el cada día más voraz despojo de objetos personales, terminaba horas después en las puertas del Refugio donde se apiñaban los recién llegados del infierno para recibir el maná que les ofrecía la gran democracia: techo, alimentos y medicación.

Los aires puros de la libertad hacen reflexionar mucho a los recién fugados. Es preciso no depender ni gravitar sobre el gobierno y el pueblo de los Estados Unidos mas que hasta abrir un nuevo horizonte que les permita rehacer sus vidas y guiar los primeros dólares con que adquirir eso que los cubanos recordamos toda la vida, porque simboliza nuestro martirio y nuestra libertad: el *money-order*, para a su vez redimir a los familiares que aun se hallan en esa inmensa mazmorra roja. Al día siguiente de su llegada a Miami comienzan a indagar en qué pueden ser útiles, cómo pueden ganarse la vida de acuerdo con sus conocimientos, de lo contrario habrá que ganarla de todos modos aunque sea improvisando los conocimientos de que carecen. Comienza el recorrido por las factorías, por los comercios, por los garajes. Pero hay un tropiezo para muchos, el idioma que se convierte en barrera infranqueable entre la voluntad de trabajar y la posibilidad de realizarlo. No importa. La fe mueve las montañas, por lo tanto aceptarán trabajar en lo que se tercie y serán comprendidos. Serán cocineros sin haber cocinado jamás, seran jardineros sin haberlo sido antes, serán... lo que Dios les depare, pero lo serán.

Los ejemplos producen tristeza pero nos enaltecen a la vista de todos. El trabajo honra siempre, no importa cual sea, por muy humilde que sea; cuánto más humilde más honrado. Tendemos la vista y contemplamos casos ejemplarizantes: un alto oficial de la marina de guerra cubana, vendiendo frijoles y papas, un senador confeccionando sandwiches, un representante fregando pisos en un hotel, un periodista encanecido y respetado en su profesión, repartiendo cantinas a domicilio, el propietario de un ingenio azucarero sirviendo gasolina en un garaje, un ganadero componiendo aparatos electrónicos, un abogado guiando un ómnibus, un ingeniero laborando como recibidor de un banco, un ingeniero naval cocinando congrí en una fonda cubana, un médico ilustre que ocupó, honrándolas, elevadísimas posiciones, anciano y cansado, depurando esponjas, un ingeniero civil trabajando en una factoría de objetos de níquel como un simple operario y con numerosas cicatrices en las manos... y cuántos más que se nos escapan a la memoria.

En el Miami viejo, *down-town* en inglés, por doquier se observan fragmentos de La Habana, restaurantes famosos, sastrerías de prestigio, peleterías de renombre, comercios de gran crédito, los cines anunciando películas en español, las barberías de lujo advirtiendo en un cartel: «barbero cubano», en casi todas las tiendas un aviso diciendo «Se habla español» (hoy los letreros son al revés: «English spoken»); en las farmacias, muchas de cubanos, pero todas anunciando tener «medicinas latinas". El centro neurálgico de la ciudad ha abierto paso al flujo creciente de refugiados y se adapta a ellos facilitándoles, principalmente los grandes y pequeños comercios, personal de habla española.

Lo más típico de Miami cuando llegamos nosotros al exilio era el Bayfront Park al cual el influjo de los expatriados le cambió el nombre por otro más dulce: El Parque de las Palomas, en el cual se escuchaban en horas del día el arrullo contínuo de ese símbolo de paz. El Parque era una especie de muro de los lamentos de los refugiados. Allí se daban cita para protestar de los fusilamientos, para reclamar el rompimiento de relaciones con el régimen brutal de Castro, para exigir armas con que poder ir a derribar en un supremo esfuerzo heroico, al sistema tiránico que asfixia a nuestra patria. Marchas silenciosas de cubanas enlutadas reflejando en sus rostros llorosos el dolor que las embarga; huelgas de hambre en reclamo de que cese la carnicería humana; apelaciones continuadas a las Naciones Unidas y a la Organización de Estados Americanos para que interceden a favor de los que morirán en el paredón de fusilamiento, en fin, un doloroso e interminable vía crucis entre el revuelo de palomas, dulces aves que parecen comprender lo que no entienden muchos hombres. Esa era la imagen del Bayfront Park que no se apartará jamás del recuerdo de los cubanos.

Para los angustiados corazones de los refugiados de ayer había un remanso de paz, la Iglesia de Gesu, enclavada en el mismo corazón de Miami a la que acudían desde que abría sus puertas a las, cinco de. la mañana hasta las altas horas de la noche en desfile incesante hombres mujeres y niños refugiados para pedir con lágrimas en los ojos al Altísimo por la vida de sus seres queridos que habían quedado en la isla esclava y por la redención de la patria amada. Oprimía el corazón asistir al santo sacrificio de la Misa, a la Exposición del Santísimo los viernes, y cualesquiera otras devociones al percibir con qué fervor musitaban plegarias las madres, esposas, hijas, hermanas y novias de los presos, de los perseguidos, de los que podían morir, de los que iban a morir, lágrimas y plegarias, rezos y sollozos que conmovían hasta al más fuerte de los hombres.

Así era Miami cuando llegamos nosotros al exilio a mediados de 1960 atropellados por Castro. Pero Miami en los días que escribimos estas memorias, cuarenta años después, está trasformada. Hoy no es la pequeña ciudad balneario ni la ciudad refugio de los primeros años del destierro. Es una ciudad moderna. Entonces todo Brickell Avenue era campo. Apenas había construcciones Hoy en el año 2004 está repleta de rascacielos. Y además ya no sólo es una ciudad de cubanos refugiados: poco a poco se ha ido convirtiendo en una población de diversas nacionalidades que huyen de la opresión que ha generado Castro en sus paises. Los nicaragüenses, los salvadoreños, los colombianos, los venezolanos, etc, son hoy más hermanos nuestros que antes porque han encontrado en Miami la comprensión y el cariño de una enorme comunidad cubana que ha pasado por las mismas angustias y trabajos que ellos cuando salió de Cuba con lo puesto y quizas con un maletín en la mano.

De una ciudad-balneario sedentaria, apacible,, acogedora y risueña que fue antes de Castro para los millares de cubanos que anualmente la visitaban se ha convertido por obra de ese malvado, en un suspirante refugio, en una antesala del regreso o, si Dios Nuestro Señor no lo remedia, en la tumba definitiva de nuestras esperanzas.

Primer mensaje

Comenzábamos a adaptamos al exilio después de nuestra llegada a Miami desde Lima y recibimos el primer mensaje desde nuestra patria de la Legión de Cristo, asociación de hombres católicos que habíamos fundado en La Habana. Nos decían así los que habían permanecido en Cuba:

«Querido José Ignacio

Hoy lunes reunidos todos los legionarios, recibimos del Padre tu cariñoso 'hasta luego' y se dio lectura a la carta que hubiste de enviar a los Sres. Arzobispos y Obispos de Cuba.

Patente se hizo el espíritu fraterno de la Legión y es esta carta expresión cariñosa de ese sentimiento.

Tu fuiste el iniciador de nuestra organización en ella pusiste todo tu corazón y tu talento, pero por encima de eso pusiste algo más, la sensibilidad de tu bondad con la cual adjetivaste la Legión de Cristo.

Quizás en la distancia se valoren mejor las aptitudes y se puedan interrpretar mejor posturas y concepciones ideológicas. La campaña librada por ti desde las páginas el Diario de la Marina *por Dios y por su Iglesia tiene todo nuestro respaldo y adhesión, y orgullosos nos sentimos que hayas sido tú, un legionario de Cristo, quien la haya realizado.*

Y no ya nosotros, los que hasta ayer fueron fríos, displicentes o cobardes, han entendido lo que han perdido el día que el Diario de la Marina *fue cerrado.*

Piensa que cada lunes primero estarás a cabalidad presidiendo nuestras sesiones y el ejemplo y recuerdo de tu caridad guiará la nuestra, tu rectitud la de nosotros Y tu decisión y sacrificio espejo en el que nos miraremos en nuestras actuaciones apostólicas,

Recibe pues, en este instante, el abrazo cariñoso de todos tus hermanos en Cristo que continúan considerándote como su fundador y Presidente.

De tu madre recibimos el primer botón de legionarios. Hasta ella lleva nuestro mejor recuerdo y nuestro más afectuoso respeto.

Sabes cuanto te quieren tus hermanos en Cristo»

(Y firmaban la carta un grupo numeroso de miembros de aquella activa «Legión»).

El tribunal revolucionario

Al principio de nuestro exilio llego a nuestras manos el siguiente documento oficial del régimen comunista de Cuba dirigido al Tribunal Revolucionario del Distrito de La Habana":

«El Fiscal, viene por el presente escrito a tenor de lo dispuesto en el Artículo 70 de la Ley Procesal de Cuba en Armas, a presentar la Causa Número 560 de 1960 de la radicación del Tribunal Revolucionario del Distrito de La Habana. Instruido por los delitos Contra los Poderes del Estado y Tenencia de Materiales Explosivos a formular con carácter de provisionales los siguientes:

CONCLUSIONES

«Primera: Los acusados Reinaldo Rodríguez Ojeda Gregorio Yneido Pérez, Antonio Herrera Nieto, Isidoro Mazan, Violeta Blanco, Abrahan Baiceres, Mario Domingo Machado Corta, Fidel Fragüela Hernández, Felipe Pérez Ruiz, Tomás Díazfuentes, José Hernández FerroErnesto Ramos Prado, Ramón Caridad Ynda Ramos, Selma Hazin Chiap, Alcides La Rosa Ponce, Ramón Cuervo Galán, María Rosa Reyes Palmero, Nardo Isidro Ruiz Fernández, y los también acusados rebeldes en esta causa José Ignacio Rivero, Mario Bermúdez Pérez, un tal Miyares y un tal Nerón se complotaron para promover un movimiento armado con el fin de derrocar los poderes del Estado, creando un grupo conspirativo contrarrevolucionario que celebraba reuniones para acordar la realización de Actos de sabotaje, Terrorismo, Propaganda, Recaudación de Fondos, Armas, Parques y toda clase de actividades contrarrevolucionarias; siendo descubiertos por las autoridades y detenidos, ocupándose en el domicilio de la acusada Selma Hazin Chiap detonadores para Bombas, cajetillas conteniendo explosivos, varios frascos con ácido y otros materiales útiles para la confección de los artefactos explosivos a cuya colocación se dedicaba el grupo citado; en el domicilio de Antonio Herrera Nieto fue ocupado parque así como instrumentos idóneos para la fabricación de Balas, y en el domicilio de Nardo Ruiz Hernández un revolver y varios relojes.

Segunda : Los nombres de las personas responsables del anterior hecho que lo han cometido en concepto de autores son los señalados en la PRIMERA DE ESTAS CONCLUSIONES.

«Tercera: Los anteriores hechos revisten los caracteres de los Delitos Contra los Poderes el Estado, Estragos y Tenencias de Materiales Explosivos previstos y sancionados en los Artículos 157 Incisos 2 y 3 en relación con los Artículos 147 y 148: Artículo 469, Apartado A y B, todos del Código de Defensa Social tal y como quedaron modificados por la Ley 425 de 1959; así como el Artículo 12 Párrafo Primero y Segundo de la citada Ley 425.

Cuarta: No concurren circunstancias modificativas de la responsabilidad criminal.

Quinta: La sanción en que han incurrido los acusados es la de Treinta Años de Privación de Libertad que deberá serle impuesta por este Tribunal.

Primera: Confesión de los acusados si a ello se presentaren.

Segunda: Testifical de las siguientes personas que deberán ser citadas judicialmente.

1. Lázaro Ponce de León: Jefe Dpto. Seguridad M Hacienda.
2. José Veiga Peña: Agente G-2.
3. José Luis Domínguez Huerta: Agente G-2.
4. Antonio Cervantes Valdés: Agente G-2
5. Alfredo Hernández Chaveco: Agente G-2
6. Manuel Franco Martín: Agente G-2
7. Rolando Medina Calle 29 número 416, Almendares.
8. Jorge Fuentes García Ave. 11 numero 9036, apto. 4, Marianao.

Tercera: Documental del informe del Gabinete Nacional de Identificación Foliado con el número 96590 entrante en el Suymario.»

Semblanzas de Cuba y del exilio

Algunas veces el destierro se convierte en un lento devanar de angustias y de culpas. Se queda uno a solas consigo mismo y todo el pasado se agolpa a los ojos de la conciencia. Hay quienes no lo resisten porque se sienten abrumados y se ponen a morir. Pero otros se sienten revivir en el pasado. Todo se vuelve claro y diáfano en derredor. El exilio entonces, es renovación, es vida, es esperanza. Con el pie firmemente asentado sobre un pasado fecundo avanzamos hacia el porvenir.

Este es el caso de este libro que hemos escrito con lentitud. Con bastante lentitud, Porque las memorias de toda una vida no se pueen escribir sin pensar primero como de verdad sucedieron las cosas y después como llevarlas al papel. Son cuarenta años de vida en Cuba y algo más de cuarenta fuera de la patria dando tumbos por el mundo las más de las, veces contra viento y marea.

Estamos en el destierro escribiendo siempre sobre la causa de Cuba y sobre los bretes del exilio. Nunca hemos estado más metidos en la entraña mismísima de Cuba y del exilio que al elaborar cada capítulo de este libro. Tuvimos que optar por el destierro porque de nuestra tierra nos echaron los traidores después de una batalla campal. Los infames se quedaron sólo con las piedras pero el espíritu se les fue entre las manos. Era inapresable. No podían ellos reproducir un periódico semejante. No podían intervenir el espíritu del *Diario de la Marina*. Su identidad no admite sustituciones. En el exilio tampoco. Aquí hay quienes nos han hecho cosas peores que los milicianos, de Cuba. Lo tenemos que contar porque de lo contrario no estaríamos escribiendo nuestras memorias ni estaríamos dejando un libro para la historia que cuenta la verdad de todo lo bueno y de todo lo malo que su autor ha vivido en sus ya largos años en la patria Y lejos de ella.

Nuestro pasado está vivo frente al capitolio de la Habana. El *Diario de la Marina* sigue vivo a pesar de sus dos crisis. La primera fue en 1944 cuando murió Pepín Rivero nuestro padre. La misma fue casi instantánea. Duró muy poco pues, gracias a Dios, pudimos superarla a tiempo antes de que la empresa naufragara... La segunda crisis la produjo el comunismo castrista a mediados de 1960 después de una batalla constante frente a sus enemigos naturales. Llevamos cuarenta años dentro de ella. Es una crisis general porque en esta no quedó en la patria «títere con cabeza» pero al menos el Diario de los Rivero debido a las circunstancias se quedó sin cabeza en Cuba con dignidad y sin haber sido «títere» de nadie.

Nuestro presente vive frente a cuarenta años de muchas ingratitudes traiciones e hipocresías del exilio. Nuestro libro tiene todo el empuje de sus tradiciones. Antes se decía tradición y la gente se reía y hacía burlas de nosotros, porque las tradiciones estaban a mano, se contaba inmediatamente con ellas.

249

Hoy se dice tradición y todos tiemblan porque estas nos han fallado», porque la tierra que pisamos se hunde, porque no tenemos a qué asirnos. Los ojos del alma de todo un pueblo se posan en los que hablaron siempre de la cosas esenciales y que predijeron con honestidad el tremendo peligro que el país estaba corriendo. Durante años –128– soportó nuestro periódico estoicamente los dardos de las gentes envenenadas que lo querían destruir todo. Estábamos siempre atravesados en el camino de los enemigos de Cuba. El *Diario* era como un celoso guardián de esas cosas impalpables que forman la vida de una nación. Pepín Rivero, si desde el Cielo se pueden ver las cosas de este mundo, deberá sentirse satisfecho de la obra de sus herederos. Nosotros al menos nos sentimos muy orgullosos de nuestro padre por habernos dejado una ruta bien trazada en los caminos de la valentía y de la dignidad.

Todo por lo que luchamos a través de tantos años, ha sido destruido. No quedó nada en pie. Podríamos sentir amargura. Podría nuestro animo decaer ante tanta ruina y desolación Pero no. Aquí estamos, por la Gracia de Dios, vivos y presentes dispuestos a seguir dando la batalla a favor de la verdad. Seguimos clamando por la salvación de la familia cubana, luchando a brazo partido contra los farsantes, contra los que aspiran a hacer el negocio de reconstrucción. Al servicio de nadie. Al servicio de todos. Duros e implacables. Tuvimos razón en el pasado, y aspiramos a tenerla ahora.

Hemos escrito mucho sobre este tema porque abundan los farsantes y algunos lideres, de pacotilla que van a querer que no se lea un solo ejemplar de *Contra viento y marea* porque en el mismo, entre otras muchas cosas, se revela con toda claridad que nuestra postura en la patria no engaño a nadie, como algunos de los que nos han traicionado en el exilio. Todo lo contrario: tratamos que todos abrieran los ojos pero muchos los abrieron cuando ya era tarde.

Jorge Mañach

Jorge Mañach, no obstante su ideología nada conservadora fue uno de los grandes escritores del *Diario de la Marina*. Hay quienes dicen que escribía con la mano derecha en nuestro periódico y con la mano izquierda en la revista *Bohemia*. Una broma bastante ficticia porque él siempre, como todos los demás colaboradores nuestros, exponía su pensamiento tal como en realidad era, algunas veces bastante alejado de la ideología del periódico. Sus «Glosas», que le publicábamos en la página cuatro dedicada a los escritores consagrados de la pluma intelectual y periodística. Eran leídas con verdadero interés y respeto. Ya Mañach era considerado una pluma tradicional de nuestro *Diario*. Nos enorgullecíamos de tenerlo con nosotros junto a escritores de la talla de Gastón Baquero, Francisco Ichaso, Fernández Flores, José Rubinos, Miguel de Marcos, Ramiro Guerra, Chacón y Calvo, Hector de Saavedra, Arturo Alfonso Roselló, Fernández Arrondo, Gustavo Urrutia, Suarez Solís, etcétera. Cada uno de ellos con su estilo propio y su pensamiento distinto del otro, escribían sus artículos sin que tuvieran que pasar por nuestra mesa antes de ser publicados. Era una vieja costumbre que había establecido el *Diario* con todos ellos además de padecer nosotros de una alergia especial en contra de la censura periodística. De ahí que Mañach se viera en un aprieto la vez que Fidel Castro le preguntó, en una de sus comparecencias «Ante la Prensa» por televisión, si era verdad que sus artículos eran censurados por nosotros y le respondió que jamás a él le habíamos tachado una sola palabra de sus «Glosas» a pesar de que las mismas elogiaban a la Revolución y a sus reformas. Ese mismo día lo felicitamos por su gesto de decirle la verdad en público a Castro quien creía que por temor iba a complacerlo al menos guardando silencio.

Por aquellos días a principios del año 1960 recibimos en nuestro despacho una carta firmada por Jorge Mañach, Cesar García Pons, Anita Arroyo, el magistrado Márquez de La Cerra y Rafael Suárez Solís en la que nos presentaban sus renuncias como colaboradores del *Diario de la Marina* debido a que nosotros habíamos tomado desde un principio una actitud injusta acerca de la Revolución y que siendo ellos revolucionarios no estaban dispuestos a seguir colaborando con nosotros. Aquella carta nos dolió tanto o más que todos los insultos recibidos hasta entonces durante nuestra vida pública por parte de nuestros adversarios. Y más no hirió la ingratitud de quienes, como ellos, no habían recibido de nosotros más que delicadezas y beneficios que no son del caso mencionar.

Ibamos con nuestra esposa a cenar casi todos los domingos a casa de Jorge Mañach. Nos invitaba siempre con el fin principal de cambiar impresiones acerca de la revocución Invitaba casi siempre a dos o tres amigos políticos de él para enfrascarnos todos en el tema de la difícil situación por la que estaba pasando la nación. Una vez le dijimos que teníamos en nuestro poder la carta de un

251

militar que nos expresaba desesperadamente, entre otras cosas, que estaba absolutamente decepcionado de la revolución sin saber como salirse de ella por la que tanto había luchado en la Sierra Maestra, primero, y después en el triunfo. Mañach nos pidió que llevásemos la carta en cuestión a su casa para que la leyéramos en nuestra reunión semanal sin que reveláramos el nombre del remitente. Así lo hicimos. Quien nos escribía era un enemigo ideológico nuestro pero nos aclaraba en la carta que se atrevía a hacerlo debido a nuestra actitud pública frente a la situación imperante Nos decía que éramos «la única persona en quien podía confiar para dejar su carta como una especie de testamento patriótico» y que se había decidido a escribirnos debido a que «ya tenía la mitad del cerebro lavado» por los adoctrinadores marxistas de la revolución y temía que «no pudiera terminar esas líneas con lujo de detalles y de pormenores cuando tuviese la otra mitad de la cabeza lavada o hubiese pasado ya por el paredón de fusilamientos». La noche que la leímos durante nuestra diminuta tertulia, casi clandestina porque allí se hablaba mal del régimen, Mañach nos interrumpía para decirle a los invitados que esa carta significaba mucho en cuanto a la realidad del momento. Nuestro amigo Jorge se mostraba casi siempre conforme con nuestros argumentos en contra de la injusticia que se estaba cometiendo en el país.

Estas son las horas, después de tantos y tantos años de aquellos encuentros en casa de Jorge Mañach, que aún no comprendemos como una persona tan prominente y de tanto «calibre» intelectual asumiera esa postura tan confusa unas veces y tan equivocada otras en torno a la política nacional. No obstante nadie podía poner en tela de juicio su gran capacidad y su don de gente. Tampoco se puede negar su profundo saber e inteligencia, aunque no debe confundirse nunca la inteligencia con la genialidad. Inteligencia es la facultad de conocer la cual se manifiesta de varios modos y la genialidad es algo que revela siempre genio creador. Mañach era básicamente intelectual. Vivía dedicado al cultivo de la filosofía y de las letras. Ortega y Gasset era el gran guía de su intelecto y de su espíritu. Quería ser político, pero para serlo se necesita tener mentalidad y carácter político. Mañach, a nuestro juicio, no tenía ninguna de las dos cosas.

En esto le venía como anillo al dedo lo de «zapatero a tu zapato»...

Según las malas lenguas –y las buenas también– aspiró siempre a una Embajada en cualquier parte del mundo pero principalmente en Madrid. Cosa muy natural. En la capital española se encontraba como pez en el agua rodeado de tantos académicos y de tanto «olor» a letras. Esa posición sí le encajaba bien al autor de la formidable obra sobre José Martí. Mañach era todo un caballero; un hombre distinguido que podía pasearse por cualquier país acompañado de su voluminosa cultura y de sus dotes de diplomático casi innato en él. Es decir, como nacido con una cortesanía aparente e interesada. Por donde no podía pasearse era por los campos de la política. Quizás nos convencimos de esto por aquella carta renuncia a nuestro *Diario* nada política después de tantas reuniones en su casa y en el periódico donde recibimos de él abundantes demostraciones de amistad.

En una ocasión Mañach le respondió desde La Habana al periodista Salvador Díaz Versón una carta que le había escrito desde el exilio. La respuesta comenzaba en parte así:

«Yo no sé, a derechas, por qué está usted en el destierro. Mi obligada ausencia de Cuba en los últimos dos años y medio del batistato me privó de la posibilidad de contemplar de cerca ajenas conductas. Sí sé que antes de eso, usted se había 'especializado' en el anticomunismo, por lo cual, naturalmente, los camaradas le tenían a usted 'ganas' como suele decirse. Sobre eso de 'especializarse' en una actitud negativa, por buenas razones que se crea tener para ello, yo abrigo –se lo confieso– mis reservas. Creo preferible siempre ser hombre de pro que hombre de contra; estar uno por lo suyo, más bien que antagonizar a los demás. A los pueblos se les ha de convencer con hechos. Cuando la Revolución actual de Cuba hace como creo que está haciendo, obra de justicia social, contribuye más a que no prospere el comunismo en Cuba que todas las palabras, las denuncias, los archivos y las persecuciones». Y terminaba Mañach su larga respuesta diciéndole: «Fidel Castro no es el monstruo que a ustedes les pinta el resentimiento y ciertas publicaciones yanquis. Venciendo no poca resistencia interior, porque no me gusta el panegirismo en vida le diré que a mi juicio es una grandeza. Está tratando de darle a toda nuestra vida esa misma dimensión de grandeza. En un ámbito semejante, las injusticias episódicas que pueden cometerse no suelen prosperar. Si yo fuese usted, repito, con la conciencia tan limpia como usted dice tenerla, vendría a Cuba y pelearía por mi dignidad y mi libertad».

Salvador Díaz Versón podría irónicamente decirle lo mismo a Mañach si los dos se tropezaran en el otro mundo: «*Yo no sé a derechas, por qué se fue usted también al destierro, Doctor Mañach ¿No le parece eso una actitud negativa? Si Castro era para usted un gran cubano ¿por qué optó por el exilio y no peleó por su dignidad y su libertad en Cuba?...*»

Del dicho al hecho

Claro que si: «Del dicho al hecho hay un gran trecho" resa el refrán español. Parece mentira que algunos que se las den de eruditos de letrados de leídos y «escribidos" de intelectuales etc., no sepan distinguir ente la sabiduría de un su humano y su falibilidad. El acierto y la equivocación son casi siempre hermanos en la vida del hombre. «Que tire la primera piedra el que se hallo sin pecado» dijo Jesucristo a los que querian castigar a la mujer adultera Pero los seres humanos aún no se han dado cuenta, o no quieren darse cuenta de que se pasa por esta vida dando muchas veces palos a ciegas incluso aquellos que han vivido cargados de sabiduría y de méritos bien ganados.

No deseo entrar en discusiones sobre Jorge Mañach. El fue un buen amigo mío y uno de mis mejores columnistas en el Diario de la Marina. Don Jorge –como otros– quiso escribir en mi periódico cuando no era azaroso escribir en él mientras los vientos en la república soplaban con apacibilidad y mi periódico le dio el mejor espacio de la página editorial. Pero cuando la situación con el Diario se puso encendida porque la patria se había puesto al rojo vivo con la revolución comunista, Don Jorge decidió salirse de nuestras páginas enviándome unas líneas en lo que me decía que se iba del periódico porque no estaba de acuerdo con mi postura contrarrevolucionaria. La verdad, como el sol, no se puede tapar con un dedo, ni con dos, ni con todos Don Jorge, como yo y como todo el mundo tuvo su aciertos en la vida pero también tuvo sus errores. Decir que nunca se equivocó sería atribuirle una sabiduría infalible

La verdad es que no entenderé jamás como un hombre tan talentoso como Don Jorge que tenía ideales, que tenerlos «es partir de la realidad, estudiarla saber todo lo que se puede modificar de ella y proceder a una reforma constante, indetenible paciente y que se lleva a cabo sin violencia» renunció el Diario de la Marina que precisamente estaba todos los días diciendo lo que en realidad ocurría en Cuba; que señalaba la terrible realidad que ya se estaba viviendo, y que en medio de todas las reformas disfrazadas de justicia social que se llevaban a cabo con violencia, se escuchaban los disparos de los fusilamientos y se llenaban la cárceles injustamente de hombres que con espíritu y mentalidad democrática pensaban de distinta: manera que la aún joven tiranía.

No tengo motivo alguno para subestimar su grandes méritos ni deseos de minimizar mi gran estimación a él como cubano ni como persona. Don Jorge y yo intercambiábamos ideas sobre la situiación nacional con bastante frecuencia. Y las «barajabamos» siempre con delicadeza y sin discrepancia arrogante ni engreída. Todo lo contrario, siempre en nuestras conversaciones dejó en mí una sensación de sencillez, de humildad y serenidad interior Nos entendíamos bien cm las naturales y casi insignificantes disparidades ideológicas. Al menos así me lo demostró siempre y así se lo demostré yo también

No se puede afirmar que Mañach ha sido una de las pocas figuras de nuestra vida cultural en los últimos tiempos que, no ha transigido nunca con ninguna dictadura, Don Jorge transigió con la dictadura de Fidel Castro –la peor de todas las dictaduras– hasta que se fue al destierro desilucionado . Y ¿qué de cosa tremebunda tiene eso si lo mismo le ocurrió a decenas de miles de cubanos que hoy están en el exilio? Eso no importa. La equivocación es de humanos Lo admirable es saber reconocer el error a todo pulmón. Mérito en que vale mucho más que haberse paseado siempre en la vida por los caminos del acierto...

Mensajes y opiniones

Unos días después de nuestra llegada a Miami nuestra oficina de Nueva York se comunica con nosotros para decirnos entre otras cosas que tenían una cantidad grande de recortes de periódicos de todas partes de los Estados Unidos, de Latinoamérica y de Europa que se hacían eco del atropello de Castro a nuestra persona y a nuestro periódico Por otra parte nos anunciaban- varios actos preparados ante la prensa en Nueva York relacionados con el enfrentamiento al tirano comunista en Cuba.

Imposible reproducir en estas memorias nuestras todos los recortes que recibimos sobre esta cuestión y sobre nuestra llegada al destierro. Pero veamos al menos algunos de ellos que demuestran vivamente la simpatía con nuestra causa, incluyendo a muchos de los periódicos que se han destacado siempre por su izquierdismo. El periódico *La Críticas* de Buenos Aires decía en su página editorial: *«Primero fue la insinuación la advertencia más o menos velada; luego la coexión la amenaza desembozada y abierta; finalmente, la clausura y la confiscación lisa y llana. Tal la triste trayectoria que le tocó vivir a la prensa cubana en los días que corremos y tal el más palmario ejemplo de antidemocracia que está dando ese mismo gobierno que tantas esperanzas suscitara en sus orígenes revolucionarios.*

Y esta es la hora en que el director-propietario del Diario de la Marina *insobornable defensor de la libertad de expresión, como lo consignó una reciente citación de la SIP, se encuentra asilado en la embajada del Perú, en tanto que sus familiares han marchado ya al exilio. Hace apenas unos días Rivero había prometido a sus lectores que continuaría la lucha 'tanto tiempo como Dios lo permita'; pero no pudo ser por mucho tiempo pues, de momento, ha prevalecido la razón de la fuerza por sobre la fuerza de la razón.*

Por lo demás, (seguía diciendo La Crítica*) los partidarios de Fidel Castro han añadido un espectáculo deprimente al atropello de la confiscación. Ese espectáculo ha sido la manifestación realizada en La Habana con carácter de 'entierro simbólico' del diario avasallado ¡Como si las ideas pudieran matarse con entierros simbólicos!*

Entretanto, toda la prensa libre del continente ha alzado su voz de enérgica reprobación por el nuevo y lamentable episodio. Gesto solidario de la opinión democrática de toda América que anhela para Cuba el pronto restablecimiento de todas las libertades ciudadanas inclusive la libertad de prensa.»

Las agencias de noticias enviaban a todos los diarios del mundo las siguientes noticias: *«La Habana, mayo 11. El director-propietario del* Diario de la Marina, *José Ignacio Rivero, en una declaración suscrita de su puño y letra que dio a la prensa, dice que su periódico fue 'condenado a muerte' desde el momento*

En importante reunión de
Obispos y seglares norteamericanos

En el mes de octubre del año 1961 fuimos invitados por la jerarquía católica para que pronunciáramos un discurso sobre el caso de Cuba a todos los asistentes al Congreso anual de los Católicos Seglares (15th Annual Convention of Catholic Laymen), que se celebraba en Southem Pines en el Estado de South Carolina. En la Asamblea General de dicho Congreso tambien hicieron uso de la palabra, hablando energicamente sobre la situación cubana el Delegado Apostólico de la Santa Sede en los Estados Unidos de América, el Reverendo Egio Vagnozzi, D.D. quien entre sus pronunciamientos destacó la alarmante infiltración comunista, extremista que existe en Norteamérica al igual que en todo el hemisferio sin que nadie pudiera saber cuantos eran ni donde estaban debido a la forma habilidosa con que llevaba a cabo sus planes de socavamiento de las instituciones cristianas y democráticas. El Obispo Vincent S. Waters, de la Diócesis de North Carolina y la Baronesa María von Trapp, conocida y destacada exiliada austríaca cuya vida ha servido de inspiración para la triunfal obra musical de Broadway "The Sound of Music" también expusieron sus puntos de vista personales sobre el mismo tema.

A nosotros nos tocó, de acuerdo con el programa confeccionado por los organizadores del Congreso, pronunciar el discurso central del acto exponiendo distintos asuntos en relación con el mismo tema de Cuba ante decenas de figuras prominentes del catolicismo norteamericano.

Entre otras cosas dijimos lo siguiente:

«Durante los diecisiete meses que he vivido como exiliado en esta maravillosa y hospitalaria nación con frecuencia me he preguntado por qué razón no se ha hecho algo verdaderamente efectivo para barrer el comunismo de Cuba... Por qué motivo Fidel Castro ha podido violar todos los Pactos y Tratados de la Organización de Estados Americanos sin que estos le apliquen sanciones o castigos de ninguna índole... Por qué miles de cubanos anti-comunistas han sido condenados ilegalmente y asesinados por pelotones de fusilamientos marxistas con muy pocos gobiernos de la América protestando enérgicamente por esos asesinatos en masa, como si la Carta de los Derechos Humanos no representase nada para ellos ... Por qué mas de 50.000 hombres y mujeres yacen internados en las mazmorras comunistas de Cuba sufriendo todo género de privaciones, enfermedades, hambre y torturas sin que la Cruz Roja Internacional haya podido hacer nada por socorrerlos... Por que cientos de monjas y sacerdotes son perseguidos, vejados, a veces encarcelados y fmalmente expulsados de Cuba cual si fueran criminales, sin que se escuchen las voces de millones de católicos de todo el mundo exigiendo de sus respectivos gobiernos que por lo menos

En una charla íntima con el Delegado Apostólico en los Estados Unidos

CARTA DEL REV. C. RALPH MONK

"Dear Dr. Rivero: I want you to know how much it meant to me to hear your speech (twice) at Southem Pines last Saturday. I retumed to Bosne renued by the evidence of faith which you expressed then and before you left Cuba. I only wish that every one hear you. I have a Newman Club here and have told them of your message. 1 hope that possibly you will be in the area of Bosne and will be able to have dinner with me and meet some of my parish and college students. Do you think this would be posible? God bless you in all that you are doing. You are in my prayers. Sincerely in Christ. Father C. Ralph Monk

El Padre Francis M. Smith de North Carolina estuvo en La Habana en 1960 y nos llevó La invitación a la Asamblea Católica

rompan relaciones diplomáticas con el régimen comunista de Castro. Muchas veces me he preguntado por qué todas las organizaciones e instituciones, pueblos y gobiernos de la América del Norte, del Centro y del Sur, no unen sus esfuerzos en un mismo empeño por extirpar radicalmente de sus entrañas el cáncer del comunismo que se ha localizado en Cuba y que, créanmelo, amenaza peligrosamente con expandirse por todo el organismo de nuestra civilización cristiana»...

«Take Cuba as a mirror for U S.A. and take me as a mirror for yourselves. Don't let it happen to you. Be aware of the moves that the devil is making, and act accordingly before he does. Remember that the United States of America is practually the last trench for the defense of freedom in the world. When we were throw out of Cuba by the communists, we had this wonderful country to come to. You wood not have anyplace where to go... Please keep your eyes open. ¡For God's sake! Destiny of our Christian civilization is at stake...» (Fueron estas nuestras últimas palabras)

El banquete se cerró con aplausos prolongados de todos los asistentes cuando terninamos dándole un emotivo abrazo a la Baronesa von Trapp diciéndole emocionadamente: «Démonos un fuerte abrazo usted y yo: dos exiliados perseguidos por distintos totalitarismos?»

Días después del importante evento recibimos en Miami una carta del Obispo Vincent S. Waters de Raleigh, Carolina del Norte en la que nos decía:

«Dear Mr. Rivero
We all enjoyed so much your address at the recent Confraternity of Christian Doctrine. In Fact, few speakers are ever requested to repeat their talk at the same convention!
I am sure that all of our guest and participants enjoyed every word of what you had to say. You helped to make the convention a real success for God and souls, I am sure.
I just wanted you to know how sincerely I appreciate yor kindness.
With every best wish, I remain sincerely in Christ,
Vincent S. Waters (Bishop of Raleigh)»

Párrafos del padre Llorente S.J.

Buscando cierto material para estas memorias entre el gran volumen de papeles viejos de nuestros archivos periodísticos nos encontramos con el siguiente texto que volvimos a leer con especial interés y con personal gratitud. Con motivo del acto de Cristo Rey en el Salón de Actos de la Iglesia de Saint Michael de la ciudad de Miami en la Florida, el sábado 29 de Octubre de 1961, el Padre Amando Llorente S.J. Director de la Agrupación Católica Universitaria, pronunció las siguientes palabras, muy emotivas para nosotros como agrupados de filas que fuimos en Cuba y que lo seguiremos siendo de ella hasta la muerte. Decía así, en parte, el Padre Director de la ACU:

«Hay una página en la Sagrada Escritura muy emocionante que nos recuerda una etapa muy dolorosa del pueblo de Dios cuando arrojando de su patria, desterrado y cautivo les decían sus enemigos a aquellos hijos de Israel: 'Cantadnos vuestros cantos, tocad vuestros instrumentos músicos'. Y ellos contestaron: ¿Como podemos cantar nosotros, lejos de nuestra Patria. Nunca sonarán nuestros instrumentos. Lejos de ti no podemos cantar Jerusalem.

«Nosotros hoy hemos cantado, nos hemos reído, no precisamente, ni mucho menos, porque nos hayamos olvidado de Cuba, porque nos hayamos olvidado de La Habana. Todas las consagraciones, todas las oraciones de la fiesta religiosa fueron un lamento del fondo del corazón, una desgarradura del alma, porque no se olvida nunca Jerusalem, ni se puede olvidar nunca, pero nosotros hemos superado con mucho a los judíos. Ellos creían sólo en un Mesías triunfal. Nosotros creemos en un Cristo crucificado. Hay una palabra en la ceremoma religiosa de hoy que ha tenido que estremecer el corazón de Dios. Fue la que más se repitió. Es la declaración más grande, más admirable, más impresionante de la profunda formación religiosa de la Agrupación Católica Universitaria, la palabra que más se ha repetido hoy en esa Misa, en esa Capilla, es la palabra GRACIAS. GRACIAS por sufrir. GRACIAS por ser pobres. GRACIAS por llorar. Esto a los oídos mundanos de hoy debía de sonar igual que sonó un día la palabra de Jesucristo: Bienaventurados los que sufren; Bienaventurados los que lloran. Pero esto sólo indica que entre nosotros se vive el cristianismo de verdad. Estas son frases que responden a una vida. Estas son frases que no son meras palabras sino el resultado de un estilo de vida al cual se ha adaptado una moral y una conducta total.

«Tienen el mismo sentido de aquellas palabras de San Pablo: 'No quiero saber ninguna otra cosa sino a Cristo y a este Crucificado'. Y tiene el mismo sabor que aquella frase de Pedro y Juan –los apóstoles predilectos– que después que los azotaron por predicar a Cristo saltaron de alegría diciendo: 'ya hemos sido dignos de ser azotados por defender a Cristo. Ahora nos parecemos más a

Cristo'. Y, es el sentimiento de Teresa de Jesús, que un día le ofreció Jesucristo dos coronas, una de espinas y otra de rosas para que se pusiera la que quisiera y ella respondió: 'Yo quiero la tuya'. Y como la de Cristo era la de espinas, dejó la de rosas.

«Es San Ignacio quien decía que si se dejase llevar de sus sentimientos saldría por las calles de Roma vestido de loco, para que todo el mundo se riese de él y poder sentir dentro de su corazón los sentimientos que Cristo sintió cuando se reían y se mofaban de El por las calles de Jerusalem. Esto es cristianismo. Esta es la Agrupación Católica Universitaria.

«No es sólo grande la Agrupación por lo que hizo antes en Cuba. No es sólo grande la Agrupación porque cuando llegó el momento de lucha tuvimos al frente de la prensa que defendió a la Iglesia y luchó contra el comunismo a un héroe que se llama José Ignacio Rivero. No es sólo grande la Agrupación porque tiene a un José Ignacio Lasaga, el seglar que ha consagrado su enorme talento a defender a la Iglesia en Cuba. No es sólo grande la Agrupación porque al frente de la invasión que iba a libertar a Cuba estaba un Manuel Artime.No es grande porque el lider indiscutible de los universitarios cubanos se llama Alberto Muller. No es grande porque el mártir más grande de esta lucha contra el comunismo se llama Rogelio González Corzo. Esto es muy grande, sí, pero es más grande aún la Agrupación porque colectivamente, masivamente, en el acto oficial delante de Cristo le ha dado una y otra vez hoy GRACIAS por ser pobre como Tú, perseguido como Tú. Desterrado como Tú. Esta es la grandeza de la Agrupación.»

El fuerte abrazo al padre Llorente a su llegada al exilio.

En Chicago y en Milwaukee

El decano de la escuela de periodismo de la Universidad de Marquette en Milwaukee, Wisconsin, había viajado a Miami para comunicamos personalmente la decisión de dicha Universidad de otorgarme el título de Doctor Honoris Causa en literatura. Lejos estaba yo de pensar en mi juventud cuando estudiaba en dicha Universidad que algún día iba en el exilio a visitarla para ser honrado con tan importante distinción. Fue en abril del año 1961 cuando visité el afamado centro universitario para asistir a la inolvidable ceremonia pero antes pasamos por la ciudad de Chicago pues había sido invitado también en esos días a comparecer en el programa nacional de la televisión norteamericana titulado V.I.P., una de las tele audiencias mayores de los Estados Unidos de aquellos años, para contestar preguntas relacionadas a los últimos acontecimientos de Cuba.

En dicho programa de televisión expresamos que el caso cubano no era sólo de los cubanos sino que era un peligro mortal para todos los paises de nuestro Continente y que todos debían colaborar al exterminio del comunismo entronizado por Moscú en nuestra patria, para salvaguardar la libertad y la democracia que es el tesoro más preciado de nuestros pueblos.

Dije también –entre otras cosas– que era necesidad imperiosa la presencia real de los Estados Unidos y de todos los paises de América en nuestra lucha para destruir radicalmente el foco de infección comunista que amenazaba ciertamente contaminar a todo el Hemisferio Occidental.

Me di gusto respondiendo a las preguntas de los periodistas norteamencanos ajenos totalmente al peligro que significaba la presencia del comunismo dirigido por Moscú en el Mismo corazón de las Américas. Seguíamos respondiendo así casi con las mismas palabras:

La historia de las dictaduras en nuestro Continente es cuantiosa y lamentable. Pero siempre tuvieron un carácter estrictamente interno, doméstico. Jamás constituyeron un peligro para las naciones vecinas ni mucho menos para el Continente. Fueron nada más que un azote en cada país, aunque sin repercusiones en el exterior. Unas fueron moderadas y otras crueles. Algunas advirtieron con el pretexto de imponer el orden; otras a subvertirlo. Nunca tuvieron la aspiración de saltar sobre su órbita para alterar la paz ni sojuzgar a otra república americana

Por primera vez en la historia de nuestro Continente, el primero de enero de 1959 se sustituye una dictadura doméstica con una tiranía internacional Desaparecido Batista surge un tirano obediente a Moscú con la misión de sovietizar nuestra nacion y «exportar» una pretendida 'revolución humanitaria' –bajo el signo de la hoz y del martillo– a todos los paises de nuestro Hemisferio.

Montañas de papel impreso y montañas de dólares acompañaron la historia de la 'revolución' fidelista a todos los ámbitos de América para que surtiera efectos inmediatos. Brasil, Chile, Ecuador, Perú, El Salvador fueron los primeros en sentir el azote propagandístico de la Cuba sovietizada, abanderada de la URSS para los fines de infiltración y subversión. Algunos gobernantes responsables y patriotas. pusieron un 'hasta aquí' a la campaña insurreccional realizada desde Cuba y desde el poder otros no.

Es perentorio que los Estados Unidos de América y todos los demás pueblos de este Hemisferio comprendan claramente el peligro que se cierne sobre ellos mientras exista un gobierno títere de Moscú que es en realidad un puente para la propagación del comunismo al Nuevo Mundo. Si ese peligro es grande para los paises de origen latino mucho mayor es aún para Norteamérica que, salvo algunos fallos, es el valladar único que puede contener la sovietización total de América.

No se trata de un problema cubano, de los cubanos. Trátase de un problema general que afecta igualmente a todas las repúblicas del Continente. No es ya una dictadura, una tiranía que azota a un pueblo, es la acción mortal de unos títeres al servicio de una potencia extra continental que no tiene otro propósito que hacer una realidad el testamento de Lenin: convertir al comunismo ateo a todo el planeta.

Pongo en guardia al pueblo de los Estados Unidos sobre la infiltración comunista, evidente y probada, que existe aquí y que se esfuerza desesperadamente porque no se derribe la tiranía comunista de Cuba, que se consolide y cumpla su nefasta misión de ser ejemplo para los demás pueblos continentales».

Desde entonces estábamos alertando a los norteamericanos de la infiltración castrista aquí y en todas partes. Desde el principio de nuestro exilio queríamos que abrieran bien los ojos y los oídos pero nadie escuchaba ni nadie veía. Todos creían que las advertencias eran de cubanos latifundistas contra revolucionarios... En el estudio del programa V.I.P. tuve que soportar también una lluvia de preguntas ingenuas sobre las dos Cubas: la de antes de Castro y la de Castro. Pero yo seguía respondiendo con el convencimiento de que se entenderían mis sencillos argumentos.

Terminábamos la entrevista televisada desde Chicago diciendo, o mejor dicho, repitiendo enfáticamente que «el caso cubano no es un caso cubano: es un problema de todos. De suerte que todos los paises de América deben ponerse en guardia, deben entrar en acción hasta erradicar definitivamente la infección marxista que amaga la suerte de nuestros pueblos. El mal está en Cuba, y allí hay que ir, junto a los cubanos, norteamericanos y sudamericanos, a extirparlo.»

Después de esta entrevista salí hacia Milwatikee. Al siguiente día me esperaban en la Universidad de Marquette el presidente de la misma y el decano de la facultad de periodismo. La Universidad en una ceremoma solemne en la que celebraba los cincuenta años de su fundación hizo entrega de tres títulos de Doctor Honoris Causa en leyes y dos en literatura: un inglés, tres norteamericanos y un cubano. En tal ocasión me dirigí a todos los presentes con las siguientes palabras:

«Cuando hace años terminaba mis estudios de periodismo en esta Universidad lo que menos podía imaginar era volver a mi antigua Alma Mater a recibir de ella este honor que hoy se me confiere. Lo agradezco profundamente. Pero todos los que estamos aquí sabemos muy bien que los honores no nos pertenecen propiamente porque son de Dios. De El vienen y a El debemos justamente devolverlos.

Yo, simplemente he cumplido con mi conciencia y con mi patria. Nací en el seno de una familia católica y me eduqué, como ustedes en un colegio de Jesuitas, en el Colegio de Belén de La Habana. Ellos fueron mis consejeros en los difíciles años de mi juventud, y fueron ellos, precisamente, los que me aconsejaron que viniera a estudiar periodismo a Marquette University.

Esa formación moral fue la que me dio la decisión que me dio la fuerza suficiente para hacerle frente al comunismo desde las paginas de mi periódico, el *Diario de la Marina*. Hace más de treinta años mi padre fue también un batallador incansable contra la penetración marxista en Cuba. Por esta causa fue perseguido y se atentó varias veces contra su vida. Hoy por defender esta misma causa y mis principios católicos, he sido igualmente perseguido, calumniado y agredido por el gobierno de Castro, hasta que por la fuerza asaltaron mi periódico y me obligaron a venir al exilio

Desde aquí, prácticamente sin recursos, he continuado en pie de lucha con un modesto semanario que se edita en Miami convencido de que con el comunismo no puede haber tregua posible. O se lucha continuamente contra él, o nos dejamos vencer contra él. Las fuerzas del mal nunca están quietas. Por eso, la actitud de todo católico en estos momentos ha de ser estar siempre alerta y en pie de combate.

Hace algunos años, cuando leía en los periódicos la tragedia de Hungría, Polonia, Yogoslavia y los demás paises dominados por la barbarie roja, jamás pude imaginar que algo semejante podía ocurrir en mi patria. Pensaba que América estaba muy lejos de Rusia y que las demás naciones del Continente no iban a permitir que en este Nuevo Mundo de libertad y democracia, el comunismo internacional establecería una cabeza de playa. Sin embargo, así ha ocurrido para desgracia nuestra y de todo el Hemisferio. El comunismo nunca ataca de frente ni da la cara. Se disfraza, engaña de mil maneras y cuando ya tiene el poder en sus manos, se quita el antifaz; pero entonces resulta demasiado tarde para poderlo combatir por medios pacíficos. Donde Rusia y el marxismo ponen su planta, no pueden sacarse más que a cañonazos. Se valen de nuestras libertades y de nuestra democracia para introducirse en ella y destruirla después desde dentro.

Esto debe servir de ejemplo al mundo libre de América y particularmente a ustedes. Cuando Khrushchev hace algunos años dijo que 'vuestros nietos vivirían bajo el régimen comunista', no estaba afirmando una hipótesis ilusoria, sino una realidad que se estaba haciendo. El sabía muy bien que los comunistas trabajaban aquí día y noche por convertir en realidad esa afirmación y continúan hoy trabajando en todas las esferas con el mismo propósito. Ustedes –igual que nosotros hace tres años– viven preocupados únicamente por sus negocios particulares, por que sus empresas funcionen bien y tengan ganancias, mientras los comunistas se les infiltran por todas partes, en el gobierno, en las empresas, en los sindicatos, en la prensa, en el cine, en la televisión, y poco a poco van ocupando posiciones y acumulando fuerzas, haciendo propaganda y ganando simpatizadores que desde todos sus puestos están socavando insensiblemente las bases de esta gran nación, porque saben que si los Estados Unidos caen bajo el control de la Hoz y del Martillo la causa de la libertad y de la democracia se ha perdido en el mundo occidental.

Cuando un país la historia lo coloca como un baluarte y líder Continental, adquiere una responsabilidad enorme ante el mundo y ante Dios. Es preciso que ustedes caigan en la cuenta de la gran responsabilidad que tiene vuestra nacion, porque Dios no da en balde la grandeza y el poder. Los da para algo. Para que se usen correctamente, en defensa de la Justicia y de los principios morales y religiosos que El ha enseñado y por los cuales murió en la Cruz. Nosotros los católicos y en general todos los hombres de buena voluntad, "son la levadura y la sal de la tierra" de que habla el Evangelio, son los que han de mejorar y salvar el mundo, y si la levadura no fermenta y la sal pierde su sabor, solo sirven para ser arrojadas fuera.

Por eso los comunistas comienzan por corromper la juventud y las costumbres, por materializar a los hombres y por hacerles perder toda idea de Dios, para que sean más fácil presa de su propaganda.

Con Rusia y con el marxismo no puede haber transacción posible, ni en lo moral ni en lo político, ni en lo económico. El ejemplo lo han vivido ustedes. ¿Qué ha hecho Rusia? Después que los Estados Unidos la ayudaron a ganar la guerra. Después que le enviaron cañones, tanques, medicinas y alimentos para que pudieran hacerle frente a los alemanes y derrotarlos. Después que los dejaron entrar en Polonia y Alemania Oriental como muestra de amistad, ¿cuál ha sido el pago? quedarse con el botín de guerra y abrirle una campaña feroz 'antiyanquista' en América del Sur y agredirlos por todas partes.

Todo lo malo que hoy ocurre en el mundo se debe –según los rusos– al 'imperialismo yanqui'. Si hay depresión económica en América Latina, la culpa es de los yanquis. Si gran parte del pueblo es analfabeto, la culpa es de los yan-

297

quis, etcétera. Es decir, los yanquis son los responsables, los rusos, en cambio, son los salvadores, los que quieren la revolución para mejorar a los pueblos. Esa es la propaganda que han infiltrado en todas partes para socavar el prestigio de los Estados Unidos.

Esa propaganda, inclusive, ha llegado a muchos sectores de vuestra nación. Y en periódicos y en declaraciones oficiales se escucha que es necesario apoyar las revoluciones populares que desean el mejoramiento del país, sin darse cuenta que con ello están haciendo el juego al comunismo y favoreciendo sus planes de propagación.

Lo que necesita América Latina, y particularmente Cuba, es que se fortalezcan sus libertades y su sistema democrático de vida. Que se le ayude económicamente para que pueda rehabilitar y expansionar su industria y su comercio. Que se favorezca la libre empresa. Que se intensifique la educación moral y democrática del pueblo. En una palabra, que se erradique el comunismo y toda forma velada de influencia. No hay que hablar, por consiguiente, de 'revolución traicionada', de 'socialización de las tierras y de las industrias', ni de otras cosas por el estilo.

Si a ustedes se les aplicaran las leyes laborales que existen en Cuba; si se les dijera que hay que acabar con los grandes latifundios en Texas y en el Medio-Oeste; que hay que nacionalizar todas las empresas de servicios públicos; que nadie puede tener más de 30 acres de tierra y que el Estado debe expropiar el resto y pagar en Bonos... ¿Qué pensarían ustedes?... Pues eso es lo que se está introduciendo en Cuba y queriendo introducir en América Latina con el apoyo de los Estados Unidos.

Cuba ha padecido mucho bajo el 'fidelismo' para dejar que ahora se vuelva a introducir conciente o inconscientemente, bajo la fórmula de una revolución social necesaria. No me opongo, ni ninguna persona sensata puede oponerse a que en mi país se mejoren las condiciones sociales y económicas del pueblo y del campesino –que ya las tenía tan avanzadas o más que ningún otro país del hemisferio. Lo que me opongo es a que esas mejoras se quieran obtener por la vía de las reformas drásticas y revolucionarias, y no por la vía normal de la evolución bien dirigida.

América Latina no necesita de revoluciones sociales para mejorar. Lo que necesita es ayuda y hombres de buena voluntad que quieran trabajar por el bien de todos.»

Y terminábamos nuestras palabras dirigidas a todas las personalidades, profesores y estudiantes presentes en la ceremonia de Marquette Untiversity diciendo:

«A todos, muchas gracias por la atención y las deferencias que me han brindado. Y quiera Dios que un futuro próximo, pueda yo volver a esta Universidad, no como un desterrado, sino como un hombre libre dentro de una patria ya libre y soberana.

Cuando nosotros decimos que esto es hacerle el juego al comunismo, cuando alzamos nuestra voz para advertir los peligros y reclamar los derechos que a todo hombre corresponden en un país democrático y libre, se nos acusa de reaccionarios y de cavernícolas.»

*En el Cincuenta Aniversario de Marquette.
Instantes en que el Presidente de marquette, el Muy Reverendo Edward J. O'Donnell, S.J. nos hacía entrega del título Honoris Causa de la Universidad.*

Bahía de Cochinos

Regresábamos a Miami en tren desde Chicago después de concluida la ceremonia de la Universidad de Marquette. Dormimos toda la noche durante el viaje pero por la mañana mientras desayunábamos en el vagón comedor vimos en el andén de la estación de Washington D.C. las primeras páginas de los periódicos de ese día, 17 de abril de 1961 anunciando la invasión a Cuba por Bahía de Cochinos. Sin comenzar a desayunar nos levantamos como un bólido de la mesa y nos fuimos a nuestra litera para buscar la maleta y quedarnos en Washigton para esperar allí el curso de los acontecimientos antes de llegar a Miami. Nos comunicamos desde la estación con Guillermo Belt, ex embajador de Cuba en tiempos del presidente Grau San Martín y fue a buscarnos enseguida para que nos quedáramos unos días en su casa. Allí esperamos dos días hasta que se viera clara la situación del desembarco. Era todo un «rompecabezas». La prensa escrita y televisada se contradecían: unos periódicos decían una cosa y otros decían otra. En una hora nos invadía el optimismo y en otra nos invadía el pesimismo. Esa parecía ser la verdadera invasión. Belt hablaba constantemente con sus amigos conectados con el Pentágono y con el Departamento de Estado. Guillermo nos decía: «José Ignacio, invasión que no se gana en las primeras veinticuatro horas está perdida.» Y así fue. Al tercer día de mi estancia en Washington regresamos a Miami arrastrando la decepción por el «suelo», si es que la decepción se pudiera materializar...

Ya hacía algo más de un mes que en otro viaje a Nueva York, es decir, poco antes de la frustrada invasión, nos habíamos reunido en el hotel Lexington con Miró Cardona, Tony Varona y otros lideres porque querían escuchar nuestra opinión sobre la designación de los hombres escogidos para presidir el nuevo gobierno una vez derrotado Fidel Castro. Además -creer lo contrario era de tontos- querían conocer en esos momentos nuestros planes y cual era nuestra reacción a los suyos vinculados a la Agencia Central de Inteligencia porque sabían que muchos compatriotas habían ido a los campos de entrenamiento abrazados al programa de los 12 Puntos que habíamos lanzado hacía un año desde la misma ciudad de Nueva York a todo el exilio. Les di algunas de mis opiniones. Pero me despedí deseándoles el mayor de los éxitos. Mis buenas intenciones se quedaron en eso: en buenas intenciones. Ya nosotros habíamos pasado por todo ese manejo de «funcionarios» desconocidos y controladores de cubanos llamados al principio del exilio "yes men". A tiempo nos desligamos de todo ese amasijo «revolucionario» para tomar el camino claro y abierto sin escondites en el destierro ni compromisos con americanos de nombres cambiados...

Trágica mascarada

Tenía que llegar la traición. No se puede en esta vida andar con dos caras ni con gente que promete sin saber a ciencia cierta quien es esa gente. Sin ser «adivinadores» pensamos que el camino que se había tomado no conduciría al triunfo. Nosotros creíamos que se debía hablar con el mismo presidente para saber que grado de seriedad o de compromiso había en la gestión conspiradora contra Castro y especialmente con la invasión de marras. Nadie habló con el presidente Kennedy. Ni ellos ni nosotros. Todo salió mal porque nada se hizo como lo exigían las circunstancias. No formamos parte de los "traicionados" porque todo aquello nos olía mal. Pero a nadie le dijimos que se abstuviera de ir a los campamentos. Sin duda los brigadistas fueron unos verdaderos héroes.

En esos días escribimos en el *Diario de la Marina* del exilio una «Carta sin Sobre» que titulamos «Al soldado de la libertad» que la comenzábamos así:

«Estás en el campo de batalla.
Estás en tu propia tierra luchando por la libertad.
Vives dispuesto a morir por la dignidad de nuestra querida Patria.
Ya lo dice nuestro Himno, el único himno cubano, el que en vano tratan de sustituir por el de la Tercera internacional: Morir la Patria es vivir.
¡Qué hermoso espectáculo es ver a todas las clases sociales en lo más granado de sus juventudes combatiendo hermanadas por un mismo ideal.
¿Por qué te fuiste al campamento? ¿Por qué te fuiste a pelear? ¿Por qué estás dispuesto a morir? ¿Eres acaso un político? ¿Perteneces a algún partido? ¿Militas en alguno de los cientos de sectores en que está atomizado el exilio? ¿Sigues las consignas de tal consejo o de tal junta? ¿Obedeces a este o a aquel líder? ¿Estás afiliado a la tesis de la revolución traicionada o a cualquiera otra de las que pretenden monopolizar la lucha y alzarse tal vez mañana con el botín de la victoria?
No soldado de la libertad. Tú eres un cubano sencillo y sin sectarismo. Lo sé bien, porque el que hace lo que tú haces sólo puede hacerlo por dignidad y por amor a la Patria y a Dios por encima de todo. Tu tienes sólo tres amores por los cuales sacrificarlo todo, incluso la vida: la religión la Patria y la familia Y como estos valores han sido el blanco predilecto del fidelismo obstinado en destruirlos, tu no vacilaste en irte al campo de batalla para combatir de frente al enemigo que ha convertido hoy a nuestra Isla en el pedazo de tierra más desgraciado del mundo...»

Pero ocurrió el desastre. La verdad es que nadie pensó que los Estados Unidos fueran a cometer semejante traición, aunque ya existía el antecedente. A McArthur se le hizo algo por el estilo en Corea. A Rusia sin motivo alguno

301

le regalaron media Europa después de la Segunda Guerra Mundial. El presidente John F. Kennedy prometió después del desastre de Girón devolver la bandera de la brigada en una Cuba libre del comunismo, pero han pasado ya más de cuarenta años desde que comenzamos a escribir estas memorias y la bandera sigue en territorio norteamericano.

En el juicio contra los prisioneros de Playa Girón se infringieron las más elementales normas del procedimiento jurídico en los paises civilizados. Esto no tenía nada de extraño si se tenía en cuenta que ya, a los comienzos de su gobierno Fidel Castro había acuñado la bárbara frase de «Educación romana ¿para qué?» Al despreciar de ese modo esa educación, que es el origen de nuestra cultura, estaba aboliendo el Derecho Romano que es uno de los frutos más sazonados de ella. Once meses tardó en celebrarse la vista. Durante todo ese tiempo Castro pretendió hacer a sus cautivos instrumento de un cambalache mercaderil por maquinaria agrícola. En realidad no se había formado un sumario. En ningún momento, según exigía la Ley, las actuaciones se hicieron públicas para que los acusados conociesen de los cargos que se les imputaban y tuviesen la oportunidad de preparar su refutación. El procedimiento se dirigió contra todos globalmente, como si fueran una sola persona, tipo de acumulación que no autoriza ninguna legislación criminal y que impide además a los reos el derecho que tienen a declarar o abstenerse de hacerlo. El tribunal revolucionario, constituido por gente iletrada, tomó al azar a algunos de los acusados para realizar la prueba de confesión, privando de ese sagrado derecho a todos los demás.

Mayor gravedad revestía este detalle: no se permitió a los imputados designar voluntariamente abogado defensor. La justicia miliciana, de factura francamente comunista, lo designó por ellos, recayendo la designación en un joven profesor de la Universidad (profesor de los de nuevo cuño, llamado Francisco Cejas, que había traicionado a su partido, el Partido del Pueblo Libre, que dirigía Carlos Márquez Sterling y cuyo jefe fue preso en los primeros días del triunfo revolucionario y tuvo que exillarse después, no sin que antes le confiscasen todos sus bienes y lo sometiesen a toda clase de vejaciones.

Este doctor Cejas fue un ardiente defensor de la tesis electoralista de su partido, la cual era repudiada por los alzados en la Sierra Maestra. El estaba presente cuando un fanático castrista disparó su revolver contra el doctor Márquez Sterling, en castigo por ser partidario de que el conflicto cubano se zanjase en las urnas. Nada de esto fue óbice para que a última hora ese abogadillo trepador se pasase al campo insurreccional, donde conquistó a toda prisa los honores de que en esos días comenzó a blasonar.

Todo en el juicio de Playa Girón fue amañado y burdo. En ningún momento el tribunal se dispuso a buscar la verdad. Sus miembros sabían que su única función era dictar y aplicar una sentencia prefabricada, una sentencia que probablemente fue redactada en la embajada de la Unión Soviética en La Habana o por lo menos llevaba el visto bueno de ella. A los «tontos útiles» se les podría engañar con retractaciones aparatosas y con apócrifas cartas de algunos prisioneros, cuya finalidad era acusar de todo al «impenalismo yanqui» y sobre todo a la Agencia Central de Inteligencia de los Estados Unidos. Pero no había que ser demasiado perspicaz para percibir en esos arrepentimientos la marca de fábrica del estilo criminal soviético, que no perseguía castigar sólo a los independientes, a los rebeldes, sino que además procuraba su humillación, su aniquilamiento físico y moral

Es principio fundamental de Derecho que los juicios penales sean públicos. En ese caso no tuvieron acceso ni siquiera los corresponsales de la prensa occidental; sólo los de la agencia Tass, los de Prensa Latina y los de los periódicos de detrás de la cortina de hierro pudieron presenciar el bochornoso espectáculo. Eso era más que suficiente para quitar ante el mundo toda validez a esa mascarada.

El rescate de los héroes

Con posterioridad al regreso del comité de familiares para la Liberación de los Prisioneros de Playa Girón, en compañía de sesenta cautivos heridos o mutilados a quienes el régimen comunista de La Habana concedió la libertad a crédito y cuya redención en metálico ascendió a $2,500,000, se dio a conocer que los familiares de uno de los prisioneros situados en la escala de los cien mil dólares ya habían pagado su rescate, primer paso de lo que tantos anhelaban que culminara en la libertad de todos los condenados en el Castillo del Príncipe.

El sorprendente fallo de tan arbitrario tribunal al fijar una escala que oscilaba de los $25,000 a $50,000, a $100,000 hasta los $500,000 como pago de rescate para los patriotas que se rindieron al no poder continuar la lucha en Playa Girón, recordaba los tiempos de los piratas del Mediterráneo con base en Orán, Argel, Túnez y Constantinopla convertidas en mercados de esclavos en los cuales vendían en almoneda pública los extranjeros apresados en sus incursiones por tierras cristianas.

La delegación de cuatro miembros del Comité de Familiares que se trasladó a La Habana trató con el propio Fidel Castro sobre el rescate de los prisioneros, ofreciéndole pagar en alimentos parte de los $62,000,000 que exigía «el fallo» del tribunal revolucionario. Fidel Castro se negó. Quería moneda yanqui...

Por su parte el Presidente Kennedy declaró que los Estados Unidos no podían entrar en negociaciones de ese género. No obstante, el gobierno de Washington no obstruiría ningún esfuerzo privado para recaudar la suma de los $62,000,000. Confiaban en que los 60 prisioneros liberados a crédito constituyeran una fuerza emocional suficiente a ablandar el generoso corazón del pueblo de los Estados Unidos durante su aparición por las cámaras de televisión en numerosas poblaciones de la Unión.

Sin poner reparos a proposito tan humanitario, había, no obstante, personas, como el senador por el estado de Maine, Homer Capehart, que disentían del procedimiento para la redención de los cautivos de Bahía de Cochinos. Alegaba el legislador que si los EU se sentían moralmente obligados al rescate de los 1,179 patriotas que cayeron prisioneros el 17 de abril del año anterior, mejor sería decidir la ocupación militar de la isla y el establecimiento de un gobierno libre. ¡Ojalá se hubieran decidido a hacer eso los americanos! Cuba se hubiera liberado de tantos años de sufrimiento y no hubiese habido tanta subversión en el continente americano.

Los nuevos refugiados que llegaban a razón de 200 diariamente afirmaban que el hambre era la única arma contra Castro. Manuel Antonio de Varona, padre de uno de los prisioneros tildó el ofrecimiento del régimen de La Habana de chantaje. El Movimiento de Recuperación Revolucionaria dirigido por

Manuel Artime, por el cual pidió Castro $500,000 había lanzado un ataque contra los rescates calificándolos de tráfico vergonzoso de seres humanos. Algunos líderes anti-castristas en Miami aseguraban que si se pagaban los $62,000,000 pedidos por Castro «perdían toda esperanza de regresar a Cuba.»

Las opiniones respecto al pago del rescate estaban muy divididas (lo mismo que en la política contra la tiranía) Unos eran partidarios de pagar porque opinaban que el gobierno comunista no sería derribado jamás, por lo cual era preferible rescatar a cuantos prisioneros mejor.

En los centros oficiales de Washington estimaban que el régimen de La Habana necesitaba mucho más de los $62,000,000 para enderezar su economía y que aun percibiéndolos no podría evitar el colapso económico, por la tanto esa suma era en realidad una gota de agua en un arenal en comparación a la maquinaria, semillas, ganado y otras cosas indispensables cuya ausencia asfixiaba al régimen.

Misericordia para los presos

En nuestro deseo de que salvasen la vida los heroicos y abnegados patriotas que cayeron prisioneros en Playa Girón apelamos cablegráficamente a Su Santidad el Papa y al Jefe del Estado Español para que intercediesen en favor de sus vidas. He aquí ambos mensajes:

«*A Su Santidad Juan XXIII, Ciudad Vaticana. Ruégole como hermano en Cristo y compatriota de prisioneros de guerra cubanos que expusieron sus vidas por Dios y por Cuba hoy sometidos a juicios arbitrarios por tribunales comunistas interceda urgentemente para salvarlos de violación de los derechos humanos. José I Rivero (Director del* Diario de la Marina*)»*

«*A S.E. Generalísimo Francisco Franco. Madrid. Alarmados ante la flagrante violación derechos humanos con juicios prisioneros de guerra cubanos rogamos Vuestra Excelencia urgente intercesión para salvar vidas de patriotas que fueron a luchar por Dios y por Cuba. José I. Rivero (Director del* Diario de la Marina.*)»*

305

Sombras que no dejaban dormir

«Ya es hora de que los cubanos exiliados en Estados Unidos guarden silencio y de que los funcionanos americanos también se callen," exclamaba Mr. Wayne Morse, senador por el estado de Oregón, durante su breve estancia en Miami en esos días al referirse a la situación de Cuba.

Muy razonable la actitud la del legislador Morse. Por espacio de dos años consecutivos, el senador hacía diarias declaraciones ensalzando a los jóvenes idealistas ocultos en la Sierra Maestra que habrían de bajar para devolverle a Cuba las libertades secuestradas. Recordamos bien que, en los largos períodos de censura de prensa, el censor, al llegar todos los días al periódico, afilaba su lápiz rojo y pedía la página de cables para comenzar su misión tachando el infaltable cable de Mr. Wayne Morse condenando a Batista y elogiando a Fidel. Al fin se fue el gobierno y los idealistas bajaron de la Sierra. Nada más que, en vez de devolver las libertades secuestradas arrasaron con las demás y por añadidura con todos los bienes, incluidos dos mil millones de dólares invertidos por ciudadanos de los Estados Unidos de América en suelo cubano, y para que no hubiese lugar a reclamaciones, los idealistas implantaron el regimen comunista que es siempre menor de edad en cuanto a litigios monetarios procedentes del exterior. Pero no tardo en llegar al ambiente idealista la tan sonada, la tan «cacareada» tesis de «La revolución traicionada».

No era extraordinario, pues, que Mr. Wayne Morse no quisiera oir más hablar de Cuba Hay nostalgias verdaderamente lacerantes...

Con Armando Suárez Lomba y Antonio Gornés preparando el primer número del Diario de la Marina en el exilio.

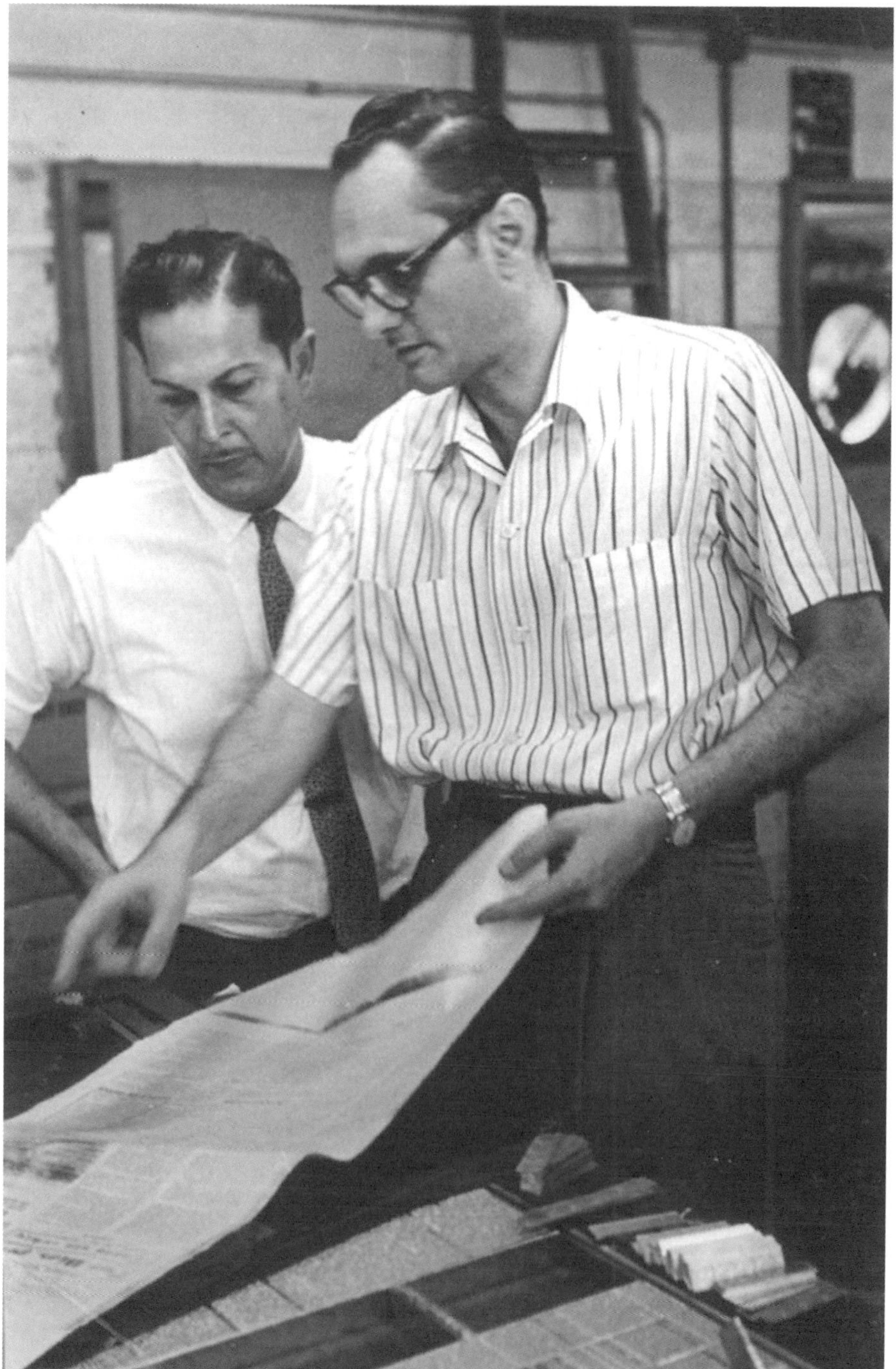

Panorámica del exilio cubano

Puede decirse, a simple vista que el conflicto cubano siguía estancado. El impacto producido por el lamentable fracaso de la aventura de la Bahía de Cochinos había paralizado todas las voluntades. El movimiento clandestino en Cuba había sufrido un rudísimo golpe. En aquellos momentos no había actividad subversiva en la isla. Cientos de miles de prisioneros –que estaban siendo libertados lentamente, a cuenta gotas– abandonaron sus campos de concentración con una visión de horror en las pupilas. Los relatos que hacían de las infamias de la prisión crispaban los nervios del hombre más firme. El castrismo aplica, en todo momento, un método que le produce óptimos resultados. El terror absoluto, indiscriminado, inhumano, bestial. Los que aún tenían alguna esperanza en la posibilidad de que el régimen tiránico podría llegar a parecerse, alguna vez, a los regímenes anteriores sufrieron un revés. «Esto es algo nuevo, asiático, implacable, durísirno», decían los que llegaban de Cuba huyendo. Como consecuencia inmediata de aquella batida masiva, el movimiento clandestino había quedado desarticulado. Pasaron varias semanas antes de que renaciera la fe en un futuro mejor. Serían necesarios nuevos acontecimientos para que el espíritu de lucha volviese a crecer vigorosamente. Fidel Castro estaba planteando la lucha en términos absolutos. Su terror absoluto tendría que ser combatido con un contra-terror también absoluto. Para Cuba vendrían, lamentablemente, días de mucho luto y angustia. El cubano estaba comprendiendo ya que no había esperanzas, que había alianzas válidas, que estaba falto de todo estímulo como no fuera el de las meras palabras. Estaba ante el paredón de la historia. Estaba como acorralado y sabía que tenía que sacar fuerza de flaqueza. Pero fuerza de sí mismo... Nunca jamás, el alma nacional se ha enfrentado a una situación más conflictiva. Para el observador frío y desapasionado no cabían dudas de que el problema cubano estaba a punto de entrar en una fase distinta y esta vez de entrañado sentido patriótico. Cuba, abandonada del mundo democrático, se volvía sobre sí misma y meditaba. Pronto vibraría, otra vez, el coraje cubano, esta vez implacablemente. La lucha a muerte y sin cuartel. El exceso de opresion provoca la rebeldía. Y Fidel Castro hacía ya mucho rato que se había ido más allá de todo límite...

Pero, mientras en la isla se fundían todas las conciencias, sin reparar en los antecedentes políticos de cada quien, en el destierro infecundo continuaba la lucha sorda por el Poder. En Cuba se luchaba por la libertad, y el exilio –su vasto y multiforme personal– luchaba por el Poder, por el retorno.

La lucha interna que habían escenificado algunos dirigentes cubanos y que afloraba a las páginas de los periódicos locales, era dolorosa porque suponía un desgarramiento innecesario e incomprensible. La destitución del doctor Jose

309

Ignacio Rasco como presidente del «Movimiento Demócrata Cristiano», confirmaba un viejo dicho: «Cuando los negocios van mal, los socios entran en disputa». A nosotros no nos quedaba otra alternativa que lamentar aquella pugna. Podíamos haber discrepado políticamente, pero ¡que hermoso hubiera sido que el catolicismo mutuo los hubiera hecho indisolubles!... Había motivos de sobra para alarmarse al ver como figuras que tenían en común algo más elevado que la política se dividían vencidas por el tremendo espíritu dispersivo que se había apoderado de casi todo el exilio. Desde entonces –mejor diríamos que desde un principio– en el exilio no se ha dejado de hablar de unidad como única solución para recuperar la patria perdida y han pasado décadas sin que se logre ni siquiera la armonía entre las organizaciones ni entre los hombres que según ellos se supone que sean los nuevos libertadores de la patria esclavizada.

El numeroso grupo de desterrados cubanos radicados e la zona de Miami al igual que los de Nueva York, Nueva Jersey y Los Angeles, que eran los centros de población donde se había concentrado el mayor contingente de exiliados en los Estados Unidos, había reaccionado fuertemente contra Inglaterra y Francia porque, lejos de aminorar sus relaciones comerciales con el castrismo, según había pedido reiteradamente el gobierno de Washington, ambos paises habían acrecentado su trato mercantil con el régimen de La Habana. La reacción había consistido en colocar letreros en los comercios donde acudían los desterrados pidiendo que no adquirieran productos de los mencionados paises. Además, las horas radiales, especialmente en la zona de Miami habladas en español hacían una intensa campaña en tal sentido, que había encontrado eso en los cubanos. Tanto los productos franceses como los ingleses habían desaparecido totalmente de los hogares del exilio, y además, los avisos escritos en inglés y español ponían en evidencia ante los norteamericanos la actitud de los gobiernos de París y de Londres.

Llamaba la atención que España no estuviese incluida en aquella campaña de boicot. Pulsada la opinión de centenares de cubanos se llegaba, a la conclusión de que, a despecho de su enojo porque España mantenía relaciones diplomáticas y comerciales con el régimen de Castro y el anuncio de que el volumen de operaciones mercantiles aumentaría y que se construirían numerosas unidades navales para el gobierno comunista cubano y hasta que Madrid se disponía a servir de mediador entre La Habana y Washington para suavizar la querella y tratar de llegar a un entendimiento, el núcleo de cubanos desterrados se resistía aceptar que todo eso fuera veraz. No podía creer de ninguna manera que España, la nación que derrotó al comunismo con el sacrificio terrible de un millón de vidas, que salió de la guerra civil con atroces cicatrices imborrables, pudiera contemplar impasible como su hija menor sufría en su carne los mismos horrendos suplicios que su madre España padeció durante tres largos años de infierno. Los desterrados no podíamos creer que la persona que acaudilló las fuerzas nacionalistas vencedoras en esa guerra cruenta que España libró por su fe, por su honor y por su suelo, cerrara los ojos ante el drama cubano. Sabían los desterrados cuánto había hecho España por salvar vidas cubanas, cuanto había hecho y seguía haciendo por mitigar la situación de desamparo de los que lograron refugiarse en el solar de sus mayores, en fin, no desconocíamos la realidad. Pero, había otra realidad aparente que nos entristecía: las relaciones normales entre La Habana y Madrid, el aumento del comercio y los augurios de su acrecentamiento.

Los desterrados veíamos y no creíamos. Teníamos confianza en que todo fuese un simple espejismo, que en cualquier momento se descorrería el velo para que apareciera la verdad resplandeciente. Teníamos fe en España y en su Caudillo. De ahí que nadie se atrevió a incluir el nombre de la Madre Patria junto al de Francia e Inglaterra en la progresiva campaña de boicot a sus productos.

Una gran parte del destierro llegó a estar formado por revolucionarios que habían roto con Fidel Castro. No por ello dejaron de ser revolucionarios. El carácter excluyente de Fidel Castro, quien no permitía a su lado nada más que al argentino Guevara, su mentor desde los días en que se conocieron en México, y su hermano Raúl Castro. Todos los demás, aquellos revolucionarios de las largas jornadas de la Sierra Maestra que eran tan comunistas como Fidel, estorbaban al jefe después de la victoria, por lo tanto los fue eliminando uno tras otro, y hoy se hallan unos en el cementerio después de haber sido fusilados, otros en las cárceles y los más en el destierro acusando a Castro de haber traicionado la revolución, lo cual es incierto. Todos sabían que género de revolución anidaba en el cerebro de Fidel; nadie ignoraba sus intentos.

El ingeniero Manolo Ray

El ingeniero Manuel Ray fue durante el gobierno del general Batista lider del movimiento clandestino en la capital. Se distinguió únicamente como terrorista colocando explosivos en los cinematógrafos, otros lugares de diversión y con preferencia en portales desolados altas horas de la madrugada. Perecieron numerosos inocentes, víctimas de esa forma indiscriminada de matar. Fidel Castro, el día de la victoria, lo premió nombrándolo ministro de Obras Públicas. Ya en el gobierno quiso rivalizar en personalidad con Castro, siendo irradiado enseguida. Es uno de los que, en el exilio, hablaban también de la «revolución traicionada». Cuando el desembarco de Playa Girón, que culminó en una verdadera catástrofe, el eje del descalabro fue Ray. Había convencido a la Agencia Central de Inteligencia de los EE.UU. de que en cuanto desembarcase un puñado de patriotas en suelo cubano, toda «su gente» se levantaría en La Habana, es decir, según él, no menos de doscientas mil personas. Poco discreto, además de hacérselo creer a la «CIA», lo pregonó a todos los vientos. Castro lo supo y en cuanto desembarcó el «puñado de hombres" casi prendió a toda la población de La Habana.

El ingeniero Ray era jefe de uno de los grupos revolucionarios exiliados más nutrido. Su nombre era JURE (Junta Revolucionaria) y su programa era el mismo de Castro pero suplantado por Ray. Los conocimientos estratégicos y tácticos de Ray no llegaron a variar. Volvió a anunciar a todos los ámbitos que antes del 20 de Mayo de aquel año habría de desembarcar en Cuba para acaudillar la guerra de la liberación. Fidel Castro lo aguardaba, como los días de Playa Girón, en abril de 1961. Sus partidarios dieron la falsa noticia de que ya estaba en suelo cubano y el régimen, armado hasta los dientes y en permanente vigilia, comenzó a prender por decenas de millares a los sospechosos de ser desafectos al comunismo. La provincia de Pinar del Río, en el extremo occidental de la isla, fue escenario de matanzas terribles desde que se dio a conocer la noticia falsa del desembarco de Ray, noticia divulgada por sus partidarios con ánimo de impresionar al régimen de Castro. Los últimos cubanos que llegaban a la Florida relataban escenas espantosas y hacían ascender los fusilados a centenares. Mientras ocurría esa carnicería en Pinar del Rio, el ingeniero Manuel Ray navegaba en una embarcación «dentro de las aguas territoriales británicas de las Bahamas», con otros cuatro revolucionarios, dos fotógrafos y una secretaria. A los ocho los detuvo un destroyer inglés, conduciéndolos a la capital del archipiélago, Nassau, donde el juez británico los condenó a pagar una multa de cinco libras esterlinas por posesión ilegal de armas dentro de la jurisdicción territorial de las Bahamas. Ray regresó a Miami, junto a su secretaria, los dos fotógrafos y los otros cuatro revolucionarios para reiterar que había declarado la guerra santa a Fidel...

Nuestra reunión con Ray en Washington

Al principio del exilio se consideraba que existían dos vertientes ideológicas imperantes en la lucha contra Castro: la tendencia conservadora y la corriente liberal o lo que equivalía a tildar a una parte de izquierdista y a la otra de derechista o lo que es decir a una de liberal y a la otra de conservadora. Por aquellos tiempos después de la traición de Playa Girón se celebraba en Washington una importantísima reunión de la Organización de los Estados Americanos. El Secretario General de la OEA era entonces Vasco Leitáo da Cunha quien había sido embajador de Brasil en Cuba en tiempos del gobierno de Batista y durante el desgobierno de Castro hasta que Janio Cuadros ganó las elecciones presidenciales en su país y nombró a otro de toda su confianza. Según nuestras noticias, el gobierno norteamericano había encargado a Leitáo la difícil misión de intentar el logro de la unidad del exilio para la lucha contra el régimen de Castro. El ex embajador y Secretario General de la OEA se comunicó con nosotros pidiéndonos que fuéramos a la capital norteamericana para celebrar una reunión privada en la embajada de Brasil en Washigton para tratar sobre el caso de Cuba. Para allá fuimos y después de asistir a una sesion importante de la OEA, precisamente sobre el caso de Cuba nos fuimos con el mismo da Cunha para la embajada. Allí nos sorprendió con la noticia de que era necesario un diálogo, largo y tendido, entre nosotros y Manuel Ray a quien había citado también para esa confrontación ideológica y política sobre el caso de Cuba.

Nada nos molestaba la noticia de dicho encuentro, todo lo contrario, nos entusiasmaba profundamente discutir en el mismo corazón de Washington todo lo relacionado con la liberación de Cuba y con la política social y económica a implantarse en nuestra futura democracia nacional. El embajador inició la discusión con unas breves palabras deseando que cada uno de nosotros expusiéramos sin reservas y sin acritud alguna nuestros puntos de vista sobre el tema acordado. El embajador nos dio la palabra y nosotros se la cedimos a Ray para que fuera él el primero en explicar lo que consideraba justo para la Cuba liberada del comunismo. Nuestro compatriota, adversario en casi todo lo que se puede ser adversario en esta vida, habló con gran serenidad y cordura pero como si estuviera hablándole ya al pueblo cubano libre desde una tribuna pública y no en la sala privada de una embajada de la capital norteamericana. Nosotros nos concretamos a decir sin más explicaciones, después de escuchar sus palabras, que no entendíamos por qué el ingeniero Ray y todos los demás liberales que pensaban como él nos tildaban a los conservadores de reaccionarios o de retrógrados porque nosotros también estábamos de acuerdo en que toda la educación llegue a todos los rincones del país; con una justa y amplia distribución de la riqueza; con una misma oportunidad para todos los cubanos

313

de progreso social y económico; con el desarrollo de una política nacional decente y sin intereses espurios que manchen la seriedad, la limpieza y la decencia de los procesos electorales, etcétera.

No sabemos, nos dijimos, por qué Ray y los que piensan como él nos tildan a nosotros de cavernícolas porque con nada de lo que ha dicho aquí hoy estamos en desacuerdo. Sería injusto también de nuestra parte tacharlo de comunista o de revolucionario...

En el destierro tan henchido de pugnas, había brotado, sin embargo, un mensaje dolorido de un padre que mezclaba la política y el amor. Y su alegato se salvaba –y menoscababa al adversario– por todo lo que tenía de paterno, de sincero, de angustiado. Nos referimos a una carta del Doctor Rafael Guas Inclán, al hijo del general Miró Argenter, el penalista Miró Cardona. Dos hijos de veteranos, dos figuras distinguidas de la política cubana, se habían trabado en una sorda disputa provocada por una frase mal dicha y en momento inoportuno. Quizás el doctor Miró Cardona, colocado en la cresta de la ola del fracaso de Bahía de Cochinos, podría haber sido más cuidadoso al hablar. Tal vez el ex Vicepresidente Guas Inclán hubiese podido dejar para más tarde sus amargas imputaciones. Miró Cardona hizo mal en hablar del «pasado ominoso», porque, ¿quien no tenía en el exilio un pasado más o menos ominoso? ¿Por qué empeñarse en considerar que eran ominosos ciertos pasados y salvar otros para la gloria? Hay pasados remotos, cercanos e inmediatos. Todos ominosos. En la práctica, una especie de indeclinable unidad nacional fue lograda por la vía del martirio. En esas mazmorras de Cuba, donde fueron hacinados los prisioneros de Girón, se fundó una nueva conciencia nacional. Una conciencia proyectada hacia el futuro, no detenida en la absurda depuración del pasado. Hay tareas que pertenecen por entero al juez y al historiador. Pero la obra de creación nacional, es decir, de recreación, tiene que hacerse en un vastísimo crisol.

Los cubanos buenos, los honestos han querido siempre una unidad por la base, entendimiento ancho y abierto sin que esto suponga, necesariamente, que los personeros del pasado remoto y los otros del pasado más cercano tengan motivos para asumir una rectoría que no les pertenece...

Convivencia no quiere decir mando de unos sobre otros ni mando de otros sobre unos. De todos modos vamos a seguir viviendo, y lo mejor es hacerlo juntos y cordialmente.

Otra tesis que se abría paso en el exilio era la de la inapelable necesidad de planteárle a las naciones de América el insoslayable deber en que estaban de prestar asistencia militar a los cubanos que luchaban por la libertad. Claro que 40 años después, es decir en los días en que escribimos estas memorias nuestras, todavía esa necesidad sigue estando vigente aunque con toda sinceridad afirmamos que con solo esa necesidad la causa por la liberación de Cuba no sería nada efectiva sin la ayuda plena y decidida de los Estados Unidos como lo han hecho muchas veces a favor de la libertad y democracia de paises oprimidos en distintos lugares del mundo. Aureliano Sánchez Arango, nada sospechoso de intervencionista, planteó muy crudamente al principio del exilio el caso nuestro comparándolo con el de Francia cuando la ocupación militar alemana.

Al principio del exilio y ahora, casi al final del mismo, tanto en Cuba como fuera de Cuba, la situación era y sigue siendo de expectación. Un afán de nuevos rumbos se abre paso. Nuevos rumbos, nuevos hombres, nuevas alianzas –para el progreso, no para la derrota– nuevos métodos de lucha: he aquí los anhelos que estaban y siguen estando en la mente de todos.

Las noventa millas

Desde hacía años estábamos oyendo unas palabras adormecedoras: «Estados Unidos nunca tolerarán un gobierno comunista a noventa millas de sus costas».

Y en aquellos momentos de la derrota en Playa Girón, todavía había almas cándidas que se consolaban con el tópico de las noventa millas. Y sin embargo (o con «embargo») ahí sigue el gobierno comunista desde hace mas de cuarenta y dos años en los momentos en que escribimos estas memorias nuestras. Exactamente a noventa millas...

A noventa millas de los Estados Unidos no puede haber un gobierno comunista y por lo tanto Castro va a ser liquidado en cuestión de semanas, seguían razonando cubanos y americanos con sus cabezas gozosamente hundidas en la arena y aferrados a la deliciosa imposibilidad de las noventa millas del cuento.

Pero sin embargo ahí seguía el gobierno de Castro. Precisamente a noventa millas. Ni una más ni una menos.

Aunque es lo cierto que al escribir «ni una menos» uno siente ciertos escrúpulos de conciencia. ¿Será esto cierto? ¿No andaban y siguen andando los tentáculos rojos por la milla cero, es decir por el mismísimo Washington? Porque cuando se examina, cuidadosamente, la política americana en relación con Cuba, en las últimas cuatro décadas, y se toma buena nota de las declaraciones formuladas por prestigiosas figuras de este país se llega a sentir la espantosa duda de si la conjura comunista no habrá llegado a niveles que debieran ser insospechables. Hay tanto por aclarar, son tantos los errores cometidos, es tanta la ceguera, que se resiste uno que todo puede ser cargado a la cuenta de la clásica ineficacia burocrática. Algo más debe haber, y no es decoroso callar esa duda por inoportunos escrúpulos de cortesía hacia el generoso país que nos ha abierto sus puertas

Quizás los cubanos, que hemos vivido en los últimos años la trágica odisea de la penetración comunista estamos más capacitados para comprender los hilos secretos de la conjura que los demás pueblos de América.

En nuestra sangre llevamos ya el tormento de la duda. Y cuando advertimos que alguien –sea quien sea– *asimila los argumentos del adversario y actúa a tono con las argumentaciones de éste, aspirando siempre a satisfacer sus exigencias*, recaemos enseguida en la sospecha. Porque no hay nada más parecido a un comunista embozado que un funcionario, o un consejero, que se presta a seguirle la corriente al comunismo. «Fellow Traveler» se les llama en la terminología moderna. Es decir, compañero de viaje.

La tendencia que existió en Washington desde que Castro se instaló en el Poder encaminada a asimilar los mal llamados *aspectos positivos* de la revolución cubana es sospechosa, En Washington no debe haber *revolucionarios*. Y cuando en la capital de un país tan poderoso como este hay seres agazapados que no se ocultan para decir que es preciso *rescatar una revolución* eso quiere decir, sencillamente, que algo anda mal en el país.

Que hubiera «alianzas para el progreso» bien. Que se hablara de «nuevas fronteras», magnífico. Que se repudien las dictaduras ominosas, correcto. Pero parece absurdo que en Washington haya funcionarios que se empeñen en salvar a la revolución cubana, que es como decir salvar el basamento ideológico del fidelo-comunismo antiamericano.

Porque si en Washington hay algún funcionario que afirme que en Cuba hacía falta una revolución social en 1959 es evidente que se está proclamando, también, la necesidad de una revolución en Washington. Porque la estrecha asociación que existió desde 1902 hasta 1959 entre Washington y Cuba indica que la gran nación del Norte tiene mucha parte de responsabilidad en las bienandanzas y malandanzas de nuestra Isla. No se puede olvidar -y volvemos al tema- -que Cuba está a noventa millas tan sólo de las costas americanas y que lo que allí ocurrió en 57 años de vida republicana tiene mucho que ver con la conducta de Washington.

Quien afirme que Cuba era una colonia hasta el primero de enero de 1959 está acusando a Washington de ser una Metrópoli brutal y explotadora. Y si eso lo dice una alto funcionario, sea quien sea, estamos autorizados para pensar que quien tal afirma está operando con criterios comunistas, difundiendo criterios comunistas y andando por las mismas clásicas rutas del comunismo. Y ya esto es suficiente para espantarse. Porque los cubanos hemos vivido la triste experiencia de descubrir que, en Cuba, todo el que, hasta 1959, parecía comunista *después se comprobó que en realidad lo era.*

He aquí por qué los sobrevivientes de la tragedia cubana sentimos frío en el espinazo cuando nos enteramos de que también en Washington, en la milla cero, hay *revolucionarios* que actúan y deciden sobre los destinos de los otros pueblos.

Y, lo que es más grave, que están actuando y decidiendo sobre los destinos de su propio pueblo. Porque ya se ha visto, en la práctica, que el desastre de Bahía de Cochinos se ha convertido en un desastre americano a los ojos del mundo.

Con esos barcos miserables que fueron a parar al fondo del Caribe se hundió también el prestigio de los Estados Unidos.

El trepidante espíritu revolucionario que había sacudido a Washington en aquellos tiempos, sus vibrantes declaraciones públicas de apoyo al más funesto bonche de revolucionarios que ha padecido jamás la América, sus tesis de rescate de la revolución que llevaban aparejada un acto de solidaridad condujo al mas duro y humillante fracaso que ha padecido este país en aquellos años

Y esto ocurría porque en Washington, agazapados tras los burós de algunas dependencias había revolucionarios que hablaban inglés.

Y lo de Bahía de Cochinos era una tragedia cubana. Pero, además era una crisis americana. Era la consecuencia de una mala política, de un enfoque erróneo del problema cubano, Y el mal venía de atrás, desde los días absurdos en que este país, con la complacencia de algunos de sus funcionarios, entraba en negociaciones con un malhechor llamado Raúl Castro que le había secuestrado cincuenta marines de la base de Guantánamo. Aquellos polvos trajeron estos lodos. Pudo habérsele quitado el apoyo a Batista, pero nunca se le debió haber dado tanto apoyo publicitario y diplomático a la revolución. Se hizo porque en el State Department había elementos que opinaban que la revolución era respetable. Otros errores posteriores se basan en el mismo enfoque absurdo, es decir, que era preciso rescatar la revolución. El mismo cuento de siempre: la tan cacareada tesis de la revolución traicionada... Todo giraba alrededor de ese mito.

Que en paises subdesarrollados –para usar una frase muy común en la terminología comunista– haya seres alucinados que sueñen con un vuelco total, con una revolución, quizás pueda parecer bien. Pero que en las ordenadas y silenciosas oficinas de Washington hubiesen funcionarios que pensaran lo mismo, era motivo de alarma, como lo sigue siendo hoy porque ya eso parece que se ha convertido en una tradición aún dentro de gobiernos conservadores...

Era un contrasentido que en Washington, desde donde se «lidérea» el mundo libre hubiesen revolucionarios. Se supone que Washington no debe aspirar a volcarlo todo, porque cuando todo se vuelque el liderazgo va a pasar a manos del comunismo internacional, no obstante la famosa «Perestroika» que sólo aguantó la carrera mundial de los rusos como una especie de descanso para coger impulso.

La ilusión de hace cuarenta años de que a noventa millas de los Estados unidos jamás podría existir un régimen comunista sufrió en 1961 un duro golpe con el replanteo del problema hecho por Fidel Castro: «A noventa millas de Cuba no debe existir un régimen capitalista».

Es decir que el mito de las noventa millas tan grato a los que andan buscando motivos de consolación espiritual, se ha vuelto al revés.

Estamos todos, pues, a la defensiva. Pero el problema, en rigor, no reside en las tan cacareadas noventa millas, que ya nos lucen muchas. El problema consiste en saber hasta donde ha penetrado en este poderoso país, entre sus clases dirigentes, el espíritu revolucionario de nuestros días que conduce siempre, ineluctablemente, al desnudamiento comunista.

Como se ve todavía, en la hora negra de la duda, solo queda un camino: orar. Orar por Cuba y orar por Washington.

Otro cierre del *Diario*

El 6 de Mayo de 1961 nos vimos forzados a cerrar el semanario que titulamos 7Dias del *Diario de la Marina* que estuvimos publicando durante nueve meses. La colaboración económica de particulares se había reducido al mínimo. El fracaso –mejor dicho, la traición– de la invasión sembró el pesimismo en el exilio y ya casi nadie tenía fe en la lucha contra Castro. No obstante existían las excepciones. Había organizaciones y personas que no se daban por vencidas. La lucha seguía con menos entusiasmo, pero seguía. En ella continuábamos también nosotros. Lo primero que hicimos de acuerdo con las circunstancias fue dejar de editar el periódico. No fue un cierre violento como el de Cuba bajo la revolución comunista pero en definitiva fue un cierre que lamentamos mucho todos los que estábamos unidos en ese propósito. Nuestro amigo Amadeo Barletta, quien estaba editando *El Mundo* nos insistía en que si seguíamos con nuestra publicación él continuaba publicando el suyo. Pero él tenía su dinero y nosotros no.

Tuvimos que reducirnos a una especie de «Newsletter» por unas semanas y luego convertirnos en una modesta revista mensual.

El *Diario de la Marina* había pagado ya en Cuba al precio de una muerte transitoria, su inflexible negativa a declinar el derecho a la discrepancia, esencial a la democracia. Navegamos entonces contra la corriente y nos volvían las espaldas incluso muchos de los mismos por cuyos derechos nos batíamos. Los hechos, sin embargo, nos dieron la razón, y los que dudaban de nuestra sinceridad y ponían en tela de juicio nuestras razones, poco a poco se fueron convenciendo de que era pura verdad cuanto decíamos. Como posteriormente, al publicar en el exilio no el *Diario* que es órgano exclusivamente cubano y que sólo en Cuba volverá a publicarse, sino el semanario en que habíamos recogido nuestro tradicional ideario, muchos pensaron o dijeron que nos equivocábamos, pero después, a la vista de los acontecimientos, reconocieron que una vez más nos había asistido la razón y que nuestras opiniones se inspiraban en la reflexión serena y en el deseo de servir a los intereses permanentes de la patria.

Memorandum a la «National Catholic Welfare Conference»

En el mes de octubre de 1961 le enviamos el siguiente plan a la organización católica «National Catholic Welfare Conference» con su sede en la capital de los EE.UU. En el mismo le decíamos al Reverendo J. Considine, M.M. lo siguiente:

«En la tarde de hoy acudí a sus oficinas en esta ciudad de Washington para tener el honor y el placer de saludarlo; pero lamentablemente estaba usted ausente, según me informaron por tierras mexicanas en cumplimiento de altas misiones eclesiásticas.

Atendido amablemente por el amigo Jaime Fonseca éste tuvo la brillante idea de sugerirme que le redactase a usted este Memorando contentivo de las principales razones que me movieron a venir a Washington a visitarle, a saber.

a) Estimo que para contrarrestar las acometidas de las diabólicas fuerzas del comunismo Internacional, se impone que URGENTEMENTE nosotros los católicos nos demos a la tarea de editar una revista semanal que se convierta en firme baluarte de nuestras creencias cristianas y en trinchera ideológica contra las hordas marxistas.

b) Di abrigo a esta convicción en días pasados, cuando tuve el altísimo honor de consumir un turno de orador durante el grandioso acto de la 15va. Convención Anual de 'North Carolina Catholic Laymen`s', cerrado con las augustas palabras del Most Reverendo Egidio Vagnozzi, D.D. Delegado Apostólico en los Estados Unidos de América.

c) Creo que por la posición en que las circunstancias me han situado y por ser una de las víctimas directas del comunismo internacional, encabezado en Cuba por Fidel Castro, puedo con mi esfuerzo y por lo que represento aportarle grandes beneficios a nuestra causa cristiana a través de dicha publicación que sería distribuída profusamente en Norte, Centro y Sur América. En este territorio de los Estados Unidos de América solamente podremos contar con más de 200, 000 lectores Potenciales, de habla castellana. Bien vale la pena, en mi modesta opinión, desplegar un plan de proyecciones tan vastas.

c) La erogación económica que se requería es ínfima si tomamos en cuenta los resultados que se persiguen.

d) Mucho me complacería poder disfrutar de una conversación con usted alrededor de estas perspectivas. Dentro de unas horas parto hacia Nueva York, donde la "Inter American Press Society" me otorgará inmerecidamente, la medalla de "Héroe de la Libertad de Prensa". No obstante, el día que usted tenga la amabilidad de indicármelo, regresaré a esta ciudad de Washington para conversar con usted, si así lo estima conveniente, Suyo afectísimo, José Ignacio Rivero.»

«Al exponerle los anteriores puntos sobre el proyecto de editar una revista, quiero terminar este memorando aclarándole también, muy estimado Reverendo Padre, que de no ser posible por cualquier razón calorizar mi proposición, estoy muy interesado en servir en la forma que usted considere más conveniente a esa meritísima institución de la NATIONAL CATHOLIC WELFARE CONTERENCE, a cuya entera disposición por este medio me ofrezco.

A ese fin se me ocurre que en cualquier posición que usted tuviera a bien designarme dentro de la Organización, podría yo desplegar actividades de diversa índole que estoy seguro le reportarían beneficios a nuestra causa, como por ejemplo dictar conferencias, enviarle trabajos y análisis periodísticos basados en cuestiones católicas, representar a la N.C.W.C. en Miami remitirle periódicamente mis opiniones sobre asuntos que requieran su consulta en relación con la América Latina y en particular con Cuba, o en cualquier otra forma que usted estime que mi nombre y mis servicios puedan serle útil.

Nada sería tan grato para mí, Reverendo Padre Considine, como sentirme vinculado estrechamente a una Institución como la suya, a la que he estimado siempre por sus proyecciones apostólicas extraordinarias. Además, en este destierro que sufro por haber defendido mis ideales cristianos, tengo la necesidad la obligación de acercarme a aquellos a quienes me siento atado por fuertes lazos espirituales e ideológicos.

En Nueva York me hospedaré en el Hotel Roosevelt, 45 Madison Avenue. También recogeré mi correspondencia en la oficina de Mr. Joshua B. Powers, (representante del Diario de la Marina *en esa ciudad, 551 Fith Avenue)*

Esperando su amabilísima respuesta, quedo suyo, afectísimo en Cristo,

José Ignacio Rivero».

Nos fuimos a Nueva York para asistir a la reunión anual de la SIP, como dijimos en el memorandun enviado a la NCWC y al regresar a Miami nos encontramos con la respuesta a nuestra proposición. Hela aquí a continuación:

«Dr. José I. Rivero, Director
Diario de la Marina
1205 Lincoln Road
Miami Beach, Florida

Muy estimado y distinguido amigo:

El Director de LAB, Rev. Padre Considine, me ha encomendado que responda en su nombre al interesante Memorando Confidencial de usted, de fecha muy reciente, relativo a la aspiración de editar una revista semanal que venga a ser, en América, como un baluarte frente a las acometidas del Comunismo Internacional.

Desde luego, permítame dejar constancia de ello, LAB aprecia en todo lo que vale su importante iniciativa, razón por la cual sinceramente augura a usted el mayor de los éxitos en su desarrollo.

Sin embargo, en relación con la eventual cooperación que usted pudiese esperar recibir de LAB, consideramos debido expresarle lo que sigue:

Esta oficina –dependencia de la Organización Episcopal de los Obispos Católicos de los Estados Unidos de América– ha sido establecida para cooperar al desarrollo del Programa Pontificio de asistencia a la Iglesia en la América Latina. Sin embargo, en vista de la gran variedad de apremiantes necesidades eclesiásticas y de la inevitable limitación de recursos para remediarlas, la Santa Sede ha fijado en su Programa, una escala de prioridades que sólo permite que sean atendidas las más vitales, en función de una coordinación continental para el fortalecimiento básico de la Iglesia en la América Latina.

Pór otra parte, LAB no tiene competencia para determinar a qué obras católicas de la América Latina deba ayudarse, con los fondos proporcionados por el Episcopado de los Estados Unidos de América. Es la propia Comisión Pontificia la que determina y fija anualmente las asignaciones respectivas.

En vista de lo anterior, LAB no podría promover una cooperación económica como la que aparentemente se desprende de la proposición de usted. Cualquier petición de tal índole tendría que ser auspiciada y tramitada por la Jerarquía Católica de Cuba, directamente ante la Santa Sede o por intermedio del Secretario General del CELAM.

El Padre Considine me encarga manifestarle, por otra parte, que siempre tendrá el mayor gusto en recibirlo y en conversar con usted, y que, en consecuencia, se mantiene, para ese fin, a las muy gratas órdenes de usted. Quien suscribe la presente carta, por su parte, no necesita reiterarle sus sentimientos de sincera amistad de arraigado aprecio.

Quedo de usted, con un saludo muy cordial, seguro servidor y afectísimo amigo en Xto., Carlos A - Sirí (Director Auxíliar)»

Después del intercambio de cartas consideramos, que los argumentos y situación de la National Catholic Welfare Conference eran justos y razonables pero no podíamos evitar nuestra contrariedad por encontrar en el destierro un "desierto" de oportunidades para seguir luchando por la causa. Sólo topábamos con puertas cerradas que hacían que no pudiéramos continuar la obra periodística a favor de los ideales que siempre habíamos defendido. Teníamos que contentarnos con los agasajos y las distinciones que se nos brindaban por la labor realizada en nuestra tierra. Agasajos que agradecíamos profundamente pero que jamás fuimos en busca de ellos ni, en lo absoluto, creímos merecer. Después de cuarenta años de exilio, desde que comenzamos a escribir estas memorias, íbamos llegando al convencimiento de que el hombre –como la tierra– gira siempre alrededor de su eje, es decir, en torno a lo suyo muchísimo más que en todo lo que se refiere a los demás... Por algo Cristo en su paso por el mundo puso tanto énfasis en lo de amar al prójimo como a nosotros mismos. El egoísmo, ramificación importante del pecado original, lleva al hombre a olvidarse de lo ajeno y a poner casi todo lo que le rodea a favor de su propio beneficio.

La Sociedad Interamericana de Prensa (SIP)

No pudimos asistir ese año de 1960 a Bogotá a recibir la medalla de «Héroe de la Libertad de Prensa» que amablemente nos había otorgado la SIP estando aún en Cuba con nuestro periódico combatiendo al gobierno comunista de Castro. Pero la asamblea de dicha institución acordó entregárnosla al año siguiente en la reunión que se celebraría en la ciudad de Nueva York. Fuimos, pues, hacia la "Babel de Hierro". Nos reunimos durante una semana en el "Waldorf Astoria" Tuvimos el gusto de presentar a la Comisión de Libertad de Prensa un proyecto nuestro para que la SIP creara un comité permanente de ayuda con el único fin de encaminar en el campo de la letra de molde a cualquier periodista del continente americano que tuviese que optar por el destierro debido a su lucha por la libertad de expresión frente a cualquier tipo de dictadura en su país. Considerábamos esta proposición, de haber sido aprobada, un gran acicate para el periodista al enfrentarse a toda clase de amenazas. Con esa propuesta dejábamos constancia de que se nos excluyera a nosotros de cualquier beneficio. La moción nunca fue aprobada. Sabemos de sobra que la SIP no es una organización benéfica, pero no se trataba de limosna ni de caridad sino de darle al periodista que defiende la libertad de expresión en su patria la tranquilidad de que no se iba a encontrar con las puertas cerradas de la prensa del hemisferio si tuviese que llegar al destierro. Seguimos creyendo, cuarenta años después y seguiremos creyendo siempre, que la democracia debe estimular a sus defensores en todas partes del mundo de una manera o de otra. El comunismo y el totalitarismo lo hacen para lograr sus propósitos. Y con ese amparo que le dan a los suyos, siempre logran lo que se proponen.

La proposición que presentamos en aquella reunión de la SIP en Octubre de 1961 decía así:

A LA SOCIEDAD INTERAMERICANA DE PRENSA

- Por Cuanto: Los ataques que la libertad de expresión ha sufrido periódicamente en los últimos años, con la consiguiente persecución de periodistas y cierre de empresas, ha producido generalmente situaciones muy difíciles para los miembros de dichos diarios y revistas; quienes al verse de repente sin trabajo, fuera de su país al tener que marchar al exilio, como único medio de evadir la prisión, si no la pérdida de la propia vida, se encuentran faltos de recursos y de las conexiones necesarias para poder encontrar trabajo en su profesión o por lo menos en cualquier actividad decorosa.
- Por Cuanto: Bastaría solamente con recordar casos tan conocidos como los de *El Tiempo* de Bogotá; *La Prensa* de Buenos Aires y más recientemente el

de la prensa de Cuba totalmente intervenida por el régimen comunista y vandálico de Fidel Castro, con el ilegal despojo de sus legítimos propietarios y la marcha al exilio de sus propietarios, directores, periodistas y aún hasta sus empleados y trabajadores.
- Por Cuanto: Con motivo de la tragedia cubana, el actual presidente de la Sociedad, Don Ricardo Castro Beeche, designó el pasado mes de Abril una Comisión Especial, integrada por periodistas cubanos y norteamericanos bajo la presidencia del Dr. Horacio Aguirre, con el específico objetivo de tratar de encontrar empleo a través de México, Centro y Sur América, a los numerosos periodistas cubanos que encontrándose exiliados en los Estados Unidos, no han podido aun encontrar un nuevo empleo en su profesión.
- Por Cuanto: Tal iniciativa del Dr. Castro Beeche, debe ser plasmada de manera permanente, a fin de que exista el Organo adecuado para cada vez que fuese necesario, actuar de inmediato en ayuda de los periodistas perseguidos y exiliados que por defender la Libertad de Prensa en América se ven obligados a perder sus empleos, quedando en condiciones precarias. Tal Organismo significaría además un gran apoyo moral para todos los periodistas dignos de América, al saber estos que si por defender la libertad de expresión, se ven perseguidos y tienen que abandonar su patria, tienen inmediatamente a donde acudir en busca de orientaciones, apoyo y trabajo.
- Por Tanto: El delegado que suscribe, representante de "Diario de la Marina de La Habana, Cuba, actualmente intervenido, confiscado y clausurado por las hordas comunistas de Castro y sus talleres y equipos convertidos en la llamada Imprenta Nacional, dedicada a la impresión de propaganda de adoctrinarniento comunista para ser distribuída a toda la América; se honra en presentar a la consideración de la Asamblea General de la Sociedad Interamericana de Prensa, la siguiente,

MOCION:

Que previo el estudio correspondiente por la Comisión de Resoluciones y demás que procedan, se acuerde la creación, con carácter permanente, de un "Comité de Ayuda a Periodistas Perseguidos" que funcionará como uno de los distintos comités permanentes de la Sociedad y que estará integrado por cinco miembros, designados cada año en igual forma que los demás Comités permanentes.

El Comité Ejecutivo y el Presidente redactarán oportunamente el reglamento por el cual se regirá el Comité, a fin de que cubra realmente todas las eventualidades que confrontan los periodistas libres cuando son perseguidos por tiranos y dictadores.

New York Octubre 16 de 1961
José Ignacio Rivero,

Pero, como decíamos anteriormente, la moción no fue aprobada ni en cuarenta años de exilio hemos comprendido por qué no se pudo llevar a cabo esa simple aunque a nuestro juicio edificante y conveniente idea. Su razón habrá tenido la SIP para no llevarla a cabo.

En Nueva York recibíamos la medalla de Héroe de la Libertad de Prensa.

En torno a la Medalla

Cuando todavía estábamos de pie en Cuba defendiendo con el periódico nuestros derechos y los de todos nuestros compatriotas, recibimos y publicamos la noticia de la proposición de la SIP de otorgamos su más alto galardón. Nuestro Diario publicó en la primera página el siguiente Editorial con el título «Palabras de Gratitud». Decía así:

«El señor José L Rivero ha expresado ya privadamente su gratitud personal al presidente de la Sociedad Interamericana de Prensa (SIP), señor Williaiam Cowles, por el acuerdo del Comité Ejecutivo de ese organismo de proponer a la próxima Asamblea General el otorgamiento de la 'Medalla de Héroe de la Libertad de Prensa' al Director del Diario de la Marina.

No habíamos querido dar público testimonio de esa gratitud porque no se trata de una decisión en firme de la SIP, sino de una recomendación a su Comité Ejecutivo, que mucho nos honra, pero que será considerada en su oportunidad

Sin embargo, como ya se le ha dado amplia difusión a la noticia y hasta ha suscitado ésta, como era de esperarse,, algunos bajos e insidiosos comentarios, al lado de mensajes laudatorios que vivamente agradecemos, queremos hacer muy breves consideraciones sobre el asunto.

En primer término , para reiterar las gracias más cumplidas en nombre de nuestro Director al Ejecutivo de la SIP, y muy especialmente al señor George Stahlman, que hizo la propuesta, y al doctor Guillermo Martínez Marqués que la apoyó.

En segundo término, para decir que nuestro Director estima como un honor señaladísimo la moción aprobada, puesto que proviene de una corporación periodística continental llena de prestigio y que tanto se ha distinguido por sus batallas a favor de la libertad de expresión y de la dignidad de la Prensa. El Diario de la Marina *se siente muy satisfecho de ser miembro fundador de la SIP y de haber contribuido, en la medida de sus fuerzas, a esas democráticas campañas.*

De más está decir que el señor Rivero no se cree merecedor de tan alta recompensa, la cual si en su día le fuese otorgada, la aceptaría más que para él, para este periódico centenario y en general para toda la prensa y periodistas independientes de Cuba. Estas distinciones tienen un valor simbólico que sabemos justipreciar y por el cual no deben ser declinadas a título de modestia.

Por último, queremos agradecer al Washingion Daily News *el editorial que publicó con este motivo y que ayer reprodujimos en parte, en la versión de la UPI Como el* Diario de la Marina *se debe a la verdad, y nada más que a la verdad –de ahí el gran respaldo público que tiene– quiere observar que, al referirse ese apreciado colega a los ataques de que ha sido objeto el* Diario *por mantener su independencia de criterio, se ha deslizado una inexactitud, aunque ese hecho no le*

327

resta fuerza a su alegato en defensa de la libertad de expresión; efectivamente: no es exacto que el edificio de este periódico haya sido físicamente apedreado. Después de todo, el tirar piedra sobre piedra es un detalle de poca importancia. Pero sí es cierto que en más de una ocasión se hicieron demostraciones tumultuarias a las puertas de nuestra casa; que en una ocasión grupos vociferantes acarreados en camiones frente al periódico esperaron a que hiciera su entrada en el edificio nuestro Director, José Ignacio Rivero, para gritarle sus insultos, tratando de coaccionarlo; que diariamente se nos injuria por los periódicos y las estaciones de radio oficiales u oficiosas del régimen; que ejemplares del Diario *han sido quemados públicamente en diversos lugares de la capital y del interior de la Isla; que se nos ha tratado de difamar públicamente con "entierros simbólicos" y otras ceremonias igualmente bárbaras, organizadas y realizadas por elementos en su mayoría comunistas y pro comunistas; que se nos boicotea en todas las formas imaginables y que se trata de conducirnos a la asfixia económica, sin tener en cuenta que el* Diario, *además de un órgano de opinión independiente, es un centro de trabajo en el que se ganan la vida cientos de cubanos. El propio Primer Ministro del Gobierno Provisional Revolucionario ha atacado en reiteradas ocasiones al* Diario *y a nuestro Director, en forma violenta y ofensiva. Y cualquiera de estas cosas atentan tanto o más, contra la libertad de expresión y la verdadera democracia, que el apedreo del edificio de un periódico.*

A pesar de todas esas presiones, el Diario *no ha claudicado ni claudicará. Seguiremos defendiendo nuestros principios, exponiendo nuestras ideas, emitiendo nuestros criterios, no para la obtención de galardones que mucho nos honran, pero que jamás habían entrado en nuestros cálculos, ni siquiera en nuestra previsión, sino porque al hacerlo así creemos cumplir lisa y llanamente con nuestro deber de cristianos, de cubanos y de demócratas sinceros.»*

El acto de la SIP en Nueva York

El banquete de gala de la reunión de la SIP de octubre de 1961, celebrada en Nueva York en el Hotel Waldorf Astoria, se dedicó como todos los años a la toma de posesión del nuevo presidente en el que también se nos hizo entrega a nosotros de la medalla de la libertad de prensa. Fue un día de grandes emociones para nosotros porque una gran parte del acto fue dedicado a nuestra persona con palabras halagadoras de destacadas figuras del periodismo americano. He aquí en parte las amables palabras de presentación que pronunció el destacado periodista Jules Dubois quien fuera corresponsal en América Latina del famoso *The Chicago Tribune* y gran combatiente de la libertad de prensa en el continente:

«Se necesitaba coraje para escribir en esos días en que los comunistas, Por orden personal del premier Fidel Castro habían desatado la ofensiva final en contra de la prensa libre e independiente de Cuba. El Dr. José Ignacio Rivero tuvo ese coraje y desplegó ese heroísmo. José Ignacio Rivero fue director de un periódico que la dictadura comunista ha tratado de asesinar, pero solamente ha podido inflingirle un eclipse momentáneo.

«Los comunistas se esforzaron por acallar su voz, por destruir su corazón, por aniquilar su pensamiento, pero sólo lograron robarle su casa y despojarle de sus maquinarias. La casa en que el Dr. José Ignacio Rivero trabajaba en La Habana era vieja. Era una casa de sólo 128 años de edad. Pero la casa había pasado de moda. No tenía barba. Y tampoco estaba pintada de rojo, ni por fuera y mucho menos por dentro. En el corazón de esa casa palpitaban las inquietudes de todo un pueblo amante de una Cuba libre, soberana e independiente. Una Cuba independiente de las garras del imperialismo sino-soviético que quiere transformar, por medio de sus agentes que asaltaron el poder en La Habana, su cultura para regimentar a ese pueblo bajo el manto del terror y para subvertir a toda América y esclavizarla en la misma forma.

«Y ese pueblo tenía un ansia de conocer la verdad de todo lo que estaba aconteciendo en su amada tierra. El doctor José Ignacio Rivero, a pesar de todas las amenazas y presiones, publicó esa verdad junto con las vibrantes opiniones de su valiente pluma.

«Es un director de periódico que arriesgó su vida con heroísmo para publicar esa verdad. Rehusó doblegarse ante las intimidaciones, ante el terror, ante las amenazas.

«Cuando las hordas comunistas, dirigidas por funcionarios de un gobierno que había destruido las libertades, invadieron al Diario de la Marina, él repelió el ataque desde su puesto de combate. Pero su libertad y su vida estaban en peligro.

La Embajada del Perú le dio a él y a su hermano el albergue del refugio que les ha permitido respirar el aire de la libertad en el exilio. Los comunistas se apoderaron de esa vieja casa de 128 años, para convertirla primero en un centro de indoctrinamiento rojo, utilizando sus salones para conferencias de los lideres del partido comunista, y sus rotativas para los folletos y libros de propaganda que envían a los otros paises del hemisferio, y luego para publicar su órgano de partido que es ahora el diario oficial del gobierno de Castro.

«Algún día el doctor José Ignacvio Rivero regresará a esa casa porque los cubanos quieren recobrar su libertad para pensar, para escribir, para opinar, para discrepar, para amar a su patria y a su prójimo y para erradicar los odios que Fidel Castro ha desatado en toda la isla que fue la Perla de las Antillas.

«Los pueblos de Cuba tendrán una deuda con este Héroe de la Libertad de Prensa: José Ignacio Rivero.

«Y yo, en esta honorable e histórica ocasión, con toda sinceridad y con toda admiración, le rindo junto con todos los miembros de la Sociedad Interamericana de Prensa, un tributo fraternal de respeto y admiración en el momento en que Don Ricardo Castro Beeche le entrega la valiosa medalla del Héroe de la Libertad de Prensa».

Casi cuarenta años después de este acto, que fue, sin duda, el acto más emocionante de mi vida periodística, la SIP le rinde a Jules Dubois otro gran homenaje: le dedica su nueva sede en el mismo corazón de Miami con el nombre de su gran luchador por la libertad de prensa. La noticia nos produjo una gran satisfacción. No podía ser de otra manera: la SIP honra con verdadera justicia a un hombre que vivió toda su vida de periodista luchando por la libertad de expresion en todo el continente americano. No podía ejercer su profesión en paz en su propio país cada vez que se enteraba que en una nación americana se estaba atropellando el derecho a disentir o a ejercer la libre expresión del pensamiento. Nunca se nos olvida las veces que lo veíamos entrar en nuestra Redacción del *Diario de la Marina* preocupado por la situación imperante relacionada con la prensa en general.

CONTRA VIENTO Y MAREA

331

Acto histórico en Puerto Rico

Especialmente invitado por los fundadores de la novel institución que agrupaba a todos los factores de la economía cubana en el destierro, cuya sede era San Juán de Puerto Rico, recibimos el encargo de pronunciar el discurso central en el grandioso acto celebrado en el hotel La Concha de esa bella ciudad portorriqueña. La Acción Civico-Cubana había quedado constituída el 21 de Octubre de 1962. Un gentío enorme llenó, hasta colmarlo, el gran salón del hotel. Asistieron delegaciones de cámaras de comercio de varios paises hispanoamericanos y centenares de desterrados cubanos que formaban parte de Acción Cívico-Económica Cubana y representativos de los más diversos sectores y organizaciones anticastristas de Cuba y Puerto Rico.

Antes de que pronunciáramos nuestro discurso, habló nuestro entrañable amigo Dr. Guillermo Belt (ex embajador de Cuba en Washington) acerca de la posición internacional de Cuba en aquellos instantes. Las palabras responsables y mesuradas del distinguido internacionalista cubano que en su disertacion analizó certeramente el vía crucis de nuestra patria fueron cálidamente aplaudidas.

El presidente de la Cámara de Comercio de Santo Domingo, se refirió a los problemas de Cuba tan vinculados a los de su nación señalando que el comunismo en la República Dominicana se hallaba bajo control pero la energía oficial no era adecuada y por ello se sucedían los disturbios

El Secretario de la Asociación Nacional de Comercio e Industria de Venezuela pronunció unas palabras en las cuales reflejó su honda preocupación por los avances del comunismo en Venezuela a despecho de que el partido había sido colocado fuera de la ley. ¡Quien iba a decirle en aquella época al venezolano que tantos años después aparecería en el panorama de su nación un casi gemelo de Fídel Castro!

El Presidente de la Cámara de Comercio de Puerto Rico, dijo que todas las fuerzas vivas de su país deseaban ayudar a los cubanos como si fueran puertorriqueños en nombre de una hermosa hermandad. Exhortó a que todas las corporaciones economicas de América se unieran apretadamente para luchar con vigor contra el comunismo donde quiera que hiciera su aparición.

En los discursos de todos los disertantes sobresalió la necesidad imperiosa de la unidad de las fuerzas vivas y de los cubanos desterrados. Principio que nosotros sustentamos como argumento fundamental en nuestro discurso resumen.

A continuación reproducimos algunos párrafos de nuestro discurso en cuestión:

- Considero un honrosísimo privilegio hallarme entre ustedes en esta isla hermana tan parecida a la nuestra y tan unida a nuestro propio destino cuyo rostro antes siempre risueño, me pareció, al llegar aquí, cubierto por un velo de tristeza ante el dolor y el martirio de nuestra amada patria.

- *Estimo un deber de gratitud comenzar estas palabras con la expresión de mi más vivo reconocimiento por vuestra invitación, pues si grande es la satisfacción de reunirme hoy con ustedes en este acto trascendental, mayor es todavía mi complacencia si se tienen en cuenta los motivos de la reunión.*
- *Al leer la declaracion de principios que cimientan la entidad sobre la cual se agrupan todos ustedes me sentí profundamente impresionado. Los anhelos y propósitos enunciados en esa magistral declaración han sido a lo largo de toda la historia la ambición mas legítima del* Diario de la Marina *que, con remisión de toda modestia por parte mia fue en todo tiempo paladín de las clases vivas, de las fuerzas económicas, de las corporaciones como fundamento de nuestra nacionalidad sin cuyo sólido aporte la misma sucumbe y muere. Nos destroza el corazón contemplar la forma inaudita en que nuestra patria se ha desvanecido tras desmoronarse escalonadamente la libertad de expresión con el asalto y confiscación del* Diario de la Marina, *paso previo e indispensable para el despojo general de la propiedad privada*
- *Yo he visto con legítima satisfacción que en el programa se recoje una idea preconizada por nosotros a través de los años: que las clases económicas abandonasen definitivamente su actitud pasiva, defensiva, para pasar a la acción que se apresten inclusive a entrar en la lid política sin menoscabo de vuestra autonomía como sector económico ni uncirlo a ningún bando, saliendo así del tradicional aislamiento en que se hallaban encerradas las fuerzas vivas de Cuba, sacudiéndose las cadenas de la inercia y del dejar hacer a los demás*
- *Permítanme para ilustrar mejor mi argumento llamar a vuestra entidad Corporaciones Económicas en Acción Es necesario, imprescindible, que paséis a la ofensiva porque ustedes representan todo. Son, como dije antes, la espina dorsal de la nación. La República de Cuba como todos los paises del mundo descansaba sobre los pilares de la economía Por tanto ustedes son la savia, el pulso y el corazón que ha de darle vida, que ha de resucitar a nuestra nación cubana que asesinaron los comunistas Es ahora en la adversidad en estos tiempos de lucha y de angustia cuando más se puede edificar para el futuro, porque estos momentos son los que hacen que el corazón sienta más y la cabeza piense mejor. Ahora es cuando se puede programar la acción eficaz de las corporaciones económicas en la vida fitura de la patria.*
- *Comparto sus justos deseos de que en la Cuba de mañana se creen tribunales del trabajo judiciales. En el programa de «Acción Cívico Económica Cubana» se ha enfocado muy certeramente uno de los puntos difíciles de las relaciones entre la patronal y el sindicato el cual no tiene otra salida que la creación de esos tribunales imparciales que sustraigan de manos de la administración pública los casos de controversia laboral de la que se ha hecho hasta ahora caudal político. Tan conveniente han de ser dichos tribunales para el patrono como para el trabajador ajeno a las capillitas sindicales*

- Mucho cuidado debe tener hoy el cubano que no aspira a otra cosa que salvar definitivamente la patria donde nació o donde fundó su hogar. Y muy consciente de su deber han de estar quienes forman parte principalísima no solo en la reconquista sino en la reconstrucción de nuestro país.
- A fuerza de sincero afirmo a plenitud de conciencia que hay que fusilar y darle el tiro de gracia de una vez para siempre a la actitud de todos los tiempos cobarde y suicida de unirse al carro del vencedor, o del que luce vencedor, sin mirar qué clase de motor o qué clase de combustible impulsa al carro. Por eso hemos dado tantos palos a ciegas en nuestra patria y por eso los hemos recibido tan fuertes también. Entre los muchos principios dignos y convenientes que hay que defender en la vida hay uno de singular importancia y es el principio de en todo momento dónde se va y el saber darse su lugar.
- Debemos estar muy alertas en todo momento y tratar por todos los medios de que no se nos vuelva a dar gato por liebre a través de la imposición o por dejarnos llevar por una histeria propia de espíritus feminoides o de espíritus oportunistas. No basta –y permítanme volver a repetir e insistir en esta cuestión, con verlo todo claro, ni basta con desear lo méjor para nuestra futura sociedad Es necesario estar muy conscientes de la gran batalla que hay que darle al enemigo en todos los frentes y en todos los aspectos Y tampoco basta con estar conscientes, hay que estar también decididos a dar esa gran batalla que nos exige nuestra condición de verdaderos cubanos, de verdaderos hombres libres y de verdaderos cristianos, que no queremos ni podemos encender una vela a Dios y otra al diablo. Debemos en todo momento respetar a todo aquel que nos respeta y colaborar con todo aquel que quiere colaborar con nosotros. Ustedes saben muy bien que los comunistas no son los únicos que no nos respetan ni los únicos que no desean colaborar en ninguna forma con nosotros, como tampoco lo queremos nosotros Tampoco nos respetan ni nos respetarán aquellos que piensan de manera muy parecida a los comunistas pero que se mezclan entre nosotros disfrazados de demócratas, de conquistadores o de salvadores de nuestra sociedad. Y a estos, insensatamente muchas veces les tendemos nuestras manos.
- Definidos tenemos que estar en todo momento si es que queremos regresar a nuestra tierra para ganar la batalla total y definitiva primero y para reconstruir después con sensatez, con juicio y con dignidad No para vegetar en ella recibiendo palos de todas partes y en todo momento Definirse es estar seguros de lo que uno cree que ha de ser lo mejor para su patria en todos los órdenes: en lo político, en lo social, en lo económico y en lo moral,
- Asqueados y cansados debemos estar ya de los demagogos, aprovechados, improvisados, oportunistas e incapaces El temor a ser tildado de reaccionario, de conservadores, de moderados y de tantas otras cosas, hace que nunca nuestras ideas, que se basan en la más sana tradición aunque siempre evolucionista, marchen adelante. Son otros, por nuestra actitud de brazos cruzados, los que se apo-

deran con una audacia inaudita de todas las posiciones claves para dirigir y controlar los destinos de nuestra nación Por eso desgraciadamente se hundió totalmente nuestra República aunque parecía de corcho y no creíamos que podía hundirse a pesar de nuestras indiferencias y actitudes timoratas.

- *En el exilio y hoy en esta tierra puertorriqueña, hermana nuestra que nos acoge con tanta estimacion y cariño en medio de la adversidad y de la tristeza de todos nosotros, volvemos a decir y a repetir lo que dijimos en Cuba: estamos dispuestos a morir sí fuera necesario por nuestra fe. Por la patria que es de todos los cubanos que la aman y la respetan. Por la patria que no puede ser monopolio de aquellos grupos que más gesticulan y vociferan. Por la patria que quisieron los fundadores: justa cordial y para el bien de todos. Por la patria donde no caben odios, luchas de clases ni divisionismos estériles. Dispuestos a todo estaremos siempre por la bandera de la estrella solitaria por el hogar que es la célula básica de la sociedad y que debe ser defendido contra las adulteraciones que pretenden introducir en la familia cubana doctrinas totalmente ajenas a nuestra idiosincrasia Por el sistema democrático representativo de gobierno que es el que nos legaron los libertadores quienes predicaron con el ejemplo al practicarlo en la manigua Por los atributos característicos de ese sistema como son el respeto a los derechos del hombre, las garantías a la propiedad privada y a la libre empresa, la igualdad de oportunidades y la confianza en la iniciativa individual como fuentes del progreso moral y material de los pueblos, por el derecho a emitir opiniones, a sustentar criterios, a ejercer la crítica que tanto disgusta a nuestros viejos enemigos de siempre e inclusive a nuestros nuevos enemigos de hoy en el exilio, que son los mismos de antes, porque no son más que simples desertores de las filas de nuestros antiguos enemigos por razones tácticas*
- *Dispuestos estamos y estaremos a todo por la defensa de la República y de sus instituciones como la representada en este acto, contra toda amenaza totalitaria y contra todo intento de que se vuelva a incurrir en los errores o vicios que hayamos todos cometido en el pasado.*
- *No nos limitaremos a una actitud indiferente o pasiva, Somos militantes y nunca nos hemos ocultado para serlo*
- *Cuando somos además de particulares hombres públicos con ideas y opiniones propias muy arraigadas a nuestra existencia no sabemos ni queremos vivir sin esos principios y creencias que constituyen la razón misma de nuestro ser. Por eso fue difícil para nuestros enemigos el callarnos, tan difícil que sólo pudieron hacerlo a punta de bayoneta.*

335

La crisis de los cohetes

Terminado el acto patriótico de «Acción Cívico-Económica Cubana» nos fuimos con Guillermo Belt al hotel donde nos hospedábamos en San Juan. Al llegar nos dában la noticia de que el presidente de los Estados Unidos, John F. Kennedy estaba anunciando por televisión el bloqueo a Cuba debido a los cohetes introducidos por Rusia en nuestra Isla de Cuba. Ambos en mi habitación escuchábamos con atención a Kennedy casi sin despegar los ojos del televisor. Pensaba en lo que hacía casi veinte meses nos había dicho en Washington Guillermo Belt en relación con la invasión de Bahía de Cochinos: «Invasión que no se gana en las primeras veinticuatro horas está perdida». Escuchábamos al presidente con preocupación y alegría al mismo tiempo. Aún no habían transcurrido las 24 horas que decía Belt pero nos preocupaba el hecho de que pasaban las horas y no se hubiese producido rápidamente una invasión a Cuba. Mr. Kenedy sólo hablaba de «cuarentena a la isla».

Nos despedimos de nuestros amigos de Puerto Rico y de Guillermo Belt y tomamos enseguida un avión hacia Miami ante la posibilidad de que cerraran el aeropuerto de San Juan. No podríamos dejar sola a nuestra familia Ya habíamos escuchado todo el discurso de Kennedy y nos había parecido fuerte, tajante y valiente, pero teníamos clavada por dentro la espina del descalabro de Playa Girón.

La crisis comenzó así: Después que los servicios de inteligencia demostraron con pruebas irrefutables al Presidente Kennedy que los 5,000 «técnicos» rusos llegados a Cuba para desarrollar la agricultura y la industria estaban consagrados a la construcción de rampas desde las cuales lanzar proyectiles dirigidos con alcance hasta de 2,000 millas náuticas, decidió el presidente leer personalmente ante las cámaras de televisión el mensaje que acabábamos de escuchar en el hotel de San Juan. En él daba cuenta el primer mandatario de los EE.UU. de haber ordenado una cuarentena a la isla satélite de la URSS. El discurso decía así textualmente:

Buenas noches, conciudadanos:

«Este Gobierno, tal cual lo prometió, ha mantenido la más estrecha vigilancia del aparato militar soviético montado en la isla de Cuba.

Durante la semana pasada, pruebas inequívocas establecieron el hecho de que varias bases ofensivas de proyectiles dirigidos están en preparación en esa isla-cárcel.

El propósito de tales bases no puede ser otro que el de suministrar una capacidad nuclear efectiva contra el hemisferio occidental.

Luego de recibir el primer informe preliminar el martes pasado a las nueve de la mañana ordené que se estableciese la vigilancia. Y habiendo confirmad y completado ahora nuestra evaluación de esas pruebas y nuestra decisión de la acción a seguir, este gobierno se siente obligado a informarles a ustedes acerca de esta nueva crisis en todo detalle.

Dos tipos de bases para cohetes

Las características de esas bases para proyectiles dirigidos indican que existen dos clases distintas de instalaciones. Varias de ellas incluyen proyectiles balísticas de mediano alcance capaces de cargar cabezas nucleares a una distancia superior a mil millas náuticas (1,852 kilómetros). Cada uno de esos proyectiles puede ser arrojado sobre Washington D.C., el Canal de Panamá, Cabo Cañaveral la Ciudad de México o cualquiera otra ciudad de los Estados Unidos, América Central o el área del Caribe.

Bases adicionales aun incompletas parecen estar destinadas a proyectiles de alcance intermedio –capaces de alcanzar sitios a doble distancía– y ser arrojados sobre la mayor parte de las ciudades del hemisferio occidental, hasta la Bahía de Hudson en Canadá, o hasta Lima, Perú. Además, aviones de propulsión, capaces de cargar armas nucleares los cuales están siendo desembalados en Cuba en tanto se les prepara bases aéreas necesarias.

Esta urgente transformación de Cuba en importante base estratégica –por la presencia de esas grandes, de gran alcance, armas claramente ofensivas de destrucción masiva e instantánea– constituye una amenaza explícita a la paz y seguridad de todas las Américas en flagrante y deliberado desafío al Pacto de Río de Janeiro de 1947, la Resolución Conjunta del 87 Congreso, la Carta de las Naciones Unidas y a mis públicas advertencias a los soviéticos los días 4 y 13 de septiembre.

Esta acción también contradice las repetidas seguridades de los voceros soviéticos, ofrecidas pública y privadamente, respecto a que el aparato militar en Cuba retendría su caracter original defensivo y que la Unión Soviética no tenía necesidad ni deseos de estacionar proyectiles estratégicos en el territorio de otra nación.

El plan avanza

El tamaño de esta empresa hace ver claramente que fué planeada hace meses. El mes pasado, después que hice la distinción entre la inclusión de proyectiles de tierra a tierra y la existencia de proyectiles defensivos antiaéreos, el gobierno soviético declaró públicamente el día 11 de septiembre que 'los armamentos y equipos militares enviados a Cuba se destinan exclusivamente a propósitos defensivos' que 'la Unión Soviética no tiene necesidad de pasar sus armamentos ... para un golpe de represalia a cualquier otro país, por ejemplo Cuba' y que 'la Unión Soviética posee cohetes tan poderosos que carguen armas nucleares que no necesita buscar otras bases fuera de la frontera de la URSS.'

Estas declaraciones son falsas.

Solamente el pasado jueves, teniendo pruebas de este rápido aparato ofensivo, el Ministro de Relaciones Exteriores de la URSS, Gromyko, me dijo en mi despacho que tenía instrucciones de poner en claro una vez más, igual que había hecho su gobierno, que la ayuda soviética a Cuba 'persigue solamente el propósito de contribuir a la defensa de Cuba', que 'el entrenamiento de los cubanos por técnicos soviéticos en el manejo de armas defensivas no es de ninguna manera ofensiva' y que 'si fuese de otro modo el gobierno soviético no se vería envuelto nunca en prestar tal ayuda'.

Estas declaraciones son también falsas.

Engaño y amenaza

Ni los Estados Unidos de América ni la comunidad mundial de naciones puede tolerar engaños ni amenazas ofensivas por parte de ningún país grande o pequeño.

Ya no vivimos en un mundo en el cual únicamente el disparar las armas representa un desafío suficiente a la seguridad de una nación al extremo de constituir un peligro.

Las armas nucleares son tan destructivas, y los proyectiles dirigidos son tan veloces, que cualquier posibilidad creciente de ser utilizadas o cualquier cambio en su desarrollo debe ser tenido por una definitiva amenaza a la paz.

Por espacio de varios años, tanto la Unión Soviética como los Estados Unidos de América, –reconociendo este hecho– desarrollaron armas nucleares estratégicas con gran cuidado, sin alterar nunca el precario status quo asegura que tales armas no serían usadas en ausencia de cambios vitales.

Nuestros propios proyectiles estratégicos jamás fueron transferidos al territorio de ninguna otra nación empleando el secreto y el engaño; y nuestra historia-al revés de la soviética desde la última guerra mundial demuestra que no tenemos deseos de dominar o conquistar a ninguna otra nación o imponerle nuestro sistema de vida.

No obstante, los ciudadanos norteamericanos han tenido que hacerse a la idea de que viven pendientes de los proyectiles dirigidos situados en territorio de la URSS o en sus submarinos.

En tal sentido, los proyectiles dirigidos en Cuba añaden un peligro mayor al actual aunque, debe observarse, las naciones latinoamericanas nunca antes estuviaron sujetas a una amenaza potencial nuclear.

Cambio en el status quo con proyectiles comunistas

Pero este aparato militar con proyectiles comunistas montado en forma rápida y secreta en una región que tiene unas bien conocidas relaciones especiales con los Estados Unidos y los demás paises de Hemisferio Occidental, violando las seguridades soviéticas y en desafio de la política de los E.U. y del hemisferio, esta súbita y secreta decisión de estacionar armas estratégicas por primera vez fuera del territorio soviético es un cambio injustificada y deliberadamente provocativo en el status quo que no puede ser aceptado por este país, de amigos o enemigos.

Los años de 1930 nos enseñaron una clara lección que la conducta agresiva si se le permite crecer sin vigilarla ni desafiarla, culmina en la guerra. Esta nación se opone a la guerra. También somos fieles a nuestra palabra. Por lo tanto, nuestro objetivo inmutable debe ser impedir el uso de esos proyectiles dirigidos contra éste o cualquier otro país, y asegurarnos de su retirada, o eliminación del hemisferio occidental.

Nuestra política ha sido paciente, moderada, como corresponde a una nación pacífica y poderosa que se halla a la cabeza de una alianza mundial. Tomamos, la decisión de no inmutarnos ni alterar, nuestras preocupaciones centrales frente a los fanáticos irritantes.

Señala pasos a dar

Pero hoy se requiere otra acción y ya está en vías de hecho. Y estas acciones son sólo el, comienzo. No nos arriesgaremos prematura e innecesariamente a una guerra nuclear mundial en la que incluso los frutos de la victoria serían cenizas en la boca, pero tampoco eludiremos el riesgo en cualquier momento que nos enfrentemos a él.

Actuando, pues, en defensa de nuestra propia seguridad y de la de todo hemisferio occidental y de acuerdo con la autoridad que me otorga la Constitución respaldada por la Resolución Conjunta del Congreso, he ordenado que adopten inmediateamente los siguientes pasos iniciales:

Primero: Para contener ese aparato ofensivo se ha iniciado un estricta quarentena a todo equipo militar ofensivo conducido a Cuba. Todas las embarcaciones, sean cuales fueran, con destino a Cuba que proceden de cualquier o puerto, si contuviesen carga de armas ofensivas, tendrán que virar hacia atrás. Esta quarentena se extenderá, si es necesario, a otros tipos de embarcaciones. No negamos las necesidades de vida como los soviéticos intentaron durante el bloqueo de Berlín en 1948.

Segunda: He ordenado la contínua y creciente vigilancia de Cuba y su aparato, militar. Los ministros de relaciones exteriores de la OEA en su comunicado del seis de Octubre rechazaron mantener en secreto estas cuestiones en el hemisferio. De continuar estas preparaciones militares ofensivas con creciente amenaza al hemisferio, estarán justificadas otras medidas. He ordenado a las fuerzas armadas cualquier eventualidad; y creo que, en intéres tanto del pueblo cubano como de los técnicos soviéticos en esas bases el peligro de continuar con esta amenaza.

Tercero: Será política de esta nación considerar cualquier proyectil dirigido desde Cuba contra cualquier país del hemisferio occidental como un ataque de la Unión Soviética a los Estados Unidos que reclamará una total acción de repre salia contra las URSS.

Cuarto: Como una medida de precaución necesaria, he reforzado la base de Guantánamo y he evacuado hoy a la población civil y he ordenado el envío de unidades militares, adicionales para que se mantengan en estado de alerta.

Quinto: Esta noche hemos llamado a una reunión de la organización de consulta de la OEA para considerar esa amenaza a la seguridad del hemisferio e invocar los artículos 6 y 8 de Tratado de Rio en apoyo de cualquier acción necesaria. La Carta de las Naciones Unidas permito acuerdos regionales y las naciones de este hemisferio decidieron hace tiempo oponerse a la presencia militar de potencias extrañas. Nuestros demás aliados en todo el mundo están alerta.,

Sexto: Según la Carta de, las Naciones Unidas hemos pedido esta noche- que sea convocado, urgentemente una reunión del Consejo de Seguridad para que adopte medidas contra la última amenaza soviética a la paz mundial. Nuestra resolución demandará el rápido desmantelamiento y retirada de Cuba de todas las armas ofensivas, bajo la supervisión de observadores de la ONU antes de que la cuarentena pueda ser levantada.

Séptimo y último: Hago un llamamiento al canciller Khruschev para que detenga y elimine esta amenaza a la paz mundial, –provocativa y clandestina y estabilice las relaciones entre nuestros dos paises. También le pido que abandone esa senda de dominación mundial y se una al esfuerzo histórico de liquidar la peligrosa carrera armamentista.

Ahora tiene la oportunidad de hacer retroceder al mundo desde las cercanías del abismo de destrucción, haciendo buenas sus palabras de que no necesita bases de proyectiles dirigidos fuera del territorio de la URSS y retire dichas armas de Cuba, al abstenerse de cualquiera acción que aumente la crisis actual, y participando en la búsqueda de soluciones pacíficas y permanentes.

Esta nación está preparada para presentar su caso contra la amenaza a la paz por parte de los soviets, y nuestras propias proposiciones para lograr un mundo pacífico, en cualquier tiempo y en cualquier reunión, en la OEA, en la ONU o en cualquier conferencia que pueda ser útil sin limitar nuestra libertad de acción.

En el pasado hemos hecho poderosos esfuerzos para limitar la expansión de los armamentos nucleares. Hemos propuesto la eliminación de todas las armas y bases militares de acuerdo con un pacto limpio para el desarme efectivo. Estamos listos a discutir nuevas proposiciones para liquidar la tensión de ambos lados, incluyendo la posibilidad de que una Cuba genuinamente libre decida su propio destino. No deseamos la guerra con la URSS porque somos un pueblo pacífico que desea vivir en paz con todos los demás pueblos.

Dificultades e intimidación

Pero es difícil arreglar ni siquiera discutir estos problemas en una atmósfera de intimidación. Es por ello que la última amenaza soviética –o cualquiera otra amenaza que haga, bien independientemente o en respuesta a nuestros actos de esta semana– debe ser y será afrontada con decisión. Todo acto hostil en el mundo contra la seguridad de pueblos que están comprometidos con nosotros el valerosos pueblo de Berlín lo afrontaremos con los medios que sean necesarios.

Finalmente deseo decir unas pocas palabras al cautivo pueblo de Cuba al cual llega este discurso por radio.

Os hablo como amigo, como uno que conoce vuestro profundo amor a vuestra patria, como uno que comparte vuestras aspiraciones a la libertad y a la justicia. Y he contemplado con horror la forma en que vuestra revolución nacionalista ha sido traicionada y cómo vuestra patria ha caído bajo la dominación extranjera.

Vuestros líderes ya no son líderes cubanos inspirados en cubanos ideales. Son títeres o agentes de una conspiración internacional que ha colocado a Cuba contra sus amigos y vecinos de las Américas y la ha convertido en el primer país latinoamericano que es un foco nuclear y el primero en tener en su suelo armamentos de este tipo.

Estas nuevas armas no os son beneficiosas. Sólo pueden dañaros. Pero este país no tiene el deseo de causaros sufrimientos o imponeros ningún sistema sobre vosotros. Sabemos que vuestras vidas y vuestras tierras son utilizadas como peones por los que os niegan la libertad.

Muchas veces, en el pasado, el pueblo cubano se ha rebelado para arrojar tiranos que destruían su libertad, y no tengo duda que la mayor parte de los cubanos de hoy miren adelante hacia el día en que serán verdaderamente libres; libres de la dominación exterior; libres para elegir a sus propios líderes; libres para escoger su propio sistema; libres para poseer su tierra; libres para hablar, escribir o rezar sin temor. Entonces Cuba retornará al concierto de naciones libres y a las de este hemisferio.

Queridos conciudadanos: Que nadie dude que este es un esfuerzo peligroso y difícil en el cual nos hemos empeñado. Nadie puede prever con exactitud qué curso seguirá o en qué costo o bajas se incurrirá. Muchos meses de sacrifico y autodisciplina se hallan ante nosotros; meses en que tanto nuestra voluntad como nuestra paciencia se pondrán a prueba; meses en que muchas amenazas nos estarán recordando el peligro. Pero el mayor de los peligros sería no hacer nada.

La senda que hemos escogido está llena de obstáculos, como lo están todas las sendas –pero es la más consistente con nuestro caracter, con nuestro coraje como nación y nuestros compromisos en torno al mundo. El costo de la libertad es siempre alto– los norteamericanos siempre lo pagaron. Y la senda que no escogeremos jamás es la de la rendición o el sometimiento.

Nuestra meta no es la victoria del poderoso sino la reivindicación del derecho; no la paz a expensas de la libertad, sino la libertad y la paz, aquí en este hemisferio, y, confiamos, alrededor del mundo. Dios mediante, conquistaremos esta meta.»

Ante La clarinada de Kennedy

La enérgica decisión del presidente Kennedy, lejos dé producir ninguna depresión en el ánimo de su pueblo, lo unió en torno suyo. La nación entera no vaciló en ofrecerle su más resuelto apoyo al ver que su jefe de estado acababa de sentar una nueva base sólida que no sería abandonada, superando la guerra fría, las amenazas, las coacciones, el chantaje sistemático de la URSS y las anteriores vacilaciones. Todos los miembros del congreso se solidarizaron con el Ejecutivo en forma emocionante. Los senadores y representantes republicanos aplaudieron el mensaje y su radical contenido. El ex vicepresidente Nixon al igual que Eisenhower, expresaron ardorosamente su aquiescencia por el caso dado.

Las naciones hispanoamericanas se reunieron urgentemente en la Organización de Estados Americanos para apoyar solidariamente la cuarentena a la Cuba comunista, salvo el voto de Brasil. Incluso México se adelantó a aceptar la decisión de Mr. Kennedy por medio de unas declaraciones del licenciado López Mateos, desde la donde se hallaba el histórico día 22 de Octubre.

El mensaje presidencial fue una clarinada a todo el mundo civilizado que se puso en pie con singular rapidez para darle su apoyo. La Gran Bretaña que estuvo zigzagueando en torno a la petición de Washington de que no prestase su buques mercantes para transportar armamentos a Cuba, dio pleno respaldo a Kennedy. El general Charles de Gaulle elogió calurosamente la medida adoptada, en tanto los gobiernos de Grecia, Bélgica y muchos más de Europa se solidarizaban con los Estados Unidos en su resuelta actitud, aun viendo que el Mensaje entrañaba un reto muy grave a la Unión Soviética.

El Cocinero al Tío Sam:
«Este es el paso inicial al que seguirán otras medidas si es necesario»

El bloqueo a Cuba

El martes 23 de Octubre, fuerzas aeronavales norteamericanas recibían instrucciones de registrar todos los buques que se dirigiesen a Cuba, obligándolos a virar en redondo si entre su carga había material bélico y hundiéndolo si se resistía al registro. Enseguida se supo que veinticinco buques soviéticos navegaban rumbo a puertos cubanos transportando tal vez equipos nucleares. La orden de cuarentena se extendió a las naves aéreas rusas o de otros paises que pudiesen transferir a Cuba cabezas nucleares.

El Departamento de Estado desde las primeras horas del martes confiaba en que la Organización de Estados Americanos, al término de la reunión urgente que había sido convocada, diese un comunicado contentivo de su apoyo a la drástica acción ordenada por el Presidente de los Estados Unidos. Colegía el Departamento que la OEA cooperaría a la puesta en vigor de la cuarentena como preservación de la paz. Para ello argumentaba que el artículo 2 de la Carta de la Organización de las Naciones Unidas justificaba la cuarentena al decir: «Todos los miembros se abstendrán en sus relaciones internacionales de la amenaza o empleo de la fuerza contra la integridad territorial o la independencia política de cualquier estado.»

El súbito de los acontecimientos y el establecimiento del bloqueo provocó un cambio en la opinión norteamericana acostumbrada a contemplar los forcejeos de Berlín y las reiteradas amenazas rusas de que emplearía la bomba atómica si se daba algún paso en torno a su satélite del Caribe.

La Organización de Estados Americanos acordó –por 19 votos a favor y una abstención– respaldar la decisión del Presidente Kennedy de realizar un esfuerzo sobrehumano para impedir el flujo de armamentos nucleares soviéticos a Cuba Mientras, la Unión Soviética lanzaba sus primeras bravatas anunciando que había ordenado el estado de alerta a sus fuerzas armadas y amenazaba por enésima vez con en el empleo de sus armas nucleares.

A las nueve de la mañana del mismo miércoles 24 de octubre Mr. Kennedy hizo pública una proclama estableciendo la cuarentena contra cualquier embarque de armas a Cuba. Inmediatamente la Armada de los Estados Unidos radió a todos los buques en alta mar para que evitasen acercarse a aguas cubanas anunciando que el Paso de los Vientos, el Canal de Yucatán y el estrecho de la Florida podrían ser «aguas peligrosas».

Adlai Stevenson urgió al Comité de Seguridad de las Naciones Unidas que impidiese el aparato militar montado por los rusos en el corazón de las Américas. Dijo que era parte de un vasto plan del comunismo soviético conquistar el dominio del mundo poco a poco y que el envío de ese tipo de armas nucleares a Cuba con una grave amenza al hemisferio occidental y a la paz del mundo.

Los exiliados

Treinta y seis horas después de que el presidente Kennedy leyó el mensaje, los desterrados cubanos en el área de Miami no podían contener su legítima alegría al ver muy cercano el derrumbamiento definitivo del régimen comunista de Fidel Castro y el regreso a sus hogares abandonados. Todo parecía -aparte de la gravedad del caso –que Mr. Kennedy estaba haciendo todo lo posible por salir airoso esta vez después del fracaso o de la injusticia cometida en Bahía de Cochinos hacía un año. La incontenible satisfacción del exilio cubano aumentaba con el mutuo contagio. La esperanza del regreso alimentada con tanto ardor, se vislumbraba ahora como un amanecer cierto y feliz. Al fin el coloso del norte se enfrentaba con el oso ruso. Vaticinar de quien sería la victoria era pueril pues la fuerza y la razón estaban del lado de nuestros grandes amigos. En ningún instante temieron que algún castrista exaltado disparase un proyectil dirigido contra Miami ya que tenían conciencia de que esas armas estaban bajo el control de los «técnicos» rusos y que, de hacerlo, Cuba sería devastada en pocos momentos por la fuerza arrastrante de la represalia norteamericana.

La reacción del Kremlin

Desconcertado por la acción de Kennedy y la puesta en evidencia de su engaño, Khruschev sugirió la celebración de una conferencia en la cumbre alegando que Rusia no sería provocada a una guerra por Cuba aunque afirmando que los Estados Unidos debía contenerse, El secretario interino de la ONU fue el intermediario de la propuesta de Nikíta aunque quiso dar la sensación que había sido una iniciativa suya, El birmano U Than aparentó pedirle a la URSS que no enviase más armamentos a Cuba pero en realidad reclamó de los Estados Unidos que levantasen el bloqueo.

El presidente Kennedy rechazó la proposición del birmano, en su forma inicial, debido a que no incluía garantías acerca de que la URSS se abstendría de continuar montando bases de proyectiles dirigidos en la isla bloqueada.

Khruschev ordenó a los buques soviéticos que se suponía que conducían armamentos nucleares a puertos de Cuba que se desviaran de su ruta con el objeto de lograr la celebración de una conferencia en la cumbre.

El mundo entero estuvo pendiente durante la noche del miércoles al jueves de lo que pudiera acaecer, entre lo cual estaba lo peor: escuchar el cañoneo en alta mar.

345

En tanto la firicción entre EE.UU. y la URSS parecía aflojar respecto al bloqueo, la disputa sobre las bases de proyectiles dirigidos se mantenía inalterable.

El Pentágono anunció estar en posesión de una segunda serie de fotografías de las bases de proyectiles, aparte de las primeras que se entregaron al Presidente Kenmedy y que dieron motivo a que el Ejecutivo ordenase la cuarentena

Mientras el pelele del Kremlin, Fidel Castro, vociferaba por radio que jamás permitiría que nadie, a nombre de las Naciones Unidas, visitase Cuba para inspeccionar las instalaciones soviéticas. A medida que pasaban las horas era cada vez más creciente la convicción de que los Estados Unidos decidiría actuar militarmente y en forma directa para la eliminación de las bases. En La Habana reinaba un clima de expectación acerca del bloqueo norteamericano. Castro ordenó la movilizacion de las milicias en forma estruendosa y por donde quiera aparecían pasquines llamando a las armas. Las amas de casa corrieron hacía las exhaustas tiendas en busca de algo para almacenar, sobre todo velas, azucar, café, galletas y bebidas. Todavía por aquellos días había algo que comprar en Cuba. El dirigente comunista Carlos Rafael Rodríguez, que controlaba el INRA (Instituto Nacional de Reforma Agraria), dijo «Debemos estar preparados para que ningún niño o combatiente pase hambre. Tenemos que organizamos para que los suministros militares estén asegurados». Después del primer buque que pasó el bloqueo sin siquiera ser registrados, un petrolero ruso, entraron en el puerto de La Habana dos vapores de matrícula griega sin que se mencionase su puerto de origen. En la bahía habanera aquel miércoles al mediodía había un buque de bandera italiana y uno británico, el «Cheshire».

Recordamos, como si fuera hoy, como las fuerzas armadas norteamericanas se dirigían por mar y por tierra hacia la Florida, especialmente a Cayo Hueso donde reforzaban las instalaciones militares, aéreas y navales. La ciudad quedó prácticamente colmada de soldados, marines paracaidistas, marineros y miembros del cuerpo de aviación. Convoyes interminables bajaban continuamente hacia el Cayo en tanto la aviación transportaba numerosos contingentes de fuerzas militares.

La riña Stevenson-Zorin

El delegado de los EE.UU. en la ONU, Adlai Stevenson, desafió al ruso Valerian Zorin que presidía la sesión del Consejo de Seguridad, a que negase que la URSS tenía bases de proyectiles dirigidos en Cuba. Zorin no contestó sí ni no. Luego Stevenson presentó en una pizarra las fotograflas que evidenciaban la existencia de dichas bases. Stevenson nuevamente le pidió a Zorin, apuntando hacia las fotografías que dijese sí o no Rusia había instalado las bases. La respuesta de Zorin fue: «No estoy ante ningún juzgado americano, por lo tanto no contestaré», a lo cual Stevenson repuso: «Está usted en la sala de justicia de la opinión mundial».

El secretario interino de las Naciones Unidas, U Thant, fracasó en sus intentos de convencer al presidente Kennedy de que levantase el bloqueo contra los envíos de armamentos a Cuba. Sin embargo Washington aceptó entrar en negociaciones sobre tan explosiva situación. Los engaños de Kruschev a través de U Thant fallaron, de ahí que Nikita se decidiese a dar la cara y comenzar él mismo el rejuego diplomático. Se dirigió al presidente de EE.UU. para decirle que no enviaría más armas a Cuba si cesaba, el bloqueo, para que se pudiera entablar negociaciones durante dos o tres semanas a fin de llegar a un acuerdo. Al siguiente día Kennedy contestó la finta del jefe soviético diciendo que la amenaza existente fue creada mediante la introducción secreta de armas ofensivas en Cuba y que su contestación se basaba en la desaparición de dichas armas.

Llevaba el bloqueo dos días de iniciado sin que se hubiera precipitado una guerra termonuclear con la Unión Soviética (de lo contrario no estaríamos cuarenta años después escribiendo estas memorias) No obstante, la tensión no había decrecido: las bases de proyectiles nucleares en Cuba eran cosa cierta. El objetivo principal del gobierno norteamericano radicaba en que esas armas soviéticas en territorio cubano fueran extraídas de allí. El gobierno de Washington confiaba en conseguirlo sin que estallase una guerra, pero estaba decidido a sacarlas de Cuba.

Nueva treta de Nikita

De nuevo se dirige el líder ruso a Kennedy fracasada su gestión anterior, para proponerle que, si los Estados Unidos retiraban las bases militares de Turquía él las retiraría de Cuba. Con este mensaje confesaba sin rubor que la Unión Soviética tenía en territorio cubano instalaciones militares con proyectiles dirigidos con punta nuclear. Sin importarle las reiteradas veces que aseguró que no las tenía tanto él como los demás funcionarios diplomáticos de la URSS, al fin confesaba que, secretamente, arteramente, había introducido esas armas temibles de Cuba comunista con lo cual estaba en peligro la seguridad de los Estados Unidos y de la mayor parte de las naciones hispanoamericanas.

La contestación de Kennedy no se hizo esperar: Las instalaciones, militares en Turquía fueron establecidas por la NATO mientras que las bases de proyectiles en Cuba las montó la URSS y afectaban a la seguridad del Hemisferio. Eran dos casos que se excluían entre si. El primero era un problema reservado a Rusia y la Nato, el segundo a la Unión Soviética y el Hemisferio Occidental.

Con ello se evidenciaba que la posición de los Estados Unidos era una y firme, en tanto que la del Kremlin era cambiante como un faro, escurridiza aunque siempre artera. Después de la sorpresa que le dio a la URSS el presidente Konnedy con su dramático mensaje anunciando la existencia de las bases y ordenando el establecimiento de la cuarentena a Cuba, Khruschev meditaba nuevas felonías, la manera de conseguir su propósito y salvar la cara.

Llaman a 14,000 reservistas

El domingo 28 de octubre se dio a conocer que el Departamento de Defensa había llamado a 14,000 miembros de las fuerzas aéreas después de conocerse que un avión desarmado de EE.UU. en recorrido de reconocimiento fue agredido por el fuego antiaéreo de tierra en Cuba. Otro avión tripulado por el comandante Rudolph Anderson había desaparecido. Al propio tiempo se escuchaba por radio la proclama del régimen de Cuba advirtiendo que abriría fuego contra todo avión que volase sobre territorio cubano. Sin confirmar, se dijo que el avión agredido era un U-2 de observación del Comando Estratégico que se suponía estaba tomando flatografias. El aviso del gobierno de Castro decía: «A las 10:17 a.m. (sábado) los emplazamientos antiaéreos hicieron fuego y alejaron aviones no identificados que habían violado ampliamente el espacio aéreo de Cuba y penetraron profundamente en el territorio nacional sobre la parte occidental de la república». «Las fuerzas armadas de Cuba están en un máximun estado de alerta, en máxima disposición de combatividad y preparadas a defender los sagrados derechos de la patria».

Recordamos que los comentaristas experimentados en asuntos de Latino América afirmaban que la abrupta acción soviética de tratar de llegar a un acuerdo con los Estados Unidos mediante una negociación acerca de las bases militares de Turquía y de Cuba había sido un golpe mortal al prestigio de Fidel Castro en el Hemisferio y en otras partes. La oferta de negociación había colocado a Castro en situación de simple pelele del Kremlin. Observaban también los expertos que Khruschev no solamente ignoró las advertencias de Castro respecto a que no permitiría que los neutrales de la ONU inspeccionasen el territorio cubano sino que admitió sin ambajes que las bases de proyectiles se hallaban bajo el control de personal soviético. Y que a despecho de la amenaza de Fidel Castro de que quienquiera que se asomase a Cuba a inspeccionar sería recibido a tiros, Nikita afirmaba que Cuba permitiría tal inspección. De esa suerte ya no era Fidel Castro quien hablaba como vocero cubano sobre la soberanía y la independencia de Cuba, sino el ruso Khruschev.

Concluían los observadores subrayando que los paises que mantuvieran con terquedad que debía dejarse tranquila a Cuba con respecto a la auto-determinación y a la no intervención ahora el argumento se les iba de las manos al probarse que Fidel Castro ya no podía hablar ni siquiera actuar como jefe de gobierno, pues otros lo hacían por él según se desprendía de las declaraciones terminantes del primer ministro soviético.

Se decía que la Unión Soviética jamás hubiese instalado bases para el lanzamiento de proyectiles dirigidos en Cuba si no hubiese estado segura totalmente de tener el completo control de la isla y que los rusos no procedieron a ello hasta tener a Cuba enteramente en sus manos. A Castro lo tenían para que firmara decretos y hablase por televisión...

La actitud de Canadá

El Canadá, después de su larga luna de miel con el régimen comunista de La Habana se vio forzado a respaldar, a regañadientes, a los Estados Unidos en su acción contra Cuba estableciendo el bloqueo contra la isla. Canadá siempre criticó a Washington por su actitud ante el caso cubano. Creyó que debió haber tenido otra política para evitar que Castro se comprometiera totalmente con el bloque comunista. Reiteradamente censuraron a la administración de Eisenhower y más tarde a la de Kennedy por no haber soportado con paciencia al revolucionario barbudo. Diefenbaker, primer ministro canadiense, dudando, aunque lo negaba, la veracidad de los informes de inteligencia de EE.UU. acerca de las bases de proyectiles, sugirió que una comisión de neutralistas del Comité de Desarme de Ginebra inspeccionara. esas bases, si existían.

Sorprendidos infraganti

Con cámaras fotográficas capaces de retratar una pelota de golf desde una altura de 40,000 pies los aviones de reconocimiento de los Estados Unidos, millares de fotos fueron tomadas en repetidos vuelos sobre las costas cubanas. Los expertos captaban cualquiera variación del terreno, nuevos edificios en lugares inadecuados, en fin, cuanto les llamaba la atención. Las primeras evidencias del aparato soviético montado en Cuba las lograron los aviones patrulleros de la armada que tomaron fotos de los huacales apiñados en las cubiertas de los barcos soviéticos que se acercaban a Cuba. Averiguar qué había dentro de esos huacales correspondió a los aviones del ejército que, como dijimos, podían tomar fotografías a 40,000 pies de altitud No se cree que fueron empleados los aparatos U-2. Ello se mantenía en secreto. Lo más probable era que según los expertos la misión fuese encomendada a los RB-47 y RB-66 y asimismo a los RB- 101, todos ellos jets especialmente equipados con cámaras especiales, según la prensa de aquellos días. La claridad y precisión con que dichas cámaras tomaban fotos recordaba el caso de una, captada por un RB-47 sobre Maniatan a 40, 000 pies de altitud En la fotografla se discernía claramente, en una parte ampliada de la fotografia, a un hombre leyendo un periódico del patio. No era necesario, con aquellas cámaras, volar sobre el territorio que se deseaba fotografiar. Empleando la técnica de la «fotografía periférica» las cámaras podían captar una amplitud de 80 millas, es decir el ancho de la isla de Cuba. Es de suponer que cuarenta años después cuando escribimos estas líneas se podrá fotografiar desde el espacio astral una aguja en un pajar...

Las fotos captadas eran en sí mismas nada más que la mitad de lo que contenían. Había la otra mitad que era la interpretación fotográfica. El intérprete, al analizarla, lograba adquirir un conocimiento pleno del valor de la foto. Cuando comenzó la intensa vigilancia aérea ordenada por el Presidente

Kermedy se tomaron millares de fotografías. El panorama de Cuba, en los sitios sospechosos, variaba de un día al otro. En una sola de las bases de proyectiles dirigidos medianos en las de un día se observaban camiones dirigiéndose a un lugar. Las fotografías tomadas en 24 horas después denotaban la construcción de edificios dedicados al chequeo de los proyectiles, la instalación de tiendas de campaña, el movimiento de convoyes transportando proyectiles a la base y la preparación del suelo para los lanzadores móviles de proyectiles. Cientos de intérpretes trabajaban noche y día para descifrar el valor total de las fotografías. Con esta técnica en la que entraban lentes microscópicos que ofrecían una dimensión estereoscopica a las fotos y otros instrumentos mecánicos, fue posible sorprender in fragantí a los soviéticos y los puntos de la isla donde habían instalado las bases de proyectiles atómicos.

Y con todas las pruebas de parte de los EE.UU. el Krenilin, a sabiendas de que todo se conocia, mentían constantemente para no claudicar en su política de mentir en todas los instantes de su aviesa historia.

Disminuye la alegría

La crisis fue larga, incitante complicada y llena de escollos hasta el final de la misma que fue decepcionante. Una excelente oportunidad que tenia el hemisferio de exterminar de una vez el peligro del comunismo terminó con una derrota. Los rusos se llevaron los cohetes pero a cambio de que respetasen a la revolución Castro-comunista. Es decir: Una burla total a la Doctrina Monroe.

El domingo en la mañana las radios comenzaron a dar una noticia que apagó momentaneamente la felicidad que desde el lunes a las seis de la tarde había iluminado el rostro de los desterrados. Khruschev había enviado un mensaje al presidente Kennedy para informarle que había dado órdenes para que desmantelasen todas las bases de proyectiles instaladas en Cuba y fuesen devueltas a Rusia, no exigiendo, por su parte, más que el cumplimiento de la promesa del Ejecutivo norteamericano de que Cuba no sería invadida por los Estados Unidos ni por ninguna otra nación del Continente. Sin aguardar la contestación de Mr. Kennedy, los exiliadosno ocultábamos nuestra grave preocupación. La noticia dio rienda suelta a las más diversas especulaciones y conjeturas. Hasta los más animosos sentían su espíritu deprimido. ¿Si desmantelaban las bases, los proyectiles regresaban a Rusia y se levantaba el bloqueo? Sería otra Playa Girón.

El domingo 28 por la noche las radioemisoras comenzaron a informar que el Presidente Kennedy, sin aguardar la carta de Khruschev, dio respuesta al mensaje radiado desde Moscú en el cual el líder soviético anunciaba que había dado la orden de desmantelar todas las bases soviéticas en Cuba y que los equipos para lanzar proyectiles dirigidos y los propios proyectiles fuesen devueltos a la URSS. Mr. Kennedy en su carta a Níkita calificó su decisión de "la de un estadista", y convino en suspender el bloqueo a Cuba, pero que la cuarentena continuaría hasta el desmantelamiento total y el sucesivo reembarque de los proyectiles "bajo la supervisión de técnicos de las Naciones Unidas".

Mientras Fidel Castro aullaba en La Habana reclamando que la base de Guantánamo fuese evacuada por los norteamericanos como una de las cinco condiciones que él estableció para la solución de la crisis. Agregó que las violaciones del espacio aéreo de Cuba por la aviación norteamericana debían cesar.

En Washington produjo hilaridad la actitud del pelele de Moscú que se veía al desnudo ante el mundo entero y sobre todo ante sus seguidores al ver que sin miramientos ni contemplaciones el Primer Ministro soviético "talló" el caso de Cuba directamente con Mr. Kennedy desconociendo totalmente a su manso servidor. En las esferas oficiales de la capital federal ni se dieron por enterados del exabrupto de Castro. En la propia noche del domingo se dio a conocer que el secretario general interino de las Naciones Unidas, el birmano Than, había aceptado la invitación de Fidel de viajar a La Habana en compañía de sus asesores para preparar el terreno a siete expertos militares suecos que serían quienes supervisaran el desmantelantiento y retorno a Rusia de las bases y proyectiles soviéticos y darían fe de su cumplimiento. Antes Castro con su estilo bravucón, afirmó rotundamente que no permitiría que entrase en Cuba ningún supervisor de las Naciones Unidas. El anuncio de la visita de Than a Cuba decía que el birmano partiría el martes hacia La Habana.

Las otras cuatro condiciones que el iracundo pelele cubano ponía sobre el tapete después del arreglo hecho por Nikita eran las siguientes: *Que ceara el bloqueo aeronaval y la vigilancia aérea; que terminase la ayuda a los elementos anticastristas; que impidiesen nuevas incursiones y sabotajes en Cuba y que concluyera definitivamente la estrangulación económica a que los tenía sometidos Estados Unidos*. Mientras tanto, el Pentágono daba a conocer que el bloqueo continuaría con mayor rigidez si cabía y que la movilización proseguía.

El domingo, se reunieron urgentemente los embajadores de la Organización de Estados Americanos visiblemente preocupados por los acontecimientos. La reunión fue secreta. No obstante trascendió que se sentían alarmados ante la posibilidad de que la crisis cubana termínase con el desmantelamiento de las bases militares soviéticas y que continuara a flote el régimen, tan peligroso como con sus bases de proyectiles como con sus bases ideológicas. Ya no podría lanzar proyectiles dirigidos, pero continuaría disparando propaganda subversiva, dinero para sabotaje y terrorismo, en fin, que seguiría siendo el cáncer peligrosísimo que si no lo extirpaban, mataría.

Los Estados Americanos entonces veían mucho más claro el peligro que el gobierno de Washington. Era como lo del cuento del empresario que se vio despojado por su administrador y se conformó quitándole solo la caja fuerte de su despacho...

El lunes los embajadores de la OEA se reunieron nuevamente. A esa reunión, también secreta, asistió Dean Rusk, Secretario de Estado norteamericano. El más absoluto hermetismo rodeó en los primeros momentos lo tratado en la reunión. Más tarde se dio a conocer, solo en parte, que Dean Rusk les había dado seguridades de que en cuanto las Naciones Unidas terminasen su misión supervisora en Cuba, todas las bases militares soviéticas hubiesen sido desmanteladas bajo la estricta vigilancia de los expertos y navegasen de vuelta los proyectiles a Rusia, entonces la OEA estaría en completa libertad de acción para actuar, proponer medidas, adoptar acuerdos, en fin, decidir cuanto fuere necesario para «el desmantelamiento del régimen rojo de La Habana».

La prensa norteamericana que a veces se ceba con los enemigos de su patria, esa vez sintió un poco de misericordia para Fidel Castro. Estimaba que Nikita Khruschev lo había dejado plantado, en ridículo. «Es un tigre sin dientes» dijo jocosamente un columnista Otro afirmaba que Fidel seguía hablando, pero se preguntaba: ¿quién lo oye? El cariño de Níkita hacia Fidel no valía ni «una corneta de tres pesos», y esto lo sabía ya el más humilde de los cortadores de caña: que su máximo líder estaba liquidado.

La reacción del régimen de La Habana no demoró. Fidel, desde los controles que le quedaban aún, ordenó el recrudecimiento de los actos de terrorismo a todos sus agentes esparcidos por las naciones híspanoamencanas. En Venezuela, una bomba voló un yacimiento de petróleo que producía diariamente por valor de un millón doscientos mil dólares. Entretanto, en Santiago de Chile descubrirían un cargamento de propaganda comunista que se suponía había llegado a través e la embajada de Cuba. La policía la ocupó y detuvo a uno de los líderes comunistas chilenos que continuamente viajaban a La Habana. En casi todas las capitales de Amenca Latina la policía tuvo que enfrentarse con los grupos pagados por Castro que hicieron manifestaciones hostiles a sus respectivos gobiernos por haberse sumado al acuerdo de la OEA en respaldo firme a la decisión del Presidente Kennedy de bloquear a Cuba.

No seguiremos en estas memorias nuestras detallando todo lo ocurrido durante la Crisis de los cohetes. Se han escrito en cuarenta años decenas de libros que analizan históricamente todos los acontecimientos de la gran traición a la libertad de Cuba. Sólo hemos ofrecido a nuestros lectores los acontecimientos más importantes del comienzo de la «Crisis de los Cohetes». No somos historiadores sino periodistas. No cabría en este libro si relatáramos todo el final de este largo episodio que pudo haberle evitado a nuestra patria tanto sufrimiento tantas muertes, tanta miseria y tanta angustia como ha padecido durante las últimas cuatro décadas. Ya, en resumen, lo hemos dicho mas arriba cuando afirmamos que todo lo que había comenzado bien había terminado mal: Rusia se había burlado de la Doctrina Monroe y Kennedy, teniendo toda la fuerza, la razón y el respaldo del mundo entero se conformó con la "desaparición" de los cohetes rusos a noventa millas de las costas Estadounidenses. Pudo desmantelar las bases ideológicas del Castro-cominismo que tanto han hecho sufrir a todo el Continente Americano durante tan largos años de penetración y de subversión marxista.

Todos los pueblos del Hemisferio, a excepción del presidido por Joao Goulard, ofiecieron colaborar en la cuarentena a Cuba. Ocho de ellos resolvieron participar en el bloqueo con sus propias fuerzas armadas a las cuales pusieron en estado de alerta. El Mensaje de Mr. Kennedy llenaba una página en la historia del Continente tanto por la claridad con que expresaba la resucita actitud del pueblo de los EE.UU. a poner un hasta aquí a los avances soviéticos en el Nuevo Mundo como por el valor que entrañaba al desafiar sin rodeos el poderío militar de la URSS con todas sus consecuencias. Bastaba ya de engaños y de balandronadas, no más forcejeos inútiles con tan vil enemigo.

Nosotros los cubanos lo habíamos perdido todo desde que Castro se instaló en el poder por no haber sabido enfrentarnos con él con la decisión y energía procedentes cuando éste aún no tenía el poderío moscovita, derramado sobre nuestra desgraciada isla. Nadie hasta bastante después creyó que Fidel Castro era comunista. Tuvo él que decirlo con todas sus palabras por radio y televisión para que todo el mundo lo viera y lo creyera. Nadie tampoco creyó que sus leyes, sus acciones y proyecciones en general eran injustas, vandálicas, salvajes. Cuando Castro fusilaba, el mundo decía: Castro fusila a asesinos. Cuando Castro despojaba, el mundo decía. Castro es humanista, solo despoja a ladrones. Cuando Castro atacaba al «imperialismo yanqui» el mundo decía: Fidel Castro: el gran nacionalista. Y así a Castro, ingenua e inconscientemente, se le abrieron todas las puertas desde el principio de su revolución. Cuando el mundo abrió los ojos ya era tarde para actuar, sin complicaciones internacionales, contra lo que ya el mundo veía con sus propios ojos, que jamás habían sido tan miopes: el Kremlin se había apoderado ya de la Isla de Cuba.

En Cuba el *Diario de la Marina* dijo y repitió mil veces desde los comienzos de la revolución castrista, exponiéndonos a todo: a la crítica, al saqueo y al paredón, que aquello era comunismo, con todas sus letras y que tarde o temprano sufriríamos los cubanos y el mundo entero las terribles consecuencias de esa ceguera colectiva.

La suerte estaba echada ya en Octubre del año 1962. Pesaba sobre los hombros del presidente Kennedy una de las más graves responsabilidades que haya podido soportar un mandatario norteamericano. Los pueblos libres del mundo depositaron su fe en él. Sin dilaciones ni excusas, los jefes de estado de todos los pueblos occidentales respaldaban resueltamente la dramática decisión del ejecutivo de los Estados Unidos. Mr Kennedy dio un paso al frente ante el peligro que supone la intromisión sin embozo

En Miami el lunes, los exiliados cubanos se sentían menos descorazonados que la víspera en que la desilusión los entristeció profundamente. La reunión de la OEA y lo poco que había trascendido de ello los reconfortó algo.

El martes por la mañana el birmano U Thant partió hacia La Habana donde estaría dos días. Antes requirió y obtuvo del presidente Kennedy, que se suspendiese el bloqueo aeronaval mientras él estuviese en la isla, Sin embargo las unidades navales norteamericanas continuaban estacionadas en las posiciones ordenadas por el mando, aunque no procedían a registrar la navegación. Se sabía que no había ningún buque soviético a una distancia menor de por lo menos dos días de navegación.

El secretario general, interino, de las Naciones Unidas llegó a La Habana el martes. Un frío recibimiento protocolar en Rancho Boyeros: Roa y Lechuga. De allí a Palacio donde conferenció con todo el elenco del teatro de polichinelas. Dorticós, Fidel y el Canciller. Del Che no se hablaba hacía ya muchos días. La conferencia de U Thant con los peleles duró varias horas, al cabo de las cuales el birmano comunicó a su cuartel general de la ONU que la entrevista "había sido útil». Pero la nota oficial que publicaron los periódicos controlados por el régimen difería mucho del comunicado de U Thant. Revolución «afirmó que el birmano «no había venido a inspeccionar sino a negociar» y que la conferencia no habla producido aun ningún resultado positivo. Castro, para recuperar su desvanecido prestigio, reclamaba la evacuación de Caimanera y otras insensateces. El miércoles por la mañana se reunieron nuevamente con Thant quien, al terminar la entrevista regreso inmediatamente a los EE.UU. El Presidente Kennedy mientras tanto, se reunía continuamente con el Consejo de Seguridad Nacional, habiendo ordenado la reanudación del Bloque apenas regresara U Thant

En Washington la Junta Interamericana de Defensa se reunió a puertas cerradas por espacio de seis horas y acordó por unanimidad dirigirse a la OEA para que al terminar el desmantelamiento de las bases soviéticas en Cuba los paises del Continente Americano procedieran militarmente contra la base ideológica soviética del Caribe, que es fuente de subversión y sabotaje, amenaza y peligro para todo el Hemisferio.

Pravda captó la onda. Y en su primera plana del miércoles 31 de Octubre aullaba nuevamente contra los imperialistas afirmando que preparaban una celada contra, que no habían desistido de sus intenciones de destruir «la revolución cubana».

En la capital federal el Secretario Auxiliar de Estado a cargo de los asuntos latinoamericanos, Edwin E. Martín, declaró enfáticamente que los propósitos de extirpar el cáncer comunista de Cuba no habían variado.

Al mediodia del miércoles 31 de Octubre, Moscú anuncio que Anastas Mikoyan, el siniestro visitante del año 1960, partirla inmediatamente hacia La Habana lo cual provocó todo genero de conjeturas. Mientras unos decían que iba a respaldar el régimen de Castro, otros afirmaban que su misión era la de un procónsul. y los más cuerdos convenían en que la tarea de Mikoyan no era otra que la de ponerle camisa de fuerza a Fidel

Final de la segunda gran traición de la Unión Soviética en nuestro continente la cual ponía en grave peligró la seguridad y la paz hemisféricas. Toda América acalló sus discrepancias con el gobierno norteamericano para darle el más decidido enfático e histórico respaldo ante la crisis cubana que culminó en la tajante decisión de poner cuarentena a Cuba y liquidar su peligrosidad.

En tanto la situación se despejaba, la promesa de Mr. Kennedy a Khruschev de que a cambio de que Rusia desmantelase las bases de cohetes en Cuba los Estados Unidos se abstendrían de invadir la isla, provocó infinitas especulaciones, conjeturas e hipótesis que descorazonaron a los cubanos en el exilio. La más lacerante de todas es que tal promesa eclipsaba totalmente el triunfo de EE.UU. sobre la URSS por cuanto contradecía las seguridades formales dadas una y otra vez por el presidente Kennedy de que «Cúba no era negociable». Si a cambio de retirar los cohetes los Estados unidos se comprometían a salvaguardar el statu quo del régimen comunista de Cuba, en ese caso Cuba sería negociada.

A desmantelar las bases ideológicas

Nosotros en Miami hicimos las siguientes declaraciones a la prensa dos días después de comenzada la crisis:

«Quiero dejar aclarado que nunca he sido optimista acerca de la situación cubana. Mi pensamiento y mis sentimientos descansan en la realidad He vivido bajo el comunismo por espacio de dos años durante los cuales sufrí persecuciones de toda índole por decir la verdad en el Diario de la Marina *frente a Castro desde el comienzo de su revolución comunista. Fui realista en Cuba porque le dije la verdad a todos cuando casi todo el mundo creía que Castro era un Robin Hood,*

También soy realista ahora respecto a la situación cubana porque no creo mas que lo que veo con mis propios ojos y no con los ojos de los que quieren ver lo que desean ver. La actual crisis cubana es una batalla que el mundo libre, encabezados por los Estados Unidos, debe ganar en dos 'rounds' Washington ha ganado el primer 'round»' que consiste en el desmantelamiento de las bases soviéticas en suelo cubano. Sin duda esto es un gran paso para ganar toda la batalla contra las fuerzas del mal que quieren conquistar al mundo.

Esto lo he visto con mis propios ojos..

El segundo 'round' de la crisis actual que debe librarse inmediatamente después del primero es la erradicación total del comunismo en la isla de Cuba.

Existe un sentimiento de pesimismo entre el pueblo cubano porque piensa que a este segundo 'round' debió seguir inmediatamente el primero con igual decisión puesto que el mundo libre y especialmente nuestro continente jamás ha tenido una oportunidad mejor para terminar de una vez por todas con esa constante amenaza del comunismo a todas las Américas. No sólo para los cubanos que lo han perdido todo, sino para los americanos y para todos aquellos que tienen motivos para luchar, el segundo 'round' debe ser cuestión de vida o muerte. Todo americano debe tener presente que Khrushev ha dicho y repetido muchas veces que enterrará a los Estados Unidos sin disparar un solo tiro.

Tampoco en esto soy optimista.

Esto lo contemplo con visión realista. Unicamente cuando yo vea con mis propios ojos que hemos ganado el segundo 'round', el más importante de los dos, me sentiré seguro de la libertad de Cuba Creo que el desmantelamiento de las bases militares soviéticas en Cuba no es tan importante como el desmantelamiento de las bases ideológicas soviéticas en Cuba para la seguridad de nuestro Hemisferio Occidental. En mi opinión las cartas de Khruschev a Kennedy y de Kennedy a Khruschev han dado la oportunidad de demostrar fehacientemente que ha sido la primera gran derrota sufrida por la Unión Soviética desde la revolución de Octubre de 1917.

En lo que a Castro respecta, creo que nadie podrá negar ahora que desde que tomó el poder en enero de 1959 no ha sido más que un pelele que ha entregado Cuba a la URSS. Creo que todo ciudadano americano sentirá asombro ante el espectáculo que ofrece Castro reclamando respeto a la 'soberanía' nacional cuando Cuba es hoy, como sabe todo el mundo, una simple colonia rusa.»

Los mismos peces

Pero lo evidente fue lo que ya relatamos sobre la Crisis: la «confrontación» constituyó una aparente victoria diplomática de la Unión Soviética y una consolidación real del régimen de Cuba. A partir de entonces, aunque con gran lentitud, los rusos reembarcaron los proyectiles que tanta alarma habían causado al pueblo americano pero dejaron un satélite robustecido con la promesa de Khruschev de «provocar un holocausto mundial» si alguien osaba atacar a su protegido.

¿Era acaso aquella promesa una resultante del coloquio secreto? ¿Era la amenaza real o fingida? Los analistas quedaban en libertad de sacar conclusiones a su antojo...

A partir de la Crisis de Octubre de 1962 Moscú prodigó su amenaza en cada ocasión propicia. Bastaba un raid de los patriotas a las costas cubanas, o una acción limitada, o un ataque de comandos, importante en el orden espiritual, pero sin mayor repercusión en el militar, para que las balandronadas de las horas críticas de octubre del 62 fuesen repetidas sin que otra voz las hiciera callar. Cada fanfarronada del Krenilin era un tanto ganado por Castro y un tanto perdido por los EE.UU.

Los gobernantes que al conocer por boca del presidente Kennedy, que los soviéticos habían emplazado proyectiles con carga nuclear en diversos lugares de la isla con grave amenaza para una gran extensión del territorio continental, se apresuraron a comunicar al presidente de los Estados Unidos su decisión de luchar resueltamente a su lado contra el enemigo común, pero al observar las sucesivas mutaciones, indecisiones y abstenciones de Washington fueron replegándose a su vez y se retiraron de la primera fila. Su reacción fue paralela a la inacción del país líder. Su retroceso, semejante a la acción de bajar la guardia del Estado en el cual Occidente fiaba, y sigue fiando, su seguridad.

Spruille Braden

Casi en los comienzos de los años setenta se producía en Washington el "escándalo" político más sonado de la historia Norteamericana. Nosotros, que por aquella época representábamos al ABC de Madrid en Washington, no dejábamos de reconocer el error y la debilidad de Nixon frente al proceso de Watergate. Insistíamos en nuestras crónicas que el verdadero escándalo era la conspiración que se había tramado para destruir al presidente republicano y que Watergate no había sido la causa sino el pretexto para desprestigiar al gobierno conservador de entonces. «Entretenimiento» diabólico de la prensa y del Congreso izquierdista de los Estados Unidos de todas las épocas.

La historia se repite. La prensa y el Congreso son los mismos pero los personajes son otros. Distintos «perros» con el mismo «collar». El «collar» o la etiqueta de «demócratas-marxistas» es el mismo aunque hoy sean otras las caras o los descarados que mueven los hilos de la fanfarronada política del Potomac con respecto a Cuba y al mundo entero dependiendo de lo que le convenga en cada momento a la política de esta nación. Desde luego que siempre hay excepciones, pero ellas no son las que deciden...

Al principio del exilio nuestro le escribimos una carta a Spruille Braden, gran amigo nuestro quien fuera una vez embajador de los EE.UU. en Cuba, en Colombia y en Argentina y en un tiempo Secretario Auxiliar de Estado a cargo de Asuntos Latinoamericanos. Braden nos respondía al tema de la actualidad cubana y sobre la actitud de Washington con respecto a la situación mundial. Así nos decía aquel importante diplomático y político norteamencano:

«Estimado José Ignacio: Es difícil contestar adecuadamente tus preguntas, de una parte porque soy gran amigo personal y gran admirador de Thomas C. Mann, Secretario Auxiliar de Estado para Asuntos Latinoamericanos, y por otra parte porque estoy inclinado a dudar que él pueda hacer algo realmente constructivo respecto a Cuba, y, por extensión, en el resto del Hemisferio. Las razones de mi pesimismo se basan en lo siguiente: Dudo que el Presidente Johnson, particularmente en año de elecciones, y en este caso específico en cualquier tiempo, tenga el coraje de enfrentarse a estos problemas y tomar la única decisión que, en mi opinión, puede traer una solución, por ejemplo una invasión a Cuba por contingentes de cubanos y otros latinoamericanos aunque reservando la parte más fuerte al ejército, la escuadra, la aviación y los infante de marina de los Estados unidos

La única alternativa sería un bloqueo absoluto de Cuba que no permitiese absolutamente nada y, hasta donde sea posible, impedir la exportación de propaganda, armas, saboteadores e insurrectos. Simultáneamente equiparíamos y apoyaríamos a los 'raids' de comandos a cargo de los cubanos contra la isla. Tales 'raids' tuvieron un efecto práctico y psicológico en Europa durante la Segunda

Guerra Mundial. Dichas alternativas culminarían para los Estados Unidos, en una invasión total

Y continuaba Spruille Braden diciéndonos: «No solamente Thomas C. Mann debe reorganizar su cuerpo de colaboradores tanto en el Departamento de Estado como en la Alianza para el Progreso, sino que debe luchar resueltamente contra los izquierdistas que intrigan contra él activamente. Si Barry Goldwater es elegido presidente, creo que tendría el valor y la inteligencia de llevar a cabo este programa. Probablemente Disk Nixon también lo haría. Por lo menos así me lo informó personalmente diciéndome que está de acuerdo cien por cien con mis puntos de vista. Contrariamente, no creo que Johnson o cualquier otro demócrata se enfrente a la realidad acerca de Cuba o de la situación mundial en general,

Infortunadamente, ese partido político está tan infiltrado de pródigos altruistas e izquierdistas que no veo ninguna esperanza mientras se hallen en el poder Desde luego que mucha gente se opone al programa descrito arguyendo que traería como consecuencia la Tercera Guerra Mundial, con bombas nucleares. Lo dudo, pero de cualquier modo si nuestra política ha de basarse en el miedo vale más que precindamos del Departamento de Estado y nos arrastremos de panza mientras gemimos 'mejor rojos que muertos'. Lamento escribirle Rivero en estos términos sombríos, pero es lo que realmente siento. Sinceramente suyo Spruille Braden.»

¡Que razón tenía Braden! Nada ha variado hoy. Cuba y nuestros paises hermanos siguen abandonados en los momentos en que escribimos estas líneas. Tanto miedo se le tiene a Osama bin Laden y a Saddam Hussein que los interrogatorios en Washington al FBI, a la CIA, al Secretario de Estado y al Pentágono se asemejan a una inquisición medieval...

Cuarenta años después

Mientras escribíamos estas líneas ya en el año 2001 leíamos un comentario de Tabassum Zakaria de la agencia de noticias Reuters desde la Universidad de Princeton que decía lo siguiente: «Un año después de la crisis de los misiles de Cuba de 1962, analistas de inteligencia discrepaban sobre lo cerca que estuvieron Estados Unidos y la Unión Soviética de enfrentarse en una guerra nuclear, según un documento de la CIA divulgado ayer (viernes 9 de marzo del 2001)».

«El informe, fechado el 27 de agosto de 1963, figuró entre 859 documentos elaborados por analistas de la Agencia Central de Inteligencia (CIA) durante la Guerra Fría.

Los documentos fueron desclasificados y divulgados para coincidir con una conferencia de dos días en la Universidad de Princeton, Nueva Jersey, sobre los análisis de la CIA en torno a la Unión Soviética.

Los analistas de la CIA no estuvieron de acuerdo con una evaluación del Consejo Nacional de Inteligencia (NIC en inglés), de que la Unión Soviética estaba pronta a una posible confrontación militar con Estados Unidos a partir de la llegada de los misiles a Cuba, en septiembre de 1962.

Aunque no fue divulgado, el documento del NIC, órgano que elabora informes basándose en el trabajo de varios organismos de inteligencia estadounidenses, es discutido en el informe de la CIA. El NIC concluyó aparentemente que las fuerzas soviéticas estaban preparadas para un combate de alto nivel en septiembre de 1962, y que estuvieron en estado de "alerta" el 11 de septiembre del mismo año.

Luego del 20 de septiembre, el alerta fue relajado hasta al menos el 22 de octubre, cuando el presidente John F. Kennedy anunció en un discurso un bloqueo naval a Cuba y advirtió que cualquier misil disparado desde la isla caribeña podía provocar una represalia contra la Unión Soviética, dijo el NIC.

Después del discurso de Kennedy, las fuerzas soviéticas se prepararon fuertemente durante varias semanas, indicó el NIC.

El documento del NIC implica que la Unión Soviética estaba dispuesta a confrontar al ejército de Estados Unidos cuando se descubrió el estratégico despliegue de sus misiles en Cuba, dijo la CIA.

La crisis de los misiles de Cuba fue llevada al cine recientemente en la película 'Trece Días', basada en aquellos días de octubre de 1962 cuando Kennedy y sus asesores buscaban evitar una guerra forzando a la ahora desaparecida Unión Soviética a retirar los misiles nucleares de la isla caribeña.»

Carta a Mr. Kennedy

Poco antes de la crisis de los cohetes, en el mes de Mayo de 1962, escribimos una carta pública dirigida al presidente de los Estados Unidos John F. Kennedy y que publicamos en algunos periódicos de este País y de América Latina. Estamos seguros que jamás llegó a sus manos aunque se la enviamos a la Casa Blanca. Washington jamás le ha hecho caso a los exiliados cubanos. Si la carta hubiese sido de Fidel Castro o de algún intelectual o político izquierdista la cosa sería distinta. Pero hice lo que me pidió mi conciencia y ahí por lo menos quedó impresa y seguro estoy que muchos la habrán leído. He aquí algunos párrafos de la misma:

«*Con el mayor respeto Sr. Presidente, le escribo estas líneas que van llenas de amor a Cuba de estimación a este gran país que usted representa y dirige. Yo sé que habrá quienes crean que no debo hacerlo porque yo soy un exiliado y un cubano protegido por su país ya una vez* The New York Times, *con bastante poca tolerancia, me endilgó una serie de improperios por atreverme a discrepar de los izquierdistas de Washington y por denunciar a esos 'fellow-travelers' que viven en esta nación protegidos por su democracia que ellos tratan de aniquilar sin que muchos se den cuenta de ello. Vea, pues, usted tan sólo en esta carta el deseo de comunicarle lo que calladamente piensan no sólo mi pueblo en desgracia sino todo nuestro continente que está a punto de estallar si usted y otros gobernantes como usted no le pone remedio a tiempo. El enemigo, Mr. Kennedy, con sus desafueros le demuestra a diario esta situación y los que quieren seguir viviendo en un mundo libre no muestran ante el peligro otra cosa que un silencio vergonzoso. Desgraciadamente nuestra democracia y nuestras libertades padecen de la enfermedad de anginas, de pánico y de sumisión, que para el caso es lo mismo. Grave en estos tiempos en que el mundo está cargado de zonas explosivas.*

El enemigo común habla, grita, amenaza y no se somete a nadie ni a otra cosa que a su diabólica política de dominio o de exterminio total del mundo. El que vive del lado de acá de la Cortina de Hierro, calla, se somete y tolera, sin deseo, pero tolera los dictados muchas veces inoportunos y confusos de muchos que por obra y gracia del sagrado principio de la libertad y de la democracia genuinas gobiernan hoy a la mayoría de los pueblos.

Si Mr. Kennedy triste es decirlo pero hay que reconocerlo porque así como los comunistas hacen su autocrítica hipócrita nosotros debemos reconocer con valentía y honradez nuestros errores para que reaccionemos y no nos creamos inmunes contra la amenaza o el peligro real de una hecatombe total. Lo que nos falta a los que estamos a mil leguas del comunismo tratando de contenerlo es precisamente esa decisión que los comunistas tienen de llegar a su meta y pronto por muy lejos que ésta se encuentre de ellos. Lo que nos falta es esa firmeza en sus ideas que a ellos les brotan hasta por los poros.

En eso nos aventajan y con eso, no necesariamente con la bomba atómica nos liquidarán algún día si no despertamos de ese sueño de creernos invencibles por la fuerza de la verdad en que nos apoyamos. Lo esencial para ganar una batalla definitiva no está solo en tener razón, Cristo la tenía y murió crucificado por la blandengueria de un Pilatos. La decisión y la firmeza para ganar la batalla como la tiene el enemigo, es lo más importante

Hay que obstinarse. Ante un enemigo que no respeta nada ni a nadie no se puede andar con paños tibios, porque con esos paños no se cura ningún cáncer Las cercas no se inventaron para ganar las guerras, ni las frías ni las calientes. Son las trincheras y los campos abiertos donde se situan los que quieren ganarlas. Y estamos en guerra, Mr. Kennedy, en una guerra fría y caliente también. Situarse ante un enemigo tan mal intencionado en el vórtice de la paz por complacer a los timoratos y a los que quieren guerra sin balas ni cañones es una posición insegura y peligrosa cuando las ráfagas del 'ciclón' que la envuelven son tan feroces y cuando el movimiento de traslación del diabólico huracán que nos amenaza está tan definido y tan decidido a devorarnos Situarse en ese vórtice de paz en estos momentos es situarse en la cerca en un exceso de prudencia ante un enemigo tan imprudente y ante un mundo envuelto en llamas se le califica de convivir pacíficamente con la candela sin querer quemarse, contemporizar con el demonio para que el demonio vaya permitiendo y tolerando la existencia de ese vórtice, de ese oasis, de esa zona de paz que protege sólo a unos cuantos mientras el resto del mundo sufre, muere y se destruye bajo su infierno.

A esto también se le llama egoísmo como también se te puede llamar ingenuidad, porque no hace falta, estimado señor Presidente, pasar por aulas de universidades distinguidas para suponer que el que se resigna a vivir rodeado de candela o el que se decide a jugar con ella, tarde o temprano acaba carbonizado.

Se está con Dios o se está con el diablo. No se puede estar con los dos al mismo tiempo. Hay que definirse. Con Dios no se puede estar sin combatir al demonio, y al demonio se le combate sin contemporizaciones porque de otra manera él, que por ser diablo es mas listo que nadie, se cuela por donde no sabemos colarnos nosotros y a la corta o a la larga dejaríamos de estar con Dios. Es una tontería suponer, además, que el enemigo caso de ganar esta contienda de dos mundos, que es muy posible, sí no nos atrincheramos en vez de montarnos en la cerca o de seguir en el confortable vórtice, habrá de ser benévolo con los contemporizadores de hoy, con los que juegan al mismo tiempo la carta de la convivencia y la de no querer el comunismo.

No hace falta tampoco ir a ninguna universidad ni pertenecer a ningún organismo supremo de investigación para saber que en el mundo no quedaría gato con cabeza porque los contemporizadores serían tan aplastados como los que no lo son, con la única diferencia que los definidos, los firmes y decididos caerían con dignidad y hasta con el respeto de los vencedores y los indecisos y vacilantes caerían indignamente y despreciados por tirios y troyanos.

¡Nada más triste puede existir para gobernantes y pueblos que marchar contra la corriente de la historia!

Y la historia está a favor de los que estamos frente al comunismo La historia hay que escribirla. La escriben los hombres que la hacen, pero a veces quienes la escriben dan la impresión aun escribiéndola de buena fe de directores de orquesta que han perdido el compás.

Usted sabe, Mr. Kennedy, que es algo necio estas Alturas seguir esperando para cerciorarse sobre si Cuba constituye o no un peligro para el resto de los países libres de América o sobre si puede o no convivir pacíficamente con ese régimen tiránico. Usted sabe, Mr. Kennedy, que el problema que está planteado es mucho más peligroso, es el problema de la subsistencia, de la vida o de la muerte de la libertad en nuestro Continente. Lo que es decir, del mundo entero.

¿No cree usted que nosotros los cubanos queremos recobrar la libertad? ¿No cree usted que los pueblos de América quieren conservar la libertad que aun tienen, incluyendo a su propio país? ¿No cree usted también que a todos nos preocupa la posibilidad de enajenar la libertad a cambio de esas utópicas seguridades que la coexistencia pacífica ofrece?

Usted sabe bien lo que todo el mundo quiere desde el fondo de su alma Mr. Kennedy. Hágalo, pero hágalo pronto, porque para luego puede ser tarde. Si lo que se debe hacer hoy no se hace, mas tarde no habría nada que hacer La estrategia comunista consiste precisamente en ganar tiempo y esa beligerancia no se la podemos dar bajo ningún concepto ni bajo ninguna condición Nada podría complacer ni servir mejor a los planes de Khruschev, de Mao Tse-Tung y sus títeres internacionales que los Estado Unidos adoptasen una estrategia de pasividad y apaciguamiento,, que los 'liberales' del Departamento de Estado de Washington insistan en su política de organizar y financiar revoluciones socialistas en Iberoamérica como único remedio para conjurar la amenaza que representa el comunismo; que perseverasen muchas de nuestras repúblicas en la indiferencia en la neutralidad o en el fatalismo; que no abandonasen la cómoda tesis de la autodeterminación, según la cual es compatible la soberanía del pueblo con la existencia de un estado de terror (caso típico de Cuba); nada podría agradar más ni servir mejor al comunismo que se permita la infiltración en las más altas posiciones civiles, militares, económicas, culturales y hasta religiosas porque el resto, Mr. Kennedy, lo hará el mismísimo comunismo, lo hará Fidel Castro como precónsul de Nikita en este hemisferio. Al Castro-comunismo no le hace falta una ayuda directa porque le basta con lo que en muchos aspectos se le está ofreciendo desde territorio democrático A ellos les basta con que les dejen hacer.

Hay que hacer algo, y algo muy distinto de lo que hasta ahora se ha hecho. Con episodios como el de Bahía de Cochinos y el de la Crisis de los Cohetes no se defiende a América. Con la táctica de los 'grandes rodeos' según la cual Castro se caerá sólo el día que los EE. UU. por medio de la ayuda económica derroten al comunismo en los demás paises, tampoco. Y menos aun con la teoría de que una acción conjunta semejante a la adoptada en el caso de la República Dominicana no tiene razón de ser en Cuba,

¿Es que Castro es menos tirano que Trujillo? ¿Es que ha matado menos gente? ¿Es que por casualidad respeta los derechos humanos? ¿ O es que Castro constituye una amenaza menor? Usted en varias ocasiones y en casos distintos dio órdenes severas para proteger a paises amenazados por las hordas comunistas, A ellos envió las tropas necesarias para hacer efectiva esa protección: Laos, Viet Nam y Berlín entre otros, son un ejemplo vivo de lo que le digo. Magnífica y edificante actitud porque al toro hay que agarrarlo por los cuernos para dominarlo pero para defender la libertad del mundo para ganar la batalla definitiva y para ser los verdaderos campeones de la libertad, no basta con proteger a los pedazos de tierra que una vez fueron libres y que cayeron bajo la bota de la opresión por no haberse actuado con la misma decisión y eficacia sin tener que llegar a lugares tan lejanos...

Esta carta, que muchos cubanos quisieran también escribirle, se la escribo precisamente por ser cubano. Un cubano que sólo aprendió de su padre y de su abuelo a no callar cuando se debe hablar. Se la escribe un cubano que respeta y quiere a este gran país donde hoy vive refugiado por haber defendido la libertad en su patria. Un cubano que parte de su educación la recibió aquí. Que entre norteamericanos paso algunos de los mejores años de su juventud Un cubano que aprendió aquí en el mismo colegio donde usted estudió a actuar en esta vida muchas veces con esa mentalidad deportiva tan conveniente para tantas cosas con el deseo vehemente de llegar siempre a la meta y de no abandonar jamás la pista en medio de la carrera. Seguro estoy de que usted recordará aquella frase futbolística tan repetida por el director de nuestro colegio de Connecticut: "debéis siempre, en todo y para todo, tratar de anotar el 'gol' y desearlo. Sin ese propósito y sin ese firme deseo jamás seréis merecedores de vestir el uniforme del equipo de ciudadanos útiles a la patria, de profesionales honrados o de gobernantes ejemplares...

Ojalá que usted se anote el mayor de los triunfos en esta contienda tan difícil pero en la que usted tiene todas las de ganar si entra en el terreno con la firme decisión de un vencedor.

Así nos sentiremos todos en su equipo útiles, capaces e invencibles. J. I.R.»

Han transcurrido 43 años de escrita esta carta y vemos hoy como Fidel Castro ha llevado su maldita revolución al corazón de casi toda América. Las guerrillas se multiplican por todas partes. Los comunistas, viendo como los EE:UU. respetan a Castro y como el mundo entero endrogado lo admira por sus «Hazañas» en la isla durante 42 años se atreven a subvertir al Continente con sus «Tirofijos», sus «subcomandantes Marcos» que llegan basta el mismo corazón de sus capitales, y sus «Fuerzas armadas revolucionarias de Colombia» combinadas con los seguidores de Marx como el presidente Chávez de Venezuela, etcétera.

En Madrid durante el almuerzo que nos ofreció el Marqués Juan Ignacio Luca de Tena en su casa al siguiente día de nuestra entrevista personal con el Jefe del Estado español, Francisco Franco. En la foto aparecen, entre otros, Juan Ignacio Luca de Tena, Torcuato, Luca de Tena, Gregorio Marañón, Pedro Gomero del Castillo, Pepín Fernández Rodríguez, el Conde de los Andes, el Director General de Prensa de España don Manuel Jiménez Quilez, don Pedro Gamero del Castillo.

Conversación con Francisco Franco

Ya teníamos fecha para una audiencia con el Jefe del Estado español desde dos semanas antes de que se produjera la crisis de los cohetes. Cruzamos el Atlántico desde la ciudad de Nueva York desilusionados por el pésimo resultado de dicho conflicto. Hubiésemos preferido tomar el avión hacia La Habana pero Castro seguía en el poder sin que nadie en el mundo se atreviera a arrancarle ni un sólo pelo de la barba. El comunismo se salió con la suya: los rusos se llevaron los cohetes pero se mantuvo su títere en el gobierno obedeciendo las órdenes de Moscú. En el aeropuerto de Barajas nos esperaban algunos funcionarios del Ministerio de Estado y una gran cantidad de cubanos que desde la azotea del mismo nos saludaban. Todavía el aeropuerto de Madrid no se había modernizado y los pasajeros tenían que tomar un autobús desde el avión hasta la aduana. Allí vimos por vez primera en el exilio a Gastón Baquero quien nos informó enseguida de los actos organizados por cubanos y españoles con motivo de nuestra presencia en la Madre Patria. Nos sorprendió la noticia porque habíamos ido esa vez a España sólo con el fin de entrevistarnos con Franco. Pero no pudimos negarnos a todas esas manifestaciones amables de solidaridad con nuestra persona tan reacia a los agasajos.

Nos decía Baquero que enterados de nuestra visita a España por la prensa le habían encargado a él desde la capital de Asturias que nos comunicara tan pronto como llegara a Madrid que se habían organizado varios actos en Oviedo y otras ciudades para darnos la bienvenida. La opinión de Gastón era que fuéramos a Asturias antes de la audiencia con Franco aprovechando los días que íbamos a estar en Madrid antes de dicha visita al Jefe del Estado. Y así lo hicimos. Nos pusimos en contacto por teléfono con el alcalde de Oviedo para anunciarle el día y la hora de nuestra llegada y a la vez él nos explicaba que se celebraría un gran banquete en el que asistirían numerosas personalidades periodísticas, políticas, escritores e intelectuales de esa parte de España además del público en general que según él estaba ansioso por saludarnos.

Llegamos en tren a Gijón donde se nos daba una recepcion ese día en uno de los Centros de cubanos-asturianos en el exilio. ¡Que curioso! Españoles que una vez fueron a Cuba y crearon allá negocios, empresas y sobre todo nuevos hogares y que habían vuelto a su patria de origen huyendo del terror comunista... Al siguiente día nos fuimos para Oviedo a asistir al banquete que se nos ofrecía. Indescriptible fue la emoción que sentimos al ver a tanto público y a tantas personalidades españolas reunidas en un local donde no cabía una persona más. Después de los discursos del Gobernador y del Alcalde de Asturias y de Oviedo respectivamente, nos tocó a nosotros dar las gracias a todos por su amabilísima bienvenida. En la mesa presidencial se nos llenó de regalos de toda índole pertenecientes a la región asturiana: desde una pluma hasta un escudo de Asturias.

Después del banquete el mismo Gobernador se dirigió al público de nuevo para anunciar que se nos había organizado una caravana para visitar los pueblos y ciudades más importantes. La caravana de autos nos siguió por todas partes. Y en todas partes las casas y edificios de pueblos y ciudades tenían colgadas afuera banderas españolas y cubanas.

A nuestro paso por la tierra que vio nacer a don Nicolás Rivero, nuestro abuelo, y a la cual aprendimos a querer y honrar nos sorprendió, repetimos, el número extraordinario de cubanos –nacidos en Cuba– y de asturianos radicados en nuestra tierra que se hallaban, unos refugiados y otros dirigiendo sus propios negocios como si sólo se tratase de una simple transición, de Cuba a Asturias, y una vez allí a reanudar la actividad.

En Oviedo, Gijón, Avilés y Villaviciosa, las visitas, reuniones y homenajes nos hicieron sentir calor de hogar. Cuba estaba representada en las personas de centenares de compatriotas nuestros afincados en Asturias en espera del retorno a la patria, mientras los asturianos, ofreciéndonos un clima de exaltación, nos hicieron sentir emocionados. En uno de los actos celebrados allí dijimos que ir a Asturias era uno de nuestros sueños de siempre. Asturias estaba allá, en Cuba, con nosotros, estaba en el peso de la sangre, estaba en el mensaje constante de la herencia, en el carácter y en la amistad de los asturianos, y estaba también en su firme fe que tanto nos ha acompañado toda la vida.

Teníamos a Asturias muy cerca de nosotros por mil motivos, pero sentimos la nostalgia de venir algún día al hogar de nuestros mayores. Cuando atravesábamos el Pajares recordábamos a quien fundó nuestra familia en Cuba. Recordábamos a don Nicolás, el hijo de Carda, el enamorado de Villaviciosa, que en el largo y accidentado curso de su vida atravesó tres veces esos caminos, una a pie, lleno de amargura; uno, en diligencia, acariciando un tanto la esperanza, y finalmente, en tren, cuando ya la vida le había formado por completo.

Acaso un sentimiento de sangre y de raza nos llevó a esa tierra en que nació don Nicolás. Quizás Dios nos llevó hasta allá para que recibiéramos toda la fuerza que hemos necesitado para recorrer «contra viento y marea» todos nuestros empeños, todas nuestras vicisitudes, todas las ingratitudes y todas las mentiras y engaños de estos últimos cuarenta años de exilio con la dignidad de un guerrero y con la serenidad y firmeza de un cristiano.

Nos sentimos en Asturias acompañados por la fe y la esperanza que hombres como ellos, de su calidad moral y de su entereza de carácter depositaron en mi. Y nos acompañó, sobre todo el ejemplo de nuestros compatriotas dignos que, en Cuba y en el exilio, se enfrentan valientemente al comunismo arrostrando todos los peligros y amarguras que Dios quiera poner en el camino de la liberación de nuestra patria.

Realizamos, gracias a Dios, uno de nuestros viejos ensueños: ir a Asturias, a pesar de las grandes dificultades materiales que el destierro ofrece a todo cubano. Pensábamos durante nuestro recorrido que en un futuro próximo volveríamos a Cuba para convivir todos, cubanos y españoles, bajo el cielo de Cuba, trabajando juntos de nuevo para hacer una gran patria y conservando juntos los tesoros de una tradición y de una fe que son el único manantial posible de salvación y de grandeza. Pero nuestros pensamientos y nuestros deseos no se hicieron realidad. Han pasado varias décadas desde que hicimos aquella visita inolvidable hasta los días que escribimos estas memorias sin que nuestros deseos se hicieran realidad. Quizás nuestros hijos o nietos puedan llegar a vivir esa profunda emoción...

Estar en Asturias era un paréntesis en nuestro destierro, dijimos allá en 1962, porque ir a Asturias un nieto de don Nicolás no es ser un desterrado. Es todo lo contrario. Es sentirse en su propia tierra. Pero ese paréntesis del destierro lo tuvimos que interrumpir Volveríamos allí donde por el momento podíamos ser más útiles a la causa de la patria que debía ser también la causa de España, que era la patria de nuestros mayores; una batalla por derrotar las fuerzas del mal e impedir que prevalezcan aquellos que han nacido para destruir las columnas del mundo y los manantiales de la civilización.

Nos marchábamos de Asturias en dirección de nuevo a Madrid esperando que la renovada lección que nos ofreció esa tierra tan llena de recuerdos contribuyera a llenarnos de fortaleza y de mayor entusiasmo para seguir luchando por Cuba en el periodismo.

En El Pardo con el Generalísimo Francisco Franco.

De nuevo en Madrid

Días antes de la visita al Generalísimo Franco asistimos a otro gran banquete que nos ofrecían los cubanos exiliados en Madrid. Precisamente se celebró en el Centro Asturiano de Madrid. Ese día había salido en primera pagina una entrevista que nos había hecho el periódico Pueblo de Madrid. El titular de la misma decía: «Rivero acusa al Consejo Revolucionario de la desunión de los cubanos en el exilio». Llegamos al salón donde se nos agasajaba y antes de sentamos en el centro de la mesa presidencial llegaban detrás de mí sin que nos diéramos cuenta los hijos del Jefe del Estado español, Carmencita y Cristóbal Bordieu, marqueses de Villaverde. Después de los discursos de ritual, todos exageradamente elogiosos, nos llegó el momento a nosotros de dar las gracias. Nos pusimos de pie y antes de comenzar a hablar se levanta uno de los asistentes al banquete y nos dice con bastante alcohol en su organismo lo siguiente: «Rivero, que pena que usted haya dicho hoy en la prensa de Madrid que los del Consejo Revolucionario tienen la culpa de la desunión del exilio. Sepa que aquí en España todos estamos unidos y realizando una labor extraordinaria por la causa de Cuba...» Y le respondí enseguida antes de comenzar mi discurso: «*Mire usted, estimado compatriota, este acto no es un acto de desunión sino todo lo contrario de unión. Además, creo que aquí no se ha venido a hacer política sino a confraternizar. Sé que aquí en España hay unión entre todos los cubanos pero en el resto del exilio esa unión no se ve ni existe. Además, usted sabe bien que yo salí de Cuba perseguido por defender la libertad de expresión. Por favor, no trate de taparme la boca porque no lo va a lograr. Usted tiene todo el derecho de discrepar de mí como yo de usted, pero yo veo aquí a muchos compatriotas miembros del Consejo Revolucionario a quienes respeto por su acendrada labor por Cuba en España*»... Enseguida corté la aclaración y nos dispusimos a comenzar con nuestro discurso aunque no sin antes recibir de todos los congregados en el gran salón de actos una prolongada ovación.

Dábamos las gracias a todos y hasta explicábamos lo que estábamos haciendo en Miami y cuales eran nuestros objetivos inmediatos. Pero no podíamos evitarlo, de la mente no se nos borraba mientras hablábamos la penosa realidad de que no debíamos ser tan sinceros puesto que ya comenzábamos a ver con claridad eso de que casi siempre salen «crucificados» los que se meten a «redentores»...

En el Palacio del Pardo

Dos días después del banquete en Madrid fuimos rumbo al Palacio del Pardo acompañados de dos funcionarios del Ministerio de Asuntos Exteriores. Desde la reja de entrada que se hallaba a una cuadra del Palacio fuimos caminando con los ejecutivos del Ministerio hacia el mismo en medio de una guardia montada vestida de lujo y con lanzas asidas con el brazo derecho. Es posible que dicha guardia estuviera esperando para rendirle honores a algún embajador después de mi visita al Generalísimo.

Llegamos a su despacho y me esperaba Franco de pie al lado de su mesa de trabajo. Después del apretón de manos nos sentamos frente a frente en dos butacones que tenía delante de su escritorio.

«¿Qué tal exilio cubano de Miami Rivero?»

Mal en casi todo, Excelencia, le respondí. Los cubanos queremos liberarnos del comunismo. No deseamos que nos liberen pero si necesitamos la ayuda efectiva del mundo anticomunista para derrotar al enemigo antes de que sea tarde. Los americanos nos traicionaron en Playa Girón primero y después con la crisis de los cohetes. Eso nos ha producido a todos una especie de desaliento que no sabemos cuando ni como vamos a superarlo

«Lo comprendo Rivero ¿y qué puede hacer España en este caso porque si los americanos no pueden con todo su poderío militar y económico eliminar a Castro como va a poder nuestro país?»

Perdóneme, yo sí creo que los americanos pueden pero no quieren, y España también puede contribuir efectivamente a la derrota de Castro. Precisamente para eso vine a verlo ahora. Quiero conocer directamente de usted las razones por las cuales mantiene relaciones diplomáticas con un país comunista tan querido por España y por qué lo ayuda económicamente enviándole barcos para su flota pesquera, medios de transporte y toda clase de alimentos. Hace unos días en Asturias el dueño de la fábrica de sidra El Gaitero me enseñó en uno de sus almacenes en la fábrica la gran cantidad de cajas de cidra que estaban destinadas a Cuba. Créame que por mucho que lo pienso no acabo de entenderlo. Muchos en el exilio me acosan con preguntas sobre la posición de España en relación con Cuba. Quizás una explicación suya me dé la suficiente luz para explicarlo...

Pensé lógicamente que ya Franco antes de recibirme sabía que en mi conversación con él saldría a relucir el tema de las relaciones con el comunismo cubano porque enseguida después de mi pregunta se levantó de su butaca y sacó de una de las gavetas del escritorio un grupo de papeles para que yo los leyera junto a él con el fin de argumentarlo conmigo. Los leí mientras él observaba mi

371

reacción para darme una explicación Confieso que no entendí una sola línea de todos los papeles que me había entregado. Estaban llenos de números. Las matemáticas ni la economía jamás fueron amigas mías. Pero por cortesía movía la cabeza como si los estuviera leyendo. Y le dije Generalísimo veo al final de estas dos columnas que Cuba lo debe mucho más a España que España a Cuba. Si Fidel Castro se está aprovechando de España ¿por qué no rompe sus relaciones diplomáticas con él?

«*Lo que yo le he dado a usted es el último convenio comercial con Cuba –me respondió–. Y como usted mismo me ha dicho se ve claramente la gran deuda económica que Fidel Castro tiene con nosotros y España tiene que cobraría aunque sea lentamente.*»

Precisamente –le insistí— por esa deuda, que dudo que se la salde Castro y por su ultraje al pueblo cubano ¿no creo usted que debía romper las relaciones diplomáticas?

«*Si eso fuese una solución lo haría inmediatamente pero es que a Castro no le interesan las relaciones diplomáticas sino las comerciales y si rompemos las diplomáticas jamás España cobraría esa deuda, Rivero. Hay otras razones por las cuales mantengo las relaciones con el gobierno de Castro*" –contimiaba diciéndome Franco en su despacho del Pardo. "*Una de ellas es que Su Santidad el Papa me ha pedido que las mantenga por ahora por una cuestión de humanidad con el pueblo cubano que no se le debe abandonar en estos instantes de tanto sufrimiento.*»

Mientras escuchaba con atención todas sus palabras sobre el tema, que no sólo fueron esas sino muchísimas más, me daba cuenta que el Jefe de Estado español no podía disimular su gran deseo de que comprendiera los motivos que tenía para no romper con Castro. Dentro de una pausa casi instantánea en nuestra conversación le hago una pregunta en torno a lo que acaba de decirme:

¿No creo usted, su Excelencia, que el mantenimiento de relaciones ayuda a la revolución y no al pueblo de Cuba, y que esas relaciones consolidan en el poder aún más a Castro?

Era el año 1962 poco después del Pacto Kennedy-Krushev, cuando conversábamos con Francisco Franco.

Nos respondió rápidamente:

«*Vea, Rivero, el caso de Cuba no es nada fácil. Son muchas las razones para pensar que Fidel Castro va a durar mucho tiempo en el poder. No es cuestión de unos pocos años sino de muchos años, y el final va a llegar con mucho derramamiento de sangre. Yo sé bien como reacciona el comunismo cuándo atrapa no suelta. Y si suelta lo hace a base de mucha barbarie acompañada de un reguero de sangre. Siempre de sangre inocente. Y yo creo que España tiene que estar presente en Cuba cuando llegue ese momento con el fin de salvar vidas inocentes...*»

Confieso que en aquel momento mientras escuchaba las palabras de Franco me sentí mal, muy mal. Sí, me sentí con la sangre congelada. El Caudillo conocía bien el "paño". Vi en mi interior a Cuba sumergida en la misma barbarie por la que pasó España para sacudirse de encima la inmundicia del comunismo. Es invención eso de que Francisco Franco fue el asesino, el torturador. El perverso de la guerra civil española. Eso es lo que le ha metido en la cabeza a la opinión pública mundial mister Hemingway y la prensa izquierdista de todas partes. A Franco, como buen español no le quedó más remedio que sacar de su patria el 'clavo' de la bestialidad marxista con otro 'clavo': con el clavo de la guerra civil. Pero no podía atacarlo disparando flores y besos frente a la pólvora llena de odio del enemigo...

Mi conversación con Franco fue larga. Me dijo mucho más de lo que apunto en este libro escrito en gran parte de memoria. Y me dijo otras cosas sumamente interesantes que no son del caso contar. Fue un encuentro importante y agradable a pesar del pesimismo con que me despedí de él. Una conversación bastante distinta a la primera que habíamos tenido en el año en el año 1953 cuando dirigíamos el *Diario de la Marina* en La Habana. Aquella visita fue bastante protocolar. Hacía dos años que nos había impuesto la Gran Cruz de Isabel la Católica por nuestra labor en defensa de la verdad de la causa de España en América. La misma Gran Cruz que nuestra conciencia nos exigió que la devolviéramos muchos años después en el exilio debido a las vinculaciones y ayudas de los gobiernos de España a Cuba comunista...

No nos fuimos en aquella ocasión de España sin visitar al Presidente del Gobierno español de entonces, Carrero Blanco, y al Jefe del Ejército con quienes hablamos de asuntos confidenciales sobre el mismo tema del comunismo cubano. Carrero Blanco fue asesinado poco después en plena vía pública de Madrid por una bomba introducida en su automóvil.

Después de nuestra visita a Franco nos reunimos con Juan Ignacio Luca de Tena en un almuerzo que nos ofreció en su casa con Gregorio Marañón, Director del Instituto de Cultura Hispánica, el Director General de Prensa y algunas figuras del mundo intelectual de España. En dicho almuerzo solté todo lo que tenía ganas de decir en España sobre el problema cubano.

Desahogo sobre las páginas de *ABC*

Han pasado mas de cuarenta años de aquel último encuentro con el Generalísimo en los días en que escribimos estas líneas y las relaciones con Castro no han variado nada. Es más la última vez que hablamos con el Jefe del Estado Español todavía la Madre Patria no estaba levantando hoteles ni haciendo tantos negocios en nuestra desventurada Isla. Vea el lector lo que en aquella oportunidad destacó a doble página el más importante diario de España:

Ejemplar figura del periodismo hispanoamericano, don José Ignacio Rivero se encuentra, como ya saben nuestros lectores, en Madrid. Ha querido honrar con su visita a Prensa Española. Ha recorrido las distintas dependencias de la Casa, y ha hecho las siguientes declaraciones, emocionadas, valerosísimas, para ABC:

«Como cubano y como director de uno de los periódicos que más se ha caracterizado frente al comunismo internacional, y defensor en todo momento de la causa que, a costa de tanta sangre, venció al comunismo en España creo que es mi deber esclarecer algunas opiniones recogidas en la calle y en artículos e informaciones publicadas recientemente en la capital de España sobre el caso de Cuba.

Existe una confusión enorme en cuanto a la verdadera situación cubana, que distorsiona la realidad y favorece directa o indirectamente al régimen comunista de Fidel Castro, y por ende, al comunismo internacional.

Yo no lo comprendo, pero hasta cierto punto puede justificarse que en 1959, bajo los efectos de la propaganda roja y la euforia de la revolución triunfante, se viera en Fidel Castro la reproducción legendaria del Robin Hood de América. Pero que en 1964, después de cinco años de desmanes de todas clases, de barbarie y de opresión, que han convertido a la isla en una inmensa cárcel y a sus fortalezas militares en antros de torturas y de asesinatos en masa, se diga –nada menos que en España, en la España que ha sufrido en sus carnes los horrores del comunismo– que Cuba es hoy una nación verdaderamente independiente; que no se vive tan mal como la gente supone; que en la actualidad se disfruta en ella de más libertades que antes; que el Gobierno de Castro es ejemplo de honestidad administrativa; que se han realizado grandes progresos sociales y materiales y que en todas partes se respira paz, alegría y abundancia..., es algo tan inexplicable e inconcebible, como si ahora alguien viniese a decir ingenuamente (precisamente cuando se está conmemorando en España los veinticinco años de paz) que, a fin de cuentas, lo que hizo el gobierno rojo no fue tan deplorable y que se justificaba el nuevo orden que los comunistas querían implantar en España, porque en ella había mucha injusticia social y hacía falta una revolución igual a la de Cuba.

Es muy fácil hablar así a miles de millas de distancia de la tragedia que vive el pueblo cubano y a veinticinco años de distancia de la tragedia del pueblo

374

español. Yo quisiera oír la respuesta que daría ese millón de muertos cuya dramática representación yace en el Valle de los Caídos. Quisiera saber si están de acuerdo con esas manifestaciones hechas tan a la ligera, y con esas posturas liberales y tolerantes con el comunismo.

Hay que ver y escuchar -como los he visto y escuchado yo-a los centenares de náufragos que llegan casi moribundos a las costas floridanas, huyendo del infierno rojo del castrismo, para darse cuenta del inmenso dolor que hoy se vive en mi desdichada patria. No soy yo, que expuse mi vida en Cuba frente a Castro por decir la verdad y por defender el derecho de todos, el único que habla con toda crudeza sobre el calvario del pueblo cubano. No es tampoco el cubano acaudalado el que habla. Los que hablan con lágrimas de rabia y de dolor no son precisamente los banqueros, los grandes empresarios, los hacendados que han perdido sus tierras, los industriales, los capitalistas, en otras palabras. De este profundo dolor y sufrimiento hablan hoy los campesinos humildes, los pescadores, los obreros esclavizados, las mujeres deshonradas y maltratadas, niños famélicos y aterrorizados, ancianos con mirada vidriosa y perdida. Ellos son el testimonio vivo e irrecusable de lo que es hoy la Cuba esclavizada por el castrismo, martirizada y desgarrada hasta sus fibras más profundas.

A ellos, a los esclavizados por el castrismo, son a quienes se debía entrevistar y no a Castro y sus secuaces. A estos cubanos que huyen del terror hay que oirlos para que se conozca la verdad por dentro y no a los milicianos y milicianas de la Cuba comunista, y los paniaguados del régimen castrista y de muchas partes del mundo que saben vivir muy bien a costa de muchos pueblos oprimidos.

La verdad brutal y tajante es que hoy en Cuba existen (y sépase bien) más de doscientos mil presos políticos, muchos de los cuales llevan dos y tres años sin celebrárseles juicio; que en los cinco años de barbarie comunista se han fusilado y asesinado a mansalva a más de treinta mil cubanos, y que es raro el día en que no aparecen varios campesinos muertos con un pistoletazo en la nuca, o que se llevan al paredón de fusilamiento a innumerables presos, políticos por simples sospechas, que el derrumbe de la economía ha llevado el hambre al pueblo entero de Cuba, haciéndose necesario el uso de libretas de racionamientos, que en muchos casos no sirven ni para conseguir un pedazo de pan; que la propiedad y la libre empresa ha desaparecido totalmente del suelo cubano, no sólo la de los grandes empresarios, sino también la del modesto campesino y comerciante; que se han confiscado no sólo las propiedades y negocios legítimos de todos los cubanos, sino la de los españoles por valor de más de dos mil millones de dólares, muchos de los cuales han tenido que dejar tras sí a familiares encarcelados en Cuba; que la enseñanza religiosa se ha erradicado totalmente de las escuelas convertidas en centros de adoctrinamiento marxista; que aunque no se han cerrado todas las iglesias por motivos obvios de propaganda, se han expulsado a centenares de sacerdotes y religiosos, existiendo hoy en toda la isla solamente ciento cuarenta y seis sacerdotes para atender a seis millones y medio de almas.

No tengo que demostrar ni en mi patria antes, ni en el exilio después, ni en España donde ahora me encuentro de paso, el cariño y la devoción que me ha unido siempre a la Madre Patria y la vinculación que a ella me enlazan motivos familiares y principios adquiridos. Por mi habla la tradición hispánica que mi periódico ha defendido durante ciento treinta y cinco años en América. Más precisamente porque me hiere y me duele, como a todos los cubanos que no quieren vivir sometidos a la dictadura comunista, me duele y me hiere, repito, la postura que hoy veo en Espafia en relación con Cuba, y por esto no puedo callar estas cosas, que sólo se dicen a los amigos que de verdad se quieren, y que constituyen el sentir de todos los cubanos que hoy están en desgracia. Mis compatriotas saben muy bien que el *Diario de la Marina* no ha temido nunca decir la verdad desnuda, cuando ha debido decirla. Y Cuba será liberada a pesar de nuestra soledad de hoy.»

Después de publicadas mis declaraciones en ABC recibí muchos mensajes de adhesión de destacados e insignes españoles, entre ellos las siguientes líneas de Don Gregorio Marañón que en parte decían así:

«Mi distinguido amigo: Leo en ABC *de hoy, sus declaraciones que, en parte, le oí ayer en el almuerzo en casa del Marqués de Luca de Tena. Recojo y tomo buena nota de todos los datos que nos proporciona Ud. Hay datos 'y entrelíneas de esos datos' en los cuales se refleja el dolor de Ud., como cubano, y como hombre civilizado de nuestra comunidad atlántica. A su dolor me adhiero, de todo corazón. A su dolor y a su indignación y clamor, reclamando para Cuba la comprensión y la ayuda que necesita y exige de todo el mundo occidental. Y en este sentido, y dentro de mis posibilidades me tiene Ud a su completa disposición. Le saluda cordialmente suyo atto. y buen amigo, Gregorio Marañón.»*

Han transcurrido más de cuarenta años de mis primeras experiencias sobre Cuba en la Madre Patria. Se me llenó al principio de elogios y de promesas. Pero todo sigue igual. 0 peor. España hoy ayuda más a Castro que cuando Franco en El Pardo me decía que su país tenía que estar presente en Cuba cuando llegara la hora de nuestra liberación... Nada, que del árbol caído todos hacen leña...

Mensaje de Juan Pablo de Lojendio

Muchos fueron los mensajes de solidaridad que recibimos en nuestro hotel de Madrid con motivo de todo lo que dijimos de Cuba en *ABC* para el público de España. El único español que con dignidad y valentía se enfrentó cara a cara con Fidel Castro, enterado de nuestra visita a España para hablar con el Jefe del Estado español, Francisco Franco, nos envió desde Suiza las siguientes líneas que mucho nos estimuló en nuestra dura tarea pública a favor de la verdad de nuestra patria. Nos decía así Lojendio en su carta:

«Mi querido amigo José Ignacio:
No quiero dejar pasar tu presencia en Madrid sin enviarte unas líneas de muy cariñoso y cordial saludo. Leí tus magníficas declaraciones en ABC y muy sinceramente te felicito por ellas. Es dura, sin duda, vuestra situación en el exilio, pero reconforta ver a quienes como tú la lleváis con tanta dignidad y energía.
Estoy completamente de acuerdo con tus palabras y espero que tu labor no sea infructuosa y que todos podamos celebrar un día, que Dios quiera no sea le año la liberación de Cuba.
Entre tanto no sabes cuánto me gustaría que en este viaje a Europa tuvieses la posibilidad de venir a Berna. Ya sabes el mucho afecto con que te recibiremos y no necesito decirte el gusto que nos darías si te alojases aquí en la Embajada
No dejes de contestarme y haz lo posible por venir.
Para todos los tuyo, comenzando por tu madre y por Mariita, cariñosos recuerdos de parte de Consuelo y de la mía, y para ti con todo afecto un fuerte abrazo,
Juan Pablo de Lojendio
Marqués de Vellisca»

Editorial de *ABC*

El *ABC*, el periódico más importante de España, nos dedicaba el siguiente editorial bajo el título de «José Ignacio Rivero» en esos días que fuimos a visitar al Jefe del Estado español:

«Los Rivero constituyen en Cuba un ilustre linaje, en el que de padres a hijos se han transmitido un legado espiritual guardado amorosa y tenazmente en un baluarte y santuario: el Diario de la Marina, de La Habana. El periódico era la visita del amigo, confidente y orientador, esperada todas las mañanas en los hogares cubanos. Viejo amigo, puesto que Diario de la Marina contaba ciento veintiocho años consagrados a la información y al servicio de los intereses de Cuba, con la sabiduría y acierto que dan la continuidad, la experiencia y una identificación con los sentimientos más arraigados y nobles del pueblo.

A lo largo de su existencia, Diario de la Marina rindió valerosamente batallas por los principios cristianos y patrióticos, que eran la razón de ser del periódico, su bandera; la herencia espiritual de los Rivero, conservada a lo. largo del tiempo, en su integridad y excelencias. Digamos también que en ese patrimonio de ideales, el amor a España figuraba como uno de los más preciados bienes.

Con muchos terribles vendavales se enfrentó Diario de la Marina en su dilatada navegación. A todos ellos sobrevivió. Cubierto de gloriosas cicatrices, su orgullo podía considerarse curtido para las más duras pruebas. Pero de pronto Cuba se vio azotada por el huracán asolador del comunismo, introducido en la isla por hombres taimados que jugaron con la buena fe de los cubanos, a quienes engañaron, reduciéndolos a siervos de la URSS.

En esa espantosa y sangrienta tormenta, todavía en pleno hervor, y en la que Cuba ha perdido su tradición, su independencia, su personalidad, en cuyas vorágines han desaparecido los atributos más nobles y genuinos del alma cubana, en esa catástrofe ha naufragado también el Diario de la Marina. Hasta el último momento se mantuvo frente a la revolución como defensor acérrimo del derecho a los derechos humanos, opuesto a los atropellos, celoso en la defensa de cuanto era privativo y patrimonial de los cubanos, indiferente a las amenazas, aun a sabiendas de que ponía en juego su existencia.

El castrismo no le perdonaba su denuedo; poco a poco preparaba el cerco y planeaba su aniquilamiento. Primero con verdugos disfrazados de 'Comité de Libertad de Prensa' para cohibir y estrangular el pensamiento del Diario de la Marina. Después, mayo de 1960, vino la incautación del periódico, acusado de 'sabotear la gloriosa revolución y de estar vendido a los enemigos de Cuba'. Turbas convocadas para la mascarada hicieron un entierro simbólico del primer diario de La Habana y del periódico más antiguo de toda América de habla española. Pretendieron los castristas continuar la publicación, pero fue un intento inú-

til. Lectores, suscriptores y anunciantes se negaron a respaldar con su apoyo el criminal ultraje.

El director, D. José Ignacio Rivero y sus familiares se refugiaron en la Embajada del Perú. Más tarde, y no sin riesgo, consiguieron salir de la isla. El señor Rivero, despojado de todos sus bienes personales, llegó a Miami, como desterrado por su lealtad a Dios, a Cuba y a la libertad. Desde una hoja, que llevaba el título amado de su periódico, se dirigió a sus compatriotas con serenas palabras para recordarles su obligación de restaurar en la isla aquellos principios fundamentales sin los cuales no es posible una vida civilizada y cristiana.

Exiliado en la costa norteamericana más cercana a Cuba, D. José I. Rivero sigue en sus menores detalles el desarrollo de la tragedia cubana, en contacto con la marea cotidiana de fugitivos y con los cubanos allí residentes escapados del terror castrista. Los perversos que envilecen a Cuba la hunden cada vez más en el légamo del comunismo. En la isla faltan los alimentos, pero, en cambio, abundan las armas. Los gobernantes intrigan disputándose el dominio de la isla, por competencia en adhesión a la U. R. S. S. Son continuas las salidas de niños y jóvenes hacia los paises el bloque soviético, para ser educados en los métodos y en la ortodoxia comunista. ¿Se enquistará Cuba como tumor soviético en el Caribe, a los bordes del continente americano? Esta es la pregunta que se hacen a diario todos los exiliados cubanos, sin obtener una respuesta que les abra la puerta a la esperanza.

José Ignacio Rivero pasa unos días en España. Se considera –y no se engaña– como en su propia casa. Español de abolengo con doble nacionalidad Con méritos sobrados para ser distinguido como compatriota esclarecido.»

Hasta aquí aquel amable editorial de *ABC*. Es verdad que nos sentíamos como en nuestra propia casa cuando visitamos España al principio del exilio: honores, halagos y homenajes por doquier. Pero no fue lo mismo cuando diez años más tarde nos fuimos a vivir con nuestra familia a Madrid. El tiempo lo había borrado todo. Incluso las batallas que nuestro periódico había dado siempre en América a favor de la causa de la hispanidad...

25 años después de Franco

«Veinticinco años después de su muerte, el dictador Francisco Franco ya no es más que un vestigio de la Historia para los españoles, quienes prácticamente han olvidado al hombre que gobernó España con mano de hierro durante 39 años». Así comienza la información que leí a través de la agencia de prensa AFP. Es curioso que la mayoría de la prensa de hoy tilde de dictador y de mano de hierro a quien salvó a España del horror comunista y que llame «gobernante» o «presidente» a Fidel Castro, el más dictador y mano de hierro de todos los tiempos de este hemisferio... España hoy es un país totalmente distinto a hace veinticinco años. Se dice que esa mano de hierro del franquismo tenía a la ciudadanía controlada en todo sentido y que la misma vivía bajo el terror de la persecución gubernamental. Nada más incierto. Los que hemos vivido en España durante los últimos años del gobierno de Franco jamas vimos desorden de índole alguna. En todo el panorama español se respiraba respeto, paz, tranquilidad y patriotismo. El terror, 25 años después del fallecimiento del Generalísimo, sí se está sintiendo hoy en España con los «coches bombas» y asesinatos que se producen ya con verdadera frecuencia. La pornografía, la inmoralidad, el libertinaje, el aborto, la homosexualidad, el exhibicionismo, la politiquería, etcétera, se esparcen por toda la península nada de esto es, por supuesto, una exclusiva de la España de hoy. El mundo entero –si no lo está ya– va a pasos agigantados hacia una degeneración total. Pero la Madre Patria que era hace veinticinco años un oasis en medio de nuestro planeta repleto de barbaries, de abusos, de desafueros, de revoluciones, y de injusticias, se ha convertido también hoy en un páramo lleno de calamidades públicas y privadas en muchos casos.

He vivido en España varios años durante el gobierno del Generalísimo y jamás vi ni me enteré de ninguna irregularidad de mayor importancia. Ocurrían en todas las esferas de la vida nacional casi los mismos «zarandeos» económicos, políticos y sociales naturales que ocurren en todos los paises del mundo civilizado. Mis amigos de relevancia pública de por allá (que algunos nada tenían de «franquistas») vivían felices y contentos con la situación imperante de entonces. Había respeto, dignidad y paz. La prosperidad reinaba en todos los sectores, tanto en el de los empresarios como en el de los obreros. He estado también varias veces en España después de la muerte del Generalísimo y no vi la misma España de antes. Recuerdo que una vez tuve que hacer una parada en Irún de regreso de Francia y almorzando en un restaurante casi callejero de la estación de trenes se armó una trifulca callejera entre varios camareros y policías de la población. Los camareros gritaban: «en España lo que hace falta es que resucite Franco para que se impongan de nuevo el orden y la justicia». «Esto es un desastre. Parece que los bárbaros han invadido a España»... Claro que yo escuchaba mientras ingería mi almuerzo, pero no me inmuté porque estaba casi seguro de que la sangre no llegaría hasta el restaurante... Así es el carácter del español. No hay quien lo cambie. En esto de las discusiones y de las violencias no lo controla nadie, ni una «irreal dictadura» como la de Franco, ni una «realeza democrática» como la de Juan Carlos y don Manuel. Siempre que he puesto mis pies en la Península, tan querida como todos los que tenemos sangre española, lo primero que entra por mis oídos es la mala palabra o el insulto a quien sea. La última vez tuve la mala idea de preguntarle al taxista en ruta hacia Madrid desde Barajas que como andaban las cosas en la nación y me metió una cantaleta contra todo lo que sucedía en el país. «Con Franco no estaríamos así. Aquí la pudrición está a la órden del día». Mientras hablaba a toda voz lanzaba «ajos» contra el gobierno y contra todo el mundo. Abrí la boca sólo al principio del recorrido y no me dejó ni leer el *ABC* que llevaba en mis manos hasta llegar. En la acera: ¿Cuánto e debo?

No recuerdo cuanto me dijo pero debió haber sido una burrada de pesetas porque cuando se marchaba los maleteros del hotel le gritaban: ¡Ladrón! ¡Canalla! ¡Por eso estamos como estamos!

Fulgencio Batista y Zaldivar

Todo el mundo sabe de sobra que la revolución castrista se basó originalmente en el derrocamiento del General Fulgencio Batista. La Sierra Maestra repleta de anti batistianos y de comunistas basaba casi toda su propaganda en atacar a todo lo que oliera a «4 de Septiembre» y a «10 de Marzo». Para los comunistas y especialmente para Fidel Castro, que fue siempre «lobo de la misma camada», Batista era el peor de los tiranos de la historia de América. Pero como la hipocresía es la única «virtud» que poseen los comunistas, veamos como se expresaban los padres de la revolución «tan cubana como las palmas».

«Fulgencio Batista y Zaldivar, cubano cien por cien, celoso guardadores de la libertad patria, tribuno elocuente y popular, llegará al más alto cargo de la Nación como un formidable reconocimiento de su actuación recta y como demostración evidentísima del sentir y del pensar de nuestro pueblo... Fulgencio Batista y Zaldivar prohombre de nuestra política nacional, ídolo de un pueblo que piensa y vela por su bienestar, hombre de arraigadas convicciones, nacido de las capas humildes de la población cubana y que siente en su carne el inmenso dolor de aquélla en toda su intensidad. Batista.. viene a cimentar con su actuación cívica y constructiva, las gloriosas bases sobre las cuales debía levantarse soberbia y orgullosa, cumpliéndose así los sueños de tantos mártires y tantos héroes, la augusta trilogía que representara la Independencia, la Justicia, la Igualdad.»

«Hombre que encama los ideales sagrados de una Cuba Nueva y que por su actuación de Demócrata, identificado con las necesidades del pueblo, lleva en si el sello de su valor, el timbre de sus energías que no aminoran en ningún instante los prejuicios malsanos que corroen gran parte de la sociedad cubana.»

«Batista Presidente y Marinello Alcalde son las piedras angulares en que descansan la fe y el porvenir del sufrido pueblo cubano. Ellos son las manecillas de un reloj que marcan la hora de las reivindicaciones patrias». (Periódico *Hoy* el día antes de las elecciones de 1940)

Hechos como éste tan bajos y tan rastreros no constituyen un caso aislado pues se repitieron con frecuencia. Como por ejemplo: El 29 de agosto de 1944, martes, Fulgencio Batista fue admitido en la clase periodística cubana. Dos días después *Hoy* publica un artículo titulado «Bienvenido compañero Batista». De ese artículo son las siguientes palabras textuales: «Desde el martes último, oficialmente, forma parte de nuestro grupo profesional de periodistas el Pres. de la Rep. Mayor General Fulgencio Batista y Zaldivar. Nosotros desde aquí queremos adherirnos sin reservas a ese justo y merecido homenaje. *Y consideramos como un altísimo honor contar en nuestras filas al Mayor General Fulgencio Batista».*

Otras: «Batista es una promesa y una esperanza de progreso y avance, de cambio sustantivo en la vida nacional» *Hoy*, Oct. 11- 1 940-pág. 1.
«Batista tiene un corazón con toda la nobleza de un hombre de pueblo» Blas Roca, Febrero, 5 de 1941, pág. 1.
«Los únicos hombres leales a la Plataforma de Batista son los que militan en Unión Revolucionaria Comunista». Juan Marinello. *Hoy*, 14 de Feb. 194 1. Pág. 10

Escalante dijo en 1944, a propósito de una acusación que Eddy Chibás lanzó contra ellos desde los micrófonos de la CMQ lo siguiente:

«Quieren también Chibás y los suyos enturbiar nuestras relaciones firmes con el Presidente Bastista. Para ello nos presenta en su provocación hecha en la CMQ como conspirando contra el Presidente a quien nosotros elegimos y con el cual hemos colaborado durante cuatro años fructíferos para Cuba. Mientras desde 1933 hasta ahora, Chibás estuvo atacando y calumniando a la obra del Presidente de la República, nosotros, los comunistas, desde 1938 hemos estado colaborando primero con el Coronel Batista y luego con el Presidente de la República, en estrecha comunión de ideas para afirmar la Democracia cubana...». Anibal Escalante, *Hoy*, martes 13 de junio de 1944.

La verdadera historia no se equivoca nunca si se escribe con la verdad en la mano y en la conciencia. Los comunistas siempre se han aprovechado de los hombres y de las circunstancias. Estuvieron con Batista primero y más tarde con Fidel Castro. Con este último no les costó ningún trabajo sumarse a su revolución porque ya éste era comunista, nazista, fascista, etcétera, desde que tuvo uso de razón, si la tuvo alguna vez, de acuerdo con lo que más le conviniese para darle gusto a su megalomanía endémica...

Intercambio de cartas

Casi al principio de nuestro exilio recibimos –entre muchas otras de prominentes cubanos– unas cartas desde Estoril, Portugal del expresidente Fulgencio Batista. Las mismas se las respondimos con manifestaciones muy significativas sobre el comportamiento de muchos compatriotas en torno a la razón principal que nos llevó a todos al caos de la destrucción nacional. En una de ellas con fecha del dos de junio de 1963 le decíamos entre otras cosas lo siguiente:

«*Este exilio ha sido para mi muy rico en experiencias. Jamás pensé que en horas de tribulación fueran tantos y tantos que le debían casi todo al* Diario de la

America *los que por egoísmo, indeferencia e ingratitud nos dejaran solos; primero en Cuba cuando luchábamos contra la bestia comunista, sin que tuviéramos una sola pulgada de tierra ni un solo metro de propiedad que nofuese la esquina de Prado y Teniente Rey, y luego, en el destierro, donde continuamos la lucha sin medios económicos ninguno para mantenerla como era debido. El enemigo que, como sabe usted muy bien, no es solamente Fidel Castro ni los comunistas criollos del partido, sino aquellos que contribuyeron al desastre de nuestra patria, tanto nacionales como extranjeros, y que hoy se enfrentan a Castro sólo porque enarboló la bandera moscovita, estos señores,repito, cuentan con todo para realizar su tarea tan demoledora para elfuturo como lo fue en el pasado.*

Mientras un Diario de la Marina *enfilaba los cañones contra el régimen nefasto que hundió a la República y nosotros exponíamos nuestra vida a todas horas sólo para el pabellón de la dignidad en nuestra propia tierra, ni la industria ni la banca ni el comercio ni ninguna otra institución se preocupó en lo más mínimo en respaldarnos ni moral ni materialmente. Todo esto es de sobra conocido, como también lo es el hecho de que mientras este espectáculo ocurría, nosotros y sabe Dios cuántos mas que nosotros que no conocemos, quemábamos las naves quijotescamente sin tener un solo centavo fuera de Cuba y sin preocuparnos, también quootescamente, en salvar nada que no fuera el honor de la causa de todos los cubanos que han querido siempre una patria cristiana, libre, democrática y* digna, *libre de bandoleros, de oportunistas, de resentidos, de venganzas, de odios y de comunistas que son los verdaderos maestros de todo eso.*

Y aquí en mi exilio hemos contemplado el mismo espectáculo. Hemos sufrido la misma Ingratitud la misma indiferencia, aunque en un grado mayor, puesto que del árbol caído todos hacen leña", con muy raras excepciones. He visto a señores que se lo debían todo a la libre empresas a la propiedad privada, ayudando quienes pretenden derrocar a Castro para continuar después su revolución menos extremista y menos comunista, pero funesta también para nuestra Cuba desventurada. He visto a tantos sectores y a tantas personas, que una vez me parecían responsables, abrirles las puertas con toda irresponsabilidad a los equivocados o mal intencionados y cerrárselas de igual manera a los suyos, que ahora veo con más claridad que antes la razón por la cual Cuba se hundió en el abismo del fango comunista.

Nuestra patria jamás se hubiese hundido en ese fango si nuestras instituciones y los sectores básicos de nuestra nacionalidad no hubiesen adoptado en su gran mayoría la triste postura del oportunismo.

Yo no soy político no lo sabría ser. En esto me parezco a mi padre, de quien heredé algunos de sus defectos y muy pocas de sus virtudes. Sin embargo, como usted sabe, las circunstancias me colocaron en esta época en el mismo centro de la política. Yo nada ambiciono como no sea regresar a mi Patria para seguir ejerciendo la dura misión que Dios me encomendó y que mis padres me enseñaron, que es la del periodismo, la fascinante misión de orientar a la sociedad para que tome el camino que creemos mejor. Hubo momentos en que creí sinceramente que era mi deber dar un paso al frente, al 'frente' que no vetaba, que quería al Ejército Constitucional y que no admitía fórmulas socialisteras e izquierdizantes disfrazadas de cristianas, democráticas y revolucionarias de buena fe. Estuve a punto de hacer lo que la mayoría de exilio quería que hiciese, pero me abstuve porque me di cuenta de que aquellos que debían y podían dar una mano para asegurar el éxito de la gestión unitaria no me la daban a pesar de haber sido nosotros quienes en Cuba lo dimos todo por defender el derecho que tenían ellos de tenerlas llenas. En cambio veíamos cómo esas manos se volcaban generosas hacia los que de una manera o de otra manera habían sido sus detractores y hasta sus propios verdugos.

El Diario de la Marina *no era santo de la devoción del Departamento de Estado norteamericano ni la Casa Blanca, por su marcado conservadorismo. Ellos preferían a otros periodistas, a otros economistas y otros políticos cubanos Mientras más revolucionarios fueran, mejor. Mientras más vinculados hubiesen estado a Fidel Castro, mejor. Para los consejeros fabianos de la Casa Blanca y del Departamento de Estado nosotros, al igual que muchos otros cubanos, representamos la antipática reacción y el llamado pasado ominoso, a pesar de haber sido nosotros los que no nos equivocamos, los que no les hicimos el juego vergonzoso al comunismo y los que no fuimos jamás enemigos de la patria de Lincoln como lo fueron gran parte de los que hoy son sus favoritos y protegidos.*

¡Qué sarcasmo! Créame que algunas veces pienso que el mundo está perdido o a punto de perderse para los que creemos en los valores permanentes del mundo occidental y de la civilización cristiana.

Por estas razones y por muchísimas otras que de solo mencionarlas harían interminable esta carta, fue por lo que decidí en el exilio mantenerme en esta posición equidistante. Aprendí desde la cuna, con el ejemplo de mi padre, a nadar contra la corriente. A decir no cuando otros dicen que sí y a decir sí cuando otros dicen que no, siempre y cuando la afirmación o la negación sea para defender un principio porque lo contrario me sabe a engaño y a demagogia. Los planes elaborados a orillas del Potomac para la Cuba del futuro, usted y todo el mundo los conoce: el socialismo sin bandera roja, que ellos llaman democrático y que quieren para la Cuba nueva y demás paises de América, pero que no lo quieren para ellos, ni siquiera para experimentarlo en la Baja California

Por eso, a pesar de mi gran deseo de ver cuanto antes a mi patria libre, mi respuesta fue un rotundo no a esos planes y a ese tipo de liberación, pensando entonces, como sigo pensando hoy, que en la patria liberada 'otro gallo cantará'.

Resumiendo: he llegado a la conclusión de que mi misión no puede ser otra que la de seguir luchando con la pluma en vez de con la espada o con la política en el destierro. Mis esfuerzos en el exilio Dios los ha premiado con largueza, pues si de un lado las clases sociales y económicas que tanto debían a mi periódico me enseñaron sus espaldas, el pueblo humilde cubano, esa gente modesta que jamás tuvo vinculación con el Diario es la que aporta, en un dramático esfuerzo económico, en forma de cooperación mensual –reales,cuartos, medios dólares– que sisan sin duda a las necesidades de un hogar de suyo apretado, después de rendir labor de esforzados en factorías y menesteres durísimos en los cuales se han improvisado en el destierro, con lo que ayudán a mantener en alto la voz que, por extraña paradoja, ellos, los humildes, quieren oír, mientras a los otros. Los afortunados, les duele escuchar.

Suyo, ahora que usted se halla en desgracia política y yo sin la «trinchera» frente a nuestro Capitolio Nacional,
José Ignacio Rivero.»

No podemos ni vamos a convertir esta parte de nuestras memorias en una interminable exhibición de cartas y respuestas interesantes que guardamos en nuestras gavetas del exilio pero siempre cuando se escribe un libro de historia, o de memorias como este que el lector tiene en sus manos, su autor no se conforma con dejar fuera nada de lo que ha vivido ni ninguno de los papeles de interés que se van acumulando en sus archivos durante toda su vida. No obstante en este caso, como en otros, veamos lo que amablemente nos decía el ex presidente Batista desde Estoril, y sin ninguna «bala en el directo»...

«Estoril, 17 de julio de 1963
Sr. José I Rivero 3450 N. Meridian Ave., Miami Beach, Fla.

Querido JIR:
El contenido del texto principal y de la post data, es aleccionador e interesante, por los valiosas antecedentes y por sus juicios inestimables. En esa su carta del 4 de julio –fecha simbólica para el pueblo norteamericano, cuyo recuerdo torna más triste el destino nuestro– me confirma en el criterio de que el Diario *–no menos que su familia fundadora–, fue olvidado por quienes más obligados estaban a sostenerlo en su infortunio. Pero aunque el consuelo es doloroso por la vía comparativa, y con mayor intensidad en nuestro caso, consuélese al pensar que otro tanto se ha hecho con Cuba por los de adentro y por los de afuera, por hijos que la han herido de muerte –unos por inconsciencia y otros por malvados– y por vecinos a los que fue leal, que la contemplan yaciendo en la torturante esclavitud que ella combatió por todos, sin que una mano amiga le ofrezca el espaldarazo, corajudo y franco, que está urgiendo la terrible progresividad del régimen soviético desde el fatídico primero de Enero de 1959.*

Usted tiene actuación pública consagrada, nombre, calidades y juventud, pero dice que no es político ni sabría serlo. Y qué cosa es el patriota; qué el ideólogo; qué el escritor o periodista que incide y penetra con su pensamiento en la filoso-

fía del Gobierno y del Estado, pretendiendo fortalecer el espíritu de la Nación, con sus doctrinas, tendencias o principios?

La política tiene diferentes y muy variadas faces, dentro de las cuales se mueven los factores ideológicos que dan forma al alma del pueblo, o la deforman, según las épocas y las preponderancias, las influencias tendenciosas y los intereses circundantes o internacionales. El político surge del ambiente o lo produce el medio, y el ambiente –o medio– lo conforma o hace. Otra cosa es el temperamento, con el que se nace, y la capacidad de enfoque, que la lucha aporta y agudiza. Luego viene el político profesional, que para su gloria o para su desdicha, está incumbido de una muy alta misión, misión que sólo en algunos raros casos en su vida, podrá cumplir sin sacrificios agobiadores, y de deberes tan severos y estrictos que, aún en el retiro o en la culminación de la carrera, cuando apetece renunciarse a todo que la tipifique, pesan en la conducta cuotidiana y hasta en el modo de ser en las relaciones sociales.

"No olvide que hasta en los círculos de mayor intimidad se sufren las decepciones, y siendo usted, pues, político en ese concepto lato de esta apreciación mía, ha tenido y tendrá que soportar las consecuencias de haber servido a muchos. No debió alcanzarle al Diario de la Marina, sin embargo, tales ingratitudes en esta desdichada circunstancia que vive nuestra patria, porque para mantenerla libre del azote rojo existió, y a su vigencia y prosperidad debieron contribuir los que, sin duda, no podrán coexistir con los comunistas o sus afines nunca.

Reciba abrazos afectivos de,

Fulgencio Batista y Zaldívar

En Madrid nos topamos con Fulgencio Batista cuando salíamos del Club Internacional de Prensa.

Un acto inolvidable

Al constituirse en el exilio el Conjunto de Calles y Asociaciones Comerciales de Cuba, de tan estrecha vinculación con el *Diario de la Marina*, se celebró un acto en el cual se nos hizo entrega de un diploma de Miembro de Honor. Uno de los oradores, Aurelio García Dulzaides, propuso tributamos un homenaje público, según él, por nuestros merecimientos al frente del centenario periódico, desde que el régimen revolucionario comenzó a mostrar los primeros atisbos de sus proyecciones comunistas que habían de culminar en la gran catástrofe nacional. Del seno del Conjunto de Calles y Asociaciones Comerciales se formó un comité gestor del homenaje en cuestión integrado por los señores García Dulzaides, José Ramón Cuervo, Juan José de la Riva, Antonio Pérez Manrique, José María Pérez, José María Vidaña Mario Barrera (Decano del Colegio de Periodistas en el exilio) Carlos Nuñez y Facundo de la Roza.

Al comunicarnos oficialmente el Comité Gestor el mencionado acuerdo, lo rechazamos alegando que no podíamos aceptar un homenaje personal en las trágicas circunstancias que vivía nuestra patria. Pero el Comité nos expuso la conveniencia de efectuarlo aprovechando la presencia de los miembros de la Sociedad Interamericano de Prensa (SIP) que en esa fecha se reunía en Miami Beach, así como la del Presidente de los Estados Unidos, John F. Kennedy. Nosotros ante el nuevo sesgo aceptamos condicionándolo a que la celebración del acto en realidad se considerara una Cita de Honor con Cuba en la cual se harían pronunciamientos de gran trascendencia.

Imposible mencionar a todos los que enviaron mensajes de adhesión al acto. Vamos sólo a mencionar a algunas de las organizaciones que se adhirieron y asistieron al mismo:

Resistencia Agramonte
Cuban Fundation
Asociación de Porteadores Públicos de Carga y Expreso por carretera
Asociación Nacional de Fabricantes de Cigarros de Cuba
Unión de Cerveceros de Oriente
Asociación de Colonos de Cuba
Federación Nacional de Agentes Distribuidores y Comisionistas de Cuba
Asociación Nacional de Fabricantes de Abono de Cuba
Federación Nacional Obrera del Transporte
Asociación de la Prensa de Cuba
Demócrata Martiano de Cuba
Directorio Magisterial Revolucionario
Partido Revolucionario Cubano (Auténtico)

*Movimiento Unidad Revolucionaria
Asociación Nacionalista Cubana
Acción Cubana
Movimiento Demócrata Cristiano de Cuba
Unión de reporters Gráficos de Cuba
Unidad Revolucionaria Estudiantil
Comité de Sociedades Españolas con Sanatorios
Agrupación Católica Universitaria (ACU)
Asociación de Antiguos Alumnos de Belén
Catholic Welfare Bureau (Cuban Boys School)
Acción Cubana Institucionalista
Junta Patrocinadora de la Escuela del Niño Cubano en el Exilio
Colegio Nacional de Contadores Públicos
Asociación de Dentistas Cubanos en el Exilio
Consejo Revolucionario Cubano
Colegio Nacional de Mecánicos Técnicos
Asociación de Funcionarios del Poder Judicial
Profesores y Alumnos del Colegio de Belén
Legión Baraguá
Colegio de Corredores de Aduana
Liga Anti-Comunista de Nassau
Colegio Nacional de Procuradores Cubanos en el Exilio
Circulo Cívico Cubano de Tampa
Asociación de Farmacéuticos Cubanos en el Exilio
Movimiento Revolucionario Frank Pais
Colegio Médico Cubano en el Exilio
Colegio de Abogados de la Habana
Acción Cívico Económica Cubana
Movimiento de Recuperación Revolucionaria
Alianza de Trabajadores Cubanos
Movimiento Patriótico Cuba Libre
Movimiento Demócrata Cristiano
U. S. Cuban Refugee Assistance.
Asociación Nacional de Cosecheros de Tabaco de Cuba
Asociación Nacional de Comerciantes Almacenistas de Café
Instituto de Acción Social
Liga Anti-comunista de Cuba
Rescate Democrático Revolucionario
Comité de Libertad de Presos Políticos
Movimiento Anti-comunista Católico Unido
Profesores del Colegio Baldor*

Confederación de Empleados Públicos en el Exilio
Asociación de los Espirituanos en el Exilio
Asociación de Contadores Públicos y Privados de Cuba
Unidades Militares
Asociación Fraternal Latino-Americana
Comandos 2506, Célula A-2
Colegio Nacional de Periodistas de la República de Cuba
Unidad Fraternal Cubana e Internacional
Asociación de Exiliados Cubanos de la Raza de Color
Club de Leones
Conjunto de Calles y Asociaciones Comerciales de Cuba
Colegio Nacional de Profesionales Publicitarios de Cuba
Cámara Nacional de Comerciantes e Industriales de Cuba
Corporación Cubana de Detallistas en General
Colegio Notarial en el Exilio
Agrupación Nacional de Destiladores
Asociación de Corredores de La Habana
Asociación de Almacenistas y Exportadores de Tabaco en Rama de Cuba
Rotarios Cubanos Exilados
Directorio Estudiantil Universitario,
Asociación para la reconstrucción Económica de Cuba (AREC)
Asociación Lonja de Cuba
Asociación Interamericana de Hombres de Empresas
The Truth About Cuba Committee, Inc
Comandos L
Corporaciones Económicas de Cuba
Confederación Nacional Automotriz
Consejo Superior de la Gran Logia de Cuba (con sede en La Habana)
Unión de Cubanos en el Exilio (UCE)
Federación de Trabajadores Telefónicos
Federación Sindical de Plantas Eléctricas
Asociación de Porteadores de Pasajes
Confederación de Trabajadores de Cuba (CTC)

Una entre muchas

Quizás la mas conmovedora adhesión entre las muchas que recibimos con motivo del acto patriótico que se nos ofrecio en aquellos días fue la del Comité de los Antiguos Alumnos del Colegio de Belén. Nos la había enviado el gran jesuita y siempre recordado Padre Francisco Barbeito S.J. Y nos decía así:

Muy querido José Ignacio:
A las innumerables felicitaciones que recibirás con motivo del tan merecido Homenaje que se te tributará el domingo diez de noviembre, une la de tus compañeros del Comité Gestor de los Antiguos A lumnos de Belén.

Tratándose de encarnar en una persona los verdaderos ideales cívicos, nadie más indicado que tu.

Conocemos la solidez y rectitud de tus principios, tu línea recta en la valiente defensa de los verdaderos ideales patrios, por cuya defensa lo sacrificaste todo, y sabemos en primer lugar, que Cristo es el norte, la orientación y el ideal de tu vida, y que puesta en El la mirada, jamás diste un paso atrás cuando se trataba de la causa de nuestro Maestro y Señor

Que esta emocionada adhesión nuestra te sirva de estímulo para seguir adelante en la ruda lucha contra los enemigos de Dios y de Cuba.

Te felicitamos de todo corazón y nos adherimos al Homenaje, tus compañeros del Comité Gestor de los Antiguos Alumnos de Belén, en cuyo nombre te envío estas líneas.
Francisco Barbeito S.J. (Director)

Asistieron al acto más de diez mil personas. Una vez colmada la capacidad del Auditórium, más de un millar de personas presenciaron el mismo de pie hasta su conclusión. Podemos decir que en la tribuna presidencial estaban representados todos los sectores de la vida nacional cubana, patronos y obreros, hacendados y colonos, banqueros y comerciantes, industriales y profesionales, miembros de instituciones cívicas y religiosas, etc.

Días antes de celebrarse el acto nos había pedido el Comité Gestor que escogiéramos a alguien para que dirigiera la reunión como maestro de ceremonias. No quisimos hacerlo pero ante la insistencia del mismo le pedimos dicha misión en nombre del Comité y del mío propio a un cubano comentarista de la entonces primitiva televisión en español de Miami. Jamás habíamos sentido tanta pena por una persona como la que nos produjo la respuesta que nos dio el «comentarista» en cuestión: «Mire Rivero, se lo agradezco, pero no puedo aceptar esa misión porque como usted sabe yo he subido mucho en el exilio. ¿Por qué no se lo pide a otro de menos categoría? Estuvimos a punto de decirle que era muy difícil encontrar a los de menos categoría pero muy fácil topar con los de más importancia, pero preferimos dejarlo con su pobre delirio de grandeza. Después de todo el Comité Gestor salió ganando: aceptó con gusto y entusiasmo Ricardo Vila, hombre de categoría que además de comentarista radial había sido columnista del *Diario de la Marina* en Cuba «coletillado» por combatir al régimen...

El R.P. Manuel López, S.J., inició el acto, después de escucharse los himnos cubano y de los Estados Unidos de América, invocando a Dios Nuestro Señor: ...Dios Nuestro Padre. Ustedes han venido aquí a hacer un honor, un homenaje a una persona, en la cual han visto como la personificación de estos valores que nosotros todos llevamos en nuestras almas, y que creernos en ellos, los cubanos. Estos valores espirituales, este civismo cristiano, católico, patriótico, social, que todos hemos sido testigos, a través de esas páginas del Diario de la Marina de José Ignacio Rivero...

A continuación sólo unas frases de los distintos oradores del acto:

- «No vamos a tolerar coexistencia ni gobiernos neutrales» (García Dulzaides).
- «Las voluntades cubanas, decididas a dar la batalla» (Horacio Aguirre).
- "Si estamos condenados a la suerte de Hungría, toda la América lo estará" (R:R:Sardinas)
- «Esta es la manifestación más sólida de la unidad» (Dr. Juan J. Remos).
- «Tenemos derecho a pedir que se cumplan los tratados» (Dr. E. Núñez Portuondo).
- «...Por estas razones, y muchas más que están a la vista de todos, mientras cruzamos por nuestro calvario, no podía de ninguna manera reunirme aquí con ustedes, para recibir un homenaje. Me siento como todos, porque siento a Cuba como el que más: atribulado y lleno de angustias; decepciones muchas veces, y desesperado otras. Pero como mi espíritu y mi voluntad, como la voluntad y el espíritu de todos los cubanos, que no nos damos ni nos daremos jamás por vencidos, lucharán hasta el fin, decidí no rehusar la iniciativa, y reunirme esta noche con todos ustedes, rogándole a las organizaciones que la ocasión no fuera de homenaje a una persona ni a una actitud, sino una ocasión para trazar rutas y para situarnos en el camino que debemos seguir para reconquistar nuestros ideales, nuestros valores perdidos y la Patria, que es la suma de todos los valores.» (José Ignacio Rivero).

Fue un acto grandioso y emocionante

Amigos íntimos del Padre Rubinos cargamos el féretro a la salida de la iglesia de los jesuitas en Miami.

Fallece el padre José Rubinos S. J.

El fallecimiento del Padre Rubinos colmó de dolor nuestro corazón y el de todos los que le conocieron. Su afabilidad y su talento, su piedad y su bondad, ese perenne cultivar amistades que nada podía quebrar pues la dulzura de su carácter acompañada de una extrema comprensión de las flaquezas humanas hacían que el Padre. Rubinos perdonase a todos. Su corazón desbordante de alegría era el consuelo de todos aquellos que tuvieron la dicha de tratarlo, y que lloraban su fallecimiento.

El Padre Rubinos nació el 3 de abril de 1898. Ingresó en el seminario el 10 de abril de 1914 y fue ordenado sacerdote el 24 de julio de 1926, profesando la religión el 24 de septiembre de 1929. Llegó a Cuba e ingresó en el Colegio de Belén en el año 1928, precisamente el mismo año en que nosotros entrábamos en Belén en el primer grado. Dos generaciones de cubanos fueron sus alumnos. En 1961 fue expulsado de Cuba, junto a un centenar de religiosos y sacerdotes. Llegó a España y después de una corta estancia se trasladó a Panamá.

El Padre Rubinos, finísimo escritor de prosa inmaculada, era también poeta exquisito. Su obra principal es el poema épico «Covadonga», escrito en gallego y español y traducido a varios idiomas, También publicó las cien mejores poesías panameñas y durante su estancia en Panamá colaboró en el diario *Estrella de Panamá*.

Para nosotros, el R.P. era un compañero, un periodista de fibra, un maestro literario. Sus colaboraciones en la página editorial del *Diario de la Marina* eran ejemplares y edificantes. Un trabajo sobre el escándalo inhumano de Little Rock, que tituló «Una respuesta cristiana» mereció que el jurado del Premio «Pepín Rivero», le otorgara en Cuba el gran galardón periodístico de 1957.

Rubinos nos escribía a menudo desde su exilio en Panamá. En una de sus cartas nos pedía, nos rogaba, que le pidiera al Superior de los Jesuitas de la Provincia del Caribe que lo trasladara a Miarni porque deseaba estar con todos sus amigos cubanos en el exilio. En Panamá se sentía muy deprimido. Quería sentirse cerca de Cuba. Esa morriña que los gallegos sienten por su lugar de origen él la sentía por Cuba. Felizmente logré que el Padre Caferino Ruiz S.J. lo dejara venir a Miami y se convirtió de nuevo en uno de los grandes profesores del Colegio de Belén que ya estaba funcionando en la parte más cubana de la ciudad de Miami.

Muy poco tiempo pudo gozar de su nueva vida entre cubanos. Estaba enfermo. Tal vez la razón de su deseo de venir a Miami era porque presentía su muerte y quería morir más cerca de Cuba. Momentos antes de morir estábamos con nuestra esposa junto a él en el Mercy Hospital. Nos dijo casi balbuceando: «Pediré a Dios en el Cielo por ustedes y por la liberación de Cuba...» Al siguiente día después de su muerte nos llama el Padre Ripoll para que fuéramos por la casa de los Jesuitas, que entonces estaba en la hoy famosa avenida de Brickell, para entregarnos algunas cosas que Rubinos había dejado en su mesa de noche: su rosario y su libro de oraciones. Mi sorpresa fue que hojeando dicho libro me encuentro con un retrato mio que al parecer lo tenía para marcar las páginas. Mi emoción fue indescriptible...

Pasaron los días y publiqué unas sencillas pero sentidas líneas que titulé «Y en el silencio de su destierro...» que decían así:

Ha muerto el Padre Rubinos,
Y sin embargo no ha muerto.
El gran amigo se ha ido,
El gran maestro se ha muerto,
Y sin embargo no ha muerto,
Porque los grandes no mueren

Fue bueno el Padre Rubinos,
Muy bueno.
Fue santa su alma
Muy santa Por eso Rubinos ha muerto,
Y sin embargo no ha muerto.

No ha muerto,
Porque los buenos no mueren.
Porque los santos viven
Aunque en la vida mueran.

El Padre Rubinos vive,
Porque los buenos y santos
Aunque en la vida muera
Ante la muerte viven.

El poeta amigo
Al Cielo se fue diciendo:
"ninguna cosa muere en silencio,
ni guarda cosa que esté muerta el silencio".

Y en el silencio de su destierro,
Bajó a la tumba el maestro.
En el silencio de su tristeza,
Voló a la Gloria el amigo.

En su silencio muere Rubinos
Un silencio de muerte repleto de vida.
Su cuerpo en la vida muere,
Con su alma llena de amigos;
Llena de Cuba su alma;
Con su alma nuy viva de Dios.

Por eso Rubinos ha muerto,
Y sin embargo no ha muerto.
Su corazón en la vida muere,
Con un latido de amor.

Su vida es hoy el silencio,
Silencio que no es de muerte.
"Porque la muerte no es el silencio,
es la fecundación de la vida "
Por eso el maestro no ha muerto,
Por eso el amigo aun vive.

Por eso Rubinos no ha muerto,
Como una flor su alma se fue
Como una rosa, que cuando muere,
Todas sus hojas deshoja, para enseñar la hermosura y el gran
[vigor de su vida.

Ya desde arriba todo Rubinos lo mira.
En su orden todo lo ve.
En su belleza todo lo admira.
Y para ver las cosas así,
Que dejar tuvo sobre la tierra
La tierra de su cuerpo santo.

Ya no está sólo Rubinos,
Su poesía y su alma ya están en el Cielo.
En el Cielo por toda la vida,
La vida Eterna, la gran compañía.

Hoy nuestro amigo besa
las divinas manos del divino tapicero
Besa las manos de Dios:
Tapicero divino del Universo infinito.

¡Qué solos se quedan los muertos!,
Decía el poeta.
¡Que solos se quedan los vivos!
Decimos nosotros.
Hoy son nuestros muertos los vivos,
Y somos nosotros los muertos.
Por eso el Padre Rubinos ha muerto
Y sin embargo no ha muerto.
Por eso nosotros vivimos,
Y sin embargo morimos.

El Bloque Cívico

Inmediatamente después del acto del Parque de las Palomas comenzamos a reunirnos con distintas personas que estimábamos capaces de llevar a cabo la organización que habíamos propuesto en el transcurso de nuestras palabras de agradecimiento en el patriótico acto. Publicamos anuncios en los periódicos de MIAMI y de otras partes donde había gran número de exiliados. El *Diario las Américas* publicó en su primera página con fecha de 12 de febrero de 1964, la siguiente información: «Anunciará José Ignacio Rivero próximamente la constitución del Bloque Cívico Cubano después de realizar una gira por varias ciudades de EE.UU. y España». Y continuaba diciendo: «Estimando de interés para los lectores del Diario las Américas conocer la opinión del señor José Ignacio Rivero acerca de la creación del Bloque Cívico Cubano propuesto por él y, asímismo, los detalles y peculiaridades del mismo, nos acercamos al periodista cubano con el ánimo de hacerle tres simples preguntas que aparecen con las cumplidas respuestas del señor Rivero».

¿Puede decirnos cuando se pondrá en movimiento el Bloque Cívico Cubano preconizado por usted durante el acto celebrado en el Bayfront Park de Míami la noche del 17 de noviembre pasado?

–Un movimiento de la envergadura del Bloque Cívico no puede estructurarse festinadamente. Hace falta meditación, mesura y cuidado teniendo en cuenta su finalidad. Usted sabe bien que las aspiraciones mías al sugerir la formación del Bloque rebasan los marcos estrechos de las organizaciones, grupos e instituciones, las más de ellas sectarias aunque patrióticas, vigentes el día del acto que usted menciona. Tenga la seguridad de que desde aquella noche hemos trabajado tesoneramente en la planificación del Bloque Cívico, y de acuerdo con sus aspiraciones que no se detienen ante el momento actual sino que aspiran a que el día de mañana, que todos ansiamos, una vez de regreso a la Patria, sea el organismo rector, representativo, apolítico, no mediatizado por ninguna corriente particular, con fuerza verdaderamente nacional, sea a un mismo tiempo inspiración y freno de los gobiernos circunstanciales o constitucionales que se sucedan en el decurso del tiempo. Que este movimiento patriótico, en suma, en el cual se podrán aglutinar todos los cubanos, sea una fuerza determinante, una constante nacional., en el que preponderen por igual, sin rivalidades, todos los sectores, todas las fuerzas del país. No es fácil el empeño, ni suave el camino a recorrer. De ahí que hayamos decidido no dar pasos en falso ni caer en precipitaciones. Por lo tanto, dentro de pocos días emprenderé un corto viaje a Puerto Rico, España y Nueva York, entre otros lugares, para reunirme con los numerosos grupos de cubanos desterrados quienes, después de exponerles nuestros proyectos, se integrarán en el movimiento. Sépase que solamente en el

399

área de Nueva York residen actualmente unos 260,000 cubanos exiliados, número mucho mayor que en la zona de Miami y que en San Juan de Puerto Rico, igual que en España, la suma de los desterrados asciende a muchas decenas de millares. Una vez terminado el recorrido, anunciaremos en esta ciudad la constitución definitiva del Bloque Cívico Cubano.

«*¿Habrá algún tipo de limitación para que grupos o personas se integren en el Bloque?*

–Absolutamente ninguna. Todo cubano bien nacido es digno de formar parte de este movimiento. Quienes no reúnan esta condición no desearán sin duda formar filas a nuestro lado, De ahí que sea innecesario el veto, el examen previo o el más simple análisis. El Bloque Cívico es a modo de una columna en blanco que no acepta imposiciones de nadie, ni limitaciones de ningún género. Todos los cubanos patriotas hallarán las puertas abiertas de par en par y sólo no entrarán, repito, aquellos cuya conciencia no les permita hacerlo.

¡Puede adelantarnos una síntesis de los fundamentos y proyecciones del Bloque?"

–Parte del mecanismo democrático de toda sociedad civilizada es la expresión de la opinión pública a través de organismos e instrumentos cívicos con el fin de hacer sentir sus legítimas aspiraciones y necesidades en la dirección y gobierno de los asuntos públicos. Fuera de los partidos o grupos políticos -tan dignos como indispensables existen grandes sectores de opinión pública no incorporados directamente a ellos, los cuales, por esta causa, quedan siempre huérfanos de medios de actividad y de expresión adecuados. El Bloque Cívico Cubano pretende llenar de este modo ese vacío y convertirse, además de un vehículo de integración total de voluntades en órgano de expresión de esa parte importantísima de nuestra ciudadanía cubana que hoy carece, en el exilio, de cohesión y de un vehículo eficaz que le permita hacerse oír como una sola voz y hacerse respetar ante propios y extraños. Sus bases fundamentales son, primero, la fe en Dios, y enseguida la restauración de la Carta Magna como fuente, norma y guía de la vida ciudadana y garantía civilizada. Sus colaterales son la erradicación definitiva del comunismo abierto o solapado, la derogación de las leyes inhumanas dictadas por el marxismo, el reconocimiento pleno de la dignidad del hombre, la defensa del Hogar y la Escuela, el derecho de propiedad y libre empresa, la democracia sindical y la plena armonía entre el capital y el trabajo, la adhesión de Cuba al bloque de naciones democráticas y la celebración de comicios generales en el más breve plazo posible.

Y el *Diario las Américas* terminaba la entrevista diciendo:

–Con estas palabras dio fin nuestra breve entrevista con el señor José I. Rivero, director del *Diario de la Marina* destinada a ilustrar a nuestros lectores acerca del Bloque Cívico Cubano anunciado en el Parque de las Palomas durante el homenaje que más de diez mil cubanos tributaron hace dos meses al director del centenario periódico.»

Que lejos estábamos todavía de creer que en el exilio casi todas, por no decir todas, las iniciativas o propósitos patrióticos se frustraban o se convertían en simples ilusiones debido a la "semilla" de envidias y vanidades sembrada fuera de la patria por los que nada extraordinario, por no decir bueno, hicieron en Cuba.

Sobre el Referéndum y el Bloque Cívico

Al mismo tiempo el afamado hombre de negocios José María Bosch de la poderosa empresa Bacardí organizaba un referéndum en el exilio para crear un organismo que dirigiera a todos los cubanos para combatir a Castro. Uno más. Estábamos todos envueltos en programas, iniciativas, organismos, etcétera. Creo que cada cubano tenía en su casa o en la calle una fórmula que proponer a la opinión pública con sus ideas y fórmulas «acarameladas» con promesas o propósitos a realizar que casi nunca, por no decir nunca, se convertían en realidad. Lo más curioso del caso es que por lo general, por no decir siempre, salían a la palestra los que de una o de otra manera querían bañarse en el «Jordán» del destierro con el «jabón» del patriotismo que se les había resbalado en la patria... Ya se le había dado el «tiro de gracia» al Supremo Organismo Ejecutivo que habíamos propuesto con los «12 Puntos» al principio del exilio no obstante la gran acogida que tuvieron dichos puntos. Pero éramos testarudos –lo seguimos siendo– y continuamos hacia adelante con nuestras ilusiones de crear algo positivo entre compatriotas que más que desterrados parecíamos y seguimos pareciendo, grillos metidos en una olla: Si hoy somos dos millones de cubanos en el exilio de seguro que son dos millones de ideas y de iniciativas distintas para lograr la liberación de Cuba. Es una mala herencia o desgracia del fidelismo que además de implantar la tiranía difundió con diabólica intención la confusión. En Cuba casi nadie quería ser león frente a Castro pero en el destierro casi todo el mundo quiere comerse al malvado león. No debemos esconder la triste realidad. Si todos los que escriben y los que hablan en público lo hicieran siempre con sinceridad y sin temor a que se les tilde de intransigentes, más tarde o más temprano se terminaría con la simulación, con el falso protagonismo, con la vanidad y con la mentira destructora de los buenos y oportunos propósitos.

Sobre el llamado Referéndum en el exilio para escoger a sus dirigentes surgió una polémica casi interminable debido a que Pepín Bosch se oponía a la columna en blanco habiendo escogido sólo a unos cuantos cubanos para que la opinión pública dijera si los quería o no para regir los destinos del destierro. Nosotros defendimos la columna en blanco y no nos opusimos al Referéndum. Todo lo contrario lo apoyamos aunque estábamos en nuestra tarea de crear el Bloque Cívico. Arturo Artalejo, un cubano decente y de buena fe, luchador incansable a través de la radio en Cuba y en el exilio, no interpretó bien un artículo que habíamos escrito sobre el Referéndum en cuestión y tuvimos que responderle con otro artículo que titulamos «Columna en Blanco». Le decíamos así al amigo Artalejo:

«Mi estimado Artalejo:

Tuve el gusto de escuchar por tu espacio radial la nota de prensa que te envié sobre el Bloque Cívico Cubano y que, al parecer, leíste en parte con cierta preocupación o desagrado.

Quiero advertirte, antes de continuar estas líneas, que esta cuestión del Bloque Cívico como la del Referéndum o la de cualquier otra gestión encaminada a encontrar una solución a nuestro grave problema de poner de acuerdo a nuestros compatriotas en el exilio, no puede constituir para mí una cuestión de intriga o de interés personal. Esta actitud corresponde sólo a quienes nada hicieron en Cuba por los intereses de todos, y a quienes entregaron a la Patria a Fidel Castro por cobardía para salvarse ellos. Yo nada tengo que ganar ni nada tengo que perder con un referéndum ni con un bloque porque felizmente no tengo, como algunos, que lavarme en el Jordán del exilio.

Aclarado esto, pasaré al único objeto de esta carta. Me preguntas públicamente si cuando digo que el Bloque Cívico ha de ser para todos los cubanos como una columna en blanco estoy criticando veladamente al referéndum que va a realizar el compatriota José María Bosch. Sinceramente, amigo Artalejo, como tampoco tengo nada que ocultar, no tengo por qué hablar veladamente en cuanto a nada y mucho menos a lo que se relacione con nuestro problema cubano.

Yo he cometido faltas en mi vida y he incurrido en errores. De esto no cabe la menor duda. Uno de mis mayores errores ha sido haber creído en una época, con bastante ingenuidad, que mis amigos algún día me sacarían las castañas del fuego en mis momentos difíciles por habérselas sacado yo y por haberlos servido desinteresadamente con anterioridad. Equivocaciones las tiene cualquiera en la vida, amigo mío. ¿Quién no se equivoca? Que levante la mano el que pueda tirar la primera piedra. Pero, eso sí, sin ánimo ninguno de competir en sinceridad ni en civismo contigo ni con ningún otro digno comentarista cubano en el exilio, del aire o de la tierra, sí creo que puedo asegurarte que jamás me he destacado por hablar o por escribir veladamente o en forma retorcida. Seguro estoy de que si algún mérito tengo como periodista es el de no haber hablado nunca enredado.

Me gusta hablar claro y llamar al pan, pan y al vino, vino, y no al pan vino, ni al vino pan como hicieron algunos en Cuba para ponerse a bien con los barbudos y como hacen otros en el exilio para ponerse a tono con los poderosos..

Mira, querido Artalejo, cuando digo que el Bloque Cívico será como una columna en blanco para todos los cubanos, no quiero decir otra cosa que eso: una columna en blanco donde quepan todos los cubanos que de verdad ansían la libertad de la Patria. Así concibo yo un movimiento libertador cualquiera. Con ese espíritu de columna en blanco, o de puertas abiertas —llámale como quieras a lo amplio, a lo generoso, a lo verdaderamente nacional– debe ser constituida toda organización cívica o patriótica que de verdad aspire a servir y a defender los intereses y los ideales sagrados de todos y no sólo de unos cuantos que caprichosamen-

te se cierran a una banda y limitan su cuadro más a un grupo de hombres que a un grupo de ideas fundamentales respaldadas por la gran mayoría.

No critico al referéndum directa o veladamente por tres sencillas razones: primero, porque no le temo a las consultas populares y porque soy un ferviente defensor de las mismas; segundo, porque en este caso los cubanos integrantes del Comité Pro Referéndum son, a mi juicio hombres bien intencionados, y tercero, porque dicho Comité aún no ha dicho su última palabra en cuanto al sistema que adoptará para la realización del referéndum.

Sí estimo, amigo mío, que no se puede seguir jugando con la voluntad del cubano en el destierro, que es la misma del cubano que sufre en la Patria encadenada. No me negarás que el juego y el rejuego de la demagogia, de la politiquería, del oportunismo y del engaño en el exilio han batido todos los records.

Por eso es hora ya de que se hable y se piense en los cubanos todos y no en grupos de cubanos ni en fórmulas a puertas cerradas o soluciones a medias.

Ese es el sentido único que tiene el párrafo de la nota que te envié sobre el Bloque Cívico que tanto te preocupó, seguramente porque así no lo entendiste o porque acostumbrados como estamos ya en este maldito destierro a destruirnos unos a otros, arruinaste mi declaración creyendo que yo trataba con ella de arruinar el referéndum.

No amigo Artalejo no pienses mal. Mi posición en esta hora de lucha es la de creer firmemente en la liberación de mi Patria y más tarde en la reconstrucción. Esta posición me lleva hoy a mí a defender la columna en blanco en todo y para todo, porque de lo contrario no estaríamos luchando por el rescate de una Patria verdaderamente libre y verdaderamente democrática.

Si el referéndum, que aún no ha dicho su última palabra, o cualquier otra gestión o esfuerzo realizado o por realizar por nuestra causa, no contempla este ángulo tan fundamental, allá el y su conciencia.

Entonces, a quien le venga bien el sayo de lo que he dicho en la nota que te envié, ampliado en estas líneas, que se lo ponga.

Y nada más, amigo Artalejo. Sólo me resta decirte, al contestar este emplazamiento que me has hecho, que puedes estar seguro de que tú sigues en la columna en blanco de mis afectos porque, aunque te cueste trabajo creerlo, son muchos los que mantengo a pesar de los golpes recibidos.

José I. Rivero (Feb. 1964)

Respaldo

Numerosos organismos laborales hicieron manifestaciones de adhesión a nuestras palabras vertidas en el acto celebrado el 17 de noviembre de 1963 en el Bayfront Park de Míami entre cuyos conceptos sobresalió la idea de la unidad de todas las fuerzas cívicas del exilio en un bloque poderoso que agrupase a todos los factores nacionales, a todas las manifestaciones de la vida cubana. Perentorias ocupaciones nos impidieron la plasmación de aquel propósito esbozado por nosotros aquella noche memorable. No obstante, el proyecto matriz no cayó en vació y pese a la dilación ocurrida por causas imprevisibles, la fórmula para llegar a la unidad verdadera continuaba en pie reclamada de continuo por numerosas organizaciones patrióticas del destierro.

El Movimiento Nacional Clandestino del Transporte, en febrero de 1964, en un mensaje a nosotros nos manifestó que: «Los miembros de esta organizacion, todos pertenecientes al sector del transporte, por estas declaraciones hacemos constar que es nuestra también la idea lanzada por el Sr. José I. Rivero el pasado 17 de noviembre en el Bayfront Park y más tarde ratificada en entrevista celebrada en *Diario las Américas*».

«Se hace necesaria la unión de todos los cubanos en -un solo aparato que sea el factor básico para la inmediata liberación de nuestra patria del yugo comunista, pero más que nada es necesario que esta unidad sea de principios. Hoy más que nunca Cuba y su pueblo necesitan de nuestra ayuda, la ayuda del exilio, pues los que se llaman nuestros aliados nos han traicionado. El llamado mundo libre y por ende democrático comercia con la Cuba roja y la Rusia imperialista; las naciones latinoamericanas viran las espaldas a nuestros sufrimientos y permanecen silenciosos ante la intervención soviética en las Américas

El Movimiento Revolucionario Acción Cubana, por su parte: «Acción Cubana, delegación en el exilio ha mantenido el criterio de guardar silencio en sus labores con los miembros de la resistencia para no capitalizar falsas vigencias que a nada conducen, en esta oportunidad ha creído necesario y oportuno estimular la iniciativa patriótica del señor Rivero. Por tal motivo, exhortamos a todos los cubanos que se han sentido hasta ahora desilusionados por la multitud de líderes que caloricen los esfuerzos del señor Rivero. Al mismo tiempo Hacemos un energico llamamiento patriótico a los cubanos poseedores de cuantiosos recursos económicos, en memoria de aquellos otros cubanos que en el exilio, en nuestra primera guerra de independencia lo dieron todo por la liberación de Cuba, recordándoles que por muy grande que sean los empeños y muy justas las causas, sin recursos económicos el triunfo será más lejano. Por ello también a la iniciativa del señor Rivero debe seguir la aportación inmediata que nutran los fondos necesarios para la liberación».

El Frente Anticomunista de Resistencia Interna (PARI) manifestó lo siguiente: «En determinados momentos creemos que también la palabra puede ser instrumento de combate, sobre todo cuando es empleada con dignidad y decoro. Por ello queremos dejar sentado que estimamos que las proyecciones manifestadas por el señor José 1. Rivero responden a un elevado concepto del patriotismo y abren una posibilidad de unión en la lucha contra el comunismo en la que todos estamos empeñados, lucha en la que no podemos cejar porque ante la Patria martirizada todo desmayo es cobardía y toda indiferencia se convierte en traición».

Por su parte el Block Obrero Anticomunista de Cuba (BOAC) expuso su opinión de la siguiente manera: «Ya ha llegado el momento de crear entre todo ese aparato enorme de hombres y voluntades que, llegado el momento, nos permita llevar la guerra a Cuba, liberarla y después, entre todos, reconstruirla, pero en forma tal que los errores anteriores, cometidos colectivamente por culpa u omisión, no vuelvan a ocurrir, y eso es solo posible logarlo mediante la sincera y patriótica, cohesión entre todos los cubanos de buena fe. El señor José 1. Rivero tiene la palabra entre muchos centenares de cubanos bien nacidos y bien intencionados. Su ideario fue perfectamente bien entendido y ellos como nosotros esperamos, que lleve ese mismo mensaje a los compatriotas residentes en otras áreas, como Puerto Rico, Nueva York, España, etc., pues sabemos que en esos lugares también escuchará el mismo grito, la misma consigna 'unidad y liberación'».

No caben en estas memorias –lo repito con sincendad– la cantidad de solidaridad que tuvieron nuestros llamados dirigidos hacia la unidad bien entendida y efectiva. Pero ni eso ni otros esfuerzos similares lograron el acuerdo ni la accion para crear nada verdaderamente positivo. La enfermedad del «ego» ya estaba haciendo estragos en el destierro. No existía, ni existe aún, la «vacuna» para eliminar ese mal hasta tanto no se le declare la guerra efectiva a la vanidad y al personalismo vergonzoso. Sigue dando pena ver como se atreven ciertos llamados «líderes» de Miami a señalar derroteros contra el enemigo habiendo salido de Cuba con el «rabo entre piernas» o sin al menos haber gritado por algún callejón de la isla ¡Viva Cuba Libre! Más adelante veremos algunas de las experiencias nuestras vividas con algunos de esos farsantes que abundan en el exilio.

La columna en Blanco no va

Nos hallábamos en Puerto Rico de regreso a Miami después de un viaje por España invitados por el Ministerio de Asuntos Exteriores. Desde San Juan respondimos una carta que nos había enviado José María Bosch (Pepín) Veamos primero la carta de Bosch y después la respuesta que le dimos sin esperar a llegar a Miami Pepín Bosch nos decía:

«Estimado señor Rivero: Su nota en el Diario las Américas como me menciona me atrevo a comentarla.

Si Artalejo no le pidió la nota de prensa, no se debe quejar de su lectura. Su escrito en el Diario las Américas *se parece en algo a coacción y tengo confianza que usted no la ha querido ejercer.*

En cuanto a si el Bloque Cívico es mejor para la Patria o que el Referéndum es mejor, creo que no debemos sembrar cismas, el tiempo y los hechos darán el resultado. A lo mejor los cubanos no aprueban los candidatos en el Referéndum y el asunto fracasa y cargo con la responsabilidad.

Francamente me parece muy duro que usted, entre todas las personas, escriba que estoy jugando con la voluntad de los cubanos. En cuanto a la columna en blanco que tanto le preocupa, por qué no llama a Freyre y que él le explique por qué la columna en blanco no puede ser, si se quiere liberar a Cuba, pues supongo que usted estará acorde que un Comité Libertador con Batista al frente nos acabaría de enterrar.

Pienso siempre que no soy dueño de la verdad toda y acaso ¿quién lo es?

La adjunta declaración de Lincoln puede ser guía para todos: "Haré todo lo mejor que yo sepa y lo mejor que pueda; y quiero decir que pienso seguir haciendo hasta el final, Si el final me resulta bien, todo lo que se diga en contra mía nada significaría. Si el final me resulta mal no importará ver a diez ángeles jurando que yo tenía razón.

Cordialmente,
José María Bosch»

He aquí nuestra respuesta:

«Mi estimado amigo Bosch:
Comprendo que tengo la mala costumbre de pensar en voz alta. De ahí que a veces se me suelte la pluma y diga en ocasiones más cosas de las que debo. Pensar en voz alta es una tarea altamente peligrosa e ingrata para el que piensa con la cabeza y tiene la misma sobre sus hombros. Porque pensar con tino en medio de tanto desatino es labor de titanes pues no todos los que leen, piensan y oyen, saben oír, pensar y leer como Dios manda.

407

Sin embargo, a pesar de lo dura que es la tarea, le confieso que prefiero seguir dejando que mi pluma se suelte y que piense en voz alta, a frenarla para no rozar con nadie ni con nada. Algunos podrán llamarle a esto coacción, otros le llamarán crudeza, brusquedad, cualquier cosa. Yo le llamo simplemente sinceridad. Y más aun cuando se trata de la Patria y no de cuestiones personales, que esa no es mi afición.

El comunismo se adueñó de Cuba, y usted lo sabe muy bien, porque nadie se atrevió a ser sincero ni a pensar en voz alta. Castro está en el poder porque muy pocos le dieron rienda suelta a sus plumas para desemnascarar desde un principio a la revolución tan roja como el infierno y para abrirle los ojos a una sociedad imbecilizada en una luna de miel con el "Robin Hood" asesino que enterró a la República.

Sería, por lo tanto, muy triste que después de tan tremenda lección incurriésemos en el mismo error. Debemos hacer hoy lo que no se hizo ayer para que tengamos un mañana glorioso. Y hoy, a mi juicio, lo más importante es la guerra pero también la palabra y el pensamiento expresado a toda voz sin que le quede a nadie nada por dentro.

¡Hay que vaciar el tintero!

Pero entiéndame bien, no me refiero a vaciar el tintero en disputas ni en querellas y mucho menos en paletadas de fango echadas a la cara de nuestros propios compatriotas. Me refiero a la postura sincera de poner los puntos sobre las 'ies' cuando hay que ponerlos. Esa postura que debemos todos asumir en esta hora en que las equivocaciones y los empecinamientos sí pueden enterramos para siempre. La actitud y el procedimiento es lo que pesa en una cruzada como la nuestra y no concentrar la atención en nombres y apellidos. Empecinarse a fórmulas exclusivas y personalísimas arrastraría consigo el repugnante germen del resentimiento y del odio que daría al traste con nuestras esperanzas de vemos todos algún día hermanados en una Cuba cristiana, libre y democrática.

Sí, amigo Busch, hoy más que nunca los cubanos necesitamos una 'columna en blanco'. Y la necesitamos precisamente porque todos somos pecadores en la tragedia de nuestra Patria. Nadie tiene derecho a vetar a nadie, ni ningún cubano en particular tiene autoridad suficiente para seleccionar con justicia a quienes deban regir la dirección de nuestra lucha, porque el que más o el que menos cometió su error. Unos por cobardía, por oportunismo, por egoísmo y otros por resentimiento, venganzas e identificación con el monstruo que más tarde les arrancó la cabeza.

Hablando claro y pensando en voz alta le digo que si de vetar o de seleccionar se trata, el veto alcanzaría a casi todos y la selección a cualquiera, porque muy poca diferencia existe entre los que mataron la chiva y los que le aguantaron las patas", perdonándoseme la vulgar expresión. Por eso estoy plenamente convencido de que esta hoja triste de nuestra historia hay que doblarla, porque de no doblarla la cosa sería la de nunca acabar, o mejor dicho, la de nunca empezar puesto que aun andamos en pañales en el esfuerzo libertador. La única hoja que debemos doblar es la del comunismo, la del fidelismo agazapado: esa hoja que también se escribe en el exilio para reeditar en Cuba, solo con una portada distinta, el libro de la triste aventura socialistera.

Porque creo también en el escarmiento de la mayoría de los cubanos y me preocupa mucho la ingenuidad y la reincidencia en el error de una minoría capaz de cualquier cosa por su tremenda osadía y descaro, es que creo firmemente en la 'columna en blanco', porque son los cubanos, en su mayoría ya escarmentados, los que deben decir la última palabra. Pero esa última palabra, amigo Bosch, jamás podrá decirla el cubano mientras se le presente un cuadro que 'obliga a todos a carabina' perdonándoseme de nuevo la expresión.

Antes de terminar estas líneas, escritas con entera franqueza y sin ánimo alguno de obstaculizar la gran tarea emprendida por usted, debo contestar algunos puntos de su carta para dejar bien aclarada mi posición en cuanto al referéndum y en torno a lo más relacionado con nuestros problemas. Posición que en nada se diferencia a la asurnida en Cuba cuando combatía, sin ser comprendido, al desenfreno de algunos y defendía el derecho de todos...»

«No me quejo, como usted dice, de la lectura de la nota de prensa que no se me pidió. Mí nota sugirió al comentarista una pregunta y yo me limité a contestarla. Mi contestación a la pregunta que se me hizo provocó en usted una queja; y no debe usted quejarse de la pregunta ni de la respuesta, porque la pregunta fue hecha para mí y la respuesta dada al comentarista y no a usted.

En cuanto a si el Bloque Cívico es mejor para la Patria o si el referéndum es mejor, creo que cualquier cosa es buena para la Patria, si la cosa o las cosas se hacen bien y las mismas están respaldadas por la mayoría escarmentada. Las divisiones y los cismas se siembran precisamente cuando las cosas se hacen mal, cuando el esfuerzo se realiza a medias o a contrapelo del sentir general. No basta la buena intención. De buenas intenciones está cuajado el infierno. Cargar con la responsabilidad de un fracaso, como usted dice, otro más en el exilio, sería algo muy lamentable, por no decir caótico, a estas alturas.

(Cuando escribimos estas memorias han transcurrido más de cuatro décadas de castrismo y aun no se ha logrado el más mínimo éxito en el capítulo de una sólida, seria y permanente unidad para dirigir al exilio...)

Ese cargar con la responsabilidad de un fracaso por empecinarse a una fórmula incompleta, resultaría no una carga para usted solo, sino una carga más de desaliento sobre el calvario de todos los cubanos que necesitamos urgentemente de algo que nos saque del atolladero, sea referéndum o cualquier cosa, pero algo que marche adelante y sin detenerse con la bandera del triunfo y no con la del fracaso.

Yo no dije que usted estaba jugando con la voluntad de los cubanos cuando lo decía en términos generales. El referéndum no había dicho aun su última palabra cuando hablé de jugar con la voluntad de los cubanos. Mis palabras fueron estas que hoy vuelvo a reiterar: No critico al Referéndum directa o veladamente por tres razones sencillas: primero, porque no le temo a las consultas populares y porque soy un ferviente defensor de las mismas; segundo porque en este caso los cubanos integrantes del Comité Pro Referéndum son, a mí juicio, hombres honrados y bien intencionados; y tercero, porque dicho Comité aún no ha dicho su última palabra en cuanto al sistema que adoptará para la realización del Referéndum. Sí estimo que no se puede seguir jugando con la voluntad del cubano el destierro, que es la misma del cubano que sufre en la Patria encadenada. No se puede negar que el juego y el rejuego de la demagogia, de la politiquería, del oportunismo y del engaño en el exilio ha batido todos los records. Por eso es hora ya de que se hable y se piense en los cubanos todos y no en grupos de cubanos ni en fórmulas a puertas cerradas o soluciones a medias. Si el Referéndum, que aun no ha dicho su última palabra, o cualquier otra gestión o esfuerzo realizado o por realizar por nuestra causa, no contempla este ángulo tan fundamental, allá él y su conciencia. Entonces, a quien le venga bien el sayo que se lo ponga

Yo, amigo Bosch, defiendo la 'columna en blanco' como cosa fundamental para una gestión de verdadera consulta y porque tengo fe en que la mayoría de los cubanos con la lección aprendida y con el gran deseo de regresar a la Patria, eligirá a los mejores y en ningún momento a los peores. Yo he dicho mi última palabra y ya usted ha dicho la suya. Su carta y mi respuesta así lo demuestran.

Me dice que hable con Freyre, cubano de toda mi estimación. Ya lo había hecho con anterioridad a su carta. El me explicó lo de la 'columna en blanco', y no me convenció. Su argumento fue el mismo que usted me expone en su carta, un poco más ampliado: que si Ray, que si Batista, que si fulano, que si mengano; que si los políticos no deben salir y que por la columna en blanco podría salir cualquier indeseable. Como si cualquier cubano sin arraigo y sin opinión pública suficientes pudiera lograr, digo yo, alguna votación.

A Freyre le expliqué mi punto de vista sobre el Referéndum y no lo convencí. Mi argumento fue el que expuse en la nota que a usted no le gustó: Referéndum en grande. Con todos y para todos. Con espíritu de 'columna en blanco' o de puertas abiertas. Amplio, generoso, verdaderamente nacional, que aspire a servir y a defender los intereses y los ideales sagrados de todos y no solo de unos cuantos.

¿Por qué se empeña en consultar la opinión de los cubanos sí de entrada está usted convencido, por lo que me dice en su carta, que Batista o cualquier otro cubano, no escogido por el Comité Pro Referéndum, puede salir en una columna en blanco?

Usted dice que mi escrito 'se parece en algo a coacción', porque pido la columna en blanco, aunque cree que esa coacción no la he querido ejercer. Yo podría decir también que sus afirmaciones se parecen en algo a una comedia, porque consultar sin consultar de verdad no es más que eso, aunque también quiero creer que esa comedia usted no la quiera representar.

Y por último, estimado amigo, para demostrarle con hechos y no con palabras, mi deseo de que su gestión triunfe por el bien de Cuba y de los cubanos, le anuncio en esta respuesta a su carta mi decisión de posponer la constitución del Bloque Cívico. 'Hago un alto en el camino hasta tanto no se celebre el Referéndum organizado por usted y encaminado a encontrar una solución a nuestro grave problema de poner de acuerdo a nuestros compatriotas en el exilio, aunque dudo que ese ansiado acuerdo se logre sin una columna en blanco que nos permita a todos decir, de verdad, lo que queremos.

Si el Referéndum triunfa, y ojalá que así sea, habiendo sido yo el equivocado, le daré todo mi apoyo y todo mi calor a su benemérita gestión, con el único propósito de salvar a la Patria.

Si el empeño se frustrara, habiendo sido usted el equivocado, entonces le pediría que se sumara al Bloque Cívico que yo quería constituir, sin vetos ni exclusiones. Ese Bloque que iba a nacer en estos días repleto de generosidad y comprensión, para que fuera, además de trinchera de lucha, una trinchera de amor y de concordia entre todos los cubanos.

Usted termina su carta con un pensamiento de Lincoln y yo termino la mía con uno de Lavater: 'Desconfiad del hombre que todo lo encuentra bien, del hombre que todo lo encuentra mal, y más todavía del hombre que se muestra indiferente a todo'.

Creame que por no encontrar bien que se fusile a la columna en blanco y por no ser indiferente a un fracaso suyo, mío o de cualquier cubano que hoy lucha contra el comunismo le escribe con esta sinceridad su amigo y servidor, José I. Rivero»

Un diálogo inolvidable

Era una tarde del día 18 de mayo de 1966 cuando iniciábamos una larga conversación con un valiente y destacado combatiente por la Independencia de nuestra Patria. Escríbo estas fincas más con el alma que con la pluma Me refiero al General Generoso Campos Marquetti quien se fue al Cielo pocos días después de nuestro emotivo encuentro en su humilde casa del exilio. No nos había sorprendido su muerte. La esperábamos como algo previsto por los médicos. Era inaplazable el final de su existencia, Entregó su alma al Señor después de pasar por el mundo repleto de méritos y amor a Cuba.

Mas no por ello fue menos dolorosa la noticia de su fallecimiento, ni menos angustiosa la certeza de que habíamos perdido los cubanos, para siempre, en el árido camino del destierro, la excelsa figura del irreductible mambí que, con más de noventa años, víctima de un cáncer que había hecho metástasis en todo su organismo, hablaba de regresar a Cuba con las armas en las manos.

Cuatro días antes de su muerte, el General quiso hablar conmigo. Concurrí a la cita, en una modestísima casa en el North West de la ciudad de Miami Allí hablamos, por espacio de dos horas de Cuba y de cómo liberarla de las garras del comunismo ateo y opresor. Campos Marquetti me hablaba recostado sobre una cama rodeada de pobreza, con un tabaco en la mano y al pie de una foto histórica de la reunión en «La Mejorana».

En aquella modesta habitación, en vísperas, precisamente, de nuestro glorioso 20 de Mayo, respiré a plenitud con los pulmones del alma los aires de nuestras gestas libertadoras. Junto al gallardo y queridísirno patriota pasé las horas respirando a Cuba de Maisí a San Antonio.

Confleso que nunca en el destierro me sentí más cerca de nu patria que en esas últimas y cubanisimas horas que pasé junto a quien durante toda una larga vida no hizo más que darse generosa y enteramente por la libertad plena de la tierra que nos vio nacer.

Aquella tarde el General con su mirada amable y su pensanuento claro y sencillo, como el de los grandes hombres, inició el diálogo. Un diálogo digno y natural. Nada parecido a los que algunos desean realizar con el Castro-comunismo, hermano legítimo del demonio...

–Quería hablarle, Rivero, porque antes de partir para Washington deseo que usted conozca los planes que se están elaborando para llevar a Cuba la verdadera guerra, la guerra grande contra Castro. Me interesa su opinión y quiero que usted se prepare para lo que ha de ocurrir muy pronto.

–General: mal podría darle yo una opinión a usted, sobre este punto tan vital para todos nosotros, que por razones que no hace falta explicar es usted el indicado para darnos sus opiniones y nosotros para ponemos a sus órdenes. Considéreme tan solo un cubano más que desea vivamente estar al lado de su General ahora y a la hora de las órdenes y de la decisión para hacer lo que sea necesario por salvar a Cuba

–Gracias, Rivero. Me recuerda Ud., por sus gestos amables y sinceros sentimientos a su abuelo don Nicolás, de quien llegué a ser un gran amigo al comienzo de la República. También fui amigo de su padre, Pepín, que en gloria esté. Y ahora quiero serlo suyo.

–Muchas gracias a Ud., General. Si yo le recuerdo a mi abuelo don Nicolás, que amó a Cuba como a su propia patria, siendo un gran español. Ud., me recuerda a mí, a mi bisabuelo, por parte de madre, Alfredo Hemández Huget, porque los veo juntos y hermanados en la deportación y en las prisiones españolas por la causa de nuestra independencia. No tiene que ser Ud., ahora mi amigo, porque lo hemos sido siempre, aunque nos hayamos tratado poco. Sus elevados empeños, sentimientos y voluntades también los he sentido yo toda mi vida, aunque distando mucho de sus méritos. Amigos hemos sido de verdad porque en la conformidad de los sentimientos, empeños y voluntades consiste la verdadera amistad.

–Así se habla. Todos los cubanos debemos ansiar una sola cosa: la libertad de nuestra patria. Por consiguiente todos tenemos que ser amigos. Es la hora de la amistad, amigo Rivero. La hora del abrazo de todos los compatriotas para su empeño común. Hay que salvar a Cuba y no hay tiempo para las divisiones infecundas ni para las querellas y discusiones minúsculas. Hay que pelear. Y todo el que quiera pelear por la libertad por la libertad de Cuba es mi amigo. Y es mi hermano. Por muy discrepantes que seamos en otros aspectos. El que no vea ni sienta las cosas así será cubano porque nació en Cuba, pero dejó de serlo en el alma y en el corazón. Todo esto lo aprendí con mi maestro don Juan Gualberto Gómez. Y créame que trabajo me costó aprender la lección de la hermandad junto a la discrepancia, porque yo era muy joven entonces y además muy impulsivo. Pero cuando llegué a asimilar bien la lección que me daba aquel cubano fue cuando advertí que aquel concepto de la unidad era la espina dorsal del ejército mambí.

–Yo estoy seguro, estimado General, que esa unidad, esa hermandad, ese abrazo generoso que Ud. tan patrióticamente pide, es indispensable para esta segunda guerra de independencia.

–Sé que usted piensa así, Rivero. Por eso he querido hablar con Ud. antes de que se den los últimos, toques al plan de la liberación . Por encima de todas las demás cosas tenemos que lograr lo que sea más efectivo para la victoria Hay que hermanarse en la lucha dejando a un lado la manía que se ha adquirido en el exilio de hurgar en el pasado de los compatriotas. Tenemos que estrechar filas sí consideramos que los que luchamos contra el comunismo estamos con la verdad y los comunistas que luchan contra nosotros están con la mentira. Todo el que quiera luchar por la libertad de Cuba -por la verdadera libertad---, es bueno, aunque haya cometido errores en su vida. Para liberar un pueblo no se puede andar mirando sólo el pasado. Lo que se hizo, lo que pasó ha de servirnos únicamente para rectificar conductas y actitudes. De los hombres que van a pelear lo que más importa es el presente.

–Es verdad, General, pero no pierda de vista una cosa...

–¿Qué cosa?

–Que hay fuerzas muy poderosas que estimulan el divisionismo, los vetos, las exclusiones. Que no quieren que se logre en nuestro exilio eso que Ud. y tantísimos otros cubanos ansiamos, porque Ud. sabe que esas fuerzas solapadamente trabajan para que predominen en el exilio y para que dominen luego en nuestra patria liberada de Moscú, aquellos que quieren convertir a nuestra isla en un país igualmente socialista, aunque sin la égida del comunismo internacional. Esto, General, es muy grave para un pueblo como el nuestro que está sufriendo tanto por alcanzar su genuina libertad y su clima de una democracia basada en los principios cristianos y en los legítimos derechos humanos.

–Todo eso lo sé. Pero contra esas fuezas poderosísimas que solapadamente, como usted dice, quieren imponernos lo que no queremos, tenemos que imponer nosotros la integridad de nuestra lucha, nuestra inteligencia y, por encima de todo, nuestro patriotismo. Y divididos, estimado Rivero, no podremos llegar a ninguna parte. Serán esos pocos los que llegarán a todas partes. Si eso es lo que quieren esas fuerza ¡pues contra esas fuerzas también tendremos que luchar! Estoy convencido de que a Cuba la tenemos que libertar los cubanos, aunque necesitemos la ayuda física de los no cubanos amigos nuestros. No se puede creer en otra cosa. Yo, con 94 años, voy a tirar más tiros que en la guerra de independencia- Porque en las guerras no hay edades. Y todos tenemos que ir. Todos.

–Dios lo oiga, querido General. ¡Cuando llegará ese día en que nos veamos todos, los de allá y los de acá, unidos con las armas en la mano para esa batalla final!

–Tendrá que ser muy pronto, amigo mío. Y cuando llegue el momento Ud. también irá cuando le avisemos. No antes. Yo sí, que soy guerrero y conozco esos caminos, iré en el primer desembarco...

Las palabras del General Campos Marquetti, invalido –que ya no podía ¡ni ponerse de pie!– me llegaron al corazón. Hablaba con la fe y el entusiasmo del patriota de otros días. Al escuchar su palabra con esa fe y ese coraje, me lo imaginé en 1895. Y el pobre anciano ya no podía ni caminar.

Allí estaba, firme como una roca. Rodeado de pobreza, pero con una inmensa riqueza en su alma. Hablaba con la humildad con que sólo pueden hablar los grandes hombres, aquellos a los cuales la grandeza no les viene de fuera por lo que lucen, y no son, sino que les brota de adentro, por lo que verdaderamente son.

Terminado el emocionante diálogo, me despedí del General, sin pensar –pese a que no ignoraba su enfermedad– que me despedía para siempre. Me dijo antes de abandonar su humilde cuarto, que quería continuar nuestra conversación cuando regresara de Washington, donde tenía que concurrir el 19 de Mayo al homenaje que la Cámara de Representantes de los Estados Unidos le tributaría a la independencia de Cuba y en cuyo acto él sería el único invitado oficial.

No pudo escoger Dios Nuestro Señor, un marco mas propicio ni mejor escenario que el Parlamento de los Estados Unidos de América para la apoteosis sublime del General, que además de guerrero, había sido en la alborada de la República uno de nuestros más fecundos parlamentarios. Y tampoco pudo el Altísimo escoger una fecha mejor que el misimo día en que murió en Dos Ríos nuestro Apóstol José Martí para llevárselo a su seno, después de entregar la bandera cubana al Presidente de la Cámara diciéndole: «Esta es la bandera de Cuba. La que americanos y cubanos defendimos juntos en la loma de San Juan. Esta bandera es el símbolo de nuestra soberanía.»

Trató de decir algo más, pero no pudo. Ni hizo falta que dijera más. Un síncope cardíaco marcó el punto final de la última hazaña del gallardo General.

Ya no podíamos reiniciar el diálogo prometido. Lo unpidió la muerte. Como impidió también el desembarco del General, tirando "más tiros que en la guerra de independencia.

Pero ya él no podía hablamos más. Yo sí puedo hablarle a él, porque sé que me oye desde la Gloria, y así añadirle lo que a mí me faltó por decirle en el digno diálogo que en vida quedó inconcluso.

–General: yo queria decirle a su regreso de Washington que los cubanos con vergüenza tenían que sacudir las conciencias de aquellos compatriotas que las tienen dormidas. Que teníamos que comenzar a librar una batalla antes de emprender la última y definitiva que arrojará a los malvados de nuestra tierra: la batalla contra las pasiones y contra la ceguera mental de que padecen muchos en nuestro exilio en diversos aspectos, Yo quería decirle que veía la mentira avanzando sin titubeos ni vacilaciones, porque no encontraba en el camino resistencia alguna, ni unidad de propósitos elevados de nuestra parte para frenarla para detenerla y para aplastarla. La mentira progresa en sus propósitos porque la verdad retrocede hoy vergonzosamente.

Yo pensaba decirle, estimado General, que veía la moral en quiebra, a pesar de ver a tantos compatriotas y tantísimos otros hombres que por el mundo nuestro se lo juegan todo por los principios y valores espirituales eternos. Yo quería decirle que sin vergüenza era imposible que volviéramos a respirar algún día los aires de libertad sobre nuestro suelo.

Yo queria decirle que a pesar de los sufrimientos de los golpes, de la catástrofe y de la experiencia que debíamos haber adquirido en todo este trayecto triste y doloroso, no habíamos adelantado lo que debíamos. Y a decirle lo que yo sé que usted sabía de sobra, que si algo positivo se ha hecho en esta larga jornada de sufrimientos y tristezas lo han hecho los que yacen hoy en sus tumbas, después de haber pasado por el horrible y vandálico paredón, Lo han hecho los que se jugaron la vida en la gesta heroica de Playa Girón menos esos brigadistas que se llenaron en estos días de indignidad al reunirse en Cuba con el asesino de la patria. La Brigada ha dado un ejemplo de decoro, No es igual dialogar con el perverso para salvar vidas que fueron a salvar a nuestra Patria que dialogar con el maldito celebrando la fecha de la traición a la Brigada. Algo positivo y digno lo han hecho los que han hecho por las ergástulas comunistas y los que aún permanecen en ellas por enfrentarse a la tiranía. Y lo han hecho los que en el destierro viven permanentemente pensando en Cuba, sin alejarse ni un ápice de la causa, como lo hacen muchos porque la misma molesta a sus bolsillos, que quieren proteger por encima de todos los demás valores.

Es triste y amargo todo esto y muchas cosas más que yo quería decirle si el diálogo se hubiese reiniciado en estos días. Pero la muerte y su avanzada edad impidieron que continuásemos hablando, Pero como sé que Ud. me oye con el alma desde el Cielo, y como también sé que me oyen en el destierro los compatriotas que saben escuchar de buena fe, porque no se conforman con vivir en la libertad sin el rescate de su tierra, le digo lo que siento y lo que veo, y no me cansaré de decirlo mientras lo vea y lo sienta así, porque de la misma manera que Ud., querido General, me dijo con valentía, inteligencia y patriotismo sin par que hacía falta la guerra grande para lograr la victoria, y que quería ir a ella con las manos en las armas, como lo hiciera tantas otras veces, yo estimo que también hace falta, que es imprescindible otra guerra grande: una guerra que estremezca la sensibilidad de los que permanecen insensibles por la cobardía, la indecisión y el egoísmo frente al dolor de la patria.

Estoy plenamente de acuerdo con usted General. Para la lucha, para la guerra, (que se puede hacer de muchas maneras) lo más importante que hay que ver en el combatiente es el presente. Pero también es importante, para que todo el mundo participe en esta guerra, en esta cruzada santa, que revisemos algo de nuestro pasado, para que esa experiencia nos enseñe a vivir y a actuar mejor en el presente y en el futuro, y nos devuelva algún día la vida que perdimos por nuestras terquedades, cobardías y errores injustificados.

Amado General: concluyo estas palabras mías, conmemorando nuestro 20 de Mayo glorioso, la muerte de José Martí en Dos Ríos y la fecha de su fallecimiento honrando a la Patria en el Parlamento de los Estados Unidos, pidiéndole que desde la Gloria ruegue al Todopoderoso para que se cumplan todos los nobilísimos planes que Ud. elaboraba en el exilio para la liberación de nuestra patria. Pídale a El que su ejemplo nos sirva para estrechar nuestras filas con dignidad y patriotismo y pídale también que todo lo demás que Ud. me reveló aquella tarde inolvidable de hace 35 años en su humilde cuarto del exilio -de lo cual no debo yo hablar-se realice pronto y a plenitud ahora con la participación de todos los buenos cubanos, sin vetos, sin exclusiones. Pero sin los que en Cuba y en el exilio pueda quedarles aún en su organismo algo o mucho del virus de la revolución castrista.

Es de bien nacidos morir librando batallas efectivas por la vida de nuestra causa y de mal nacidos vivir sin hacer nada efectivo por la resurrección de nuestra patria, asesinada vilmente por el comunismo y sus seguidores. Vivir sin la patria es morir. Morir como ha muerto Ud., por la patria, es vivir.

La muerte con su fuerza sobrenatural, suele impedir muchas cosas. Lo único que no podrá impedir –¡ni la muerte!– es que el legado heroico del glorioso mambí que Ud. nos dejó, el ejemplo de su valentía, la prédica de su patriotismo se conviertan en el decálogo de la dignidad de todos los cubanos en el destierro.

¡Presente!

Hacía unos cuantos años que nos habíamos reunido con nuestro amigo Andrés Vargas. Gómez. Hombre sincero, sencillo y humilde, por dentro y por fuera, como lo son todos los hombres que valen. Deseaba Andrés oír nuestra opinión sobre la idea de aprovechar la gloriosa fecha del 10 de Octubre para, sin odios, sin rencores y sin herir a nadie, con el mayor espíritu de entendimiento y de comprensión, reunir a los cubanos a iniciar una nueva cruzada contra el régimen que oprime a Cuba. Nos Pareció muy noble el empeño. Así se lo hicimos saber, a pesar de, nuestras dudas debido a los intentos realizados en el largo exilio incluyendo los nuestros que también tuvieron bastante resonancia y respaldo: los «12 Puntos» y la campaña «Presente», entre ambos caminos que hube de recorrer con lealtad a la causa.

Cuando en 1966 iniciamos nuestra campaña que titulamos «Presente» y que tuvo una gran repercusión entre todos los cubanos de buena fe, decíamos que los cubanos con vergüenza del destierro, tenían hambre de una solución verdaderamente patriótica. Era general la repulsa contra los que entorpecían el camino de la liberación. Era unánime el desprecio que se sentía en las calles del exilio contra las «capillítas" revolucionarias que ya se creían dueñas de Cuba sin haberla reconquistado.

Decíamos que el exilio tenia hambre. Hambre de honestidad. Hambre de civismo, Hambre de decencia por el encauzamiento de la cruzada contra el enemigo que nos tenía a todos sin patria y sumidos en el más angustioso de todos los caminos: el de parias del destino. Decíamos que había que barrer el egoísmo, la sumisión innoble y la fantochería de nuestras filas, las filas que estaban dispuestas al pleno sacrificio con tal de volver a tener patria

Por eso, porque era una realidad indiscutible la existencia entre nosotros de compatriotas llenos de mezquinas y denigrantes ambiciones exclusivistas y personales, en las horas de los grandes sacrificios y de los generosos desprendimientos; porque sabíamos que la inmensa mayoría del exilio tenía grandes ansias de que se hallara la fórmula que identificara y uniera a los que estaban en la contienda de buena voluntad y patriotismo, es que nos decidimos –sin más esperas inútiles e infructuosas– a emprender aquella saludable y necesaria obra de deslindar los campos entre todos los cubanos, porque ya era hora de que se definieran las actitudes para que se supiera de una vez y por todas quien era quien y hasta donde llegaba la sinceridad y la buena fe de cada cubano en la contienda. Una cosa era lo que se decía de boca para fuera y otra lo que se pensaba por dentro. Es decir: «lo mío ante todo»...

Nuestro llamado a la conciencia del cubano no era un llamado negativo ni demagógico. Era una apelación constructiva e inflamada de entusiasmo y de fe como paso previo para llegar a la creación del instrumento necesario para trabajar sobre bases firmes y sinceras en la gran tarea de liberar a Cuba del comunismo. Como dijimos el «Día del Periodista» en 1966 en aquel hotel Alcázar de Miami que ya no existe, como tantas otras cosas que han ido desapareciendo en el exilio tan necesarias como la humildad y la sinceridad, volvíamos a decir que si no nos aprestábamos a llenar de vida el ideal por el que combatíamos al enemigo para que no muriese definitivamente nuestra esperanza de redención, nuestra causa se convertiría en un páramo con hedor a tumba. Sólo despertando a la realidad y dándonos enteramente al propósito de marchar juntos en la búsqueda de la patria perdida, no tardaría el mundo en escucharnos y pronto, mas pronto de lo que imaginábamos volvería a brillar él sol sobre nuestra tierra devorada por la barbarie roja.

La mala fe reinaba y sigue reinando por muchas partes y nos persigue la irresponsabilidad. El exhibicionismo infecundo, el descaro inaudito, la sumisión vergonzosa y la intransigencia ridícula de algunos que poco o nada hicieron en nuestra patria y que en el destierro, por un complejo de bochorno y de culpa al mismo tiempo, quieren demostrar que son más patriotas que nadie, entorpecen y dificultan la labor de los que en todo momento han luchado y quieren seguir luchando por el fortalecimiento de los principios e ideales comunes de nuestra nacionalidad. Nos referimos a esos que ayer dijeron una cosa y hoy dicen otra; a esos que en el exilio hacen una cosa y ayer en Cuba hicieron otra... Los que se enfrentan falsamente al implacable enemigo con espíritu mezquino y con doble cara no cuentan para nada en la tarea de levantar el gran edificio de la mística necesaria y de la acción conjunta que nos ha de salvar a todos del gran desastre que comenzamos a sufrir en 1959.

Así comenzó la campaña «Presente»

En el Día del Periodista fuimos invitados a hablar en un acto de periodistas cubanos en Miami Antes de dar a conocer lo que expuse en dicho acto, aclaro que fui a hacer uso de la palabra simplemente como periodista y por encima de todo como cubano que no anida en su alma el espíritu del divisionismo. Desgraciadamente, como ocurre en todos los ámbitos del exilio, en casi todas las organizaciones e instituciones se había producido la división. La misma división que existe hoy cuarenta años después de aquel llamamiento en los momentos en que escribimos estas memorias nuestras. El periodismo en el destierro había sufrido también los embates de la discordia, que hacían y siguen haciendo más difícil nuestra cruzada contra el enemigo común.

Al ser invitado por el distinguido periodista y gran combatiente contra el comunismo, ya fallecido, Salvador Díaz Versón, a que hiciera el resumen del acto con mi palabra, en el nuevo Colegio de Periodistas Profesionales comunistas acepté, honrado y agradecido, por la distinción que se me hacía, pero no como miembro de dicho colegio, que tan loable labor por la clase y por Cuba ya estaba realizando. Aclaraba bien esto públicamente, porque no faltaban nunca los intrigantes, los malintencionados y mal nacidos que no perdían oportunidad para echar más leña al fuego del odio y de las pasiones entre los que debemos militar en una sola fila en contra del comunismo.

Resumiendo dijimos lo siguiente:

Soy periodista y, como tal, mi vida toda ha girado en torno a la letra de molde. Nací entre linotipos y prensas Mis primeros pasos los di oliendo el plomo y la tinta. Sí el plomo del periódico y el de las armas que guardaban a mí padre de los atentados comunistas. Junto a Pepín Rivero transcurrió mi juventud aprendiendo de él que el periodismo es en lo externo una profesión y en lo interno un sacerdocio. Por eso, porque nací y viví dentro de una trinchera de ideas sólidas y cristianas, aprendí también a amar el periodismo sano, libre de hipocresías, de falsedades y de claudicaciones. Aprendí que llegadas las horas difíciles cuando el panorama se llena de incertidumbre y el caos nos invade, como los años que viví con las riendas de mí periódico desde la muerte de mi padre en 1944 hasta los que me tocó casi morir a diario ante el paredón de fusilamientos de Fidel Castro, no podía ni quería dejarme llevar por la corriente, silenciar prudentemente lo que nos parecía injusto, lo que nos parecía descabellado. Aprendí a no pasar por alto lo que consideramos perjudicial para la patria.

El periodista, el político, el hombre público que se hace de la vista gorda ante los graves acontecimientos que le rodean; los que velan más por su salud física que por su salud moral o su conciencia, terminan indefectiblemente traicionando no solo a su clase, sino lo que es peor: a Dios y a su Patria. Desgraciadamente esto fue lo que imperó en Cuba y, por eso, abundaron los traidores a la sociedad y a sus principios. Antes de claudicar en la defensa de mi patria, cuando el mundo nos da sus espaldas unos ayudan a Castro en el comercio; otros no nos dejan pelear y lo que es peor se coexiste con el enemiga -declaro rotundamente que prefiero mil veces estar en contra del mundo entero aunque se me cierren todas las puertas, se me persiga y se me desnude en las aduanas, como me ocurrió en Puerto Rico porque llegaba de reunirme privadamente en España con Franco, con Batista y con Perón por la causa de Cuba

Que no se nos deja luchar como queremos, es un hecho evidente, si no que lo digan los hombres de acción que militan en nuestras filas. Lo de la coexistencia con Cuba no es exageración. Esto lo sabe hasta cualquiera. De ello inclusive hacen alarde los comunistas, restregándole al mundo, en sus propias narices, las tristes e innobles concesiones de la democracia.

Extractando hasta el máximo el mensaje que lanzamos en 1966 y que produjo una ola incontable de «Presentes» de todas partes del exilio, decíamos que:

La acción de buena voluntad había que demostraría con hechos. Había que exclamar "Presente al llamado de la buena voluntad". Sugeríamos la creación de un organismo supremo donde estuvieran representadas todas las organizaciones serias del exilio, por todos los factores y personalidades que estuvieran dispuestos a decirle presente a ese llamado de Dios y de la Patria.

Ya sabemos que la voz del destierro y de Cuba crucificada no es escuchada en el mundo. La razón principal no es otra que la indiferencia del mundo egoísta, ciego, calculador que padecemos. Pero hay algo que contribuye grandemente a que no se nos atienda en nuestros deseos de ser libres: nuestros propios errores, nuestra dispersión nuestra falta y coordinación, coincidencia o integración de voluntades en la lucha que debemos realizar y que no estamos desarrollando a plenitud. Sí nuestra patria es hoy un calvario, un camino hacia la muerte, nuestro exilio se convertirá en un paramo con hedor a tumba, si no nos aprestamos a llenar de vida el ideal para que no muera definitivamente nuestra esperanza de redención y libertad

Tengo una fe muy grande en el resultado de todo lo que se fundamenta en la humildad, en el desprendimiento y en la generosidad Cuando la soberbia se apodera de un hombre o de una causa y el hombre, la causa y el hombre se pierden irremisiblemente, En 1960 aspirábamos en nuestra patria a que todos los cubanos que representaban algo en sus respectivas instituciones, a que todos nuestros compatriotas de responsabilidad y de relieve público que jamás habían sido ni podían ser comunistas, socialisteros o simpatizantes de la "pachanga revolucionaria". se unieran y juntos, con verdadero civismo, alzaran sus voces en toda la Isla, para frenar primero y destruir después, las fuerzas del mal. Pero no ocurrió lo que esperábamos. El conformismo, el confucionismo nacional e internacional y el miedo hicieron que el comunismo se apoderara definitivamente de nuestra nación contribuyendo a esto igualmente, la inhibición de los que debieron hablar y no hablaron y la verborrea vergonzosa a favor de la revolución de los que no debieron hablar y hablaron demasiado a favor de ella.

Muy pocos cumplieron con su deber, creyendo que el oportunismo o la clásica 'guataqueria criolla' los salvaria de todo y pensando que continuarían gozando de salud en medio de esa epidemia maldita que ya infestaba a nuestra infortunada patria

A nosotros y a otros que ya han muerto en el paredón, ni a los que se hallan en el exilio laborando denodadamente por la liberación de nuestra patria alejados de la 'bullangueria politiquera', nunca nos ha interesado esa clase de salud, como lo dijimos claramente infinidad de veces frente a las metralletas y amenazas públi-

421

cas y privadas del opresor. No nos ha interesado jamás, la innoble postura de ocupar posiciones relevantes con el propósito de proteger intereses personales o ambiciones particulares ocultas. Nos repugna la vanidosa ostentación por una parte y, por otra, la indigna sumisión el dejar de pensar con nuestra propia cabeza, con fines acomodaticios o para lograr ventajas para lo nuestro y no para la causa por la que todos debemos sacrificarnos. En el destierro muchos sobresalen por las posiciones o empresas creadas con el principal fin de figurar públicamente o para que todo el mundo cuente con ellos, Hay algunos que se han valido hasta de la traición a 'amigos' y hasta de maniobras inconfesables para lograr categorías públicas que jamás habían soñado tener. El pueblo, tan fácil de engatusar cree en cualquier farsante. Lo vimos y lo sufrimos en Cuba primero y luego en el exilio también Son pocos los que escarmientan y muchísimo menos los que aprenden..

No me toca a mi pronunciar un fallo, en estos terribles momentos que vivimos, sobre el periodista digno o el periodista indigno de su clase; no me toca hacerlo con ninguno de mis compatriotas, cualquiera que fuera su profesión o actividad, cúmpleme sólo señalar, como cubano que no traicionó a su patria y que solo aspira volver a ella, unido a todos sus compatriotas de buena voluntad, señalar las desvergüenzas, las posturas incorrectas, las equivocaciones y los palos a ciegas que se han dado en medio de nuestra cruzada en contra del enemigo, para que los cubanos de buena voluntad estrechemos filas, decididamente, de una vez y por todas, para realizar con Inteligencia con eficacia y buena fe la gran tarea que tenemos por delante.

Los que no quieren entender estas cosas son precisamente, los que van acompañados, en su pública actividad, del rencor, del egoísmo, de la intriga del espíritu de divisionismo y confusión Son los que con un complejo de inferioridad o de culpa se erigen siempre en censores de la conducta y posición de los demás, aunque los demás tengan mas que probada su honrada actuación.

Pero sigamos resumiendo todo lo que podamos el llamado o discurso que pronunciamos en 1966 dirigido a los cubanos de buena fe y de buena voluntad. Entremos, pues, de lleno –aunque sólo sea en apretada síntesis– en el mensaje que queriamos hacer llegar a todos nuestros compatriotas que no estan inspirados por el egoísmo, por la intriga, por la ambición, por la mentira, por la simulación ni por el odio. En parte seguíamos diciendo en aquella oportunidad:

Ya sabemos que la voz del destierro y de Cuba crucificada no es escuchada en el mundo. La razón principal, no es otra que la indiferencia del mundo egoísta, ciego y calculador que nos rodea ante el dolor que padecemos. Pero hay algo que contribuye grandemente a que no se nos atienda en nuestros deseos de ser libres: nuestros propios errores, nuestra dispersión nuestra falta de coordinación, coinci-

dencia o integración de voluntades en la lucha que debemos realizar y que no estamos desarrollando a plenitud Si nuestra patria es hoy un Calvario, un camino hacia la muerte, nuestro exilio se convertirá en un páramo con hedor a tumba, si no nos aprestamos a llenar de vida el ideal para que no muera definitivamente nuestra esperanza de redención y libertad.

Solo despertando a la realidad y fijando nuestra mirada e inclinando nuestros corazones a una posición moral, justa y decorosa; sólo renunciando a nuestros caprichos, nuestros egoísmos escondidos y dándonos con generosidad y enteramente al propósito de encontrar la forma de marchar unidos en la búsqueda de la Patria perdida, resucitaremos de esta muerte lenta y larga, nos sentiremos fuertes y seguros en nuestra sublime cruzada. Y, entonces, no tardará el mundo en entendernos y escucharnos. Estaremos en posición de comenzar a construir, con inteligencia, con entusiasmo, con amor entre los que luchamos juntos, el camino del triunfo definitivo.

Quiero que este mensaje, esta apelación este emplazamiento llegue a todos los cubanos de buena voluntad. Mientras no exista entre nosotros el espíritu de la humildad, por una parte, y el de la generosidad por otra jamás encontraremos la fórmula de identificación conjunta y necesaria, la que necesitamos todos los que de verdad aspiramos al retorno y a una patria inequívocamente cristiana.

Por eso, para que se definan bien los campos se deslinden las actitudes y para que sepamos quienes son los cubanos que están dispuestos, con nobleza y dignidad a buscar la solución que reclama la patria, y quienes son los que a esto se niegan emplazo a todos mis compatriotas a que hagan un paréntesis y que declaren públicamente que están dispuestos a renunciar en aras de la solución de todos, a sus tesis, a sus proyectos, a sus literaturas. Un parentesis que demuestre que estamos dispuestos a darlo todo, que demuestre nuestra posición indeclinable de ánimo para encontrar el camino que nos haga llegar cuanto antes a la meta de la gesta redentora de nuestra Patria.

Una vez dado este paso de generosidad, que sin duda ha de aquietar las pasiones e iluminar el camino a seguir, se buscará la fórmula para que todos los elevados de espíritu se integren en un solo organismo supremo, con sus respectivas organizaciones, instituciones y dirigentes, para que una sola voz, la voz conjunta de todos hable por todos, para que todos los bandos sean uno y respondan por todos una acción se enfrente al enemigo, un solo himno se levante al espacio y una sola bandera, la cubana flamée en la contienda.

El acto de la generosidad, de la humildad y del desprendimiento es indispensable para que lleguemos a este entendimiento de una vez y por todas en el camino lleno de espinas en este calvario que lo hacen más largo y penoso aquellos que solo a lo suyo se aferran y nunca abrazan el interés general de nuestra causa. Apelo, pues, al patriotismo y a la comprensión de los buenos combatientes, de los nobles periodistas hoy también divididos por los errores o la pasión de unos cuan-

tos-; apelo a todos los profesionales, a todas las instituciones, a todos los políticos, a las organizaciones que van por distintos caminos alejándose, cada vez más unos de otros en la ruta de la liberación, que debiera ser una, porque por esos caminos aislados y débiles nunca llegaremos a nada positivo.

La acción de buena voluntad, la del renunciamiento, simbólico si se quiere, para encontrar inmediatamente después la verdadera senda que una e identifique a todos para lograr la victoria, hay que demostrarla con hechos. Con el deseo no basta, pues de buenas intenciones están empedrados los caminos del infierno. Hay que decirlo y demostrarlo a toda voz, Hay que exclamar PRESENTE AL LLAMADO DE LA BUENA VOLUNTAD. Todo el que es y representa algo en la contienda ha de decir: RENUNCIO A TODO LO QUE SEA NECESARIO POR EL MOMENTO, si mi renuncia ha de vincular mis planes, mis acciones y mis buenos deseos, a los deseos, acciones y planes de los demás para que se fundan en el gran plan, en la gran acción y en el gran deseo de todos.

Tengo una fe muy grande e el resultado de todo lo que en esta vida se fundamenta en la humildad, en el desprendimiento y en la generosidad. Cuando la soberbia se apodera de un hombre o de una causa, la causa y el hombre se pierden irremisiblemente. No me anima en este planteamiento, ni en los propósitos ulteriores que se han de desprender del mismo, otra cosa que el deseo profundo y sincero de que se fortalezca y enriquezca nuestra causa, a los mejores fines de que contribuyamos a la Patria de todos.

Termino estas palabras, pidiendo a los periodistas en este Día del Periodista que seamos nosotros los primeros en dar el ejemplo, con nuestra respuesta noble, sincera, elevada, sin que nada nos quede por dentro. Que seamos los primeros en dar el paso hacia delante, en la demostración comprensiva y de entusiasmo cívico para abrazarnos unos y otros, los periodistas de verdad los periodistas genuinos, los que aman a Cuba y al periodismo honesto por encima de todo. LO PIDO EN NOMBRE DE DIOS Y DE LA PATRÍA a todos los dignos compañeros de la clase periodística hoy distanciados, en medio del perenne dolor que nos embarga y tritura a todos.

Llevemos el amor donde hay odio; el perdón donde hay ofensa; la FE donde hay duda; la verdad donde hay error, la esperanza donde hay desesperación la alegría donde hay tristeza; la luz donde están las tinieblas y la unión donde hay discordia, porque, como dijo San Francisco, el Santo del Amor y de la suma generosidad, es mejor no buscar tanto a ser consolado, sino a consolar a ser comprendido, sino a comprender, a ser amado, sino a amar porque es dando que se recibe y perdonando que se es perdonado.

Tienen la palabra los nobles y desprendidos corazones que no se resignan a seguir viviendo dentro de las tinieblas de la confusión y el desconcierto que invade nuestras filas.

¡QUE DIOS NOS ILUMINE A TODOS!...

Gran repercusión

Después del acto del Día del Periodista comenzamos a recibir cartas de todas partes del exilio. Todas decian: ¡PRESENTE a DIOS y a la PATRIA. Carlos Márquez Sterling, entre otros destacados militantes de la causa cubana, nos escribió la siguiente carta que damos a conocer en síntesis:

«Mi querido amigo Rivero: En el pasado mes de octubre, mucho antes de que Ud. decidiera dirigirse al exilio. Celebramos en la ciudad de New York, el segundo Congreso del Movimiento Patriótico Cuba Libre, al cual asistieron representaciones de todos los clubes organizados en Estados Unidos, y delegaron en personas residentes aquí, los que funcionan en algunos paises sudamericanos. En ese Congreso se aprobaron los nuevos Estatutos del Movimiento y se acordaron a tenor de los artículos 131 y siguientes de esos Estatutos, que tratan de la formación del Consejo Supremo de Liberación, visitar a todos los líderes –que no son– e invitarlos a integrar ese Consejo. Esta comisión ha visto a distintas personas aquí en New York, entre ellas a Tony Varona, Carlos Duquesne, Nino Diaz y otros, encontrando hasta ahora un excelente ambiente. Esta Comisión piensa trasladarse a Míami para seguir esa labor. Y como en vías de actividad de esa actividad de esa Comisión hizo Ud. su llamamiento, y yo le contesté enseguida con mí *¡Presente!*, se me ocurre hacerle la siguiente consulta:

¿Debía esta comisión suspender esos trabajos y esperar el resultado de sus gestiones? 0 ¿esta Comisión puede trasladarse a Miami y ponerse a su disposición, si Ud. lo cree efectivo, para colaborar a su proyecto?

Comparto todos sus puntos de vista. Al decirle yo Presente a ese llamado suyo a la conciencia de todos los cubanos de buena voluntad para deslindar bien los campos y unimos en la idea y en la acción. Ud. me escribe unas sencillas y sentidas líneas invitándome a trabajar juntos en el patriótico empeño. Esta invitación me honra. Lleva el sello de un amor a Cuba muy sentido y de un amor a la verdad, que es la única que, repitiendo el apotegma de Luz Caballero, podrá ponernos la toga viril.

No se extrañe, amigo Rivero, de esa actitud en el exilio de los que sólo obedecen al que les paga. Son los mismos que en Cuba se atravesaron mil veces en el camino de las soluciones, calumniando, mintiendo, difamando, confundiendo, traicionando... Si se les examina bien, comprobará que están haciendo aquí lo mismo que hacían allá: enterrando las esperanzas de, una cubana para encontrar el camino de la paz. Los que ahora niegan las ventajas indudables de la unidad, son los 'mismitos' que en Cuba negaban y torpedeaban las soluciones, cualesquiera que fueran estas. Allá ayudados, sabe Dios por qué clase de conspiración increíble triunfaron... Aquí, que me perdone el Altísimo, están venciendo, aupados por la más inverosímil de las ayudas, como si en las entrañas de un monstruo inexistente, pero vivo, se alimentara para siempre la desaparición e la República que fundaron nuestros antepasados a costa de tantos y tan gloriosos sacrificios.

En fin, le repito que comparto todos sus puntos de vista. 'Mientras no tenga Patria, no tengo nada'. Suyo, muy de veras, Carlos Márquez Sterling».

En el acto del hotel Dupont Plaza con Jorge Mas Canosa, Carlos Márquez Sterling, Alberto Gandero, Olba Benito y nosotros presidiendo la reunión.

Jorge Mas Canosa

En un acto celebrado en Hotel Dupont Plaza de Miami el día que fundamos el «Agrupamiento Cívico» Jorge Mas Canosa en su discurso decía entre otras cosas lo siguiente:... «Porque si fue Cuba, si el destino quiso que fuera Cuba la que sufriera la dentellada del comunismo, es el corazón de América el que sangra y el alma de América el que llora, y como decía José Ignacio Rivero cuando leyó el documento: Nada reclamaremos de esos paises de América que esté fuera de los Tratados Internacionales; pero sí demandaremos aquello que es obligación, como es respaldar a los cubanos en este minuto histórico, porque en Cuba se está jugando la salvación del Continente y la preservación de sus libertades...»

Las adhesiones fueron innumerables. Las figuras de mayor relieve político, empresarial, obrero y de todos los demás sectores del destierro se sumaron en avalancha. El Diario Las Américas nos concedió un espacio amplio todos los días para mencionar los nombres de las personas, de las organizaciones patrióticas, profesionales y empresariales que diariamente se sumaban a nuestro llamamiento. No podemos ni es nuestro propósito publicar en estas memorias la enorme lista de adhesiones que recibimos y que dio como resultado la formación de un organismo dedicado a la formación de un movimiento patriótico que dirigiera todos los pasos a dar contra la tiranía cubana. El organismo lo llamamos «Agrupamiento Cívico» y lo dirigimos Carlos Márquez Sterling, Ernesto Freyre y nosotros. Jorge Mas Canosa se había hecho cargo del movimiento juvenil.

Por aquellos días del exilio, como por cualquier momento y motivo durante nuestro largo destierro, se efectuaba una marcha por Bíscayne Boulevard. No podíamos evitarlo: pensábamos en aquella otra marcha desbordante y funesta del malecón habanero para darle la bienvenida a Fidel Castro cuando llegaba a La Habana «victorioso»... ¡Lo que va de ayer a hoy!... Estábamos seguros de que muchos de los "rnarchantes" del exilio estuvieron también en aquella «marcha» hacia el malecón para vitorear a Castro en su entrada triunfal sobre un tanque dc guerra. Por eso no se puede decir que «de esta agua no beberé». En el destierro se marcha por culpa de aquella otra a favor de la hecatombe...

Respuesta a Márquez Sterling

«*Mi estimado amigo y compatriota:*
Su carta, de altos quilates patrióticos, en la que acepta la idea de fundir en uno su empeño y el mío de lograr la gran coordinación entre todos los cubanos de buena voluntad, es digna de que se conozca en estos instantes en que el patriotismo de muchos está en quiebra y el descaro, el egoísmo, la envidia y la ambición de otros, corre a galope por todos los ámbitos del destierro.

Por eso, precisamente, para salvar la dignidad de nuestra causa –dignidad que existe, pero que no se hace sentir ni oír debido al ruido que producen los farsantes y demagogos de todas las épocas– es que en estos instantes me he dado a la tarea de desatar por todo lo alto y proclamarlo a toda voz, el mensaje de todos los cubanos que con el alma y el corazón están respondiendo PRESENTE al llamado de Dios, de la Patria y de la vergüenza.

Usted ha sabido comprender muy bien hasta donde va y el alcance que tiene la gestión que iniciamos el Día del Periodista. Prueba de ello la dan sus dos ejemplares cartas. En la primera hace renunciación pública de todo cuanto tiene y representar inspirado en la frase inmortal de Francisco Vicente Aguilera: "Mientras no tenga Patria, no tengo nada". En la segunda dando muestra de elevadísima comprensión y de sincero deseo de trabajar en la edificación del organismo unitario de buena voluntad que todos deseamos y necesitamos para encauzar, con fuerza e inteligencia, la lucha por nuestra libertad, Ud. No sólo se pone a la disposición de nuestro proyecto de servir –por encima de otro interés o causa– a la divina causa de Dios Y a los sagrados intereses de la Patria, sino que también acepta unirse a nosotros en el dolor, en el sacrificio y en la muerte si fuere necesario por la sencilla y altísima idea de volver a tener Patria.

Sé que en la ruta de nuestros dolores y sacrificios no todos han de pensar y reaccionar de la misma manera. Sé también que su condición de político podrá ser mal interpretada por algunos dentro de esta verdadera unidad que concebimos Y queremos lograr. Pero nada de eso ha de perturbar la paz de nuestros espíritus en medio del empeño que la mayoría de nuestros compatriotas aprueba con el alma y con sus PRESENTES al llamado de la CONCORDIA,

Lo grave es ver a un capitalista unirse a un comunista o a un católico hacer lo mismo, como desgraciadamente ocurrió en nuestra Patria por el afán de ponerse a bien con la nueva ola revolucionaria. Al político honesto no se le hizo caso en Cuba. Por eso sufrimos hoy las consecuencias. Los que no quieren políticos, ni profesionales, ni hombres de negocios, etc., dentro de nuestra contienda común, son los enanos espirituales de la Patria herederos mentales de Fidel Castro, que sísaben despojarse del «complejo estúpido de parcelación de cubanos» a la hora de pedirle un consejo táctico al político o de darle una «Picada» en grande o en pequeño, al hombre de negocios para dispararle unos cuantos tiritos –«parcelados» también– a la tiranía que oprime a nuestro pueblo.

Esos jamás, mi estimado amigo Márquez, serán cubanos de buena voluntad Esos, a la hora de hacer el recuento de nuestra gestión unitaria y de iniciar la acción en grande y total contra el enemigo, han de ser los que se queden solos en la acera del ridículo que los delatara como lo que son: ambiciosos, torpes y demagogos de la mas baja ralea

Para la tarea de liberar a Cuba –apacionado deseo que se está convirtiendo en una sublime locura, como me dijera el insigne compatriota Sergio Carbó en una emocionada carta en la que respalda esta gestión– hacen falta todos los cubanos No puede haber parcelamiento en esta cruzada que tiene que ser de todos y para el bien de todos. Si comenzamos por excluir de la misma a sectores, tendencias, organizaciones o personas, por su pasado o su presente, terminaríamos dominados -sí con esta actitud estúpida algún día llegamos a Cuba- por otra casta de barbudos, aunque sin barbas y sin llamarse comunistas. Es indudable que lo más urgente ahora es unir a todos los combatientes, a todas las organizaciones de acción La bala y el fusil han de tener prioridad en estos instantes de rescate y de guerra sin cuartel Pero también es necesario, es urgente que acabemos de darnos cuenta de que todos y cada uno de los cubanos somos necesarios, imprescindibles en la participación del noble y digno empeño de rescatar a Cuba de las manos asesinas del comunismo internacional

Queden atrás los malintencionados y los miopes históricos que no acaban de darse cuenta de su cerrazón, ceguera y ambiciones, que lo que tenemos por delante es una guerra de liberación contra el enemigo armado hasta los dientes y al que hay que combatir en todos los frentes, con decisión valentía y sin más discusiones estériles.

No hay que darle más vueltas a esta cuestión que, desde que comenzó el exilio, nos tiene casi paralizados a todos en la contienda y algunos emulando a los perros de Zurita, que, según el cuento, no teniendo a quien morder unos a otros se mordían. En política, como en medicina, los buenos remedios son asaz comunes, decía un gran pensador. El arte consiste en saberlos dosificar convenientemente y administrar con oportunidad. La Patria está enferma. Está grave por no decir muerta. Para salvarla tenemos que ser oportunos, buenos dosificadores y buenos administradores en las decisiones que hay que tomar. Todos los cubanos capaces, bien intencionados y de buena voluntad son útiles para el empeño de salvar a la Patria En la escala de valores y en de la utilidad para este propósito, sin duda, el grado más alto lo alcanza el hombre de acción, el combatiente, siempre y cuando su decidida y heroica lucha vaya acompañada del hombre político y de su política honrada e inteligente. El buen político ocupa siempre y en toda ocasión un grado de privilegio en esa escala de la utilidad y los valores de la Patria.

Tenemos que unir nuestros esfuerzos, pero conscientes de que la unidad ahora es para la lucha y no para el poder. La unidad que se necesita no es política en el sentido partidista o pragmático de esta palabra sino en el sentido de unificar los factores capaces de actuar contra la tiranía castrista, que no es nacional, sino internacional, extranjera, y por ello no puede ser combatida con las antiguas posturas políticas de otros exilios. Esto lo decimos con el desinteresado deseo de que todos comprendan el sentido y el alcance de la verdadera unidad para que sepamos avanzar como Dios manda en el camino de la libertad. Y hay que decirlo una y mil veces porque en los años de exilio que han transcurrido, por no entenderse bien lo que ha de ser la unidad, lo único que hemos visto avanzar a todo tren en la ruta del dolor y del sacrificio ha sido la estéril discusión el odio entre hermanos y la confusión más espantosa.

Si logramos lo primero el propósito de que todos los compatriotas se definan de una vez y por todas, respondiendo PRESENTE unos,al deseo de identificarse plenamente en la contienda y dando, otros, la callada por respuesta a ese deseo de Dios y de la Patria, lo lograremos todo porque entonces habremos reducido todas las divisiones a solo dos bandos: el de la vergüenza y el de la indignidad En uno estarán los valientes, los cívicos, los generosos y los que aman a Dios y a Cuba por sobre todas las cosas y en otro los que no conocen esos grandes valores.

Suyo, muy de veras también,

José Ignacio Rivero.»

Miles de cartas

No podemos –como quisiéramos– dar a conocer todas y cada una de las hermosas y patrióticas cartas que recibimos de todas partes del exilio durante esta campaña. Nos resultaba materialmente imposible entonces y mucho mas ahora en este libro en el que sólo queremos destacar en síntesis las experiencias vividas durante nuestra agitada vida en Cuba y en el destierro. Sólo podemos decir que nuestra campaña ¡Presente! sobrepasó por mucho los límites de la importancia, de la resonancia y de la aprobación desde los más apartados lugares del exilio. Debo recordar también que salimos de nuestra Patria en contra de nuestra voluntad y que no vinimos al destierro para crear grupos como han hecho algunos con el fin de ganar fuera de la patria los galones que no supieron conquistar en su propia tierra. Nuestro único grupo está en Cuba: son los millones de cubanos anticastristas que quedaron allá y que esperan por nosotros. Pensábamos entonces que si por ofuscación, los celos, el egoísmo o por lo que fuera aquel último esfuerzo nuestro no se veía acompañado de todos los factores fundamentales de nuestro exilio para la grandiosa obra patriótica que teníamos que realizar, nosotros, al menos, sin que nos quedara por dentro, daríamos por terminada nuestra misión y continuaríamos solos en el destierro, como lo tuvimos que hacer en Cuba, sirviendo sin desmayos a la Patria y a la verdad por sobre todas las cosas y así también seguiríamos en paz con nuestra conciencia.

El apoyo a la gestión no tuvo límites. Lo mismo nos enviaban sus ¡Presentes!, políticos y apolíticos, obreros y empresarios; organizaciones militares y civiles; católicos, protestantes, y masones; batistianos y revolucionarios arrepentidos, etcétera. Pero sin que nos sorprendiera, algunas organizaciones, muy pocas, comenzaron a resollar por la herida. Sin que nuestra gestión se opusiera a sus planes iniciaron una «guerrita» sorda contra nosotros. Ya estaba creado el «Agrupamiento Cívico» bajo la dirección inicial de Carlos Márquez Sterling, Ernesto Freyre que representaba al «Referéndum» de Pepín Bosch, Jorge Mas Canosa miembro destacado entonces del «RECE», José Manuel Cortina, Sergio Carbo, Gustavo Cuervo Rubio y nosotros. Era el año 1967. Nos vimos en la obligación y necesidad de viajar a distintas partes del exilio para abrir caminos personalmente. Llevábamos dos meses lejos de nuestro hogar. Encontramos casi todas las puertas cerradas. Nadie quería comprometerse a nada. Regresábamos de Europa a Miami. Hicimos escala en Puerto Rico donde tuvimos que pasar por la vejación más grande de nuestra vida. En la aduana nos llevaron a una habitación teniendo que arrastrar todo el equipaje hasta que unos norteamericanos junto a otros puertorriqueños nos pidieron que nos quitáramos toda la ropa y que abriéramos todas las maletas como si se tratara de un delincuente

431

o traficante de drogas. De nada nos sirvió identificarnos, plenamente. Pedimos varias veces explicación por el insólito registro y comportamiento y ninguno nos la dio. Uno de ellos sentado en una mesa revisaba todos los nombres y direcciones de nuestra libreta de teléfonos mientras nos encontrábamos en paños menores sacando todo lo que llevábamos en las maletas. Nos pregunta que quien era el Batista que teníamos en dicha libreta Le respondimos que era Agustín Batista, un destacado banquero y hombre de negocios cubano. Pero le dijimos bien claro que si creía que se trataba de Fulgencio Batista, el ex presidente de Cuba, que siguiera buscando porque también lo teníamos incluido en nuestra libreta. Muy cerca de cinco horas nos tuvieron en el cuarto sin ropa vejándonos con preguntas impertinentes. Terminaron después de aquella «inquisición» y registro interminable diciéndonos: «salga y pague en la ventanilla de la aduana diez dólares por concepto de compras...» Cosas de la CIA o del FBI que no hacen lo que tienen que hacer con los enemigos de la democracia y se equivocan siempre con los amigos de la libertad y de los derechos humanos...

Carta a Horacio Aguirre

Casi teníamos agotada la paciencia en agosto de 1967 después de tantas penosas experiencias. No imaginamos por aquellos días que aun andábamos por los comienzos de un camino lleno de obstáculos y de decepciones que teníamos por delante y que no nos quedaría otra alternativa que recorrerlo...
Algo agotado y bastante decepcionado por los imprevistos embrollos y desagradables laberintos por los que ya habíamos tenido que transitar, le eseribimos una sentida carta a nuestro gran amigo Horacio Aguirre desde San Juan. En ella volcamos nuestro sentimiento algo abatido debido a las ásperas experiencias vividas aún en el poco tiempo vivido en el exilio

Mi muy querido amigo Horacio:
Perdóname que te escriba a la velocidad de un Jet. Estoy montado en ellos dando vueltas por el mundo buscando soluciones y puertas que se abran. Apenas me queda tiempo para sentarme a escribir y dedicar unos minutos siquiera a quienes, como tú, hacen tanto por la causa de la libertad de nuestra Patria.
Dos meses llevo ya alejado de mi hogar del destierro y de mis colaboradores y compatriotas más íntimos en los empeños cívicos patrióticos de esta época triste y trágica que nos ha tocado vivir, más a unos que a otros. Me encuentro ahora en Puerto Rico después de haber rendido algunas labores en España a donde fui invitado por amigos de nuestra causa que sí entienden y sienten nuestra tragedia y dolor.
Ya nada me queda por ver. Tantas puertas he tenido que tocar que he visto todo lo bueno y todo lo malo que tienen los hombres de todas las latitudes. Me voy dando cuenta que cuando el hombre está en desgracia molesta a los demás hombres que no han pasado por la pena de perderlo todo, desde la fortuna hasta la Patria que los vio nacer. Es así cuando descubrimos, sin dificultad alguna, al mundo tal como es: unas veces egoísta y otras veces indiferente al sufrimiento ajeno.
Cuando el hombre lo tiene todo, porque nada le falta, también descubre muchas cosas a medida que van transcurriendo los días de su existencia, pero difícilmente se da cuenta de la hipocresía que se esconde con sutileza dentro de aquellos que van convirtiendo sus almas y corazones en vulgares máquinas calculadoras para ponerse a tono con estos tiempos de materialismo, de dobleces y de claudicaciones.
Cuando más falla hace la comprensión y el desprendimiento es cuando justamente no se ejercen virtudes. Es realmente triste comprobar, a través de la experiencia y del sufrimiento, que la mayoría de los hombres hayan adoptado una mentalidad de «compuladora» –instrumento que dirige hoy los destinos del mundo y

433

que está situado más allá del bien y del mal. Los valores de Patria, de humanidad y de justicia no se calculan jamás dentro del modernismo de estos aparatos fantásticamente precisos pero carentes de espíritu y de nobleza.

El camino de la vida es para unos duro, espinoso y amargo y para otros suave y un sendero lleno de rosas A nosotros nos ha tocado caminar por la ruta difícil. Primero sobre nuestra propia tierra bajo el dominio de los traidores, y después en el destierro, debido a ese egoísmo, esa hipocresía, esa indiferencia Y abandono de los que algo o mucho pueden hacer y poco o nada hacen por los que en las horas amargas luchan y no se dan por vencidos ante las fuerzas diabólicas y casi arrolladoras del enemigo.

Dentro de unas horas volaré rumbo a Venezuela, la Patria de Bolívar, sacudida hoy por el peor de todos los terremotos: la subversión y el crimen de las guerrillas castrocomunistas que pretenden destruir el sistema democrático de las naciones de nuestro continente. Un crimen y una subversión contemplados pasivamente por esa otra máquina calculadora que ya casi ni computa, que es la OEA.

Al regresar a Miami iré personalmente a darte el abrazo que mereces por el nuevo aniversario de tu periódico; por ese otro año que cumples al mando de tu nave orientadora, que has sabido conducirla siempre por los mares de la verdad y del decoro.

Lo más que yo puedo ofrecer en el exilio es una demostración de afecto y unas cuartillas llenas de sentimientos sinceros. A ti desde lejos, te las envío hoy acompañadas de una abrazo permanente y de mi agradecimiento como cubano por todo lo que haces por mi patria martirizada, uniendo tu voz a la de todos mis compatriotas del destierro y a la de todos mis colegas, de sangre y corazón cubanos, que con sus plumas, micrófonos y programas de televisión hablan con crudeza de esa verdad nuestra que el mundo de la coexistencia y claudicante quiere desconocer.

Muy poco vale mi felicitación y sé que no la necesitas, porque la mejor y más efectiva de todas las congratulaciones es la que llega a uno cuando se cumple con el deber a través de su propia conciencia, sin los convencionalismos humanos exteriores.

Termino con una sola palabra que mucho dice cuando la acompañan los hechos: ¡PRESENTE!

José Ignacio Rivero (San Juan, agosto de 1967)

Experiencias en Puerto Rico

Permanecimos varios días en Puerto Rico tratando de abrir caminos. En nuestra agenda de viaje teníamos también la difícil tarea de buscar alguna cosa que nos resolviera también el camino de la subsistencia familiar. Muchos creían y siguen creyendo, que por haber sido nosotros dueños del *Diario de la Marina* lógicamente tendríamos una fortuna en el exterior. «Las apariencias engañan». Indudablemente, la mayoría del exilio creía que los Rivero estaban acaudalados fuera de Cuba. Esa equivocación hacía que se nos cerraran las puertas a la hora de buscar empleo de cualquier tipo. No se podía creer semejante situación. El colmo fue la sugerencia que nos hizo un amigo rico y lector en Cuba del *Diario de la Marina* de toda la vida: «José Ignacio ¿por qué no te dedicas a vender de casa en casa lápices, vitiminas naturales o aspiradoras eléctricas? Estoy seguro que le sacarías lo suficiente como para pagar tus gastos más perentorios»... Otros se «limpiaban el pecho» y en vez de ofrecernos trabajo en sus empresas (el trabajo no envilece a nadie) nos metían en un sobre tres o cuatro billeticos de cien dólares para que «fuéramos tirando»... Otros, empleados en Cuba y ricos en el exilio, nos llevaron a sus empresas nuevas con el propósito de "sacarnos todo el jugo" posible y más tarde nos traicionaban dejándonos en la calle porque casi querían que nos pusiéramos a sus pies y nosotros estábamos acostumbrados a todo menos a eso. A veces pienso que no existe otro mejor refrán español que el que dice que «no hay peor cuña que la del mismo palo».

Pero todavía a los ochenta años de edad seguimos tropezando diariamente con la ingratitud y la indiferencia de muchos compatriotas por los que estuvimos a punto de perder la vida frente al comunismo defendiendo todos sus intereses, tanto materiales como espirituales. Pero gracias a Dios siempre salimos ilesos «contra el viento y la marea» que ha azotado nuestra vida tanto en Cuba como en el destierro. La Sociedad Interamericana de Prensa (SIP) tuvo la delicadeza de otorgarnos la medalla de «Héroe de la Libertad de Prensas» por la defensa que hicimos a favor de la libertad, frente a la tiranía castrista, pero creemos sinceramente, que al igual que otros muchos compatriotas, la medalla de héroe sí la merecemos en el destierro donde hemos tenido que afrontar más peligros, más decepciones, más indiferencias, más omisiones y más ingratitudes que todos los riesgos y enfrentamientos juntos que tuvimos que desafiar en Cuba en la arena del periodismo...

Nos quedamos unos días más de lo calculado en San Juan. Traíamos de España la representación de la Editorial Católica, que editaba el periódico «Ya» –donde teníamos una columna– y de la «Biblioteca de Autores Cristianos» (BAC) Logramos con los Padres Paules de San Juan un acuerdo con su librería llamada «La Milagrosa». También nos ofrecieron la dirección de su revista semanal

435

de gran circulación entre los católicos de la Isla y editar nuestra revista *Impresiones* en sus talleres sin que nos costara nada. Todo eso además de un sueldo mensual.

Regresamos a Míami y comenzamos a preparar nuestro traslado a Puerto Rico con nuestra esposa Maríita y tres de nuestras hijas. La mayor de ellas vivía en New Orleans con su esposo Alberto G. del Valle y sus dos primeros hijos.

Era el año 1967. Dejábamos por detrás a la Directiva del «Agrupamiento Cívico». No nos quedaba otro remedio: nos quedábamos en Miami con el propósito de unir a todas las organizaciones pero sin ninguna solución económica para el sustento de nuestra familia. Vivíamos entonces en Miami Beach a media calle de la parroquia de San Patricio y su colegio parroquial donde estudiaban nuestras hijas menores. La casa la habíamos comprado con una sola hipoteca de 29 mil dólares y pagando sólo 190 dólares al mes. Estaba toda amueblada y hasta con piano de cola. Cuando nos fuimos a Puerto Rico la alquilamos por la misma cantidad que teníamos que dar al Banco. Allí vivimos cuatro años al principio del exilio dejándole la hipoteca al nuevo inquilino. En San Juan estuvimos tres años seguidos. De esos tres años estuvimos sólo un año trabajando para los Padres Paules en lo mencionado anteriormente. Tanto la imprenta como la librería y las revistas habían quebrado económicamente y volvimos a quedamos en la inopia económica...

Tuve que comenzar a vender seguros de vida para una agencia puertorriqueña, Y, por supuesto, tenía que hacerlo visitando a «amigos» triunfadores en sus negocios tocando sus puertas todos los días. Casi no vendí nada. Cuando llegaba a una oficina o negocio le daba mi tarjeta a las secretarias. Y siempre nos hacían esperar para decimos que ya su jefe se había marchado. Al retirarme de nuevo a la calle veía en el «parqueo» de la oficina que sus automóviles aun estaban en él... Esa jornada de ventas de seguros me hizo pensar muchas veces lo que solía decirle a mi secretario en Cuba: «Ni un asegurador más, Dile que estoy en una junta importante». Hacíamos siempre una excepción. Recibíamos a un vendedor de libros viejos a quien le llamaban «Polilla». Casi siempre nos traía una Biblia vieja porque las coleccionábamos. Claro que es más importante leerla y asimilarla que coleccionarla pero como casi todo los hombres coleccionan algo, desde sellos de correos hasta esquelas mortuorias desde «honores hasta fantasías», nosotros preferíamos la colección de Biblias aunque a veces teníamos –y seguimos teniendo– que pedirle a Dios su ayuda para sentir bien eso que nos dijo Jesucristo: «No hagáis frente al malvado; al contraro, si alguno te abofetea en la mejilla derecha, vuélvele también la otra». Una de las cosas que aprendimos en el exilio fue atender siempre a toda persona que toca la puerta del apartamento donde vivimos, aunque sea un vendedor aunque económicamente no podamos ayudarlo. Nada más vejaminoso para un ser humano que trata de ganarse la vida honradamente, que le «tiren» la puerta en las narices.

La mudada nuestra para Puerto Rico coincidió con la primera llegada del hombre a la luna. Le dijimos a un amigo mientras contemplábamos por la televisión la caminata del ser humano por la luna, que nos parecía que la caminata nuestra sobre la tierra por sobrevivir en el exilio era una proeza mucho mayor que la de los astronautas sobre la luna...

El periódico *El Nuevo Día* no nos abrió las puertas. Al principio de nuestro exilio, el día que en Nueva York la SIP (Sociedad Interamericana de Prensa) en un grandioso banquete nos colgó en el pecho la medalla de «Héroe de la Libertad de Prensa» en presencia de los directores y dueños de periódicos de todo el hemisferio americano, entre los que se encontraba Don Luis Ferré, ex gobernador de Puerto Rico y uno de los hombres más acaudalados de la Isla. Al final de tan emocionante acto celebrado en el Waldorf Astoria, nos ofreció la Dirección de su diario que entonces se llamaba *El Día* y se editaba en la ciudad de Ponce. En aquella oportunidad se nos hacía muy difícil trasladarnos a Ponce. Acabábamos de llegar al destierro y nuestra mente la teníamos en la liberación de Cuba. Ya nos habíamos metido en la aventura de editar el *Diario de la Marina* en Miami Beach que suspendimos después de la traición de Playa Girón. Mucho agradecimos la amabilidad y gran deferencia de Ferré pero unos años después comprendimos que habíamos cometido el error de no haberle aceptado su ofrecimiento. *El Día* había pasado a manos de Antonio Luis, hijo de Don Luis, y este lo trasladó a San Juan donde llegó a convertirse en el más exitoso diario de la isla. En pocos años el periódico *El Mundo* y el *Imparcial* dejaron de circular y Puerto Rico se quedó con dos grandes periódicos: *El Nuevo Día* y *The San Juan Star*.

Seguíamos en la venta de seguros en San Juan. Una vez al salir de un edificio de oficinas en dirección a nuestro automóvil, un hombre alto, tan alto como nosotros (seis pies y tres pulgadas) pero con músculos más fuertes y rellenos que los nuestros, nos agredió a puño limpio, Nos rompió los espejuelos agrediéndonos por el rostro preguntándonos a toda voz: «¿Sabe quien soy?» «Míreme bien, míreme bien». Mal podíamos verle la cara ya sin los espejuelos. Comenzamos nosotros a defendernos con los puños también, pero el agresor comenzó entonces a defenderse a patadas como un mulo enfurecido No sólo perdimos los espejuelos sino que nos llenamos de pequeñas heridas por las piernas y por las manos. El otro, muy apartado de nosotros, nos gritaba: «latifundista esbirro», lo que hicimos en Cuba lo volveremos a hacer si hay regreso. La calle se comenzó a llenar de público curioso. Estábamos en la avenida de Ponce de León, la más transitada e importante de Santurce y además llena de cubanos. Nos repartíamos golpes y el agresor nos daba patadas y se alejaba de nosotros. Confesamos que estábamos extremadamente deseosos de que apareciera la policía y sobre todo que algún compatriota nos ayudara a defendernos o nos separara del salvaje que nos estaba dando golpes bajos. Pero nadie se inmutó.

437

El público veía aquello como si se tratara de una pelea de gallos o de una pelea en el Madison Square Garden. Casi igual que en Cuba durante nuestro encuentro con Fidel Castro: nadie nos daba una mano; nadie abría la boca para defendemos. Sólo Humberto Medrano que nos escribió una carta en la que nos decía al final de la misma lo siguiente:

«*José Ignacio: estamos en momentos difíciles. La vida cambia. Y se comete un grave error si no vamos graduando los lentes para enfocar correctamente las nuevas perspectivas. Un periodista o un periódico, no puede ceder jamás en sus principios. Pero ni uno ni otro pueden equivocar la forma de sostenerlos. Porque un periódico es una tribuna de información y orientación, no una pieza de artillería. Y hay muchos intereses que quisieran convertirlo en un cañón de campaña -de sus propias campañas-para parapetarse tras de él. Tanto mis, cuanto que van a disparar con pólvora ajena y a abandonarlo tan pronto empiecen a sonar los cañonazos del enemigo. Me complace que lo entiendas así. Porque deseo tu éxito y tu bienestar. Porque creo que te sobran capacidad y moral para dirigir dignamente al Diario. Y porque soy tu amigo, más que nunca, ahora que te hallas bajo el fuego. Abre los ojos y recibe un fuerte abrazo de Humberto Médrano*».

De repente siento que alguien nos agarra por las espaldas para que acabáramos con la trifulca callejera. No sabíamos quien era pero sentimos un gran alivio en medio de ese «viento» y de esa «marea» a los que no estábamos acostumbrados. Teníamos y seguimos teniendo la costumbre de defendernos de frente, sin escondites. Jamás, que no fuera en los colegios, peleamos con los puños. Pelearnos sí y nos defendemos, pero siempre con argumentos y nunca con el ataque Físico como hacen los animales, a no ser que lo exijan las circunstancias... Quien nos separó del encuentro «pugilístico» fue José Juara, gran cubano y miembro de la Brigada 2506 que fue a pelear a Cuba por su libertad. Después nos dimos cuenta de que quien nos agredió era alguien a quien habíamos iinpugnado en la revista *Impresiones* que editábamos en Miami por haber cooperado con la revolución castrista como colaborador del periódico *Revolución*. Al siguiente día de la reyerta el periódico *El Mundo* de San Juan publicó un editorial condenando la actitud de nuestro atacante. Pasaron los años y recibimos en Miami una carta del compatriota «desbocado» que nos llenó de grandísima pena. En ella nos volvía a atacar. Esa vez con palabras. Entre otras cosas nos decía que una serie de cubanos exiliados lo habían agredido fisicarnente y sin compasión alguna. De ese atropello, nos decía, se quedó sordo completamente. Días después de dicho apaleo tuvo que marcharse con su esposa e hija a Santo Domingo porque se lo exigieron las circunstancias... Más adelante en la carta nos dice que no teníamos nada de cristianos y que no podía comprender como seguíamos escribiendo contra el prójimo sin caridad alguna...

Durante aquella trifulca callejera de Puerto Rico nos vinieron a la memoria casi instantáneamente unas líneas sarcásticas que escribimos en Cuba en nuestra sección «Relámpagos» que firmábamos con el seudónimo de Vulcano refiriéndonos a Castro, a los cobardes, a los sordos y a los envidiosos de los primeros tiempos de la funesta revolución castrista. Veamos a continuación algunos de los párrafos que publicamos en aquellos momentos cuando éramos el blanco principal de todos los fidelistas y en especial de los personeros del régimen:

«Aunque ya tengo los músculos un poco engarrotados, todavía me acuerdo de cuando era niño y me fajaba en el colegio. Me acordaba también de la época en que iba a un gimnasio a darle al 'puching bag' y a cambiar golpes con los amigos del barrio. Por eso, además de pelota y otros deportes, como hacía un tiempo que no escribía, cansado de tanto polemizar con la pluma, me puse a 'hacer guantes', para no perder la costumbre ni la práctica de defenderme. Dando golpes como lo suele dar un boxeador honrado y. que se ajusta a las reglas del legítimo boxeo, llegó un momento en que se me puso la cosa fea en el 'cuadrilátero' Al principio iba bien; pero de buenas a primera, como no se me podía 'noquear', me dieron unos cuantos 'golpes bajos'. Mala suerte para mí. Aquello, más que un 'match' de boxeo, parecía haberse convertido, como esas polémicas que hoy se estilan, en una bronca de solar. Nadie me 'tiró la toalla'... Y tuve, desde luego, como comprenderán ustedes, que irme al 'clinch'.

Yo estoy acostumbrado a que peleen sucio conmigo. Eso no me asombra ya. Ni me inmuta. Cualquier otro boxeador con un poco menos de paciencia que nosotros, en lugar de buscar mas paciencia y tranquilizarse, hubiera puesto 'el grito en el cielo' y se hubiera comido a mordidas no solo al contrincante sino también al 'referee' y hasta los espectadores. Pero como perdimos la paciencia y la volvimos a buscar inmediatamente, preferimos dejar a nuestro adversario en el ring, después de propinarle varios golpes limpios y de frente, atravesar las cuerdas, bajar de la tarima e irnos a dar una ducha fría. Allí en la ducha contamos hasta diez. Y nos sentimos más tranquilos.

Cosa rara en estos espectáculos deportivos. Nadie me chifló por no haber 'liquidado' totalmente a mi contrincante. Al contrario. Al salir del 'cuadrilátero' me premiaron con una gran salva de aplausos, con excepción, desde luego, de unos cuanto envidiosos que no sabían lo que era pelear limpio, y de otros cuantos que por hallarse sentados muy lejos del 'cuadrilátero' parecían estar ciegos y no podían ver los movimientos, el estilo y las intenciones de cada luchador.

Pero, enfin, me refresqué ese día, pues a mi el calor se me pasa enseguida. Ya aquella noche dormí como duermen los justos.»

Hasta aquí las líneas que escribimos en Cuba en nuestro *Diario de la Marina* en medio de la espantosa soledad que sufrimos en la batalla contra Fidel Castro y su pandilla de traidores a la Patria. Las traigo a estas memorias nuestras, no sin honda pena en este caso, para demostrar que la historia siempre se repite. Y de paso, para refrescarle la memoria a algunos acomodaticios que prefieren olvidar las tristes experiencias que muchos compatriotas hemos sufrido primero en la patria y en el destierro después.

Ya hacia tiempo que nuestro agresor vivía con su familia en Miami en un muy humilde apartamento. Enseguida, después de haber leído su carta fuimos hacia donde el vivía de acuerdo con la dirección estampada en el sobre de su carta. Tocamos a la puerta del apartamento y. nos abre él mismo. Sin abrir la boca le dimos un fuerte abrazo y él nos lo dio también. Su esposa e hija emocionadas nos pide que nos sentemos con ellos en la pequeña salita que tenía el apartamento. Le pedimos perdón por lo que le habían hecho en Puerto Rico y que no estábamos enterados de nada. Casi todo nos lo entendía por el movimiento de nuestros labios. Desde ese día no dejábamos de comunicarnos. Íbamos a verlo con frecuencia.

Con David Rockfeller y Galo Plaza

Seguíamos en Puerto Rico vendiendo seguros y recibimos desde Nueva York una invitación para asistir al acto de «The Americas Foundation» para la entrega del diploma del hombre del año de América a David Rockefeller. No nos entusiasmaba nada concurrir al acto del millonario izquierdista amigo de Fidel Castro, pero pensé que si no íbamos le hacíamos un desaire a la Institución pues habíamos sido el único premiado con el mismo galardón hacía siete años en los comienzos de nuestro exilio. Nos dimos cuenta el día del evento que hubiéramos cometido un gran error. si no hubiésemos asistido al mismo. El acto se celebró en el enorme salón de recepciones del Hotel Waldorf Asoria Fue una noche de gala y tuvieron la deferencia de sentarnos en la mesa presidencial al lado del alcalde de Nueva York y del mismo Rockefeller. Había dos mesas presidenciales. Una, la más larga, con los presidentes y embajadores del hemisferio; la otra la principal, estaba ocupada por el presidente de la Institución, por el cardenal y el alcalde de Nueva York, por el presidente de la Organización de Estados Americanos, Galo Plaza, por Rockefeller y por nosotros. El salón estaba repleto de figuras prominentes de los Estados Unidos y de los demás paises de América. El único cubano que estuvo presente en el acto fue Guillermo Martínez Márquez como ex presidente de la SIP que entonces vivía en Nueva York. Al finalizar el acto Guillermo nos dice en el vestíbulo: «¡Que lástima, José Ignacio, que de lo ocurrido aquí esta noche no se haya enterado nuestro destierro!». Explicaremos a continuación algo de lo ocurrido si es que la memoria nos acompaña.

Al entrar en el salón nos topamos con Martínez Márquez y le preguntamos ¿puedo sentarme en tu mesa? Y nos responde que no porque nosotros estábamos en la presidencia. ¿No has visto todavía la lista de los invitados? Indudablemente. Pedimos en el vestíbulo un programa de la ceremonia y con el mismo nos entregan también una lista enorme –un folleto– de todos los invitados. En dicha lista aparecía nuestro nombre con un paréntesis que decía presidencia Entramos al acto y cuando buscábamos nuestro nombre en la mesa larga donde habían como cuarenta o cincuenta asientos, alguien de la Fundación de las Américas nos dice, no señor Rivero, esta es la mesa de los presidentes y embajadores, usted tiene su puesto en la primera mesa presidencial. Y nos conduce hasta nuestro puesto. Todo el local se hallaba ya repleto. Pero enseguida me di cuenta de que estábamos junto al mismo Rockefeller. Estábamos en el mismo centro de la mesa presidencial en el famoso «Ball Room» del Waldorf Astoria. Una orquesta de cámara comenzó a tocar el Himno Nacional norteamencano e inmediatamente después empezó la recepción sirviéndose la comida mientras el presidente presentaba a cada uno de los que ocupaban las dos

441

presidencias. Cuando se mencionaba a cada uno de los presidentes y embajadores el público aplaudía con verdadera etiqueta y formalidad. Cuando le tocó el turno a nuestra mesa, la verdadera mesa presidencial, se comenzó por mencionar al Cardenal, al alcalde de Nueva York, a Galo Plaza, presidente de la OEA y después a nosotros. Nos seguía David Rockefeller, el presidente de la «Americas Foundation» y tres o cuatro más a su derecha que no recuerdo bien quienes eran. Aquí es donde queremos, con legítimo orgullo de cubanos, explicar lo que ocurrió cuando nos presentó el mismo presidente de la organización americana con un preámbulo tan elogioso relacionado con nuestra lucha contra el comunismo y en especial contra Castro que todo el público puesto de pie nos dedicó una larga ovación. Lo más interesante del caso fue que casi nos pasamos la noche poniéndonos de pie cada vez que los oradores del acto hacían referencia a nuestro enfrentamiento al comunismo. Al amigo de Fidel Castro, David Rockefeller, no le quedó más remedio que dedicarnos también un párrafo, fuera de su discurso escrito, para decir entre otras cosas que si todos los hombres públicos de América que aman la libertad estuvieran dispuestos a defender a la democracia como lo habíamos hecho nosotros en Cuba muy cerca del paredón de fusilamientos del comunismo, todo el continente americano llegaría algún día a gozar de una absoluta paz y libertad...

¡Rockefeller, nada menos que David Rockefeller, elogiando y aplaudiendo a un conservador y enemigo acérrimo del comunismo y de Castro! ¡Gracias Fidel!, digo: ¡Gracias David!

Con David Rockefeller y Galo Plaza recibiendo el premio de la Fundación de las Américas.

Desde Londres

En diciembre del año 1969 se comunica con nosotros desde Londres Rafael García Navarro. Quería conversar en Miami durante la Navidad sobre la posibilidad de aceptarle un cargo de importancia en su Compañía «Gramco de fondos mutuos que operaba en Alemania con oficinas centrales en Londres. Se trataba de la posición de Vicepresidente y Director de Relaciones Públicas de la empresa que iba a comenzar a operar en España con el nombre de «Gramco Iberia» Nos hallábamos aún viviendo en San Juan y volamos a Miarni en diciembre para celebrar nuestra reunión. Después de un satisfactorio acuerdo Nos trasladamos a Madrid terminadas las fiestas de Navidad. Otro traslado más en el destierro y sin sospechar nada de lo que nos esperaba: otro canbio más de país y de trabajo en el exilio. Y no iba a ser el último... Preparamos nuestro equipaje en Puerto Rico y volamos hasta Madrid. Nuestra esposa Mariita e hijas tuvieron que permanecer unos meses más en la isla hasta que nuestras hijas termiran sus cursos de colegio y universidad. Los próximos serían en España.

Al principio tuvimos que invitar a varias personalidades españolas para una recepción en el hotel Ritz. Alfredo Sánchez Bella, entonces Ministro de Información y Turismo, amigo de muchos años, hizo una excepción aceptando la invitación al acto puesto que la asistencia al mismo lo comprometía a aceptar la apertura de otras empresas del mundo de los negocios

Comenzamos a escribir en el diario *ABC*, el más importante de España. Era el comienzo del año 1970. Ya al principio de nuestro exilio varios periódicos de Madrid, en los años sesenta habían publicado nuestros trabajos, noticias y declaraciones sobre el caso de Cuba. Instalados ya en Madrid, hacíamos las dos cosas: periodismo y relaciones públicas. estrechamos entonces mucho más la amistad que nos unía a los Luca de Tena, dueños de «Prensa Española S.A.» que editaban el *ABC* de Madrid y el de Sevilla además de la famosa revista «Blanco y Negro». Con Juan Ignacio –presidente de la empresa, académico, escritor de libros y de obras de teatro– íbamos algunas noches al teatro. Igualmente con bastante frecuencia nos reuníamos mi esposa y yo con su hijo, el entonces Director de *ABC*, Torcuato Luca de Tena y Blanca, su esposa, en su casa en Puerta de Hierro. En los veranos nos trasladábamos las dos familias al norte de Mallorca, donde Torcuato tenía una acogedora casa en lo más alto de una colina frente al mar. El lugar se llama Costa de los Pinos. Luca de Tena y nosotros nos trasladábamos de Madrid a Mallorca en avión todos los viernes para reunirnos con nuestras familias allá hasta los lunes por la mañana que regresábamos a Madrid a cumplir con nuestras labores.

Durante los tres años que vivimos en Madrid desde enero de 1970 nos reuníamos con bastante frecuencia con destacadas personalidades del mundo intelectual. Todos los jueves teníamos la costumbre de almorzar con Gregorio Marañón Moya que por aquellos años era Director del Instituto de Cultura Hispánica. Siempre nuestra conversación giraba en torno al Instituto, al periodismo y a Cuba. Incluso viajamos juntos una vez a Puerto Rico donde él tenía grandes deseos de ampliar las actividades culturales de España en la patria de Hostos y de Muñoz Marín. También, como cosa de rutina visitábamos en su oficina a nuestro buen amigo de siempre, don Manuel Aznar, abuelo de José María Aznar, (actual presidente de España en los momentos que escribimos estas memorias) quien fuera director y accionista del gran periódico *La Vanguardia* de Barcelona y también en su juventud director técnico del *Diario de la Marina* en La Habana. De don Manuel contaremos más adelante algo que jamás se nos olvidará sobre los momentos que estuvimos representando a una empresa de papel periódico canadiense en España. Con Joaquín Calvo Sotelo –gran dramaturgo español, autor de «La Muralla»– mantuvimos también una gran amistad. Una vez en su casa de Costa de los Pinos nos reunimos un grupo de los amigos que veraneábamos allá, para escuchar de sus propios labios su última obra teatral que no sabemos si llegó a estrenarse en Madrid. Aunque al final de la reunión tuvo la delicadeza de regalarnos a nosotros el texto original, la obra no nos agradó del todo. Se trataba de un secuestro al Nuncio Apostólico de un país latinoamericano por guerrilleros marxistas y se inclinaba bastante el argumento a favor de los secuestradores... Ya nos lo había advertido Torcuato Luca de Tena cuando nos dirigíamos a la reunión con él: «Conozco el tema, José Ignacio, es una obra formidable como todas las de Joaquín, pero no creo que te va a gustar lo de la justificación de la causa de los secuestradores» Indudablemente, nos pareció, como al mismo Torcuato, fuera de lugar el modo de tratar en la obra a los Tupac-Amaru. Preferimos no dar nuestra opinión al respecto para que no se pensara que estábamos resollando por la herida... Además todos los presentes sabían de sobra que Calvo Sotelo era tan conservador y anti comunista como nosotros. Se trataba sin duda de un snobismo de él, muy de moda entre la mayoría de los intelectuales españoles y de todo el mundo que no desean que se les tilde de conservadores. Sobre todo en la nueva España después de la muerte de Franco. Camilo José Cela es un ejemplo de lo que decimos. Nadie le gana en España en eso del «snobismo intelectual». Cela dice a veces lo que muchos no se atreven a decir y su atrevimiento sale de su gran pluma bastante desaforada, hasta con malas palabras algunas veces... Pero nadie puede dudar de su extraordinario talento.

Durante un paseo por el meditarráneo con Joaquín Calvo Sotelo, Luca de Tena y el Ministro de Obras Públicas de España.

En Londres nos decía Pierre Salinger (consejero de John F. Kennedy) que lo de Cuba iba para largo.

Lo inesperado...

Vivíamos en Madrid en un apartamento alquilado a un precio risible comparado a como están ahora en los comienzos del siglo XI. El mismo lo conseguimos semi amueblado. Ya habían pasado seis meses de nuestra estancia en Madrid y el día que nos llegaban todas nuestras pertenencias de Puerto Rico, es decir, los muebles, baúles, maletas, etc., recibimos una llamada de nuestras oficinas para anunciarnos que la empresa en Alemania había sufrido un revés serio y por consiguiente tenía que cerrar sus operaciones en todas partes. El gobierno alemán prohibió las ventas en su país debido a la gran fuga de divisas a los Estados Unidos. Gramco era una Compañía de fondos mutuos que no operaba con la Bolsa sino con grandes propiedades en los Estados Unidos. Para ello tenía otra empresa con el nombre de «Amprop»: American Properties. Es decir, el comprador de acciones de Gramco estaba invirtiendo su dinero en propiedades norteamericanas. Los más afectados con la noticia fuimos nosotros. Nos habíamos trasladado a España únicamente con el sueldo y con unas acciones que al cerrar la compañía nos quedábamos sin una cosa ni la otra. ¿Puede imaginarse el lector el estado de ánimo en esos momentos en que ya teníamos en Madrid a nuestra familia y el traslado de todas nuestras pertenencias. Nos sentimos como cuando el régimen comunista en Cuba a la fuerza y violentamente nos arrojó de nuestra patria y dejándonos con «una mano atrás y otra delante»...

¿Qué hicimos en esa situación? Lo primero fue llamar a Londres a García Navarro. No salió al teléfono. Emilio Núñez Portuondo, buen amigo nuestro... suegro de García Navarro nos dice que todos estaban en la misma situación y que podíamos contar sólo con los pasajes de avión para el regreso a América.. Le respondimos que con eso no resolvíamos nada pero los aceptamos por si nos veíamos en la situación de regresar a Miami o a San Juan. «Todos estaban en la misma situación» pero García Navarro salvaba tanto dinero como para comprar la Torre de Londres...

Mientras tanto pasábamos el tiempo escribiendo en *ABC* y haciendo gestiones de trabajo. Luca de Tena nos ofreció una posición en la Dirección del ABC Internacional. La aceptamos hasta que consiguiéramos algo de mayor retribución. Los periódicos pagan poco, lo reconocemos, aunque sea uno amiguísimo de los dueños Claro que escribir en España en *ABC* es casi, y sin casi, un verdadero galardón. Para mí lo era también no obstante haber sido Director y dueño de uno de los periódicos más importantes de América.

Un día se comunica por teléfono con nosotros un compatriota arquitecto llamado Raúl Piñón que se había enterado de nuestro problema y nos vino a ver a nuestro apartamento con un sobre grande repleto de pesetas españolas. Al verlo delante de él le pregunto: ¿Para qué es esto? Y nos responde: «es un dine-

447

rito que tengo aquí en Madrid y conociendo su situación actual por un amigo íntimo quiero que me lo acepte para contribuir de alguna manera a disipar su preocupación»... El dinerito no era un dinerito, como me dijo, se trataba de varios miles de pesetas españolas que nos venían de perilla en esos instantes. No se las quería aceptar, pero el generoso «samaritano» compatriota me insistió en que las aceptara y por no ofenderlo le respondimos que el sobre lo guardaríamos sin tocarlo hasta que nos abriéramos camino en Espada. Al sobre le escribimos a mano en su presencia: «Los intocables». Pero los tuvimos que tocar porque el tiempo pasaba y económicamente no acabábamos de encontrar la solución a nuestro bolsillo para sostener a la familia sin entrada alguna. Jamás nos olvidaremos del maravilloso detalle de este compatriota que sin conocernos personalmente se desprendió de algo que para él era una fortuna. En estas memorias mías dejo constancia de mi profunda gratitud a este hombre tan desprendido y tan generoso.

Sin otra cosa que hacer íbamos todos los domingos a los toros (con los bolsillos tan vacíos como cuando llegamos al exilio acompañados de José Gasch Prieto (Pepe) otro ser inigualable. Aquel gran amigo con quien hicimos nuestro primer viaje en avión cuando de joven nos dirigíamos a Marquette University. En las corridas de toros siempre nos venían a la mente nuestras «corridas» sobre la arena de Cuba comunista. Le decíamos a Pepe Gasch que las nuestras habían sido más difíciles y peligrosas que las del mejor torero de España Habíamos tenido que realizar suertes y pases frente a la bestia de Cuba y después frente a la adversidad del destierro...

Price Paper Corporation

Al fin, después de algunas gestiones con la esperanza de encontrar un medio de vida en Madrid, nos llega por correo una proposición desde la ciudad de Nueva York: Nos ofrecía Jorge Arellano, Vicepresidente de una gran papelera canadiense, la representación de la misma en toda España y con muy buenas comisiones. Arellano se había enterado del derrumbe de la Gramco y aprovechó la situación para entrar en el mercado español conociendo nuestra vinculación con la prensa de la Madre Patria. Vimos los cielos abiertos con esa carta aunque nada nos entusiasmaba lo de las comisiones. Ya habíamos pasado por la pesadilla de vivir sólo basado en comisiones. Enseguida nos comunicamos por larga distancia con Arellano y después de agradecerle su ofrecimiento le dijimos que estábamos dispuestos a viajar a Nueva York para discutir lo de la posibilidad de recibir sueldo básico además de comisiones. Nos respondió que era posible pero que tenía que tratarlo con el Presidente de la Compañía que estaba muy interesado en nuestra persona. Hacía unos diez años ellos me habían atendido ya en Nueva York cuando fuimos a recibir el premio de la Fundación de las Américas. La lógica me decía que, aparte del gesto amable de acordarse de nosotros en momentos tan angustiosos, había un deseo natural de hacer negocio en Cuba después de la desaparición de la tiranía pensando la Compañía que Castro estaría poco tiempo en el poder... Pero el tirano de Cuba cuando escribimos estas líneas –treinta años después– sigue en el poder.

Nos fuimos a Nueva York y llegamos a un arreglo sobre las condiciones económicas. Tanto el presidente de la Compañía como Arellano deseaban que antes de comenzar estas actividades en España visitáramos en Canadá sus molinos de papel para que nos pusiéramos en contado con los técnicos de las fábricas y conociéramos bien la manufactura y tipos de papel que ellos fabricaban para Europa. Para ello debíamos primero regresar a España con el fin de enterarnos bien de los detalles sobre la clase de papel que cada empresa periodística utilizaba en sus impresiones de periódicos y revistas. Nunca había visto en ningún país tanta variedad de tamaños y calidades de papel periódico como los empleados en la prensa española. Regresamos a Madrid y nos preparamos para iniciar este nuevo trabajo a la vuelta de Canadá con bastante conocimiento básico del mundo papelero. En Cuba jamás tuve nada que ver con el papel que utilizábamos para la producción de nuestras publicaciones. De esto se ocupaba nuestro hermano Oscar que era el administrador del periódico. Para nosotros resultaba un mundo nuevo, pero no nos podíamos dar el lujo de rechazar la oferta de la «Price Paper». Repito que toda clase de venta me perturba. Nunca he servido para ello. En el exilio no podíamos rechazar ningún ofrecimiento. Estábamos «obligados a carabina» como se suele decir en cubano, cuando la necesidad aprieta el estómago y preocupa el mantenimiento de la familia. Es muy posible que a la mayoría de nuestros compatriotas le sea difícil creer que el Director del periódico más poderoso de Cuba no haya tenido una cuenta «substanciosa» de dinero fuera de su patria. La teníamos desde mucho antes de la llegada del asesino Castro al poder, La misma era suficiente como para comprar otros periódicos. Pero nuestra madre, que era la Presidenta de la Empresa. y además tenía la mayoría de las acciones, decidió con la aprobación de nosotros y de nuestros hermanos, liquidar de una vez la gran deuda que teníamos con el Trust Company por concepto de la fabricación del nuevo edificio y los nuevos talleres que incluían dos pisos de confección y dos de nuevas rotativas para la impresión del periódico, además de grandes espacios dedicados a la redacción y a la administración. Y toda esa deuda liquidada en su totalidad muy poco antes del triunfo del comunismo que en definitiva se robó esa única fortuna nuestra, pero después de un largo y enérgico enfrentamiento público con nosotros que terminó con violencia y metralletas...

El frío era intenso. Con estas indumentarias teníamos que andar por Kennogami y por Chandler.

Hacia el encuentro con los molinos...

No eran molinos de viento como los del Quijote. Ibamos al encuentro de molinos de papel como decimos más arriba, pero nosotros no teníamos otra cosa en la mente que una batalla contra lo desconocido que nos hacía sentir la intriga y el temor parecidos a los que abrigábamos cuando de niños nos dirigíamos por primera vez al colegio de internos. Teníamos que llegar primero hasta el norte de la provincia de Québec y visitar en medio de la nieve distintos pueblos donde se hallaban los molinos. Para nosotros se trataba de un mundo nuevo en cuanto al trabajo como a las temperaturas inaguantables.

Salimos de Madrid en enero hacia Nueva York donde hicimos un cambio de avión hacia Montreal. Dormimos esa noche en un motel que estaba sólo a unas tres manzanas del aeropuerto Sólo estuvimos en él unas cuatro horas porque teníamos que tomar otro avión a las seis de la mañana. Cuando en el aeropuerto nos avisaron la salida del vuelo nos dirigimos con unas diez personas hacia la pista El aparato esta vez era casi una avioneta de hélices de dos motores. Nos dirigíamos hacia un pueblecito llamado Kenogami que se hallaba muy al norte de Canadá. En invierno por aquellas alturas no se veía otra cosa que nieve, lagos y ríos congelados. El pequeño aeropuerto era militar. Apenas se veía la casa del mismo debido a la cantidad de nieve caída en esos días. Nos bajamos del «papalote» o de la avioneta –que era la sensación que nos daba el avión que nos trasladaba hacia esos parajes después de volar en los gigantescos «Jumbos»– y comenzamos a caminar por entre dos paredes de nieve hacia la puerta de entrada. Un señor de los diez que viajábamos en el viajecito de marras nos pregunta si éramos el extranjero que íbamos a representar a la Compañía en España. Le respondimos que sí y a la vez le preguntamos que como lo sabía. Y enseguida nos dice que al único que no conocía en el avión era a nosotros y que él era el presidente del molino de Kenogami "Sígame que aquí nos espera el chofer de la casa particular del molino donde vivimos los ejecutivos". La casa era una especie de cabaña de piedra en medio de un bosque próximo al molino.

Al siguiente día de la llegada salimos con el presidente para el molino que se hallaba a unos pocos kilómetros de la casa y frente a un río por donde se recibían los troncos de la madera para procesarlos en el molino. Habíamos comprado en una tienda «Army and Navy» antes del viaje a esos lugares congelados todo lo que necesitamos para resistir el frío Lo primero que me puse encima antes de abordar el carro fue una especie de abrigo o de chaqueta de piel de oso que tenía una cachucha que nos cubría casi toda la cabeza, la nariz y la boca. Confesamos que del susto dimos un brinco cuando nos vimos en el espejo con esa indumentaria parecida a la de los esquimales. Cuando llegamos al molino nos recibieron unos cuantos técnicos de la compañía. Nos miraban a nosotros

451

de reojo de manera significativa. Nos parecia que con sus miradas decían por dentro: ¡que exagerado es este señor, parece un esquirnal!...

Al tercer día de nuestra estancia en Kenogami partimos para la ciudad de Québec en el mismo avión que nos llevó desde Montreal a ese pueblecito donde pasamos más frío que un soldado de Hitler o de Napoleón en las cercanías de Moscú. En Quebec pasamos una noche tan solos como nos sentimos en La Habana mientras combatíamos a Castro desde nuestro periódico de Cuba. Teníamos que tomar un tren al otro lado del río San Lorenzo que salía hacía el poblado de Chandler al norte de la península y pegado a la costa del golfo de San Lorenzo.

Desde Québec nos corminicamos con nuestra esposa que se hallaba en Madrid.

–«¿Desde donde me llamas?» me pregunta. Le dijimos que desde Quebec.

–¡Que lejos estás!...

La que está lejos eres tú, nosotros por lo menos lo sentimos así, le respondimos. Madrid está demasiado lejos de Quebec. Todo es relativo en esta vida. Depende del ángulo o del lugar desde donde te sitúes o veas las cosas.

Eran las tres de la madrugada y salimos en un taxi hacia el otro lado del río San Lorenzo. Podíamos haber cruzado el río en una embarcación que traslada al público de un lado a otro de la ciudad, pero como era pleno invierno la misma se había quedado varada en medio del río congelado. El taxi tuvo que cruzar al otro lado por un puente que estaba a bastante distancia al sur de la ciudad de Québec. En la oscuridad de la carretera nos vino el mal pensamiento de la posibilidad de un asalto por el taxista que tenía un rostro de pocos amigos. Sólo por instinto de supervivencia agarramos lo único que teníamos a mano: un paraguas. Y no lo soltamos de la mano hasta que llegamos a la estación de trenes que era una casita casi a oscuras y mucho más chica que el aeropuerto militar de Kenogami. En el trayecto del taxi hacia la estación nos perdimos tres veces. El mal pensamiento sobre el posible atraco se nos aumentó al máximo y con el paraguas «en ristre» desde el asiento de atrás le dijimos al conductor sin esperar un instante más: «doble a la derecha en esa callejuela que me pareció ver un letrero que dice "Estación de trenes». Hizo lo que le dijimos y allí estaba la estación. Confesamos que del miedo que sentíamos acertamos sólo de casualidad. El letrero no existía. Y es curioso esto porque a veces el hombre pierde su instinto de conservación ante el peligro real, como nos ocurrió a nosotros frente a Fidel Castro, y a veces también ve fantasmas donde no existen. El caso del taxista nuestro es un ejemplo de lo que decimos pues seguros estábamos ya cuando llegamos a la estación de que se trataba de un infeliz canadiense con cara del «jorobado de Nuestra Señora de París que se ganaba la vida casi todo el día y parte de la noche sobre las cuatro ruedas de su inofencivo taxi De repente aparecíó entre la penumbra de la noche un maletero que nos llevó con nuestro equipaje hacia un solitario tren. Dicho tren era de cuatro vagones y una locomotora. Le dimos la propina y entramos enseguida en nuestro pequeño cuarto. Eran ya las cuatro de la mañana y nos acostamos enseguida en la cama junto a la ventana con la cortina semiabierta por donde observábamos la quietud, el silencio y la tenue luz de un farolillo solitario situado al lado de la desierta estación. Más que sueño nos invadió una especie de pasión de ánimo que sólo nos hacía pensar en el regreso a nuestro provisional hogar del exilio.

Al fin nos quedarnos dormidos. En el vagón nuestro sólo ibamos tres personas. Cuando despertamos y subimos la cortina de la ventana vimos un paisaje impresionante. El tren pasaba entro unas montañas cubiertas de nieve y cascadas de agua por ambas partes. Nos fuimos a desayunar a uno de los carros y desde nuestra mesa veíamos a más de un trineo de nieve viajando por el campo. Por supuesto que con trineos motorizados. Comenzaban entonces a ponerse de moda por esos lares. El día transcurría y el panorama comenzaba a palidecer. Nevaba a chorros. Y a nosotros se nos oscurecía más y más el ánimo. No habla nadie con quien hablar. No teníamos a mano ningún libro para leer. Estaban metidos en una maleta que no queríamos abrir. Quizás se hallaban tan desolados como nosotros. De repente en medio de la pasión de ánimo me pregunto:

¿Quién me habrá metido en esta aventura? ¿Para qué era necesario que me fuera tan lejos para conocer como se hace el papel de periódico? ¿Quién me iba a preguntar en los diarios de España como se hace el papel? Me acordé de lo que una vez, entre otras cosas, mi padre le dijo al comunista Blas Roca en Cuba: «zapatero a tu zapato». Pero la necesidad me obligaba a hacer lo que me mandaban... Por eso pensamos que casi todo es relativo en la vida. en Cuba hacíamos lo que queríamos. Éramos directores de nuestro propio periódico- En el destierro nos vemos obligados a hacer o a soportar muchas cosas que no queremos...

Al fin legábamos a Chandler. No estábamos seguros de que alguien fuera a recibirnos a la estación y veíamos por la ventana mientras el tren caminaba lentamente por el andén, las caras de los pocos que se hallaban parados o caminando por el mismo. Alguno tenía que ser, pero no lo conocíamos ni él nos conocía a nosotros. Dc repente vi a una persona muy bien vestida con un abrigo negro y un sombrero de pana de ciudad de los que ya no se usan en estos tiempos. Bajamos y los dos nos miramos esperando que el otro saludara primero, pero el se nos acercó y nos preguntó si éramos el señor Rivero. Le respondimos que sí y nos fuimos a su automóvil hasta su casa. Allí cenamos con otros ejecutivos y después nos condujo a nuestra habitación por si deseábamos descansar o dormir ya hasta la mañana siguiente que volaríamos en un helicóptero de la compañía sobre el golfo de San Lorenzo cerca de Terranova. Le preguntamos enseguida

«¿En un qué? ¿Me pareció que dijo un helicóptero?»

453

Sí, nos respondió, porque desde lo alto se puede observar mucho mejor las maniobras de los «rompehielo» que vienen a cargar papel para Europa.. No sabíamos como quitarnos de arriba, o de abajo, lo del helicóptero, pero dejamos de pensar en el asunto hasta el día siguiente.

Dormimos como lirones esa noche y al amanecer comenzamos el recorrido por toda la instalación papelera no sin antes haber ingerido un desayuno suculento que no digerimos hasta terminar con el episodio del helicóptero que por cierto era más «entretenido» que nuestro deseo de andar por esos parajes y por esas alturas... Después de volar durante casi dos horas sobre el golfo siguiendo el lento paso de un buque que queria entrar en el puerto y le costó más trabajo que a un «balsero» cubano cruzar el estrecho de la Florida. Aterrizamos en el mismo muelle sin romper ni un solo pedacito de hielo aunque casi nos rompemos la cabeza cuando al salir del «papalote» motorizado resbalamos ya fuera de él al dar el primer paso sobre la pista tan congelada como el dinero que tenía Fidel Castro en los Estados Unidos por sus robos a los inversionistas norteamericanos en Cuba.

Nos fuimos a visitar por dentro las distintas instalaciones del enorme molino. Vimos como metían la madera por una parte y como salía la pulpa por la otra. Vimos también como se procesaba la pulpa y los distintos recorridos de la misma para convertirse al final del proceso en papel para periódico, en papel higiénico o en papel para cartuchos de mercados. Nada de eso nos interesaba como tampoco le interesaba a los compradores. Lo que si nos importaba en aquellos momentos era el "papel" de ridículo que hacíamos con nuestra indumentaria casi de esquimal que no nos la quitábamos de arriba para evitar el catarro o la neumonía Y no podíamos ni siquiera decir que todo eso eran «gajes del oficio» porque nunca fuimos esquimales, ni jamás tuvimos nada que ver con troncos de madera ni con ninguna clase de manufactura de papel. Y mucho menos con la pulpa puesto que la única que nos interesó siempre fue la pulpa de tamarindo y la de guayaba pero sólo para comerlas y no para conocer como las hacían. A los periodistas o a los directores de periódicos lo único que les interesa es comprar el papel y usarlo. La fabricación del mismo les interesa un comino...

Esa noche no dormimos tan bien como la noche anterior. Estábamos agotados por todo el recorrido del día por el aire y por la tierra. Mejor dicho, y por la nieve. Antes de regresar a la casa nos llevaron unos amigos del presidente de la compañía a comer a un pueblecito cercano a Chandler. Allí nos atracamos de mariscos y pescado. Luego nos trasladamos a un club de hockey sobre hielo donde se estaba efectuando un campeonato. Después del juego nos llevaron al salón de recepciones y nos impusieron muy ceremoniosamente un gorro verde y rojo tejido a mano con el escudo de esa sociedad canadience de hockey que jamás volveríamos a visitar. Suponíamos que nos hacían socios honorarios del Club porque ver a un cubano por aquellos ambientes era como ver a un oso blanco paseándose por las calles de Andalucía o de la pequeña Habana de Miami. Si antes lucíamos como un esquimal por nuestra indumentaria con el gorro nos parecíamos a un Santa Claus sin barbas...

Y llegó el día de tomar el mismo tren que nos había llevado a Chandier desde Quebec. Nos íbamos hacia el sur para terminar el viaje en Montreal. Nos despedimos del presidente del molino que nos llevó hasta el tren. En Montreal teníamos que estar unos tres días para entrevistarnos cm el presidente general de toda la compañía en la oficina central de la misma. La nieve no cesaba. Al siguiente día de nuestra llegada a Montreal nos fuimos caminando desde el hotel donde parábamos hasta el centro de la ciudad Después de la experiencia sufrida en el taxi de Quebré no nos atrevíamos a tomar ninguno hasta que se nos pasara la inquina contra ellos.

Sabíamos la dirección además de llevar con nosotros un mapita del lugar confeccionado por la oficina de Nueva York. Nos pasamos todo el día en la oficina y regresamos ya de noche caminando por el mismo lugar que habíamos tomado por la mañana Confesamos que fue un disparate porque no obstante haber regresado bajo la nieve con la cabeza y el cuerpo casi más cubiertos de ropa que una mujer musulmana en invierno, amanecimos al siguiente día con un catarro que nos hacía toser sin cesar. Temerosos de caer con pulmonía llamamos al médico del hotel y nos fue a ver a nuestra habitación. Después de un chequeo minucioso nos dice: permanezca en la cama hasta que le dé permiso para salir. Usted está ahora casi con pulmonía

No esperé un día más. Con fiebre y con una continua tos bajamos al vestíbulo del Hotel con la maleta en mano. Pagamos y nos fuimos para el aeropuerto para tomar el primer avión hacia Nueva York. Allá tomamos otro avión en el que nos metimos sin reservación. Tuvimos suerte porque lo mismo nos ocurrió en Montreal. En ambos aeropuertos y en ambas líneas había algunas cancelaciones. En el de Nueva York nos dirigíamos hacia Puerto Rico a pasar la semi pulmonía o lo que fuera con el calor de una de nuestras hijas que vivía en San Juan con su esposo e hijos. Y, por supuesto, a pasarla mejor con la temperatura de Puerto Rico... Pero «la sangre no llegó al río». La fiebre y la tos sufrieron una derrota frente al calor de familia y de temperatura.

Regresamos a Madrid y comenzamos a vender papel contra viento y marea. Otra aventura más por necesidad, no por deleite. La de vendedor es siempre una aventura casi trágica cuando se ha pasado uno la vida comprando. Decimos que por necesidad porque nunca habíamos vendimos nada. Ni siquiera intervinimos en la venta de publicidad ni en la de suscripciones de nuestras publicaciones. Ya anteriormente hemos contado nuestra desagradable experiencia en el exilio de tener que pedir en vez de dar como habíamos hecho simpre en Cuba en nuestra profesión periodística...

La tarea de pedir en España

Nuestra tarea de «pedir» tocó a las puertas de nuevo en el exilio. Claro que no se trataba exactamente de pedir sino más bien de vender pero para el caso es lo mismo. Que diga si no es verdad esto el vendedor profesional de cualquier cosa que todas las horas de su trabajo diario lo emplea en pedir que le compren el producto y en convencer al cliente que su mercancía es la mejor. Para darse mejor cuenta de ello hay que ponerse en el lugar de los compradores. Pero el que vende lo comprende mejor cuando está coordinando sus entrevistas con ellos que de cada cinco que coordina sólo logra ver a uno. Y con uno que vea todos los días o una vez a la semana se da con un canto en el pecho. Después viene la segunda parte del proceso: la tensión que siente un lego en el campo de la venta durante la entrevista concertada. En nuestro caso, aunque todos los periódicos nos conocían por haber sido director y propietario del *Diario de la Marina* comprendían nuestra situación, pero casi no nos dejaban hablar del papel periódico que representábamos sino que eran ellos los que casi nos entrevistaban sobre el «papel» que habíamos hecho frente al comunismo en Cuba...

Una vez en La Coruña el administrador de uno de los más importantes diarios de Galicia nos invitó a almorzar para estudiar en el restaurante nuestra oferta del papel. Pero el tema del papel se cambió por el de la cocina gallega. Terminamos "devorando" una enorme fuente de percebes acompañada de más de una botella de vino... Lo del papel quedó pendiente para otra ocasión, no sin antes enseñarnos toda la instalación del periódico y de presentarnos a su director que no recordamos su rostro ni nada de lo que nos dijo debido al sueño y a los cólicos que nos produjeron los maríscos. Después de dos días en La Coruña nos dirigimos hacía Vigo a visitar el diario más importante de esa gran ciudad gallega. Tomamos un ómnibus en La Coruña a las seis de la mañana La neblina cerrada no nos dejaba ver el panorama de la región. Las luces de los vehículos que transitaban en dirección contraría a nosotros apenas se veían. Optamos por quedamos dormidos durante gran parte del trayecto El frío nos recordaba las recientes temperaturas que habíamos sufrido por Canadá, aunque nunca con los cuarenta grados bajo cero de Kenogami. Un pobre anciano que iba sentado al lado nuestro nos toca con discreción el brazo y comienza a hablamos de cosas espirituales y de las últimas enciclicas del Papa. Sólo le faltó pedirnos que lo confesáramos pues creía ver en nosotros a un sacerdote. Íbamos vestidos con traje negro, con abrigo negro y con sombrero negro

En Vigo nos acompañaron algunos periodistas hasta la casa donde había nacido don Araujo de Lira, fundador del *Noticioso y Lucero*, precursor del *Diario de la Marina*. En la misma esquina del edificio hay una placa de bronce que dice así: «Aquí nació don Araujo de Lira fundador del famoso *Diario de la Ma-*

rina de Cuba. Nuestro abuelo don Nicolás Rivero llegó a Cuba muchos años después de fundado el *Diario* y fue nombrado director del mismo hasta que llegó a hacerse propietario comprando durante largo tiempo de su vida las acciones que se hallaban en manos de algunas familia e instituciones de dentro y de fuera de Cuba. Antes de tomar el tren hacia Madrid nos sentamos en un café frente a la bahía balbuceando aquella Canción bailable de nuestra Cuba titulada «Para Vigo me voy» que tanto cantaba y bailaba en el escenario Federico Piñero en el teatro Martí junto al negrito Garrido, su inseparable compañero. Con los ojos algo humedecidos abandonamos aquel café y tomamos un tren hacia Madrid sólo con la esperanza de que el periódico *El Ideal Gallego* me comprara algunas «toneladitas» de papel para ir cubriendo poco a poco el expediente...

En Madrid nos esperaba un buen número de correspondencia de distintas partes de España. Como al mismo tiempo que vendíamos papel a los periódicos y seguíamos escribiendo en el diario *ABC*, recibíamos cartas de diversas partes de la nación española. Una que nos llenó de satisfacción nos llegaba de la ciudad de Cadiz. Se trataba de un joven cubano que nos decía así:

«José I. Rivero
Diario ABC
Febrero 26, 1973

Señor Rivero:
Una vez más tu pluma sale a luchar por la dignidad y el honor del cubano como lo hiciste al principio de la revolución, y al igual que lo hiciera tu padre en los tiempos de Machado en el Diario de la Marina.

Me refiero a tu artículo del ABC *de Sevilla publicado el domingo 25 de febrero. Quizás logres sembrar la duda en este país donde cada día se hace más difícil desmentir la propaganda castrista que pulula el ambiente, pero quizás más que al español, tus palabras deben de llegarle al exilio cubano, ya que al fin de ellos depende la liberación de nuestra patria. Con el exilio hay que contar, aunque existan elementos que se alimentan y viven de él, al igual que hay que contar con la juventud en Cuba. Esa juventud que lejos de dejarse lavar el cerebro, como cubanos al fin reaccionan ante la mentira y la injusticia que presencian diariamente.*

Es la juventud de quien depende el futuro. Tanto la juventud de Cuba como la que está fuera de Cuba. La historia la hacen los jóvenes que son los que aportan su sangre para limpiar los escombros que dejan atrás las generaciones que nos han precedido. Nuestra tarea es ardua y larga, llena de sacrificios y de desilusiones. Estamos luchando contra el resto del mundo que tiende a restablecer sus relaciones con Cuba y a aceptar por 'conveniencia' a un régimen comunista en el Caribe, centro de toda subversión en América. Esto no creo que debe de amorti-

guar nuestro espíritu de lucha. Nuestra juventud es nuestra fuerza, nuestra convicción y nuestro trabajo atestiguan esa pureza de sentimientos que yace en el corazón del joven patriota cubano, porque nuestra única meta es Cuba y lo mejor para ella. Queremos como tu dices: 'el mayor progreso y la mayor libertad.... una patria feliz, independiente, soberana, libre, unida y cristiana'.

Sigue en lo que puedas respaldando nuestra lucha con tu pluma. Necesitamos todo el apoyo que nos pueda dar el exilio cubano si algún día queremos ver a nuestra Patria libre, aunque tantas veces lo encontremos apático y poco cooperativo. Por todo ello, y por Cuba, recibe el abrazo de un joven cubano.

(Ramón Azaret. Apt.425 Cadiz)

Con Juan Domingo Perón en su finca de Madrid.

Una tarde con Juan Domingo Perón

¿Fue Perón un estadista demócrata o un gobernante totalitario? ¿Fue un liberador de la Argentina o un destructor de sus formas políticas y económicas? ¿Defendió los derechos humanos o los conculcó? ¿Llevó a su país a la prosperidad o a la ruina?

La historia ha dado desde hace tiempo respuesta a estas interrogaciones. Perón cayó con la repulsa de todo el pueblo argentino, como caen siempre los dictadores aunque no todos sean malos. Su "Justicialismo" era un mito totalitario más que empobreció a la Argentina sin democratizarla, sin darle libertad ni justicia social.

Cuando vivíamos en Madrid nos invitó a conversar íntimamente en su finca del exclusivo reparto «Puerta de Hierro». Hacia allá nos fuimos pues teníamos verdadero interés de conocer de cerca el pensamiento de este extraordinario gobernante Durante toda una tarde hablamos de todo con la sola interrupción de su esposa Isabel (ya Evita había fallecido) para brindarnos café con sabor a mate, a cloro, a cualquier cosa menos a café... Enlazamos unos temas con otros: el «castrismo» con el «justicialismo», el franquismo con el «naturalismo» y el «imperialismo yanqui», y nos fuimos convencidos de que Juan Domingo Perón era mas socialista de lo que ya sabíamos.

«No soy comunista pero colaboramos con los comunistas porque tenemos que contar con ellos si queremos ganar la gobernación del país nos dijo en medio de la conversación creyendo que estaríamos de acuerdo con su afirmación. No somos comunistas ni colaboramos con los comunistas por una cuestión de principios, le respondimos, y porque estamos seguros de que el comunismo es el que se aprovecha de nosotros y a la corta o a la larga nos aplasta definitivamente. Vea usted lo que ocurrió con Cuba colaborando con Castro y su comunismo...»

He aquí un extracto de lo que nos respondió acerca de la prensa y su función:

«Nosotros hemos tratado, desde que yo comencé a gobernar a Argentina, de accionar colateralmente con el mismo gobierno en su acción publicitaria dirigida ya sea desde la Secretaría de Prensa y Difusión como órgano gubernamental, como así también en nuestra acción, diremos, como empresa periodística.

Nuestra empresa periodística se ha dicho que busca el monopolio de los diarios. El monopolio de los diarios yo lo quisiera para ponerlo al servicio del país porque cualquier monopolio puede ser malo, pero aquel que monopolice una acción para ponerla al servicio del pueblo y de la nación, es el más grande y sagrado de todos los monopolios que puedan constituirse,

Nosotros, al constituir las empresas periodísticas, que no son de nadie, porque son de todos, hemos buscado, precisamente, organizar una gran empresa: empresa que tiene una característica propia y única, que es la de ser una empre-

sa periodística nacional. No tiene dueño. Es una sociedad donde nadie puede sacar un centavo de lo que produzcan las empresas, porque su obligación es reinvertir todo lo producido en las mismas empresas para que sean cada día más eficientes y para que puedan tener el instrumento que hay que poseer para hacer un verdadero periodismo a favor del pueblo y de la nación.

Estas empresas ya van cristalizando en una inmensa empresa.

Pero mi objetivo, diremos, es poder constituir un día una organización periodística que no pertenezca sino al bien público: que se administre por sí; que esté formada por hombres que al ingresar a ella prometan realizar todas las acciones dentro del periodismo, solamente puestas al servicio de una causa: la de la patria y la del pueblo argentino

Cuando nosotros tengamos un periodismo que no esté al servicio de ningún otro interés, y menos aún de los intereses económicos e internacionales, entonces, podremos decir que tenemos un periodismo.»

Mientras escuchábamos, pensábamos y pensábamos. Y al terminar de hablar sobre ese tema estuvimos a punto de decirle lo siguiente: "Es curioso, Fidel Castro decía lo mismo con otras palabras. Hitler y todos los dictadores del mundo, también "... Pero por discreción nos tragamos la lengua... No le tocamos más el tema. Queríamos aprovechar su invitación privada a su finca para pedirle que hiciera todo lo posible por la libertad de Eugenio de Sosa, nuestro cuñado, que había cumplido ya más de 20 años de cárcel bajo el régimen de Castro y que su rebeldía contra el régimen y los carceleros lo tenían en un perenne sufrimiento. Así lo hicimos, pues Eugenio y él se habían conocido en Buenos Aires y llegaron a ser grandes amigos.

En Barcelona

Ya habíamos visitado Barcelona muchas veces. Y también habíamos conocido al Conde de Godó, uno de los personajes más respetados e influyentes de Cataluña y *La Vanguardia*, sin duda la empresa periodística más importante de la región y entre las de más prestigio de toda España. Después de una breve estancia en Asturias relacionada con la venta de papel nos fuimos a Barcelona a visitar a *La Vanguardia* con el fin de presentar nuestro producto a la administración de ese diario. Nos habíamos aparecido en el periódico sin previo aviso puesto que no queríamos molestar a Godó en esta gestión de pura índole comercial. Nos atendió el administrador, Don Leonardo Rowe. Después de una explicación exhaustiva sobre las ventajas del precio y de la calidad de nuestro producto con el fin de que nos comprara al año algunas toneladas que en nada iba a perjudicar sus relaciones con las papeleras europeas, nos dice tajantemente que no le interesaba ni le hacía falta ni siquiera una sola «libra» de papel para *La Vanguardia*... Regresamos a Madrid con el ánimo más caído que las famosas torres de Nueva York...

En Madrid visitábamos con frecuencia a Don Manuel Aznar Zubigaray, abuelo del Presidente de la nación española en los momentos que escribimos estas líneas Le contamos nuestra experiencia con la administración de *La Vanguardia* sin ánimo de queja alguna. Teníamos una gran amistad y nunca se nos quedaba nada en el tintero cuando nos reuníamos. Ni a él tampoco. Don Manuel quería entrañablemente a Cuba. Había sido en su juventud Director técnico del *Diario de la Marina* nombrado por nuestro padre debido al cúmulo de trabajo periodístico y de actividades públicas que le restaban mucho tiempo a la atención material del periódico. A su regreso a España, después de años de periodismo en Cuba, fue nombrado Director general de *La Vanguardia* en el que también escribía editoriales y artículos que le dieron gran fama en el mundo intelectual y periodístico de nuestra Madre Patria. Don Manuel llegó a ser accionista y miembro importante de la Junta Directiva de la prestigiosa empresa. Aznar, muy disgustado por el trato que nos dio el administrador Don Leonardo Rowe, sin anunciarnos nada le escribió una carta de la que nos dio una copia después de enviada a Barcelona. Nos sentimos muy apenados por el envío de la carta pero se la agradecimos mucho además de alegrarnos porque pensándolo bien a veces en la vida resulta conveniente aclarar las cosas en vez de quedarnos callados. En Cuba no callamos y en el exilio tampoco. Ese desahogo de nuestro espíritu nos ha enfrentando siempre a situaciones desagradables, de peligros y de antipatías pero siempre me ha permitido andar en la vida con la conciencia tranquila y rodeado de amigos que saben bien lo que es la sinceridad y dignidad. Don Manuel Aznar, repetimos, nos dio una copia de la carta suya al catalán de *La Vanguardia* aclarándole lo que significaba para España la familia Rivero. Veamos lo que le decía Aznar a Rowe:

461

*«Sr. Don Leonardo Rowe
La Vanguardia
Pelayo, 28
BARCELONA*

*Distinguido amigo:
Quise verle ayer en esa Ciudad, pero no tuve la fortuna de encontrarle. Deseaba hablarle del asunto que voy a explicar en esta carta. Si no le diera noticia cabal de ello, tendría Ud. derecho a quejarse por no haber sido debidamente informado. Así pues, paso a exponerle algunas cosas de las que he hablado largamente con el Conde de Godó*

Se trata de Don José Ignacio Rivero, que ha tramitado con Ud. una pequeña negociación de compra de papel para La Vanguardia *por una cantidad de unas 200 toneladas, según creo.*

Don José Ignacio Rivero, mi estimado Sr. Rowe, es descendiente directo del Conde de Rivero, y pertenece a una de las más insignes familias cubanas, a la que, por añadidura, España debe inmenso agradecimiento. Ocupó dicha familia una posición eminente, decisiva en el orden social y muy poderosa en el orden económico. Para que Ud. comprenda mejor lo que quiero decirle, me permitiré sugerir que la Casa del Conde de Rivero es a la historia de Cuba y de la ciudad de La Habana, lo que la Casa del Conde de Godó es a la historia de Barcelona y de España. Esto le dará exacta medida del caso.

Perseguido por el régimen de Fidel Castro, despojado radicalmente de todos su poderosos bienes, reducido a la condición forzosa de expatriado sin recursos, esta gran persona que es José Ignacio Rivero se ve en el trance de tener que vivir de su trabajo en lo cual los amigos que le conocemos bien tenemos la obligación de ayudarle. La gran hidalguía del Conde de Godó participa en ese impulso de colaborar con Rivero, que tanto lo merece. Y por eso se ha podido tramitar la negociación relativa al papel, siempre, naturalmente, dentro de las condiciones económicas convenientes a La Vanguardia, *porque Don José Ignacio Rivero no pide privilegios ni cosa que se le parezca.*

Vea cómo es interesante que yo le explique estas cosas, para que en sus diálogos con nuestro eminente amigo, haga el favor de tener en cuenta los datos que le comunico, a fin de que todo tenga el tono que el Sr. Rivero merece y que ardientemente desea mantener el Conde de Godó con su habitual caballerosidad.

Muy bien sé que Ud. participa de estos mismo sentimientos y que nadie le aventaja en punto a condición hidalga.

Perdóneme que le haya distraído en sus ocupaciones y, esperando verle pronto, le envía un cordial saludo su amigo,
Manuel Aznar Zubigaray»

Vínculos periodísticos con el diario *ABC*

Con la «Price Paper Corporation» estuvimos trabajando cerca de un año. Al mismo tiempo escribíamos para ABC. Algunas veces en la tercera página que, de acuerdo con el formato tradicional del periódico, sólo se publicaba un artículo en toda la página que era y sigue siendo la más importante de todas. Un día hablando con Juan Ignacio Luca de Tena, Presidente de «Prensa Española S.A.» que editaba el *ABC* y la famosa revista *Blanco y Negro*, me dijo que su hijo Torcuato estaba planificando una edición del *ABC* para los hispanos de los Estados Unidos con redacción, personal y talleres en la ciudad de Nueva York. Del tema hablamos durante largo rato comenzando nosotros por decirle que ya lo sabíamos y que nos parecía buena idea. El, con toda franqueza nos respondió: «A mí no. Tendría que invertirse mucho capital en esa operación pero él está convencido de que consiguiendo inversionistas en España y obteniendo publicidad en América se lograría el éxito». Torcuato estaba repleto de trabajo y de actividades. Además de ser la cabeza periodística del ABC, escribía editoriales y artículos en el mismo con frecuencia. Era novelista y miembro de la Real Academia, Española.

Al terminar nuestra conversación de ese día nos dice Juan Ignacio: «Antes de que se levante Rivero quiero aclararle que a pesar de que no estoy del todo convencido del éxito que pueda tener *ABC* en Nueva York, de insistir Torcuato en su plan y llevarlo a cabo usted sería el Director de la nueva, publicación...» Nos quedamos un rato en silencio y le dijimos: Juan Ignacio, eso sí que no lo sabíamos, pero sepa que nos agradaría mucho porque de ser vendedor de papel en estos tiempos de exilio a ser Director de periódico con los Luca de Tena es para nosotros como dar un salto desde el purgatorio al Cielo...

Nos marchamos del despacho de Juan Ignacio y al día siguiente se comunicó con nosotros Torcuato para invitarnos a comer. Hablamos largo y tendido sobre el tema y sin decirle nada de lo que me nos dijo su padre, nos habló del proyecto en cuestión. Nos turnaríamos en lo de la dirección de la nueva publicación: un mes estaríamos nosotros en Nueva York y otro mes él. Ya había conseguido un apartamento a media, manzana de las Naciones Unidas para residir con nuestra familia cada vez que nos tocara estar en la ciudad de los rascacielos. Ese mismo lugar lo ocuparía él cuando tuviera que estar en Nueva York y nosotros en Madrid pues no nos habíamos mudado todavía de Madrid. Allí vivíamos permanentemente con nuestra señora e hijas que dos de ellas aún no habían terminado sus estudios. Además una de ellas trabajaba de secretaria de uno de los ejecutivos y dueños del «Banco del Noroeste».

Entre la venta y el periodismo

Mientras seguíamos con la venta de papel en toda España continuábamos vinculados al diario ABC en cuanto al periodismo. Los veranos los pasábamos con nuestra esposa e hijas en Mallorca, como decíamos anteriormente. Las actividades eran multiples en aquellos fines de semana. Unas veces nos reuníamos todos en casa de Luca de Tena, otras en la de Marañón o en la de Calvo Sotelo. Temprano por las mañanas salíamos algunas veces con Torcuato a pescar en su barca preparada para esos menesteres. En medio de todo aquel ambiente paradisíaco del Mediterráneo nos asaltaba a la mente, alguna que otra vez, la idea de las ironías de la vida humana con las que tenemos que lidiar mientras estemos en este mundo. Unas veces ignorados por todos y otras ensalzados y aplaudidos, Unas veces pidiendo y otras dando. Unas veces sufriendo y otras gozando... El contraste entre una vida y la otra cuando lo experimenta una misma persona con mansedumbre es grato a Dios y extremadamente saludable para el alma.

Casi siempre, como disertante al fin, Torcuato se acercaba a la costa para enseñarnos y casi para darnos una conferencia sobre las huellas que habían dejado los antiguos en esa isla. A veces hasta ataba el sedal de la pesca a su asiento y comenzaba a señalarnos con el índice las «cicatrices» y los huecos cuadrados en las rocas que «denunciaban» el paso de colonizadores de antiguas civilizaciones... Rara vez se nos acercaba un pez a la barca. Parece que ya la conocían. Pero regresábamos siempre satisfechos de haber respirado durante unas horas la paz y el «pasaje lleno de sal» del Mediterráneo como titulara Marañón un artículo suyo premiado con el «Marianao de Cavia» en 1973 en el que *ABC* nos honró nombrándonos jurado del mismo..

Pasaban los días, las semanas, los meses y seguíamos desenvolviéndonos entre el periodismo y la venta. En ABC teníamos una columna que titulábamos «En tres letras». Con cada letra del periódico iniciábamos un párrafo sobre el tema que tratábamos. Lo hacíamos con sólo tres párrafos cortos... Y como el comentario lo publicábamos en el diario más importante de España nos parecía que con nuestros párrafos estábamos también «descubriendo el Mediterráneo» Es que cada hombre muchas veces crea su propio mundo o sus propias ideas. Hay quienes piensan que el mundo y las ideas de los demás no existen...

ABC de las Américas

Comenzábamos a trabajar con gran impulso y entisiasmo en la organización general de la edición de la nueva publicación del ABC en Nueva York. Nosotros, antes de la salida del primer número, viajamos varías veces a la ciudad de los rascacielos, a Míami, a Puerto Rico y a la República Dominicana con el fin de establecer contacto directo con las distintas agencias de publicidad además de visitar personalmente al presidente de Santo Domingo y al gobernador de Puerto Rico. Joaquín Balaguer nos recibió en su casa particular. Su señora madre, de muy avanzada edad, estaba sentada en la sala observando un programa de televisión. Nos sentamos a su lado en otro sillón después de saludala y nos dice: «enseguida mi hijo baja de su habitación para verlo a usted». Y casi inmediatamente que nos dice eso lo vimos bajar bastante despacio acompañado de dos personas que pensamos que eran sus guardaespaldas. Me enteré después que no se separaban de él. «Como está usted Pepín» nos saluda con el apodo de mi padre... Nos dimos un abrazo y comenzamos a conversar sobre todo menos de la publicación. Para no robarle más tiempo, que es oro para cualquier gobernante, comenzamos a hablarle del tema que nos había llevado a la República Dominicana entregándole un ejemplar de prueba de la publicación a todo color que habíamos hecho en su totalidad en Madrid. Nos la elogia y al darle las gracias le decimos: «Estará mucho mejor cuando la empecemos a hacer en este lado del Atlántico porque esperamos contar con la publicidad del turismo de su grande y bello país». Se sonrió y sin pensarlo nos responde: «Cuente con eso. Le ruego que vaya mañana al medio día al Palacio Presidencial para conversar sobre el asunto con la persona que se encarga de ese departamento del gobierno». Gracias por su atención, señor Presidente, le respondimos. Y nos dice: «Gracias a usted por acordarse de nuestro país tan parecido a Cuba cuando era libre y soberana...» Gracias a usted por ese «piropo» a mi desgraciada patria.

También, como ya dijimos, visitamos a don Luis Ferré, Gobernador de Puerto Rico en aquellos días. Nos recibió en su despacho de La Fortaleza y salimos de la misma tan satisfechos como de la visita a Balaguer. En Puerto Rico ya tenía *ABC* un representante que era el mismo que desde hacia tiempo estaba encargado de la corresponsalía del periódico de Madrid. Se nos organizó un gran acto en la «Casa de España» contando con destacados puertorriqueños y miembros de la importante colonia española del país. En esa ocasión pudimos explicar con más detalles que en La Fortaleza y que en la prensa el propósito de la publicación del *ABC de las Américas* Habló con gran entusiasmo también el Cónsul General de España en San Juán.

465

Ya nos encontrábamos de nuevo entre la venta y el periodismo. Pensábamos constantemente por aquella etapa de nuestro exilio que Dios todavía quería seguir probándonos en ese campo tan desagradable para nosotros. Por alguna parte en estas páginas hemos dicho con otras palabras que vender es casi un purgatorio en la tierra, dicho con perdón de los vendedores porque, aunque no nos lo explicamos, quizás para la mayoría de los mismos vender puede llegar a ser una delicia y algo de gran beneficio para sus bolsillos... Pero Para ello hay que saber bajar la cabeza muchas veces ante el posible comprador, sin que este se de cuenta de su agobio. Los hombres por lo general se aprovechan de la debilidad del prójimo para su propio provecho en cualquier terreno de la vida humana. Pocos son los que han aprendido a llevar a la práctica las enseñanzas de Nuestro Señor Jesucristo: «Bienaventurados los pobres de espíritu»...

Inauguración

Y llegó la etapa de la inauguración del nuevo *ABC*. En un avión «charter» de la compañía «Espantax», lo suficiente grande como para llevar invitados a casi media España de periodistas, escritores, artistas, etcétera, nos fuimos hacía Nueva York. Ya en el aeropuerto Kennedy nos esperaban fotógrafos y reporteros. La llegada de ese avión era un verdadero acontecimiento debido a la cantidad de personas famosas del mundo español. Los actos y festejos duraron tres días. En el extenso programa se incluían comparecencias de bailarines, cantantes, artistas de teatro etc. Con nosotros venía también Antonio, el famoso bailarín español. Tuvimos que desfilar todos por la quinta avenida en la tradicional marcha del Día de la Hispanidad. A nosotros nos tocó ir junto al destacado norteamericano Cabot Lodge quien ese año (1973) era el Gran Mariscal del acontecimiento. Todavía estábamos bastante lejos de aquellos días en que nuestro organismo comenzaba a «cancanear». Hoy no podríamos caminar ni una sola cuadra sin agotarnos...

Luca de Tena y nosotros nos repartimos la asistencia de los actos más importantes. Dos de ellos eran la visita al alcalde de Nueva York y el otro era la bendición e inauguración oficial cm el Cardenal de la Ciudad en el edificio de la publicación situado en Long Island. En los momentos en que Torcuato visitaba al alcalde Lindsay nosotros presidíamos el acto de la bendición e inauguración de los talleres y redacción. Allí, después de la bendición y de unas palabras en inglés del cardenal le dirigimos nosotros unas palabras al público presente.

Al tercer día por la noche y después de una agotadora jornada de recepciones, visitas y actividades de toda índole partía de regreso para Madrid el mismo avión que nos había traído a todos. Sólo nosotros y Luca de Tena nos quedábamos para dirigir las operaciones en torno a la novel publicación. Nuestra esposa e hijas también regresaron a Madrid en el mismo avión alquilado. Al día siguiente el mismo avión salía de Barcelona cargado de turistas alemanes y explotó al despegar sin quedar un solo pasajero con vida. Se nos heló la sangre al enteramos del accidente: podía haber ocurrido el desastre en el aeropuerto de Kennedy con nuestra esposa e hijas a bordo del mismo...

Teníamos un edificio de tres pisos en Long Island. En el primero y en el sótano se hallaban los talleres y la rotativa. Los otros pisos estaban dedicados a la redacción y oficinas de la Dirección y administraciín. *ABC* le había financiado las maquinarias a Antonio de Varona (Tony) que se hallaba en Nueva York en esa época dando clases de español y publicando folletos y toda clase de impresos para distintas instituciones y agrupaciones políticas de la comunidad latina, Después de la tirada de *ABC* de las Américas, que no llegó a ser un diario sino una revista semanal de tamaño tabloide, Tony Varona y un socio español que ya trabajaba con él, podían utilizar los talleres y la rotativa para esos fines particulares.

Casi todos los días y a la misma hora salíamos con Tony a tomarnos un café americano con crema en un cafetín que estaba cruzando la calle de nuestro edificio. Hablábamos siempre del tema obligado por un político como él y un periodista como nosotros: sobre la situación de Cuba y la posibilidad de que algún presidente norteamericano le entrara con la manga al codo al caso de nuestra patria. Una vez Tony Varona en el mismo lugar, mientras nos tomábamos el aguado café americano nos dice: «Riverito –como nos llamaba siempre– tengo que decírtelo: Salmador no es amigo tuyo. Habla mal de ti». Salmador era un español que se encargaba de la administración de la publicación y hacía mucho tiempo que vivía en Nueva York. Torcuato creía que casi era genial. Sobre lo que me dijo Tony de ese señor que lo único que le faltaba para demostrarme su simpatía era limpiarme los zapatos, solo le respondí: «Mira Tony, me parece rarísimo eso que me cuentas de Salmador porque créeme que no recuerdo haberle hecho nada malo, pero tampoco recuerdo haberle hecho ningún favor especial en el tiempo que lo conozco... 'Hazle un favor a alguien y te lo echarás de enemigo'. Me imagino que aspira a mi puesto»...

En Washington

Coincidiendo en Madrid con Torcuato unos días que tuvimos que arreglar algunos asuntos relacionados con la coordinación del envío de material a Nueva York, fallece en Washington el corresponsal de *ABC*, decano de todos los corresponsales y muy admirado en toda España por sus análisis de la política norteamericana en general. Nosotros ya íbamos a regresar a Nueva York pues al ABC de las Américas estaba en esos días en manos de nuestro «buen amigo» Salmador, pero Torcuato nos pidió que nos quedáramos en Madrid un día más porque la Junta Directiva de Prensa Española ese mismo día se reunía para decidir quien iba a sustituir al corresponsal de Washington, la posición extranjera más importante de los periódicos de España y la de todos los diarios del mundo.

Esa noche, después de muchas horas de reunión se comunica Torcuato con nosotros para decirnos que por unanimidad la empresa nos habían escogido para ese cargo. Nos habló de todas las condiciones económicas y periodísticas. Para nosotros resultaba eso una verdadera distinción del diario *ABC* y de la empresa en general, pero le pedimos que nos dejara pensarlo bien hasta el día siguiente. Accedió a ello pero nos dijo que lo pensáramos bien y rápido porque como era esa una de las más importantes posiciones periodísticas del periódico ya algunas figuras importantes del periodismo español estaban «como las aves de rapiña» sobre el cargo en cuestión. Al siguiente día nos reunimos en su despacho de Madrid y lo primero que le dije fue: «lo acepto Torcuato, pero tendré que trasladarme definitivamente para Washington con mi familia!»... «De acuerdo –nos respondió – pero no creo que tengas que irte a vivir a Washington. Desde Nueva York puedes hacer las dos cosas: *ABC* de las Américas y Washington»... «Hasta ahora, Torcuato, no tengo ni creo que lo tendré, el don de la bilocación concedido por Dios solo a algunos verdaderos santos. ¿Cómo puedo atender bien los asuntos de Washington estando en Nueva York atendiendo todos los días los asuntos de la publicación?»

–«Desde Nueva York te enteras de todo a través de la televisión y de los diarios. Y si ocurre algo de mucha importancia te vas a Washington a cubrir la noticia. Acuérdate que esa crónica se hace más bien con la opinión del corresponsal sobre el tema. Los detalles, los datos y lo demás los cubren las agencias de noticias»...

–«Todo eso lo sé, Torcuato –le respondimos– pero hay muchas otras cosas que no las cubren nada más que los corresponsales, por ejemplo: entrevistas especiales a embajadores y políticos de la capital y cosas exclusivas para su periódico que no las pueden hacer las agencias noticiosas».

Teníamos, pues, que decidirnos a vivir en Washington y viajar todos los fines de semana a Nueva York, para cubrir las Naciones Unidas y de paso revisar lo más importante del "ABC de las Américas" que debía publicarse la siguiente semana.

Comenzaba por aquellos días el «destape» de las noticias, comentarios y editoriales en toda la prensa mundial sobre el tema del escándalo de «Watergate» con Ríchard Nixon en la presidencia. Según Cirilo Rodríguez, periodista español Nixon era un hombre de suerte: la llegada de los astronautas americanos a la luna; el senador por Massachussets, Edward Kennedy, su verdadero rival para ocupar la presidencia se anula políticamente debido al incidente de Chappaquidick que lo desprestigió debido a la muerte de su secretaria al caer el automóvil al agua y que guiaba el senador con una gran dosis de alcohol en su organismo según todos los indicios del caso. MacGovern, McCarthy, Humplirey, Muskie, etc. no llegaban a ser verdaderos rivales de Nixon. Quedaba George Wallace, a quien sí miraba Nixon con cuidado, pero murió victima de un atentado poco antes de las elecciones... Todo parecía beneficiarlo en torno a las próximas elecciones. Pero... (siempre hay un pero en torno a la vida pública de los hombres) ¿quién le iba a decir a «tricky Dick» —como le llamaban a Nixon sus enemigos— que el caso de Watergate no sólo le hizo imposible ocupar la Casa Blanca por un segundo término presidencial sino que poco antes de terminar su primer término tuvo que renunciar a la presidencia de la nación?

Terminado todo el maremágnum de Watergate con la renuncia del presidente nosotros escribimos la última crónica para *ABC* de Madrid sobre el tan difícil y enredado tema haciendo una especie de síntesis de nuestra opinión contradiciendo en el fondo y en la superficie la opinión de todos los corresponsales de España en Washington. A continuación veamos lo que dijimos en nuestro último analis sobre el tema:

«Aparentemente la finalidad que perseguían los que comentaron el llamado escándalo Watergate era acabar con la corrupción administrativa en los Estados Unidos que según uno de los más implacables y acerbos críticos del presidente Nikon, el periódico Washington Post *es un mal que aqueja a este país desde los días lejanos en que las trece colonias luchaban por su libertad e independencia. Pero si examinamos las verdaderas causas de los ataques al ex presidente Nikon y al partido Republicano encontraremos que no era exactamente el noble y patriótico deseo de adecentar la moral y las costumbres públicas lo que movía el ánimo de los investigadores y acusadores; sino el deliberado propósito de lograr la destrucción del partido republicano y desacreditar al presidente que mayores éxitos tuvo en la política exterior en contraste con los fracasos del partido demócrata.*

Watergate no fue realmente un escándalo de la política norteamericana. Watergate fue una conspiración (lo dijimos muchas veces) para destruir a Nixon por haber tenido la osadía de lograr una de las victorias electorales más grandes que se registran en los anales de esta nación. Watergate no fue la causa sino el pre-

texto. Watergate fue el parapeto detrás del que se agazaparon los enemigos de Nixon, con el objeto de darle caza sin tregua hasta ver su cabeza por los suelos. Se acusó a Nixon de ser un hombre que quiso ponerse por encima de la ley. Pero queremos preguntar por qué esa ley trató de forma distinta a Daniel Ellsberg, un ex funcionario dél gobierno que confesó haber robado secretos oficiales y los entregó a la prensa para su divulgación en el mundo entero, y por qué esa prensa se ensañó con Nixon, y sus colaboradores más cercanos.

A nuestro entender Nixon creció más allá de los intereses de su partido, y lesionó intereses creados. Cuando el dólar se hundía en un abismo y la balanza internacional de pagos era más desfavorable, adoptó medidas de control que no gustaban a muchos. Cuando la inflación económica empezó a escaparse de la mano, impuso controles de precios de salarios y siguió lesionando interesas, no los de la nación sino de las más altas clases económicas Para complicar el panorama se produjo la crisis del petróleo la elevación exorbitante de los precios del combustible. El Congreso, en guerra abierta con el presidente, le restó cooperación para resolver los problemas internos

La prensa y en especial la televisión, en una campaña que podría ser calificada como un verdadero abuso de la libertad de expresión, desacreditó a Nixon ante el pueblo; hasta que finalmente el tribunal supremo en una decisión más histérica que histórica desconoció el principio del privilegio presidencial que reclamaba Nixon en cuanto a la entrega de documentos calificados como confidenciales y personales Nixon acosado y acusado por todas partes tuvo que renunciar a la presidencia y convertirse así, antes de terminar su mandato, en un ciudadano cualquiera. O mejor dicho en un ciudadano enfermo y totalmente desacreditado ante los ojos de sus compatriotas La pesadilla todavía no ha quedado atrás Sus enemigos lo seguirán persiguiendo, tratando de doblegar su dignidades y orgullo más allá del límite en que lo han hecho.»

A los tres meses de habernos trasladado definitivamente a la capital de los Estados Unidos aun no habíamos recibido nuestra nueva asignación económica. Nos comunicarnos telefónicamente con Luca de Tena y nos explica que la empresa estaba tratando de arreglar con el Ministerio de Información el modo de poder asignarnos el sueldo en dólares puesto que nosotros no éramos ciudadanos españoles y se tendría que hacer una excepción tratándose el asunto directamente con el ministro. Como *ABC* no era «santo de la devoción» del Ministerio en cuestión ni del gobierno en particular, parecía que se estaba demorando dicho asunto intencionalmente. Torcuato nos recomendó que voláramos a Madrid con el fin de que directamente nosotros apuráramos la gestión con el ministro. En aquella época ocupaba el cargo D. Manuel Fraga Iríbame. Sin pensarlo dos veces nos decidimos a viajar a Madrid enseguida. Torcuato Luca de Tena pensaba que la demora se debía a que el gobierno queria hacernos el favor a nosotros y no a *ABC*...

Después de resolver la cuestión con Fraga nos pide que le hiciéramos saber a la empresa que por tratarse de nosotros se hacía la excepción y no por ABC. Enseguida le respondimos: «Muchas gracias, se lo agradezco pero el recadito a *ABC* se lo da usted si así lo desea. La verdad Fraga es que a nosotros lo único que nos interesa es que nos haya resuelto lo de las divisas.» Y para despedirnos amablemente y con una broma le dijimos: «Lo he vívido bien en Washington, y desde hace tres meses he llegado a la conclusión que todavía en USA no se ha aprendido a vivir con pesetas.»

Nuestra vida de Washington (tres años) tuvo dos aspectos internos y externos. Uno «dulce» y otro «amargo» Por una parte, es decir, por lo «dulce», nos sentíamos felices y contentos ejerciendo a todo tren el periodismo diario en la capital del mundo asistiendo a conferencias de prensa importantes incluyendo a las de la Casa Blanca. No éramos cabeza de ningún diario como en Cuba pero nos alentaba todos los días la idea de que nuestros trabajos y comentarios periodísticos se leyeran en casi toda España porque considerábamos que *ABC* era el *Diario de la Marina* de la Madre Patria. Sólo eso nos estimulaba en nuestro trabajo que debíamos enviar por «telex» todos los días por la mañana temprano para alcanzar la tirada del periódico a tiempo en Madrid. Por otra parte, por el aspecto «amargo», nos sentíamos muchas veces con cierta pasión de ánimo debido al ambiente contrario totalmente a la idiosincrasia del cubano. En Nueva York el ambiente es distinto. Allí abunda el latino y lo latino por donde quiera. Además, cuando uno se siente casi derrotado por la rutina diaria o por el cansancio, sale a la calle y sin necesidad de utilizar el automóvil se encuentra por todas partes algo que le levanta a cualquiera el ánimo: un cine; un teatro, una tienda; un restaurante que complace el paladar de cualquier gusto o nacionalidad. Y un Parque Central grande y «rectangular» aunque tan «redondo» por su belleza y tan «acogedor» como para sentir en cualquiera de sus rincones un ambiente apacible para caminar, descansar y descargar todas las inconformidades interiores. ¡Que contraste! En el mismo medio del bullicio o de la agitación urbana se topa uno con ese gran pedazo de paz y de remanso donde no sólo los hombres sino también los animales y las aves se refugian a veces para huir del mundanal ruido que invade a la gran ciudad. Lo mismo ocurre en Madrid donde el ambiente siempre agradable, unido a la abundancia de maravillas que tiene España por todas partes, le sirve a uno como de «colagogo» mental para eliminar muchas veces los pesares e inconformidades interiores que se van acumulando en el interior de cada ser humano. Claro que el resabio, desconcierto, y el decaimiento interior que siente el hombre, unas veces con razón y otras muchas sin ella, se elimina mejor, mucho mejor, en una iglesia y no en un parque, ni en una tienda, ni en un teatro. Y sobre todo en unos buenos Ejercicios Espirituales. La gran medicina del alma.

Imborrables recuerdos

Es injusto decir o pensar que la vida toda es un valle de lágrimas. No todas las veces vive uno dentro de ese «valle» tan real pero que en medio de sus «lágrimas» brotan también, como regalo de Dios, chorros de alegrías y de satisfacción. A veces en Washington –como en todas las partes donde hemos vivido en el exilio-nos sentíamos peor de ánimo que cuando aquel largo recorrido que tuvimos que hacer por el norte de Canadá para enfrentamos a los molinos de papel de la compañía que íbamos a representar en España. Los días grises de invierno en la capital de los Estados Unidos no se parecían en nada al resto de las estaciones del año. Claro que eso es así en todas partes del mundo menos en el trópico donde las estaciones del año son todas casi iguales. No nos olvidamos jamás de la vez que bajo la nieve se nos quedó estancado el automóvil cuando volvíamos del centro de la ciudad después de enviar nuestro comentario del día para el diario de Madrid en la «ITT». Por aquel entonces existía ya el «telex» pero aún estaba lejos la invención del «FAX». No nos quedó, pues, otra alternativa, ante semejante calamidad, que caminar hasta alguna estación de gasolina para que nos sacara del apuro. No existían tampoco por aquellas fechas los teléfonos «celulares». A veces hemos pensado que los periodistas de la época de nuestros abuelos o bisabuelos tenían mucho más méritos que los de hoy. En este siglo 21 que estamos comenzando lo tenemos casi todo a mano. Para trabajar sólo necesitamos la cabeza. La computadora y la televisión nos lo da todo al instante para hacer el comentario periodístico sin necesidad de salir a la calle.

Una vez se nos hizo tarde y salíamos a toda prisa hacia la «ITT» con la maquinilla portátil de escribir en el automóvil. En el estacionamiento de dicha compañía escribimos a toda prisa nuestra crónica política asistidos de los periódicos del día, de la radio y de las notas breves que habíamos hecho por la noche y que ampliamos con comentarios más frescos y con deseos de enviar rápidamente el material para ingerir el café con leche y el pan con mantequilla pues habíamos salido de la casa sin desayunar... Pero ya era muy tarde para tomar el desayuno y nos fuimos a saborear una exquisita sopa en un lugar tan entendido en ese preliminar plato de cena o de almuerzo que el restaurante se llamaba «Le Sup». Allí nos íbamos a menudo con José Angel (Pepe) Bufill, uno de los mejores amigos que he tenido en mi vida, tanto en Cuba como en el destierro, y disfrutábamos mucho más las sopas de aquel lugar que las de París o de Roma excluyendo, por supuesto, a las que nos hacían las cocineras en Cuba..

Guillermo Belt quien había sido embajador de Cuba en Washington durante el gobierno del presidente Ramón Grau San Martín además de haberlo sido en Bogotá en la época del famoso «bogotazo» siendo Fidel Castro protagonista del mismo, nos ayudó mucho en nuestro desempeño de la misión de corresponsal debido a sus múltiples conexiones políticas y diplomáticas en la capital norteamericana A veces íbamos juntos al Pentágono a saludar y cambiar impresiones sobre Cuba con algunos amigos suyos de alta categoría militar e importancia de dicho importante organismo.

En Washington nos reuníamos frecuentemente con destacadas figuras de la política y de la diplomacia. Aquí aparecemos con el embajador Sevilla Sacasa y con Cabot Lodge.

Conversábamos con el entonces Ministro de Información y Turismo de España.

Con Gregorio Marañón Moya, Director del Instituto de Cultura Hispánica.

En la República Dominicana hablamos durante largo rato en su casa con el Presidente Joaquín Balanguer.

Don Luis Ferré, Gobernador de Puerto Rico nos ofreció todo su apoyo al ABC de las Américas.

El único conservador

Desde hace muchos años es casi un delito defender las ideas conservadoras. Y lo triste es que cada vez hay más conservadores en el mundo pero menos defensores de sus postulados, porque para defenderlos hay que tener vocación de mártir. Y esto hace que, así como hay izquierdistas disfrazados de conservadores, también hay conservadores disfrazados de izquierdistas...

Recuerdo que recién estrenado como director del periódico más antiguo de Hispanoamericana comenzando mi década de los veinte años de edad, llegó a La Habana uno de los hombres más destacados del siglo veinte: Wiston Churchill. El máximo conservador del escenario internacional en aquellos momentos.

Llegaba a Cuba derrotado. Había ganado la segunda Guerra Mundial, pero había perdido la paz. La guerra la ganó aplastando a los nazis en Berlín con los rusos y los americanos. Y perdió en Yalta permitiendo, que se entregara a los comunistas a casi medio mundo.

Cuando Churchill fue recibido como héroe victorioso en la capital de Cuba, en el Club más exclusivo de La Habana se le rindió un homenaje. Yo asistí como Director del *Diaria de la Marina*. Y cuando me presentaron al ex Premier de la victoria, le dije con cierta ingenuidad propia de los años: «Mr. Churchill, yo soy el director del único periódico conservador que hay en Cuba». Y él, sin soltar mi mano, me dijo: «Y yo soy, señor Rivero, el único conservador que queda en el Imperio Británico».

Esto no me lo decía el Churchill que había ganado la guerra, sino el Churchill que había perdido la paz...

Dicho sea de paso, hay que pensar como Cicerón: «Si ha de hacerse la guerra, hágase únicamente con la mira de obtener la paz».

Pero todo indica que los «vencedores» de la última guerra mundial ignoraban o despreciaban las sentencias del más célebre de los oradores romanos, puesto que tal parece también que esa guerra crucial para toda la humanidad "se hizo" premeditadamente por algunas cabezas confabuladas con la mira de obtener una victoria para el enemigo.

Y la historia se repite. No se puede negar –dejando a un lado el apasionamiento ideológico– que una gran parte de los gobiernos hispanos veía con gusto la posibilidad de la incorporación de Castro a la orquestación del concierto democrático de América. No nos sorprendía tampoco la idea de que Washington estuviera perfilando las notas de una sinfonía melodiosa a lo Rachmaninoff o a lo Gorbachev, para dedicársela a Fidel Castro de acuerdo con las circunstancias o según soplasen los vientos o los instrumentos de viento, en el «concierto» internacional. No sería la primera vez que la cancillería del Potomac y toda América le extendiera el ramo de olivo al dictador del Caribe.

Pero después de las sonatas o romanzas dialogueras con Castro que se estaban efectuando en aquellos días por el ridículo grupo «musical» que visitó la isla esclava y después de los últimos reportajes callejeros de la televisión en La Habana, en los que se demostraba la inconformidad del pueblo con el régimen, la posibilidad de la «sinfonía melodiosa» era demasiado remota.

Lo mismo que Churchíll me dijo con cierto sarcasmo hacía algo más de cuatro décadas que el era el único conservador que quedaba en el Imperio Británico, Fidel Castro en su interior tenía que aceptar con verdadero furor que él era el único comunista que quedaba en la Isla de Cuba.

Era lógico esperar de un momento a otro la desaparición de Castro. Pero no fue así. La lógica no funcionó una vez más en el caso de nuestra Cuba. Y nos fuimos para Miami definitivamente.

De vuelta a Miami

Habíamos pasado ya por muchas actividades periodísticas, diplomáticas y políticas en la capital de los Estados Unidos. El tiempo pasaba rápidamente porque es muy cierto eso de que la vida se convierte en un ritmo casi eterno y tedioso cuando no se hace nada; cuando no se tiene ninguna obligación que cumplir. El descanso se hace más placentero después de una jornada larga y seguida de mucho trabajo. Claro que el ser humano no es como la luna que jamás deja de dar vueltas a la tierra sin cansarse. Pero los hombres sí necesitamos el descanso porque no somos satélites sino «carne y hueso». La verdad es que ya estábamos cansados de tantas vueltas alrededor del mundo y de hacer tantas cosas de categorías distintas: unas muy resonantes, otras muy humildes, aunque todas muy dignas. A los tres años de estar cubriendo nuestro trabajo de corresponsal de *ABC* en Washington recibimos la noticia por carta del propio Torcuato Luca de Tena, que había renunciado a la Dirección del periódico para dedicarse de lleno a las labores de la Real Academia Española y, a escribir novelas. En su carta nos decía que el nuevo director del periódico de Madrid sería José Luis Cebrian y nos pedía con mucho interés de su parte que colaborase con él del mismo modo que lo habíamos hecho en todo momento durante nuestras relaciones periodísticas y de amistad personal. Y así lo hicimos. Hasta el día en que recibimos otra carta del nuevo Director comunicándonos que la empresa se veía obligada a cambiar de corresponsal debido a nuevas protestas de la Asociación de la Prensa Española basadas en el hecho de que ningún extranjero podía ocupar ningún cargo periodístico fuera de España Hacía muy poco tiempo que había muerto Franco y el nuevo gobierno se hallaba realizando cambios en los ministerios. En esos días dedicamos un elogioso y amable artículo desde Washington al Generosísimo con motivo de su fallecimiento. Fue publicado en una página bastante escondida del periódico.. Aquello nos olió un poco a mortificación por parte del periódico... El cargo nuestro era sumamente codiciado. Pensamos que no había caído muy bien que el corresponsal de *ABC* en Washington se mostrara tan expresivo por la desaparición del Jefe del Estado español y que ese escrito nuestro había sido algo inoportuno. Pensamos también que el cambio de corresponsal se debía a que el nuevo Director –como pasa en todas partes de la tierra donde hay seres humanos– tenía una lista de preferencias de periodistas españoles de «pura cepa» que eran mucho mejores que nosotros como «corresponsales» cuya especialidad habíamos practicado poco o casi nada en nuestra vida periodística. Rumiábamos por dentro también en que ninguno de ellos (modestia aparte) había sido Director general y dueño de ningún periódico y menos de uno tan conocido en España y tan importante en América Latina como el *Diaria de la Marina*. Pensamos en todo y de todo... Hasta nos vino a la cabeza mas de una vez la idea de que por cargar sobre los hombros el nombre que nos dio el periodismo en nuestra patria y por los honores recibidos en América por parte de instituciones periodísticas y universidades americanas se nos consideraba por la nueva Dirección como se suele decir en inglés «over qualified» para la posición, cuando no se emplea a alguien por no ser un mediocre...

Continuamos cubriendo la corresponsalía de Washington por tres meses más pues la nueva Dirección de *ABC* no deseaba que nos desconectáramos del mismo y nos ofreció volver a Madrid para ocupar otra posición de importancia pero decidimos no volver porque ya estábamos cansados de tanto ir y venir de un lado a otro en el destierro. Solo deseábamos regresar a Miami a esperar el regreso a Cuba o a esperar el viaje a la otra vida como hacen los elefantes que escogen por instinto su propio cementerio.

Entre paréntisis

Muchas veces lejos de nuestra patria hemos pensado que es muy real eso de que la vida del hombre atraviesa con frecuencia por el camino de la contradicción. En Cuba nuestro *Diario de la Marina* realizó siempre una lucha a muerte por defender los intereses permanentes de la nación cubana, entre ellos los de la libre empresa y los de muchos que hoy gozan en el destierro de grandes fortunas y empresas importantes No lo hicimos pensando en recibir ninguna recompensa sino por seguir los dictados de nuestra conciencia como lo hicieron también en otras circunstancias tan difíciles, o más, nuestro padre y nuestro abuelo. No obstante, con algunas excepciones muy raras, los beneficiados por nuestra lucha, que casi nos lleva al paredón de fusilamientos o a la muerte en la misma vía pública, nos viraron las espaldas desde el momento en que se instaló Castro en el poder en 1959 hasta el presente en que escribimos estas líneas en el año 2004. Habíamos llegado al exilio como llegamos al mundo: «desnudos» y sin cuentas en los bancos... A la embajada del Perú, donde pudimos asilarnos con nuestro hermano Oscar, nos envió la famosa tienda «El Encanto» dos trajes y unas camisas... Unos amigos personales nuestros, sin que le pidiéramos nada, absolutamente nada, nos llevaron a la embajada un sobre con tres mil dólares después de pasar el «Jarro» entre otros amigos ricos, muy ricos. El gesto «generoso» se lo agradecimos pero no sin antes aclararles que esa cantidad la repartiríamos entre cuatro de los colaboradores nuestros que se hallaban escondidos en distintos lugares de La Habana. Uno de ellos, Oscar Grau Esteban, nuestro secretario de toda la vida, en los primeros días de la revolución en el poder se dedico a conseguir asilo de mi parte a algunos cuyos huesos podían haber ido a parar a la cárcel o al paredón de fusilamientos. Luego, cuando nos llegó a nosotros la hora de asilamos después de 557 días de batalla abierta y cara a cara contra Castro en la misma Habana, comenzamos a damos cuenta de que a la causa hay que defenderla sin esperar reciprocidad alguna de ella. Bien podíamos haber comenzado a publicar nuestro *Diario* en el exilio con la colaboración económica de los que pudieron sacar de Cuba su dinero y con los que hicieron sus millones en el destierro, bien ganados, pero creemos que obligados también a cooperar con el *Diaria de la Marina* con una o con otra cantidad, aunque con lo suficiente para comenzar a andar con fuerza y con verdadera dignidad por la causa.

Con nuestros esfuerzos, ni en Cuba ni en el exilio, la clase pudiente ni las llamadas fuerzas vivas cubanas han cooperado con entera justicia y obligación. Al igual que en la patria, decimos esto y cuanto tengamos que decir sin que se nos quede nada por dentro. No se trata del «dando y dando», no, –allá los pillos del periodismo y de la «politiquería» cubana que abundaban como en todas partes del mundo– se trata de la justa reciprocidad en el servicio y en la colaboración mutua cuando la misma es posible... Nuestra parte la hicimos contra viento y marea despojándonos del temor natural frente al enemigo implacable y cuando ya teníamos perdido todo lo nuestro seguimos en la pelea por los intereses legítimos de los demás, no sólo sobre el terreno de la patria sino desde que comenzamos a marchar sobre tierras del exilio. ¿Hubo reciprocidad? No, ni en Cuba ni en el destierro. *La Marina* se hundió (el *Diaria de la Marina*, por supuesto) por el egoísmo, indiferencia e ingratitud de la mayoría de sus defendidos de siempre, en síntesis: de la sociedad civil. Los conservadores eran y siguen siendo tan conservadores que ya la mayoría se fue para la otra vida sin llevarse un solo centavo de sus fortunas. ¿Hubo reciprocidad, repetimos, con los que nos jugamos la vida por la causa? Solamente un grandioso recibimiento en Miami después de una pelea inútil. Sí, inútil, porque nadie se unió en Cuba que es donde hacía falta la unidad para demostrar nuestra fuerza y nuestra decisión de salvar a la Patria del dominio comunista.

También hubo otra especie de reciprocidad en el transcurso de los primeros años del destierro: la avidez por que fuéramos el guía general de la causa contra Castro. Todos, absolutamente todos los sectores del exilio nos demostraron sus deseos y firme decisión de aceptar nuestra «literatura» en la lucha contra el régimen comunista cubano sin saber que a nosotros no nos interesaba posición alguna dentro de esa tarea. Sólo queríamos seguir siendo periodistas porque estábamos seguros que en ese campo sí podíamos hacer bastante a favor de nuestra causa e ideales.

Cuando llegamos al exilio un numeroso grupo de amigos cubanos económicamente poderosos que residían en Palm Beach se reunió con nosotros en el hotel «Columbus» de Miami para decimos que si estábamos dispuestos a aspirar a la Presidencia de Cuba cuando cayera Fidel Castro ellos nos apoyarían económicamente desde aquel momento en Miami. Le agradecimos mucho al grupo de «amigos» pudientes su interés «desinteresado». Nuestra respuesta la teníamos ya en la punta de la lengua y se nos salió antes de que terminaran de hablar todos: «*Sinceramente les agradezco mucho ese apoyo amable y generoso pero jamás me ha pasado por la mente esa posibilidad ni ese deseo de aspirar a tan importante cargo en la patria. Les digo lo mismo que nuestro padre respondió a esa misma proposición en Cuba: 'Mi periódico tiene más poder y más permanencia que la Presidencia de la República'...*»

Y seguimos con el «entre paréntesis» aunque no cabrían en nuestras memorias todas las anécdotas que tendríanios que contar en esta obra relacionadas con la ingratitud de muchos defendidos tanto en Cuba como en el exilio. Durante una ausencia nuestra de Miami el gran escritor y poeta Emesto Montaner había publicado en nuestra revista *Foto Impresiones* un artículo humorístico titulado «Los Millonarios» que nosotros no habíamos leído y mucho menos autorizado porque nos hallábamos fuera de Miami. Un día de Navidad nos invita un «buen» amigo nuestro a una fiesta en su casa situada frente al mar de Palm Beach. Al llegar a la casa repleta de todos nuestros amigos y conocidos de la alta sociedad de Cuba se produjo un silencio casi completo alejándose todos del centro del salón retirándonos el saludo Nosotros nos quedamos de pie con nuestra esposa hablando con los anfitriones. Nos dimos cuenta enseguida de que el desaire se había planeado entre todos antes de que llegáramos. Enseguida se nos acercó el Padre Lorenzo Espiralli, que estaba también invitado, y delante de todos nos da un abrazo diciéndonos en alta voz: *«José Ignacio, no hagas caso de esta tonta e injusta demostración. Tú vales más que todos los reunidos aquí juntos...»*

Aunque no estábamos de acuerdo con la amabilidad de Espiralli de que valíamos más que los allí reunidos, le agradecimos su amable y cariñosa expresión delante de todos los que nos habían virado las espaldas y despidiéndonos de él y del matrimonio que nos invitó, nos marchamos enseguida para Miami.

Guillermo Alonso Pujol –cubano de gran talento–, quien fuera en la Cuba republicana vicepresidente del gobierno de Carlos Prío Socarrás en el mes de marzo de 1963 declaró en un artículo publicado en el exilio lo siguiente: «... *Las fuerzas vivas no han querido sostener en cotidiana presencia, al* Diario de la Marina. *Al no hacerlo incurrieron en grave falta. De poco ha servido el peso centenario del periódico, su leal defensa de los intereses empresariales y, sobre todo, la obra valiente que rindió al oponerse, desde el primer momento, y a los mayores riesgos, al avance del castrocomunismo. Sé que los editores del DECANO encontraron unas pocas manos amigas que se esforzaron por mantener viva esa voz en vigilia por la Patria la Religión y la Familia. No fueron muchos, sin embargo, los que se preocuparon por su vigencia. Los más cayeron en pecado de ingratitud, que es más inexcusable que aquel de ingenuidad que cometieron los magnates que un día volaron a Puerto Rico para estudiar las industrias de esa isla y traer esas enseñazas en ofrenda de servicios e inversiones al Gobierno, ya en la cresta de la demolición institucional...»*

Volviendo a lo que contábamos sobre nuestro regreso definitivo dejando atrás nuestra labor en Washington, Nueva York y Madrid llegamos de nuevo a Miami en 1977. Habíamos cumplido ya los cincuenta y siete años de edad. Después de acomodarnos en un apartamento alquilado con nuestra esposa y una de nuestras cuatro hijas (las otras tres ya estaban casadas) de nuevo comenzamos a escribir en el *Diario Las Américas*. Se nos ocurrió titular la columna con el nombre de «Relámpagos» pero firmándola ya con nuestro nombre y no con el seudónimo «Vulcano» como lo hacíamos en Cuba. Unos meses después de nuestro regreso al corazón del exilio «municipal y espeso» comenzamos también a editar una revista con el mismo nombre financiada por los hermanos Lavernia por gestión de su gran amigo y nuestro también, Ricardo Vila, autor en el *Diario de la Marina* en Cuba de la columna «Pañuelos Blancos» en contra de la revolución comunista. La revista tuvo corta vida debido al alto costo de su publicación y al bajo número de publicidad. Es casi una ley en el periodismo que una revista o un periódico alcance en poco tiempo el número de anuncios suficiente para con ellos llegar económicamente al "break even point». El cubano del exilio no estaba acostumbrado a leer revistas. Y creo que nunca se acostumbrará. Las hojean sólo cuando esperan en la consulta del médico... El periódico y la televisión siguen siendo los medios imprescindibles en todos los hogares. La radio desde hace muchos años se ha convertido en un medio útil para el automóvil y para los ancianos en los hogares.

Una vez más tuvimos que suspender el semanario. Ya muchos compatriotas decían como chiste que «las publicaciones de Rivero eran las más católicas del exilio porque salían sólo cuando Dios quería»..

Pasaba el tiempo y seguimos sólo con nuestra columna del *Diario Las Américas* en la que tropezábamos frecuentemente con muchos «disidentes» del castrismo y con muchos aspirantes a líderes del exilio sin ninguna obra positiva en Cuba y mucha obra negativa en Miarni con sus simulaciones patrióticas. Como comentarista de un periódico no se puede mantener a una familia; sólo es posible si el periodista ocupa un cargo de importancia o si es accionista del mismo como lo éramos en Cuba nosotros. De ahí que optando por regresar a Míami en vez de a Madrid cuando dejamos la corresponsalía en Washington tuviéramos que comenzar a gestionar posiciones en empresas cubanas en la capital del destierro. Nos referimos a lo relacionado a las relaciones públicas o con algo semejante a ello. Un «amigo» nuestro director de una empresa importante se atrevió a decimos que él podía conseguirnos un puesto de, jefe de camareros en un restaurante conocido de Miami. Nosotros le respondimos preguntándole que si a él lo habían despedido de ese trabajo... Nunca en el destierro hemos pretendido realizar alguna cosa que no sepamos hacer, pero a veces en la vida la necesidad obliga al ser humano a realizar lo que nunca ha hecho en su vida. El periodismo no es campo para hacer fortuna a no ser que el periodista sea editor, director y dueño de alguna empresa millonaria como «Knight Ridder» de Estados Unidos, o se llega conquistar la fama, por ejemplo, de un Dan Rather en la televisión norteamericana, etc. Los periódicos de ideología conservadora casi nunca se convierten en empresas millonarias. Son las empresas millonarias de otros sectores las que se mantienen poderosas económicamente porque cuentan siempre en el país con la defensa desinteresada de los periódicos conservadores...

Seguíamos escribiendo en *Diario Las Américas* y publicando artículos en *ABC* de Madrid semanalmente. Era el año 1977, repetimos, y después de tanto recorrido tocando puertas (como hacíamos en Puerto Rico tratando de vender seguros de vida) y después de mucho insistir y de esperar, logramos un «trabajo» en un hospital llamado «The American Hospital» donde teníamos que «ponchar» a la llegada y a la salida de dicho hospital. Jamás en el poco tiempo que estuve paseando entre camillas de enfermos y oliendo a «formol» (pues ni un pequeño despacho, ni mesa, ni teléfono, ni «nada de nada» teníamos), ninguno de los ejecutivos del hospital –con la excepción del director de pediatría– se había reunido con nosotros para cambiar impresiones sobre el «papel» que debíamos «pintar» en nuestro nuevo trabajo. Pero en definitiva nos quedamos con la «brocha» en la mano y con el «papel» en blanco... Es posible que también en esa empresa, injustamente, se nos haya considerado públicamente «over qualified» como en todas las demás empresas.

En los Estados Unidos de América ser una persona con antecedentes destacados es una desventaja para el que tiene que vivir de su trabajo normal y corriente. Hubiésemos tenido, en nuestro caso, que optar por irnos a vivir a Alaska, a Alemania, a Japón o a algún lugar del orbe donde no se nos conociera. Pero en esos lugares, como en otros, sólo hubiésemos podido ser camioneros o picar piedras pues no obstante los asombrosos adelantos del hombre sobre el planeta, lamentablemente todavía no existe el idioma universal para poder desenvolvernos dentro del mundo periodístico... También, pensándolo bien, hubiésemos tenido que «aterrizar» y quedarnos en alguna parte de la tierra donde no existiera ningún cubano (aunque dudamos que exista ese lugar pues en cualquier parte del planeta se encuentra uno con cubanos) porque nosotros tenemos la «mala pata» de ser bastante conocidos entre nuestros compatriotas. Hay cubanos que quisieran ver bien lejos de ellos a los conocidos que nacieron en la misma tierra de ellos... La «sombra» es como una enfermedad maligna para los que muy poco o nunca se destacaron en su país habiendo dado en el «blanco» en el extranjero por un golpe de suerte o de «dinero». Fuera de su país algunos cobraron importancia del mismo modo que la cobró Fidel Castro apoyado en la simulación, en la ignorancia y el oportunismo de muchos que creían salvar sus intereses con la «guataquería» el «baboseo» y el oportunismo. De todo hay en «la viña del Señor»...

Con la WQBA (La Cubanísima)

Seguíamos la mayor parte del tiempo metidos en nuestro apartamento (alquilado... leyendo, y escribiendo para *Diario las Américas* de Miami y para *ABC* de Madrid y de Sevilla. Los artículos de *ABC* los enviábamos por correo pero los del *Diario las Américas* teníamos que llevarlos personalmente. Pero cuando adquirimos el FAX la labor se nos hacia más cómoda y rápida. Mas tarde nos hicimos de una computadora de fabricación casera que nos hizo uno de nuestros nietos experto en ese campo. Y en ella lo hacemos todo. Incluso nos sirve para archivar nuestros documentos importantes.

La WQBA, la estación de radio más popular del sur de la Florida en los años setenta y ochenta, nos había contratado para hacer unos comentarios de opinión dentro de los tres noticieros de todos los días. La proposición se la hicieron al gran periodista Guillermo Martínez Márquez al muy respetado escritor Herminio Portel Vilá. En definitiva nos quedamos sólo nosotros con el comentario de actualidad periodística. A Martínez Márquez le fallaba algo la voz y la emisora optó por hacerle, en su propio apartamento, una entrevista sobre el tema que él escogiera. Si mal no recuerdo Portel Vilá estuvo poco tiempo pues estaba a punto de retirarse y optó por quedarse sólo con sus artículos en el *Diario las Américas*.

En el tiempo que estuvimos ejerciendo esa función tuvimos varias polémicas. Dos de ellas, las más «sonadas» la tuvimos con José Pardo Llada (tan violentas como en Cuba) y con Agustín Tamargo, periodista y escritor de fuste que tuvo la valentía de decirle a Fidel Castro de frente *«usted Dr. Castro no quiere en Cuba periodistas sino fonógrafos»*... Tanto Pardo Llada como Tamargo y nosotros terminamos los enfrentamientos de manera amable. En Cuba Pardo Llada tuvo más de un encuentro público con nosotros. Siempre los comenzaba él debido a que su estilo siempre fue de embestida cuando defendía sus puntos de vista políticos ante el micrófono. Allá nos embistió a nosotros con más fiereza que un «Miura» bien alimentado en una plaza de toros. Era natural. No lo culpo porque atacamos a nosotros en Cuba era una prueba de lealtad al gobierno y Pardo –no es un misterio– era defensor incondicional de la revolución castrista. En el exilio comenzamos nosotros la polémica. Su presencia en las calles, los restaurantes y en los micrófonos del destierro atacando al tirano comunista después de haberlo defendido durante tanto tiempo dentro de la dictadura marxista, nos irritaba, lo confesamos. Pero todo en la vida tiene su principio y su final. Con motivo de unas Navidades nos propusimos enviar un mensaje personal a nuestros adversarios ideológicos y políticos. Sólo a nuestros adversarios de aquellos momentos y a los que lo habían sido alguna vez de acuerdo con las circunstancias. Sí, sabemos bien que a veces el saber dar es más difícil que el saber

485

recibir y sabemos también que son mayoría los que piensan que es una tontería, además de imposible, abrazarse con el contrincante borrando toda huella de malquerencias o de resquemores aunque sea por la causa de Dios y de la Patria; pero son muchos los que no saben lo que se pierden cuando por una motivación espiritual se da todo sin esperar a cambio de ella, absolutamente nada. La paz y el consuelo interior que se siente cuando uno lleva a la práctica los dictados de su conciencia cristiana valen muchísimo más que todos los honores y placeres mundanos.

José Pardo Llada dio a conocer públicamente mi sencillo pero sincero mensaje personal con un comentario Reno de emoción. Nosotros, con la misma emoción, le reproducimos el suyo en nuestra columna del *Diario las Américas*, sin deseo alguno de exhibición, sólo Para decirle al exilio que si nosotros, contrincantes acérrimos en Cuba y en el exilio, nos habíamos reconciliado, era hora ya de aplastar a la soberbia de tantos que hacen gloria del odio, como la pudieran hacer de la amistad.

He aquí las palabras de Pardo Llada dadas a conocer por él en Colombia y en Miami:

«He dicho y repetido muchas veces que algo que me molesta de Miami, donde tantísimas cosas nos resultan tan gratas, es ese pleito irrevocable y eterno entre tantos cubanos del exilio. Se diría que en Miami más que en guerra contra Fidel Castro y el comunismo estamos en guerra todos los exiliados entre sí. Fulano habla mal de mengano, mengano habla mal de zutano. Se diría que el exilio, o al menos parte del exilio, vive dándole vueltas al odio como repetía Martí. Yo entiendo y admito que ningún exiliado está obligado a querer o admirar a otro cubano exiliado que a lo mejor le hizo un mal estando en Cuba. En mi caso personal comprendo que con todos los ataques que hice por radio 'a Raimundo y todo el mundo' haya gentes que no me quieran. Yo tampoco estoy muerto de amor por quienes me ofendieron, insultaron y vilipendiaron. Pero estando todos exiliados por culpa del comunismo y de Fidel Castro, creo que lo menos que podemos hacer por Cuba, no por nosotros, es cancelar, olvidar, archivar tantos odios infecundos. He dicho muchas veces –lo repito hoy con orgullo que no tengo odios para ningún cubano en el exilio. Yo sí que decreté una amnistía total de resentimientos. Y repito todo esto porque acabo de recibir en Cali una tarjeta de felicitación por el Año Nuevo que ha sido para mí, entre todos los mensajes que me han enviado, el que más me ha conmovido. Y me ha conmovido hondamente porque es el mensaje que pudiéramos llamar de un viejo y tradicional adversario –no quiero, no puedo llamarlo enemigo–. Y este mensaje de mi adversario es el más hermoso que he recibido en muchos años. Al agradecerlo públicamente por lo que tiene de gallardía cristiana, lo repito como un ejemplo, un alto ejemplo de nobleza y de cubanía.

Es un mensaje de José Ignacio Rivero, el último director del Diario de la Marina, con quien sostuve polémicas tan ardorosas. Y al cabo de tantos años no sé quién fue más injusto y apasionado en los ataques --seguramente fui yo---. El noble enaltecedor mensaje de José Ignacio Rivero es este: Estimado Pardo: No deseo para usted otra cosa que felicidad plena en esta época del año en que se conmemora la llegada del Hijo de Dios al mundo para enseñarnos a amar. Nada es más dulce que dar ni nada más satisfactorio que perdonar. Yo le doy con esta sincera postal de Navidad mi amistad de hermano en Cristo y de compatriota. Perdonémosnos. Soy cristiano y quiero demostrarlo con hechos. No me importa lo que piensen los odiadores de oficio. Me importa el pensamiento de Dios. Un fuerte abrazo de José Ignacio Rivero».

«Gracias, José Ignacio. Muchísimas gracias. Las gracias del corazón.

Y aunque me precio de no llorar casi nunca, confieso con orgullo viril que su mensaje me hizo llorar de emoción por todo lo que significa de perdón, de comprensión, de amor y de unidad entre todos los cubanos que luchamos por el mismo ideal de libertad. Su mensaje, José Ignacio Rivero, me hace evocar los versos de Antonio Machado: 'La mano del piadoso nos quita siempre honor, mas nunca ofende al darnos su mano el lidiador'. Y su tarjeta, José Ignacio, mi contendor de tantas batallas, me llena de gratitud y de emoción».

Hasta aquí las palabras de José Pardo Llada. Nunca fue nuestra intención darle publicidad a las mismas pero como él las dio a conocer en Colombia nosotros lo hicimos después en nuestra columna del Diario las Américas para que alcanzara a todos los rincones del exilio y para que los que en el exilio se creen infalibles y se mantienen irreconciliables por arrogancia y por enanismo espiritual y patriótico sepan, aunque no lo sientan, que Cristo dijo bien claro que amaramos al prójimo como a nosotros mismos.

Con Agustín Tamargo, escritor penetrante y culto, nuestra polémica fue injustificada. Un día, como otro cualquiera, nosotros escribimos un artículo abordando fuertemente el tema de la demagogia de algunos desterrados en torno a la causa cubana. Y terminamos el tema con la tan conocida frase de «Al pan, pan, y al vino, vino», sin pensar ni un sólo instante en que Tamargo usaba el conocido dicho como título de sus comentarios periodísticos. Pasaron los años y aun no sabemos por qué Tamargo respondió tan duramente aquellos artículos nuestros que en ninguno nos referíamos a él. En contra de nuestros deseos nos vimos obligados, pues, a responderle con toda brusquedad al considerar que había sido sumamente injusto con nosotros. No nos veíamos con buenos ojos en Cuba cuando él escribía en *Tiempo en Cuba* y en la revista *Bohemia* y nosotros dirigíamos el *Diario de la Marina*. No obstante, nosotros en varias ocasiones le enviamos por correo algunas letras de simpatía invitándolo incluso a asistir a unos Ejercicios Espirituales de San Ignacio de Loyola que está más que probado que los incrédulos que se meten de lleno y de buena fe en ellos salen con el alma cargada de luz espiritual que es una luz mucho más fuerte, deleitosa y necesaria que la simple luz intelectual y mundana. De más está decir que con Tamargo no lo logramos. No obstante, ya al principio del exilio, por la coincidencia de un viaje en tren a Nueva York desde Miami nos hicimos buenos amigos y comenzamos a pensar en un Agustín distinto al Tamargo terco y empecinado que creíamos que era en La Habana. No sabemos si a él también le ocurrió eso con nosotros después de aquellos encuentros personales en el salón de fumar del «Silver Metheor».

Un amigo se acercó a nosotros para decirnos que si queriamos material para «acabar» con Tamargo él podía prestarnos unas *Bohemias* de los comienzos de la revolución en las que él hacía unos grandes elogios de los principales personajes de la misma. Y aunque nada de importancia tenía que un periodista elogiara a los que casi todo el mundo en aquellos días se «moría de amor» por los héroes de la Sierra Maestra, se las aceptamos y con ellas cerramos nuestro desagradable encuentro radial. El Dr. Manuel Hernández, gran amigo nuestro, quien fuera en Cuba magistrado de la Audiencia de La Habana, escritor y poeta católico, nos envió a los dos una carta ofreciéndose de mediador para que ambos terminásemos el desagradable encuentro por el bien de la causa contra el comunismo. Y así lo hicimos: los dos terminamos la desagradable polémica radial. No obstante nosotros nos quedamos con cierta pena interior después de tantos improperios injustos e innecesarios lanzados a través de los micrófonos radiales. Creíamos que las heridas debíamos sanarlas en todo sentido, no sólo con la suspensión de los denuestos lanzados al aire por ambas partes sino con una nueva amistad elaborada sin resentimientos de especie alguna.

Y volvimos a transportarnos mentalmente al salón de fumar del «Silver Metheor»...

Documento a la SIP

El sábado 14 de octubre de 1978 se publicaba en la primera página del *Diario Las Américas* la siguiente información sobre un documento que habíamos presentado en la SIP (Sociedad Interamericana de Prensa) ocho cubanos sobre la situación cubana tiranizada por el comunismo castrista. Dicha información decía así acompañada de la foto de cada uno de los firmantes:

PRESENTAN 8 DIRIGENTES DEL EXILIO DOCUMENTO A LA SIP

«Un grupo de ocho destacados dirigentes cubanos exiliados presentó un documento sobre la actual situación de Cuba a la Asamblea General de la Sociedad Interarnericana de Prensa. El documento en referencia dice textualmente:

«A la Sociedad Interamericana de Prensa
A la Opinión Pública

Los abajo firmantes, sin otra representatividad que su amor a Cuba y a la plena independencia y libertad de su Patria, declaran lo que sigue:
Primero: Que el exilio cubano se produce cuando Fidel Castro impone en Cuba un gobierno totalitario marxista-leninista, cancelando todas las libertades y derechos públicos e individuales establecidos en la Constitución, empezando por la Libertad de Prensa, y un millón de cubanos se ve obligado a marchar o escapar de su Patria al extranjero
Segundo: Que este éxodo provocado por el gobierno dictatorial impuesto por la fuerza de las armas, es lo que determina la separación y desgarramiento de la familia cubana.
Tercero: Que la represión intensa y despiadada a la oposición interna contra ese régimen dictatorial y conculcador de libertades y derechos, es la que crea la persecución, muerte y arresto de decenas de millarcs de cubanos que integran un presidio político calificado como 'cruel, inhumano y degradante' por el Quinto Informe Sobre la Situación de los Derechos Humanos en Cuba, aprobado y emitido por la Comisión Interamericana de Derechos Humanos de la OEA el 25 de mayo de 1976.
Cuarto: Que la constante denuncia de las violaciones de derechos humanos en Cuba, especialmente con los presos políticos, ha promovido la condenación de ese régimen por parte de muchas otras organizaciones internacionales que defienden la intangibilidad de esos derechos, tales como el Intemational Rescue Commitee, la International League for the Rights of Man, Amnesty Internacional, y repetidamente, y a pleno honor, esta Sociedad Interamericana de

Prensa, y creado una amplia, constante y creciente presión de la opinión pública mundial en toda la prensa del Orbe sobre dicho gobierno para el cese de ese patrón de violaciones caracterizadas por abusos y vejaciones físicas y morales, genocidio ideológico, terror institucionalizado y crímenes de lesa humanidad.

Quinto: Que, ahora, el gobierno de Fidel Castro, en sus tratos con el gobierno de Estados Unidos, con el objeto de restablecer relaciones y obtener ventajas políticas y económicas que desesperadamente necesita, trata de mejorar su imagen anunciando en forma confusa e inconcreta la liberación de cantidades indeterminadas de presos políticos y pasos conducentes a la reunificación de la familia cubana a través de permisos esporádicos de visitas mutuas controladas por dicho gobierno.

Sexto: Que para ello plantea un diálogo negociador con 'representativos' del exilio, imponiendo de paso los nombres de los representativos que le son simpatizantes y afines.

Séptimo: Que toda negociación supone un intercambio de concesiones, un 'toma y daca' en el cual el exilio no tiene nada que ofrecer en cambio como no sea la rendición de sus principios, de sus convicciones, de sus creencias políticas y religiosas, ya que en ningún momento, al recalcar Fidel Castro que la revolución marxista-leninista 'esta consolidada' y que 'es irreversible', se ha planteado la más ligera posibilidad de propiciar el restablecimiento y la vigencia de un régimen genuinamente democrático en que existan autodeterminación y verdadera soberanía del pueblo, bajo el cual el ciudadano disfrute el ejercicio de sus libertades y derechos fundamentales, tales como la libertad de expresión, de prensa, de reunión, de credo, de petición, de locomoción, de formación plural de partidos políticos y de sufragio libre y legítimo para la elección de sus gobernantes por mencionar algunos.

Octavo: Que siendo estos los hechos, los abajo firmantes estiman que quien tiene que abrir las puertas del presidio político es quien las abrió y las cerró tras la reclusión de millares de presos, sin conceder ni una sola amnistía en 20 años, e incluso resentenciando arbitrariamente a muchos de ellos después de haber cumplido las condenas que les fueran impuestas, alargando así, indefinidamente, el tiempo de su reclusión.

Noveno: Que quien tiene que propiciar y permitir, sin restricciones, la reunificación de la familia cubana, es quien provocó su separación y aún la sigue provocando y determinando, ya que más de cuarenta mil nuevas familias cubanas están separadas al ser enviados algunos de sus miembros al Africa a pelear en guerras que nada tienen que ver con la defensa ni con el bienestar de Cuba.

Décimo: Que para ello nada tiene que dialogar ni negociar con el exilio que es eso: un exilio, no una emigración; que no es un poder militar y que no es parte co-autora, son víctima de la tragedia cubana.

Undécimo: Que ese exilio, por lo tanto, no tiene otra posibilidad, ni otro deber que el de seguir demandando la incondicional y total libertad de todos los presos políticos y trabajando por la reunificación de la familia cubana en nuestra Patria libre e independiente y por el restablecimiento de las libertades y derechos democráticos en Cuba sin comprometer lo único que tiene: su honor, y negándose a cocesiones que lo convertirían en abogado defensor y agente de la dictadura castrista ante los gobiernos extranjeros, paa facilitarle los entendimientos que pretende; y sin seguridad ni fuerza compulsiva para forzar a Castro a cumplir ninguna de sus confusas, indeterminadas y tortuosas proposiciones.

Duodécimo: Finalmente los abajo firmantes ratifican ante este digno areópago del periodismo interamericano, su denuncia del patrón constante de violaciones de los derechos humanos en un país sin libre prensa, que vive bajo el imperio del terror; y, al mismo tiempo, recordamos a todos que la historia de Cuba enseña que nuestro pueblo siempre ha sabido conquistar su libertad con sacrificio y con honor.

En Miami, Estado de la Florida, EE.UU., a los diez días del mes de octubre de 1978, Año del Centenario de la Protesta de Baraguá.

Juanita Castro, Dr. Jorge Mas Canosa, Dr Enrique Huertas M.O., Dr. Manuel A. de Varona, Cnel. Herneido Oliva, Dr. José Ignacio Rivero, Sr. Vicente Rubiera, Dr. Humberto Medrano.

Juanita Castro    *Manuel A. de Varona*    *José Ignacio Rivero*    *Vicente Rubiera*

Jorge Mas Canosa    *Enrique Huertas*    *Erneido Oliva*    *Humberto Medrano*

Carta del Presidente de la SIP
y nuestra respuesta

En el mes de junio de 1979 habíamos recibido una carta-circular de Germán E. Ornes Presidente de la SIP en la que pedía a todos los miembros de la misma la cooperación para volver a publicar el periódico *La Prensa* de Managua perteneciente a la familia Chamorro. Nosotros en nuestra columna del *Diario las Américas* la publicamos con su correspondiente respuesta. He aquí la carta de Ornes:

«Estimado colega: La destrucción total del diario La Prensa, *de Mananagua, Nicaragua, última de las degradaciones cometidas por la tiranía de Anastasio Somoza contra un periódico que se ha distinguido por su lucha constante y sostenida por la libertad y la democracia en la hermana nación centroamericana y que ha dado a esa causa mártires y héroes tan preclaros como su asesinado director, Pedro Joaquín Chamorro, presenta un reto para el periodismo americano que, a mi juicio, puede resultar la prueba de fuego para todos cuantos creemos que los medios de comunicación deben funcionar en un contexto de dignidad y de respeto a los derechos humanos. ¿Vamos a permitir que en sus horas finales un sanguinario dictador destruya y silencie por siempre a la más genuina representación de la conciencia de los hombres que en Nicaragua desean ser libres:* La Prensa?

Personalmente creo que eso sería un rudo golpe no sólo para los periodistas de Nicaragua sino también de toda la América. Por ello, tan pronto como me enteré del bombardeo deliberado y de la subsiguiente destrucción de La Prensa, *inicié una serie de consultas, una personales y otras telefónicamente, con ejecutivos, ex presidentes y otros directivos de la SIP para determinar el curso de acciones en este caso, que, insisto, es crucial para el periodismo americano. Existe consenso de que debemos extender nuestra ayuda al colega en esta hora en que sus sacrificios por la libertad lo han hecho víctima de una de las más viles venganzas gubernamentales que registra la historia del periodismo de este continente.*

Para determinar cómo se puede hacer efectiva es ayuda hemos mantenido contacto con el actual director de La Prensa, *Xavier Chamorro, quien nos informa que la total destrucción de la planta donde se editaba el periódico así como todos los records de cuentas a cobrar los deja sin capital de trabajo y sin equipos. Sólo han logrado salvar papel, que no estaba en Managua y que les daria para comenzar sus operaciones.*

La Prensa *necesita equipo de impresión (su prensa Goss Urbanite de seis unidades fue destruída totalmente), equipo de perforación de cintas, equipo de fotocomposición, cámaras y equipos para preparar planchas offset. Necesitaria también algún capital de trabajo.*

Para preparar un plan de trabajo racional y eficiente hacemos este primer llamado a todos los colegas del continente. Aquellos que puedan disponer de equipos pueden informarnos que tienen disponibles para hacer en la sede de la SIP un inventario aquellos que puedan hacer contribuciones económicas deben avisarnos para que una vez que hayamos terminado, teniendo las disponibilidades de equipos donados, cuanto se necesitará en efectivo para proceder a una división equitativa del monto de las contribuciones individuales.

Estoy seguro de que cualquier contribución a esta finalidad le será agradecida no sólo por la familia Chamorro sino también por los periodistas y el pueblo de una Nicaragua libre. También mi firme convicción de que cuando saquemos a flote a La Prensa, una vez que haya caído Somoza y se haya restablecido la libertad de prensa en Nicaragua, habremos dado un ejemplo muy saludable que servirá de advertencia a otros tiranos americanos. Sabrán que los periodistas no solo hablamos y escribimos –y sé que eso es bastante– sino que tenemos el valor de hacer sacrificios económicos para acudir en ayuda de aquellos que sufren el martirologio a que los somete su lucha por la libertad de prensa que es, en el último análisis, la lucha por todos los derechos humanos.

Es nuestro deseo que si este llamamiento cuenta con la respuesta que esperamos –y por eso y sólo por eso es que lo hacemos– estemos en condiciones de poner en marcha a La Prensa tan pronto como la situación de Nicaragua lo permita. Espero, pues que sus generosas ofertas sean canalizadas a través de nuestro gerente general, Sr. James B. Canel, en las oficinas centrales de la SIP en Miami, Estados Unidos.

Dándole las gracias por anticipado por la colaboración estoy seguro que ustedes ofrecerán, a tan noble causa, le saluda cordialmente su amigo,
German E. Ornes
Presidente de la Sociedad Interamericana de Prensa.»

Nuestra respuesta a Ornes

«Sr. Germán E. Ornes
Presidente de la Sociedad Interamericana de Prensa

Estimado colega:
Usted nos escribe a todos los que somos miembros de la SIP para que a través de ese organismo continental ayudemos en la medida de nuestra posibilidades a la familia Chamorro en su empeño de volver a editar su periódico La Prensa destruído por las bombas del gobierno del presidente Somoza. Permítanos que nosotros le respondamos con los mismo párrafos de su carta pero refiriéndonos al caso de Cuba por una cuestión de principios, de amor a

la justicia y a la verdad, como deciamos ayer al reproducir su mensaje en esta misma columna.

La destrucción, la incautación, el robo y el atropello total de la prensa libre e independiente de Cuba –una de las tantas depredaciones cometidas desde hace veinte años por la tiranía comunista de Fidel Castro contra periódicos, periodistas y compatriotas en general que se han distinguido por su lucha constante y sostenida por la libertad y la democracia de la hermana nación del Caribe que ha dado a esa causa mártires y héroes que han muerto en el paredón de fisilamiento y sufrido las prisiones marxista sin la menor claudicación– presenta un reto para el periodismo americano que, a mi juicio, más tarde o más temprano, será la prueba de fuego para todos cuantos creemos que los medios de comunicación deben funcionar en un constexto de dignidad y respeto a los derechos humanos. Nosotros también le preguntamos a usted estimado colega: ¿Va la SIP a permitir que un sanguinario dictador comunista haya destruído y silenciado por siempre a la más genuina representación de la conciencia de los hombres que en Cuba desean ser libres?

Personalmente creo que esa actitud pasiva, mantenida durante años, ha sido un rudo golpe no sólo para los peridistas en Cuba sino también de toda América. Tan pronto como llegamos al destierrro perseguido y atropellados por el castrismo después del asalto a mano armada de nuestro periódico, presentamos a la SIP una moción para que nuestros hermanos colegas del Continente con sobrados recursos creasen un fondo económico de caracter voluntario que hiciera posible la continuidad de la defensa de la libertad y la dignidad del periodismo cubano. Dicha promoción no se tomó en cuenta. Era un cuento eso de la confraternidad periodística en la que tanto craíamos cuando defedíamos a la SIP de los ataques de Castro en nuestra nación. Nuestra moción fue depositada en el 'archivo del olvido', como sucede con muchas de las sugerencias procedentes de los conservadores y anticomunistas. No dudamos, pues, que su proposición de ayuda a la prensa antisomocista si prospera y se convierta en una realidad.

Igualmente, tan pronto como leímos su carta, iniciamos una serie de consultas, personales y otras telefónicamente, para escuchar opiniones sobre el caso de la prensa de Cuba que, insistimos, es crucial para el periodísmo americano. Existe consenso de que la SIP debe extender su ayuda a todos los periodistas cubanos en esta época funesta que nos ha tocado vivir. En esta hora en que los sacrificios por la libertad nos ha hecho ovíctimas de la más vil tiranía que registra la historia de nuestro Continente: el castro-comunismo.

Dice usted que ha mantenido contacto con el actual director de La Prensa, Xavier Chamorro, quien le ha informado sobre la total destrucción de la planta donde se editaba el periódico La Prensa, y que 'sólo ha logrado salvar papel que no estaba en Managua lo que le daria para comenzar sus operaciones'.

Toda la prensa en Cuba desapareció también 'La Prensa de Chamorro salvó papel para comenzar sus operaciones'. Nuestro papel lo consumimo todo en Cuba combatiendo el comunismo. En otra acepción de vocablo vivimos orgulloso de nuestro papel. 'La Prensa de Managua necesita equipo de impresión'- la prensa cubana, además de equipo de impresión necesita un "equipo humano de comprensión por parte de sus hermanos de Amércia.

Hay que decir la verdad y sin rodeos. Hay que dejarse de demagogias verbales 'fabricadas' para el vulgo: La Prensa de Managua desapareció en plena guerra bajo el régimen anticomunista de Somoza. La prensa de Cuba desapareció bajo el régimen comunista de Castro. Ahora se quiere ayudar a los que consciente o inconscientemente favorecen a los comunistas, y nada, absolutamente nada se ha hecho en el orden material para los que lo dieron todo absolutamente todo por defender la libertad. La auténtica libertad, no la 'libertad' que proclaman los sandinistas y los castristas.

Es también mi firme convicción de que si la SIP hubiese sacado a flote en el exilio a la prensa cubana, una vez caído Fidel Castro y restablecida la libertad en la patria de Martí y de Maceo, habría dado un ejemplo muy saludable que serviría de advertencia a otros tiranos americanos. Se sabría entonces que los periodistas no sólo hablan y escriben, como usted afirma, sino que tienen el valor de hacer sacrificios económicos para acudir en ayuda de aquellos que sufren el martirologio a que los somete su lucha por la libertad de prensa que es, en su último análisis, la lucha por los derechos humanos.

Fidel Castro a nosotros no nos traicionó. El es comunista y por ende nuestro enemigo a nosotros no nos han traicionado los que creíamos que jamás nos abandonarían. Los que imaginábamos que iban a dar una "mano generosa" para comenzar y continuar nuestra operaciones propias del periodismo.

Se que la prudencia aconseja a veces el silencio. Pero no podemos callarnos ante la injusticia y el disparate. 'En estas horas difíciles' dijimos una vez en Cuba, 'llena de incertidumbre, a nosotros nos sería más comodo dejarnos llevar por la corriente; silenciar prudentemente lo que no nos gusta, lo que no nos parece justo, lo que nos parece descabellado; pasar por alto lo que consideramos perjudicial para el país'.

Se también que se ha puesto de moda alzar la voz para atacar a los que en el mundo se oponen al comunismo o a todo lo que se le parezaca. La verdad está en decadencia. Se aplaude con locura a los que le hacen el juego bochornosamente a los enemigos de la legítima democracia. Pero esa moda, esa 'pose' de hoy puede llegar a ser la causante del entierro definitivo de la prensa independiente y de todo lo demás en nuestro Continente. Y esta una realidad u observación que no tiene nada que ver con la carta que comento. Hablo en términos generales.

Pero tome nota de esto señor presidente: concretamente, particularmente en el caso de Nicaragua, si los sandinistas se instalan en el Poder, verá usted como, con la velocidad del rayo, la familia Chamorro tndrá que salir 'pitando' de Managua hacia el exilio, si es que le dan tiempo de 'pitar' para pedir auxilio e ingrasar en la cofradia de lo que muchos cubanos llaman la 'Revolución traicionada'. Entonces leerá todo el mundo otra carta del presidente de la SIP condenando a la nueva tiranía Sandino-comunista por haber arrasado no sólo con la libertad de expresión sino con todas las demás libertades en Nicaragua.

Porque ejercemos el derecho de dicir cuanto sea necesario; porque discrepamos cuando lo consideramos una obligación y conincidimos cuando lo creemos justo, se despide de usted este miembro de la SIP que como cubano y como periodista agradece también las batallas que esa institución ha librado a favor de la libertad de prensa en Cuba y de todas las otras libertades. Una cosa nada tiene que ver con la otra. Después de todo lo cortés y los justo no quita lo valiente.

José I. Rivero»

Interviene Martínez Márquez

En el mes de julio de 1979 nuestro muy querido colega el Dr. Guillermo Martínez Márquez nos envía copia del siguiente telegrama del Presidente de la Sociedad Interamericana (SIP) Don Germán E. Ornes con motivo de la respuesta que le dimos a su proposición de ayudar a la familia Chamorro, en su empeño de publicar de nuevo su diario *La Prensa* en la capital de Nicaragua. He aqui el telegrama y la carta en cuestión:

«Dr. Guillermo Martínez Márquez

Estimado colega:
Como co-fundador de la Sociedad Interamericana de Prensa (SIP) ex Presidente de la misma y periodista de larga, combativa y valiente trayectoria en la lucha por las libertades públicas y derechos humanos, en Cuba y fuera de Cuba creo que es usted la persona mas llamada a responder la carta pública que me ha dirigido su compatriota el periodista José Ignacio Rivero Director del Diario de La Marina en el exilio. Nadie mejor que usted conoce el historia de la SIP en la incesante batalla de décadas contra la tiranía de Fidel Castro por lo cual creo que usted mucho mejor que yo puede, como cubano como periodista y como ex precidente de nuestra sociedad, aclarar los conceptos erróneos contenidos en el escrito del colega Rivero. Agradezco de antemano su aceptación de esta nueva misión otra de las muchas y muy delicadas que ha cumplida al servicio de la SIP y del periodismoo libre.
Un saludo cordial de su amigo de siempre. Germán E. Ornes»

He aquí a continuación la carta de Martínez Márquez:

«Miami, Julio, 1979

Querido Pepín
Debes suponer el interés con el que leí tu carta-abierta al buen amigo y distinguido colega el doctor Germán Ornes director de El Caribe, de Santo Domingo, y presidente de la Sociedad Interamericana de Prensa.
La actualidad del tema invitaba al comentario y tuve la intención de hacerlo en la columna vecina a tus 'Relámpagos', en la misma página cuatro de Diario las Américas, que la generosidad de Horacio Aguirre ha puesto a disposición de los defensores de la democracia en general y la liberación de Cuba en particular. Esta intención se hizo deber, cuando recibí un cable de Germán Ornes, (copia del cual te adjunto), pidiéndome que en la triple condición de

497

veterano dirigente de la SP, periodista cubano y amigo tuyo. te respondiera a nombre y en representación de nuestra entidad. No debo agregar el agrado con el que cumplo la misión que nuestro presidente y amigo me ha encomendado.

Es cierto –como bien apuntas en tu carta– que el periodismo cubano fue calumniado, traicionado y desconocido en los tiempos que siguieron a la instalación del comunismo en nuestra patria Era la vieja treta comunista, ablandar el objetivo por medio de la calumnia para atacarlo por la espalda luego y al fin abandonarlo a su triste suerte

Pero la SIP fue –y es– honrosa y valiosa excepción No tuvo –ni tiene la actitud pasiva de la que hablas Nos apoyó en la asamblea de San Francisco, (1959), meses más tarde nos defendió en San Salvador, nos premió en Bogotá, (1960), y un año después, en Nueva York, dio un paso al frente para interceder oportunamente por la vida de nuestro querido Alfredo Izaguirre Riva para quien se pedía la pena de muerte y en la misma reunión otorgarte a tí una merecida distinción como 'héroe de la libertad de prensa'.

Para no extender demasiado la relación, voy a limitarme a enumerar algunos ejemplos mas de la preocupación y ayuda de la SIP al periodismo cubano y a la liberación de Cuba. En Chile, (1962), quedó constituido un comité para denunciar las infiltraciones comunistas promovida por el régimen de La Habana. En México, (1964), se pidió a los miembros de la entidad la publicación de un reclamo periódico a favor de los colegas presos. En Lima, (1966), presidí un Foro especial sobre la liberación de nuestra patria. Alberto Gainza Paz y Horacio Aguirre, me acompañaron en Puerto Rico, (1967), en la creaci'on de un Comité Especial para informar sobre la política nefasta del comunismo Ese Comité, que presido desde el sensible fallecimiento de Gainza Paz, fue el que abrió las puertas de la última asamblea de la SIP, en Miami, (octubre, 1978), para que un grupo de eminentes compatriotas, entre los que aparecías tu expusiera sus puntos de vista sobre la actualidad cubana No debes olvidad la ovación que recibiste cuando, en esa reunión, hiciste uso de la palabra y subrayaste la omisión del senador Kennedy al enumerar a los tiranos de la América Latina olvidando mencionar a Fidel Castro. Fueron nuestros colegas en la SIP los que te aplaudieron, querido José Ignacio. Sus palmas fueron de solidaridad con tus valerosos conceptos.

A pesar de que su Carta Constitutiva prohibe inmiscuirse en cuestiones políticas, la SIP ha interpretado que no eran políticos, sino ideológicos, los asuntos que se ventilaban al tratar el caso cubano, y de acuerdo a este criterio, no solo creó el Comité Especial para tratar y enjuiciar el caso de Cuba, sino además ha prestado su tribuna para que dos de los mejores de nuestra causa –José Miró Cardona y José Elías de la Torriente– hicieran uso de la palabra en sus asambleas anuales.

Personalmente he tenido el honor de representar a la SIP y exponer la dramática situación de nuestra desgraciada patria, en el XXV aniversario de la Declaración Universal de los Derechos del Hombre, (Nueva York; 1970); como delegado opermanente ante la Organización de las Naciones Unidas, (1972-77); en la Comisión Interamericana de los Derecho Humanos, en diversas oportunidades acompañado o compartiendo la representación con nuestro colega Humberto Medrano y con el doctor Claudio Benedí, y en múltiples gestiones con ilustres mandatarios americanos, como la que realicé acompañado del presidente de la SIP, (1967), Julio Mesquita en Montevideo, durante la reunión de presidentes de nuestro continente. No es posible olvidar el episodio excenificado en el Palacio de las Naciones Unidas, en la sesión de la Comisión de la ONU cuando el Dr Humberto Medrano y yo representamos a la SIP y el embajador Smirnof, de la URSS, interrumpió a nuestro querido colega cuando exponía la dramática situación de los presos en Cuba.

Como director del Diario de la Marina puedes sentirte orgulloso de la participación preponderante del mismo en la fundacuión y desarrollo de la SIP. Un distinguido y muy estimado redactor del Diario el Dr Francisco Ichaso, asistió en 1942 al nacimiento de nuestra institución. Un año más tarde, fue factor indispensable en la Comisión Organizadora del segundo Congreso en La Habana, (1943). Y fue el sub-administrador del Diario de la Marina —y muy distinguido compatiora nuestro el Dr. Enrique Llaca, el que llevó el peso de la organización de la asamblea de la SIP en La Habana, (1956), que tuve la gloria de presidir. Personalmente y con la sola excepción mía, tu has sido el único periodista cubano premiado en dos ocasiones y en estos momentos eres uno de los dos 'héroes de la prensa' vivos. (El otro soy yo).

No sería posible escribir la historia de la SIP sin mencionar a varios periodistas cubanos, Paco Ichaso, en la etapa inicial, de México a Nueva York (1942-1950, a Raúl A Alfonso Gonsé, de El Mundo, La Habana, en la etapa posterior, (1950-1960). A Amadeo Barletta hijo en el capítulo siguiente hasta su muy lamentable y reciente fallecimiento ¿Después? La verdad Pepín, es que a veces me he sentido muy solo, No ha sido la SIP la que ha olvidado a los periodistas cubanos sino los periodistas cubanos los que, por razones diversas, han abandonado circunstancialmente a la SIP.

Tampoco sería fácil escribir la historia del periodismo cubano en el exilio y sobre todo sus luchas por la liberación de Cuba sin contar a la SIP Ha sido la SIP. la que ha dado dimensión continental a la causa de nuestra patria No ha habido una entidad internacional que haya dedicado más tiempo y realizado más gestiones que la SIP en las luchas de los cubanos por recobrar su independencia.

En continuas gestiones de la SIP la conducta de nuestro presidente, el Dr, Germán Ornes, ha sido ejemplar para la causa de nuestra liberación Ha alen-

tado y respaldado todas, absolutamente todas las iniciativas a favor de la causa de cuba y junto a los doctores Alberto Gainza Paz y Horacio Aguirre, los cubanos no hemos contado con mejor ni más decidido colaborador y aliado. y cabe agregar que todas las resoluciones presentadas al Ejecutivo, a la Junta de Directores o a la asamblea general de la SIP han sido aprobadas sin discusión alguna, y por unanimidad

Estoy plenamente de acuerdo contigo. José Ignacio, cuando adviertes que el caso de Cuba ha sido crucial para el periodismo continental a tal punto, que en el futuro habrá de reconocerse que ha habido dos etapas antes del eclipse total de la libertad en Cuba, y después del mismo En estas crisis la SIP aparece siempre junto a nosotros Desconocerlo sería pecado de inolvidable olvido Negarlo, injusticia inaceptable

Releyendo lo escrito veo que seguramente he recordado muchas cosas que tu no has olvidado, porque en ellas fuiste con frecuencia protagonista. Pero es posible que haya personas que no no han interpretado bien tus palabras Siempre hay azuzádores de oficio, pescadores de río revuelto, que tengan la aviesa intención de torcer el sentido de tus conceptos. A ellos van dirigidos estos renglones.

Y como los periodistas no tenemos criterios secretos y mucho menos impublicables, puedes publicar esta carta –una carta cerrada para el buen amigo, pero que el buen amigo puede abrir y dar a los lectores cuando así lo crea conveniente– para que los periodistas, los cubanos Y los hombres libres que leen Diario las Américas sepan como pensamos dos cubanos separados por la generación en que nacieron, pero siempre unidos en el propósito insoslayable e inquebrantable de seguir el combate por la definiava liberación de la patria común hasta su victoria final.

Para terminar quiero subrayar que la SIP no ha emprendido una batalla sin razón, ni ha terminado una guerra sin victoria. Así fue en los casos de La Prensa de Buenos Aires, El Intransigente de Salta, Los Tiempos de Cochabamba de Bolivia, El Tiempo de Bogotá y La Prensa de Lima. Así es con los periodistas de Perú y otros paises donde no existe libertad de expresión. Así será siempre en el caso de Cuba o en cualquiera otro que exista o pueda surgir. Nuestra vigilancia viene de lejos como la luz del sol.

Con esta luminosa esperanza en lo alto, te abraza tu viejo compatriota, colega y amigo de siempre, Guilermo Martínez Márquez»

Nuestra respuesta a Martínez Márquez fue breve y escueta. Hela aquí:

«Dr. Guillermo Martínez Márquez Miami, Florida.

Muy querido Guillermo:
Mucho te agradezco la carta que publiqué ayer y que me escribes a nombre y en representación de la «Sociedad Interamericana de Prensa» por sugerencia de nuestro colega y actual presidente de la SIP, Germán Ornes, Te la agradezco no solo por la seriedad y el cariño que has puesto en todos tus párrafos sino también porque me ahorras el tener que mencionar en mi respuesta el noble historial de nuestra Sociedad referente al caso de nuestra patria. «Desconocerlo» –como tú dices– «sería pecado de imperdonable olvido». Yo no puedo ni quiero caer en ese pecado. Ni quiero incurrir en una injusticia inaceptable, negándolo.

Como habrás, visto ya dije todo lo que tenía que decir sobre la carta de Germán Ornes que recibimos todos los miembros de la SIP recientemente. No creo, por consiguiente, que tenga que abundar sobre el tema en cuestión. Todo lo que me relatas de la historia y de las actividades de nuestro organismo lo conozco de sobra debido a que, como bien me dices en tu carta, no puedo haberlo olvidado porque en ellas he sido con frecuencia protagonista. Estoy de acuerdo con tu afirmación de que siempre hay azuzadores de oficio, pescadores de río revuelto que tienen la aviesa intención de torcer el sentido de los conceptos pero hay que deslindar los campos. Una cosa es la aceptación y el agradecimiento por la solidaridad con nuestros puntos de vista y otra cosa es darle por la vena de gusto caprichosamente a esos azuzadores de oficio que tú mencionas en tu carta y que por ventura son los menos. Mi respuesta a Ornes alborotó el cotarro entre los que quieren ver nuestras plumas convertidas en piezas de artillerías para que no dejemos «gato con cabeza» y para que públicamente arrasemos con quienes podemos estar en desacuerdo en ocasiones o no compartir determinados puntos de vista.

Decimos siempre, querido Guillermo, lo que debemos decir. Para defender nuestra verdad y nuestros ideales tenemos que escribir lo que pensamos aunque algunas veces desagrade a algunos de nuestros amigos. Callar por conveniencia personal o por temor a ser demasiado sincero sería traicionar a uno de los más importantes postulados de la Carta de la Prensa Interamericana que dice así: 'Sin libertad de prensa no hay democracia. La libertad de pensamiento y su expresión hablada o escrita son derechos inseparables esenciales. Construyen a la vez garantía y defensa de las otras libertades en que se funda la dernocracia.'

La discrepancia circunstancial entre todos los que caminamos por una misma ruta no significa pelea, separación, enemistad, etc. Nosotros podemos discrepar de Germán Ornes y Ornes puede discrepar de nosotros pero eso no quiere decir que la SIP se distancie de nosotros ni que nosotros nos distanciemos de la SIP. Como también debo decirte, siguiendo el nominativo masculino del pronombre personal de primera persona en número plural, que nosotros podemos

501

discrepar del Padre Arrupe, como lo hemos hecho por las cosas positivas que él ve en la revolución cubana y que el Padre Arrupe puede discrepar de nosotros cuando decimos que bajo el comunismo no puede existir nada bueno. Eso no significa que la Iglesia se aleje de nosotros ni que nosotros nos alejemos de ella. Una cosa es la discrepancia humana circunstancial y otra los postulados, la doctrina y la fe que nos abraza totalmente a nuestra Iglesia.

Te abraza también con luminosa fe y esperanza en nuestros principios y en nuestra causa, José Ignacio Rivero.»

Con profundo pesar

En marzo de 1979 el Superior General de la Compañía de Jesús había hecho un recorrido por nuestra América incluyendo a Cuba donde quedaban algunos miembros de la Compañía ejerciendo su labor apostólica, aunque sumamente limitada por la tiranía castrista. Después de su visita el Reverendo Padre Arrupe hizo unas declaraciones públicas que nos parecieron a nosotros oportunas comentarlas en carta dirigida a él y que publicamos en nuestra columna del *Diario las Américas* de Miami. Dicha carta, que sin nosotros desearlo produjo gran revuelo en nuestro destierro, decía así:

«Reverendo Padre A Arrupe:

En esta semana ha declarado usted públicamente, entre otras cosas, lo siguiente: 'Hay muchos factores positivos en la revolución cubana, un mejoramiento en la educación y la distribución de alimentos, pero el precio es tremendo: la pérdida de la libertad. Este es un precio demasiado alto'. En otra parte de sus declaraciones añade que 'muchas de las concepciones de los marxistas son equivocadas y dañosas pero que es también verdad que a menudo están inspiradas por un profundo sentimiento de la justicia que se quisiera eliminar'.

Permítame que con el mayor respeto a su investidura religiosa le diga que comete usted un gran error y crea una grave confusión afirmando cosas que no se ajustan a la verdad. Sus manifestaciones hieren, además, los sentimientos de todos los católicos y los no católicos que sufren de un aforma o de otra los desmanes del comunismo en sus respectivos paises. Comento su declaración con profundo pesar, en esta modesta pero cristiana y cubana columna, debido precisamente a que desde muy joven aprendí de San Ignacio de Loyola a defender la Fe y la Patria de frente y sin dobleces; a no poner lejamás 'una vela a Dios y otra al diablo'.

La verdad mezclada con la mentira es cosa del comunismo. Nunca del cristianismo. Sobre esto último, ni sobre ninguna otra cosa pretendo darle lecciones, pero mi conciencia cristiana –esencialmente ignaciana– y mi deber de cubano, no me permiten quedarme callado cuando veo que quienes están obligados a decir toda la verdad o no deformarla, no la dicen o la deforman, aunque no sea con mala intención.

Refiriéndome a la verdad, es verdad que en Cuba se ha perdido la libertad como usted afirma. Pero esto es una verdad dicha a medias porque a usted se le olvidó declarar que en Cuba se ha perdido también todo lo demás. Los pueblos no tienen nada cuando carecen de libertad. ¿Cuáles y qué clase de 'factores positivos' son los que ha logrado la revolución marxista de Fidel Castro, y qué tipo de injusticias eran las que cometíamos los cubanos que no fueran las mismas que se cometen desgraciadamente en todas partes del mundo porque no hay hombre ni pueblo que sean perfectos?

503

Le pido que me aclare todo esto con lujo de detalles. Mi fe, como la de muchísimos otros, no se debilita ni un ápice por su opinión –a mi juicio desacertada– acerca de Cuba. Es que creemos mucho en la palabra de Dios y muy poco en la palabra del hombre. Pero hay que tener en cuenta que en el mundo hay quienes, con su fe debilitada por la prédica oportunista de algunos sacerdotes extremistas, creen más en la palabra del hombre que en la palabra de Dios.

Escríbame, si es que no supo explicar bien, para evitar el desconcierto entre mis compatriotas, entre los que no entienden que todos los hombres se pueden equivocar, incluyendo el Superior General de la Compañía de Jesús. Escríbame con la misma sinceridad y amabilidad que lo hacía cuando el comunismo no se había apoderado aún de mi Patria; como cuando nos pedía a los cubanos la cooperación para su grande y noble obra misionera en el Japón. Cuando usted, querido Padre, estimaba que Cuba era un buen país donde también existían los justos y el proselitismo. Escríbame, si, escríbame del mismo modo que lo hacía convencido de que en la Isla de Martí y de Maceo le iban a responder positivamente las escuelas Privadas, la prensa libre, la sociedad en general, la educación y la justicia cubanas antes de la revolución castrista.

Usted sabe mejor que yo, Padre Arrupe, que el comunismo es intrínsecamente perverso. Lo han declarado así los Papas de la Iglesia en más de una encíclica. ¿Cómo es posible, pues, que lo esencialmente perverso produzca factores positivos? ¿Cómo una doctrina diabólica puede crear un mejoramiento en la educación y dar de comer bien a los hombres? ¿Es que ya el comunismo ha dejado de ser intrínsecamente perverso para convertirse en bueno y malo al mismo tiempo?

¿Cómo puede ser que a estas alturas usted nada menos que usted, no advierta que ese gran mejoramiento de la educación cubana de hoy es sólo un adelanto 'a mayor gloria de Marx y de Moscú' y no a mayor Gloria de Dios y de Cuba? ¿Cómo no se da cuenta de que en Cuba hay hambre y miseria y que los alimentos se distribuyen a 'cuenta gotas' precisamente porque los comunistas carecen absolutamente de ese "profundo sentimiento de la injusticia" y arrasan con todo, hasta con la comida que hipócrita y demagógicamente le prometen al pobre?

Lo que ocurre en los paises comunistas lo saben sólo aquellos que viven atrapados por los mismos. Las terribles descripciones que hacen los que logran escapar de la esclavitud marxista son suficientes para estremecer a cualquiera y poner acento de indignación en el ánimo más sereno. Hace ya algunos años llegó a esta parte del mundo libre una carta sin firma procedente de Rusia en la que un grupo de mujeres escribían con sencillas palabras el drama angustioso que vivían en el gran 'Paraíso Comunista'. Lea usted solamente el primer párrafo de la carta que es de sobra elocuente:

Unas cuantas mujeres que sufrimos la profunda desesperación, el dolor y la vergüenza que sienten la mayoría de las madres, esposas e hijas rusas, dirigimos este mensaje a las mujeres del mundo civilizado; a las que engañadas por la vil propaganda creen que vivimos en un paraíso; a las que sospechando o conociendo nuestro infortunio, muestran una indiferencia total; a las que ignorando todo no se dan cuenta del peligro que las amenaza. A todas ellas va esta voz adolorida escrita con sangre y peligro de nuestras vidas. La enviamos con un mensajero que no sabemos si llegará, rogando a quienes la reciban que le den la mayor difusión posible. No pedimos ayuda ni conmiseración porque sabemos que es imposible, ni siquiera imploréis a Dios por nosotras, pues son tantos los agravios que se le han inferido en esta maldita tierra, que ni siquiera esto merecemos. Os pedimos, sí, una cosa: que ni os dejéis engañar por la propaganda comunista, con la redención del obrero y la salvación de la mujer, porque nada de esto es verdad. No vayáis a creer que bajo el comunismo todo es de todos y que todos son iguales, ¡no! Nosotras trabajamos por un mendrugo de pan mientras los jefes y los altos dirigentes del Partido del Gobierno llevan una vida licenciosa y principesca.

Medite un poco sobre estas angustiosas líneas, sobre esta cruda realidad, estimado Padre Arrupe, y no atice sin darse cuenta o influenciado por algunos de los hijos rebeldes revolucionarios o guerrilleros de la Compañía de Jesús, el fuego de las pasiones políticas desordenadas que son las que impiden que nos mantengamos verdaderamente unidos los que en el mundo creemos en Dios y en los valores permanentes. Esas mismas pasiones destructivas pueden hacer posible que la idea intrínsecamente perversa algún día nos barra a todos del globo terráqueo incluyendo a los jesuitas.

Con la fe inquebrantable y absolutamente con todo lo que la Iglesia Católica nos enseña queda de usted este imperfecto cristiano que fue perseguido y vituperado en su Patria por defender la libertad de expresión, la libertad de enseñanza, la libertad de comer y todas las demás libertades comprendidas en la doctrina de Cristo y no en la de los comunistas.

José I. Rivero

P.D. Una pregunta más: Ya que tan expresivamente se lamenta de que en Cuba no hay libertad ¿por qué no lucha dentro de la isla esclavizada por ese derecho? Después de todo ¿No ha denunciado usted recientemente, junto a un jesuita cubano en El Salvador a paises anticomunistas como Chile y Nicaragua y al mismo El Salvador por estimar que en ellos no hay libertad ni justicia? ¿Por qué no hace lo mismo en Cuba? Sería la mejor y la más justa prédica y misión de su vida ante los ojos del mundo, y sobre todo ante aquellos que equivocadamente creen más en la palabra del hombre que en la palabra de Dios.»

Esta carta se la leímos íntegramente a un importante jesuita que nos dio su total aprobación para publicarla pues no encontraba nada objetable en la misma. Ya en otras fechas del exilio nuestra modesta pero sincera pluma había producido algunas heridas entre los que se creen «intocables». Cuando se habla o se escribe «afeitándose» todos los días la lengua no se puede contentar a todo el mundo. Hay «periodistas» y «escritores» que queriéndose congraciar con todo el mundo, más que escribir, lo que hacen es el ridículo. Hay también escritores que más que escritores son expertos en la «babosería» intelectual: Escriben siempre sin ver la paja en el ojo ajeno y mucho menos la viga en el suyo... Ya habíamos nosotros chocado públicamente con algunos compatriotas en nuestro ejercicio del periodismo ideológico, tanto en Cuba como en el destierro. Con todos nos reconciliamos después menos con el «comunismo sin Fidel». Ni con el «fidelismo sin Fidel» que viene a ser la misma cosa. En el destierro cubano hay mucho de eso. Todo esto lo decimos porque nunca en el exilio un artículo nuestro había levantado tanta roncha por una parte ni tanto asentimiento por otra. Tan es así que ese año se nos otorgó el premio Sergio Carbó por el mismo. El gran periodista Guillermo Martínez Márquez lo había presentado al jurado. Jamás habíamos sentido tanto dolor interno después de publicar este artículo. Nuestro amor a la Compañía de Jesús es muy grande, pero nos impulsó a hacerlo la opinión del digno sacerdote jesuita que nos dio luz verde para dar a conocer nuestra opinión sobre esa cuestión que nada tenía que ver con nuestra doctrina ni con la fe. Nos obligó también a dar nuestra opinión públicamente sobre el tema el amor a nuestra Patria. El que calla la verdad se hermana con la mentira...

Algunos enemigos de la Iglesia podían haberse frotado las manos de contento creyendo que Rivero se había revirado contra los curas por haberle llamado la atención al Padre Arrupe debido a sus declaraciones referentes a Cuba y al comunismo de hoy. Otros, no enemigos de la Iglesia sino todo lo contrario católicos de buena fe, pero que quieren ser más persistas que el Papa, se rasgaron las vestiduras cuando leyeron nuestro artículo, firme en cuanto a la verdad de nuestra patria y tajante en cuanto a la verdad escrita en más de una Encíclica sobre el comunismo intrínsecamente perverso. Algunos se escandalizan al ver a un seglar salirle al paso a un sacerdote cuando se equivoca o comete un disparate y sin embargo no se asombran ni se inmutan cuando ven a algunos representantes de Dios en la tierra incurrir en el error de ayudar a los movimientos marxistas creyendo ingenuamente que esa causa también sirve a Dios y al prójimo cuando es un hecho cierto y comprobado que esa ideología está basada en el materialismo ateo y sobre la identidad de las contradicciones, es decir, sobre el absurdo rigurosamente definido.

¡Qué importa que un católico discrepe de un sacerdote cuando el católico lo hace con todo respeto y cuando su conciencia le dice que tiene de sobra razón para refutar al sacerdote? Tratándose de las cosas de este mundo hay seglares que por su pensamiento y por su actuación política parecen más sacerdotes que seglares, así como hay sacerdotes que por su conducta o por su proyección ideológica parecen ser más seglares que sacerdotes. Pero seglares totalmente desorientados.

Pepín Rivero, mi padre, polemizó en Cuba con un destacado Obispo de la Iglesia Católica, Si embargo ¿quien duda que Pepín Rivero murió siendo reconocido como uno de los más grandes y leales defensores de la Iglesia Católica y como el más inteligente y tenaz combatiente en contra del comunismo en Iberoamérica?. El Padre franciscano Ignacio Biaín en política se equivocó con la revolución castrista y puso enteramente su revista *La Quincena* a favor de Fidel Castro y todas sus leyes comunistas. A nosotros nos atacó severamente por nuestra posición contrarrevolucionaria pero el tiempo nos dio la razón y se vio a las claras que el *Diario de la Marina* había defendido contra viento y marea a la Cuba libre y democrática enfrentándose a los enemigos de la religión y de todos los valores espirituales.

Una cosa no puede ser verdad y mentira al mismo tiempo. Lo malo es malo y lo bueno es bueno. El comunismo es comunismo y no puede cambiar porque de lo contrario le sería infiel a Marx y a Lenin. El catolicismo es catolicismo y no puede cambiar en su doctrina porque de lo contrario le sería infiel al Hijo de Dios hecho hombre. La verdad no es más que una y hay que defenderla por encima de todo. Hay que decirla siempre aunque tengamos que chocar muchas veces con nuestros propios hermanos. Siempre hemos puesto un ejemplo deportivo para explicarlo mejor: si nosotros fuéramos peloteros y viéramos a un miembro de nuestro equipo sorprendido por el contrario 'fuera de base'; si lo viéramos jugando por la libre y no conforme a las instrucciones de nuestro entrenador, no se nos ocurriría callarnos la boca o colgar nuestro uniforme y no jugar mas a la pelota. Le llamaríamos la atención y le diríamos con toda claridad que jugando de esa manera provocaríamos una triste derrota de nuestro equipo.

Nuestra conciencia católica y de periodista amante de la libertad bien entendida nos obliga, pues, a no permanecer callados ante la actitud de algunos religiosos radicales que incitan a los pueblos a la rebeldía contra sus gobiernos –legítimos o ilegítimos– por medio de las guerrillas y de las revoluciones que siempre desembocan en el comunismo, y porque el fuego de las pasiones políticas desordenadas o por declaraciones públicas alejadas de la realidad –como con todo respeto y con profundo pesar le señalamos al Padre Arrupe en cuanto al caso de Cuba– son las que impiden que nos mantengamos verdaderamente unidos los que en este mundo creemos en Dios y en los valores permanentes.

Y aludiendo en estas memorias nuestras al el premio que recibimos en 1980 en memoria del gran periodista cubano Sergio Carbó copiamos la amable carta que una vez en el exilio recibimos de él y que consideramos como otro premio Carbó mas que recibirnos. Dice así la carta:

«Querido amigo y compañero de luchas: Sigo tus campañas. Te acompaña algo que, cuando se abraza a nuestro espíritu, nos lleva invariablemente a la victoria: la fe en la noble causa que defiendes, con tu autoridad moral y con tu persistencia de cruzado. Por otra parte, la ocasión es única y después de casi ocho

años de proscripción –proscripción fuera y dentro de Cuba– el apasionado deseo de liberar a la patria y de retornar a ella se está convirtiendo en una sublime locura. Como estuvimos juntos siempre y lo estaremos en lo futuro dentro del concepto de la liberación y de la unificación imprescindible en la hora presente, mis palabras de hoy, bien lo sabes, están llenas de sinceridad y de esperanza. Adelante, compañero. Tu afmo amigo, Sergio Carbó.»

En interesante charla con el Reverendo Padre Arrupe, General de la Compañía de Jesús.

Intercambio de mensajes

Inmediatamente después de publicada mi carta al Padre Arrupe discrepando de sus declaraciones en torno a la situación cubana le enviamos un mensaje íntimo a Roma lleno de respeto y de sinceridad que nos fue respondido con cortesía pero con cierta frialdad. Veamos primero nuestra carta y luego su respuesta.

«Reverendo Padre Pedro A rrupe:
Roma, Italia

Queridísimo Padre Arrupe:
Independientemente de mis sinceras opiniones políticas relacionadas con el caso de Cuba –mi amada Patria– y de ciertas situaciones de índole sociales y económicas existentes en distintos lugares del mundo –criterios en algunos o en muchos aspectos contrarios a los suyos– (como humanos todos somos falibles) quiero enviarle estas líneas llenas de amor cristiano para decirle con todo respeto y comprensión que, no obstante haber hecho público en mi columna periodística mis discrepancias, me siento compenetrado y unido de corazón a usted en todo lo fundamental que nos enseña nuestra Santa Madre la Iglesia Católica Apostólica y Romana.
Sé que en la forma solamente puede evolucionar nuestra Dvina y Sublime causa. Lo fundamental: la doctrina, el dogma, lo declarado 'ex cátedra' por los Papas, como usted mejor que yo lo sabe, jamás podrá variar. Esto es lo importante. Lo demás no debe ser de ningún modo motivo para que se enfríe nuestra vieja amistad y muchísimo menos para que nos separemos espiritualmente como miembros que somos del Cuerpo Místico de Nuestro Señor Jesucristo.
Aunque estemos en desacuerdo en algunos importantes enfoques temporales y terrenales, me arrodillo al escribirle esta carta para pedirle humildemente, abrazado a Cristo, su bendición. Y su perdón también por si . en el 'calor' de mis afirmaciones lo haya podido herir en algún sentido.
Besa sus manos y sus pies, A:M.-D:G:
José I. Rivero»

Y esta fue la respuesta a nuestro mensaje:

Pedro Arrupe. S. J.
Propósito General de la Compañía de Jesús

Agradece sinceramente su carta del mes de mayo y los sentimientos que en ella le expresa de comprensión y amor cristianos. Es evidente que en lo esencial no podemos menos de estar plenamente de acuerdo con las enseñanzas de

509

la Iglesia y que las diferencias en lo accidental nunca deben ser ocasión de que disminuya la caridad y la amistad.

Le desea todo bien y te bendice en Xto.,

Pedro Arrupe S.J.

Roma, 11.6.79
Sr. José I. Rivero

La Fundación Nacional Cubano Americana

Por aquellos días recibimos una llamada telefónica de Jorge Mas Canosa que deseaba conocer nuestra opinión sobre la creación de un organismo que tendría como fin principal el trabajo por lograr dentro de las esferas políticas de Washington todo lo que beneficiara a la causa de Cuba. Nos reunimos los dos en el despacho particular del presidente del «Republican National Bank».

Después de mostrarnos y leernos algunas cartas y ciertos documentos de personajes norteamericanos de Washington interesados en ayudar los propósitos en torno a la liberación de Cuba, le dijimos: Jorge, todo me parece magnífico pero me interesa saber como vas a iniciar esa Fundación porque opino que el éxito de cualquier organización depende de cómo y de quienes inician la misma. Nos explicó todo lo que en aquellos momentos tenía planificado. Su primer punto era que dicha Fundación tenía que estar dirigida por cubanos jóvenes con bastante capacidad y con suficientes deseos de entrar de lleno en el campo de la alta gestión a favor de una Cuba libre de la tiranía castrista.

Eso es vital, le dijimos, pero le aconsejamos enseguida que junto a los jóvenes decididos y dispuestos a trabajar sin descanso por la causa, debla pensar en crear también una Junta Consultiva –o como quiera que se llamase– formada por cubanos notables de indiscutible experiencia en distintos campos del saber humano. Esa Junta no decidiría nada. Sólo serviría para el consejo y sobre todo para dar la impresión ante la opinión pública, y especialmente ante la política norteamericana, de que el organismo cuenta también con la colaboración de personalidades cubanas de los sectores más importantes de la nuestra vida pública. Todavía vivían en el exilio muchos de esos cubanos: destacados hombres de negocios, médicos ilustres, periodistas, escritores, políticos, historiadores sobresalientes, etc. Y la organización podría celebrar una gran reunión una o dos veces al año con ellos para un cambio de opiniones sobre las actividades y objetivos logrados, o por lograr, en el transcurso de las gestiones de la Fundación.

Le agradecimos mucho a Mas Canosa su deseo de conocer nuestra opinión sobre la cuestión que, por supuesto, no se concretó sólo a lo dicho en estas líneas sino a muchos ángulos más del asunto.

La «Fundación» se «fundó» Y desde luego sin ninguna de nuestras sugerencias. Nos parece que de antemano ya todo estaba decidido por los jóvenes compatriotas que la integraron. No obstante nosotros pusimos nuestro granito de arena antes de que comenzaran sus actividades. En nuestra columna del *Diario las Américas* hicimos una constante llamada a los compatriotas para que colaborasen económicamente con dicha institución. No fue un capital lo que recibimos de nuestros lectores, pero mucho o poco siempre cualquier cantidad ayuda. En uno de los almuerzos para recaudar fondos cuando llegó la hora de

511

dar se levantó un amigo nuestro que invitamos para que colaborase con algún donativo y contribuyó con cuatro mil dólares. Ese día se rompio el record de las contribuciones.

Sobre este tema de la Fundación también pasamos por algunas situaciones dignas de calificarlas con el título de estas memorias nuestras: *Contra Viento y Marea*. Le habíamos dicho a Mas Canosa que lo único que nos interesaba de la «Fundación» era colaborar en Radio Martí. Creía que mis comentarios o cualquier otro asunto relacionado con el periodismo podrían tener cierta importancia tratándose de una emisora de radio dedicada a Cuba donde luchamos tanto periodísticamente por desenmascarar a la tiranía castrista. Pasaba el tiempo y sólo recibíamos promesas de incluimos en el personal periodístico de la estación en cuestión. Llegó la hora de las entrevistas personales a los periodistas cubanos interesados en la colaboración. Y después de varios días de interrogatorios íntimos a compatriotas que fueron citados uno a uno para lo que casi era una «inquisición» política y periodística realizada por una especie de tribunal secreto cubano-americano, nos tocó el turno a nosotros. Entramos en el salón privado escogido para dicho interrogatorio casi con la cabeza baja de vergüenza pues la entrevista personal la hacían norteamericanos y cubanos al mismo tiempo. Las preguntas a nosotros, como a otros de los que fueron entrevistados, eran casi una humillación. Los aspirantes sabían muchísimo más de periodismo que los investigadores. Y por la causa también pues ninguno de los inquisidores había hecho nada públicamente en Cuba a favor de su libertad...

Entramos en el salón de la entrevista desanimados como decimos más arriba, pero momentos después de iniciado el interrogatorio lo interrumpimos para decir: creo que es más práctico y toma menos tiempo la investigación preguntándoles yo a ustedes si saben que la SIP (Sociedad Interamericana de Prensa) me honró con la medalla de «Héroe de la Libertad de Prensa'». Si saben que, además de haber estudiado periodismo en la Universidad de Marquette en Wisconsin, la misma me concedió en el exilio el doctorado «Honoris Causa» en literatura. Si saben que en Cuba fui director del periódico más antiguo y uno de los más respetados de América Latina. Si saben... etcétera...

Unos pocos años después de esta lamentable experiencia se nos ocurre (siempre sin perder las esperanzas) escribir una carta al entonces director de Radio Martí, Rolando E. Bonachea enviándole un piloto para un programa de interés radial para Cuba y recibo por respuesta la siguiente carta con fecha del 8 de febrero de 1991

«Estimado señor Rivero:

El piloto que Ud amablemente me envió será considerado dentro del proceso establecido en Radio Martí Este proceso incluye al Comité de programación,

Director de la División de Programas, Subdirector y finalmente las recomendaciones son enviadas a la Dirección. Tan pronto se haga una decisión, yo le informaré

Le agradezco su interés y su paciencia y le aseguro que lo antes posible estaremos en contacto con Ud, Cordialmente, Rolando E Bonachea (Director de Radio Martí)»

Cuatro meses después recibo otra carta en inglés de Bruce Sherman, «Deputy Director» de »Radio Martí Program», que nos decía así:

«*Dear Mr. Rivero:*

Thank you for submission of a sample commentary for broadcast on Radio Marti. The analysis was interesting and insightful.

"As with all sample commentaries received this year, the sample was tested in focus grups in Miami. Focus groups consist of recently-arrived Cubans who listen and comment on our programming. It is vital to the continued success of our mission that Radio Marti listen to the suggestions of our audience in order to reach them most effectively.

Taking into consideration their reaction and other factors, we have decided that we will not be able to use your commentaries at this time, since we are looking for commentaries that address today's internal situation and reality in Cuba more thoroughly.

Thank you again for your interest in and support for the mission of Radio Marti. Sincerely, Bruce Sherman (Deputy Director of Radio Martí)

Pude comprobar, aunque un poco tarde, que los que se habían destacado demasiado en la oposición contra el comunismo no eran útiles en las esferas políticas norteamericanas. Por las ondas de Radio Martí no podía circular nada violento contra quien tenía oprimido al pueblo de Cuba... Por eso y por otras cosas similares los enemigos de la democracia norteamericana se permiten el lujo de insultarlos alrededor del mundo; derribar torres en el mismo corazón de Nueva York; asesinar impunemente a pilotos, ciudadanos americanos en aguas internacionales, etcétera.

Pero lo que más nos indignó, lo confesamos, fue la impertinencia de decirnos con otras palabras que no éramos capaces de analizar la situación interna de Cuba de aquellos momentos y creer, sin base alguna, que otros sí lo eran. Además, lo manifestamos también, sentimos como una especie de «bofetada» rechazar nuestros comentarios mientras dedicaban espacios musicales y de otras insignificantes atracciones para entretener al pueblo cubano sin pan ni libertad...

Después de recibir las dos respuestas de Radio Martí le escribimos las siguientes líneas a Más Canosa:

«Sr. Jorge Mas Canosa
Miami, Florida

Sirvan estas líneas sólo para enviarte un recorte del Herald y dos copias de cartas enviadas a mí recientemente entre las muchas que recibo constantemente. No deseo hacerte ningún comentario al respecto. Las palabras sobran.
Sólo la siguiente observación sobre la ofensiva carta de Radio Martí al Director del Decano de la prensa de Cuba: ¿Acaso es la infiltración castrista el modo de llegar con más efectividad a la audiencia de Cuba? ¿Acaso los valores que se consideran en Radio Martí son los de esos que una vez gritaron al lado de Castro "Cuba sí, Yanquis no?
Sin más y sirviendo siempre a Cuba con una sola cara, José Ignacio Rivero.»

El 14 de febrero de 1983 habíamos recibido el siguiente alentador y amable mensaje:

«Muy Estimado y Respetado Sr. Rivero:

La Junta de Directores de la Fundación Nacional Cubano Americana, en su sesión celebrada el día 9 del corriente mes adoptó por unanimidad el acuerdo de dirigirse a Ud. para mostrarle su reconocimiento por su larga y vertical postura en su más reciente polémica en la que defendió el proyecto de Radio Maní por estimarlo un medio eficaz para hacer llegar a Cuba de manera directa y positiva la verdad plena y sin distorsión a que tanto teme el régimen marxista leninista que esclaviza a nuestra Patria.
Al comunicarle este acuerdo quiero unirme a todos aquellos, que como usted, anteponen los intereses de la Patria a los de cualquier otra índole. Sinceramente suyo, Dr. Ernesto Freyre (Secretario Ejecutivo)

Carta esa que se daba de cabezas con las anteriores de Bonachea y del norteamericano Bruce Sherman

Y para cerrar este tema entresacamos también de nuestros archivos (tenemos la suerte de que los mismos siempre nos defienden ...) unas cortas líneas de Jorge Mas Canosa fechada el primero de julio de 1993 y escritas a mano que nos decía así:

«Querido José Ignacio:

Ayer, al llegar de Madrid, compré un Diario. Leí tu columna y quedé indignado al confirmar que los responsables del comunismo en Cuba no se arrepienten de los asesinatos, las confiscaciones, los despojos y las arbitrariedades. Tú y Diario de la Marina demostraron coraje, patriotismo y amor por la libertad. Ellos fueron y siguieron siendo cómplices de la tragedia que hoy seguimos sufriendo.
Abrazos; Jorge»

Hubert Matos en el exilio

Hubert Matos, comandante del ejército rebelde durante la guerrilla castrista para derrocar al presidente de facto, Fulgencio Batista, llega al exilio después de una larga condena en las cárceles de Cuba comunista por su discrepancia con Castro poco después de la toma del poder por el mismo. No esperó mucho tiempo el nuevo ex preso y disidente del castrismo para crear junto a sus camaradas del destierro un nuevo movimiento al que llamó «Cuba Independiente y democráticas» (CID) Nosotros, que en Cuba durante su encierro en la cárcel le habíamos publicado destacadamente sus cartas de protesta en el Diario de la Marina que nos llevaba a escondidas su esposa Maria Luisa Araluce, comenzamos a discrepar de sus intenciones de crear en el exilio un grupo más de «fidelistas sin Fidel» que en su caso levantaba más división de la que ya existía en el destierro. Sus declaraciones desde la cárcel en Cuba comunista estaban basadas sólo en la injusticia de Fidel Castro de condenarlo a prisión puesto que él jamás había traicionado a la revolución... Matos siempre negó haber participado en los fusilamientos de la provincia de Camagüey cuando de acuerdo con familiares de ejecutados sí participó en dichas ejecuciones.

Reconocemos que le dedicarnos demasiado tiempo al caso del «comandante» Hubert Matos. A él, como a otros muchos contrincantes públicos, le enviamos, con motivo de una Navidad, unas líneas de cordialidad y de sentimiento por nuestros virulentos comentarios sobre su postura frente a los fusilamientos de la revolucion sin que ello significara una claudicación del pensamiento ni de la postura política nuestra. «Lo cortés no quita lo valiente». Todos nuestros contrincantes comprendieron el mensaje cristiano respondiendo amablemente al mismo. Matos, aunque parece que también lo entendió así, pretendió no obstante aprovechar el mismo pidiéndonos en su respuesta privada que publicáramos las dos cartas, la de él y la nuestra, para que todos los compatriotas las conocieran. No entendía que nuestra tarjeta o carta de Navidad a nuestros adversarios se debía sólo a un sentimiento interior inspirado por Jesucristo. Por nuestro único Jefe y Maestro. No eran nuestros deseos dar a conocer públicamente esas amables palabras íntimas porque Dios sabe bien que solo fueron escritas por un impulso del corazón y sin idea alguna de exhibición.

El comandante de las tenebrosas fuerzas de la revolución castrista quedó después de nuestro amable y desinteresado mensaje, mucho más resentido con nosotros por no haberlo publicado. Tan es así que en un acto público convocado por el llamado «Ex Club» en el exilio. Matos durante su intervención declaró que estaba plenamente a favor de que en la nueva Cuba volviesen a publicarse todos los periódicos de la época republicana, menos el *Diario de la Marina* porque no le agradaba su histórica postura en contra de los intereses generales de la nación.

Unos años después, en una reunión nuestra con un importante grupo de organizaciones anticastristas llamado «Forum Cubano» antes de que se abriera el acto tuvimos la delicadeza ante todos los presentes de saludar al señor Matos recibiendo de su parte insultos a toda voz: «Yo no le saludo a usted», dijo, «porque no ha publicado la carta que hace tiempo me envió pidiéndome perdón por los ataques injustos a mi persona». De pie, en la larga mesa de la mencionada reunión totalmente acalorados por su conducta, le dijimos que él no comprendía lo que era la nobleza ni mucho menos el espíritu cristiano.

Perdonar sí, callar no

Entre nuestra crecida correspondencia de aquellos días recibimos la carta del sacerdote Domingo Fernández que nos decía lo siguiente:

«*Distinguido periodista: Me tomo la libertad de dirigirme a usted para decirle que siempre he admirado a los hombres que tienen convicciones y las defienden contra viento y merea. Y como siempre he visto en usted un hombre de ese temple, le he admirado.*
Su persistente actitud en relación con Huber Matos me sorprende y defrauda. No soy familiar de Matos. Lo he visto una vez en una especie de claraboya del muro del Castillo del Morro. Usted dice que no odia; pero da la impresión que odia a Huber Matos. Usted puede que se considere justo, pero cuando califica de marxista a un hombre que por oponerse al marxismo ha sufrido veinte años de prisión y de torturas, no se muestra justo sino rencoroso e injusto. Usted, como cristiano, reza el Padre Nuestro, y dice: "Perdónanos nuestras ofensas como también nosotros perdonamos a los que nos ofenden" El Señor perdonó a la mujer adúltera, al ladrón arrepentido y a Saulo de Tarso, enemigo jurado de Cristo y perseguidor de los cristianos. Pero usted da la impresión que no perdona a un hombre que se equivocó y que ha sufrido veinte años de prisión por oponerse al comunismo. Un hombre que se ha hecho acreedor a la admiración de los anticomunistas de todo el mundo.
Señor Rivero, sus ataques a Huber Matos le empequeñecen a usted y defraudan a los que le admiramos. Si lo expuesto lastima sus sentimientos, perdóneme.
De usted atentamente, Domingo Fernández.»

Nuestra respuesta fue la siguiente:

«Distinguido Reverendo: Claro que lo expuesto en su carta lastima mis sentimientos porque no soy rencoroso, no soy injusto ni odio a nadie. Y claro que lo perdono porque los cristianos tenernos que perdonar. Máxime cuando se pide perdón como me lo pide usted antes de conocer mi respuesta.
Yo tampoco tengo nada que ver con Huber Matos. Ni siquiera le he visto la cara en persona. Ni en la claraboya del muro del Castillo el Morro cuando me hallaba en La Habana combatiendo a Castro y a los fusilamientos perpetrados por los 'comandantes' de su régimen de oprobio. Usted dice que doy la impresión de no perdonar 'a un hombre que se equivocó y que ha sufrido veinte años de prisión por oponerse al comunismo'. Al mismo tiempo me recuerda que 'el Señor perdonó a la mujer adúltera, al ladrón arrepentido y a Saulo de Tarso, enemigo jurado de Cristo y perseguidor de los cristianos'. Pero todos ellos, esti-

mado Reverendo, y muchísimos más a quienes Cristo perdonó, se arrepintieron y se convirtieron en verdaderos seguidores de la causa de la Verdad Eterna.

Huber Matos no pasó por la cárcel comunista por oponerse al comunismo. Fue el comunismo de Fidel el que se opuso al comunismo de Matos; fue el marxismo de Matos el que se opuso al marxismo de Fidel por una cuestión de mando y de rivalidad. Y la rencilla personal hizo que 'la sin hueso' de Castro se volcara en contra del 'equivocado' y 'torturado' 'comandante' de Camagüey. Y como donde las dan las toman, los 'huesos' de Matos fueron a dar a una larga, pero para él no tan incómoda prisión. Ahora sus "huesos" llegan al exilio sin arrepentirse de nada. ¿Acaso ha pedido perdón públicamente por su retahíla de muertes? ¿Cuando, donde y en qué momento ha reconocido sus graves errores con humildad y como 'hombre de temple'?

Sí, como cristiano tenemos que perdonar, pero para perdonar públicamente es necesario saber que la persona pública a quien se ha de perdonar está arrepentida de sus pecados y de sus errores. El primer grado de reparación y la mejor muestra de arrepentimiento después de su grave error es el de reconocerse culpable por medio de una confesión libre y sincera. Lo injusto, Reverendo, es que se quiera perdonar a unos y a otros no. Porque existe, sin duda, una conjura de los comunistas infiltrados en el exilio, disfrazados de traicionados y de patriotas, que de diversas maneras lanzan sus consignas y campañitas para justificar a los ex 'patria o muerte venceremos' y para condenar a los que se enfrentaron a ellos antes y después de haber tomado el Poder... ¿Se le puede llamar a esto justicia cristiana?

Soy periodista, y como tal debo decir siempre la verdad 'contra viento y marea'. Entiendo por su carta que eso es precisamente lo que usted admira en mí, aunque yo entiendo que solo cumplo con mi deber asumiendo esa actitud. Si mi pluma se dejase arrastrar por las corrientes oportunistas del momento ¿cree usted que mis lectores me lo perdonarían? Hay que tener en cuenta que la justicia es la constante y perpetua voluntad de dar a cada uno su lugar.

Claro que rezo el Padre Nuestro que dice entre otras cosas divinas:... 'perdónanos nuestras ofensas como también nosotros perdonamos...' Yo perdono, pero también advierto a mis lectores contra los farsantes pensando en esas otras clarísimas palabras de Cristo cuando dijo:'Guardaos de los falsos profetas, que vienen a vosotros con vestiduras de ovejas, más por dentro son lobos rapaces. Por sus frutos los conoceréis...' Cristo perdonó, sí, pero a la vez recriminó a los escribas y fariseos diciéndoles: '¡Ay de vosotros, escribas y fariseos, hipócritas, que os parecéis a sepulcros encalados, hermosos por fuera, mas por dentro llenos de huesos de muertos y de toda suerte de inmundicias!'... ¿Acaso el Señor con estas palabras dé la impresión de odio y de no perdonar? Por supuesto que no. Dios es infinitamente bueno y perdona, pero es también infinitamente justo y no puede ver con indiferencia la simulación, la mentira, ni falsos "profetas" con vestiduras de ovejas.

Si lo expuesto lastima sus sentimientos de simpatía hacia el señor Matos, a quien usted considera un legítimo demócrata, perdoneme. Y si hasta hoy en el trayecto de mi vida publica y en el calor de la contienda periodística he herido a algunos injustamente pido también perdón como cristiano.

De usted atentamente, perdonando y pidiendo perdón siempre, pero sin hacerme cómplice de la farsa y sin abandonar mi posición firme de seguir diciendo todo lo que tenga que decir contra aquello y contra esos que prolongan el martirio de Cuba. JIR.»

Carlos Alberto Montaner

En los días en que con frecuencia arremetíamos por la radio y por la prensa escrita contra Huber Matos apareció un artículo del compatriota escritor Carlos Alberto Montaner en el periódico El Nuevo Herald criticándonos a nosotros. En seguida le respondimos en el mismo diario con las siguientes líneas:

«Huber Matos que tanto dice tener a su favor, no encuentra plumas que lo defiendan a no ser la de esos pocos que, como dijimos hace unos días, se juntan a él y lo defienden para poder decir que hay dos revoluciones, la de ellos y la que Fidel Castro implantó por la vía de la traición.

Carlos Alberto Montaner en su insidiosa, contradictoria y –¿porqué no?– cómica respuesta publicada en El Miami Herald, *dice que Matos ni siquiera ha dedicado un minuto a defenderse de los ataques de Rivero y que por lo tanto entre la actitud de ese Matos que lucha y la de Rivero que odia, no tiene la menor duda, le parece evidente el sitio del decoro. Montaner defiende a Matos. Lo entendemos perfectamente porque Matos necesita que lo defiendan, aunque hay defensas, como la de Montaner, que matan más que lo que mató Matos en Oriente y en Camagüey...*

A Montaner le ha dado ahora por escribir 'de oído', es decir, por atacar con palabras de otros. Con las que oye de labios de ciertos ingratos y traidores al Diario de la Marina. *También lo entendemos porque de sobra es sabido que en todas las familias siempre hay algunas ovejas negras. Y en la nuestra –en la gran familia del* Diario– *las había hasta rojas, sólo que les salió el color a flote cuando comenzó la vergonzosa pachanga que llevaba aquel cartelito que decía: 'SI Fidel es comunista, yo también soy comunista'. Y en esa 'fiesta' sí que estaban vestidos de gala Carlos Alberto Montaner y algunos de sus despreciables informadores que vomitan en sus oídos mentiras llenas de rabia con la tonta pretensión de echar tierra a la limpia historia del periódico que les dio de comer.*

Sobre nuestros sentimientos y sobre la verticalidad de nuestra conducta pública da fe el noventa y nueve por ciento de los cubanos. Jules Dubois, nada amigo nuestro antes de la llegada al poder de Fidel Castro y quien fuera hasta el día de su muerte presidente del Comité de Libertad de Prensa de la SIP, dijo en 1960, entre otras cosas lo siguiente: 'Rivero es un director que arriesgó su vida con heroísmo para publicar la verdad. Rehusó doblegarse ante las intimidaciones, ante el terror, ante las amenazas. Cuando las hordas comunistas irrumpieron en su casa, dirigidas por funcionarios de su gobierno que había destruido las libertades, él y sus hermanos repelieron el ataque desde su puesto de combate.' El obispo Eduardo Boza Masvidal nos escribió en Cuba el siguiente párrafo: 'La tranquilidad de la conciencia limpia y de haber cumplido el deber es la gran satisfacción que debe quedarle en este momento, descansando en la Providencia de Dios.'

Dos veces nos ataca Montaner a pesar de haber afirmado en la primera de sus diatribas que solía ignorar los ataques personales para los que, francamente carecía de respuesta. Gran contradicción esta pues ha entrado en el ataque personal y sin que nosotros le diéramos 'vela en el entierro' de nuestras críticas a su 'admirado' Huber Matos. En su segunda y original diatriba dice que 'es alarmante que el señor Rivero no sepa leer'. Se entiende perfectamente, decimos nosotros, que no todos los que saben leer saben escribir. Lo que no se comprende es eso de escribir y no saber leer. Sí es alarmante que Montaner, debido a su histérico entusiasmo por defender lo indefendible, a veces no sepa escribir ni sepa leer. Confesamos que nosotros no sabemos leer a Montaner porque a pesar de su indiscutible habilidad para componer párrafos de extraordinario valor periodístico, tiene el defecto de caer siempre en contrasentidos. En un mismo artículo nos sitúa a la cabeza de la oposición al régimen de Castro y elogia las valientes páginas del Diario de la Marina *'y por otra parte nos señala una serie de supuestos errores que cometimos "contra nuestros principios conservadores y empresariales'.*

¿Invitación del Diario de la Marina *a un homenaje a Fidel Castro en los salones del periódico?. Montaner sabe escuchar magistralmente a los enemigos de la* Marina *pero no sabe leer una sóla línea de sus 'páginas valientes' ni de sus editoriales 'serenos y arriesgados'. La invitación se la hicimos a Armando Hart y no a Castro, porque el primero nos emplazó a discutir cara a cara y en el mismo* Diario de la Marina *las leyes revolucionarias que el régimen estaba promulgando y que nosotros estábamos censurando. Hart, con sus ayuantes y sus taquígrafos, salió de Prado Y Teniente Rey con el rabo entre piernas. Montaner le llamará homenaje a estos careos. Nosotros le llamamos civismo y confrontación.*

Pero vuelvo a hacer la misma pregunta que hice en mi artículo anterior: ¿qué tiene que ver todo esto con Matos? El tema es sobre Matos y no sobre Rivero. Matos es lo que es, no por lo que hicimos o dejamos de hacer nosotros, sino por lo que él hizo y sigue haciendo. Matos ha llegado al exilio queriendo erigirse sin moral alguna y sin ton ni son en el 'máximo líder' del mismo, echándole tierra también a todas las organizaciones patrióticas y cívicas que han escrito su historia con la sangre de sus mártires. Que explique Montaner, sin contradicciones y sin su retórica comunistoide por qué su 'plantadísimo' comandante negó desde la cárcel su oposición al régimen castrista; por qué le llamaba 'esbirros' a todos los presos políticos que nada tenían que ver con el 'glorioso Ejército Rebelde'; por qué dijo que se encontraba 'guardando prisión injusta por la no probada conspiración de Camagüey': por qué pidió pasar su cautiverio 'lo más tranquilo posible'. (Manifiesto del 5 de enero de 1960)

¿Acaso se le llama a eso prisionero plantado y anticomunista?

Y ni una palabra más en relación con Montaner. Si quiere polémica que la busque con otros de su nivel y categoría periodísticos. Nosotros escribimos para informar y servir a nuestros lectores y no para darle beligerancia a quienes aun les falta mucho camino por recorrer para ganarse el prestigio y la consideración de la opinión pública.»

Carta a Hubert Matos

Ya en los tiempos del exilio en que reproducimos estas líneas dentro de nuestras memorias Carlos Alberto Montaner es periodista y escritor de elevada categoría. Nuestras diferencias y discrepancias han quedado atrás. Seguimos los dos manteniendo nuestros personales criterios y tendencias ideológicas distintas que ni el tiempo ni nada podrá cambiar. Pero al menos en nosotros no existe ni la más ligera animadversión por lo ocurrido en aquellos días de exagerada discrepancia pública. Lo mismo digo y siento en cuanto al comandante Huber Matos sin claudicar ni una sola pizca de mis ideas y principios. Y para demostrarlo con hechos vamos a reproducir en estas páginas la carta que tanto a él como a otros le enviamos solo con espíritu cristiano y sin ansias de exhibicionismo. Carta que tanto deseo tuvo el señor Matos que la publicáramos y que sabemos que muchos no la hubiesen entendido entonces y que muchos tampoco la entenderán hoy porque sólo se trataba de una cuestión entre Dios y nuestra conciencia. Hela aquí de todos modos el mensaje en cuestión sin quitarle ni una coma y acompañada de su respuesta:

«Estimado compatriota Huber Matos:

En estos días del año en que se conmemora el Nacimiento del Hijo de Dios, que vino al mundo a enseñar el camino del amor al prójimo, de la humildad y de la justicia, entre otras cosas sublimes, le dirijo estas líneas íntimas para rogarle de todo corazón que me perdone por mis pasadas ofensas a su persona.

Sirvan las mismas para demostrarle la sinceridad de mi arrepentimiento cristiano y para decirle que no obstante nuestras grandes o pequeñas discrepancias ideológicas, estoy a su lado como hermanos que somos ante Dios y como hijos que somos de la misma Patria.

Le deseo los mayores éxitos en su constante lucha contra nuestro enemigo común que es el comunismo esclavizador, y reciba –usted y toda su familia– mis felicitaciones navideñas y del nuevo año que se aproxima.

¡Y que Dios los bendiga!
Y de nuevo ¡PERDON!
José I. Rivero»

A continuación la respuesta a nuestra carta también sí quitarle ni una coma:

«Sr. José Ignacio Rivero
Ciudad.

Estimado compatriota:
Agradezco su carta llegada a mis manos en vísperas de Navidad. La ausencia de fecha en el texto me hace referirla a estos días tan significativos en el contexto

de nuestra cultura occidental profundamente influida por el hermoso mensaje y las tradiciones del cristianismo.

Debo confesarle que después de haberme acostumbrado a recibir de usted ataques injustos y ofensivos, en su columna del Diario las Américas *y en sus comentarios radiales, me causó cierta sorpresa recibir una carta suya pidiéndome perdón por esas ofensas. Y, como debo ser sincero, le pido que no se sienta lastimado por mi franqueza. El motivo o razón de esas ofensas le presentaba ante mis ojos, en el mejor de los casos, como un hombre mal informado, y esto no es un mérito para un periodista con sus credenciales erigido en juez de los demás. O le acreditaba un nivel de inteligencia por debajo de lo que exigen la herencia ilustre y el acertado ejercicio de la profesión, o le identificaba como persona no muy cuidadosa en la observancia de ciertos principios que un buen cristiano no puede descuidar si esta condición de buen cristiano supone ser justo y honesto. Todo esto lo ha superado su carta.*

Permítame decirle también que no respondí sus ataques por dos razones: La primera está en la convicción de que la verdad y el tiempo terminan proyectando luz en donde hay o se cree que hay sombras. La segunda se explica así: si me detengo en polémicas intrascendentes no puedo ser útil a la causa a que estoy consagrado.

Esta carta suya, por la que le estoy agradecido, le reivindica ante mis ojos y probablemente ante muchos de sus lectores Y sus oyentes. Le felicito porque creo que usted ha crecido intelectual y moralmente. Confío en que los lectores y oyentes, que antes conocieron de su pluma y de su voz las cosas injustas y ofensivas que me dedicó, tendrán oportunidad de conocer ahora todo el contenido de su carta y el de mi respuesta.

A Dios, a mis padres y a mis maestros agradezco mucho la formación y salud de espíritu que pusieron en mí persona, lo que me ha permitido conocer a lo largo de mi vida situaciones adversas sin llevar a cuestas el negativo fardo del odio como huella o saldo de tales experiencias. Esto de no aprender a odiar es una de las virtudes que más he admirado siempre en el más grande maestro de los cubanos: nuestro José Martí.

En realidad pienso que usted no tiene necesidad de pedirme perdón. Mi existencia está comprendida en la responsabilidad de un gran deber, el de contribuir en la mayor medida posible a la redención de la patria y el pueblo oprimidos. Todo lo que me pueda desagradar transitando ese camino es de relativa importancia y ha de ser recibido como gajes del oficio.

Otros muchos, en el pasado y en este siglo, han dado sus esfuerzos y la vida sirviendo esta misma causa. Yo he dado muy poco todavía, creo estar en la obligación y la responsabilidad de dar más y cuando eso ocurriera no habría hecho otra cosa que transitar un camino que otros nos trazaron,

Le reitero mi agradecimiento y felícito y le deseo, en nombre de mi familia y en el mío, lo mejor para usted y los suyos.

Cmdte. Huber Matos
Secretario General CID»

Castro nos compra un libro

En el año 1987 habíamos publicado un libro que titulamos «Prado Y Teniente Rey». Recogiamos como todos los días en la oficina de correos nuestra correspondencia. Un sobre, entre varios, nos pareció algo sospechoso. Decía así el membrete: «Embassy of the Czechoslovak Socialist Republic Cuban Interests Section 2630 l6th Street. N.W. Washington D.C. 20009. José I. Rivero P.O.Box 561961. Miami, Fla. 33256».

Confesamos que abrimos aquel sobre a la velocidad del «relámpago». Nos interesaba sobremanera saber que diablos querían de nosotros esos diablos de la Sección de Intereses de Cuba comunista. Sabíamos que no se trataba de una «carta bomba» (de moda por aquellos tiempos), ni siquiera de una «carta cohete» porque nada de eso cabía en un sobre liso y aplastado, tan aplastado como dejan siempre los comunistas a los pueblos dspués de apoderarse de ellos...

Pero, sí, el contenido resultó ser una «bomba». Una de esas «bombas» sin mecha y sin pólvora que solo estallan cuando se produce algo insólito, extraño, inusitado. El sobre venía «cargado» de un cupón y un cheque. Un cheque de $20 de la Sección de Intereses de Cuba comunista a nuestro nombre y firmado por el cónsul de Fidel Castro en Washington acompañado del correspondiente cupón de pedido de nuestro libro *Prado y Teniniente Rey*.

¡Vaya «bomba» y sarcasmo éste: la tiranía de Castro comprándole un libro a José Ignacio Rivero!

Tal parecía que la voz y el pensamiento del *Diario de la Marina* seguian preocupando a los títeres de Moscú.

Es que hay una voz que no podrán apagar jamás silenciar los tiranos: la voz de la conciencia. La voz de los que jamás mojamos la pluma en el odio. La voz y el pensamiento de los que hasta aun después de la toma de Cuba por los piratas del Soviet, con riesgos para nuestras vidas, mantuvimos la actitud indeclinable de denuncia y de rebeldía en defensa de lo que el Mártir de Dos Rios, Jose Martí, consideraba que debía ser la Primera Ley de la República: «El respeto a la dignidad plena del hombre».

Pues allá les iba nuestro libro *Prado y Teniente Rey* acompañado de la siguiente dedicatoria:

«Señor representante de Castro en Washington:
Me pide usted mi libro y me incluye un cheque por valor de $20.00. El libro se lo envío con mucho gusto ya que usted y su 'comandante en jefe' quieren de nuevo 'comerse los hígados' leyendo las verdades en contra de la revolución que llevó a nuestra Patria al desastre más absoluto. El cheque se lo devuelvo porque mis principios no me permiten aceptar dinero manchado de sangre y robado al pueblo de Cuba.

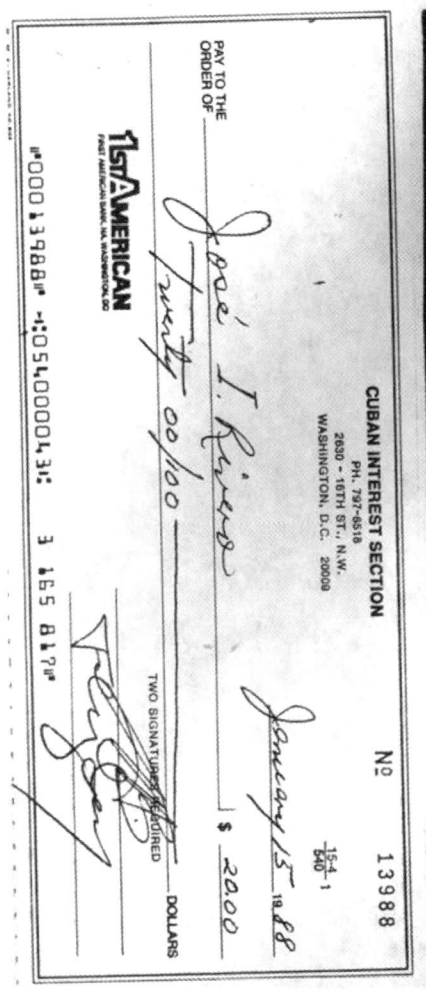

A Cuba le arrancaron ustedes su vida física pero sigue viva en el corazón de los cubanos amantes de la libertad. Los detractores de la justicia y de la verdad, como ustedes, viven, si "viven", avergonzados por su equivocación o por su maldad.

«COLETILLA: Se acuerda usted de las 'coletillas' que su revolución comunista le colgaba a nuestros artículos en Cuba? He aquí una de ellas: *'Esta carta se publica por voluntad de esta empresa periodística en uso de la libertad de prensa existente en Cuba. Pero la revolución expresa también en uso legítimo de su derecho, que su contenido rebosa expresiones mendaces en contra de nuestra causa revolucionaria'.*

He aquí nuestra 'coletilla' a la Sección de Intereses de Cuba comunista: Este cheque y este pedido lo hace Castro a través de su cónsul en Washington por su propia voluntad en uso de la libertad de acción existente en este país, pero el autor de *Prado y Teniente Rey* expresa, también en uso legítimo de ese derecho no existente en la Cuba comunista, que el contenido de su libro rebosa hechos y testimonios verídicos a favor de la causa de la verdad y de la dignidad de nuestra patria.»

Nuestra protesta en torno a la SIP

En el año 1988 la Sociedad Interamericana de prensa había anunciado celebrar su reunión anual en La Habana. No nos parecía oportuna ni sensata la decisión de nuestro importante y digno organismo periodístico y enseguida le dirigimos una carta al Presidente del Comité Ejecutivo de la Sociedad. He aquí a continuación lo que creímos oportuno comunicarle al Presidente de la entidad en aquella ocasión:

Sr. Raúl Kraiselburd.

Me entero por la prensa con verdadero asombro del desdichado acuerdo del Comité Ejecutivo de la SIP que usted preside, de celebrar en La Habana su próxima reunión.

No soy miembro del Comité Ejecutivo de la SIP ni soy ex presidente de la misma, pero sí creo tener alguna moral y algún historial en la lucha a favor de la libertad de expresión para dirigirme a usted y expresarle mis sentimientos al respecto como simple miembro de ese máximo organismo de la prensa continental.

¿Qué pretende la SIP con su presencia en La Habana? ¿Acaso cree que dentro del comunismo puede lograr algo positivo a favor de la libertad de prensa? ¿Acaso cree que si logra algo positivo Fidel Castro va a devolver todos los periódicos a sus legítimos dueños? ¿Acaso cree que Castro va a permitirle a la Sociedad que le hable al pueblo de Cuba? La carta de la SIP dice que "sin libertad de prensa no hay democracia», pero ¿no dice el propio Presidente de la Comisión de Libertad de Prensa de la SIP que la lógica dice que sin democracia tampoco puede haber libertad de prensa?

A mi la lógica me dice también que una reunión de la SIP en La Habana no le va a devolver ninguna libertad al pueblo de Cuba. Para ello tendría la SIP que poseer algún poder super mágico que pudiese convertir al comunismo en democracia. Y ya se sabe que no podrá haber en Cuba, ni en ninguna parte, una sola pizca de libertad mientras no haya democracia.

La presencia de la SIP en La Habana lograría sólo complacer a Castro en su hipócrita postura de hacer ver al mundo que ya él no es un déspota sino un gobernante «socialista» que le abre los brazos a todo el mundo, incluso a sus enemigos. Esto lo saben bien, entre otros, los dignos miembros de la SIP, Guillermo Martínez Márquez, Alejandro Miró Quesada, Horacio y Alejandro Aguirre y Alfredo Izaguirre. Por eso votaron en contra de la descabellada proposición.

¿Por qué la SIP no se reunió en La Habana en el año 1959 o en 1960 cuando Castro y el Ché, agresiva y despectivamente, nos tildaban a diario de «siperos» y de contrarrevolucionarios porque defendíamos a la SIP, a la libertad de expre-

sión y a todas las demás libertades en nuestra patria? Entonces si hubiera podido la SIP defendernos en el mismo terreno de la lucha y haber podido lograr algo positivo a favor de la causa sin hacerle el juego a la tiranía de Castro.

En 1960 la SIP nos otorgó la «Medalla de Héroe de la Libertad de Prensa» cuando aún nos enfrentábamos cara a cara al títere de Moscú en La Habana. En abril de ese mismo año el Diario de la Marina publicaba un editorial del que entresacamos los siguientes párrafos: «Demás está decir que el señor Rivero no se cree merecedor de tan alta recompensa. La acepta más que para él, para este periódico centenario y en general para toda la prensa y periodistas independientes de Cuba. Estas distinciones tienen un valor simbólico que sabemos justipreciar y por el cual no deben ser declinadas a título de modestia.»

Y mas adelante seguía diciendo nuestro Diario.. «Se hacen demostraciones tumultuarias a las puertas de nuestra casa. Grupos vociferantes acarreados en camiones frente al periódico esperan a que haga su entrada en el edificio nuestro Director, José I. Rivero, para gritarle sus insultos. Tratando de coaccionarlo. Diariamente se nos injuria. Ejemplares del Diario de la Marina se queman públicamente en diversos lugares de la capital y del interior de la Isla. Se nos boicotea en todas las formas imaginables. Se trata de conducirnos a la asfixia económica, etc... A pesar de todas esas presiones no claudicamos ni claudicaremos. Seguiremos defendiendo nuestros principios, exponiendo nuestras ideas, emitiendo nuestros criterios no para la obtención de galardones que mucho nos honran, pero que jamás habían entrado en nuestros cálculos, ni siquiera en nuestra previsión, sino porque al hacerlo así creemos cumplir lisa y llanamente con nuestro deber de cristianos, de cubanos y de demócratas sinceros.

Por eso, Sr. Kraiserburg, como después de Dios el bien supremo de la patria está por encima de todo, no puedo permanecer indiferente ante la decisión de la SIP de ir a reunirse en nuestra amada Cuba esclavizada sin un fin noble o una misión positiva a favor de la libertad de Cuba que lo justifique. Por lo tanto, siento de veras anunciarle por este medio la devolución de la medalla otorgada en 1960 y con ella mi renuncia como miembro de la SIP. Como cubano me siento profundamente agraviado y como miembro de la SIP me siento herido y confundido. Aunque perdamos todos nuestros bienes materiales, entre los valores importantes que sí queremos conservar inmaculados se encuentran el honor y la vergüenza.

Con toda sinceridad,

José Ignacio Rivero (Director del Diario de la Marina *de Cuba)*

En torno a nuestra protesta

Varios miembros distinguidos de la SIP se nos acercaron para que desistiéramos de devolver la medalla y de renunciar al organismo. Entre las diversas opiniones y artículos publicados en aquellos días aparecieron los de Alberto A. Vilar, Guillermo Martínez Márquez y Bill Williamson Director ejecutivo de la SIP. Alberto Vilar decía lo siguiente en *El Nuevo Herald* bajo el título «José Ignacio Rivero y la SIP»:

«En la 44ta. Asamblea General de la Sociedad Interamericana de Prensa celebrada recientemente en Salt Lake City, el Presidente del Comité Ejecutivo. El señor Raúl E Kraiselburd, Editor del periódico El Día *de La Plata, Argentina. Le dio lectura al acuerdo del Comité Ejecutivo de la SIP de celebrar la próxima reunión de dicho Comité en La Habana, Cuba.*

Es bueno aclarar cómo se aprobó la moción de celebrar la reunión del Comité en La Habana y qué proceso se siguió para llegar a ese acuerdo. Solamente los miembros del Consejo Consultivo y los del Comité Ejecutivo votaron por la moción, ya que estos son los únicos que pueden votar sobre estas resoluciones. Queda aclarado que los miembros de la Asamblea General –que son la mayoría– no votaron; sólo se les informó de la decisión final. El proceso de votación se efectuó por correo, semanas antes de que se celebrara la Asamblea General. Los 50 miembros que forman el Comité Ejecutivo y el Consejo Consultivo recibieron una boleta por correo en la que se proponía a Cuba como sede de la reunión. Sino devolvían a vuelta de correo la boleta –se informaba en la misma– se consideraba que estaban de acuerdo en que La Habana fuera la sede de la próxima reunión.

Entre los 50 votantes, hay alrededor de 12 asociados que ya no están activos. Del resto, 19 votaron que estaban de acuerdo, cinco se oponían y tres expresaron que no irían a Cuba de ser aprobada la moción. Once miembros nunca devolvieron la boleta. Si sumamos los que votaron a favor y les agregamos los 11 que nunca devolvieron la boleta obtenemos un total de 30 votos a favor. La SIP tiene aproximadamente 1.300 asociados, lo que quiere decir que sólo el dos por ciento estuvo de acuerdo. Por supuesto, ese dos por ciento consiguió que la inmensa mayoría de los asambleistas protestara del hecho de que la SIP se fuera a reunir a Cuba.

Cuando las agencias noticiosas trasmitieron la noticia se empezaron a oír las objeciones de aquellos que no entendíamos como la SIP podía ir a Cuba, Se publicaron escritos y editoriales, entre ellos el de nuestro editor Roberto Suárez, el cual tuvo como réplica una carta del señor Manuel Jiménez, Presidente de la SIP –que dicho sea de paso, asumió la presidencia después de que la resolución había sido aprobada.

531

El señor Jiménez expuso en su carta que uno de los motivos de ir a La Habana era gestionar la libertad de los periodistas Luis Rodríguez y Guillermo Rivas Porta, así como lograr el mejoramiento de la condición de los derechos humanos en Cuba.

Estoy plenamente de acuerdo con las voces y los escritos de protesta, ya que de ir la SIP a La Habana sólo serviría para beneficio de Castro y sería un duro golpe a la lucha que se libra contra él

Entre los artículos sobre este tema, hay uno en especial al cual quiero referirme. Se trata del que escribió José Ignacio Rivero, publicado en su columna 'Relámpagos' del Diario las Américas. *En él, José Ignacio renuncia a la SIP y le devuelve la medalla que le otorgó esta sociedad*

Entiendo y acepto que un hombre con la integridad y los principios de José Ignacio Rivero tome esa actitud actitud de un hombre que ama a su patria y que está dispuesto a defenderla de cualquier modo que le sea posible. Es por eso que quisiera pedirle a José Ignacio que recapacitara sobre su decisión de renunciar a ser miembro de la SIP, como delegado del Diario de la Marina, *podría asistir a la próxima asamblea que se va a celebrar en Asunción, Paraguay, el 3 de abril de 1989. A dicha reunión no sólo llevaría José Ignacio Rivero la representación del Diario sino también la del Colegio de Periodistas Cubanos en el Exilio, así como la de toda la prensa cubana, arrebatada a sus legítimos dueños por un régimen comunista. Ocuparía Rivero la posición de lucha que siempre, primero, Don Guillermo Martínez Márquez y, después, Alfredo Izaguirre, y continuaría la lucha para llevar la verdad de Cuba al seno de la SIP, como lo ha venido haciendo con sus escritos.*

También me atrevo a pedirle que recapacite y que no devuelva su medalla. La medalla de Héroe de la Libertad de Prensa sólo ha sido otorgada una vez desde que se fundó la SIP.

Usted, José Ignacio, se ganó esa medalla en una lucha vertical y de frente en la que hasta expuso su vida. Guarde usted su medalla para que en un mañana ya no muy lejano, se convierta en el símbolo de la batalla por la libertad de prensa y pueda colocarla en su casona de Prado y Teniente Rey.

Otras voces

El Nuevo Herald en su página editorial publicaba al mismo tiempo la opinión de dos destacados del periodismo continental, Guillermo Martínez Márquez, fundador de la SIP y Hill Williamson, Director Ejecutivo de la SIP. La pregunta y la nota fueron las siguientes: «¿Una renuncia correcta? *Con motivo de la propuesta reunión del Comité Ejecutivo de la Sociedad Interamericana de Prensa en La Habana, José Ignacio Rivero ha anunciado su renuncia a la organización y ha rechazado la medalla con la que lo premiaron. ¿Cree usted que ésta es la forma correcta de enfrentarse a este asunto?»*

Guillermo Martínez Márquez respondió así al *Herald*:

«No puedo juzgar la opinión y mucho menos el criterio de una persona tan respetable como mi querido amigo José Ignacio Rivero. Pero mi opinión concreta en este caso y en todos los demás que puedan presentarse semejantes al mismo, es que lo indicado es dar la batalla. Yo creo que la ganaríamos, pero estoy seguro de que en el caso de perderla habríamos dejado una dirección para que la SIP siga cumpliendo con su deber en el futuro como lo ha hecho siempre. Creo que el doctor Rivero ha actuado con demasiada rapidez, pero estoy seguro de que su natural combatividad lo hará rectificar y volverá al campo de batalla donde encontrará a muchos y buenos amigos que nos ayudarán a conseguir la victoria»

Hill Williamson dijo lo siguiente:

«Aunque leí la columna en la que el doctor Rivero anunció su decisión, a la oficina de la SIP no se le ha informado ni de la renuncia ni de la devolución de la medalla. No hemos recibido ningún comunicado del doctor Rivero. Espero que haya reconsiderado su postura. De todas maneras, ésta no es la forma correcta de expresar su desacuerdo con la mayoría del Comité Ejecutivo de la SIP, porque –como él sabe– no hay entidad en el hemisferio que más haya luchado por la libertad de los periodistas cubanos bajo la dictadura de Fidel Castro. Y continuaremos luchando contra las tiranías de izquierda y de derecha».

«No habíamos llegado a informar oficialmente a la SIP nuestra renuncia a la misma porque nos habíamos enterado que en definitiva no se iba a efectuar la reunión en Cuba. Y además, porque hicimos lo que nuestro gran colega y compatriota Martínez Márquez opinó: rectificamos, como también rectificó la SIP, y volvimos como siempre al campo de batalla»

Auténticamente cubanos

Un día como casi todos los demás días de nuestra rutinaria vida periodística recibimos las siguientes líneas de Conchita Castanedo extraordinaria activista de la política cubana en respuesta a un artículo nuestro que habíamos titulado «Auténticamente cubanos». Nos decía así en su carta la «Novia del Autenticismo»:

«Es cierto que en opasados días nos encontramos en Diario Las Américas, *cosa natural porque a menudo vamos a dejar trabajos y además nos encontramos en cualquier parte de este pequeño mundo en que vegetamos la señora auténtica y el auténtico señor, como tú nos identificas.*

Efectivamente, eres un auténtico señor y yo una señora auténtica, tan conocida y respetada por mis compatriotas que aunque por radio no mencionaste mi nombre sino el honroso y simbólico nombre de 'Novia del A utenticismo' varias personas enseguida me identificaron y me llamaron por teléfono para decirme que me estabas relampagueando. Hasta aquí lo cierto. Lo extraño es que el auténtico señor diga que la señora auténtica puso en tela de juicio los auténticos colores políticos e ideológicos del periodista anticomunista. Eso no es verdad porque antes he dicho, y lo repito a plenitud de sinceridad, que fuiste el periodista más valiente y el que verticalmente desde el principio te enfrentaste al Castro-comunismo. Doy fe de ello y la prueba es la página entera que publicó el Diario de la Marina el domingo 8 de febrero de 1959. Era un trabajo firmado por mi al mes justo de entrar Fidel Castro en La Habana y que salió con el encabezamiento a toda plana también. '1934-Bodas de Plata del Autenticismo-1959'. Al entregarte el artículo me dijiste: es muy largo. Sí, te respondí, pero es el relato de una parte de la obra y leyes del Autenticismo, la exposición de los principales hechos llevados a cabo por los auténticos en las batallas oposicionistas contra la dictadura batistiana, todo lo que hay que recordar y reiterar para decirle al pueblo que existen las leyes revolucionarias y que lo necesario es cumplirlas, y también para advertir que Fidel Castro sólo no hizo la revolución y por lo tanto estaba obligado con las organizaciones que colaboraron y con las que tenía un programa para formar un gobierno de unidad y convocar elecciones a los 18 meses, según el Pacto de Caracas. Aceptaste mi razonamiento y diste orden para publicarlo.

En el emplane, estuve en el taller del Diario de la Marina *con los obreros, muy cooperativos contra el régimen y guardando el secreto. Quedó tan bien la página que te pedí ocho moldes para facilitar me lo publicaran otros periódicos, pues los linotipos eran caros; así lo hiciste, con espléndida generosidad. La dificultad fue con cuatro directores que consideraba amigos y revolucionarios. La prensa estaba sometida, tampoco nos publicó el manifiesto del Partido Auténtico dado el 2 de enero de 1959. En definitiva lo publicaron cinco periódicos. Recibí muchas felicitaciones y estímulos por haber 'sido tan valiente y enfrentarme a Fidel'. En realidad el mérito mayor fue tuyo.»*

Nosotros le respondimos con las siguientes líneas:

«Estimada Conchita: Esta vez tengo que volver a decirte como en La Habana que tu carta es muy larga. La tengo que dejar ahí. En Cuba todo el espacio era mío. En el exilio todo lo tengo limitado, menos la honestidad y el deseo de decir cuanto sea necesario.

Ya ves, tus propias palabras demuestran que los revolucionarios auténticos no pueden tener quejas de mi como me dijiste en el vestíbulo del Diario las Américas. ¿Quejas, por qué? ¿Por qué critico a la revolución? ¿Acaso Revolución Autentica es lo mismo que auténtica revolución? No confundamos las cosas Conchita, revolución significa acción y efecto de revolver; es inquietud, es alboroto, es sedición. Revolución es cambio violento en las instituciones políticas en una nación. Por lo menos eso es lo que dice el diccionario de la lengua que no altera caprichosamente el significado de las palabras. Nosotros los cubanos vivimos siempre enamorados de la palabra revolución. A casi todo le endilgamos la palabrita de marras hasta el día en que cayó como un rayo sobre Cuba la auténtica revolución de Castro y como un rayo también pulverizó a los batistianos, a los ortodoxos, a los liberales, a los conservadores y a los auténticos... La revolución lo pulverizó todo.

En Cuba no hubo nunca auténticas revoluciones antes de Castro. Tuvimos alzamientos, golpes, conspiraciones y movimientos que terminaban siempre en elecciones. Dale gracias a Dios, Conchita, de que el autenticismo nunca fue revolucionario sino movimiento y partido político democrático y cubano como todos los demás, menos el comunista Partido Socialista Popular que sí quería un cambio violento en Cuba para ponerla en manos de Rusia.

¡Dios nos libre de una 'auténtica' revolución como las de Cuba y Nicaragua! Dicen hoy los paises libres de Centroamérica. Ya ellos saben, como el célebre Marat, que las revoluciones empiezan por la palabra y acaban siempre por la terrible espada.

Gracias por tu elocuente aclaración y por tu reconocimiento amable. Y creeme conservadoramente tuyo, J.I.R.»

De salto en salto

Imposible relatar o introducir detalladamente en nuestras memorias todos los acontecimientos vividos por nosotros hasta el día en que escribimos estas líneas. Acabamos de comentar todo lo relacionado con el revolucionario Huber Matos y hemos pasado ya por alto más de veinte años de acontecimientos personales y mundiales. Una historia como esta no puede ni debe escribirse sólo a base de experiencias o de vivencias personales. La vida de todo hombre público casi siempre se convierte en una combinación de sus experiencias y sentimientos con los acontecimientos generales y con los sentimientos y experiencias de los demás. Ha dado ya el mundo muchas vueltas desde que comenzamos a dar nuestros primeros pasos en la vida y muchas vueltas también desde que tuvimos en el destierro nuestro desagradable encuentro con el famoso comandante de Camagüey.

Vamos, pues, a tratar de sintetizar lo que nos queda por contar. Bien se sabe que la historia no tiene fin. Cuando termina una comienza otra, y otra más... Hasta que llega la otra. La más interesante. La única real y definitiva: la historia del hombre en la eternidad que no se acaba nunca... Pero esa no podrá escribirse. Ni falta que hará hacerlo. Sólo la vivirá el hombre de acuerdo con su conducta en este mundo de los tiempos.

Acelerando el recuerdo

Terminado nuestro «vapuleo» con Huber Matos y quedando después nosotros en paz con nuestra conciencia sin que el comandante llegase a entender ni a sentir el contenido de nuestro mensaje, dejamos también los comentarios radiales en la estación más importante de Miami. Trasladábamos nuestros mensajes periodísticos para una estación casi sin potencia alguna, al menos con la quinta parte de la que tenía la WQBA donde habíamos comenzado a dar los primeros pasos en el mundo de la radio llegando a divulgar nuestros comentarios entre un público que en gran parte era distinto al de la prensa escrita. Un compatriota nuestro que también laboraba en la WQBA (La Cubanísima) nos invita a formar parte de una nueva empresa radial con la misma actividad periodística que realizábamos a través de los micrófonos de la WQBA. Análisis de actualidad e ideológicos que serían insertados en los noticieros de cada día de su nueva emisora. Aceptamos su invitación a base de una mejor remuneración y de no agregar ninguna otra labor o actividad a nuestra misión periodística. Eso era lo que hacíamos en la WQBA y no nos interesaba ni deseábamos ampliar nuestro trabajo en el campo de la radiodifusión. Siempre hemos sido periodistas del periodismo impreso y no del periodismo radial ni el de la pantalla. «Zapatero a tu zapato». Ya teníamos más que suficiente con nuestra columna del *Diario Las Américas* de Miami y con los artículos que publicábamos en diarios de España y de América Latina. Las condiciones fueron aceptadas por el nuevo empresario interesado en nuestra persona o más bien en nuestra palabra. Pero una vez que comenzamos a transmitir nuestros comentarios en su radioemisora empezó el encargado de programas de la estación a pedirnos constantemente que creáramos programas para que de una manera o de otra los lanzáramos al aire con la participación o la dirección de nosotros. Nos comunicábamos constantemente con el director de la estación, con quien nos llevó a la misma, para informarle de lo que nos estaba pidiendo su jefe de producción pero sólo recibíamos la siguiente respuesta: «No le haga caso Rivero...»

Cuando decidimos abandonar a la más poderosa de las estaciones de radio de Miami de aquellos días e irnos con la que en el tiempo se convirtió en la voz de los colaboradores de Castro en Miami, lo hicimos pensando que todavía se podía confiar en la palabra y en la sinceridad de todos los compatriotas que militaban en el mismo bando. No era así.

Tropezábamos de nuevo en nuestra vida con la misma piedra. No todos los amigos eran amigos como creíamos. Los amigos de verdad, los sinceros, los leales a la amistad eran muy pocos. Una vez más en la vida sentimos la honda decepción.

¿Odio? No. ¿Rencor? Menos. Solo compasión acompañado del perdón.

537

Con verdadera gratitud

Después de la mentira surge la verdad. Después de la ingratitud aparece la lealtad. Después de la traición se presenta la amistad, Después de la triste experiencia vivida en lo relatado anteriormente, comenzamos como comentarista político –todos los asuntos relacionados con el exilio tienen parentela con la política– saltamos para la RHC (Cadena Azul) por invitación de Salvador Lew quien en años más tarde fue nombrado Director de Radio Martí. Lew, un hombre sin complejos, hacía lo que creía conveniente a la misión que se proponía. A nostros nos convidó a formar parte de su personal periodístico sin pensar que le pudiéramos hacer sombra a ninguno de los que ya tenía a su lado. Y es que el hombre casi siempre actúa con su semejante como si estuviera tomando vitaminas. Hay quienes ingieren a diario casi todas las que contiene el abecedario y cuando cree que ya alguna no le cae bien o que le no le hace falta, la elimina totalmente de su «botiquín» sin pensar en el favor que le hizo mientras la estaba usando... Lo decimos con perdón de los médicos que no creen en las vitaminas, pero como parangón en este caso, la vitamina sirve...

Lew dejó la RHC y nosotros seguimos en ella sin saber que un gran amigo –uno de esos que tampoco padece de «complejos», no de vitaminas sino humanos– estaba pagando a la estación sin que nosotros lo supiéramos, para que la radioemisora siguiera dándole el mismo espacio a nuestros comentarios... El compatriota que hacía eso, si no nos equivocamos, sí tomaba todos los días la vitamina «G» que, según un especialista polaco del corazón, elimina totalmente las grasas del e«G»oismo y aumenta la insuficiencia de «G»ratitud a los nacidos en el Caribe. El amigo a quien nos referimos se llama Francisco Figueredo.

Pero llegó el momento –después de habernos jugado la vida en Cuba haciendo lo que hicimos contra el castro-comunismo y después de tantos «contra vientos y mareas» sufridos en el destierro- en que, en definitiva, lo dejamos todo. Peor, nos quedamos sin nada o con casi nada: sin periódico, sin radio, sin revista, sin la suficiente economía para cubrir los gastos de nuestro hogar. Tuvimos necesidad de aceptar mensualmente la ayuda de una de nuestras hijas. ¿Quién podría creerlo? El director y dueño, con su madre y sus hermanos, del *Diario de la Marina*. El más poderoso y antiguo periódico de Cuba fundador de algunos de los diarios más importantes de la nación: *Información, Avance* y *Alerta*, cubriendo sus gastos en el exilio con el modesto Social Security y con la generosidad de sus hijas. Y sin una pizca de inconformidad...

Pudiéramos dedicarle un capítulo en estas memorias a cada una de las traiciones e ingratitudes causantes de nuestra paralización en el destierro con sus nombres y apellidos. Al lector se le haría muy difícil creer nuestro relato por toda la vileza de lo sucedido. Decidimos, pues, ofrecerle nuestro silencio a Jesucristo

Nuestro Señor que nos pidió que pusiéramos la otra mejilla ante tantas bofetadas... Para no caer en la misma infamia de los traidores, por supuesto...

Estamos convencidos en los instantes en que escribimos estos párrafos sobre nuestro destierro, que todos los honores que recibimos al comienzo del mismo por lo que se consideraba heroicidad por el enfrentamiento a la tiranía castrista, no lo merecíamos. Si en uno de los innumerables artículos que escribimos en la patria dijimos: «¡Cuándo reaccionaremos seria y vigorosamente todos los cubanos de verdad contra este clima de obcecación de entreguismos y de infames mentiras que se vierten sobre nuestra Cuba!», estábamos obligados a enfrentarnos al infame y mentiroso Fidel Castro.

Sí creemos que en el exilio merecemos la Medalla de Héroe que amablemente nos concedió la SIP cuando aún estábamos en Cuba...

Lourdes (Francia)

Después de haber conocido por los médicos que una de nuestras hijas padecía de «Esclerosis múltiple», decidimos ir con ella a Lourdes con la esperanza de que la Virgen nos hiciera el milagro de que la enfermedad no prosperara. El milagro de la enfermedad no se produjo. Dios tenía otros planes para ella: Han transcurrido más de diez años desde que tomamos el avión los dos hacia Madrid y desde Madrid en tren hacia la Gruta de Lourdes y ya no puede caminar. Estamos seguros de que el milagro consistió en santificar su mente y su alma: jamás la hemos oído decir «que mal me siento» ni quejarse por sus dolores e incomodidades profundas y constantes. Todo lo contrario: anima a toda su familia y amistades diciendo: «otros están peores que yo». »Esto es lo que Dios quiere para mí». «Bendito sea Dios».

No habíamos ido a Lourdes en aquella ocasión en plan de turismo ni de descanso. Eso era un lujo que no podíamos darnos. Era un compromiso nuestro con la Madre de Dios y de todos los hombres. Ya lo hemos dicho anteriormente: fuimos con la esperanza de ver caminar a nuestra hija mayor, María de Lourdes. Fue eso lo que nos llevó a ese pueblo santo de Francia. Decimos como nuestro abuelo don Nicolás que fuimos a Lourdes a postrarnos ante la Virgen. Ya nuestro deseo lo conocía ella de sobra. Lo que llevábamos allá era la creencia de que Dios puede realizar todos los milagros que desee y los ha realizado en mucho más de una ocasión para confirmar su doctrina.

Para llegar a Lourdes –lo saben todos los que han ido por tren desde España– camina el tren por entre montañas de arbolado y por las márgenes de un río caudaloso, estrechándose cada vez más el horizonte hasta llegar al celebérrimo santuario.

«Era un viernes cualquiera –dice nuestro abuelo en su libro *Recuerdos de un viaje*– no había anunciada ninguna romería, y sin embargo no cesaban de llegar trenes y trenes cargados de peregrinos. Y fue esta mi primera sorpresa. Yo creía que encontraríamos allí algunas docenas, y cuando más, algunos centenares de romeros. Y lo que vimos era asombroso. Las calles de la ciudad –ayer, como quien dice, era una pequeña aldea refugiada bajo las murallas de un viejo castillo–; las calles de la ciudad rebosaban de gente que iban o venían de la Ermita.

Desde lo alto de la gran basílica, compuesta de tres cuerpos distintos, que se levanta blanca y esbelta en un recodo del río, al lado del Santuario, veíase allá, en el valle, una procesión interminable que cantando el santo rosario se dirigía a la Ermita: y a la izquierda un grupo numeroso de señoras, caballeros y gente del pueblo que subía de rodillas la empinada cuesta para hacer el ejercicio del Calvario. Y al mismo tiempo una multitud inmensa escuchaba en el interior del templo ferviente plática en la que se proclamaban las excelencias de la Virgen; y en la otra iglesia que más abajo se encuentra pasaba algo semejante, mientras que en la cripta un sacerdote predicaba en inglés a una multitud venida de Gran Bretaña.

El espectáculo de la Gruta, presentado por sola unas veces como grandioso y otras como repugnante, según hablaba el escéptico asombrado o el sectario impenitente, a mí –seguía diciendo Don Nicolás Rivero– me pareció conmovedor y sublime.» A nosotros también.

Millares de peregrinos rezando y cantando en diferentes lenguas; de rodillas; de rodillas los sanos y medio incorporados los enfermos en sus cochesitos camas o en jergones colocados en el suelo; pasando unos en fila interminable por ante la Gruta; conducidos otros a las piscinas a hombros de sacerdotes o de jóvenes elegantes que ostentan orgullosos sobre sus levitas los blancos tirantes que les sirven para la piadosa operación; un grupo que ante los baldados, los ciegos y los moribundos rezan en alta voz, casi a gritos, como queriendo forzar la misericordia divina; otro de enfermos gravísimos que en sus coches camas fueron colocados muy cerca de la Virgen y entre los cuales se destaca un jovencito jorobado y consumido por la tisis, que, de rodillas en su lecho, con las manos en cruz y los ojos saltándole de las órbitas, pide el ansiado milagro; y la multitud que forma sin cesar una muralla infranqueable frente a los manantia-

No habíamos ido a Lourdes en plan de turismo. Me pareció conmevedor y sublime.

541

les del agua de la gruta; y allá en un paseo frondoso, bajo un árbol copudo, una mujer joven y hermosa, tendida en una cama ambulante, sola, esperando, sin duda, a algún familiar que estaría haciendo esfuerzos por conseguir un poco del agua santa...

Estas portentosas escenas –dice nuestro abuelo en su libro– ocurren, no en pueblo salvaje, sino en una nación que se precia de marchar a la cabeza de las más civilizadas y cuyos elementos directores de todo pecan menos de demasiado crédulos. Paréceme que con motivos más que sobrados para que los escépticos al menos se asombren...

Lourdes, como dijo una vez el obispo de Tarbes y de Lourdes, es un punto de convergencia en el que la Virgen atrae a creyentes y no creyentes para ayudarles a descubrir lo que son y a conformar sus vidas al Mensaje de pobreza, oración, penitencia, pureza y entrega transmitido por Bernadette.

Nuestra hija María de Lourdes en un puente cerca de la Gruta.

Nuestra gratitud al *ABC*

Un día del año 1985 leíamos un editorial del periódico *ABC* de Madrid firmado por su director Torcuato Luca de Tena dedicado a un nuevo aniversario del periódico *El Mercurio* de Chile. Y nosotros le agradecíamos desde la ciudad de Miami su gentileza de habernos mencionado en dicho artículo aunque nada teníamos que ver con aquel aniversario del prestigioso diario chileno.

En un artículo nuestro en el Diario las Américas volcábamos toda nuestra gratitud al gran amigo y colega con quien habíamos compartido planes, ilusiones y labores dentro y fuera de su grande y prestigiosa empresa periodística española. Entre otras cosas decíamos en aquel sencillo pero sentido mensaje nuestro:

«Ya sé que existe el teléfono, la carta, el telegrama, pero Luca de Tena sabe bien que el mensaje es mucho más sentido y mucho más sincero cuando se hace público y sobre todo cuando un periodista lo hace a través de su propia columna donde quedan impresos para siempre todos los sentimientos.

Y por si algunos de mis lectores no tuvieron la oportunidad de leer el artículo de Luca de Tena, miembro de la Real Academia Española, y de la 'Real Academia de la Amistad', reproduzco sólo la primera parte de su artículo que fue la que me movió el corazón y la mano para escribir esta nota de gratitud. Helo aquí:

«Estamos celebrando el octogésimo quinto aniversario de una institución chilena que nació con el siglo: El Mercurio *de Santiago, hijo del primer periódico del continente americano; su homónimo de Valparaíso, que ya cuenta con ciento cincuenta y ocho años.*

Lo que para el hombre es edad provecta para las instituciones. Y El Mercurio *es eso, sobre todo eso: una institución tanto para la vida cívica de la República de Chile cuanto para el vasto catálogo del periodismo universal.*

Sólo otro diario de América pudo discutirle, hace tres décadas, mayor antigüedad, el Diario de la Marina, *de La Habana; el de la limpísima, impoluta trayectoria. Pero el excelente diario caribeño, que tuvo por alma a la heroica familia Rivero, cambió su nombre primitivo por el ya citado, en tanto que* El Mercurio *mantuvo el suyo desde su fundación. Y en todo caso, la noble disputa de cual era el periódico más venerable de América, hoy ya no tiene sentido; porque Fidel Castro acabó con toda posibilidad de mantener viva la polémica, al silenciar para siempre al* Diario de la Marina. *Permítasele a este apasionado biógrafo del periodismo independiente que, al celebrar la envidiable supervivencia de* El Mercurio. *no deje de dolerme de la muerte, a mano airada, del que le seguía en orden de antigüedad en el periodismo continental.»*

Desde estas páginas de nuestro *Viento y Marea*, aunque ya lo hiciera en 1985 cuando aun vivía Luca de Tena, le envío hoy mi mensaje al Cielo: Torcuato, gracias, mil gracias por este honroso recuerdo. Gracias también porque cuando me tocó vivir en España durante mi exilio, tu me abriste las puertas de *ABC* de par en par. Tu acera era la mía, tu edificio de Serrano era el mío, tu despacho también. «Cumple a la gratitud del peregrino no olvidar nunca la fuente que apagó su sed, la palmera que le brindó frescor y sombra, y el dulce oasis donde vio abrirse un horizonte a su esperanza».

Estas fueron las líneas que escribimos al enteramos del fallecimiento de Torcuato Luca de Tena:

MI AMIGO TORCUATO

La noticia me llenó de tristeza. Ha muerto Torcuato Luca de Tena, más que un amigo un hermano en el periodismo de España. No me bastaría una sola columna para mencionar nuestras vinculaciones profesionales, literarias, empresariales y familiares. Sí, hasta familiares porque los ratos de ocio también los compartíamos con la familia de ambos en su casa de Madrid o en la de Costa de los Pinos en Mallorca.

Inolvidables aquellos años que vivíamos en España durante nuestro agitado exilio. Nos veíamos todos los días en su despacho de ABC, *que muchas veces compartía conmigo, pensábamos, discutíamos y hasta soñábamos. Casi todos los planes y discusiones amigables son sueños que muchas veces llegan a convertirse en realidad.*

En mi modesta biblioteca del destierro tengo sus mejores libros dedicados todos con gran cariño y simpatía. Una vez en «La Pionera», como se llama su preciosa finca de Mallorca, nos dedicó a mi esposa y a mi su novela «La Brújula loca» advirtiéndome que la sencilla dedicatoria no era como otras que se hacen de rutina o por compromiso sino una realidad vivida y comprobada. Decía así: «A Mariita y José Ignacio Rivero, gran escritor, gran amigo, como recuerdo de unos días de ocio –sin problemas– para tomar fuerzas frente a los problemas." ¡Y qué realidad tan grande eso de "para tomar fuerzas frente a los problemas"!... Cuando regresábamos a Madrid todos los lunes con Torcuato dejando a nuestras esposas e hijos en aquel maravilloso remanso veraniego, nos sentíamos como nuevos en medio del barullo periodístico de ABC *y de nuestra casi constante planificación del* ABC *de las Américas.*

Repito que en una columna no se pueden volcar todas las experiencias culturales y personales vividas al lado de este gran amigo, Director que fuera del más importante diario de España. Pero sí me asaltan a la mente en estos momentos en que recibo la triste noticia algunos detalles de la gran amistad y simpatía que mantuvimos siempre durante nuestra vinculación profesional, tanto de cerca como de lejos. El ABC *y el* Diario de la Marina *tuvieron siempre mucho en común. Ningún periódico de España destacó tanto como* ABC *el enfrentamiento de nuestro* Diario *contra Fidel Castro. Sus editoriales han estado siempre al servicio de la libertad de Cuba. Al principio de nuestro exilio ya Juan Ignacio y su hijo Torcuato me habían invitado a formar parte de los colaboradores del periódico pero ya estábamos escribiendo en* YA *y no pudimos hacerlo con* ABC *hasta que nos fuimos a vivir a Madrid.*

Torcuato nos ofreció un espacio que titulamos «En Tres Letras» Al mismo tiempo revisábamos toda la edición del ABC *aéreo que se enviaba a toda América y a distintos paises de Europa. También junto a Torcuato ocupamos el cargo de corresponsal diplomatico y político en Washington y la ONU. Fue una vinculación muy estrecha y muy interesante la que ambos mantuvimos durante gran parte de los años setenta.*

Una vez me llama a mi despacho y me pide que me trasladara al suyo para que atendiera todos los asuntos de la Dirección del periódico mientras ese día asistía a la Academia de la Lengua. A su regreso a las ocho de la noche de ese día me encuentra aún sentado en su mesa y me dice: «José Ignacio ¡aún no has terminado de despachar los materiales de la edición de mañana?» Sí, le respondí. Más que de sobre. Pero tú tienes que revisar y no yo, lo tuyo personal: el editorial y tu polémica con el embajador de Argentina... «Pero si ya eso estaba más que revisado por mi esta mañana". Entonces para qué iba yo a revisarlo otra vez?» Además, ¿Quién soy yo para corregirle algo al Director? «Tú también eres Director». Sí. Lo fui en Cuba de mi periódico pero no lo soy del tuyo. «Es verdad, José Ignacio. Vengo cansado de la Academia. Vamos a tomarnos una copa» ...

Así era Torcuato. Todo un personaje lleno de vida, de inquietud, de desesperación, de euforia, de furia. De todo un poco como casi todos los hombres geniales.

Así es ABC *y así era nuestro periódico de La Habana. Tres generaciones de Luca de Tena y tres generaciones de Rivero marchando siempre por el mismo camino. Por la ruta de la tradición, dé la Patria y de la familia. Las circunstancias nos han alejado físicamente pero nuestro corazon sigue en Cuba y un gran pedazo del mismo sigue latiendo por España y por* ABC.

Torcuato: gran periodista, gran escritor, gran autor, gran conversador describiendo situaciones, escenarios y ambientes. ¡Descansa en paz amigo inigualable!

545

Reunión de la SIP en Kansas

El Director Ejecutivo de la Sociedad Interamericana de Prensa nos enviaba con fecha 11 de septiembre de 1990 la siguiente carta:

Dr. José Ignacio Rivero Miami, Fl.

Estimado Dr. Rivero:
Tengo el gusto de informarle que la Sociedad Interamericana de Prensa recibió con mucha alegría la noticia de que Ud. Aceptó nuestra invitación para participar en la Asamblea a realizarse en Kansas City, el próximo mes de octubre.

La SIP con agrado cubrirá los gastos de hotel, durante las noches del lunes 15 y martes 16 de octubre en el Hotel Ritz-Carlton de Kansas City, donde ya se ha hecho una reserva en su nombre.

Nos alegra también saber que el Diario las Américas cubrirá los gastos de pasaje, asegurándonos de que Ud. Participará en el evento.

Será un honor recibir en la SIP a un Héroe de la Libertad de Prensa de nuestra Sociedad,
Atentamente,
W.P. Williainson, Jr.
Director Ejecutivo

La sociedad Interamericana de Prensa (SIP) acordó que fueramos nosotros los que en su reunión del año 1990 celebrada en la ciudad de Kansas hiciéramos el recuento de los «30 años sin libertad de expresión en Cuba». Hacia allá nos fuimos con nuestro discurso a cuestas. Se suponía que después de pronunciadas nuestras palabras comenzara una sesión de preguntas presidida por los ejecutivos principales de la organización y por algunos distinguidos invitados a la reunión de ese año, entre ellos un representante de la Unión Soviética cuya presencia me supo «a rayo»... veamos lo que dijimos en aquella ocasión:

Señor Edward Seaton, Presidente de la Sociedad Interamericana de Prensa. Destacados miembros del Comité Ejecutivo de la SIP. colegas todos de la prensa continental. Personalidades del mundo político e intectual. Señoras y señores.

Ante todo agradezco profundamente a la Junta Directiva de nuestra gloriosa Sociedad Interamericana de Prensa la invitación que se me ha hecho para dirigirme a todos ustedes en la Asamblea General que estamos celebrando en la ciudad de Kansas y especialmente en el evento dedicado a Cuba a los 30 años de la desaparición de la prensa libre e independiente de mi patria avasallada aún por Fidel Castro, el peor enemigo de la libertad y de los derechos humanos que recuerda la historia de nuestro hemisferio.

Agradezco hondamente también las amabilísimas palabras dedicadas a mi humilde persona por el doctor Horacio Aguirre, digno y cívico Director Propietario del Diario las Américas *de Miami y ex Presidente de la SIP, quien tanto ha luchado en este gran país a traves de su periódico por la libertad bien entendida, por la cultura y por la solidaridad hemisfiérica en todo sentido Y en todos los campos de nuestra América donde el hombre tiene principios e ideales comunes que defender y que muchas veces parece que están en decadencia.*

Gracias Horacio. Y gracias hermanos de este aereópago de la prensa continental por traer a esta asamblea el tema de mi patria a poca distancia ya en materia de tiempo del día en que estamos seguros que volverán a editarse de nuevo en nuestra patria los periódicos que siempre fueron leales a la plena libertad de expresión, a la justicia y a los derecho ciudadanos del hombre en cualquier época de la vida en nuestro país.

(Como podíamos pensar que una década después íbamos a seguir escribiendo en el exilio...)

Antes de entrar de lleno en el tema de la reunión de hoy quiero mencionar en este salón, en esta Asamblea de Kansas City, el nombre de uno de los periodistas más valiosas, más honrados y más cívicos que ha tenido Cuba: Guillermo Martínez Márquez, ex presidente de la SIP y quien fuera en nuestra patria Director del diario El País *teniendo que salir al exilio después de una confrontación Pública contra el régimen ominoso de Fidel Castro. Martínez Márquez no se encuentra con nosotros hoy porque después de muchos años de lucha peridística con su pluma repleta de amor a la libertad y a la letra impresa independiente e incondicional, se haya delicado de salud y la avanzada edad han podido lograr que el gran maestro de periodistas cubano, el ejemplar gladiador de la libertad de prensa y de todas las causas nobles y justas de la SIP, guarde con dignidad su pluma única arma efectiva del periodista cuando se usa con firmeza y con valentía a favor de la verdad.*

Desde aquí –estoy seguro que todos me acompañan en en el sentimiento– le enviamos al queridísimo Don Guillermo una felicitación amplia y un pedazo de nuestros corazones. No se puede hablar de la prensa libre de Cuba sin mencionar a Guillermo Martínez Márquez. Su nombre ya está escrito en letras de oro en la historia del periodismo cubano y en la historia de la Sociedad Interamericana de Prensa

Debo y quiero también mencionar a otros periodistas miembros destacados de la SIP que jugaron un papel muy importante en Cuba durante el proceso de coacción, persecución y destrucción de las empresas periodísticas libres e independientes por parte de la tiranía castrista:Sergio Carbó –fallecido hace algunos años– fundador, dueño y director de Prensa Libre *que llegó a ser uno de los diarios más populares de Cuba. Carbó fue también otro maestro de periodistas. Nació en el periodismo peleando, salió de Cuba peleando y murió peleando en el destierro por el rescate de todas nuestras libertades. Ulises Carbó, su hijo, y Humberto*

Medrano siguieron los pasos de su gran guía y maestro. Fueron vituperados por la revolución después de haberla apoyado al principio de buena fe y cayeron aplastados por la fuerza del opresor sin claudicar; Jorge Sayas, director y dueño del vespertino Avance *(periódico que nació en el* Diario de la Marina*) en el que discrepó de la proyección en múltiples y en el que algunos de sus colaboradores más cercanos se atrevieron a criticar la intolerancia del "máximo líder de la revolución marxista cubana. El nombre de Alfredo Izaguirre queda ya escrito también en la historia de nuestras luchas a favor de la libertad de expresión. Sufrió la vejaminosa y tétrica prisión castrista por su frontal oposición al régimen.*

Hoy dedica la SIP este tiempo del día a Cuba y a los 30 años de la desaparición total de la prensa libre e independiente cubana bajo el comunismo opresor. Durante el tiempo que estuvimos frente a Castro en nuestra patria nos encontrábamos solos, desamparados. Nadie nos seguía en la lucha periodística contra los desmanes que se comenzaban a cometer durante todo el año 1959. Al principio fuimos unos cuantos los que alzabamos la voz en medio de un pueblo entero que deliraba a favor del farsante guerrillero de la Sierra Maestra que lo apoyaba ciegamente. Se quemaban en las calles de toda la nación ediciones de periódicos independientes como las de Prensa Libre, Avance, *el* Diario de la Marina, *que era el más combatiente y el más combatido por ser el más tradicional y anti comunista de Cuba. Se boicoteaba y se quemaban igualmente otras publicaciones nacionales y extranjeras que apoyaron a la revolución creyendo honesta o ingenuamente que la misma traía consigo un plan de democratizar plenamente a nuestra patria.*

Pero las intenciones de Castro eran otras. No podía confesarlas porque no hubiese tenido a su lado durante su lucha en las montañas y en los llanos de la isla a un sólo cubano consciente de que a Cuba no le hacía falta ninguna reforma social ni económica porque nuestro país gozaba ya en aquella época de una situación privilegiada entre todos los paises desarrollaos de América Latina; en todo caso necesitaba un cambio de tipo político que desde hacía años estaba produciendo una triste división y malquersncia entre los cubanos de distintas tendencias ideológicas en ese campo.

La revolución no resolvió ese problema político llevando a la nación a unas elecciones libres y honradas. Todo lo contrario: Cuba y el mundo entero vio como Castro se erigió en el dictador de toda la nación. Nadie dejó de oír su antidemocrática y soberbia frase de ¿elecciones, para qué? y nadie, o muy pocos quisieron entender que con su descarada pregunta estaba diciendo a las claras que él y su revolución eran los dueños de de la República. Muchos otros ¿para qué? Repetía Castro ante las multitudes fanatizadas y delirantes, y casi nadie tampoco quizo entender que Fidel Castro con su dialéctica demagógica estaba implantando traicioneramente el comunismo en nuestra tierra.

Al principio, repito, fuimos sólo unos pocos los que alertamos al pueblo ante la ceguera imperante, pero pronto se nos sumó una gran parte de ese pueblo que despertaba de su delirio. Después, como tal, pueblo, se quedó sólo en América. Se quedó sólo en el mundo. Siento tener que repetirlo mas de 30 años después en el seno de esta dignísima sociedad de prensa a la que mucho me honro en pertenecer, pero la verdad nos gusta decirla en todas partes aunque nos duela muchas veces, algunas figuras responsables del periodismo continental y mundial y algunos periódicos también, sirvieron inconscientemente, a los planes comunistas en realación con nuestra prensa libre y democrática y por ende a los planes en general del títere de Moscú en el Caribe. Esos periodistas y esa prensa creían que Fidel Castro tenía razón cuando decía que discrepar de la revolución era ser contrarrevolucionario y anticubano. La coacción a la prensa de Cuba fue el primer paso hacia el desmembramiento de la libertad de expresión en Cuba. Fidel Castro optó por incitar al pueblo contra todo aquel que osara con su pluma o su periódico obstaculizar el avance del comunismo en nuestra isla y ordenó al periódico Revolución –órgano oficial de su movimiento– como a otros incondicionales suyos, a emprender una guerra furiosa de improperios, de insultos y de amenazas contra nuestros periódicos libres e independientes, incluyendo a algunos que además eran revolucionarios desde antes de Castro.

Se inició, pues, una batalla diaria entre nosotros y los castristas, especialmente con el diario Revolución *dirigido por Carlos Franqui, principal colaborador de Castro en la tarea triste y vergonzosa de eliminar la libertad de prensa cubana. A nosotros, al* Diario de la Marina, *por ser el Decano de la prensa de Cuba y de Latinoamérica junto con* El Mercurio *de Chile, y por nuestro historial anticomunista, nos tocó la parte más violenta de la batalla. No nos atacaban solo Fidel Castro y su plana mayor revolucionaria, para la prensa castrista éramos también el principal blanco contra quienes disparaban sus más venenosos dardos repletos de injurias y de mentiras. No esperamos un sólo instante para disparar los nuestros, pero llenos de verdades que desenmascaraban no sólo a la prensa sometida al régimen sino al mismo Castro con quien tuvimos enfrentamientos públases. Nosotros con nuestro periódico y él con el micrófono y la pantalla de la televisión privada (puesta a sus pies) y en cadena nacional vituperándonos y azuzando muchas veces al pueblo contra el* Diario de la Marina *durante sus interminables comparecencias.*

Tenemos que decirlo, para eso creo que amablemente se me ha invitado a hablar este año en la Asamblea de la SIP con respecto a la prensa libre de la Cuba de ayer bajo el peso del terror comunista, para decir la verdad que no todo el mundo conoce a 30 años vista de la desaparición de la misma. Han pasado muchos años y hay una nueva generación en el periodismo continental, Se nos ha invitado para que digamos lo que hizo Castro con nuestra prensa y lo que hicimos nosotros frente a Castro. La verdad hay que decirla en todas parte y mucho más en el seno de un organismo como la SIP que sin inmiscuirse nunca en las cuestiones políticas de ningún país, ha luchado siempre contra todos los sistemas de cual-

549

quier color político que eliminan dictatorialmente todo vestigio de libertad de prensa y confiscan periódicos y demás medios de comunicación para quedarse ellos solos manipulando a la opinión pública a su antojo por medio de la fuerza.

Sí, tenemos que contar la verdad tal como en realidad fue aunque sea muy en síntesis, sin exageraciones y sin caer en exhibisionismos, en falsas modestias ni ridículas inmodestias. Nuestra postura de no quedamos callados frente a los insultos y amenazas de Castro hizo que el régimen inventara un sistema de censura nunnca visto en ninguna parte del mundo bajo ningún gobierno opresor o totalitario: la revolución colocaba una nota aclaratoria debajo de todos aquellos materiales que publicábamos y que no agradaban a Castro. Algunos preferimos aceptar ese tipo de censura que llegó a llamársele «coletilla», con tal de que se nos dejara publicar lo que quisiéramos. Pero la jugada le salió mal a Fidel Castro. Nosotros en el Diario de la Marina a las «coletillas» del gobierno le poníamos otras y así muchas veces un editorial o un artículo nuestro llegaba a tener mas «coletillas». Y contra coletillas que el largo del artículo o editorial en cuestión.

Sufrimos todo tipo de amenazas y coacciones. En las calles nos gritaban insultos. Por el correo recibíamos centenares de cartas entre las que habían muchas amenazadoras aunque también –la mayoría– nos estimulaban para que continuaramos con la dura y peligrosa tarea de abrirle los ojos al pueblo sobre los desmanes del régimen castrista. A menudo las turbas fanatizadas pasaban por el frente de nuestro periódico lanzando gritos de 'fusilamiento para Rivero'. Las voces de 'Rivero paredón' las teníamos grabadas en nuestros oídos hasta en el sueño. Una vez la policía castrista nos sacó de nuestra casa y nos encerró entre rejas en pleno corazón de La Habana. Otra vez grupos de milicianos se instalaron en el jardín de nuestra casa para intimidarnos. Otra vez, ante la puerta misma de nuestro periódico, se nos echó encima un grupo grande de fanáticos castristas que nos esperaba allí para amenazarnos en una especie de rueda india agitando palos y armas contra nosotros. Entramos en nuestro edificio del Diario sin inmutarnos pero extremadamente tensos y preocupados, aunque seguimos diciendo todo lo que nos dictaba la conciencia en contra de la situación diabólica que vivía el pais.

Nunca se había visto en nuestra patria ni en ningún otro país tanta histeria colectiva ni tanto fanatismo puestos más que al servicio de la verdad, al servicio de la exageración, del prejuicio, del «snobismo» y del servilismo. El acoso llegó incluso afuncionar dentro de las salas de redacción. Un día, el 17 de marzo de 1959, recién estrenada la revolución en el Poder, vi colocada la siguiente nota en la pizarra central de la redacción: «El Departamento de Linotipos de esta Empresa, ha tomado el acuerdo de que sus miembros no compondrán ningún material o editorial donde se ataque las leyes revolucionarias del actual gobierno. El Delegado». Nosotros ante todos los redactores del periódico le escribimos a mano debajo del aviso de los censores oportunistas, la siguiente línea: «Por principio no acepto ninguna índole de censura». José Ignacio Rivero.

En cuanto a la coacción económica leo a continuación una de ellas: «Cubano: El Diario de la Marina *tiene derecho a decir lo que quiera aunque con ello sirva a los intereses de la contrarrevolución, pero tú tienes un derecho muy importante: el derecho a consumir los productos que quieras. No compres ningún producto que se anuncie en el* Diario de la Marina. *Recuerda que desde que se fundó hace más de 100 años está sirviendo los intereses generales y permanentes de la reacción». Incluso nos abandonaban algunos miembros de nuestro personal. Recibíamos telegramas como este: «Si usted es cubano debe rehusar Medalla de Héroe de la SIP Caso de aceptarla renuncio suscripción y corresponsalía. Genesca, Corresponsal de Corralillo. Las Villas». Los impresos que volaban constantemente por las calles de la capital eran muchos y de diversos contenidos. He aquí uno de tantos: «Pueblo de Cuba: Unete al boycot humanista. No compres los contrarrevolucionarios* Diario de la Marina, Avance *y* Prensa Libre. *Mensajeros de* All America Cables.

¿Para qué seguir mencionando ejemplos de la persecusión y presión que sufrimos los periodistas y periódicos libres e independientes de Cuba? Se haría interminable este discurso que no puede ser muy corto pero tampoco debe ser muy largo.

Miguel Ángel Quevedo, Director y dueño de la revista Bohemia, anticomunista, pero revolucionario y fidelista, nos pidió privadamente como amigo, como colega y como miembro del Bloque Cubano de Prensa, que suspendiéramos los ataque a la revolución porque le constaba que se estaba planeando nuestro asesinato. Le respondimos que no nos agradaba nada la noticia que nos daba pero que si debíamos caer en la contienda por defender a Cuba y a todos los derechos del hombre, entre ellos los de la libertad de expresión, caeríamos de frente y no en silencio, por la dignidad de nuestro periódico y por la nuestra propia. Y así caímos: asaltados por la fuerza de las metralletas la noche del 10 de mayo de 1960 logrando casi milagrosamente refugio en la Embajada de Perú.

Decíamos al principio que algunas figuras responsables del periodismo continental y que algunos periódicos sirvieron ingenuamente a Fidel Castro comparándolo con Robin Hood y hasta con Abrahan Lincoln. Después esos periodistas y periódicos, que ponían siempre un extraordinario énfasis en sus ataques a los dictadores tradicionales de la América Latina, cosa, por demás digna de todo encomio, mantuvieron una discreta actitud de oposición en el caso de Cuba. La misión más alta hubiese sido la del ataque frontal contra la penetración comunista en la América. Y esa misión, sin embargo, no la cumplieron a cabalidad. En el caso de Cuba, por ejemplo, y esto también hay que reconocerlo públicamente, operaron tardíamente y con flojedad. Felizmente fueron los menos porque la enorme mayoría de los periódicos miembros de la SIP y la propia SIP como institución, ha mantenido en todo momento una actitud ejemplar en contra de los desmanes del castrismo y de todas las tiranías existentes en el hemisferio desde el primer año de su fundación.

Después de todo –y lo decimos a toda voz como miembro honrado por la SIP ¿para qué sirve la propaganda democrática si no es para agrupar a toda la prensa del continente americano en la lucha más importante que aún tenemos ante nosotros? ¿Por qué todos los periódicos libres del Mundo Occidental no se movieron nunca coordinadamente en el ataque al comunismo? Es curiosa la actitud de cierta prensa en el caso de Cuba. La más leve declaración de Castro o de cualquiera de sus secuaces provocaba y sigue provocando cintillos en muchos periódicos de este país. Jamás las agencias noticiosas se han tomado la molestia de reproducir un solo párrafo de un solo artículo publicado en la prensa cubana del destierro. Por los cables de las agencias de noticias --y esto los cubanos tenemos que decirlo también en honor a la verdad- vuelan muchas veces las noticias más insignificantes que se producen en el bajo mundo fidelista pero los periodistas cubanos libres e independientes del destierro tienen que llegar muchas veces casi arrastrándose miserablemente hasta los medios de comunicación para proclamar la verdad de Cuba.

Es la primera vez en la historia de América que una masa de periodistas amantes de la libertad tiene que huir al extranjero para ser oída y sin embargo no se les oye. Y aquí estamos, 30 años después del atropello castrista haciendo periodismo a duras penas para ser leídos o escuchados solo por nuestros compatriotas en desgracia a quienes no les hace falta que le contemos la tragedia que vive Cuba desde hace más de tres décadas. Y no nos referimos a nosotros en particular que sí se nos han abierto las páginas de periódicos continentales y de España para decir toda nuestra verdad; nos referimos a esa masa de periodistas aexiliados en todas partes de Estados Unidos y que han tenido que refugiar sus ideas también en las humildes y pequeñas publicaciones del destierro que se hacen para consumo de sus propios compatriotas a quienes nada nuevo tienen que decirles en favor de nuestra causa democrática.

En Miami tenemos a El Nuevo Herald, suplemento en español de The Miami Herald y el Diario las Américas que sin ser cubano de nacimiento, además de otras causas dignas y justas, está consagrado a la causa anticastrista por lo que tiene el régimen de Castro de totalitario y de enemigo de la libertad. Por ello nos sentimos plenamente orgullosos de colaborar en sus páginas que sabemos, además, que llegan a todas partes de América.

Pero nos duele profundamente que la mayor parte de los periódicos del Continente, compañeros nuestros en la lucha a favor de la libertad de prensa, incluyendo a los de América del Norte, que debieran subrayar nuestra presencia en el ámbito democrático con una reproducción continuada de los artícu-

los de periodista cubanos exiliados dignos de ser publicados, den la callada por respuesta, Se nos hace el silencio. El caso de Cuba que estuvo a punto de llegar a ser el caso de toda América, no le interesa a una América que se siente lejos de la candela.

No se trata de una crítica, se trata de un desahogo que manifestamos en familia, entre amigos, entre colegas respetables y queridos.

El hecho de Cuba pudo haberse conducido de una manera distinta si la prensa desde los mismos días en que Castro estaba en la Sierra Maestra, hubiese renunciado a crearle un perfil romántico. Pero no. Con muy dignas excepciones, lo convirtieron en una leyenda, sin ahondar en la realidad del drama cubano, sin prevenir los acontecimientos. La prensa en su mayor parte se precipitó en los elogios. Para todos fue muy difícil recoger velas. Cuando no hay razones ya para que nadie se llamase a engaño, todavía sigue operando una especie de chantaje de las izquierdas, aunque felizmente se trata hoy de una ridícula minoría. El pueblo de Cuba desde hace más de 30 años está en contra del castrocomunismo y tiene los ojos muy abiertos. El sufrimiento le abre los ojos a cualquiera. A Castro no le queda nada más que una pequeña minoría también de fanáticos adoctrinados diabólicamente que son los que aterrorizan a la nación con sus delaciones y amenazas de cárcel o fusilamiento a los que ligeramente se apongan o resistan a la proyección total del régimen despótico del Caribe. ¡Y todavía hay columnistas en el mundo libre que le hacen concesiones a Castro!

Si las voces cubanas llegan todos los días a todos los pueblos de América Latina quizás los fermentos revolucionarios inspirados por Castro que aún sobreviven en ciertas zonas quedarían ahogadas por la fuerza irresistible de la verdad. Para esa tarea hace falta la prensa. Necesitamos la estrecha solidaridad de los periódicos del Continente. No sólo de la mayoría sino de todos. La SIP, lo vuelvo a repetir, ha colaborado siempre con verdadera energía a favor de la libertad de prensa y ha combatido con firmeza las censuras de prensa y todas las embestidas salvajes contra los derechos de la libertad de los hombres y pueblos del hemisferio. Pero ahora que el régimen comunista de Cuba está moribundo (eso creíamos todos entonces) necesitamos una solidaridad mayor, una acción mayor para divulgar a plenitud el desastre de la libertad y el sufrimiento desesperante de nuestra isla esclava, para que a base de ese bombardeo democrático con los cañones de la verdad dicha a toda voz y sin rodeos, acabe de desaparecer al único régimen en toda América que gobierna aún basado en la mentira y en el atropello.

El mundo entero ha estado desde que el comunismo se instaló en Rusia en una batalla de principios y especialmente en una batalla a favor de la libertad. Todavía quedan en nuestro planeta países regidos por el sistema comunista que aherroja todas las libertades. Cuba, a sólo 90 millas de las costas norteameri-

canas, es uno de ellos. La btalla de la libertad la ganaremos sin duda alguna. Ya se están escuchando los estertores de la muerte castrista Ganaremos la batalla de la libertad, pero la ganaremos más pronto si sabemos todos determinar cuales son ahora las armas más poderosas para destruir al enemigo de todos los derechos humanos, entre los que se encuentran la libertad de movimiento y la libertad de expresión.

Hoy mismo proponemos que la próxima reunión anual de la SIP sea en La Habana bajo un clima de plena libertad en medio del resplandor de la nueva y maravillosa luz de la libertad de prensa cubana.

Y cuando en nuestra patria no se confunda más la sana crítica periodística con la mala fe, cuando los verdaderos agitadores de oficio desaparescan de nuestra tierra; cuando todos estemos dedicados a construir en grande haciendo crítica elevada y consciente; cuando ya no se amenace a nadie de imperialista o de anti cubano cuando se discrepe; cuando cese el afán de totalizar la mentalidad de la ciudadanía queriendo encuadrarla dentro de una sola idea, y cuando veamos desde un principio a todos expresándose con claridad, honradez y sin temor, entonces, desde allá, desde Cuba, enviaremos nuestro mensaje a la SIP y al mundo entero: ¡Bienvenidos a La Habana y cuenten siempre con nuestras página para que unidos todos en un solo propósito podamos fortalecer hasta el máximo el principio de la libertad de prensa y de todas las demás libertades.

Ahora somo nosotros los que necesitamos el espaldarazo de la SIP y de todo el hemisferio americano para dar la batalla final a favor de la libertad de nuestra Cuba.

¡Dios Nuestro Señor y la Virgen de la Caridad del Cobre nos ayude a ganar esta última batalla!

Muchas gracias a todos y de todo corazón.

Eso no Fraga

En el verano de 1991 visitaba a Miami Manuel Fraga Ibarne, presidente de la Junta de Galicia. Y en el mismo corazón del exilio cubano manifestó que el diálogo en Cuba era inevitable y que estaba pensando viajar a la isla para recuperar el Centro Gallego de La Habana... Resultaban increíbles estas declaraciones en medio de tantos cubanos que habíamos perdido la patria bajo la tiranía de Fidel Castro. Nosotros, a pesar de nuestra íntima amistad con quien también fuera Ministro de Información y Turismo durante el gobierno del Generalísimo Franco, dijimos en las páginas del *Diario las Américas* que sus declaraciones parecían las de un humilde aldeano peninsular y no de quien fuera el hombre sagaz e inteligente que habíamos conocido en Madrid. Y publicábamos un artículo en el que decíamos lo siguiente:

Sugerir el diálogo con Castro en el exilio cubano es como mentar la soga en casa del ahorcado o como hablar bien del fuego en casa del bombero. ¿Se le hubiese ocurrido al amigo Fraga cuando aún no. estaba acostumbrado al «estilo dialogante de las democracias europeas de hoy» sugerir el diálogo entre La Pasionaria o el Campesino y el Jefe del Estado español con el fin de lograr un entendimiento con el comunismo? ¿Se le hubiese ocurrido a los comunistas y republicanos españoles refugiados en México y Moscú parlamentar con Franco para lograr el retorno a la patria con la «palomíta» de la paz dialogada?- ¿Cree el ex ministro de la nación que tanto ha negociado con Castro que su gobierno se hubiese sentado a dialogar con el enemigo implacable de Franco? ¿Hubiese estado, dispuesto el amigo Fraga cuando era ministro visitar a Moscú, no para recuperar un Centro Gallego moscovita porque allá no lo ha habido nunca, sino para recuperar a través del diálogo todo el oro español que se robaron los rusos durante la guerra civil?

Que trate si puede el amigo Fraga de llevarse el Centro, Gallego para España o que gestione si quiere el regreso de todos los gallegos de España al Centro Gallego de La Habana. Nada tenemos que ver con esas componendas ni con esos diálogos por la comunidad gallega y los derechos humanos en la isla con quienes sienten el mayor desprecio por las soluciones democráticas. Allá los malos españoles que olvidan el millón de muertos que ocasionó el comunismo en la guerra civil más espantosa que recuerda la historia. A nosotros los cubanos no nos interesa rescatar ningún Centro, ni el Capitolio, ni la patria misma a base del compadraje bochornoso con el tirano. Una cosa es el cristiano perdón y otra cosa es ir del brazo del ladrón.

A nuestra patria la queremos salvar con la misma dignidad que los españoles salvaron a la suya de la barbarie comunista. Francisco Franco Bahamonde no salvó a España con diálogos bochornosos. Claro que aquí en Miami, como dijo Fraga Iribarne, el tema está «en carne viva». No es para menos. A nosotros nos ha tocado «bailar con la más fea» en los últimos treinta años de satrapías en América. Nos hubiera gustado verle la cara a nuestro amigo Fraga cuando era Ministro de Información si en una de nuestras visitas a su despacho de la avenída Generalísimo le hubiéramos aconsejado un diálogo con la prensa española para que se lograra una total libertad de expresión... Hoy Fraga se pronuncia partidarío del diálogo para acabar con las dictaduras. ¿Por qué no se pronunció partidario del diálogo con los comunistas españoles en los años que formó parte del gobierno del muy respetable caudillo de Espana?

Eso de que el lamentable abucheo por sus palabras referentes al diálogo con Castro, en la digna Casa de Santa Marta de Ortigueira se debió a que «al enfermo le duele lo que tiene que decirle el médico», no es cierto. El enfermo es Castro y su régimen; la causa anti-castrista goza de buena salud porque es justa, tan justa como la de la España anti-comunista que no se rindió nunca ni parlamentó nunca con el enemigo abominable y diabólico. Además, el amigo Fraga debe saber que el descontento, la oposición, la desesperación no está más en el destierro que en toda la isla de Cuba que se encuentra muchísimo más «en carne viva» que los que tuvimos la suerte de escapar de la esclavitud marxista-leninista.

¿Por qué Fraga no le dice a Castro que la solución para Cuba es que abandone el Poder? ¿No cree sinceramente el presidente de la Junta de Galicia que esa proposición sería más justa y más saludable que la que nos propuso a los cubanos de Miamí? ¿No sería ésa la mejor medicina que podría recetarle un «médico» político como él a un enfermo tan ínfame, tan fratricida y tan megalómano como Castro?

Es intolerable condenar a algunos de los que ayer robaron o mataron y cubrir con un manto de impunidad o de tolerancia a los Castro que se han robado toda la riqueza de la isla y matado ante el paredón a miles de compatriotas.

No nos interesa el diálogo de Fraga Iríbarne. El único diálogo nuestro con el comunismo tendría que ser como el del General Moscardó en el Alcázar de Toledo, o como el que sostuvo valientemente con el tirano de Cuba ante la televisión,? cubana el siempre bien recordado Juan Pablo de Lojendio para darle ante, sus mismas barbas una lección de civismo y de verdadera, dignidad.

Eso sí, Fraga.

Mensaje de Boza Masvidal

En esta vida a medida que van transcurriendo los años los hombres van olvidando lo que no se debe olvidar nunca. Sobre todo se olvidan o se ignoran los méritos del prójimo que tiene poco que ofrecer o que no está sobre el «tapete» de la fama o de la vida pública. Hoy se premia o se alaba a muchos que contribuyeron a la desgracia de Cuba y se «engavetan» muchos nombres de cubanos que sin exhibicionismo de índole alguna mantuvieron posturas dignas y valientes frente al régimen de Castro. Así es este mundo interesado y olvidadizo y nadie lo va a cambiar... Cristo tuvo que preguntarle al leproso que le daba las gracias por su curación: y ¿Dónde están los otros nueve?

Poco antes de un almuerzo que en 1992 amablemente se nos ofrecía con motivo de nuestros cincuenta años en el periodismo recibimos una generosa carta de Monseñor Eduardo Boza Masvidal. La misma nos recordaba dos valientes mensajes que en distintas oportunidades nos envió al Diario de la Marina cuando nos enfrentábamos al régimen fidelista. Nadie se atrevió, con su nombre y apellido, a respaldarnos públicamente durante la contienda periodística. Boza Masvidal sí lo hizo y desde la misma Cuba.

No nos olvidamos nunca que Monseñor Boza Masvidal, Obispo Auxiliar de La Habana y Rector de la Universidad Católica de Villanueva en 1960, en el Boletín que publicaba como Párroco de la Iglesia de la Caridad, en diciembre de ese año replicó cívicamente a los ataques de régimen comunista y sus distintos voceros de la prensa, radio y televisión, así como al atentado dinamitero de que se hizo objeto a aquel Templo católico, también por agitadores y provocadores marxistas.

Los principales párrafos de las manifestaciones del digno prelado de la Iglesia cubana, fueron los siguientes:

«Es algo que produce indignación ver cómo se trata de engañar al pueblo, de tergiversar las cosas y de presentar la defensa de los principios fundamentales del cristianismo y de los valores más altos del espíritu como cuestión de mezquinos intereses materiales. Se ha hablado de los Colegios y se ha anunciado que morirán de consunción y para darles el golpe de gracia, y a varios de ellos se les ha subido en forma exorbitante el impuesto territorial... La Universidad de Villanueva es un aporte de la iglesia Católica a la cultura superior cubana y cristiana, que se ha formado con contribuciones de fuera y de dentro en beneficio exclusivo de Cuba, a la que ama y por la que trabaja. De allí no se ha sacado a nadie por ser revolucionario, Allí cada cual puede pensar como quiera, y mientras se comporte correctamente no será molestado en lo más mínimo. Pero los que creen que ser revolucionario es un salvoconducto para injuriar y calumniar impunemente, están equivocados. Y por eso se ha sacado a algunos alumnos: por injuriar y calumniar públicamente después de haberle pasado por alto el haberlo hecho muchas veces internamente. Decir que se está tratando de cerrar la Universidad de Villanueva con determinados fines es lo diametralmente opuesto de lo que se está haciendo: tratar de mantenerla abierta a toda costa y por encima de todas las dificultades. Y esto en castellano se llama calumnia.

«La Iglesia, pues, no defiende un problema de dólares sino de principios. La Iglesia no quiere que exista el barrio de las Yaguas, y dentro de sus limitadas posibilidades ha hecho mucho por transformar ese barrio, pero no cree que ese problema se resuelve o se va a solucionar con que las casas y los Cadillacs del Country Club, en vez de usarlos sus anteriores dueños, los usen unos señores venidos de Rusia o de Checoslovaquia. Se va a solucionar con una justicia social cristiana en la que no se va a igualar a todos en el plano de los que no tienen nada, sino en el plano de los que tienen algo, en la que se va a mirar por las necesidades materiales del hombre sin arrebatarle su libertad y los valores de su espíritu. No podemos mutilar el Evangelio y quedarnos con una frasecita suelta y desposeída de su verdadero significado sobre lo difícil que es al rico salvarse, sino predicar el Evangelio íntegro con su mensaje de proyección hacia lo eterno, de desprendimiento, de amor universal que no excluye a ningún hombre, y de verdadera libertad. Y esto tenemos que predicarlo en las Iglesias y las Hojitas parroquiales y en los pocos medios que tenemos a nuestro alcance, porque ya nos dice el Libro Santo que "verbum dei non est alligatium", la palabra de Dios no está encadenada y tenemos que obedecer a Dios antes que a los hombres».

Así, y en voz alta, debíamos haber hablado todos en Cuba frente a Castro...

Congressional Record

PROCEEDINGS AND DEBATES OF THE 102^d CONGRESS, SECOND SESSION

WASHINGTON, FRIDAY, MARCH 27, 1992

House of Representatives

TRIBUTO DE RECONOCIMIENTO A JOSÉ IGNACIO RIVERO

CONGRESISTA ILEANA ROS-LEHTINEN
de la Florida

EN LA CAMARA DE REPRESENTANTES

Propietario y Director del Diario La Marina - periódico fundado por sus antepasados en 1832 - José Ignacio Rivero supo enfrentarse con coraje y valentía al régimen de Fidel Castro cuando éste en Cuba comenzó a censurar todas las libertades.

Con riesgos de su libertad, y aún de su propia vida, José Ignacio denunció en las páginas de su periódico los crímenes que ensangrentaban el camino de una revolución en la que, durante los primeros meses, muchos cubanos confiaron.

Por no poder doblegar su vertical posición en defensa de la libertad de expresión y de los valores morales de la familia cubana, el régimen castrista clausuró su periódico en mayo de 1960. En el exilio, José Ignacio continuó su batalla frente a la ya declarada revolución marxista/leninista de Castro.

Así José Ignacio Rivero, antes en Cuba y ahora en el destierro, ha defendido durante más de 50 años los principios morales, los valores de la familia y la libertad de expresión y se ha destacado como un sobresaliente combatiente de la libertad de su patria nativa.

PROCEEDINGS AND DEBATES OF THE 102^d CONGRESS, SECOND SESSION

Cincuenta años de periodismo

Cumplíamos cincuenta años ejerciendo el periodismo en 1992 en la ciudad de Miami. Por aquel año cumplíamos también 32 años en el destierro. Habíamos pasado por la escuela de periodismo de la Universidad de Marquette. En el año 42 habíamos dado nuestros primeros pasos técnicos y teóricos en Milwakee en el estado de Wisconsin; ya habíamos emborronado y publicado una gran cantidad de artículos y materiales periodísticos en nuestro periódico de La Habana y más tarde fuera de Cuba en diarios latinoamericanos y de España después de una lucha editorial sin tregua contra la tiranía de Fidel Castro. En el exilio habíamos publicado varias revistas y periódicos. El último lo habíamos editado en la ciudad de Nueva York junto a dos grandes de las letras y del periodismo de España: Torcuato Luca de Tena y Luís María Ansón. Mas tarde ejercimos durante tres años en la ciudad de Washington una corresponsalía especial para el *ABC* de Madrid y de Sevilla. El largo recorrido por los azarosos aunque fascinantes campos de la letra de molde lo terminamos en Miami, la capital del destierro cubano. Comenzábamos a publicar en el *Diario las Américas* la misma columna que escribíamos diariamente en nuestro *Diario de la Marina* titulada «Relámpagos» y que diariamente enfurecía a la revolución castrista.

En 1992, repetimos, cumplíamos cincuenta años en el periodismo. Ya nos parece cosa de poca importancia porque en los momentos en que escribimos estas líneas estamos cumpliendo los sesenta. No de edad, desde luego, sino de periodistas... Que gran verdad aquello que nos decía nuestro padre cuando cumplimos los quince años de vida: «Los primeros quince marchan a paso de carreta pero los, demás te parecerán que van en aeroplano»... Un grupo de buenos amigos encabezado por la preclara ya desaparecida Olimpia Rosado organizó un homenaje en honor a nosotros por aquella ocasión de nuestro cincuentenario en el periodismo. No considerábamos aquella iniciativa como un homenaje personal. Lo aceptamos con verdadero placer porque hemos considerado siempre que el honor que se rinde a una persona por la labor cumplida ha de aceptarse sólo como un apoyo o homenaje a la causa y a las ideas que se defienden.

Palabras de mi hija

También, y antes que nosotros, Beatriz, una de mis hijas, dijo unas palabras que nos hizo sentir al máximo el orgullo de padre. Veamos lo que le salió del corazón en aquel acto tan lleno de exagerados halagos:

«Cuando niños, todos pensamos que nuestro padre es intachable, y el mejor. A medida que vamos creciendo empezamos a discrepar de él, y luego... de adultos, lo queremos entrañablemente, aunque al mismo tiempo reconocemos ya, que tiene defectos como humano al fin.

En este caso, cuesta trabajo encontrar esos defectos. Cuando se le iba la vida al sufrir un infarto el verano pasado vi que nos quedábamos sin ese tronco de raíces sólidas y ejemplares.

Ser padre no es solamente experimentar la alegría de traer un hijo al mundo. Es dar el ejemplo en todo momento siguiendo una línea recta de conducta, de amor y de sacrificio, asumiendo por consiguiente las responsabilidades que van mano a mano con esta experiencia que fue nuestra decisión. Es siempre decir 'tú'

Andrés Vargas Gómez, J. I. Rivero y Antonio Maceo.

antes que 'yo', y de poner el 'ego' a un lado lo que no es tan difícil hacer. Eso es lo que nos hace 'hombres' y no solo seres humanos.

Mi padre siempre ha representado todo esto: responsabilidad, conducta, sacrificio y amor. Y esto solo se demuestra diciendo presente a toda hora.

Este padre que honramos hoy públicamente, al llegar al exilio nos enseñó con su ejemplo algo primordial en la vida: aceptar con humildad nuestro destino y bajar la cabeza cuando se trata de asumir responsabilidades.

Quisiera haber seguido siendo dueño de periódico pero ya no tenía aquella institución, ni el poder que representaba el Diario de la Marina.

Desafortunadamente en el exilio el poder y el valor de una persona se calibra por esos 'papeles verdes'. Pero no para mi ni para muchos de nosotros. Por eso me enorgullece saber que hoy se le hace este reconocimiento a mi padre por lo que él representa. Son todos esos valores que nunca puso a un lado aunque le costara la vida, o el 'pan de cada día'.

Una vez, cuando yo estaba en la universidad, mi maestra de filosofía, sin conocer mis raíces familiares me escribió un comentario en una de mis composiciones. Decía así la maestra: Tienes dotes de escritora. ¿Has considerado ser periodista. Me sentí inmensamente orgullosa pero entonces soñaba sólo con ser esposa y madre. Esos sueños se realizaron.

Hoy soy administradora del Departamento de Pacientes Externos en un hospital de rehabilitación física Pero como la posibilidad de recuperar a nuestra patria se acerca cada día más siento esa inquietud de poder hacer algo para reconstruirla.

Somos 18 los nietos de mi ilustre abuelo "Pepín" Rivero y cuatro somos hijas de su hijo José Ignacio quien luchó por mantener lo que su padre y el Diario de la Marina *representaban.*

Por eso hoy quiero dejarles saber a mi abuelo Pepín y a mi padre José Ignacio que esa inquietud que siento de poder hacer algo por reconstruir lo que fuimos espero poder convertirla en realidad cuando se abran las puertas de Cuba.

Espero poder realizar esa obra en unión con todas esas otras prestigiosas instituciones periodísticas de nuestra época republicana para juntos poder crear de nuevo la libertad de expresión en nuestra Cuba Libre.

Mi abuelo Pepín tuvo la dicha, aunque desde la gloria, de ver su labor continuada a través de su hijo José Ignacio.

Quiero con la colaboración de todos nuestros hermanos en el periodismo tener la oportunidad algún día de darle esa misma satisfacción a mi padre José Ignacio

Capaz que pueda realizar algún día lo que aquella maestra de filosofía vio en mi hace muchos años...

Tu hija, Beatriz Rivero»

Nuestra gratitud

He aquí las palabras resumidas que pronunciamos aquel día inolvidable para nosotros:

«Queridísimos amigos y compatriotas:
Por prescripción facultativa debía dar sólo las gracias y nada más. Como todos saben, no hace aún nueve meses que sufrí dos paros cardíacos y un grave infarto del miocardio. Pero no importa. Creo que vengo bien preparado para cualquier tipo de emociones. Tengo el pecho lleno de parches de nitroglicerina y los bolsillos llenos de calmantes y de pastillas de toda índole. Me siento casi como una farmacia ambulante. Por lo tanto, con perdón del médico y con todo mi respeto, estoy obligado a dejar a un lado su prescripción facultativa y no sólo doy las gracias sino que diré algunas cosas más que quiero desembuchar porque también es verdad, según los propios médicos, que el desahogo es saludable para el corazón y para la presión arterial.

No soy orador. Lo digo con naturalidad y sencillez. El doctor Virgilio Beato más de una vez me ha dicho: José Ignacio, te envidio tu fe religiosa. Y yo siempre le respondo: Virgilio, te envidio tu don de la palabra y sobre todo tu polifacética cultura.

Recuerdo la primera vez que tuve que improvisar un discurso en mi vida. Recién nombrado Director del Diario de la Marina *siendo un jovenzuelo si experiencia alguna frente al público, hice una visita de cortesía a las más importantes instituciones de Cuba, entre ellas a los Centros Regionales españoles de La Habana para reiterarles, después de fallecido mi padre prematuramente, la continuidad en el servicio y apoyo de nuestro diario a las mismas. No esperaba una recepción tan grande ni tan calurosa en el Centro Gallego. Me recibían en el salón de actos repleto de socios y con el presidente del Centro, Cayetano García Lago, y toda la directiva en el escenario. No me quedó otro remedio que improvisar un discurso. Después de los aplausos y de las copas de ritual crucé a pie el Parque Central en dirección al Centro Asturiano acompañado de Miguel Baguer quien había sido secretario particular de mi padre Pepín Rivero. Allí ocurrió lo mismo. Tuve que pronunciar otras palabras improvisadas. Ya en mi despacho del periódico le digo a Baguer: no recuerdo nada, absolutamente nada de lo que dije en ninguno de los dos Centros. ¿Qué tal hablé? Y me respondió: "¡Formidable! Solo tuviste un fallo. ¿Cuál? le pregunté con ansiedad. Pues que en el Centro Gallego te referiste todo el tiempo al Centro Asturiano y en el Centro Asturiano de referiste al Centro Gallego...*

Quedé puesto y convidado. Desde entonces llevo siempre a todos los actos mis cuartillas en el bolsillo. Por si las moscas...

Cuando Olimpia Rosado, esta gran periodista de la palabra y de las letras correctas; esta gran cubana que tiene entre otros méritos los de saber hablar con propiedad y sobre todo escribir correctamente (cosas que día a día se van perdiendo en el exilio); cuando Olimpia me llamó la primera vez para anunciarme que se preparaba un acto en mi honor y que antes de avanzar en el propósito tenía que contar con mi consentimiento, después de una breve y amable explicación sobre el motivo del homenaje, algo ruborizado en el teléfono por sus amables y exagerados elogios, le dije que no; que se lo agradecía mucho pero que no veía una razón lo suficientemente poderosa para que se me ofreciese una distinción por mi ejecutoria en el campo del periodismo.

Olimpia me rebatió el punto con gran delicadeza. Me corrigió cariñosamente casi de la misma manera que lo hace en su sección 'Cuestiones Gramaticales del Diario las Americas: 'No José Ignacio. Te equivocas. Vamos a hablar correctamente. Razones hay de sobra para un homenaje en tu honor'.

No sabía como corregir a Olimpia y le dije con toda naturalidad lo siguiente: todo eso que tu dices que yo he hecho, lo he hecho por un deber y una obligación. Y vuelve a corregirme Olimpia: 'Si, pero con ese deber y con esa obligación no todos cumplen'. Y, desde luego, de nuevo con el sonrojo en el teléfono pensé, con una razón clarísima que no me quita nadie de la cabeza, que las obligaciones, cualesquiera que estas sean, no se premian ni hay que aplaudirlas con homenajes ni con reconocimientos de ninguna índole. La obligación es obligación y punto. El deber es un deber y nada más. El que no cumple con ellos no es persona digna de respeto. Y punto también...

No veía, pues, motivo para aceptar el homenaje, el reconocimiento o acto de simpatía como este que se me está ofreciendo en el día de hoy con tanta amabilidad. Pero lamentablemente ganó la insistencia de Olimpia y de los amigos de la iniciativa. Señores, es muy difícil corregirle la plana a Olimpia Rosado. Y aquí estoy entregado en los brazos del homenaje injustificado que llegué a aceptar con la condición de que se honrara a la causa que he defendido durante 50 años de periodismo –la misma que defendió mi padre y mi abuelo sin variante alguna– en el Diario de la Marina primero y en el exilio después. De ahí que este acto se lo extienda también a mis hermanos que junto con nuestra madre, fallecida ya hace unos años, supieron igualmente cumplir con su deber en sus respectivas posiciones del periódico frente a la tiranía roja. Y también a mis colegas periodistas y dueños de periódicos de Cuba, algunos de ellos aquí presente, que no claudicaron frente al monstruoso comunismo. Y a todos los entrañables y leales miembros del Diario de la Marina y a Gastón Baquero y a Oscar Grau Esteban que tanto me ayudaron durante los largos años de mi labor en la dirección del periódico. Y a Francisco Ferrán, mi primo, con quien precisamente comencé hace 50 años a dar mis primeros pasos en el periodismo, muy jóvenes aún, incluso repartiendo periodiquitos en el barrio de las Yaguas.

Dedico un especialísimo recuerdo a siete de mis colaboradores más íntimos y fieles en la época de Castro ya desaparecidos: Francisco Ichaso, Antonio Gornés, Armando Suarez Lomba, Alberto Giró, Roberto López Goldarás, Luis de Posada y Ambrosio González del Valle, mi querido e inseparable Ambrosio, en Cuba y en el exilio, quien desde hace unos pocos meses descansa junto al Todopoderoso.

Y un recuerdo aparte a Guillermo Martínez Márquez, gloria del periodismo cubano y continental, que, a pesar de no haber sido de nuestro periódico, sí estuvimos muy unidos en Cuba y mucho más en el destierro.

Aunque todo lo material lo perdí en Cuba y en el exilio también, pues una de las cosas que no he aprendido hacer en el exilio es dinero, el maldito aunque necesario dinero de este mundo– me siento, 50 años después de haber comenzado mi carrera de obstáculos en el periodismo y a pesar de la ingratitud, de la indiferencia y de los batacazos que en ese tiempo he recibido, incluyendo el último que recibió mi corazón hace nueves meses, me siento, repito, con más ánimo que nunca para seguir luchando por Dios, por la Patria y por todos los derechos y valores morales del hombre tan pisoteados por las fuerzas materialistas del mundo actual y que se han infiltrado desgraciadamente hasta en nuestro destierro. Mi pluma modesta cada día se siente más decidida a seguir defendiendo todo lo que cree justo y a seguir denunciando lo que estima descabellado en cualquier campo con la misma decisión que cuando escribía mis Cartas sin Sobre a Castro en Cuba y cuando arremetía contra el régimen con el seudónimo de Vulcano.

No nos cansamos de escribir en contra de la inmoralidad y de la indecencia imperantes en la mayoría de las pantallas de la televisión que entra en los hogares y en un parte considerable de la prensa escrita del mundo de hoy.

Vemos con indignación como se divulga el erotismo y el homosexualismo en casi todos los medios de comunicación. Eso no es libertad Eso es puro libertinaje. Hemos leído artículos, informaciones, reportajes, programas de televisión, etcétera, dedicados al sexo y a la obscenidad, y no se escucha una sola protesta por ninguna parte.

¿De qué sirve la guerra al comunismo si lo que se cambia es solo la política y no el espíritu ni la moral. Dijimos una vez y lo volvemos a repetir que se huye del marxismo materialista y ateo para vivir en la democracia, en el mundo de los valores morales, espirituales, honestos, dolorosos; en una sociedad digna y decente, pero la realidad es que se cambia de un materialismo sin libertad a otro sin esclavitud pero con libertinaje y sin vergüenza.

Sí, nuestra pluma cada día se siente más decidida a seguir luchando en contra del mal y a favor del bien. Nada ni nadie podrá impedirnos que digamos siempre con honestidad todo lo que creemos justo. Nadie podrá impedirnos, en cuanto a Cuba que sigamos oponiéndonos al diálogo con el comunismo satánico de Castro; ni nadie podrá convencernos de que es justo dejar las cosas como están cuando se libere nuestra patria en cuanto a los bienes robados por el régimen castrista.

Nuestra pluma no se cansa porque nuestro mensaje periodístico responde con lealtad a un cuerpo de principios que son inmutables. Nuestra pluma, buena, mala o regular, no se cansa mientras Dios Nuestro Señor nos de vida y cabeza para pensar. Y seguirá defendiendo hasta la muerte con entera libertad y sin compromisos con nadie las eternas verdades de la religión y los intereses permanentes de la patria y de la familia. Decimos lo que tenemos que decir y nos reservamos nuestra libertad de criterio para opinar en un sentido o en otro de acuerdo siempre con los dictados de nuestra conciencia.

Y como el que calla otorga, digo claramente que no estamos de acuerdo con todo lo que se publica ni con lo que se deja de publicar sobre Cuba en el The Miami Herald ni en el resto de la prensa de este país, pero, –óigase bien– sí estamos en total desacuerdo con el sabotaje a los periódicos con los que se discrepa. Se puede estar en desacuerdo y hasta repudiar si se quiere la política o proyección

Joe Wlekinski y J. I. Rivero.

de cualquier periódico o periodista americano, chino o alemán, pero a nuestro juicio, en un país, en una sociedad libre, ha de hacerse por medio de la réplica democrática por muy poderosos que sean los periódicos o periodistas de los cuales se discrepe. La actitud contraria, alentada y dirigida, quizás, por la infiltración castrista, recuerda las quemas de periódicos en las calles de La Habana, la coacción, el boicot, la diatriba, las infames coletillas y la feroz amenaza de Fidel Castro a todos aquellos que se atrevían a discrepar de él,

He visto en la edición de El Nuevo Herald *del domingo, dos cartas cordiales y comprensivas: una de Jorge Mas Canosa y otra de David Lawrence. Quiera Dios que por Cuba y por la legítima democracia se limen asperezas y que solo ganen la razón y la libre expresión del pensamiento.*

Estamos en el momento preciso de evitar que se repita la historia. La Cuba libre del futuro no consentirá más coacciones ni amenazas de nadie. Cuba no desea más experimentos socialistas ni izquierdizantes, ni extremismos, ni caudillismos. Nadie que de veras sea buen cubano quiere volver a una Cuba sólo para arriar la bandera comunista y para mantener las mismas o muy parecidas tácticas e ideas sociales, económicas y políticas que mantiene el actual asesino de nuestra nación, ni para mantener las mismas o parecidas actitudes dictatoriales y de intolerancias.

Sólo me resta afirmar con toda mi alma que este acto, estas distinciones que me han entregado hoy, como todas las demás que he recibido en mi larga vida periodística, que todos los días de mi existencia, todo, absolutamente todo, se lo ofrezco a Dios Nuestro Señor y a la Virgen María, nuestra Madre del Cielo. Lo digo a toda voz y sin respetos humanos indignos de un cristiano. Sin Dios yo no hubiese podido cumplir con mi deber ni un solo día de mis 50 años de labor en el mundo de la letra impresa. Nada quiero para mí. Todo lo quiero para mi buena esposa, para mis hijas y sobre todo para la Mayor Gloria de Dios. A mi sólo me basta con la satisfacción del deber cumplido y con lo que me falte por cumplir. Mi formación es jesuítica pero como lo cortés no quita la valiente en nuestro espíritu católico pienso a menudo como San Francisco de Sales en la Providencia de Dios que con resortes desconocidos por los hombres, guía toda clase de acontecimientos en provecho de los que temen. Considero cuanto agradable o desagradable me ha acontecido hasta el presente, y como todo se ha desvanecido y disipado. Y me digo que igual acontecerá con todo cuanto tengo o ha de llegarme en lo adelante, a fin de que ni el mal me entristezca, ni el bien ni los halagos, ni los premios, ni las cartas, ni los artículos elogiosos, ni el poema de Luis Mario, ni el editorial del Diario las Américas, ni las dulces y bondadosas palabras de mi hija, ni la presencia de todos y cada uno de ustedes en este almuerzo me envanezca. Sí, para que nada de eso ni nada en la vida me haga caer en la vanagloria.

Gracias, muchas gracias a todos.

La Peña Católica

En 1995 creamos en Miami una Peña Católica formada por un grupo de militantes de diversas organizaciones católicas. Nos reuníamos una vez al mes para tratar sobre todo lo que tuviera relación con la moral, la educación y la conducta en torno a la decencia de las proyecciones públicas de toda índole. Por lo general invitábamos a figuras prominentes de distintos campos de la vida ciudadana para que hiciera algún planteamiento relacionado con la actualidad.

Guillermo de Zéndegui, destacado cubano de las letras y de la cultura, fue uno de nuestros invitados a dar una charla sobre los valores morales del hombre y en especial de la sociedad toda. No pasó tiempo sin que nuestro destacado compatriota y amigo escribiera un artículo en su columna del Diario las Américas que tituló "La peña católica, una laudable iniciativa de José Ignacio Rivero. En el mismo analizó en síntesis el tema encomendado y terminaba diciendo:

«No faltan quienes se consuelen pensando que nos quedan aún reservas morales y eso es cierto, pero no lo es menos el que están amenazadas de agotarse. Porque es mucho de temer que el síndrome de deficiencia adquirida que conocemos por SIDA, tenga su equivalente en la salud espiritual de las futuras generaciones, toda vez que los valores morales, ese repertorio de creencias básicas que informan nuestra cultura cristiana, son también susceptibles de infección por las vías de la emulación el contagio.

Las consideraciones que proceden no son meras ocurrencias, me las sugieren la aparición de la Peña Católica, una iniciativa de José Ignacio Rivero, y un puñado de animosos amigos. Una peña más, me dije al principio y no hubo de extrañarme, porque esos encuentros regulares de personas afines en los que se sacan a ventilar las ideas sobre la actualidad del momento en un franco y provechoso duelo de opiniones, se han puesto de moda aquí en el destierro.

Pero pronto pude advertir que esta peña era distinta, ya que no estaba llamada a traer a debate la problemática de la cuestión cubana aunque ésta, por supuesto, no le resulta ajena, sino que la movía y otro primordial propósito que venía siendo desatendido aún por los más obligados por sus convicciones religiosas a tomarlo en consideración, el de contribuir a superar en alguna medida la crisis moral que padecemos.

No faltarán los que piensen que tales aspiraciones exceden con mucho a las posibilidades, pero no saben los que eso sospechan que esta nueva peña no está destinada sólo a intercambiar ideas y formar opiniones, antes bien, a formular planes y tomar iniciativas. Cierto que son pocos los llamados, pero por algo hay que empezar y además, nadie puede predecir el alcance que habrán de llegar a tener las iniciativas de estos pocos si cuentan con el favor de Dios.»

Castro en el Vaticano

En 1996 Fidel Castro había ido a Roma a visitar a Su Santidad Juan Pablo 11. Nosotros pensábamos que aunque Cuba fuera aislada para siempre quedaría ahí en medio del Caribe irradiando sus toxinas en todas direcciones. Hay cierto veneno que ningún cordón sanitario, por férreo que sea, puede tener a raya. El régimen de La Habana, a pesar de las hipocresías de Castro en el Vaticano, se haría él mismo más íntegramente comunista cada día. La democracia –como había sugerido el Papa– significaría la muerte del régimen de oprobio y de esclavitud.

Había que advertir, por otra parte, la crueldad que encerraba para el pueblo cubano esa estrategia preventiva del aislamiento. Estrategia estudiada a fondo y mantenida por el mismo Castro, Una apertura verdaderamente democrática tendría que ir acompañada de una legítima consulta popular a través de las urnas políticas; de una prensa libre; de una amnistía general de presos políticos, de un respeto absoluto de los derechos humanos, y de muchas otras cosas más que serían para el dictador de Cuba una verdadera pesadilla que no podría tolerar a pesar de sus sarcásticas alabanzas a Cristo en la Capilla Sixtina como descaradamente hizo durante su visita al Vaticano.

El bloqueo que tanto cacarea el líder comunista «santificado» en aquella ocasión en Roma, no era tal bloqueo sino embargo que son dos cosas muy distintas. Un embargo que nunca tuvo nada que ver con la soberanía de ningún país del mundo. Se trataba sólo de beneficiar de alguna manera a ciudadanos norteamericanos que fueron perjudicados por la confiscación de sus bienes por el régimen comunista. En Cuba nunca dejó de entrar nada. Cualquier país ha negociado y sigue negociando con Castro.

Fidel Castro le dijo al Papa, y a los periodistas que cubrieron aquella visita a Roma, una serie de mentiras insultantes. Decir que en los 38 años de revolución no había habido un sólo mártir católico era un insulto a la inteligencia del Vaticano y del mundo entero. Miles de cubanos murieron fusilados por el régimen sin otro motivo que el de oponerse al comunismo. Castro no ha querido admitir nunca que esa infinidad de jóvenes que murieron gritando Viva Cristo Rey" son mártires de la Patria y de la Iglesia. El pueblo cubano que es democrático, que ama la libertad y que, por lo tanto, detesta el comunismo ha resistido solo y heróicamente el terror castrista. Hay que ver el valor espartano con que ese pueblo ha ido al martirio. Hay que ver con qué dolor contempló y sufrió la ruina de su economía, la pérdida total de sus libertades, la mancillación sistemática de su decoro, la devastación material y moral de la República por las hordas bolcheviques de los Castro. El simple aislamiento del mal dentro del perímetro de la isla coloca a ese pueblo heroico en la alternativa de continuar inmolándose estérilmente o de bajar impotente la cabeza ante la férrea dictadura de la revolución marxista. ¿Debe conducirse a Cuba -nos preguntábamos en aquel entonces-ante ese dilema trágico, ante ese macabro paredón dialéctico a su destrucción total y para siempre? Muchos norteamericanos han aconsejado a Washington a través del tiempo la tesis profiláctica de cerrar las tenazas en torno a Cuba dejando que los cubanos se cuezan en su propia salsa. Esta por lo menos ha sido la política seguida por todos los presidentes de EE.UU. desde Eisenhower hasta la fecha, es decir, hasta los días en que escribimos estas memorias nuestras.

Claro que nos resistíamos a creer que en una conciencia democrática prendiera esa conducta. Pero era eso lo que veíamos desgraciadamente. No se puede esperar de un pueblo que se suicide colectivamente para quitarse de encima la esclavitud y el hambre. El pueblo de Cuba seguía haciendo todo lo que podía y más de lo que podía. Casi estamos por decir que ha hecho milagros.

Esperábamos que la visita del Papa a Cuba levantara la fe y la esperanza del pueblo. Deseábamos que su viaje a la isla encendiera la chispa de la liberación. No fue así lamentablemente. Pensábamos que debíamos de ir nosotros también a Roma antes de su visita a la isla mártir. Teníamos que hacer algo. ¿Qué cosa? No lo sabíamos. Pero nos sentamos en nuestra mesa de trabajo y escribimos lo que nos salió del alma. Ya Castro se había dado gusto mintiendo en el Vaticano. Ahora nos tocaba a nosotros decir la verdad. Allá mismo. En el Vaticano. Ante el Santo Padre. Esa verdad toda que sólo podemos decir los cubanos que hemos vivido en nuestra propia carne los desafueros e injusticias del déspota simulador y asesino. Pensábamos que nuestra obligación como hombre fiel a nuestra Patria y a nuestra fe religiosa era ir hasta el otro lado del mundo para hacerle personalmente al Papa el testimonio real de la situación desesperada que vivía el pueblo de Cuba. Pedimos, pues, por más de un conducto una audiencia privada con Su Santidad para hacerle entrega de una especie de documento con la historia verdadera de la tragedia de Cuba. Estábamos dispuestos a hacer ese sacrificio para quedar en paz con nuestra conciencia.

Después de escrito lo que le queriamos entregar a mano al Papa comenzamos a hacer las gestiones pertinentes para conseguir la audiencia personal. Tocamos varias puertas importantes tratando de lograrla pero penosamente no tuvimos éxito en la misión. Pensamos que de por medio podían haber algunos muros humanos que no les parecería muy oportuna nuestra presencia en el Vaticano poco antes del viaje del Sumo Pontífice a Cuba. De todos modos leamos las cartas que nos cruzamos con el Cardenal Castillo Lara, Presidente de la Comisión Pontificia por el Estado de la Ciudad del Vaticano y el texto del mensaje que le enviamos a Su Santidad:

«*Estimado Doctor Rivero.*

Le comunico que he pedido para usted un billete de Primera Fila para la audiencia general del 5 de marzo próximo

La audiencia tendrá lugar a las 11 de la mañana en el Aula Paulo VI. Por consiguiente sería preferible que llegara usted, si le es posible, el día anterior. Al llegar, tenga la bondad de contactar a mi secretario el P. Jesús Omeñaca, T 69885426 para que le indique cuándo y como hacerle llegar el billete.

Le encarezco mucho que no dé ninguna publicidad a su venida, al menos antes del encuentro con el Santo Padre ya que ello podría traer dificultades con la Segunda Sección de la Secretaría de Estado, que se encarga de las relaciones con los Estados.

Para simplificar, yo he pedido simplemente el puesto de primera fila para Usted sin especificar su condición ni el motivo de su venida ya que ello podría haber complicado las cosas y exigido otros canales oficiales más demorados para conseguir lo pedido.

Lo saludo atentamente,
Cardenal Castillo Lara»
(Pontificia Commissione
Per Lo Estato De La Città Del Vaticano)
Il Cardinale Presidente.»

A continuación veamos nuestra respuesta:

«*Su Eminencia, Cardenal Castillo Lara*
Ciudad Vaticano

Excelentísimo Señor Cardenal:

He recibido su muy amable carta del 12 de febrero del presente año en la que me comunic que ya tiene todo arreglado para que yo pueda asistir a la audiencia general del 5 de marzo próximo.

Entiendo perfectamente lo que me dice de la publicidad. Créame que yo haría sólo lo que usted me recomendara después de mi visita. Para mi está en primer lugar, por supuesto, lo que me sugiera o me pida la Iglesia. Mis deseos Personales quedan siempre en segundo o último lugar cuando de nuestra Iglesia se trata.

Ahora por razones ajenas a mi voluntad me veo obligado a posponer la visita al Santo Padre. Mi médico no cree prudente que viaje tan lejos en esa misión debido a las muy recientes operaciones que me han hecho del corazón. Prefiere que lo aplace para más adelante. Si Dios quiere y la salud me acompaña yo le avisaría con tiempo a usted para hacer lo mismo que usted tan amablemente consiguió o preparó para mi con el fin de poder ver a Su Santidad. Por el momento yo le envia-

ré a Su Eminencia por correo especial la carpeta con nuestro mensaje al Santo Padre. De todos modos le hago llegar con estas líneas mi sincero y profundo agradecimiento por su muy amable atención pidiéndole a la vez perdón por el tiempo que le he tomado con esta gestión.

De todo corazón le ofrezco mi colaboración sincera y entusiasta e todo lo que en mi condición de periodista católico pueda servirle.

Gracias, muchas gracias en Cristo y María,

José Ignacio Rivero
(Ex Director del Diario de la Marina de La Habana, Cuba)

Y veamos ahora nuestro mensaje al Papa:

A su Santidad Juan Pablo II

Miami, Florida Año 1997.

Amadísimo Santo Padre:

Las siguientes líneas son un sencillo, pero muy sentido mensaje de cooperación y de incondicional respaldo a vuestra Santidad en todo lo concerniente a su misión evangelica y pastoral en este mundo como digno, inteligente y noble representante de Nuestro Señor Jesucristo. Este mensaje que entregamos en vuestras manos ha sido concebido dentro del espiritu de hijo de la Iglesia que dirigen su vida por los principios cristianos que Su Santidad representa.

El que le escribe nació en un hogar cristiano y defensor siempre de la Iglesia Católica Apostólica y Romana, y le agradece con toda el alma a Dios Nuestro Señor el privilegio de haberse formado espiritualmente en el Colegio de Belén de la Compañía de Jesús y más tarde en la Universidad de Marquette en Milwaukee, Wisconsin. Igualmente debe su formación cristiana a la Agrupación Católica Universitaria de La Habana y a los Ejercicios Espirituales frecuentes de San Ignacio de Loyola.

Por haber sido director y dueño del *Diario de la Marina*, el periódico más antiguo de Cuba y de toda la América Latina, con una gran tirada e influencia social, pero sobre todo por cumplir con nuestra conciencia, asumimos los riesgos ostensibles de defender a nuestra Iglesia y a nuestra Patria. No estuvimos solos en este empeño, porque otros católicos sintieron también esa obligación y la ejecutaron con verdadero heroismo y sacrificios. Cientos de ellos hasta llegaron a ofrecer sus vidas ante el pelotón de fusilamiento con un hermoso grito póstumo de !Viva Cristo Rey!, y que deberán servir como inspiración de fe para las generaciones futuras.

Por eso, ante la ign ominia de ver a millones de compatriotas que viven bajo la persecusión, la tiranía y la ferocidad, haya quienes no reaccionan adecuadamente y llegan hasta proponer una política de mano tendida hacia los marxistas, en momentos de nuestra historia en que se hace más necesario que nunca imitar a los primeros cristianos que llegaban hasta el martirio para defender nuestra fe sin contemporizaciones con los que crucifican a Cristo todos los días con su ateísmo, su terquedad y su soberbia.

Después de haber firmado el documento de los Jefes de Estado en Chile y después de haber comparado su revolución con la de Nuestro Señor Jesucristo en la Capilla Sixtina el dictador de Cuba dijo al regresar a Cuba que la revolución no daría un sólo paso atrás; que en Cuba sólo habrá un partido: el comunista.

Es sabido que nuestra lucha en contra del comunismo ateo se vio sin ayuda, aislada políticamente y vista con indiferencia por las fuerzas democráticas del mundo durante más de tres décadas. Mientras tanto el régimen totalitario que se implantó en nuestro país contaba con el apoyo irrestricto del mundo ateo y de muchas naciones llamadas: cristianas. Esta triste realidad trajo como consecuencia las grandes penurias y enormes sufrimientos que hoy padece nuestro pueblo. Por una parte un exilio despojado de su derecho y del fruto de su trabajo que emigró en total pobreza para rehacer su vida, y que tiene una profunda y comprensible sed de justicia. Y por otra parte una mayoría de la isla, compuesta de muchas actitudes, pero que comparten el miedo genérico por un cambio que les haga perder sus exiguos medios de vida. Y nos preguntamos ¿cómo se pueden conciliar estas dos actitudes para caminar juntos hacia una solución nacional justa y sin venganzas, que esto no cabe en el corazón católico genuino?. No tenemos la respuesta. No basta con practicar la razonable «reconciliación» porque el obstáculo está principalmente en la postura intransigente de los comunistas. Y está también en las emociones y necesitamos remedio espiritual.

La responsabilidad que la Iglesia Católica y Su Santidad han asumido de llevar un rayo de esperanza a los que viven en la desesperanza en Cuba abre el camino hacia un futuro con justicia y con libertad. Los católicos le ofrecemos nuestro apoyo para animarle en este esfuerzo espiritual y humanitario. El exilio cubano ve con gran regocijo esta acción que representa la esperanza de un renacer de la libertad y de los derechos humanos en nuestro país sobre los cuales apoyar la dignidad de nuestros compatriotas.

De todo corazón y con todo entusiasmo y sinceridad reafirmamos nuestra lealtad a Su Santidad, Vicario de Cristo en la tierra, al frente de nuestra Iglesia

Católica, quien sabe bien todo esto y mucho más de lo que le decimos en estas pobres líneas.
De rodilla le pedimos su bendición,
José Ignacio Rivero

Anexo a la carta a su Santidad Juan Pablo II

Existe una confusión enorme en cuanto a la verdadera situación cubana que distorsiona la realidad y favorece directamente o indirectamente al régimen comunista de Fidel Castro, y por ende, al comunismo internacional.

No lo comprendemos, pero hasta cierto punto puede justificarse que en 1959 bajo los efectos de la propaganda roja y la euforia de la revolución triunfante se viera en Fidel Castro la reproducción legendaria del Robin Hood de América. Pero después de tantos años de abusos de traiciones, de desmanes de todas clases, de barbarie y de opresión, que han convertido a la Isla de Cuba en una inmensa cárcel y a sus fortalezas militares en antros de torturas y de asesinatos en masa, se diga en muchas partes que Cuba es hoy una nación independiente; que no se vive tan mal como la gente supone; que el gobierno de Castro es ejemplo de honestidad administrativa; que se han realizado grandes progresos sociales y materiales, y que en todas partes se respira paz, alegría y abundancia... es algo inexplicable e inconcebible.

Hay que ver con los propios ojos y escuchar a los centenares de náufragos que llegan casi moribundos a las costa floridanas.

Hay que ver con los propios ojos y escuchar a los centenares de naufragos que llegan casi moribundos a las costas floridanas, huyendo del infierno rojo del castrismo, para darse cuenta del inmenso dolor que hoy se vive en nuestra desdichada patria. Los que hablan con lágrimas de dolor, no son precisamente los banqueros, los grandes empresarios, los hacendados que han perdido sus tierras, los industriales, los capitalistas, en otras palabras, de este profundo dolor y sufrimiento hablan desde hace muchos años los campesinos humildes, los pescadores, los obreros esclavizados, las mujeres y madres deshonradas y maltratadas, niños famelicos y aterrorizados, ancianos con mirada viriosa y perdida. Ellos son el testimonio vivo e irrecusable.de lo que es hoy la Cuba esclavizada por el castrismo, martirizada y desgarrada hasta sus fibras más profundas. A ellos son a quienes los periodistas de todo el mundo debian de entrevistar y no a Castro y a sus secuaces.

A estos cubanos que huyen del terror hay que oirlos para que se conozca la verdad por entero y no a los miembros de la Cuba comunista, y a los periodistas paniaguados del régimen castrista y de muchas partes del orbe que saben vivir muy bien a costa de muchos pueblos oprimidos.

La verdad brutal y tajante es que Cuba es un país destruido por casi 40 años de comunismo pese a la inmensa suma de 120.000 millones de dolares que recibió de los soviéticos; de 48.000 fusilados y de 400.000 cubanos que han pasado por las carceles del régimen; de cerca de 21.900 presas y presos politicos actualmente en las ergástulas, la mayoría de ellos mezclados criminalmente con presos comunes; del millon y medio de cubanos que debieron huir de su patria; de los mas altos indices de suicidio y de abortos del Hemisferio; de la prostitución inclusive infantil, que ha transformado a Cuba en un «paraiso sexual»; de los millares de victimas de las guerrillas en Latinoamerica y África, en una palabra, el siniestro espectro del «infierno de Cuba», como lo calificó recientemente un intelectual italiano.

Si, la verdad tajante y brutal es que es raro el día en que no aparecen varios campesinos muertos con un pistoletazo en la nuca, que el derrumbe de la economia ha llevado al hambre al pueblo entero de Cuba haciéndose necesario el uso de "libretas de racionamiento" que en muchos casos no sirven ni para conseguir un pedazo de pan; que la pro-piedad privada y la libre empresa ha desaparecido totalmente del suelo cubano, no solo la de los grandes empresarios sino tambien la del modesto campesino y comerciante; que se han confiscado no sólo las propiedades y negocios legitimos de todos los cubanos sino la de los extranjeros por valor de más de dos mil millones de dólares muchos de los cuales han tenido que dejar tras si a familiares encarcelados en Cuba; que la enseñanza religiosa se ha erradicado totalmente de las escuelas convertidas hoy en centros de adoctrinamiento marxista; que aunque no se han cerrado todas las iglesias por motivos obvios de propaganda, se han expulsado a centenares de sacerdotes y religiosos llegando a existir solamente unos cuantos sacerdotes para atender a más de once millones de almas.

El éxodo cubano fue momentaneamente interrumpido cuando la invasión de Bahía de Cochinos. Según cifras oficiales, antes de la invasión unos 200.000 cubanos huyeron hacia el exilio. Cubanos de todas las clases sociales se vieron forzados a abandonar su patria. Y le llegó a su vez a la Iglesia Católica el ataque fiero del régimen sobre la cual descargó el gobierno de Castro toda la ira, toda la maldad propia de los comunistas. De ahí que se apoderasen de las catedrales, iglesias, templos, capillas y seminarios, además de conventos de religiosas. Numerosos sacerdotes y hasta prelados fueron encarcelados, encarnecidos, acusados de falangistas y obligados a obtener un "permiso de trabajo" para poder decir misa. A bordo del trasatlántico "Covadonga" partieron para España por orden del gobierno sacerdotes y monjas. Durante la redada de 250.000 personas cuando la invasión de Playa Girón, el régimen descargó su odio sobre todo aquel que le desagradaba, denunciándolo o prendiéndolo. En la ciudad de matanzas miles de ciudadanos fueron internados en el Stadium de base ball y cuando los detenidos iniciaron una protesta los milicianos descargaron sus ametralladoras de mano sobre sus cabezas. El estado sanitario del Castillo del Morro de La Habana estaba tan espantoso que muchos presos enfermaron de gravedad. En un teatro llamado "Blanquita" donde fueron hacinadas mas de 5.000 personas, las milicias utilizaron perros de presa para custodiar a los miles de detenidos.

Después de la ola de fusilamientos durante los primeros instantes de la invasión, el regimen se abstuvo de dar boletines sobre las ejecuciones, pero no las suspendió; los asesinatos oficiales proseguían su marcha. Se ejecutaba en todas partes en pleno silencio y especialmente en Pinar del Río, todas las madrugadas podían escucharse los disparos de los pelotones de fusilamiento. Lejos de disminuir, el terror se acrecentaba pese al velo con que el régimen trataba de cubrir los baños de sangre.

El primero de mayo de 1961 quedo incorporada Cuba a los estados socialistas que integraban el bloque soviético. Decididamente, era innecesario. declarar socializada a la República de Cuba. En dos largos años mediante un procedimiento cauteloso, primero, de marcha forzada, después, Cuba fue reducida de una nación ordenada y próspera al siguiente estado:

NACIONALIZACIÓN: Virtualmente toda la tierra, todas las industrias, todos los comercios han sido expropiados. La tierra no se entregó a los campesinos sino que el gobierno, dueño de ellas, las convirtió en comunas en las que los trabajadores son meros asalariados.

ACCIÓN POLÍTICA: Todos los partidos políticos han sido disueltos a excepción del Partido Comunista que hasta la actualidad (1997) sigue en el poder en Cuba.

COMICIOS: Se ha desechado en forma clara todo genero de eleccio nes. La voluntad del pueblo es manipulada por el gobierno en los mitines de masas.

EL CUARTO PODER: Todos los periódicos y estaciones de radio operan bajo el control del gobierno, los diarios independientes y radioemisoras fueron expropiados o destruidos.

EDUCACIÓN: Las escuelas públicas se han convertido en instrumen to de propaganda gubernamental. Las escuelas privadas, incluyendo las religiosas, han sido confiscadas desde el principio de la revolucion comunista,

LUCHA DE CLASES: Las clases alta y media han sido destruídas o se vieron forzadas a abandonar el país y convertirse en exiliados.

ASUNTOS EXTERIORES: El gobierno cubano fue de la mano con el bloque soviético hasta que este se desmoronó.

En mayo de 1961 la prensa comunista afirma que cerca de dos mil religiosas, legos y sacerdotes han acudido a las oficinas de inmigración en La Habana para preparar su salida del país. El diario *Combate* agrega este comentario a la noticia:

«El gobierno revolucionario habla declarado que no permitiría permanencia en el país de curas extranjeros contrarrevolucionarios. Sin embargo, se ofreció licencia a aquellos curas que no tenían postura contrarrevolucionaria para ejercer su sacerdocio en el país».

Pero el «alto clero, en una maniobra internacional ordenó la salida de Cuba de todos los curas, monjas y religiosos», agregaba.

Estadísticas de 1960 indican que en Cuba habían 723 sacerdotes diocesanos –482 religiosos–, unos 970 religiosos y 2,401 monjas, El promedio de fieles por sacerdote era de 7,850.

El cardenal J. Humberto Quintero, arzobispo de Caracas escribía por aquel año lo siguiente: «Se repite en Cuba lo mismo que ha sucedido en los paises donde el comunismo ha logrado apoderarse del gobierno». «Esta persecucion que ahora se inicia, ya sin disfraces, es el fruto natural y necesario de un régimen basado en los postulados ateos y materialistas, del comunismo». Y continuaba diciendo que «Cuba constituye una gravisima admonición, extremadamente elocuente, para todos los pueblos de la América Latina, pues estos pueden no muy tarde sufrir identica suerte.»

«No sin sorpresa –lamentaba después el prelado venezolano– notamos que ante ese peligro real y tremendo, existe por desgracia una como ceguera colectiva, manifestada ya en la apatía con que hasta ahora se ha visto el dolor de aquella nación».

El camino del sufrimiento ha sido ya demasiado largo. Dios lo ha permitido así, estamos seguros, para que los cubanos con fe, esperanza y caridad, gocemos algún día una mayor gloria eterna junto a Dios Nuestro Señor.

Las cosas han ido empeorando cada vez más hasta nuestros días. El caos total: el hambre, la desesperación del pueblo, el horror, el miedo, etc.se ha apoderado de nuestra isla porque la mentira del comunismo sigue «gobernando» sobre los infelices compatriotas.

El presidente del Consejo Episcopal Latinoamericano (CELAM) declaro hace unos pocos años que «el marxismo-lininismo está tratando de infiltrarse en el seno de la Iglesia Católica, mediante la propugnacion de su doctrina». Esta infiltración la estan llevando a cabo los comunistas desde hace ya mucho tiempo. Y no creo que hacen mal por que asi cumplen fielmente con su deber de comunistas. Uno de los deberes del comunista es meterse dentro de todo para, más tarde o mas temprano controlar las mentes de los hombres que no estan bien formados intelectual ni religiosamente.

La labor de penetración del enemigo de Dios dentro de la Iglesia es una demostración clara de la gran habilidad y del espiritu de lucha que posee el comunismo para lograr sus propósitos aun con la desaparición de la URSS en el campo de la politica mundial. Sin embargo, los «defensores» de la libertad –los demócratas– no saben como ganar batallas en esta época en que vivimos. Muchas veces ni siquiera quieren ganarlas. Los marxistas lo logran todo muchas veces porque encuentran en todas partes las puertas abiertas de par en par. Y una vez que entran se quedan dentro para siempre, a no ser que surja el difícil imponderable.

El marxismo-leninismo esta tratando de infiltrarse en el seno de la Iglesia Católica, como ha dicho Monseñor Alfonso López Trujillo. Es verdad. Pero tambien es verdad que hay por el mundo algunos mal llamados católicos que por política, por demagogia o por falta de solidez en la formación cristiana, estan metiéndose en el seno del marxismo haciendo ver que de esa manera sirven mejor a Cristo y a la sociedad.

Ya que se acerca el nuevo siglo XXI de la era de Nuestro Señor es oportuno que aclaremos una vez más el verdadero sentido del cristianismo en su proyeccion publica. Lo hemos hecho otras veces y de distintas maneras.

Hoy, por un prurito de mal entendida fraternidad se quiere hacer una especie de «sopa» política con las ideas y los fundamentos de la democracia, de la libertad, de la independencia, del cristianismo social, etc. No son pocos los que confunden la orientación social de la Iglesia Católica con las predicas del comunismo. Tampoco son pocos los que se aprovechan de ella para esparcir la doctrina marxista.Nues tra gloriosa Iglesia Católica sabe de sobra que no hay mas que una doctrina sincera y genuina: la del Evangelio. No hay mas que una enseñanza practica: la de la Iglesia. La Iglesia fiel a Cristo y no a los «falsos profetas». No hay mas que una Justicia: la que lleva la caridad, el amor y la verdad por delante, por muy cruda que esta sea.

Nosotros nos abrazamos a estos principios; por ellos hemos luchado siempre; por ellos estamos luchando ahora, porque estamos persuadidos de que solamente el retorno a Cristo y a los valores espirituales –a la vez que se arroja a los mercaderes del templo– constituyen la verdadera ruta hacia la salvacion total.

Por algo se empieza. Pero para que la «llamarada» de la verdad en vez de extinguirse se extienda por todas partes donde crece la mala «yerba» de la mentira, hacen falta muchos cristianos al estilo de nuestro Papa Wojtyla que se mantengan firmes en el verdadero e inalterable mensaje del Hijo de Dios. Los otros, los de «una vela a Dios y otra al diablo», los que dicen que el marxismo-leninismo es malo pero que tiene sus cosas buenas, los que dialogan con lo diabólico y apoyan la convivencia con el, lo unico que logran es encender la «chispa» que puede conducir a la derrota definitiva de la causa por la libertad del mundo entero.

Las voces de agudo timbre del coro femenino cantaron en Polonia el himno «que viva cien años», y luego se agregaron las resonantes voces masculinas, según nos informó el cable hace unos años. La ofrenda musical se expandió como una ola y reverberó en toda la ciudad de Czestochwa. Y nosotros los cubanos, sin patria desde hace 38 años porque nos la arrebató el comunismo ateo y criminal, gritamos tambien desde todos los rincones del destierro: !Que viva el Papa! !Que viva el papa¡ cien años, para el bien de la Verdad y para el bien de la libertad!

Sería interminable traer al papel los hechos y acontecimientos dolorosísimos por los que ha pasado Cuba en 38 años de comunismo perverso. Y, por supuesto, estamos seguros que Su Santidad conoce mejor que nadie todo lo concerniente a nuestra tragedia. Además, sabemos de sobra que su sabia, grande y santa sabiduría esta siempre inspirada por el Espíritu Santo. Pero como somos muchos los católicos cubanos que deseamos que llegue a usted, amadisimo Vicario de Cristo en la tie rra, el mensaje de que no estamos con los brazos cruzados ni mucho menos indiferentes ante tanto dolor, es que me atrevo con todo respeto y admiración a usted, poner en sus manos este humilde, sencillo e incompleto relato en nombre de todos los cubanos católicos del exilio seguidores de Cristo que incondicionalmente, en todo y para todo, de rodillas le decimos que estamos enteramente a sus órdenes.

!Viva Cristo Rey! !Viva el Papa! !Viva Cuba libre!

José Ignacio Rivero

(Imposible de recoger el nombre de todos los católicos del exilio que quisieran firmar este mensaje).
Le rogamos su bendición para colocarla en nuestra Ermita de la Caridad del Cobre del destierro.

ANÁLISIS SOBRE LA IGLESIA CUBANA FRENTE AL RÉGIMEN DE CASTRO

El 8 de junio de 1997 publicamos en la ciudad de Miami el siguiente análisis sobre la Iglesia y el régimen de Fidel Castro:

Nadie puede sorprenderse de que la Iglesia Católica y sus ministros mantengan una postura firme contra el comunismo. No se trata de una posición ofensiva, sino defensiva. Para la Iglesia la ofensa no existe. Sólo existe la defensa. La defensa de todo o defendible, no solo lo concerniente a la doctrina cuando algunos quieren hacerla trizas en distintas partes del mundo sino en todo lo que tenga que ver con la justicia y la libertad del ser humano. Fueron los comunistas los que empezaron a ofender a la Iglesia en todo el orbe y sobre todo en Cuba, en nuestra patria. En otras épocas en que no existía el comunismo, la Iglesia Católica tenía otros enemigos: si no hubiese sido por la gran batalla de Lepanto, bajo el mando supremo de Juan de Austria, hermano de Felipe II y donde Cervantes, el manco de Lepanto, recibió las heridas peleando contra los turcos, con España y Venecia de aliadas con el Estado Pontificio, la Iglesia Católica hubiese desaparecido como fuerza espiritual de la faz de la tierra. Ya sabemos que el mal no puede prevalecer sobre el bien, pero ese bien hay que ganarlo aunque fuere a base de cañonazos...

En Cuba –como en todas partes– fueron los comunistas los que empezaron a demoler todas las instituciones, entre ellas –la más temida– la Iglesia Católica. Les estorbaba la religión de Cristo y la emprendieron contra ella con la misma furia con que lo hicieron antiguamente los emperadores paganos y la curia farisea. Todo esto lo vamos a demostrar más adelante, como también vamos a tratar sobre la abulia y la falta de liderazgo combatiente que sufrimos en nuestra Isla en los instantes en que más falta hacía la defensa pública de las tradiciones e ideales.

Ciertas demostraciones de principios del año 1960 indicaban que los representantes más responsables del catolicismo mundial estaban convencidos de que Moscú, bajo la apariencia de que deseaba contribuir al alivio de la «guerra fría», estaba poniendo en juego tácticas solapadas para la infiltración de sus doctrinas, incluso en paises donde hasta entonces habían tenido muy poco éxito sus campañas. 1960 fue un año de gran actividad roja. La acción se dirigía de un modo especial hacia la América Latina, aprovechando el descontento que, por razones sociales y económicas, existía en muchos paises. Los activistas del comunismo eran particularmente hábiles en explotar estas situaciones.

El Kremlin comprendió que nuestra América tenía para el comunismo mas importancia que otras regiones del mundo. Sabía que los Estados Unidos era la potencia que había que vencer, Y el resto de América era la plataforma ideal para un ataque al Norte. Esto explicaba el empeño de Moscú por estrechar relaciones con los gobiernos latinoamericanos, enviando misiones comerciales y diplomáticas, disponiendo giras periodísticas y, sobre todo, fingiendo que apoyaba ciertos movimientos de rebeldía que existían o se incubaban en esta zona del mundo. Había que estar precavidos contra esa astuta estrategia. Y los católicos, que no debían vacilar cuando se trata del comunismo, habían de constituir la vanguardia en esta lucha.

Como una prueba de lo que decimos tenemos esas declaraciones del Cardenal Alfredo Ottaviani en un sermón pronunciado en Roma, en el curso de una misa por la Iglesia del Silencio.

Según Su Eminencia, «no se puede hablar de paz verdadera, sino sólo de apaciguamiento y de convivencia con los asesinatos en masa» mientras «siga siendo posible que Caín mate a Abel sin que nadie se preocupe».

Insinuó el Cardenal Ottaviani que si Khruhehev visitaba a Roma, el Papa abandonaría la capital mientras durase esa visita, como hizo ya cuando un viaje de Hitler a la Ciudad Eterna.

La advertencia no pudo ser más oportuna. El Papa no tiene fuerzas materiales para oponerse al materialismo rojo. Pero sus armas espirituales son invencibles. El católico está obligado a utilizar esas armas espirituales contra el enemigo artero e implacable. Y no a codearse con él ni a sonreírle ni a justificarlo, como hacen algunos que no se atreven a pasar por anticomunistas, creyendo que de ese modo amansan a la fiera y se verán libres de sus colmillos y sus garras.

Igualmente enérgica y sin rodeos fue aquella actitud de principios de la revolución castrista de los superiores españoles de comunidades religiosas con residencia en Cuba, en visita que hicieron al embajador de España, Juan Pablo Lojendio (Q:E:P:D:) La declaración conjunta hecha por esas autoridades le salió al paso a una sarta de mentiras que se habían desatado en relación con el llamado «caso de España». Si le hubiésemos dado crédito a las aseveraciones del régimen castrista, tendríamos que haber llegado a la conclusión de que los comunistas se portaron como unos angelitos en España y que las estadísticas de crímenes y de quemas de conventos e iglesias que se publicaron no se ajustan a la verdad.

Pero la voz de los sacerdotes españoles resonó vibrante y condenatoria en los salones de la Embajada Española. La sangre derramada y el estrago producido por las checas y las brigadas comunistas en la Península fueron mayores aún que las perpetradas en Polonia, en Hungría y en el Tibet.

Y, ¿qué de extraño tiene eso? ¿No ocurrió lo mismo en Rusia? ¿La comunicación de la tierra durante el despotismo de Stalin, no costó millones de vidas? ¿No lo denunció el propio Khrushchev en su famoso discurso anti estalinista del XX Congreso del Partido comunista?

Donde quiera que el comunismo influye o penetra, el crimen va con él. Y donde no, se queman iglesias y se queman periódicos.

En el boletín que publica la Arquidiócesis de La Habana con fecha de abril de 1995, el Cardenal Jaime Ortega dice entre otras cosas lo siguiente:... «Algunos pudieran preguntarse también sobre los viajes del Cardenal cubano y encontrar respuestas evidentes a mis desplazamientos en Cuba, mostrando mayor curiosidad por mis visitas a los cubanos católicos residentes en otros paises»...

No debe decirlo así Monseñor Ortega sino más real y sinceramente de esta manera: «...mostrando mayor interés por mis visitas a los cubanos católicos desterrados por el comunismo imperante en Cuba»... Esta es la realidad. Decir residentes en otros paises es no querer disgustar ni indisponerse con el régimen satánico de Fidel Castro que a cambio de sonrisas y de justificaciones al régimen éste da permiso para la visita del Papa a Cuba y ofrece algo más de «libertad» a la Iglesia.

En el mismo boletín el Cardenal Ortega dice que: «Hace mucho más de una década que quedó acuñado el apelativo de '*comunidad de cubanos residentes en el exterior*' como modo propio para referirse a los cubanos del extranjero y así vinieron a sustituirse desafortunadamente otras frases similares. Todo cubano que vive fuera de nuestro país, sigue diciendo Ortega, viaja a Cuba con pasaporte cubano y cada vez más se abre paso el criterio de que somos una sola nación con diferentes matices en nuestra expresion cultural, ¿por qué no tendría también la Iglesia que está en Cuba una especial consideración a esos católicos cubanos que sirvieron aquí a su Iglesia, a veces con abnegación, que fueron nuestros feligreses y que están unidos a nosotros como hermanos en la fe y en el amor al mismo suelo patrio?»

La respuesta nuestra es muy sencilla: Sí, estamos unidos a nuestros hermanos en Cristo en la fe y en el amor los católicos de aquí con los católicos de allá, lo que ocurre es que mientras se mantenga en el Poder el tirano de Cuba, Fidel Castro, no podemos considerar que somos una misma nación. Existe, tanto en Cuba como en el destierro, una parte de la nación sojuzgada y enemiga del demonio que se manifiesta de muchas maneras y otra parte que lo rechaza y combate de todo corazón por haber logrado que Cuba ya no sea la patria de siempre donde todos los matices ideológicos y políticos, menos el comunismo ateo y perverso, eran compatibles con la fe, el amor y la democracia.

Existe un contrasentido dentro de nuestras filas que los católicos de buena fe no pueden tolerar. Unas veces se dice unas cosas y otras desvirtúan el sentido de lo que se dijo. El cristiano tiene que asumir un solo criterio: el del Evangelio. No puede decir hoy una cosa y mañana otra. Claro que nos estarnos refiriendo a cosas accidentales y no a la doctrina ni al dogma. En esto el que discrepa está siendo infiel al mensaje de Cristo cuando se refiere a la conducta de todos los hombres sobre la faz de la tierra. El cristiano, como cualquier hombre, puede discrepar sobre cuestiones políticas, sociales, económicas, etc. De lo contrario Dios no hubiese creado al hombre con plena libertad en cuanto a las cosas de la tierra. «Dad al Cesar lo que es del Cesar y a Dios lo que es de Dios.»

En 1960, muy al principio del régimen castrista, los obispos de Cuba hicieron pública una carta dirigida a Fidel Castro que terminaba diciendo lo siguiente:

«Es necesario que le recordemos, señor Primer Ministro, que la Iglesia ha enseñado siempre como una norma fundamental de conducta humana la primacía de los valores espirituales sobre los intereses de orden material y por consiguiente, la jerarquía eclesiástica cubana, siguiendo el ejemplo de los cristianos de todos los tiempos, está dispuesta a sacrificarse sin temor y a perderlo todo sin retroceder en nuestros principios».

Estábamos y estamos de acuerdo con aquella carta firme y ejemplar del año 1960 pero estamos en desacuerdo en cuanto a cierta postura política equivocada del Cardenal Ortega en relación con el régimen de Fidel Castro. Pero una cosa es eso y algo muy distinto es discrepar de nuestra Iglesia en cuestión de doctrina que concierne a la fe y costumbres y las relacionadas íntimamente con ellas. Al cristianismo se le pide la adhesión íntegra a Cristo y a su Evangelio: la unidad de la fe es el tema dominante de la Revelación Divina y San Pablo insiste enérgicamente sobre ello: «Os conjuro, hermanos, en nombre de Nuestro Señor Jesucristo, para que todos digáis lo mismo y no haya escisiones entre vosotros; antes viváis perfectamente unidos en el mismo pensamiento y en el mismo sentimiento».

Tenemos el deber de defender nuestra causa sin ofensas ni ataques personales bajos y sin escrúpulos. Por lo tanto tenemos la obligación de conducirnos en todo momento en nuestra lucha a favor de la verdad y de la justicia con corrección y altura de miras cuando se trata de la Iglesia, o de desvíos de algunos de sus representantes, o de discrepancia política con otros. No estamos, por lo menos los católicos, dispuestos a ofender en lo personal a ninguno por muy desviado que esté, aunque tampoco estamos de acuerdo en permanecer con los brazos cruzados y con la boca cerrada ante la tolerancia con el adversario de aquellos que representan a nuestra Iglesia que en vez de enfrentarse con el enemigo de nuestra patria de manera hábil lo justifican y hasta llegan a ciertos acuerdos con él.

No existe unanimidad de criterio en el destierro sobre la postura que debe asumir nuestra Iglesia en cuanto al régimen de Castro que oprime a nuestra nación. Por eso, en medio de tanta confusión o diversidad de criterios pensamos en el bienaventurado pontífice Pío XII que en ocasión de celebrarse en La Habana el V Congreso Interamericano de Educadores Católicos, en 1954, habló por Radio Vaticano para dirigirse al pueblo cubano y dijo: *«Levantad los ojos, hijos amadísimos, y contemplad esa bellísima ciudad, recostada en la boca de su bahía, mirándose en las aguas azules de ese tibio mar que baña sus pies, recreándose en las verdes colinas que limitan su horizonte, creada con las brisas suaves que le manda el canal de la Florida. Todo se diría que invita al optimismo y a la paz, aunque allá lejos, a lo mejor, ruja la tormenta a se esté formando junto a cualquier isla remota el ciclón desolador.. Paz y optimismo han sido sin duda, el espíritu de vuestra Asamblea, pero no os olvidéis de que más allá brama el oleaje de las pasiones desencadenadas y corren por el cielo, en galopadas, tenebrosas nubes negras ansiosas de descargar en vuestros campos el granizo mortal, y arrasar vuestros sembrados con todo el ímpetu iracundo del huracán; pero está escrito: ¡No prevalecerán! Y pasarán, como pasan esos turbiones de vuestro cielo que dejan el aire luego más limpio, el sol más luminoso y la tierra más fecunda, aunque dejen un triste séquito de desolación...»*

Desahogo

Por aquellos días de nuestras actividades periodísticas en Miami en contra de las corrientes oportunistas herederas de las actitudes del principio de la revolución en Cuba, recibimos una carta, entre muchas otras, que nos dio «pie para la décima» para rebatir un tema bastante delicado con toda la sencillez y la lógica del caso. La carta en cuestión decía así:

«Soy asiduo lector de sus artículos y siempre le he admirado en su lucha contra el comunismo, especialmente el que nos ha tocado a nosotros los cubanos por mala suerte. Le hago esta líneas por una gran inquietud sobre usted que me ha pasado por la mente algunas veces: ¿es usted anti judío El motivo de mi pregunta es que he notado algunas veces que usted se refiere a los judíos con palabras que hacen pensar eso. Por ejemplo, en su artículo sobre el Papa pidiéndole casi perdón a los judíos por el mal trato que la Iglesia Católica durante siglos dio a los judíos; y usted al final del artículo pregunta por qué los judíos no le piden perdón a los cristianos por haber crucificado a Jesucristo. Desde luego que esa misma mentira ha sido propagada por la Iglesia Católica de tal manera para que los cristianos pudieran odiar a los judíos. Cuando yo era un niño en mi amada Nuevitas, Camaguey, frente a nosotros vivía un señor mejicano católico que se divertía conmigo diciéndome que yo y mi familia matamos a Jesucristo. Imagínese creciendo con ese hostigamiento desde tan pequeño. Y no era solamente él sino otros también. Sin embargo mi padre me enseñó a no generalizar y crecí sin odiar a los cristianos. Me crié entre católicos y hasta mi padre y yo éramos amigos del difunto Padre San Román, el cura del pueblo 'Con mi mayor respeto por su anticomunismo'. Jaime Koricki.»

Nosotros le respondíamos con las siguientes razones:

Muy estimado compatriota Koricki: Gracias por su respeto a mi persona por mi anticomunismo. Pero quédese ahí. No le cuelgue el anti'a todos mis sentimientos porque muchas veces las apariencias engañan, como dice el dicho, y puede parecer que estoy en contra de todo el que no piensa como yo. Una cosa es estar en contra de todo lo que va contra Dios y la naturaleza y otra muy distinta es estar en contra de los demás seres humanos que no piensan como nosotros. El Papa ha dado un ejemplo al mundo de humildad y de caridad. No somos perfectos y por lo tanto todos cometemos errores. Una cosa es el error y otra es lo que se hace a plena conciencia; sabiéndose donde está la justicia y no practicarla. Si la Iglesia en el transcurso de su historia se ha equivocado algunas veces ha sido de buena-fe. Nada ni nadie tiene la verdad absoluta. Somos hombres y no ángeles. La verdad sólo la tiene Dios y el Papa cuando habla Ex Cáthedra.

Los judíos después de Cristo no han tenido culpa alguna en su crucifixión, como tampoco los alemanes después de Hitler tuvieron culpa de la persecución y crímenes contra los judíos. Sin embargo, tanto la Iglesia Católica como la Alemania de hoy, en un gesto de comprensión y humanidad, han pedido perdón por los errores del pasado. Y esa fue mi intención en el artículo que usted menciona: desear que tanto los «tirios» como los «troyanos» de hoy en materia de ideas, es decir, católicos, protestantes, judíos, etc., se abracen con amor y comprensión dejando a un lado todas las diferencias porque tenemos, como dijo Jesucristo, que amar al prójimo como a nosotros mismos.

Y dicho sea de paso, ¿qué me dice usted, amigo Koricki, de la canallada de los simpatizantes de Castro en Washington permitiendo una escuela de adoctrinamiento comunista en el mismo corazón de la democracia norteamericana con el caso de Elián y sus «compañeritos»? ¿No es eso algo más que una bofetada al pueblo cubano de Cuba y del exilio? ¿No es algo parecido a lo que hicieron los apóstoles de Cristo que uno lo vendió y otro lo negó? ¿No van a tener los americanos que estar pidiéndoles perdón para siempre a los cubanos cuando Cuba se libere del comunismo

Ahora sí que el caso del niño balsero no es `cuestión de manifestaciones con discursitos que se los lleva el viento No somos guerreros pero cuando se trata de la dignidad de la causa tenemos que actuar como los gladiadores, contra viento y marea. Hay que meterse físicamente en la televisión y en los diarios americanos Y hacer nuestra denuncia de la infiltración comunista en el gobierno de esta nación. ¡Hay que organizar como es debido la defensa de la libertad!

Y perdone la descarga amigo Kóricki, no es contra usted sino contra el indigno gobierno de este gran país y contra los idiotas que creen que la batalla se va a ganar con «banderitas». J. I. R.

Auténticamente cubanos

Un día como casi todos los demás días de nuestra rutinaria vida periodística recibimos las siguientes líneas de Conchita Castanedo extraordinaria activista de la política cubana en respuesta a un artículo nuestro que habíamos titulado «Auténticamente cubanos». Nos decía así en su carta la «Novia del Autenticismo»:

«Es cierto que en pasados días nos encontramos en Diario las Américas, cosa natural porque a menudo vamos a dejar trabajos y además nos encontramos en cualquier parte de este pequeño mundo en que vegetamos la señora auténtica y el auténtico señor, como tú nos identificas.

Efectivamente, eres un auténtico señor y yo una señora auténtica, tan conocida y respetada por mis compatriotas que aunque por radio no mencionaste mi nombre sino el honroso y simbólico nombre de 'Novia del Autenticismo' varias personas enseguida me identificaron y me llamaron por teléfono para decirme que me estabas relampagueando. Hasta aquí lo cierto. Lo extraño es que el auténtico señor diga que la señora auténtica puso en tela de juicio los auténticos colores políticos e ideológicos del periodista anticomunista. Eso no es verdad porque antes he dicho, y lo repito a plenitud de sinceridad, que fuiste el periodista más valiente y el que verticalmente desde el principio te enfrentaste al Castro-comunismo. Doy fe de ello y la prueba es la página entera que publicó el Diario de la Marina *el domingo 8 de febrero de 1959. Era un trabajo firmado por mi al mes justo de entrar Fidel Castro en La Habana y que salió con el encabezamiento a toda plana también: '1934-Bodas de Plata del Autenticismo-1959'. Al entregarte el artículo me dijiste: es muy largo. Sí, te respondí, pero es el relato de una parte de la obra y leyes del Autenticismo, la exposición de los principales hechos llevados a cabo por los auténticos en las batallas oposicionistas contra la dictadura batistiana, todo lo que hay que recordar y reiterar para decirle al pueblo que existen las leyes revolucionarias y que lo necesario es cumplirlas, y también para advertir que Fidel Castro sólo no hizo la revolución y por lo tanto estaba obligado con las organizaciones que colaboraron y con las que tenía un programa para formar un gobierno de unidad y convocar elecciones a los 18 meses, según el Pacto de Caracas. Aceptaste mi razonamiento y diste orden para publicarlo.*

En el emplane, estuve en el taller del Diario de la Marina *con los obreros, muy cooperativos contra el régimen y guardando el secreto. Quedó tan bien la página que te pedí ocho moldes para facilitar que me lo publicaran otros periódicos, pues los linotipos eran caros; así lo hiciste, con espléndida generosidad. La dificultad fue con cuatro directores que consideraba amigos y revolucionarios. La prensa estaba sometida, tampoco nos publicó el manifiesto del Partido Auténtico dado el 2 de enero de 1959. En definitiva lo publicaron cinco periódicos. Recibí muchas felicitaciones y estímulos por haber 'sido tan valiente y enfrentarme a Fidel'. En realidad el mérito mayor fue tuyo. Saludos auténticos de Conchita Castanedo.»*

Nosotros le respondimos con autentica sinceridad y cariño con las siguientes líneas:

«*Estimada Conchita: Esta vez tengo que volver a decirte como en La Habana que tu carta es muy larga. La tengo que dejar ahí. En Cuba todo el espacio era mío. En el exilio todo lo tengo limitado, menos la honestidad y el deseo de decir cuanto sea necesario.*

Ya ves, tus propias palabras demuestran que los revolucionarios auténticos no pueden tener quejas de mi como me dijiste en el vestíbulo del Diario las Américas. ¿Quejas, por qué? ¿Por qué critico a la revolución? ¿Acaso Revolución Autentica es lo mismo que auténtica revolución? No confundamos las cosas Conchita, revolución significa acción y efecto de revolver; es inquietud, es alboroto, es sedición. Revolución es cambio violento en las instituciones políticas en una nación. Por lo menos eso es lo que dice el diccionario de la lengua que no altera caprichosamente el significado de las palabras. Nosotros los cubanos vivimos siempre enamorados de la palabra revolución. A casi todo le endilgamos la palabrita de marras hasta el día en que cayó como un rayo sobre Cuba la auténtica revolución de Castro y como un rayo también pulverizó a los batistianos, a los ortodoxos, a los liberales, a los conservadores y a los auténticos... La revolución lo pulverizó todo.

En Cuba no hubo nunca auténticas revoluciones antes de Castro. Tuvimos alzamientos, golpes, conspiraciones y movimientos que terminaban siempre en elecciones. Dale gracias a Dios, Conchita, de que el autenticismo nunca fue revolucionario sino movimiento y partido político democrático y cubano como todos los demás, menos el comunista Partido Socialista Popular que sí quería un cambio violento en Cuba para ponerla en manos de Rusia.

¡Dios nos libre de una 'autentica' revolución como las de Cuba y Nicaragua! Dicen hoy los paises libres de Centroamérica. Ya ellos saben, como el célebre Marat, que las revoluciones empiezan por la palabra y acaban siempre por la terrible espada.

Gracias por tu elocuente aclaración y por tu reconocimiento amable. Y créeme conservadoramente y auténticamente tuyo,
                José Ignacio.»

Eloy y Elian

Eloy Gutiérrez-Menoyo, compañero de Fidel Castro en la guerrilla castrista que convirtió a Cuba en el paraíso de los dstructores comunistas en el Caribe, después de cumplir su condena de prisión por desavenencias tácticas y políticas con Fidel Castro, llega al exilio, como casi todos los disidentes del castrismo, queriendo sentar pautas en cuanto a la solución del caso cubano. Se declara a favor del diálogo con Fidel Castro manteniendo la tesis de que el entendimiento con el gobierno castrista es la única fórmula posible para alcanzar la normalidad política entre todos los cubanos. No sólo defendía esa descabellada tesis sino que llegado el momento abogó casi frenéticamente por la devolución del niño Elián a Cuba porque decía que «Cuba era su patria vegetal» y volviendo con la cantaleta del diálogo con Fidel Castro en anuncio de página entera en los periódicos. Nosotros, como de costumbre, nos tiramos al ruedo de la opinión pública diciendo lo siguiente en aquellos días:

«Menoyo sigue hablando de diálogo con quien tiene agarrada la sartén por el mango. Es decir: con quien todo lo quiere para él con quien no le interesa escuchar a nadie que no esté de acuerdo con él. Con el comunismo que habla pero que ni oye ni quiere oir a nadie.

Para Fidel Castro la mentira y la trampa son una vieja experiencia y acaso su única sabiduría. Tiene que obedecer órdenes del comunismo internacional aunque esté por medio la farsa del "Glasnost" y de la "Perestroika" de ataques a los que se oponen a sus Planes dictatoriales y tiránicos.

Hace unos cuantos años cien intelectuales de todas partes del mundo le enviaron a Fidel Castro una carta sugiriéndole que hiciera lo mismo que hizo Pinochet en Chile: dejar que se restaurara la democracia plenamente. La respuesta del tirano de Cuba se esperaba. No podía pensarse que Castro fuese a imitar a un hombre de honor haciendo lo mismo que él por el bien de sus compatriotas y de la tierra que lo vió nacer. Pero al menos aquella carta sirvió para hacer ver a esa parte del mundo que aún seguía enamorada del verdugo de Cuba que éste ya no era tan 'Robin Hood' como se lo imaginaba. La respuesta de Castro al mensaje de los intelectuales fue un rotundo no. 'Ya el pueblo cubano había hecho su plebiscito hacía 30 años' fue su descarada respuesta.

La patria vegetal que Menoyo quiere para Elián y para todos los exiliados cubanos es esa Cuba de hoy donde se sufre la pérdida de la vida, de la libertad, de la hacienda privada; la abolición, en fin, de los derechos fundamentales que, como en todos los pueblos civilizados y libres, garantizaba la Constitución de 1940. Como era de esperarse, un pueblo hecho, como el nuestro, o la tradición de la libertad y de la práctica de la religión cristiana, no se ha resignado a contem-

589

plar con los brazos cruzados cómo los verdugos de nuestra patria "vegetal' pretenden borrar de un plumazo los más caros valores de la nacionalidad y reemplazar por la hoz y el martillo, símbolo de opresión y exterminio, la bandera de la estrella solitaria.

Muchos compatriotas se ven obligados a abandonar el territorio de la Isla para poner a salvo a sus familias, para impedir que sus pequeños hijos sean secuestrados e instruidos en una doctrina perversa; para esperar en playas extranjeras donde no se ha eclipsado el sol de La libertad el momento definitivo de regresar a la patria libre, de los farsantes y opresores. Legiones de cubanos acosados e inermes, huyen del infierno rojo del hambre y del terror de la Cuba de hoy para buscar seguro albergue en tierras amigas. Las costas de la Florida y, en particular 19 ciudad de Míami, han sido, por su acceso relativamente fácil, meta preferida del éxodo.

Pero a todo eso no le da importancia don Elóy Gutiérrez-Menoyo. Para él la patria 'vegetal' sin libertad está por encima de la dignidad, del decoro y de los 'vegetales' que puede comer el niño Elián y todos los exiliados que pudieron salvarse del comunismo.

Lenin dijo que 'la mentira, que en la sociedad burguesa sólo sirve para encubrir loa adulterios, a nosotros nos servirá como el más poderoso instrumento de penetración y de dominio'. Cuidado pues con las tramas en el caso del pobre niño Elián porque el comunismo de Castro y los tontos útiles de los Estados Unidos no dejarán de burlarse de nosotros con su natural propensión a confiar en el honor de los hombres y en el culto a la palabra dada. Y mucho cuidado también con esos exiliados que visitan a Cuba y regresan diciendo que la cosa en Cuba no está tan mala...

Carta al Cardenal de Cuba

En el exilio –especialinente en Miami– se discutía a todas horas la posición política del Cardenal Jaime Ortega considerada equivocada por la mayoría debido a que estimaba conveniente una solución del problema cubano contando con la dirección del gobiemo castrista. Unos decían que era una táctica política de Ortega para salvar a la Iglesia de su total desaparición en la Isla y otros pensaban que la táctica era totalmente perjudicial a la proyección espiritual y evangélica del catolicismo en nuestra patria. Las opiniones estaban divididas aunque, a nuestro juicio, la razón se volcaba sobre la táctica intransigente frente a la tiranía. Debido a la polvareda que se formó en torno a la penosa situación, muy parecida a la del «Plan Varela» del que algo diremos más adelante en estas memorias nuestras, le dirigimos públicamente una carta a la cabeza de la Iglesia en Cuba, que seguro leyó de arriba abajo pero que quedó sin respuesta. Decíamos así:

«Su Eminencia, Cardenal Jaime Ortega
La Habana, Cuba

Nos parece oportuno publicar una vez más la carta que le escribimos hace cinco años sobre sus deseos políticos en tomo la situación espantosa de nuestra patria.. La prensa internacional destacó en aquel entonces sus declaraciones hechas al socialista andaluz en las que usted decía que 'quiere que Castro dirija los cambios en nuestra patria' sojuzgada por el mismo... También en aquellas declaraciones hechas a Manuel Chaves usted decía que era partidario de que la primera fase de esos cambios fuera lidereada por el 'jefe del gobierno cubano, Fidel Castro', y además se mostró convencido de que posteriormente no serían los sectores 'más duros' los que lo dirijan...

Siento mucho tener que comentar sin 'pelos en la lengua' esos deseos políticos suyos que nada tienen que ver con la doctrina de la Iglesia ni con su misión pastoral. Me lo exige mi conciencia de cubano, de periodista y de católico fiel siempre a la Iglesia y al Papa. Por mí hablan los hechos y el número de reconocimientos provenientes del Vaticano, entre ellos la condecoración 'Pro Eclesia el Pontífice' otorgada por Pío XII. No me interesa hablar de estas cosas que sólo se guardan en el corazón, pero a veces es necesario sacarlas de él para que en la discrepancia no se tome 'el rábano por las hojas'.

Permítame que con el mayor respeto a su investidura le diga que comete usted un gran error y crea una grave confusión afirmando cosas que ningún cubano con dignidad puede aceptar. Usted ha dicho en repetidas ocasiones que no se mete en política pero 'mete la cuchareta' en la misma, y de vez en vez mete su delicado pie hablando de política...

¿No es acaso, Su Eminencia, meterse en política afirmar cosas que no le conciernen a un religioso y que hieren los sentimientos de los cubanos en general que sufren de una forma o de otra los desmanes del comunismo? ¿Acaso los asesinatos, las torturas, las bestiales prisiones han desaparecido ya de nuestra tierra? ¿Acaso no es contemporizar con el demonio decir que el demonio mismo debe ser el que dirija los cambios en nuestra desafortunada patria? ¿Acaso ya no tiene ninguna importancia el recuerdo de los cientos de sacerdotes expulsados de Cuba encabezados por Monseñor Boza Masvidal; el recuerdo de los colegios religiosos convertidos en cuarteles el respeto a los amiliares de los fusilados gritando 'Viva Cristo Rey'; el respeto y recuerdo de los devorados por los tiburones en el estrecho de la Florida? ¿Acaso no es un verdadero disparate político contemporizar políticamente con quien ha convertido a una patria libre y próspera en un infierno de odio, ruina y desesperación?

No, no y no. No podemos aceptar una 'solución' con quienes despedazaron a nuestra república. No, de ninguna manera estamos dispuestos –ni los de aquí ni los de allá– a aceptar componendas con el tirano ni con ninguno de sus 'peones' del exilio. Preferimos morir y ser enterrados en tierra extraña que vivir algún día bajo una pantomima de libertad.

Castro está reconociendo públicamente su derrota económica y su gran fracaso político. Está perdido. Está acorralado. El poco oxigeno que le queda se debe a los tontos útiles y a los aprovechados que por odio a los norteamericanos le envían casi 'migajas' para mantener al comunismo en el poder. ¿Por qué, Monseñor, usted quiere políticamente darle el espaldarazo al déspota dándole la alternativa para que siga en el ruedo toreando a su modo y capricho? ¿O es que usted cree de veras que con Castro puede llegarse a algún arreglo sincero, efectivo y con decoro? Haber convertido a una patria libre y maravillosa en un infierno de odio, ruina y desesperación, ¿no es motivo suficiente para condenar al régimen de Castro en vez de darle esa alternativa de dialogar con él y su camarilla? El cristiano verdadero no concibe cruzarse de brazos y mucho menos reconciliarse con el enemigo de Dios. El hombre que sigue a Cristo no entiende de acomodamiento a la hora de decir la verdad aunque lo maten. Trabaja para Dios y la Patria sin claudicar. Una cosa es el amor al prójimo y otra es hacerle el juego a la maldad del prójimo. Suyo, con los pies sobre la tierra y con la cabeza también... J.I.R.»

Colonos y ganaderos

Con motivo de la carta que le dirigimos al Cardenal Ortega el compatriota nuestro Ricardo Rafael Sardinas publicó en su espacio del Diario las Américas el siguiente artículo que reproducimos en este espacio de nuestras memorias como muestra perenne de nuestro agradecimiento a su apoyo público a nuestro modesto bregar a favor de la causa cubana. Decía así nuestro amigo Sardinas:

«La Asociación de Colonos que preside Silvestre Piña y la Asociación de Ganaderos que el que suscribe preside, han acordado felicitar a Dr. José Ignacio Rivero por su 'Carta sin Sobre' dirigida a Su Eminencia Jaime Ortega, en La Habana, publicada en su columna de Diario las Américas el jueves 10 de abril de 1997.

En realidad, nada nuevo añade esta felicitación a las relaciones de los colonos y los ganaderos con José Ignacio Rivero. Desde el primer día que el Diario de la Marina *escribió su primer editorial y el primero de los Rivero lo firmó, tuvieron los más genuinos empresarios de Cuba, los productores de la caña de azúcar y los productores de carne, leche, queso y cuero, en los talleres del querido periódico en Prado y Teniente Rey, un altar para contar con su fidelidad, un cuartel para acumular su fuerza y un ejército para defender sus derechos. Desde que el* Diario de la Marina *salió a la calle sembrando en el mismo surco donde el colono plantaba su canuto de caña y en la misma tierra donde el ganadero pastaba su ganado, los principios morales sin los cuales ningún pueblo es feliz. Tengo para mi que las hordas comunistas de Fidel Castro no hubieran podido robarse nuestras propiedades, ni destruir nuestros valores, si primero no destruyen los talleres del* Diario de la Marina *y persiguen hasta el destierro al último de los Rivero. Nuestra alianza no es una alianza provisional y transitoria, ni es una alianza política y de conveniencia llevada a cabo con palabras y contratos. Es una alianza permanente de unidad de principios y trascendentes valores comunes.*

No es mera coincidencia que el mismo día (Junio 12 de 1960) que el presidente de la Asamblea Nacional de Colonos partiera para el exilio en Miami, el Director del Diario de la Marina *partiera para el exilio en Perú, ambos con el mismo propósito y la misma necesidad de libertad; ni es coincidencia tampoco que al siguiente día se encontraran en un hotel frente al Parque de las Palomas discutiendo los esfuerzos necesarios para lograr la liberación de nuestra patria; ni mucho menos es coincidencia que esa misma semana partiéramos José Ignacio y yo con Rubio Padilla y Cuervo Rubio hacia Washington a buscar aliado para nuestra causa.*

Los comunistas no son ingenuos y ellos sabían muy bien que no podían comenzar la destrucción, permitiendo a José Ignacio al frente de su Diario *y a los colonos y ganaderos produciendo sobre sus tierras más de lo que la población cubana consumía. Con esta fuerza limpia y decidida sin decapitar, no hubiera sido posible conculcar las libertades en Cuba, cerrar las Iglesias, desterrar sacerdotes, encarcelar la población rebelde, fusilar a los jóvenes que marchaban al paredón de fusilamientos gritando: '¡Viva Cristo Rey!, casi con alegría porque sabían que morían sirviendo a su patria y a su Dios.*

Contra esta realidad se alzó en Cuba José Ignacio Rivero y con esa autoridad moral que le otorga su vida y con el respeto que disfruta dentro de la Iglesia Católica, J.I.R. recibió del Pontífice Pío XII la condecoración 'Pro Eclesia et Pontifice' la misma que otorgó en días pasados el Papa Juan Pablo II a nuestra querida profesora Mercedes García Tudurí, se ha dirigido al Cardenal Ortega para decirle por escrito bajo su firma que estaba cometiendo un 'grave error y creando una grave confusión afirmando cosas que ningún cubano con dignidad puede aceptar'. José Ignacio no ha dicho lo que ha dicho con palabra hipócrita, ni diplomática, sino como un intrépido adalid, con el pulso sereno disparó a la diana y dio en el corazón de la misma, sin temor a las consecuencias. Como siempre lo ha hecho, como lo hizo su padre, como lo hicieron sus abuelos, armado de la verdad, pregunta al Cardenal: ¿Acaso no es contemporizar con el demonio decir que el demonio mismo debe ser el que dirija los cambios en nuestra desafortunada patria? Y para justificar esta añade otra, que seguramente el Cardenal nunca podrá contestar: ¿Acaso los asesinato, las torturas, las bestiales prisiones han desaparecido ya de nuestra tierra? En la última pregunta de José Ignacio al Cardenal hay una mezcla conmovedora de actitudes y sentimientos. Se destaca el optimismo cuando declara: 'Fidel Castro está perdido, está acorralado' luego pide cuenta en clara y franca acusación: 'el poco oxígeno que le queda a su régimen se debe a los tontos útiles y a los aprovechados que por odio a los norteamericanos le envían casi 'migajas' para mantener al comunismo en el poder' y frente a la situación que pinta previamente, formula su pregunta directamente; '¿Por qué Monseñor, usted quiere políticamente darle el espaldarazo al déspota dándole la alternativa para que siga en el ruedo toreando a su modo y capricho?'

Al final de la carta José Ignacio se despide del Cardenal enforma tal que no creo que el Cardenal pueda hacerlo así, jamás, con los pies en la Tierra y la cabeza en el Cielo.»

Cuba nunca ha sido comunista

En Cuba ni el mismo Castro es comunista. Se vive del comunismo, si es que se vive, que es cosa distinta, indigna y repugnante. Los pueblos son aparentemente lo que son sus gobernantes. El mismo pueblo que aplaudió en Cuba a otros gobiernos democráticos aplaudió más tarde a Batista y luego a Fidel Castro.

Esto no es una exclusiva de los cubanos. Las mayorías se conducen así en todos los rincones del mundo. Durante un largo período de tiempo parecía que Argentina toda era peronista y más tarde se descubrió que no lo era. Lo mismo le ocurrió a Alemania con Hitler, a Italia con Mussolini, a España con Franco.

Hemos visto más de una vez como en la Plaza de Oriente frente al Palacio Real de la capital española se volcaba casi toda la población de Madrid para vitorear al caudillo y hoy casi toda España parece una España antifranquista.

Es verdad que el hombre o la mayoría de los hombres forman parte de una sistema las más de las veces por «una ley de supervivencia legítima o por la fuerza». Cuba no es una excepción. Máxime si se tiene en cuenta el terror implantado de punta a punta en la isla por el marxismo-leninismo desde Moscú antes de la perestroika.

Si al castrismo se le ocurriera abrir las puertas de todos, sus puertos, y si los Estados Unidos abrieran los suyos con los brazos abiertos de par en par a todos los que quieren vivir en libertad, Cuba se convertiría en una isla desierta porque Dios creó a los cubanos igual que al resto de la humanidad: con raciocinio, con cabeza, con alma y con deseo de superación y de vivir en paz.

Es absurda la política de inmigración que los Estados Unidos practican en contra de la reunificación de la familia cubana. Vivimos en sociedad pero somos seres pensantes y aunque la verdad no es mas que una no nos gusta vivir en «caravanas» ni en «colmenas», ni mucho menos en comunas como los chinos. Una cosa es la sociedad, la patria y la familia y otra es el «enjambre», la «colmena», el «hormiguero» humano que no conoce otra cosa que la esclavitud.

Lo inteligente, además, es dar a conocer lo que de verdad piensa el pueblo de Cuba sobre el régimen comunista y no lo que piensa el exilio sobre el pueblo de Cuba, que eso a nada conduce.

Eloy Gutiérrez Menoyo ya en el exilio fue a Cuba varias veces por una cuestión de táctica personal. Este señor, de origen guerrillero y comunista desertó de las filas de Castro. Se fue al exilio y volvió a Cuba. Estuvo en las prisiones castristas y dijo allí algunas tonterías para ganarse la oposición a Castro de dentro y de fuera de Cuba, Y se la ganó. Gran parte del destierro cubano llenó de elogios al ex guerrillero. Casi todos los postes eléctricos y casi todas las paredes de la ciudad de Miami se llenaron de letreros con la frase de «Viva

Menoyo», como aquella de «Fidel, esta es tu casa» colgada en las puertas de los hogares de La Habana...

A nosotros nos criticaron porque alertamos al público sobre el historial de Menoyo y sobre su ideología. Algunos nos dijeron que éramos inoportunos y exagerados. Da la casualidad que lo mismo se nos decía en Cuba con respecto a Castro y diariamente se pedía que nos fusilasen...

¿Exageramos y fuimos inoportunos acaso en nuestra postura periodística contra la revolución en Cuba? ¿No ocurrió todo lo que dijimos antes y durante Fidel Castro en la propia Habana? ¿Fuimos inoportunos y exageramos nuestros criterios en el caso de Menoyo? ¿A dónde había ido Menoyo en 1995? A Cuba. A abrazarse con su antiguo camarada a pesar de toda la sangre derramada por este y de toda la hecatombe que ha producido en la patria. Menoyo fue a Cuba con el pretexto de un diálogo del cual se seguirá riendo porque a él no le interesa otra cosa que mantenerse en el poder, como a Eloy Gutiérrez Menoyo lo único que le interesaba era ponerse a bien con los «buenos» y con los «malos», como si Cuba fuese una película de vaqueros.

Bofetada a la española

Por aquellos días llegaba a Miami el nuevo cónsul de España, don Fermín Prieto Castro defendiendo las inversiones en Cuba. Desde que Fidel Castro llegó al poder los gobiernos de España no cesaban de brindarle su ayuda aun a costa de hacer malos negocios con él. El mismo Generalísimo Franco, según contamos en otras páginas de este libro, nos dijo a nosotros en íntima conversación en su despacho de El Pardo lo siguiente: «Con Castro España pierde, pero tenemos que estar presentes en Cuba por razones humanitarias...»

Hacía sólo cinco meses al ex cónsul don Eric I. Martel, se le había pedido por radio su opinión sobre el caso de Cuba y acerca de las relaciones de su gobierno con el régimen de Castro. Su respuesta, según comentamos en aquella oportunidad fue sólo diplomática, discreta y neutral. No justificó la visita a Cuba de Fraga Iribarne que había anunciado durante su visita a Miami en el año 1991, pero tampoco la censuró; no aprobó la ayuda de los españoles a Castro pero tampoco la criticó. Martel en aquella ocasión pidió comprensión a los cubanos del exilio. Y, con gran cortesía, pero también con gran ingenuidad, dijo que si los españoles trataban hoy con los que no eran sus amigos, qué no harán mañana con los que son sus grandes amigos...

Sin diplomacia alguna pero con igual cortesía, respondimos a Martel diciéndole que eso era lo mismo que ponerse de parte del demonio en este mundo creyendo que se podía dejar para la otra vida el buen comportamiento con Dios. De eso nada, le dijimos: lo de la «velita» a Dios y otra al diablo es una verdadera canallada.

Resultaba que el nuevo cónsul de España llegaba a Miami con la misma o con peores cantaletas sobre el caso de Cuba: *La actitud de los cubanos exiliados es comprensible,* dijo el cónsul refiriéndose a las inversiones de España en nuestra patria, *«pero es que el dinero va donde produce intereses... y estas inversiones producen nuevos empleos». «Los exiliados cubanos —añadió— son especialmente críticos con el gobierno español, pero olvidan que varias filiales de firmas estadounidenses y canadienses también están invirtiendo en Cuba. Siempre señalan a España porque somos hermanos y más amigos».*

Dijimos en aquella ocasión que sentíamos en el alma volver a discrepar de la Madre Patria en relación con su política relacionada con el verdugo de Cuba. Discrepar, no con España, sino con sus políticos, gobernantes y comerciantes que se aprovechaban de la desgracia que vivía nuestro país para sacar provecho para sus bolsillos.

Al cónsul le preguntamos públicamente: ¡Que somos especialmente críticos con el gobierno español y que olvidamos a los demas paises que comercian con Castro? ¿Quién le ha dicho al cónsul que ignoramos las traiciones a la democracia y a la libertad de las demás naciones que comercian con Castro? La vileza de unos no justifica la bribonada de otros. ¿Acaso podía justificarse la homosexualidad en España porque también exista en Canadá y en los Estados Unidos? Tan inmorales son los unos como los otros. Los que fuman marihuana en España son tan criticables como los que la fuman en cualquiera otra nación del globo.

Por aquellos días el periodista, abogado y escritor, Alfredo Coronel Hartmann dijo con gran acierto en *Diario las Américas* que, «el pueblo de Cuba, ya apabullado por el hambre y el irracional racionamiento, no tiene otra salida de supervivencia que el derrocamiento de Castro y la apertura a una sociedad libre y democrática. La subvención, más o menos disfrazada, del monstruo agónico, sería mantener a un enfermo descerebrado en vida artificial, por algún tiempo. Ese tiempo multiplicaría geométricamente el número final de víctimas, sin razón y sin esperanza. Invertir en Cuba no es sólo una mala inversión, es además comprar un bono de complicidad, con intereses en rojo, a inmediato plazo».

Y esto no lo decía un exiliado cubano, lo decía un venezolano de prestigio que no tiene por qué dolerle el dolor de Cuba.

Claro que los cubanos tenemos que señalar a España porque somos hermanos y más amigos, como decía el cónsul Prieto. Una bofetada de España nos tiene que doler más que una de Canadá, de Estados Unidos, de China o de Marruecos... La amistad y la hermandad se demuestran ayudando al hermano y al amigo y nunca dándole una mano al enemigo por afán de lucro aunque el cónsul dijera que las inversiones españolas en Cuba favorecen al pueblo cubano y que no podían ser restringidas sin quebrantar los principios de la libre empresa...

Las inversiones extranjeras en Cuba sólo favorecen a las arcas del régimen comunista y a las de los comerciantes foráneos. ¿Por qué, además, ese amor platónico a la libre empresa en Cuba si de sobra se sabe que Castro eliminó todo vestigio de libertad en nuestra isla? ¿Qué cubano puede disfrutar de ese privilegio democrático del que disfrutan los paises como España, Canadá y Estados Unidos?

Con motivo de aquellas manifestaciones desafortunadas del nuevo cónsul español escribimos un artículo que lo terminábamos diciendo: «Por favor, senor consul, no nos venga a estas alturas con esos cuentos...»

Carta al Rey de España

El domingo 11 de octubre de 1998 con motivo de la Semana de la Hispanidad le dirigíamos al Rey de España las siguientes líneas que escribirnos más con el corazón que con la cabeza:

Su Majestad:
Me atrevo a escribirle éstas líneas, entre otras razones, por haber recibido de España la «Gran Cruz de Isabel 1a Católica» la cual me da, creo yo cierta autoridad para dirigirme a usted. Lo hago también,con motivo la Semana de la Hispanidad que celebramos aquí del otro lado del Atlántico, los que no sólo somos hispanos por herencia sino por profundo sentimiento. Los cubanos y españoles que fundaron sus familias en nuestra Cuba desde la época de la colonia siempre han amado a la Madre Patria de modo tal que al español de antes de la era del castro-comunismo jamás se le consideró un extranjero. Cuba y España siempre tuvieron sus corazones unidos. La Madre Patria para nosotros los cubanos no era sólo como la Madre de donde procedíamos sino una nación hermana siempre a nuestros dolores y a nuestras alegrías.

Todo español que iba a Cuba antes de la catástrofe marxista regresaba a España acompañado de la singular «morriña» de su terruño, pero luego volvía a Cuba para quedarse. Mi abuelo es un ejemplo real de lo que le digo. Y por haber tenido el raro acierto de defender los sentimientos de españoles y cubanos, aun en los momentos más difíciles, como reconocimiento a su labor, España le otorgó el titulo de Conde de Rivero.

Los españoles, por ejemplo, tienen hoy una España enteramente libre, donde todos, y no una sola parte de la nación, disfrutan de los beneficios y. derechos que les brinda su patria. Los españoles como los cubanos queremos una patria que respete y ponga en práctica sus verdaderos postulados y donde cada uno pueda emitir libremente su opinión sin temores de ser tildado de enemigo de su tierra. Un país verdaderamente cristiano donde la caridad se sobreponga al odio donde la justicia bien entendida se sobreponga al egoísmo y a la soberbia, donde la paz y la serenidad se sobrepongan a la agitación.

Sabemos que su Majestad va a visitar a Cuba y que el gobierno español está hoy más que nunca negociando con la tiranía de Castro para que los empresarios de España inviertan grandes cantidades de dinero en nuestro suelo esclavizado desde hace casi cuarenta años.

Existe una confusión enorme en cuanto a la verdadera situación cubana, que distorsiona la realidad y favorece directa o indirectamente al régimen totalitario y de terror de Fidel Castro. Yo no lo comprendo, pero hasta cierto punto puede justificarse que en 1959, bajo los efectos de la propaganda roja y la eufo-

599

ria de la revolución triunfante, se viera en Fidel Castro la reproducción legendaria del Robin Hood de América. Pero es Inconcebible que en 1998, después de tantos años de desmanes de todas clases, de barbarie y de opresión, que han convertido a la Isla en una inmensa cárcel y a sus fortaleza militares en antros de torturas y asesinatos en masa, se diga tranquilamente –nada menos que en España– en la España que ha sufrido en su carne los horrores del comunismo, que Cuba es hoy una nación verdaderamente independiente; que no se vive tan mal como la gente supone; que el Gobierno de Castro es ejemplo de honestidad administrativa, etc. Es muy fácil y cómodo hablar así a miles de millas de distancia de la tragedia que vive el pueblo cubano. Yo quisiera oír, Su majestad, la respuesta que daría ese millón de muertos que yace en el Valle de los Caídos. Quisiera saber si están de acuerdo con la postura de España tan liberal y tolerante con el comunismo cubano.

Me parece más que un sueño, una pesadilla, que ahora el Rey de España vaya a abrazarse también con quien tanto daño le ha hecho a la libertad, a la iglesia y a la Hispanidad. A quienes hay que abrazar y escuchar es a los que siguen llegando casi moribundos a las costas floridanas huyendo del infierno rojo. A los que hay que oír es a los cubanos humildes que huyen del terror para que se conozca la verdad por entero y no a los Castro ni a los periodistas paniaguados de muchas partes del mundo que saben vivir muy bien a costa de los pueblos oprimidos.

Mucho Se me queda en el «tintero». Le prometo seguir enviándole atrás cartas similares para que no se deje engañar por los que desde hace cuatro décadas vienen aprovechándose de la desgracia de Cuba.

¡Que ignominia!

Ahora, entre tantas villanías, el gobierno actual de España crea con Cuba comunista la «Corporación Financiera Habana». Y uno de los hombres de más confianza de José María Aznar y del mundo financiero español, dice que esta nueva Corporación es una «muestra de confianza y una apuesta de futuro en la economía cubana».

Seguro estoy, Vuestra Majestad, que si resucitaran los Reyes Católicos, el General Moscardó o Felipe II, se volverían a morir de espanto ante tanta vilanía y claudicación. Y se lo dice el Director propietario del periódico *Diario de la Marina*, defensor más grande que ha tenido España en América.

¿Qué pensaría Ud. de nosotros si hiciéramos un pacto con la ETA para ayudarlos a lograr sus propósitos y los nuestros? ¿No le parecería una traición a los fundamentos e ideales de la hispanidad? Más vale pan con amor, que gallina con dolor. Cada quien hace el cuento según le va en la feria... Hay que internarse dentro de] pueblo cubano de la Isla para darse cuenta del inmenso dolor que hoy vive mi desdichada patria. No soy yo, que expuse mi vida y la de mi familia frente a Castro por decir la verdad y defender el derecho de todos, el único que habla con toda crudeza sobre el calvario del pueblo cubano. No es tampoco el cubano del exilio que no carece de nada porque ha sabido levantarse en medio de la tragedia y triunfar en sus pequeñas y grandes empresa. Los que hablan también con lágrimas de olor y de rabia son los banqueros, los empresarios, los hacendados, los colonos, los dueños de periódicos los idustriales, etc. De este profundo dolor y sufrimiento hablan hoy los humildes, los pescadores, los obreros esclavizados, las mujeres y madres deshonradas y maltratadas, niños famélicos y aterrorizados, ancianos con mirada vidriosa y perdida. Ellos son el testimonio vivo e irrecusable de lo que es hoy la Cuba esclavizada, por la tiranía castrista, matirizada y desgarrada hasta sus fibras más profundas. A ellos son a los que España debía abrazar y no a Castro y sus secuaces. A estos cubanos que sufren el terror hay que oírlos para que se conozca la verdad por entero y no a los funcionarios del gobierno comunista ni a los paniaguados del régimen que saben vivir muy bien a costa de la desgracia nuestra.

La verdad brutal y tajante, Su alteza, es que hoy las cárceles de Cuba están repletos de presos políticos; que a los cuarenta años de barbarie comunista se sigue fusilando y que es raro el día en que no aparecen varios campesinos muertos con un pistoletazo en la nuca; que la propiedad privada y la libre empresa no existe nada más que para el extranjero; que ni un pedacito de tierra le pertenece hoy a ningun cubano; que desde el principio de la revolución comunista se confiscaron no sólo las propiedades y negocios legítimos de todos los cubanos, sino los de los españoles quienes tuvieron que dejar tras sí a familiares muertos o encarcelados; que la enseñanza religiosa se erradicó totalmente de las escuelas que convirtieron en centros de adoctrinamiento marxista.

Me duele como cubano las relaciones de cualquier país libre del planeta con mi patria que sufre hambre, persecución y esclavitud, pero me tiene que doler muchísimo más las relaciones de España con el tirano. Todo esto y mucho más lo he dicho en voz alta en su misma tierra: en la del Cid Campeador; en la del Quijote, pues «No he de callar por más que con el dedo,/ Ya tocando los labios, ya la frente,/ Silencio avises, amenaces miedo...»

Devolución de distinción española

Un tiempo después de habernos dirigido públicamente a Fraga Iribarne y al Rey de España en torno al caso de nuestra patria cubana devolvimos al Gobierno español la Gran Cruz de Isabel la Católica que se nos había otorgado por España con motivo de la defensa de la hispanidad en América, la misma exaltación de los valores hispánicos que habían mantenido siempre nuestro abuelo y nuestro padre Don Nicolás y Pepín Rivero en Cuba.

Sobre esta decisión nuestra, que debió haber sido secundada por todos los compatriotas poseedores de distinciones similares, se publicó la siguiente información:

Devuelve Jose I. Riveró a España la Gran Cruz de Isabel la Católica

Por Ariel Remos Remos

El periodista José Ignacio Rivero, que fuera propietario y director del Decano de la Prensa de Cuba, Diario de la Marina, tomó la decisión de devolver la «Gran Cruz de Isabel la Católica» -el grado más alto de esa condecoración-, que le fuera concedida a nombre de España por el Generalísimo Francisco Franco. Junto a su decisión y comunicación a las autoridades españolas, Rivero envió a *Diario las Américas* unas declaraciones que explican los motivos de su decisión, entre ellos que España le ha vuelto las espaldas a la tragedia de Cuba y la visita que hará su Rey a Cuba, «no para abrazar al pueblo que sufre, sino para abrazar y congraciarse con el 'soberano' sátrapa y farsante que la oprime».

El colega José Ignacio Rivero dijo que ha recibido innumerables reconocimientos de dignatarios e instituciones que quisieron premiar de esa forma su denodada lucha en Cuba a través de su periódico contra la instauración del marxismo-leninismo por Fidel Castro y sus hordas, «pero como digo en mis declaraciones, no es España la única que le da la espalda a la tragedia de Cuba, pero es la que más nos importa y la que más hondo nos hiere en el corazón».

Al justificar su decisión, afirma Rivero que es posible que al gobierno español le interesen poco las sentimientos que la mueven, pero que «sí le interesa a mis compatriotas y a todos los españoles de vergüenza que vivieron y formaron un hogar en Cuba y, que hoy viven en la Madre Patria despojados de todos lo que les pertenecía y que ganaron con el sudor de su frente. Son muchos, muchísimos españoles de vergüenza que viven asqueados por la traición de sus gobiernos a la causa de la verdad española y cubana».

Tras añadir a sus argumentos una mención «al endiablado proceso que se ha iniciado para extraditar al general Augusto Pinochet, que salvó a su gran país de los horrores de los comunistas». termina sus palabras diciendo que «Franco le ganó la guerra al comunismo. El Rey Juan Carlos, Aznar y Fraga Iribarne van a perderlo todo con su abierto compadrazgo con el verdugo del pueblo de Cuba, Fidel Castro. Ya lo verán para su desgracia».

A continuación, las declaraciones de José Ignacio Rivero:

«El tiempo pasa y la desgracia de Cuba aumenta cada día más. Son cuarenta años de hambre, de esclavitud, de dictadura sangrienta que viene sufriendo la 'Isla más hermosa que ojos humanos vieron'. Han transcurrido desde su descubrimiento quinientos siete años de luchas, de vicisitudes, de trabajos, de guerras, de esfuerzos gigantescos para situar a nuestro país entre los más adelantados de América en todos los aspectos económicos, sociales y culturales. Y al cabo de esta jornada gloriosa que terminó en 1959, se implantó el comunismo en contra de la voluntad del pueblo cubano y con el visto bueno y ayuda del mundo entero.

Este profundo pesar, este terrible dolor jamás desaparecerá del corazón de los cubanos aunque algún día nuestra tierra vuelva a ver el sol de la libertad, la independencia y de la paz.

Hace algunos años, casi al principio de mi exilio, después de haber cumplido sencillamente con mi deber de cubano y de periodista en La Habana denunciando a toda voz al régimen comunista, el Generalísimo Francisco Franco tuvo la cortesía de concederme una audiencia privada en el Palacio de «El Prado» Después de enseñarme unos documentos relacionados con lo compromisos económicos entre España y Cuba, me dijo: «Como usted ve Rivero, yo no puede romper con Fidel Castro porque Cuba nos debe mucho dinero todavía». «Además, creo firmemente que España debe estar presente en Cuba en el momento de la caída del comunismo que será muy sangrienta y de aquí a muchos años...» Claro que hablamos mucho más sobre Cuba, pero a pesar de lo larga que fue nuestra conversación y del análisis de cada punto, el Generalísimo Franco, a quien tanto admiro por haber salvado a España de las garras del comunismo, no me convenció, Le agradecí su gentileza de haberme atendido un par de horas en su despacho, levantándose frecuentemente para sacar de sus archivos los papeles que quería enseñarme. Mientras tanto su gobierno seguía ayudando a Castro con alimentos, autobuses, flota pesquera, etc., etc.

Un argumento no se compaginaba con el otro...

Después de la visita en cuestión me acompañaron hasta el hotel donde me hospedaba, algunos funcionarios del Ministerio de Asuntos Exteriores, sin desear otra cosa que escribir unas declaraciones que fueron publicadas a doble página en el diario "ABC", el periódico más importante y antiguo de España. En dichas declaraciones dije casi lo mismo que le expresé al Rey Juan Carlos recientemente en carta abierta desde mi columna del *Diario las Américas*.

Hago lo que me dicta la conciencia y el corazón en estos instantes en que las relaciones entre el asesino de mi patria y España son más estrechas que nunca habiendo contribuido grandemente esta situación a que se incrementara el sufrimiento del pueblo cubano durante cuarenta años.

Como cubano y como director propietario del conocido *Diario de la Marina* de Cuba, uno de los periódicos más antiguos del Continente americano y que se ha caracterizado por su línea combativa frente al comunismo internacional, y defensor en todo momento de la causa que, a costa de tanta sangre, venció al comunismo en España, creo que es mi deber esclarecer algunos puntos ignorados por gran parte de las naciones del mundo con respecto a las relaciones entre Cuba y España desde que Fidel Castro asumió por la fuerza el poder en nuestra Patria. La mayor parte de los pueblos, incluyendo al de España y a los de América no conocen absolutamente nada de la Historia de Cuba. Han oído hablar, de Martí, de Maceo, de Máximo Gómez como si se tratara de seres novelescos o de personajes selváticos luchadores por una causa injusta encabezada por el incipiente «Imperialismo Yanqui». Claro que en las universidades se conoce bien la Historia de América, pero no la enseñan como es debido. Es por eso por lo que a Castro se le tuvo desde el principio de su funesta revolución como a uno de esos personajes salvadores de la justicia social y enemigo acérrimo de los «yanquis».

¿Acaso alguien en España que no sea comunista puede decir con entera sinceridad que a fin de cuentas lo que hizo el gobierno rojo no fue tan deplorable y que se justificaba el nuevo orden que los marxistas querían implantar en su nación? Es muy fácil pensar así cuando se goza de «buena salud» y se puede vivir sin persecución y con toda la fabada y con todo el turrón que hace falta para llenar los estómagos durante todo el año y para celebrar una gran Navidad. Yo quisiera ver la reacción de ese millón de muertos –y lo he dicho muchas veces– cuya dramática representación yace en el Valle de los Caídos, ante la postura de los gobiernos de España desde hace ya cuarenta años con el comunismo castrista, desde que el embajador Juan Pablo Lojendio se enfrentó en 1960 cara a cara con el déspota de Cuba en la televisión cubana.

Sí, quisiera saber sí el «Valle de los Caídos» no temblaría desde su interior si pudiera ver la actitud vergonzosa de los gobiernos de España ayudando a su enemigo e invirtiendo dinero en propiedades robadas por el Estado comunista a sus legítimos dueños Y construyendo hoteles por medio de la explotación del oprimido obrero cubano, y para que los disfruten los extranjeros que visitan la isla en la búsqueda de sexo infantil y de otras cosas peores aún...

En Madrid dije, y se lo repetí a Juan Carlos, que era preciso ver y hablar con los centenares de balseros que llegaban casi moribundos a las costas floridanas huyendo del infierno rojo del castrismo para darse cuenta del inmenso dolor que se vive en Cuba, mi desdichada Patria. La verdad mondo y lirondo es que hoy, a, los cuarenta años del comienzo de la salvajada revolucionaria castrista, han pasado por el paredón de fusilamiento y por las ergástulas políticas, decenas de miles de cubanos cuyo único delito fue y sigue siéndolo trabajar de una forma o de otra por la salvación de su patria. Tal parece que la moral de la Política ha desaparecido en los últimos años de la península Ibérica. No se oye ni un grito de protesta ni una voz de alerta contra la claudicación de sus gobernantes ante el verdugo de Cuba. Y se llega al colmo de planificar a bombo y platillo la visita del Rey a Cuba. No para abrazar al pueblo que sufre sino para abrazar y congraciarse con el «soberano» sátrapa y farsante que lo oprime. No saben la ofensa tan grande que le hacen a nuestros antepasados españoles que fundaron con los cubanos una patria para los cubanos y no para los españoles comerciantes de hoy que quiere aprovecharse de su desgraciada «Política, social y económica» manchada de sangre y de dolor.

Soy justo. No es España la única que da las espaldas a la tragedia de Cuba. Es al muncio entero al que le importa un bledo el sufrimiento de Cuba. Pero es España la que más nos importa; la que más nos hierre en lo más hondo del corazón.

Por eso, como lo único que tengo hoy en esta vida es la dignidad y mi humilde pluma, que no se venden ni se compran con todo el oro del mundo, declaro que entre todas las distinciones y condecoraciones que se me han otorgado durante toda mi vida pública por gobiernos e instituciones de América, de Europa y del Vaticano por el único mérito de defender los valores cristianos y los principios de la civilización occidental contra los fundamentos del marxismo-leninismo, devuelvo ahora la «Gran Cruz de Isabel la Católica» al Estado español pidiéndole al mismo que a la vez me borren de la lista de los condecorados en el mundo con dicha orden. Para mí y para todos mis compatriotas decentes y con decoro es ínfinitamente más importante y más querida la Patria que todos los «valores» económicos, que todas las medallas y que todas las distinciones del mundo.

No importa que al gobierno español le interese poco o nada estos sentimientos míos, pero mi conciencia me dice que tengo razón, y sí le interesa a mis compatriotas y a todos los españoles de vergüenza que vivieron y formaron un hogar en Cuba y que hoy viven en la Madre Patria despojados de todo lo que les pertenecía y que ganaron con el sudor de su frente. Son muchos, muchísimos españoles con vergüenza que viven asqueados por la traición de sus gobiernos a la causa de la verdad española y cubana.

A los argumentos que muy en síntesis expongo en estas líneas para devolver la más alta condecoración de España, le agrego también muy en especial, el endiablado proceso que se ha iniciado para extraditar al General Augusto Pinochet que salvó a su gran país de los horrores del comunismo.

Franco le ganó la guerra al comunismo. El rey Juan Carlos, Aznar y Fraga Iribarne van a perderlo todo con su abierto compadrazgo con el verdugo del pueblo de Cuba, Fidel Castro. Ya lo verán para su desgracia.

Sátira del dibujante Silvio
(Publicada en El Diario las América en diciembre de 1998)

Mensajes de nuestros compatriotas

Muchas fueron las cartas y mensajes que recibimos de nuestros compatriotas por la devolución de la condecoración española. No lo habíamos hecho por un acto de soberbia ni mucho menos por el deseo de exhibición, manifestación casi congénita -en los sentimientos de una gran parte de los que se consideran luchadores a favor de una causa cualquiera. Lo hicimos sólo por impulsos del corazón y por la indignación de ver a todos los gobiernos de España «haciendo su agosto» con la desgracia de Cuba en lo político y en lo comercial...

Tres muestras sinceras y amables de los muchos estímulos que recibimos de nuestros compatriotas (menos de los compañeros de la misma distinción ...) las tenemos con las siguientes expresiones que mucho agradecimos:

Alto ejecutivo de Radio Martí

«Dr. José Ignacio Rivero
Miami, Florida

Querido José Ignacio:
Lo que vale un hombre no se mide por lo que en el ejercicio de su capacidad ha podido obtener, sino por lo que en el respeto a sus principios haya sido capaz de renunciar.
Sé lo que significa para ti, por tu herencia y formaciòn la Gran Cruz de Isabel La Católica, pero también me consta que, por las mismas razones, no podías atesorarla si los que están representando hoy la alcurnia de la raza no están –por su amancebamiento político con un criminal– encarnando esa estirpe, sino mancillándola.Por eso, no me extrañó tu gesto de devolver tan preciada condecoración. En definitiva, lo mismo hiciste con el periódico que fundaron y honraron tus antecesores en el momento en que, para conservarlo, tenías que negar tu ancestro y su digna ejecutoria,
Por esos gestos es que Diario de la Marina y su último director siguen existiendo en el respeto de los cubanos.
Un abrazo,
Humberto Medrano»

Presidente de la «Fundación Nacional Cubano Americana»

*«... Tú y Diario de la Marina demostraron coraje, patriotismo y amor por la libertad. Ellos fueron y seguirán siendo cómplices de la tragedia que hoy seguimos sufriendo. Abrazos.
Jorge Mas Canosa»*

Presidente de la «Junta Patriótica Cubana»

*«Dr. José Ignacio Rivero
Miami, Florida*

*Distinguido amigo y compatriota:
En nombre de la Junta Patriótica Cubana, nuestra más calurosa felicitación por el valiente gesto retornándole al gobierno español la condecoración 'Gran Cruz de Isabel la Católica' que merecidamente se te había otorgado en reconocimiento a tu tradicional conducta y las relaciones con España.*

Nuestros mártires tienen que sentirse orgullosos de que Cuba siempre tiene hijos que demuestran la dignidad coraje que le faltan a otros. Este tuyo es un ejemplo propio de los grandes de la Patria.

*Para esposa, hijas, nietos y para ti, rogamos a Dios por la salud y felicidad en estas Pascuas y en el nuevo año. Recibe un abrazo de tu amigo y compatriota,
Dr. Roberto Rodríguez de A ragón
Presidente de la Dirección Internacional»*

La «Sociedad Civil Cubana»

Nos hallábamos arremetiendo casi por todas partes en el exilio contra la inacción y la politiquería relacionada con la lucha por la reconquista de nuestra patria. Lo mismo iniciábamos gestiones para crear la verdadera y sincera unidad para el fortalecimiento de la lucha contra Castro que lanzábamos frecuentemente llamamientos a la opinión ciudadana a favor del apoyo a estructuras sin matices políticos de común interés y conveniencia para el entendimiento entre todos los sectores del destierro con un solo denominador común: la salvación de la patria. Nuestro último intento después de cuarenta años de llamamientos y gestiones fue el de la «Sociedad Civil Cubana» que iniciábamos con el siguiente artículo publicado en *Diario Las Américas* y que titulamos «El apretado abrazo». Decíamos así:

«Cuba necesita del esfuerzo y de la cooperación de todos sus hijos no de un grupo o de una fracción más o menos numerosa que en un momento se unen y en otro se desunen como si jamás se hubiesen conocido. Se crea la Sociedad Civil con la colaboración y la comprensión de todos los que le dan vida a la nación porque son los verdaderos cimientos, la base en que se apoya la Patria.

La coordinación no está en el nombre sino en el noble deseo de cooperar el uno con el otro en todo aquello que beneficie a la causa o que perjudique a los planes del enemigo de las empresas, del comercio, de la industria, de los obreros, de los profesionales, de los municipios, etc. En tal forma que sea la 'Sociedad Civil Cubana' la que de una forma o de otra, junto a las demás organizaciones cívico patrióticas, represente la verdadera conjunción de esfuerzos a favor de nuestro pueblo cubano.

La unidad –aunque a algunos les suene ya mal esta palabra– no está en el nombre sino en el noble deseo de cooperar el uno con el otro en todo aquello que beneficie a la causa.

Por eso, porque la causa de la libertad es de todos, no se puede ser partidario del divisionismo y de las banderías aparte. Hay muchos en el destierro que hacen imposible la fraternidad y el abrazo de los cubanos en la lucha contra Castro. Todos tenemos la obligación de unirnos en un fuerte bloque bajo una misma bandera y bajo un mismo pensamiento y una misma acción: la de propiciar toda corriente de coordinación sin que ninguna organización pierda su identidad ni sus proyectos particulares y ponerse siempre del lado de quienes la defienden y propugnan.

Sabemos que una cosa es la Sociedad Civil y otra la organización política, combatiente o de acción, pero creemos que ambas coordinaciones pueden o deben unirse en el fin común de salvar a la Patria. Con la 'Sociedad Civil Cubana' creada y coordinada con las organizaciones cívico políticas Cuba tendrá en el exilio ahora y en nuestro país después, un poder funcional político y económico extraordinario.

Y no es que se quiera invertir el orden de los valores y hacer de la unidad un fin en si mismo porque con unidad y sin unidad o en contra de la unidad hay que salvar a Cuba que es lo importante. La coordinación –por llamarle de alguna manera a la cooperación– es solo un medio, pero es el más eficaz, el más armónico y el más concordante con el espíritu cristiano y democrático que se quiere dar desde hace casi cuatro décadas a esta cruzada de buena fe.

El problema de Cuba no es sólo un problema político y económico. El problema de Cuba es más hondo y trascendente. Es un problema de valores espirituales y morales. Quitar a los hombres de hoy para poner a otros: quitar un régimen económico y político para sustituirlo por otro parecido no es cambiar de posición las cosas. En Cuba lo que hay que cambiar radicalmente no es solo la política ni la economía marxistas sino las ideas y los sentimientos. Si estos no llegan algún día a Cuba renovados, triste será el destino de nuestra patria después de la victoria.

Nuestra batalla no es una batalla cualquiera. Es una batalla sagrada, es una batalla santa, es una verdadera cruzada porque lleva por delante la justicia y lleva en el corazón a Cristo digan lo que digan los que crucificaron a Cuba y los que contribuyeron de mala fe a llevarla a la cruz.

He aquí los puntos que muy bien pudiera ser el ideario común de la 'Voz del Exilio', voz de la 'Sociedad Civil Cubana' coordinada con todas las orgaizaciones de carácter político, combatiente o de acción que se oirá en los lugares más importantes de la tierra cada vez que las circunstancias lo demanden:

1- Restauración de la Constitución de 1940 con los agregados o arreglos circunstanciales.

2- Erradicación total del comunismo, abierto o encubierto bajo el fidelismo, el llamado 'fidelismo sin Fidel' o cualquiera otra denominación engañosa.

3- Derogación de las leyes que en algún modo menoscaben la dignidad humana concebida según los principios cristianos en lo político, social y económico, y reconocimiento del concepto cristiano de la dignidad de la persona como base primera de toda la legislación futura y de todo el orden social.

4- Celebración de elecciones en el plazo más breve posible.

5- Amnistía de los delitos inequívocamente políticos. En todo caso, quedan excluidos del beneficio del perdón quienes en uno u otro bando hayan incurrido en delitos de carácter común.

6- Revisión, con criterio jurídico igual para todos, de las sanciones impuestas por los tribunales revolucionarios.

7- Ratificación de las garantías al derecho de propiedad privada y al sistema de libre empresa, en términos que impidan el ejercicio abusivo, en perjuicio de los altos intereses del individuo, de la sociedad y del Estado.

8- Revisión integral de la reforma agraria colectivista, con el fin de lograr el libre y efectivo asentamiento del campesino sobre la tierra y la más alta producción agraria.

9- *Restitución de los bienes indebidamente confiscados, intervenidos, ocupados o en cualquier forma detentados por el gobierno revolucionario y en los casos de imposible restitución, la indemnización adecuada.*

10- *Establecimiento de la democracia sindical y la armonía de relaciones entre el capital y el trabajo, sobre bases justas y subordinadas al bien común, con el fin de eliminar la lucha de clases.*

11- *Categórica adhesión de Cuba al bloque de naciones democráticas,*

12- *Integración en el exilio de un Supremo Organismo de la Sociedad Civil Cubana integrada, coordinada o unida a todas las demás organizaciones patrióticas y reconocidas personalidades nombrado por todas ellas y adheridas a este alto y poderoso empeño del destierro cuyo unico fin ha de ser encausar la defensa de los ideales patrios y hacer pronunciamientos que se convertirían en 'La Voz del Exilio' cada vez que el mundo la escuchase.»*

Todo esto lo decíamos los que firmamos estas manifestaciones sólo con el hondo interés de servir a Cuba con el pensamiento puesto en nuestro Apóstol José Martí cuando dijo: «Amor con amor se paga», y por encima de todo en el formidable mandato de Jesucristo que nos pidió que nos amaramos los unos a los otros como El nos ama a todos.

Ya en los comienzos de nuestro exilio habíamos propuesto públicamente desde Nueva York estos mismos puntos. Los mismos tuvieron una gran aceptación por la opinión publica en general pero no tuvimos éxito en la unificación de las distintas organizaciones. Todas querían seguir abrazadas a sus programas. Todas aceptaban nuestros doce puntos pero ninguna quería aceptar nada de los demás organismos. Y eso a nosotros no nos interesaba. Sólo deseábamos la sincera y necesaria unidad de todos los cubanos del exilio. Y nos dimos a la tarea desde entonces de seguir laborando modesta pero denodadamente en otros esfuerzos y por otros caminos del destierro.

En este último empeño de la «Sociedad Civil Cubana», no obstante la positiva acogida al principio por organizaciones y sectores laborales, profesionales y económicos, desapareció debido a la oposición o indiferencia de la mayoría de las organizaciones o grupos dedicados más al protagonismo que a la labor efectiva y elevada por el bien de la causa.

Respuesta a un artículo desafortunado

Jaime Campmany uno de los más notables escritores españoles contemporáneos y columnista del *ABC* de Madrid había escrito un artículo dedicado al tema de Cuba totalmente desafortunado. Lo había titulado «Cuba tan triste, tan desgraciada» y nosotros desde Miami lo refutamos enviándole a Guillermo Luca de Tena las siguientes líneas:

Mi querido Guillermo: Aunque no se trata de nada agradable, te ruego que publiques en ABC, *tu prestigioso diario que tanto respeto y quiero, mi respuesta a D. Jaime Campmany que publicó con el título: «Cuba tan triste, tan desgraciada». En nuestro exilio cubano ha causado verdadero revuelo.*

Gracias anticipadas por tu gentileza. Espero que al igual que el Diario de la Marina *publicaba siempre la verdad de España contra la mentira de sus enemigos de siempre, haga ahora* ABC *lo mismo con nuestra verdad. Recibe un fuerte abrazo de José Ignacio Rivero.*

Nuestra respuesta la titulamos así: «Los americanos del norte» y decíamos lo siguiente:

Jaime Campmany, uno de los mejores escritores de la España de hoy escribe un artículo en *ABC* de Madrid titulado «Cuba tan triste, tan desgraciada». Contundente y veraz todo lo que dice al principio del mismo. Disparatado e inexacto lo que afirma al final, de sus públicos sentimientos sobre nuestra triste y desgraciada Cuba.

Afirma Campmany que a él le parece que el rey puede ir a Cuba en cualquier momento y que ya sabe lo que sucederá: que el rey hablará de las libertades cívicas y de los derechos humanos y que Fidel Castro le escuchará sonriente y con paciencia porque hará con esas palabras lo que hace con todas las que expresan lo mismo: dejar que entren por un oído y sacarlas por el otro... Pero termina su artículo diciendo: «Cuba es la más española de todas las tierras de América. Los americanos del norte nos la quitaron, la explotaron, la esquilmaron, la empobrecieron y ahora la bloquean y la amenazan. Es como digo, la tierra más española de América, pero también la más desgraciada, pobre y esclava. A lo que se ve, poco podemos hacer por ella. Lo único que podemos hacer es visitarla y amarla. Pues, eso. Hagámoslo».

Nada, que al gran escritor español no le sopló la musa al final de su artículo sobre Cuba. Su odio a los «americanos del norte» es «africano» solo porque los «americanos del norte» hicieron negocios en Cuba cuando Cuba era libre y soberana. ¿De donde saca Campmany la «noticia» de que los «americanos del norte» le quitaron a Cuba y que la explotaron, la esquilmaron, la empobrecieron y que ahora la bloquean y la amenazan? No, destacado columnista de *ABC*, no la bloquean ni la amenazan; es Fidel Castro el que amenaza y bloquea a los «americanos del norte». Eso es lo que el pueblo de Cuba quisiera que hicieran los «americanos del norte»: que bloquearan y amenazaran de verdad al gobierno asesino que lo esclaviza, como lo hicieron con Haití, con Panamá, con Irak, etc, de acuerdo con los intereses legítimos de la democracia y de la libertad.

Los «americanos del norte» nos han traicionado más de una vez pero han hecho tratos económicos con Fidel Castro como ustedes los «españoles de España». No son «santos», pero al menos no se aprovechan de la desgracia de Cuba ni de la mano de obra del castrismo, explotador del obrero cubano de hoy, levantando hoteles –y otras cosas más– en la Isla para depositar sus ganancias en las "arcas" de sus bancos o de sus bolsillos particulares y para el disfrute del turismo internacional, no para los cubanos hambrientos del régimen de oprobio de hoy.

Y eso de que los «americanos del norte» esquilmaron a Cuba, la empobrecieron y la explotaron, es una tremenda mentira, una tremenda desfiguración de la realidad. ¿Estuvo acaso Campmany en Cuba antes de la revolución comunista? Cuba está empobrecida, explotada, esclavizada y hambrienta, sólo desde que Castro se apoderó del Poder. Primero con su contubernio con Rusia y también con la «especial» participación de España, Canadá y México. Me lo dijo el mismísimo Franco en persona: «Rivero, a Castro no le interesa las relaciones diplomáticas; sólo le interesa las comerciales»...

Tanta culpa tiene el tirano de Cuba como los que lo ayudan a mantenerse en el «gobierno». Tanta culpa tiene el que mata a la vaca como el que le aguanta la pata para recoger algo o mucho de «carne», como los buitres.

Si usted, señor Campmany, no sabe que la Cuba precastrista era rica, próspera y adelantada, pregúnteselo a sus innumerables compatriotas españoles, ricos ayer y pobres hoy, que crearon hogares y formidables empresas que contribuyeron a engrandecer a Cuba. Mi abuelo Don Nicolás Rivero fue uno de ellos que llegó a la Isla con los bolsillos vacíos y se quedó allá para siempre con su *Diario de la Marina* defendiendo siempre a España y a Cuba: ¡Sus dos grandes amores!

No, los «americanos del norte» no le quitaron a ustedes a Cuba. Se la quitamos nosotros los cubanos en los campos de batalla, con el machete en la mano pero sin odios ni complejos contra los españoles ni contra los «americanos del norte», a pesar de que ni ustedes ni los «americanos del norte» quisieron que Cuba, vencedora, se sentara en la mesa del Tratado de París. Y dicho sea de paso, ¿cuántas bases militares tienen en España los «americanos del norte»? ¿Cuántos «Burger King» y otros grandes negocios? ¿Están acaso por eso los «americanos del norte» explotando y empobreciendo a España?

Por favor Don Jaime, no eche a perder su brillante pluma con el mismo «cacareo» de los comunistas.

Suyo, pero desde lejos, José Ignacio Rivero.

(Este artículo lo enviamos al *ABC* pero, como era de esperarse, no fue publicado).

613

Los mismos peces

Mes de octubre, mes de ciclones y mes de la tragedia del la crisis de los cohetes del año 1962. Han transcurrido casi 41 años desde la «confrontación» provocada por los proyectiles dirigidos, provistos de carga nuclear emplazados en Cuba por técnicos militares soviéticos, y descubiertos por los aviones de observación de los Estados Unidos y años después el gobierno norteamericano volvió a preocuparse por la existencia en la isla de cohetes SS-20. Al mismo tiempo, a raíz de tal descubrimiento, Washington proponía a Castro la paz y el abrazo si este abría las cárceles y las urnas. No nos explicábamos como después de tantos truenos, rayos, centellas y bombazos sobre los Scuds de Saddam Hussein se le lanzaran flores, «toallas», armisticios, «salvavidas» sobre los cohetes de Fidel Castro.

Y después de tanta contemporización con el maldito régimen castrista, el más espantoso de la historia continental, se vuelve ahora a condescender con el mismo: Cuba compra a Montana diez millones en alimentos; legisladores de EE.UU. se pasean por La Habana; Florece el comercio electrónico con Cuba, etcétera.

El bloqueo aeronaval de Cuba ordenado por los EE.UU. a raíz de la revelación de 1962 fue interrumpido por un coloquio secreto entre la Casa Blanca y el Kremlin, que en densísima nube redujo al más impenetrable misterio. Hipótesis y conjeturas bordaron, en torno al suceso, una gama de teorías que el tiempo no ha podido resolver concretamente. Todo quedó en especulación ilimitada.

Lo evidente es que la «confrontación» constituyó una aparente victoria diplomática de la Unión Soviética y una consolidación real del régimen de Cuba. A partir de entonces, aunque con gran lentitud, los rusos reembarcaron los proyectiles que tanta alarma habían causado al pueblo americano pero dejaron un satélite robustecido con la promesa de Khrushchev de «provocar un holocausto mundial» si alguien osaba atacar a su protegido

¿Era acaso aquella promesa una resultante del coloquio secreto? ¿Era la amenaza real o fingida? Los analistas quedaban en libertad de sacar conclusiones a su antojo.

A partir de la Crisis de octubre de 1962 Moscú prodigó su amenaza en cada ocasión propicia. Bastaba un «raid» de los patriotas a las costas cubanas, o una acción limitada, o un ataque de comandos, importante en el orden espiritual, pero sin mayor repercusión en el militar, para que las balandronadas de las horas críticas de octubre del 62 fuesen repetidas sin que otra voz las hiciera callar. Cada fanfarronada del Kremlin era un tanto ganado por Castro y un tanto perdido por EE.UU.

Los gobernantes que al conocer, por boca del presidente Kennedy, que los soviéticos habían emplazado proyectiles con carga nuclear en diversos lugres de la isla con grave amenaza para una gran extensión del territorio continental, se apresuraron a comunicar al presidente de los Estados Unidos su decisión de luchar resueltamente a su lado contra el enemigo común, pero al observar las sucesivas mutaciones, indecisiones y abstenciones de Washington fueron replegándose a su vez y se retiraron de la primera fila. Su reacción fue paralela a la inacción del país líder. Su retroceso, semejante a la acción de bajar la guardia del Estado en el cual Occidente fiaba, y sigue fiando, su seguridad.

No fue ello todo. De sorpresa en asombro, el mundo libre contemplaba como las variaciones que se operaban en la capital de las democracias tenían una marcada inclinación a la izquierda. Políticos y voceros oficiosos ideaban fórmulas conciliatorias encaminadas a una transacción con el enemigo; estrategas de la política internacional aconsejaban un entendimiento con el comunismo respetándole sus conquistas; los amanuenses de la URSS laboraban febrilmente por un acercamiento con el régimen de La Habana. Esta era la meta: Fidel Castro y su supervivencia a costa de la seguridad y la paz de todo el Hemisferio.

Paulatinamente, la escora a babor se fue agudizando hasta que no quedaron dudas de que el cambio era intencional. De este modo la victoria de Fidel Castro sobre los anhelos de las democracias fue reforzada por la obra sutil de las izquierdas bien instaladas en estratégicos cargos.

La situación con Castro de 1962 es similar a la de 2003. Son los mismos «peces» con diferentes «colores». Antes eran los izquierdistas. Ahora son los conservadores... En síntesis: Cuba solo se salvará por un milagro de Dios.

En cuanto al Proyecto Varela

En uno de los tantos editoriales que publicamos en Cuba en el Diario de la Marina dijimos claramente lo que de verdad necesitaba nuestra patria después de la desaparición del gobierno de Fulgencio Batista. Nos hallábamos todos los días en medio de una guerra de nervios –casi peor que la de Bush contra el terrorismo– cuando funcionaba todos los días el paredón de fusilamientos.

Hay quienes decían que éramos enemigos de Oswaldo Payá Sardiñas. No era cierto. Eso lo creían sólo algunos de los «comecandelas» del exilio que en Cuba frente al comunismo mantuvieron sus «cuerdas vocales» paralizadas cuando de verdad se tenía hasta que gritar en contra de la desvergüenza fidelista. Nada nos inclinó jamás en contra de Payá como persona. Sólo discrepábamos de su «Proyecto Varela» porque estábamos y seguimos convencidos de que un referéndum o cualquier cosa que se apoye en una ley comunista no puede jamás obtener resultados positivos de índole alguna que resulten beneficiosos para la genuina y bien fundamentada libertad de cualquier país.

Nuestra idea clara y sencilla era y sigue siendo que una sola es la avenida por la que nuestra patria puede y debe transitar para alcanzar su legítima democracia: el camino que conduce hacia el sufragio universal. Comenzar a marchar por los vericuetos engañosos y traicioneros del enemigo no solo conduce a perderse el tiempo sino que es darle un espaldarazo o patente de corso al propio enemigo de la democracia para que se perpetúe en el poder o haga caso omiso en este caso del referéndum en cuestión. Dijimos muchas veces que Fidel Castro después de tantos años en su poltrona comunista y habiendo conseguido siempre lo que había querido en más de cuarenta años de opresión no iba a permitir que sus propios enemigos se valiesen de su propia «ley» para el logro de ciertas y determinadas libertades. Los «Varelistas» mantenían que era preferible arrancarle -un solo pelo al lobo que dejarlo con todos los pelos. Nosotros, los que jamás hemos transigido con el Castro comunismo, ni con el comunismo a secas, no nos ha parecido nunca práctica ni honrada la idea del «sólo pelo». Al toro hay que tratar de cogerlo por los cuernos y al lobo hay que tratar de arrancarle todos los pelos de una vez aunque se arriesgue el «torero» y el «cazador de lobos» a las cornadas y a las mordidas respectivamente. Por esa actitud muchos en Cuba –por no referirnos a muchos, muchísimos, en el mundo entero– fueron a parar a la cárcel o al paredón de fusilamientos. Las grandes y legítimas causas no se defienden y mucho menos se ganan basándose en conformidades o dejándole al enemigo casi toda, por no decir toda la victoria.

En Cuba hablamos claro. En ningún momento estuvimos indecisos en el enfrentamiento periodístico ni jamás estuvimos con miramientos frente al enemigo feroz de la patria. Dijimos todo lo que tuvimos que decir e hicimos todo lo que tuvimos que hacer. Y cuando al final de nuestra azarosa jornada pudimos libramos de la cárcel y del paredón todo el mundo nos dio la razón. Nada distinto hemos hecho ni dicho en el destierro. Creemos que para la verdadera salvación de Cuba hace falta la intransigencia en contra del enemigo. Cuba jamás podrá salvarse basándose en componendas o contemporizaciones con la feroz tiranía. El hambre no se combate con migajas de pan. La democracia no se logra con pedacitos de libertad. Nada se resuelve con arrancarle un pelo al lobo de la revolución comunista. Nada positivo puede lograrse transitando por los caminos de la conformidad o de la tolerancia frente a un despotismo implacable. La intransigencia no es una mala palabra y mucho menos una mala intención cuando se trata de defender o de conseguir soluciones dignas. Soluciones dignas, sí, porque el caso de la libertad o de la salvación total de la patria no admite remedios blandos ni timoratos. Cuba está grave, gravísima. Está como una enferma casi incurable ingresada en la unidad de cuidados intensivos de un hospital en medio del Caribe...

¿Se puede acaso tratar de sanar a una moribunda con un frasco de vitaminas?

¿Por qué caminar por la ruta del repugnante régimen comunista con la ilusión de conseguir una limosna de libertad y hace más de cuatro décadas, por ejemplo, no se tuvo la inteligencia ni el deseo de transitar' por la vía de las elecciones convocadas por Batista con las que se hubiese evitado que la patria se desmoronase con el fidelismo?

En el editorial que publicamos en Cuba a fines del año 1959 decíamos entre otras muchas cosas similares lo siguiente: «*El pueblo cubano luchó por restaurar un régimen de derecho normado por la Constitución de 1940 y sometido a los dictados de las mayorías debidamente comprobadas. Nadie ha pedido la derogación de la Carta del 40. Nadie puede considerarse depositario de la voluntad popular mientras este hecho no se compruebe por medio del sufragio. El gobierno representativo de la democracia no puede cimentarse en suposiciones o hipótesis». La única fuente de derecho legítimo es el consentimiento expreso y mayoritario del pueblo emanado de la urna libre. En la democracia no caben hipótesis, ni cálculos, ni suposiciones. La urna es la llamada a decir la última palabra. Mientras la urna no hable, cada grupo se puede considerar con igual derecho. Cuando la urna ha hablado, hay que acatar su fallo inapelable.*»

¿Hubiese Martí aceptado algo de Weyler para conseguir la libertad de Cuba?

Amor a la Madre Patria

Había estado en Miami el actual Presidente del gobierno Español José María Aznar, nieto de nuestro gran amigo y amante de la Cuba libre el gran escritor y periodista don Manuel Aznar. Su visita a la capital del exilio cubano la hizo don José María principalmente para demostrar personalmente a los cubanos su gran simpatía por la causa de nuestra libertad.

El gobierno de España condenaba al régimen de Castro pero no rompía sus relaciones con él porque tiene muchas inversiones en nuestra Isla. Franco nos dijo eso mismo en la privacidad de su despacho del Pardo en 1964. Habían pasado cuatro décadas y los Meliá seguían operando en Cuba. Y los chorizos, las sidras y los turrones continuaban alimentando a los asesinos de la libertad...

Mi amor por España –aunque por encima de todos está el de mi patria– lo he demostrado, sin ser español, como el mejor de los españoles. El movimiento se demuestra andando como el cariño se demuestra principalmente con servicios. Los de mis antecesores y los míos en América no tengo necesidad de mencionarlos porque son de sobra conocidos por los españoles conocidos y por los españoles que conocen... Pero no me ciego para dejar de decir que la España política española es fanática y «cambia casaca». También lo es la política cubana de todos los tiempos como lo es la de casi todos los pueblos del mundo. ¿Para qué tapar el sol con un dedo? Una cosa es el sentido de la Hispanidad en el más hondo de los sentidos y otra cosa es la España política, la España que sólo conoce a la Hispanidad por sus libros o por el recuerdo de sus grandes conquistas de la Historia. Nosotros amamos a Cuba como cubanos pero nada queremos con la Cuba de hoy. Con la Cuba revolucionaria que ha deshecho todo vestigio de nuestra nacionalidad. Nuestra Cuba de los grandes valores también la tenemos guardada en los libros, en las bibliotecas, en el corazón y en el recuerdo que jamás se podrá borrar.

La España política se ha portado mal, muy mal con el espíritu de nuestra Cuba de ayer y muy bien con el desbarajuste de la Cuba de hoy. El decoroso y glorioso espíritu de la Hispanidad ha sido atropellado por el oportunismo de la política ibérica contemporánea. Así somos los hispanos, los de la Península y los de América. Por eso perdimos a Cuba. ¿Se acuerdan nuestros lectores de las alabanzas en masa al Presidente Machado? ¿Se acuerdan de las alabanzas en masa al Presidente Grau San Martín? ¿Se acuerdan de las alabanzas a Eduardo Chibás? ¿Se acuerdan de las alabanzas al Presidente Fulgencio Batista y al 10 de Marzo? ¿Se acuerdan que esa misma masa arrastró por las calles de toda Cuba a los machadistas? ¿Se acuerdan que esa misma masa le faltó el respeto públicamente infinidad de veces al líder de la «cubanidad»? ¿Se acuerdan que esa misma masa culpó al radicalismo de Chibás del golpe del 10 de Marzo? Y,

¿recuerdan que ese mismo público culpó al 10 de Marzo de la llegada de Fidel Castro al poder? ¿Se acuerdan de las vergonzosas alabanzas del público a Fidel Castro; de ese mismo público que –con honrosas excepciones– comenzó a atacarlo después desde las «trincheras» del exilio? ¿Recuerdan la crueldad de los fusilamientos en Cuba? ¿Recuerdan el salvajismo de la Guerra Civil Española? ¿Recuerdan las gigantescas manifestaciones públicas de la Plaza de Oriente de Madrid a favor de Franco? ¿No han visto como hoy ese mismo público se vuelca en contra de Franco porque se ha virado la tortilla o porque la han virado los que creen que ni el marxismo, ni el socialismo ni el libertinaje son nefastos?

El fanatismo –divertido en las corridas de toros pero muy cruel en la «arena» de la política– es el que hizo posible que la España política, no la España Eterna, entrara en contubernio con el sangriento régimen de Castro. Fanatismo, o lo que sea, que puede hacer posible que más tarde o más temprano el monstruo del oportunismo se devore a dentelladas todo lo que huela a libertad de empresa, a religión y a derechos individuales en la Madre Patria. Y si esto ocurre, lo que se arma en la Península sería algo muchísimo peor que la de San Quintín...

Recordamos el siguiente mensaje que nos envió en 1962 Don Manuel Aznar desde Rabat: «*He pensado muchas veces en la tremenda lucha que vienes sosteniendo y admiro la tenacidad con que llevas adelante tu esfuerzo. Todo lo que pueda hacer por ti, lo haré sin vacilar ni un solo instante. No puedo olvidar todos los sentimientos que me unen a Cuba ni cancelar el recuerdo de amistad entrañable que conservo de tu padre.*»

Pruebas al canto

Habíamos dicho todo lo anterior en un artículo periodístico en Miami y como reacción al mismo recibimos –entre muchas elogiosas– una carta de un cobarde infiltrado castrista que no daba su nombre y que nos decía así: *«No sé como se atreve a criticar la política española relacionada con Cuba si por España no ha hecho usted otra cosa en su vida que elogiar a Franco y recibir condecoraciones del mismo.»*

No acostumbramos a responder a los que se ocultan en el anónimo pero esa vez lo hacía para responder a todos los que de seguro pensaban lo mismo «tirando la piedra escondiendo la mano». Y le decíamos lo siguiente:

Siempre elogiamos a Franco porque Franco salvó a España del comunismo, pero discrepamos de él de frente en la misma España en cuanto a sus relaciones con Fidel Castro. Lo hicimos también con todos los que le sucedieron en el poder. Y devolvimos la más alta condecoración, la Gran Cruz de Isabel la Católica, que habíamos recibido del mismo Franco cuando aún nos hallábamos en una Cuba libre y soberana.

Nuestro amor a Cuba está por encima de todas las cosas de este mundo. Y a España la amamos como a la Madre Patria, a la Tierra de nuestros abuelos. Lo hemos demostrado siempre con hechos y servicios. Repito lo que afirmé en el comentario que irritó al fidelista tapiñado: una cosa es la España política y otra la España Eterna, la España de las grandes conquistas y de las grandes causas de la Historia.

¿Nuestra defensa de la Hispanidad? Pruebas al canto:

«Querido amigo y querido colega: Toda España sigue con inmensa expectación los sucesos que se desarrollan en la nación cubana. Mi devoción personal está con los ideales que siempre representó el *Diario de la Marina*.»
*Luca de Tena (*ABC*) Madrid, 19 de abril de 1961*

«Todos los colegas de *El Ideal Gallego*, que están a su lado, piden en sus oraciones por el triunfo de la gesta de la familia Rivero, que es la de todos los cubanos e hispanoamericanos, contando además los 30 millones de peninsulares.»
*Francisco Zapico (*El Ideal Gallego*) La Coruña, 8 de septiembre de 1960*

«Mi querido amigo: Ha prestado usted. Un excelente servicio a la Iglesia y a España, y Dios Nuestro Señor no dejará de premiar, de alguna manera, la inteligente y generosa actividad suya y de su padre. Quedo rogando mucho a Dios por usted, por nuestra querida Cuba y por el gran *Diario de la Marina*. Con afecto paternal le bendigo.»
*Monseñor Angel Herrera (*Obispo de Málaga*) Madrid, 13 de julio de 1962*

«El *Diario de la Marina* y los Rivero permanecieron al lado de la mejor España durante los años de la guerra civil. Más difícil fue conservar claro y recto el juicio de los terrible años de la confusión, desde 1945 a 1951. En el *Diario de la Marina* no se vaciló. Contra la larga y profunda instrumentación mundial que utilizó las más pérfidas y seductoras técnicas del engaño, don José Ignacio Rivero manejó en todo instante el radar inequívoco de su corazón para saber cuál era el Norte, el Sur, el Este y el Oeste de la vida española. Y no hubo confusiones ni componendas, ni circunstancias que torcieran el recto camino. En 1947, en plena campaña mundial contra España, conversé con el señor Rivero en La Habana en su despacho de el *Diario*. No hubo en su firme actitud amistosa la menor niebla, ni la más mínima duda. Como, gracias a Dios, señor José Ignacio Rivero, los españoles seguimos sin saber demasiado concretamente lo que en la vida es oportuno o intempestivo, deseamos decirle que no hemos olvidado y que no olvidaremos. Es usted nuestro amigo y en esta hora tan amarga para cuanto usted representa, queremos repetírselo, con un entrañable '¡a mandar!'»
Manuel Jiménez Quiles. Director de Información y Turismo. (Hoja del Lunes) *España, 18 de marzo de 1962*

Y para que vea el que descaradamente nos escribe que no solo en esta vida nos hemos dedicado a elogiar a Franco, lea las siguientes líneas que demuestran al menos una insignificante parte de todo lo que calladamente hemos hecho en nuestra vida por nuestros compatriotas:

«Mi estimado amigo: Con ocasión de su visita del pasado mes de Mayo, pude comprobar el interés que se toma por la situación de sus compatriotas que buscan asilo transitorio en España, huyendo del régimen actual en su país. Por ello, me complazco en adjuntarle una breve nota informativa de las actividades de esta Dirección General, en la que podrá apreciar que, en colaboración con el Alto Comisionado para el Refugiado de las Naciones Unidas se ha creado un nuevo servicio que coordina los diversos organismos y entidades que, de una u otra forma, prestan asistencia a los exilados, dando mayor eficiencia a las actividades dispersas de dichos organismos, así como podrá ver que el Gobierno Español no regatea su ayuda, para aliviar a las pobres gentes que se encuentran en esta lamentable situación, que es de desear no se prolongue demasiado. Con este motivo reciba un saludo cordial de su buen amigo.»
Antonio M de Oriol y Urquijo (Director General de Beneficencia y Obras Sociales) Madrid, 3 de Octubre de 1964

¿Para qué seguir? España si. Su política con Cuba ¡NO!

Preguntas y más preguntas

Hay días que se nos agotan las ganas de escribir. Cargamos con la impresión interior de que estamos arando en el mar cuando nos acercamos al teclado de la computadora para continuar con nuestras memorias. Nos sentimos como una especie de aguja en medio de un inmenso pajar de opiniones cuando tratamos de que nuestras ideas lleguen más allá de los libros y de las columnas de los diarios que nos acogen. Los ojos del gran público de hoy se van acostumbrando cada día más y más a los micrófonos radiales y a las pantallas de la televisión. Mucho más que a los libros y a las páginas de la prensa escrita, aunque estemos seguros de que los mismos jamás desaparecerán mientras existan árboles para fabricar papel y no se consuma totalmente entre los hombres el deseo, o la necesidad imperiosa de la lectura.

Todavía, en los días en que escribimos nuestras memorias, es más importante para el alma y para la cabeza leer y meditar que ver y escuchar. Se escuchan y se ven cosas en nuestra «incivilización» de hoy que, sin ser moralistas ni predicadores, creemos que a cualquiera se le ponen los pelos de punta aunque las ideas y las actitudes normales del hombre y de la sociedad toda sigan ahí con sus naturales variantes que el tiempo y la naturaleza les van imponiendo a las mismas. Y sabemos que seguirán ahí, muy débiles quizás, pero revoloteando alrededor del globo, sin que nada ni nadie, ni las bombas nucleares ni químicas, las eliminen en su totalidad a pesar de los que quieren «globalizar» la estupidez, la indignidad y las bribonadas imperantes.

No podemos evitarlo. A veces estamos como caídos o como muertos ante la maquinilla de escribir. Nos sentimos sin el ánimo necesario para poder desarrollar alguna idea sobre el papel ni para recordar nada de lo que hemos vivido. Nos pasa lo mismo cuando tenemos que desarrollar un tema para nuestra columna periodística del exilio. En esos momentos, o en esos días sólo se nos ocurre lanzar preguntas al lector para que él sea quien se las responda a sí mismo, a no ser que igualmente se sienta tan desanimado como a veces nos sentimos nosotros. Preguntar es mucho más fácil que responder y que llenar una columna del periódico, o que llenar las páginas de un libro como este que escribimos basándonos en recuerdos y archivos que van envejeciéndose y desorganizándose a medida que el tiempo pasa sobre ellos y sobre nosotros.

En los instantes en que escribíamos estos párrafos se nos venía encima una guerra espantosa que a aquellas alturas era difícil evitarla. Podía ser que comenzase en cualquier instante. Y podía ser también que en definitiva todo terminase como un tomado que se disolvía antes de arrasar con todo lo que se le hubiese puesto delante. Pero para evitarla hubiese tenido toda la humanidad que cambiar su mentalidad o su egoísmo. El terror iba ganando terreno antes de que la conflagración abierta comenzara. Se quiere la guerra y la paz que es como decir que se quiere la justicia y la injusticia al mismo tiempo. Pocos son los que quieren usar las caretas contra los gases o meterse en un cuarto lóbrego y oscuro para protegerse del terrorismo biológico pero son muchos los que tampoco quieren que se arrase con los fabricantes de ese terrorismo que si ayer volaron las torres de Nueva York son capaces hoy de volar a todos los Estados Unidos y al resto del mundo libre. Europa, salvada por el «Tío Sam» en las dos guerras mundiales, se tiraba a la calle en casi todas las ciudades del orbe para protestar en contra de Washington. No quería guerra. Ni siquiera para eliminar las llamadas «armas sucias» en manos de los verdaderos y sucios enemigos del mundo occidental que en cualquier tiempo pudieran ser disparadas también contra esa misma humanidad que tantas veces llenan las calles de las principales capitales de la tierra vituperando a los Estados Unidos de América.

Estamos en contra de la guerra. En contra de todas las guerras. Somos hombres pacíficos. Nada nos entusiasma la posibilidad de que en cualquier conflagración mundial, como la que se avecinaba contra Irak, pudiera caer una bomba sobre cualquier cabeza inocente. Eso sí, deseamos una paz física y justa para poder –como periodistas y hombres de fe en nuestros ideales cristianos– seguir combatiendo, aunque sea sintiéndonos como «una aguja en un pajar», del mismo modo que lo hemos hecho siempre en nuestra patria y en el exilio a los verdaderos enemigos de la armonía y de la justicia.

Pero a pesar de nuestros deseos –pocos o ningunos– seguimos con la cabeza y las manos puestas sobre el teclado para llegar al final de este libro y comenzar con otro que ya tenemos en preparación. No podemos evitarlo. Puede más que nuestros deseos físicos y mentales coger siempre «al toro por los cuernos». Es ese una especie de impulso interior que nos resulta siempre muy difícil de dominar. Desde que comenzó el embrollo del desarme y de la inminente guerra entre Washington y Bagdad y antes de continuar con nuestro *Contra Viento y Marea* dejamos aquí, como lo hicimos en su oportunidad, las siguientes preguntas que nosotros al menos no sabemos o no queremos responder:

¿No sería más justo y práctico que el mundo entero, incluyendo los Estados unidos, se desarmara para el logro de una paz firme, efectiva y duradera sobre la faz de la tierra? ¿Es equitativo, racional, justo o vergonzoso que se elimine una tiranía dejándose en pie todos los demás despotismos del planeta?

En varias ocasiones durante nuestro implacable enfrentamiento periodístico en Cuba con Fidel Castro se acercaron a nosotros varias instituciones de la sociedad civil todavía vigente en nuestra patria. La directiva de una organización que agrupaba a diversos sectores del país nos visitaron en nuestro despacho del periódico para felicitarnos y estimularnos en nuestra campaña en contra de la revolución castro-comunista. El presidente de la importante entidad nos leyó una estimulante y elogiosa carta en nombre de todos y nos hacía entrega de una pluma Parker como detalle de simpatía por nuestra peligrosa labor frente al enemigo de las instituciones y clases vivas de la nación. Terminadas sus palabras nos despedimos de ellos con gratitud, ofreciéndoles la publicación su visita y la carta que acompañaba el simbólico regalo. El rostro de todos cambió de inmediato. El presidente saltó de su asiento y nos dijo con voz casi timorata: «No. Rivero, no creemos que convenga hacerlo en estos instantes de represalias. Nuestro deseo es que usted se sienta apoyado por nosotros en su valiente lucha en contra de lo que está ocurriendo en el país».

¿Para qué servía un apoyo entre las cuatro paredes de un despacho? ¿Debieron haber dejado aquellos «apoyadores» que otros le sacaran del fuego sus derechos arrebatados a base de un apoyo silencioso y timorato?

Escribíamos en el exilio sobre la corrupción de ciertos programas inmorales de la televisión. Una señora indignada por dicho programa nos llama por teléfono para decirnos que había hablado con muchas personas para que firmaran una carta a favor de nuestra protesta y que se pusieron las manos en la cabeza diciéndole que no se atrevían porque en este país esa carta podría conducir a una querella...

¿Vale la pena enfrentarse a la desvergüenza sin el apoyo público de nadie por miedo, por egoísmo o por indiferencia?

¿Dónde estaba la triste experiencia vivida en Cuba con el farsante Fidel Castro? ¿No se estaba repitiendo en el exilio el mismo oportunismo y la misma "babosería" pública de los primeros tiempos de la revolución? ¿Se va a una marcha con los pies y el delirio de exhibición o con el sincero deseo de servir a la causa?

¿Por qué guerra contra Irak y no contra el terrorismo de Castro?

¿Hubiese reaccionado violentamente Washington contra Castro si en vez de haber sido cuatro cubanos derribados en aguas internacionales hubiesen sido cuatro miembros de la aviación norteamericana?

¿Por qué la prensa mundial le llama gobernante o presidente a Castro y dictador o tirano a Franco y a Pinochet?

¿Por qué se retiraron algunos cohetes de Cuba en 1962 y no se eliminó a Castro del Poder como se hizo en Irak?

¿Por qué como a Irak, no se le exigió a la URSS que se desarmara para evitar una terrible guerra nuclear? ¿Por qué los pueblos del mundo marchan en contra de la guerra y no marchan a favor de la paz de todos los pueblos oprimidos del mundo?

¿Por qué tanta consideración con Fidel Castro, el terrorista, sanguinario y opresor de Cuba, y tanto rencor y odio con los que salvaron a sus paises del comunismo?

¿Por qué el mundo, por el que tanto se ha luchado, agoniza, a pesar del desplome del comunismo en Europa?

¿Por qué los que hemos luchado denodadamente en la arena pública por los legítimos intereses espirituales y materiales de todos, estamos sintiendo en nuestra propia carne el frío acero despiadado de esa deshumanización que ha cundido en nuestras filas, donde nos han cerrado sus puertas y nos han vuelto las espaldas muchos que otrora en Cuba fueron servidos a cuerpo de rey y otros que en el exilio han sido desinteresadamente apoyados o defendidos en medio de sus fatigas patrióticas?

¿Por qué día a día aumenta en progresión geométrica ascendente el abandono moral y material de los hombres y de los principios, entre la gente de nuestro credo, de nuestra clase y de nuestra raza, donde ha desaparecido aquella confraternidad que nos unía bajo una sola palabra: ideal, a cuyo conjuro nos abrazábamos todos los hombres que sustentábamos las mismas ideas de amor a Dios, a la justicia –a la verdadera justicia y a la libertad?

¿Ocurren estás cosas sólo cuando los favores son grandes y los que los reciben son demasiado pequeños?

¿Porqué en el exilio, al igual que ayer en Cuba, se le tiene miedo al vocablo «conservador»? ¿Acaso no es verdad que por querer aparentar ser más liberales que nadie la mayoría de los dirigentes de nuestra patria le entregaron el país en bandeja de plata a Fidel Castro? ¿No se sigue jugando con la misma candela? ¿No resulta para muchísimos un verdadero «tabú» no ser transigente, defender la tradición o los intereses permanentes de la nación cubana, no entrar en componendas con los actuales ni con los antiguos enemigos de la patria, no tolerar las tendencias o ideas socialistas o comunistoides en una futura Cuba libre?

¿Por qué en las esferas oficiales de Estados Unidos aparecemos «registrados| como lo único que no se puede ser en este país: derechistas? ¿Acaso tiene que dolernos eso de ellos que nada nos dan que no sea su «tolerancia» y su refugio político, ni nada les pedimos? ¿No ha de dolernos de verdad que otros que están obligados a hacerlo no sean los que revisen nuestros expedientes?

¡No resulta incómodo tener que refrescar tantas veces los hechos del pasado ante la epidemia existente en el destierro de la mentira y de la inversión de los valores ideológicos y de la causa ante ingratitud de los que vuelven las espaldas a los que no se cansa de luchar sin claudicaciones? ¿No resulta oportuno y justo reverdecer de vez en vez algunos de los capítulos del enfrentamiento con el tirano que nos dejó a todos sin patria y a muchos sin patria ni fortuna? ¿No llegamos al exilio sólo algunos, muy pocos, después de haber combatido a la revolución y al mismo Castro de frente, en voz alta y abrazados a nuestros principios inmutables?

¿No hicimos la guerra al comunismo previendo lo que nos iba a costar? ¿No teníamos la certeza de que la fiera nos devorarla y, sin embargo no cejamos en la lucha?

¿No nos vituperaba Fidel Castro diariamente? ¡No nos decía el tirano que la habíamos emprendido con él? ¿No nos llamaba cavernícolas y enemigos de la patria? ¿No decía que estábamos vendidos al imperialismo yanqui cuando era él quien estaba vendido al imperialismo ruso? ¿Por qué tanto alboroto por las frases de «Viva Cuba Libre» de los gobiernos norteamericanos y por las demostraciones en contra de Castro del resto de los paises del mundo ¿Acaso se ha hecho algo en el mundo para salvar a Cuba en mas de cuatro décadas?

Sí, son preguntas y más preguntas de uno que quiere como el que más a la democracia de los EE.UU. y del mundo entero pero que ama muchísimo más a Cuba y a la verdad.

En la recta final de *Contra Viento y Marea*

En la escala de los valores políticos y sociales existe una ancha zona que los comunistas titulan de «izquierda» y en ella militan los más variados grupos, desde los más extremistas hasta los más moderados, pero todos, en una forma o en otra, giran en torno a una ideal común: el socialismo.

Esta palabra, sin duda, tiene desde hace tiempo un atractivo especial; pero como el espejismo, de lejos parece una cosa y en la realidad es otra. El mundo moderno –se afirma– marcha hacia la «socialización» y es signo de progreso sumarse a esta nueva corriente de los tiempos. Este es el espejismo. Si lo que el mundo aspira a una mayor participación del interés público dentro de las relaciones privadas –que el Liberalismo había prácticamente opacado y casi totalmente desconocido– es indudable que cierta «socialización» es conveniente en cuanto tiende a poner en equilibrio los intereses de los individuos con los de la Sociedad. Pero esto, que en el terreno teórico no tiene objeciones, en la práctica resulta lo contrario.

De hecho, el Socialismo significa y ha significado, el intervencionismo de Estado; y no precisamente –como suponen los teorizantes– un intervencionismo prudente y razonable, sino un intervencionismo totalitario, monopolístico y despótico. Es la supremacía del estado sobre el individuo y no el equilibrio entre el individuo y el estado.

Este mismo error se palpa actualmente entre muchas personas que parecen –al menos aparentemente– deseosas de resolver el problema de Cuba. Pero las buenas intenciones no bastan; de buenos deseos está empedrado el suelo del infierno. Y los cubanos ya nos hemos equivocado una vez con Fidel Castro para permitirnos ahora el lujo de volvernos a equivocar con otros señores, que difieren de Fidel poco menos que en el hombre, pues en el fondo llevan sus mismas ideas y sus mismas reformas.

Para estos «revolucionarios» a la moda, lo único malo que ha hecho Fidel es vincularse al comunismo, pero quitado este impedimento, lo demás es bueno y aprovechable, sin darse cuenta que el impedimento es lo de menos si dejamos lo de más, que es la sustancia marxista que ha dejado sembrada en Cuba.

Personas como estas, que llevan el comunismo por dentro si saberlo son como los portadores de enfermedades, que transmiten las epidemias sin caer en la cuenta de que ellos son los primeros infectados.

Desgraciadamente, dentro y fuera de Cuba, existen todavía muchos contaminados de esta clase. Siguen pensando que la revolución es la única fórmula capaz de resolver los problemas cubanos, y lo que con ello es una ignorancia absoluta de la realidad histórica que vivimos y una falta de visión política para buscar soluciones prácticas por la vía de la restauración ordenada y gradual.

Las transformaciones sociales más profundas no son precisamente las que se han conseguido a golpes y cañonazos, sino las que han ido abriendo el surco a fuerza de trabajo para sembrar en él la semilla que ha de germinar mañana. Y esto no es oponerse a que se produzcan cambios sustanciales y necesarios, sino querer que esas reformas se asienten sobre bases firmes y no sobre el impresionismo demagógico. Lo contrario no es reformar sino desorganizar y revolver, que es exactamente el camino contrario para llegar a cambios que se quieren.

Hay una ley sociológica, la «Ley del péndulo», que es inexorable. Después de la experiencia socialista que ha tenido el pueblo de Cuba el péndulo tiene que desplazarse hacia el otro extremo. El izquierdismo en todas sus formas lleva por dentro el sello marxista y en Cuba, durante largo tiempo, todo lo que se asemeje al marxismo, aunque sea de lejos, va a tener la repulsa del pueblo. Aunque ya estamos nosotros bastante "escamados" con eso de la reacción sensata de los pueblos. Imposible haber dicho en voz alta más de lo que dijimos en nuestro periódico antes y durante el triunfo del comunismo y el pueblo se anestesió con los cantos de sirena de la revolución marxista disfrazada de 26 de Julio...

¿Qué ha hecho el izquierdismo?: Destruir, arruinar, pisotear los derechos, sembrar el terror, el hambre y la desesperación. ¿Y es a esto a lo que aspira un pueblo sano y razonable?... El pueblo volvió los ojos hacia el socialismo porque creyó en sus falsas promesas de redención; pero una vez que ha experimentado por tanto tiempo en carne propia el engaño y las terribles consecuencias de la opresión roja, ¿Quién puede convencerlo de que ese sistema es el mejor y el más conveniente para sus intereses?

Pero el «snobismo» es una enfermedad fascinante, sobre todo para los intelectuales que les gusta coquetear con las soluciones novedosas. Es increíble que después de lo que se ha visto en Rusia, en Polonia, en Hungría, en China y en Cuba, haya todavía personas que piensen que el socialismo tiene su ángulo bueno. El comunismo no –dicen– pero cierto socialismo es conveniente, y no se dan cuenta que el socialismo, el comunismo y el izquierdismo son todos miembros de la misma familia.

Se está jugando con un fuego que es devastador, y que tarde o temprano ha de quemarnos. En los mismos Estados Unidos y en toda la América, existe una corriente de simpatía hacia las ideas de izquierda, hacia las reformas sociales, cuando lo que debía es organizarse una campaña permanente e intensa de propaganda a favor de la democracia y en contra del socialismo y del comunismo disfrazado hoy de mil maneras distintas.

Ciertamente todas las reformas que hoy se rotulan con el sello del socialismo pueden lograrse por la vía democrática. Y esto, en lugar de decírselo al pueblo, se le engaña, y se le dice que es una conquista del Socialismo cuando en el fondo es una conquista de la democracia, porque en un régimen socialista esas reformas no se pueden ni siquiera proponer pues toda renovación o cambio se toma como un ataque directo al sistema establecido y a la omnipotencia del Estado.

Si la América toda no abre bien los ojos y mira en Cuba el reflejo de lo que en pocos años puede acontecerle a ella, el comunismo con otros nombres y otros engaños seguirá avanzando, y cuando se le quiera detener, como está ocurriendo en Venezuela y otros lugares del planeta en los instantes en que escribimos estas líneas, será demasiado tarde.

Algunos dicen que somos de la ultra derecha y que no queremos nada con los que encaman las tendencias ultra izquierdistas del exilio que son los mismos que se abrazaron a las barbas marxistas de Castro y que quieren sentar pautas y orientar al destierro. Si se le quiere llamar así, nuestro «ultraderechismo» consiste en lo siguiente en cuanto al caso de nuestra patria: Con los que pidieron paredón de fusilamientos nosotros no queremos nada. Nada queremos con los que vistiendo el informe verde olivo o el traje de dril blanco –para el caso es igual– llevaron al paredón con sus lenguas mercenarias a hermanos nuestros y asesinaron a la libertad de expresión siguiendo órdenes de la tiranía comunista de Cuba y no han dado jamás muestras de dolor ni de arrepentimiento, etc. Con ninguno de estos queremos nada por la sencilla razón de que volverían a cometer los mismos desmanes que cometieron al principio de la revolución fidelista.

Si el comunismo hundió a Cuba con la colaboración estrecha de los ultra izquierdistas, la opinión pública cubana es la que tiene que juzgar quienes son los verdaderos enemigos de la patria, si los conservadores o los «liberales». Nosotros no creemos en la «cerca», lo hemos dicho siempre. La cerca es un invento de los que quieren estar con Dios y con el diablo al mismo tiempo. De los que quieren comer a dos carrillos. Se puede ser moderado porque moderación es cordura, sensatez, templanza en las palabras o en las acciones. Pero eso de «cerquista», además de oportunista, es querer ser algo y en definitiva no ser nada. Los principios y los valores permanentes que nosotros hemos defendido siempre durante décadas de periodismo activo, esos seguirán en pie, no porque sean principios y verdades a los que no se puede renunciar sin caer en el error o en una claudicación demagógica, sino porque son principios de todos los tiempos y de todas las latitudes.

De algo nos ha servido la experiencia que sufrimos en Cuba combatiendo al comunismo entre tantas claudicaciones. Y en algo nos ha servido también la experiencia triste del exilio. Hoy sabemos mejor que antes quienes son los verdaderos cubanos y quienes los que están dispuestos de verdad a echar rodilla en tierra por dignificar y engrandecer a nuestra patria. No, no queremos nada con los mal intencionados de todas las épocas, con los que no son capaces de perdonar ni de pedir perdón. Todo esto lo decimos con plena sinceridad. Debemos perdonar porque nadie debe creerse mejor que nadie, pero no es digno ni justo que se mida a todo el mudo por el mismo rasero, máxime cuando existen tantos entre nosotros que fueron con Fidel Castro creadores del exilio. Lo decimos por una cuestión de principios, por un afán de justicia.

Con ese «ultraderechismo» nuestro que nada tiene de «ultra» ni de «derechismo» sino de cristianismo, nosotros, sin querer nada con los malintencionados e hipócritas, vivimos perdonando mientras tengamos un hálito de vida. No querer nada con el culpable y al mismo tiempo perdonarlo no significa una contradicción. Es no querer mezclarse con el error no rectificado pero teniendo en cuenta la condición del ser humano, hermano nuestro, tan querido por Dios como el que más.

¿Qué es el odio? ¿Qué es la venganza? No lo sabemos. Confesamos nuestra profunda ignorancia en esta materia.

El día que cada cubano se disponga a hacer «mea culpa» con verdadera humildad y verdadero patriotismo; el día que todos los que estamos obligados a hacerlo reconozcamos nuestros errores de aquí en el destierro y de allá en nuestra patria; el día que comencemos por no creernos infalibles y por renunciar a todo lo que haga imposible la verdadera liberación de nuestra tierra; el día que empecemos por admitir nuestras intransigencias, nuestras equivocaciones, nuestras justificaciones injustificadas, nuestras terquedades, nuestros desaciertos, nuestra ofensas; y sobre todo, el día que pidan perdón con «P» mayúscula los que están en el exilio y contribuyeron a la desgracia de nuestra Cuba con su respaldo al régimen tiránico y traidor; los que están en el destierro y que una vez con sed de sangre llevaron al paredón de fusilamiento a innumerables compatriotas suyos; el día que se comprenda bien que no basta con arrepentirse del mal que se ha causado sino también del bien que se ha dejado de hacer; el día que se llegue al convencimiento de que «no hay pecado tan grande ni vicio tan apoderado, que con el arrepentimiento no se borre o quite del todo», ese será el día en que renacerá entre unos y otros la confianza y la fe en los destinos de nuestra patria.

Será el día en que se aglutinarán las voluntades sanas, sin recelos, sin resquemores, sin sospechas y sin desconfianza.

Porque siempre se oye decir: «me traicionaron» y nunca se dice: «me arrepiento» o «me equivoqué». Porque después de la catástrofe son muchos los que declaran hipócritamente: «yo hice» o «yo me opuse», en vez de afirmar con sinceridad: «no hice nada» o «mucho dejé de hacer por el bien de nuestra nación».

Desde los 20 años de edad estamos haciendo periodismo en Cuba, en los Estados Unidos y en España. 60 años de periodismo: cuatro de periodismo privado dentro de las «cuatro paredes» de un periódico y 56 de periodismo público dentro de las «cincuenta y seis paredes» de la opinión pública nacional e internacional. De todo un poco: dolores de cabeza y alegrías; aciertos y equivocaciones, críticas y elogios; satisfacciones y decepciones; «sabores» y sinsabores, ilusiones y desilusiones. Siempre defendiendo una causa: Dios, Patria y

Familia. Pero el mundo sigue de espaldas a Dios. Por la patria nadie, o casi nadie, se sacrifica. Y la familia cada día tiene menos sentido de familia. El hogar ha dejado de ser sagrado, o casi sagrado. Los hijos no hacen lo que quieren los padres y los padres no son lo que esperan de ellos los hijos. La religión, que para muchos es cosa de mujeres, es interpretada como a cada uno le conviene o le da la gana que sea. En la radio, en la televisión, en el cine, la Ley de Dios ha sido sustituida por la violencia y por el sexo. Hablar del Evangelio o de la decencia es aburrido y no produce «ratings», ni «Oscares», ni «Emmys». La prédica y la orientación sana, sensata y decente, «entra por un oído y sale por el otro». Toda la cultura o enseñanza espiritual tradicional y con lógica está siendo sustituida en los medios de comunicación por la especulación de la astrología, por la brujería, los caracoles y la santería. El aborto hace ola en la sociedad de hoy. Y la homosexualidad parece ya algo natural. Se están celebrando ya matrimonios legalizados de hombres con hombres y de mujeres con mujeres. El mundo ha ido degenerándose de tal modo que ya hasta lo serio y lo clásico se mezclan con lo moderno y con lo vulgar. Pavarotti y Ricky Martin cantan juntos «La vida loca» en conciertos de miles de personas en Roma. El uno con voz operática y el otro con voz de «roquero» ¡Lo clásico se junta con lo moderno! ¡Lo fino con lo vulgar! ¿Cosas del nuevo siglo y del nuevo milenio! Se siguen dando golpes de estado. Ecuador fue víctima de la fuerza o del «aquí mando yo». Pero solo por tres días mientras que el «aquí mando yo» tiene al terminar este libro 45 años en Cuba. Venezuela naufraga. Las inundaciones y Chávez la hunden... En el exilio cubano se enloquece también porque en él también se quiere mandar... No se aprende la lección. Todos, sin patria y sin urnas quieren ser líderes y aplastar al otro. No existe el espíritu de cooperación o de desprendimiento. Por el niño Elián González se era capaz de cualquier cosa con tal de que se supiera que el patriotismo no se había perdido, pero todos los años Fidel Castro recibe más de mil millones de dólares por los «viajecitos» a Cuba de los «exiliados» y otro tanto, o muchos más, de los inversionistas sin escrúpulos que les importa poco la tragedia del pueblo cubano.

Si ya sabemos que el párrafo está lleno de pesimismo y de desastre. Pero aún quedan muchos párrafos más de realidades –no de exageraciones– que no caben en estas memorias. Y el mundo sigue tan campante y tan contento porque a todo eso le llaman libertad, adelanto y democracia.

Nunca en nuestros sesenta años de periodismo hemos visto al mundo tan desquiciado como hoy. A veces queremos escoger otro tema que no sea el desastre o el desatino y no podemos. Tenemos, a la fuerza, que aparecer como pesimistas, como trágicos o como agoreros de situaciones y de hechos fatales. Pero la culpa no es nuestra sino de la sombría materialidad que vive el mundo: Materialismo, decadencia sexual de Occidente, lucha contra Dios. Cultura de la muerte.

¿Debemos retiramos ya después de tantos años de periodismo y de lucha contra lo imposible? No. Nuestro padre, Pepín Rivero, dijo que el periodismo era en lo externo una profesión y lo interno un sacerdocio. Y Donoso Cortés dijo que la profesión de periodista era una especie de sacerdocio civil y una milicia. Nosotros queremos morir algún día con «las botas puestas» de ese periodismo porque sabemos que «no hay galardones bastantes sino en la Eternidad para los que consagraron su palabra y sus talentos al servicio de Dios y de los hombres».

El día once de mayo de 1960 fue un día de gloria para el *Diario de la Marina*. Fue el día en que las hordas comunistas de Cuba, asaltaron a nuestro periódico, Y afirmamos que fue un día de gloria porque, a pesar de que el enemigo nos arrebató nuestra centenaria trinchera de ideas, no claudicamos y supimos con la ayuda de Dios caer con dignidad. Fue una caída material después de una larga batalla moral y cívica en defensa de nuestros principios. Fue una caída en medio de una guerra en contra de las satánicas ideas y proyecciones de los sicarios del Kremlin. Cuando se cae sin claudicar la caída es gloriosa. Y la gloria en la lucha es siempre motivo de celebración.

No es fácil hacer periodismo en el destierro y mucho menos seguir la trayectoria ideológica de un periódico tan pegado a las raíces de la nación cubana como el *Diario de la Marina*. Todos los días cuando escribimos nos da la sensación de que todo el aparato de principios, tradiciones, de costumbres, que servía de sólido cimiento al periódico que dirigimos en la patria, ya no lo sentimos bajo nuestros pies.

Hace cuatro décadas fuimos despojados de nuestro edificio, de nuestras oficinas, de nuestros archivos, de nuestros talleres, de nuestras máquinas, de nuestro equipo rodante, de todo lo que se necesita, en suma para hacer periodismo moderno a gran escala. No podemos salir en el exilio con oficinas, con talleres, con maquinarias propias, pero a través de nuestra columna del *Diario las Américas* si nos da la sensación de que estamos manteniendo el mismo modo y con el mismo estilo que en La Habana, el espíritu del *Diario de la Marina*. Espíritu sin dobleces y repleto de sinceridad. Esta postura de hoy nos compromete una vez más con la opinión pública en el futuro, Nos complace saber desde ahora que cuando el *Diario de la Marina* vuelva a publicarse en Cuba, en un clima de democracia, libertad y dignidad humana contará otra vez –aunque sean otros los directores– con un fuerte núcleo de cubanos que habrá de respaldar su tarea, como lo había hecho antes.

Nadie puede ignorar el proceso de dificultades y de riesgos que fue la publicación del *Diario de la Marina* durante los últimos tiempos de su larga vida. Vivíamos bajo la vigilancia y la amenaza constante. Nuestros pasos eran seguidos de día y de noche por el G-2 por el DIER y por los demás cuerpos represivos del régimen eminentemente comunista, policial y de terror. Había lo que se veía y lo que no se veía. Junto a las casas comerciales o a las agencias de publicidad para que no se anunciasen en el *Diario*, las quemas de ejemplares, los entierros simbólicos, etcétera. Los que vivieron con nosotros aquel "vía crucis" saben que no nos ahorramos ninguna amenaza, ninguna injuria, ningún vejamen. Apuramos hasta la última copa de la abominación. Y sin embargo realizamos nuestra labor con confianza, con alegría. Con entusiasmo. Sabíamos que estábamos cumpliendo con nuestro deber de periodistas libres, que nos manteníamos fieles al lema centenario de «Dios, Patria y Familia». Y sobre todo teníamos el convencimiento de que había una absoluta unanimidad en todos aquellos cubanos que compartían nuestra ideología y que nos alentaban a que siguiéramos manteniéndola, a pesar de todos los riesgos. Los suscriptores aumentaron en miles. La gente llegó a pagar a peso un ejemplar de nuestro periódico.

No le faltaba razón a Gastón Baquero: «lo horrible hubiera sido acabar acomodándose a algo tan sucio y mortífero como es el castrismo». Por eso para nosotros la labor bajo la bota del Castro-comunismo que era sumamente peligrosa resultó ser un trabajo que nos llenaba de satisfacción. Nos estábamos arriesgando por una buena causa. Nos lo estábamos jugando todo a nuestros principios. Y únicamente los enemigos de esos principios eran nuestros adversarios. Por eso lejos de lamentarnos por la desaparición del periódico nos alegramos, porque el mismo desapareció materialmente asaltado brutalmente por los mismos que enterraron a toda nuestra Patria. Porque el mismo desapareció sin la más mínima claudicación.

Para aquel gigante de la pluma, para el más grande orientador en el periodismo que dio nuestra patria, para Pepín Rivero, alma y guía permanente de nuestra trinchera periodística, para él que nos contempla desde el Cielo y que en la tierra dijo que «la actitud de frío observador no encuadran con un periódico que tenía el deber de amparar principios básicos de la sociedad cristiana», para él, va nuestro mayor recuerdo y nuestra mayor admiración.

Párrafos Finales

En alguna parte tienen que finalizar estas memorias. No importa que hayamos dejado fuera muchas cosas de nuestras vivencias y muchos acontecimientos. Tampoco importa que aún tengamos vida y mente para dejar impresas en estas páginas todo lo que nos quede por padecer o para disfrutar hasta el día de nuestra llegada a la tumba y al encuentro con Dios Nuestro Señor. Creemos que ya hemos contado bastante –quizás demasiado– de nuestras experiencias, de nuestras alegrías y de nuestros dolores en torno a la Patria, al periodismo y de nuestra vida en Cuba y en el destierro. Dejemos aquí, pues, este libro, casi documental, de nuestra marcha por el mundo. Una marcha, como la mayoría de las marchas de todos los hombres, llena de vientos y de mareas pero también acompañada de calmas, de bonanzas, de alegrías y de satisfacciones.

Señor:
Tal como te dijimos en medio de los disparos del «paredón» comunista en nuestra Patria, somos imperfectos, débiles y pecadores. Polvo somos y polvo seremos en las montañas infinitas de la Eternidad. Y en vez de marchar hacia Ti, como dóciles rebaños, nos tomamos en manadas dispersas.

Ilumínanos, Señor, Tú que eres la Justicia Suprema, a impartir la justicia entre los humanos.

Lo que debe ser Ley no sea imposición.

Que lo que debe ser ejecución de la Ley no sea consumación de la venganza.

Que lo que debe ser Derecho no sea fuerza.

Que lo que debe ser Fuerza no sea violencia.

Que la razón de los más no sea atropellada por la violencia de los menos.

Que la razón de los menos sea reconocida y respetada por la fuerza de los más. Que prevalezca el derecho de todos, sin que las lágrimas de unos mitiguen las lágrimas de otros.

Conduce a esta amada tierra, Señor, por los olvidados caminos de la paz del amor para que nuestra Justicia humana alcance los resplandores de tu Divina Justicia.

Nosotros, mal podríamos. Somos imperfectos, débiles y pecadores. Polvo somos y polvo seremos en las montañas infinitas de la Eternidad.

Nuestra Patria, Señor, cayó en la injusticia porque casi nadie hizo lo que Tú querías. Lo que Tú esperabas de nosotros.

Hoy nos acordamos con profunda emoción de esta oración dedicada a Ti en Cuba en 1960. Y te la repetimos hoy al final de estas páginas aún con más sentimiento que ayer agregándole lo siguiente:

Conduce, Señor, al mundo entero por los olvidados caminos de la dignidad, de la decencia, de la moral, del civismo, para que la justicia humana, la verdad, la valentía, el decir cuanto sea necesario alcance los resplandores de tu Divina Justicia.

Esperamos que la publicación de este libro sea la de un servicio permanente a la honrada y riesgosa misión de decir lo que todo el mudo no puede o no quiere decir en voz alta. Mil gracias al lector que nos lee por la acogida que nos ha dispensado en este empeño. Y sobre todo a los que han contribuido a la publicación del mismo. Ello no sólo nos estimula inmensamente en el orden profesional sino que nos conforta espiritualmente en la recta final de nuestra vida. Porque demuestra que aquellos principios inmutables de seriedad y decencia a los que nos hemos mantenido fieles durante toda nuestra existencia, no pasan de moda, como aseguran los escépticos que han perdido la fe en las reservas morales de la actual generación. Demuestra, en fin, que también en el periodismo de hoy, en el periodismo moderno y en el periodismo de todos los tiempos, hay lugar para la virtud, para la causa, para los principios, para la decencia, para la honradez, para la sinceridad, para hablar claro y sin miedo al qué dirán.

Y sobre todo, porque nos demuestra que aún hay lugar para Dios por encima de todas las cosas, y un lugar para la Patria.

José Ignacio Rivero y Hernández

Epílogo
Por José Angel Bufill

Era tan poderoso el pensamiento de Pepín Rivero, tan profundo su compromiso con la verdad, tan patrióticos sus sentimientos y tan firme su fe, que sus enemigos, los comunistas cubanos, sentían ante sus embestidas, un miedo cerval, y trataron de asesinarlo y de destruir, sin éxito, su reputación y su prestigio, repitiendo sin cesar toda clase de calumnias.

La posición ideológica y espiritual del *Diario de la Marina*, elaborada con fruición a través de los años, tenía como compromisos centrales a la Iglesia Católica, Cuba. La Hispanidad y la lucha anticomunista: pero pensamos que para entender –a cabalidad lo que el *Diario* quería para Cuba, debemos tratar de conocer quiénes somos y de donde venimos. Para lograr este propósito estamos seguros que ayudará la lectura de un ensayo de Salvador de Madariaga, titulado «Libros que han hecho a Europa». No se trata de un estudio exhaustivo del tema, pero el lector avisado encontrará en él una gran riqueza de atisbos y sugerencias que nos permitirán comprender la posición del *Diario* y lo que sus directores querían para Cuba y por qué lo querían; y, finalmente, por qué se produjo el desastre apocalíptico de la desaparición de la República de Cuba.

Al final de la lectura, estoy seguro que habremos comprendido cómo y con qué fines, Cuba fue, poco a poco, muy sutilmente, extraída del entorno de la civilización occidental. Entonces todo empezará a tener sentido.

En la lista de Madariaga aparecen 15 libros de los cuales cinco son de autores españoles. Ya por ahí podemos darnos cuenta de la enorme importancia de la cultura española en la formación de Europa; y, desde luego, lo que perdimos los cubanos al alejarnos de esa enorme riqueza cultural y espiritual. Esa era y es la España de los grandes libros y de los grandes hombres, la España a la que los cubanos podemos y debemos amar.

El lector de estas páginas debe comprender que lo europeo y lo hispano, siendo la columna central de nuestro «ser» nacional, no lo es todo. Para explicar a cabalidad la índole del «ser cubano», sería necesario prestar la debida atención a los variados matices que trajeron a nuestra cultura los negros y otras inmigraciones; y, la presencia de la gran influencia norteamericana en algunas de nuestras costumbres y maneras de ser.

Esa actitud desdeñosa y distante, y en algunos casos hostil y llena de resentimientos, que adoptamos los cubanos en relación con la cultura española, visible en los programas de estudios, por lo que contenían y por lo que ignoraban; y, los libros que los jóvenes cubanos leíamos o no leíamos, fue un desastre para la formación intelectual del cubano. Los jóvenes de mi generación no podemos olvidar las violentas diatribas, incoherentes y llenas de odio y de rencor, que dirigía con demasiada frecuencia contra España y contra la Iglesia Católica un pobre profesor. Parecía que no se daba cuenta de que estaba ayudando al enemigo. Murió, lleno de amargura, en el exilio. Por eso pienso que la defensa que hizo Pepín Rivero de esa cultura, que conocimos a medias, fue una defensa noble, perspicaz y llena de sentido.

Pepín Rivero, el gran defensor de la Iglesia Católica y de la fe en Cuba, tomó posesión de la dirección del *Diario de la Marina* a los 24 años de edad y a partir de ese momento se erige en el más formidable enemigo del comunismo en el hemisferio occidental. El período que él preside como director puede considerarse como una época brillantísima del periódico. Fue un período de lucha implacable y justa, una época en que Pepín Rivero lo vio todo y lo anunció todo. Por su grandeza moral, espiritual e intelectual y por su inmaculado patriotismo aquí le rendimos el homenaje que merece.

José Ignacio Rivero y Hernández, autor de este libro ejemplar y necesario que titula *Contra viento y marea* se hizo cargo de la dirección del *Diario de la Marina* en 1944, año en que todo parecía estar en orden, pero aquellos que sabían ver las corrientes que se movían por debajo de la superficie, estaban conscientes de que la república estaba en peligro. No olvidemos que veinte años antes, en 1924, habían aparecido en el escenario político cubano dos hombres peligrosísimos: Julio Antonio Mella y Rubén Martínez Villena; ellos fueron los que iniciaron una nueva y trágica etapa en la vida cubana, familiarizando a los jóvenes cubanos con todo un vocabulario revolucionario marxista, que se incorporó, sin obstáculos, al «idioma» de la política cubana; y además, trajeron a muchos inexpertos e inocente a las filas del partido comunista. Ya dentro del entramado político no les fue difícil dar el salto de garrocha que los llevó a ocupar ministerios, posiciones en el parlamento, alcaldías municipales y otras posiciones de influencia. José Ignacio Rivero, siempre listo para la lucha observaba el panorama con serenidad y entereza. Él sabía que había entrado en el período heroico del *Diario de la Marina*, su querido periódico y se preparaba para la batalla final y decisiva.

La vida de José Ignacio Rivero, a partir de 1959, es un claro testimonio de la «Vida como sufrimiento». Sus memorias *Contra viento y marea* constituyen algo indispensable para entender la historia y la tragedia de Cuba, para conocer a los hombres que se movían en la periferia del poder y que lloraban y reían pidiendo y huyendo, desconcertados, humillados, esperando la dádiva o el latigazo. Y en medio de aquella monumental batalla, José Ignacio Rivero, llevando la memoria de su padre, como ejemplo, en lo más profundo de su alma, batiéndose con el enemigo, con una serenidad y una valentía únicas, seguía llenando los días de esta etapa de su «Vida como sufrimiento». Un gran misterio que parece salido del libro de Job, que gira en torno a la tragedia de un justo que fue sometido a terribles pruebas para aquilatar su virtud desinteresada.

José Ignacio Rivero siempre aceptó las pruebas terribles y ha mantenido en todo momento su virtud desinteresada. Por toda la historia de su vida, por todo su sufrimiento, por la integridad de su carácter, yo le ofrezco desde aquí el más entrañable homenaje de amistad, admiración y respeto.

*No queremos que Dios nos lleve a la otra vida,
a la vida eterna, sin haber dejado en las bibliotecas
este pobre pero sincero libro que cuenta las memorias y
algunas reflexiones recopiladas en nuestros archivos del exilio. Son
memorias y reflexiones de un viejo periodista que empezó
su vocación de periodista desde muy joven, lleno de defectos, como
todos los seres humanos, pero lleno también de buenas
intenciones y de servicios rendidos durante toda su vida
periodística a la causa de Dios y de la Patria.
Vea el lector en esto la motivación de estas páginas.
No vea en ellas mérito alguno porque vivo convencido
de que no hay mérito alguno cuando se pasa por el mundo
cumpliendo con el deber.*

José Ignacio Rivero